宁夏回族自治区工会年鉴（2020）

NING XIA HUI ZU ZI ZHI QU GONG HUI NIAN JIAN

回族自治区总工会

宁夏回族自治区工会年鉴

（2020）

宁夏回族自治区总工会　编

中国工人出版社

图书在版编目（CIP）数据

宁夏回族自治区工会年鉴. 2020 / 宁夏回族自治区总工会编. —
北京：中国工人出版社，2022.8
ISBN 978-7-5008-7961-9

Ⅰ. ①宁… Ⅱ. ①宁… Ⅲ. ①地方工会 – 工会工作 – 宁夏 – 2020 – 年鉴
Ⅳ. ①D412.843-54

中国版本图书馆CIP数据核字（2022）第143904号

宁夏回族自治区工会年鉴（2020）

出 版 人	董 宽
责任编辑	罗荣波 许小凡
责任校对	张 彦
责任印制	栾征宇
出版发行	中国工人出版社
地 址	北京市东城区鼓楼外大街45号 邮编：100120
网 址	http://www.wp-china.com
电 话	（010）62005043（总编室） （010）62005039（印制管理中心） （010）62382916（工会与劳动关系分社）
发行热线	（010）82029051 62383056
经 销	各地书店
印 制	三河市万龙印装有限公司
开 本	700 毫米 × 1000 毫米 1/16
印 张	彩插：1.25 正文：36.25
字 数	752千字
版 次	2022年8月第1版 2022年8月第1次印刷
定 价	188.00 元

本书如有破损、缺页、装订错误，请与本社印制管理中心联系更换

《宁夏回族自治区工会年鉴》（2020）
编纂委员会

《宁夏回族自治区工会年鉴》（2020）
编辑人员

主　　编　马利明　马军生
副 主 编　吴会军
编辑部主任　刘文平
编　　辑　张国铭　赵连瑞　党俊梅
图片编辑　刘文平　张国铭
校　　对　张国铭　赵连瑞　党俊梅

编 辑 说 明

一、《宁夏回族自治区工会年鉴》（2020）是一部反映宁夏工会2020年度工作情况的资料密集型工具书。其宗旨是全面反映宁夏回族自治区各级工会主要工作情况，为社会各界提供宁夏工会的有关资料，为自治区各级工会开展工作提供理论政策指导、工作经验及有关信息和资料。

二、本年鉴采用分类编辑法，主体内容分类目、分目、条目3个层次。类目为大单元，大单元内按现行管理体制设置分目。分目下设条目，条目为年鉴的基本单位和内容载体。条目的标题用黑体字外加【】表示。

三、本年鉴共设类目12个，类目下设分目130个，分目下设条目679个；卷首刊有彩图，卷尾设附录。各类目和附录刊载的内容为：

1. 特载　自治区领导、自治区总工会主要领导发表的关于工会工作的重要讲话。

2. 大事记　工会重要工作、重要会议及大事纪要。

3. 综合　自治区总工会的主要工作情况。

4. 自治区总工会直属企事业单位　自治区总工会直属企业、事业单位的主要工作情况。

5. 市级工会　各市和宁东能源化工基地工会的主要工作情况。

6. 县（区）工会　县（区）工会的主要工作情况。

7. 产业及所属部分基层工会　自治区各产业工会及所属部分基层工会的主要工作情况。

8. 表彰先进　2020年自治区党委、政府及有关部门、中华全国总工会、自治区总工会关于表彰五一劳动奖状、劳动奖章和工人先锋号的决定等。

9. 理论与调研　工会理论政策和调查研究部分成果。

10. 自治区总工会文件　自治区总工会印发的有关文件。

11. 法规、规章及政策性文件　国务院及其有关部委、中华全国总工会等印发的关系职工切身利益和工会工作的文件。

12. 统计　2020年自治区经济社会发展和工会工作的统计资料。

附录　工会工作的有关资料。

四、本年鉴由宁夏回族自治区总工会各部门、各市工会、各县（区）工会、各产业工会和部分基层工会提供文稿。所有文稿均经编委（各单位负责人）审阅。

五、本年鉴由中国工人出版社编辑出版。

目 录

特 载

大 事 记

综　合

自治区总工会直属企事业单位

市级工会

县（区）工会

产业及所属部分基层工会

表彰先进

理论与调研

自治区总工会文件

法规、规章及政策性文件

统 计

附 录

8月11日，自治区党委书记、人大常委会主任陈润儿（右三）在自治区总工会调研时，与帮扶中心服务窗口工作人员交流。

11 月 27 日，自治区党委副书记姜志刚参加银川市工会第十七次代表大会。

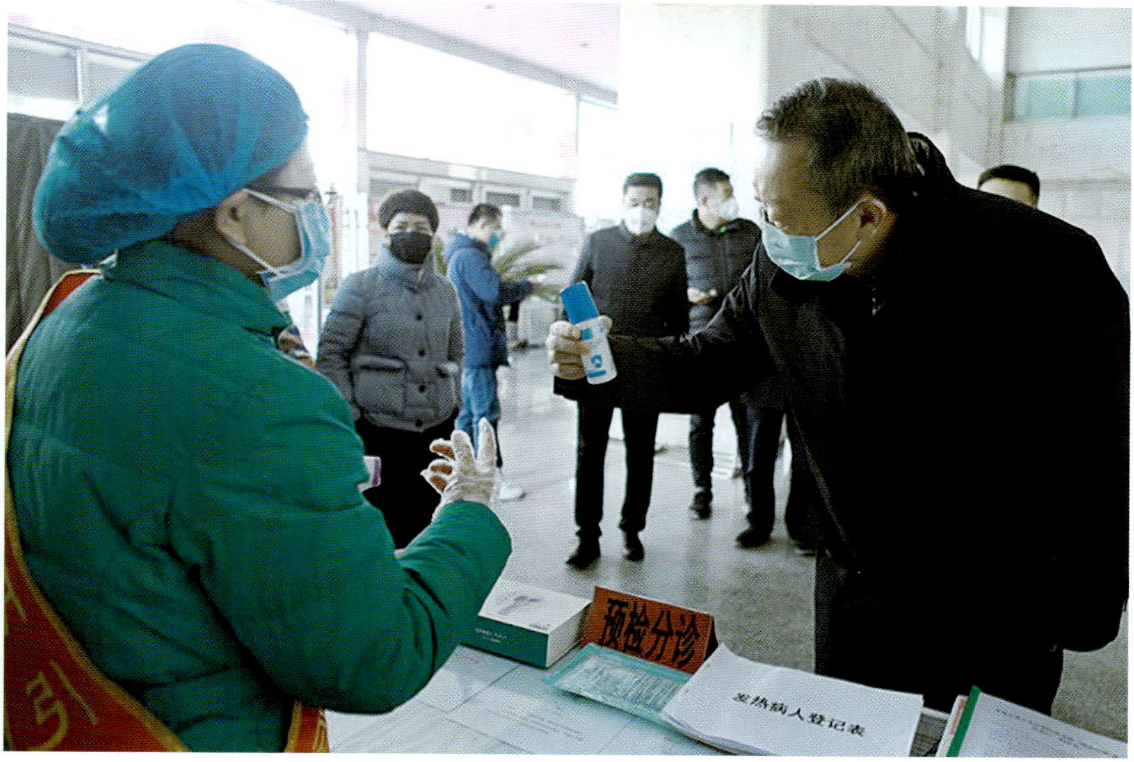

1月30日，自治区人大常委会副主任、总工会主席左军（右一）对自治区总工会机关和工人文化宫、工人疗养院、工会大厦新冠肺炎疫情防控工作进行指导，并对坚守岗位的工作人员致以亲切问候。

1月7日，左军（右三）先后到吴忠市红寺堡区、利通区慰问宁夏弘鑫达塑料工业有限公司、宁夏恒丰同利巾被有限公司困难劳模、困难职工。

1月7日，左军（前排左四）一行5人，深入利通区宁夏恒丰同利巾被有限公司走访慰问并送去慰问金5万元。

1月6日，自治区总工会党组书记、副主席马利明（左）在贺兰县慰问宁夏华泰家俱制造有限公司、银川艾尼科技开发股份有限公司困难劳模、困难职工。

7月8日，马利明（左二）带领自治区总工会第二宣讲组在基层联系点——艾尼集团宣讲习近平总书记视察宁夏重要讲话精神并调研。

4 月 10 日，自治区总工会十二届三次全委（扩大）会议以视频会议的形式在银川召开。

6 月 15 日，自治区总工会召开党组（扩大）会议，传达学习习近平总书记视察宁夏重要讲话精神和陈润儿书记在自治区党委常委（扩大）会议上的讲话精神。自治区总工会领导班子成员及厅级干部分别作了交流发言。

7月24日，自治区总工会党组理论学习中心组举行学习会，认真学习习近平总书记视察宁夏重要讲话精神，传达自治区党委十二届十一次全会精神。

8月5日，自治区党委第六巡视组巡视自治区总工会党组工作动员会议在自治区总工会一楼会议中心召开。

9月16日至19日，福建省总工会党组书记、副主席丁文清带领省总调研组来宁调研并交流闽宁互帮互学工作。在自治区总工会职工服务中心，两省（区）工会继2017年、2019年后第三次签订互帮互学协议，进一步推动交流合作再升级。

11月27日，银川市工会第十七次代表大会隆重召开。

9月1日，中卫市总工会在工业园区召开集体协商培训暨工作推进会。

4月27日，中宁县庆祝“五一”国际劳动节暨劳动模范和先进工作者表彰大会召开。

1 月 12 日至 13 日，永宁县工会第十三次代表大会在永宁县委党校隆重召开。

4 月 23 日，青铜峡市总工会十届五次全委（扩大）会议召开。

5 月 28 日，自治区总工会在宁夏工会大厦举行职工服务中心启用仪式。

5 月 19 日，金凤区总工会举办"金牌厨师"劳动技能竞赛。

9月11日，永宁县总工会举办全县职工建言葡萄酒产业发展论坛暨葡萄酒行业技能竞赛。

9月18日，同心县总工会举办服装行业劳动技能大赛。

7月18日，西夏区总工会联合西夏区人社局等单位在西夏万达广场举办2020年民营企业招聘会。

12月11日，宁夏工人文化宫在中国石油宁夏石化分公司开展《劳动美·工会情》送文化进企业活动。

1 月 18 日，银川市举办职工春节联欢晚会。

12 月 25 日，区直机关工委、自治区体育局、自治区总工会联合举办 2020 年区直机关工间操比赛。

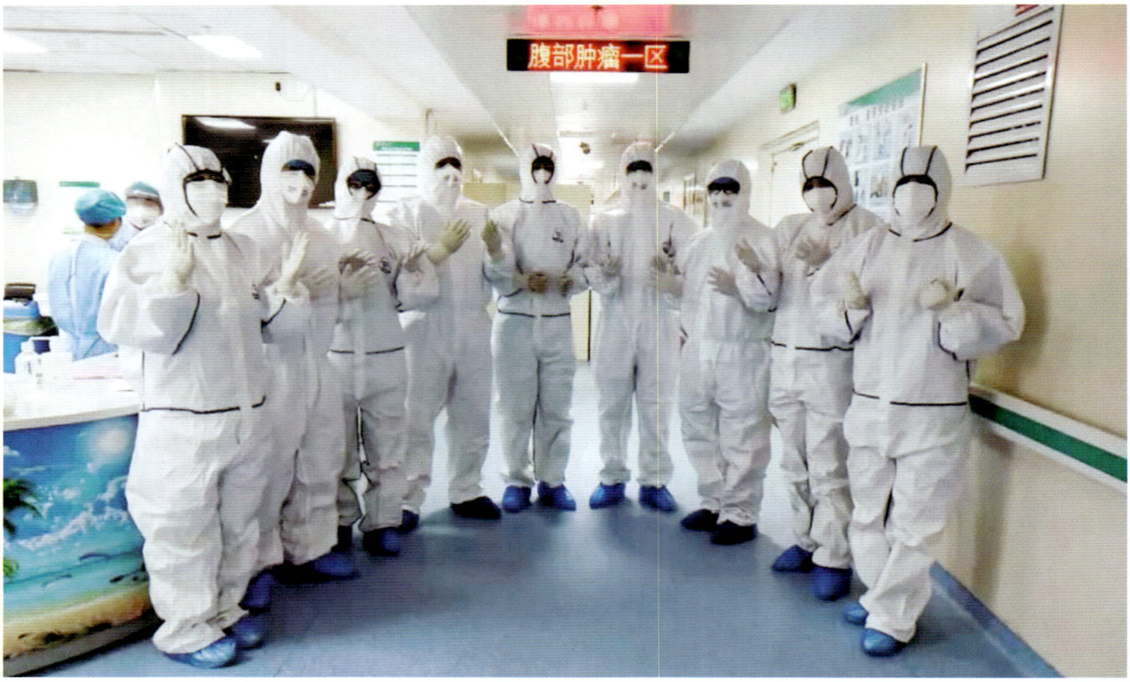

宁夏医科大学总医院和石嘴山市第一人民医院组成的医疗队到达湖北襄阳市第一人民医院西区后迅速进入“战斗”状态。

2月6日，中电建宁夏工程有限公司举行支援自治区第四人民医院抢建项目劳动竞赛誓师动员大会。

3月，西部机场集团宁夏机场有限公司全力保障援鄂英雄。

4月16日，宁夏医科大学总医院为援助湖北医疗队、自治区第四人民医院及银川临时救治医院的181名队员举行欢迎仪式，迎接全体医疗队员“回家”。

在防控新冠肺炎疫情期间，自治区总工会分三次共拨付专项资金766.5万元，慰问坚守在疫情防控一线的工作人员。

2月11日，宁夏交通工会筹资50余万元对奋战防疫一线的职工进行慰问，送去牛奶、方便面、矿泉水、消毒酒精、口罩等物资。

3 月 23 日，吴忠市总工会慰问银西铁路复工复产职工。

7 月 27 日，利通区组织开展 2020 年“助力企业复工复产 夏送清凉关爱职工”慰问活动。利通区区委书记周涛带领四套班子领导深入基层走访慰问。

5 月 18 日，平罗县总工会组织县援鄂医护工作者进企业宣讲抗疫精神。

9 月，石嘴山市总工会获“全区抗击新冠肺炎疫情先进集体”。

在自治区总工会研究部署新冠病毒肺炎疫情防控工作会议上的讲话

（2020 年 2 月 2 日）

左　军

刚才，我们传达学习了习近平总书记重要指示精神和加强党的领导为打赢疫情防控阻击战提供坚强政治保证的通知精神，全总李玉赋同志讲话精神，自治区疫情工作领导小组会议精神和自治区党委常委会会议精神，以及自治区疫情工作指挥部第三号公告。

下面，按照自治区党委的有关要求，就进一步做好工会疫情防控工作强调几点意见。

一、要进一步提高政治站位，切实把思想和行动统一到党中央和自治区党委、政府关于疫情防控工作的重大决策部署上来

新型冠状病毒感染肺炎疫情发生以来，党中央、国务院高度重视，1 月 21 日习近平总书记对新型冠状病毒感染肺炎疫情作出重要指示，1 月 25 日即大年初一主持召开中央政治局常委会会议，对疫情防控特别是患者治疗工作进行再部署，提出具体要求，为全国各地做好疫情防控工作提供了方向指引和根本遵循，充分体现了以习近平同志为核心的党中央对人民健康高度负责的深厚情怀，体现了强烈的使命担当和驾驭复杂局面的治理能力，进一步增强了打赢疫情防控阻击战的信心和决心。

自治区党委对疫情防控工作也高度重视。1 月 21 日，自治区党委常委会召开会议，传达学习习近平总书记重要指示精神，安排部署新型冠状病毒感染肺炎疫情防控工作。1 月 24 日下午，陈润儿书记亲自主持召开视频调度会，对疫情防控工作进行再部署、再安排。1 月 27 日，自治区党委召开常委会会议，传达学习贯彻习近平总书记的重要讲话、重要指示精神，安排部署我区疫情防控工作，陈润儿书记作了讲话，对疫情防控工作作出安排部署、提出明确要求。1 月 31 日，陈润儿书记主持召开自治区疫情工作领导小组第 1 次会议和自治区党委常委会，传达学习了习近平总书记重要指示精神和加强党的领导为打赢疫情防控阻击战提供坚强政治保证的通知精神，听取当前我区疫情防控工作情况汇报，研究部署了下一步工作，并发布了疫情工作指挥部第三号公告。

为落实中央和自治区党委重要会议和指示精神，马利明同志于 1 月 28 日主持召开了区总党组（扩大）会议，传达了中央、自治区有关精神，对全区工会应对新型冠状病毒肺炎疫情防控工作作了安排部署，并向广大职工群众发出倡议。

抗击新型冠状病毒感染肺炎疫情已进入关键时期，从每天疫情变化可以看出，疫情还在蔓延，范围还在扩大，形势十分严峻，任务非常艰巨。疫情就是命令，防控就是责任。越是危难时刻，越是检验我们的时候。全区各级工会要进一步提高政治站位，切实增强“四个意识”，坚定“四个自信”，做到“两个维护”，坚决贯彻落实习近平总书记关于疫情防控工作的一系列重要指示、重要讲话、重要批示精神，坚决贯彻落实党中央关于疫情防控工作的一系列重大决策部署，坚决贯彻落实自治区党委、政府关于疫情防控工作的一系列工作措施、工作方法、工作要求和工作目标，切实把思想和行动统一到党中央和自治区党委、政府重大决策部署上来，坚决把疫情防控工作作为当前最重要的工作来抓，以强烈的政治担当和使命担当，充分展现工会组织的作为，坚定不移把党中央、国务院各项决策部署和自治区党委提出的“五个凡是”“三个全面”“四个实行”等具体工作要求落到实处，坚决打赢疫情防控阻击战。

二、要充分发挥工会组织作用，动员全区广大职工众志成城、万众一心，积极为疫情防控工作奉献力量

疫情防控工作事关人民群众生命健康安全。习近平总书记指示，在当前防控新型冠状病毒感染肺炎的严峻斗争中，各级党组织和广大党员干部必须牢记人民利益高于一切，不忘初心、牢记使命。全区各级工会党组织要认真贯彻落实习近平总书记就各级党组织和广大党员、干部要在打赢疫情防控阻击战中发挥积极作用的重要指示精神，进一步加强党的领导，切实担负起打赢疫情防控阻击战的政治责任。各级工会干部特别是领导干部、党员干部要不忘初心、牢记使命，在疫情防控阻击战中充分发挥基层党组织战斗堡垒作用和党员先锋模范作用，发扬不畏艰险、无私奉献的精神，在疫情防控阻击战中率先垂范、挺身而出、英勇奋斗、扎实工作，切实做到守土有责、守土担责、守土尽责，以自身示范作用带领广大干部群众积极投身疫情防控阻击战，打好疫情防控人民战争。

广大职工群众是打赢疫情防控阻击战的重要力量。各级工会要认真履行工会职责，积极组织引导广大职工，坚决贯彻党中央和自治区的决策部署，按照当地党委、政府和疫情指挥部的统一指挥调度，凝聚工人阶级力量，众志成城、万众一心、共克时艰，积极主动参与到疫情防控工作中，争做政治责任的担当者、疫情防控的守卫者、疫情防控的践行者。各级工会要结合实际，进一步加强奋战在疫情防控阻击战一线医务人员、防控人员的关心关爱工作，特别是奋战在第一线的医务人员，他们是这个时代最可爱最可敬的人，要尽工会所能，竭力协调做好一线医务人员的服务工作，加大资金投入，为疫情防控一线医护人员及家属及时送上工会组织的关爱和温暖。

三、要压实工作责任，切实抓好区总机关各项防控措施的落实

疫情防控关乎我们每个人的生命健康，需要我们每个人的共同努力。从疫情的发展情况看，我们所面临的形势远远超出想象。我们绝不能有丝毫的麻痹懈怠，务必要高度重视起来，充分认识疫情传播、疫情防控的严峻形势。要按照习近平总书记“六个加强”的要求，坚持科学防控，精准施策，从严从实把各项措施落实下去。要深入贯彻落实好陈润儿书记关于“防”上做到“五个凡是”、“控”上做到“三个全面”、“治”上做到“四个实行”的工作要求，严格对照“十条措施”，切实强化底线思维和风险意识，以对人民群众身体健康和生命安全高度负责的态度，担好责、站好岗、带好头，全力以赴做好机关的疫情防控工作。区总机关和各直属单位要持续对本单位干部职工及家人出宁返宁及密切接触人员等情况进行全面排查，严格落实自治区的各项防控要求，发现疫情要主动报告、主动隔离、主动就诊，实行零报告制度，看好自家门、管好自家人，绝不能有任何大意松懈、绝不能掉以轻心。要进一步强化责任落实和分工协作，各司其职、密切配合、凝聚合力，切实做到事事有安排、事事有落实、事事有人管，确保防控工作不留空档、不留隐患、不留死角、不出纰漏。按照自治区政府的有关通知，从2020年2月3日开始到2月9日，在保证疫情防控工作正常开展和机关单位日常运转的基础上，实行弹性工作制，区总要按要求合理安排，尽量减少会议和人员聚集，确保防控工作到位，日常工作不延误；同时要抓紧做好机关食堂的开餐就餐应对措施，确保用餐安全。大家还要密切关注卫生健康部门的疫情信息发布，加强防控政策措施的宣传，教育引导干部职工不断增强防范意识和能力，坚决做到不造谣、不信谣、不传谣，在疫情防控工作中做好表率。要坚决杜绝各种聚会，防止聚集性疫情传播。区总全体干部职工特别是党员领导干部要有守土意识，要有为自己、为家人、为他人、为社会负责的意识，自觉按照卫生健康指引，落实好防控的各项措施和要求，绝对不组织、不参与任何类型的家庭聚会、朋友聚会、同学聚会、战友聚会等各类聚集性活动，积极督促身边亲友勤洗手、讲卫生，不聚会、少出门，减少人员聚集，阻断疫情传播，坚决把疫情隐患控制在最低限度。

同志们，危难之时见真情，关键时刻看干部。在疫情防控的关键时期，各级工会干部特别是区总的全体干部职工要强化大局意识，以高度的政治自觉和认真负责的态度，从严从实从细落实好疫情防控的各项要求，发挥好工会组织应有的作用，积极为打赢疫情防控阻击战贡献工会力量。

在自治区总工会机关2019年度总结大会上的讲话

（2020年1月20日）

左　军

今天，我们召开区总表彰大会，对2019年度获得优秀等次人员和机关先进工作者进行了表彰，首先，我向受到表彰的同志表示热烈的祝贺！

刚才，洪峰同志总结了2019年工作，并对2020年的工会工作作了安排部署，总结实事求是，部署思路清晰、措施有力，我完全同意，希望大家抓好落实。

2019年，对我区来讲，是极不平凡、极不寻常的一年；对工会来讲，是坚守初心、担当使命、负重前行、奋勇拼搏的一年。这一年，我们始终坚持党的领导，牢牢把握正确政治方向，认真学习贯彻习近平新时代中国特色社会主义思想和党的十九大及十九届二中、三中、四中全会精神，特别是习近平总书记关于工人阶级和工会工作的重要论述、习近平总书记视察宁夏时的重要讲话精神，以及自治区党委十二届八次、九次全会精神，扎实推进“不忘初心、牢记使命”主题教育，使各级工会干部的思想政治受到洗礼和锤炼，守初心担使命的思想行动更加自觉，理论指导实践的能力、创新推动工作的能力明显提升。这一年，自治区党委、政府高度重视工会工作，党委常委会两次听取工会工作汇报，专题研究并出台了新时期宁夏产业工人队伍建设改革实施方案，陈润儿书记在全区主题教育总结大会上对工会主题教育工作给予表扬；石泰峰同志在主题教育期间亲临区总机关指导，代表自治区党委发出了“工会工作大有可为”的号召；姜志刚副书记多次出席工会重要会议和活动，对工会工作作出指示批示。自治区党委对工会工作的重视，是对我们的激励和鼓舞，也是我们做好工作的重要保障。这一年，我们围绕中心、服务大局，团结引领广大职工群众广泛开展劳动竞赛等经济技术创新活动，发挥了服务我区高质量发展的主力军作用；扎实落实服务劳模工作，大力弘扬和传承了劳模精神、工匠精神；积极主动融入脱贫攻坚，全力做好帮扶慰问等工作，使冬送温暖、春送岗位、夏送清凉、金秋助学、医疗互助等工会品牌更亮、更深入人心，有力践行了维护职工合法权益、竭诚服务职工群众的神圣职责；工会改革、基层基础建设、“互联网＋工会”工作、工会公益活动等，也都取得了非常好的成绩，有多项工作受到党委肯定、全总表扬，其中城市职工解困脱困工作经验在全总工作会议上交流，我区工会的影响力、凝聚力、吸引力进一步提升。

这些成绩的取得，离不开自治区党委、政府和全总的正确领导和大力支持，离不开社会各界的鼎立相助，更为重要的是离不开包括大家在内的全区工会干部和广大职工的共同努力和辛勤付出。在此，我向大家表示衷心的感谢！

2020年是具有里程碑意义的一年，是全面建成小康社会和“十三五”规划收官之年，做好今年工作意义重大、影响深远。刚刚闭幕的自治区“两会”，紧紧围绕百年目标，对我区今年各项工作作出了科学而又全面系统的部署。可以说，完成今年的工作，使命光荣、责任重大。我们要始终坚持以习近平新时代中国特色社会主义思想为指导，全面贯彻落实党的十九大和十九届二中、三中、四中全会，以及中央经济工作会议和习近平总书记视察宁夏时的重要讲话精神，按照自治区党委十二届八次、九次全会和自治区“两会”部署，紧扣全面建成小康社会目标任务，坚持以新发展理念为引领，坚决守好三条生命线、走出一条高质量发展的新路子，推动全区工会工作在围绕中心、服务大局上实现新突破，在深化改革、创新增效上取得新成效，在维权帮扶、和谐稳定上取得新成绩，在服务基层、队伍建设上实现新提高。

下面，就做好2020年工作再强调几点意见。

一是牢记初心和使命，锤炼砥砺前进的意志。习近平总书记强调，初心不会自然保质保鲜，稍不注意就可能蒙尘褪色，久不滋养就会干涸枯萎；不忘初心、牢记使命不是一阵子的事，而是一辈子的事；必须作为加强党的建设的永恒课题和全体党员、干部的终身课题常抓不懈。我们要不断巩固和扩大主题教育成果，经常进行思想政治体检，同党中央要求“对标”，拿党章党规“扫描”，用职工群众新期待“透视”，同先辈先烈、先进典型“对照”，不断叩问初心、守护初心，不断坚守使命、担当使命，始终做到初心如磐、使命在肩。我们要着眼建设高素质专业化工会干部队伍，坚持严管和厚爱相结合、激励与约束并重，完善工会干部思想教育、激励保障和考核评价体系，建立工会干部系统化培训机制，充分调动各级工会干部的积极性、主动性、创造性。我们要引导工会干部练好基本功、掌握真本领，激励工会干部想干事、能干事、会干事、干成事，真正成为职工信得过、靠得住、离不开的知心人、贴心人、“娘家人”。我们要加强正向激励，对勇于干事、勤于思考、不怕吃苦的同志大张旗鼓地表扬和使用，引导形成比学赶超、团结奋进的工作氛围。

二是发扬斗争精神，提振干事创业的精气神。习近平总书记提出，领导干部要敢于担当、敢于斗争，保持斗争精神、增强斗争本领，年轻干部要到重大斗争中去真刀真枪干。俗话说，“温室里养不出万年松，庭院里跑不出千里马”。好功夫是练出来的，真本领是磨出来的。作为新时代的工会人，担负着神圣的历史使命，我们必须发扬越是艰险越向前的斗争精神，坚定斗争信心，练就斗争本领，在干事创业中提振精气神，勇于担责、积极尽责，真抓实干、埋头苦干，在实干中成就人生梦想，在担当中化解矛盾挑战，在奋斗中度过美好年华。各级工会干部既要志存高远、更要脚踏实地，既要指点江山、更要担当作为，争做习近平新时代中国特色社会主义思想的模范践行者、新使命的奋力担当者、新征程的自觉开拓者，把党的关怀厚爱和殷切期望转化为推动工会工作创新发展的强大动力，进一步增强做好工会工作的政治责任感和历史使命感，推动全区工会工作再上新台阶。

三是坚持问题导向，提高补短板强弱项的能力。虽然过去的一年我们取得了一些成绩，但我们要清醒地认识到，工作中还有许多短板和弱项。比如，组织覆盖仍有“真空”地带，一些灵活就业人员和个体户还没有纳入工会组织；“互联网＋工会”工作的广度和深度还有待提升，网络服务职工的途径方法还有很大可挖掘的潜力；信访接待、职工权益维护的主动性还不够，被动应付多，主动发现和跟进的相对少；宣传教育工作方式方法还相对单一，针对性、实效性和感染力还需增强；有些工作做得还不够细、不够实，创新思路不宽、方法措施不多，相关制度规定还有待完善，工会管理能力和水平还有待提高，等等。这些都需要在今后工作中加以研究和解决。我们要始终坚持问题导向，把问题作为研究制定目标任务的起点，把工作的着力点放在解决最突出的矛盾和问题上，集中力量补短板、强弱项。要牢固树立创新思维，不断创新方式方法，努力把工作做得更加细腻生动，更具亮点、富有活力。

要认真落实全面从严治党的政治责任，大力加强工会班子建设、组织建设、纪律建设、作风建设和党风廉政建设，严格执行中央八项规定，坚决反对形式主义、官僚主义；进一步增强制度意识，维护制度权威，强化制度执行，推动工会各项工作制度的健全完善和落地落实；认真落实工会干部联系基层“六个一”制度，始终保持与职工群众的血肉联系，不断提升工会的履职能力和水平。

同志们，新时代赋予新使命，新使命召唤新担当。让我们更加紧密团结在以习近平同志为核心的党中央周围，以习近平新时代中国特色社会主义思想为指导，在自治区党委、政府和全总的坚强领导和大力支持下，进一步解放思想、真抓实干，只争朝夕、不负韶华，不断开创新时代我区工会工作的新局面，为建设美丽新宁夏、共圆伟大中国梦而努力奋斗！

在认真学习贯彻习近平总书记视察宁夏重要讲话精神劳模座谈会上的讲话

（2020年6月18日）

左　军

6月8日至10日，习近平总书记到宁夏视察，就统筹推进常态化疫情防控和经济社会发展工作、巩固脱贫攻坚成果、加强生态环境保护、推动民族团结进步进行调研，并发表了重要讲话。

今天，区总召开全区劳模座谈会，学习习近平总书记视察宁夏重要讲话精神，很及时，也非常有意义。刚才，7位劳模围绕学习领会总书记重要讲话精神，谈认识、谈体会、谈感受，听了很受启发。马玉山劳模代表全区劳模就学习总书记重要讲话精神，向全区广大劳动者发出了“为宁夏大发展建功立业在新征程中谱写新篇章”的倡议，充分体现了我区劳模强烈的政治责任感。劳动模范是工人阶级的优秀代表，也是职工群众学习的榜样。今天参加会议的劳模来自全区各行各业、各个领域，有企业家代表、有农民代表，也有2020年赴鄂抗疫的一线代表，还有两位现场聆听总书记重要讲话精神的代表。大家代表了全区劳模在这里谈学习体会和感受，必将对全区广大职工群众深入学习贯彻习近平总书记重要讲话精神具有重要的指导意义。所以，今天邀请大家座谈，主要目的就是大力弘扬劳模精神、劳动精神、工匠精神，充分发挥劳模时代先锋作用，引领全区广大职工群众迅速掀起学习宣传贯彻习近平总书记视察宁夏重要讲话精神热潮，进一步凝聚工人阶级力量，激发干事创业热情，坚定信心、众志成城，为建设经济繁荣、民族团结、环境优美、人民富裕的美丽新宁夏，决胜全面建成小康社会作出积极贡献！

习近平总书记在视察宁夏时指出，社会主义是干出来的，幸福是奋斗出来的。总书记也一直在讲，劳动最光荣、劳动最崇高、劳动最伟大、劳动最美丽；全社会都应该尊敬劳动模范、弘扬劳模精神，让诚实劳动、勤勉工作蔚然成风。劳模是国家的栋梁、社会的精英、人民的楷模，是一个行业、一个领域职工群众的杰出代表，具有特殊的引领作用、示范作用、代表作用。学习宣传贯彻习近平总书记视察宁夏重要讲话精神，劳模一定要走在前、做表率，在全区广大职工群众中发挥好示范引领作用。希望各位劳模要继续带头认真学习贯彻习近平总书记视察宁夏重要讲话精神，在各自岗位上用工人阶级优秀品格、模范行动引导、带动和鼓舞广大职工群众，把思想和行动统一到总书记的重要讲话精神上来，立足岗位、真抓实干，勇于创新，为建设美丽新宁夏建功立业。

大家知道，习近平总书记这次来到宁夏视察，可以说意义非同一般：一是关键之时。2020年是脱贫攻坚收官之年、全面小康决胜之年，在这样一个关键之时，总书记亲临宁夏视察指导，这是为我们鼓劲、为我们加油、为我们助力。二是繁忙之际。当前全国上下正在统筹推进常态化疫情防控和经济社会发展，各项工作千头万绪。总书记在国事繁忙、日理万机的情况下，能抽出3天时间来宁夏视察，这是对宁夏的高度重视和鼓舞鞭策。三是非常之期。虽然现在全国疫情得到了有效控制，但全球疫情仍然处于暴发流行期，疫情传播风险依然存在，总书记不避风险来宁夏视察，是对宁夏的极大关怀关心。

总书记在宁期间，每到一处，都与职工群众亲切交谈，作了重要讲话。聆听了总书记的重要讲话，令人备受鼓舞、倍感振奋、倍增干劲，尤其是总书记深情回顾了他的4次宁夏之行，话语间充满了对宁夏人民特别是西海固贫困群众的牵挂，饱含了对宁夏各族人民的亲切关怀，满怀了对宁夏事业发展的殷切希望，寄予了对宁夏党员干部的深情嘱托，让我们真切感受到了总书记心系群众、情牵群众、惦记人民安危冷暖的领袖情怀，体会到了共产党员与群众的真切情感，这必将极大地激发全区广大职工群众干事创业的巨大热情，必将有力推动宁夏各项事业焕发出新的生机和活力。

下面，我就全区工会深入学习宣传贯彻习近平总书记视察宁夏重要讲话精神，讲几点意见。

一、提高政治站位，充分认识习近平总书记重要讲话精神的重大意义

习近平总书记视察宁夏时，一路上作出了许多重要指示，提出了许多具体要求。总书记在视察宁夏结束时的重要讲话，充分肯定了党的十九大以来宁夏各项事业发展取得的成绩，明确了宁夏改革发展的总体要求，提出了坚持不懈推动高质量发展、推动改革开放取得新突破、坚决打赢脱贫攻坚战、抓好生态环境保护、加强民生和社会治理、激发广大党员干部精神6个方面的重点任务。讲话切中要害，抓住关键，情真意切、语重心长，是推动宁夏事业发展的根本指针和基本遵循。总书记这一次重要讲话所提出的新思想、新论断、新要求，与2016年7月总书记视察宁夏时提出的“努力实现经济繁荣、民族团结、环境优美、人民富裕，确保与全国同步建成全面小康社会”目标和“三个着力”要求，与近年来对宁夏工作作出的一系列重要指示批示，一脉相承、紧密联系、有机统一，共同构成了推动新时代宁夏各项事业发展的行动纲领，为我们建设美丽新宁夏、共圆伟大中国梦注入了新的思想动力。

工会是党联系职工群众的桥梁和纽带，我们务必要提高政治站位，以高度的责任感和使命感，切实把学习好宣传好贯彻好习近平总书记视察宁夏重要讲话精神，作为当前和今后一个时期首要政治任务和重大政治责任，深入组织学习，深刻领会内涵实质，团结带领广大职工切实把思想和行动统一到总书记的重要讲话精神上来。各级工会干部要坚持以习近平新时代中国特色社会主义思想为指导，切实增强“四个意识”、坚定“四个自信”、做到“两个维护”，从政治、全局、战略的高度，深入学习领会总书记重要讲话精神，不断增强学习宣传贯彻的政治自觉、思想自觉和行动自觉。广大职工群众要积极响应总书记“社会主义是干出来的”伟大号召，发扬“不到长城非好汉”的精神，继续走好新的长征路，为宁夏经济社会发展建功立业。

二、把握学习重点，深刻领会习近平总书记重要讲话的丰富内涵和精神实质

习近平总书记的重要讲话，进一步阐明了“新时代建设一个什么样的新宁夏、怎样建设新宁夏”的思路方向、战略任务和实现路径，是新时代宁夏各项事业发展管方向、管根本、管长远的行动指南。关于总书记重要讲话精神内涵和实质，自治区党委提出了“八个深刻领会”，即深刻领会习近平总书记对宁夏工作提出的总目标、总要求；深刻领会习近平总书记赋予宁夏新的使命担当；深刻领会习近平总书记关于坚持不懈推动高质量发展的重大要求；深刻领会习近平总书记关于推动改革开放取得新突破的重大要求；深刻领会习近平总书记关于坚决打赢脱贫攻坚战的重大要求；深刻领会习近平总书记关于抓好生态环境保护的重大要求；深刻领会习近平总书记关于加强民生保障和社会治理的重大要求；深刻领会习近平总书记关于激发广大党员干部奋斗精神的重大要求。我们要深入学习，深入思考，深刻领会总书记重要讲话中的战略思考和前瞻思维，系统掌握蕴含的丰富内涵和精神实质。

为了更好地学习领会总书记重要讲话精神，我感到，作为劳动模范、工会干部、职工群众，还要重点把握三个方面。

一要深刻领会总书记“一个少数民族也不能少”的丰富内涵。总书记指出，“无论是全面小康、脱贫还是现代化，一个少数民族也不能少”。总书记这一重要讲话，掷地有声，不仅再次宣示了我们党带领各族人民共同迈进全面小康的坚定决心，也为我区决胜全面建成小康社会、决战脱贫攻坚提供了强大思想指引。“一个少数民族也不能少”，这句话看似朴实无华，实则字字千钧，彰显了总书记对人民的情感、对人民的信仰、对人民的担当，生动诠释了中国共产党人为人民谋幸福的初心和使命。当前，决胜全面建成小康社会、决战脱贫攻坚到了分秒必争的关键时刻，理解好、贯彻好“一个少数民族也不能少”的深刻含义显得极为重要。作为宁夏的工会干部、劳动模范，我们唯有提振迎难而上、一鼓作气的精气神，紧紧抓住工会大有可为的历史机遇，全面融入脱贫攻坚工作中来，发挥好劳模作用、工会作用，才能不负总书记和党中央的殷切希望。

二要深刻领会总书记以人民为中心的发展思想。总书记强调，“要坚持以人民为中心的发展思想，切实解决好群众的操心事、烦心事、揪心事”。“坚持以人民为中心”，蕴含了真挚的为民情怀，也传递了人民领袖深厚的人民情怀。总书记无论是在基层、在地方，还是在中央工作，最牵挂的是人民群众，时时刻刻为民着想、为民解忧。竭诚服务职工是工会的基本职责。作为工会干部，我们要向总书记看齐，时刻怀揣公仆之心，坚守为民情怀，经常深入基层，深入职工群众中，不断增进与职工群众的感情，下大气力解决好职工群众的困难和问题，让职工群众切身感受到党和政府及工会组织的关爱和温暖，发自内心地感恩党和政府，自觉自愿地听党话、跟党走。

三要深刻领会总书记关于激发党员干部奋斗精神的重大要求。总书记强调，坚定的理想信念，永远是激励我们奋勇向前、克难制胜不竭的力量源泉。总书记要求我们不忘初心、牢记使命，发扬“不到长城非好汉”的革命精神，勇于担当、主动作为。总书记的谆谆教导，充分体现了对我区党员干部的鞭策、期许、厚爱。我们要发扬革命传统、用好红色资源，不断滋养初心、砥砺使命，进一步坚定信心、笃定前行，用实际行动践行总书记的厚望和广大职工群众的期待。

三、抓好贯彻落实，推动习近平总书记重要讲话精神在工会工作中落实落地

总书记的重要讲话具有极强的思想性、指导性、针对性和实践性。各级工会要准确把握其精髓，掌握其认识论和方法论，坚持用总书记的重要讲话精神指导实践推动工作。

一要把总书记重要讲话中的政治要求落实到位。要认真贯彻落实总书记重要讲话精神，始终保持清醒头脑和政治定力，坚持和加强党的领导不动摇，坚持和发展中国特色社会主义不动摇，坚持实现中华民族伟大复兴的宏伟目标不动摇。要牢牢把握工会是党领导下的工人阶级群众组织的政治定位，始终牢记引导职工群众听党话、跟党走，巩固党执政的阶级基础和群众基础，是工会组织的政治责任，坚决守好政治安全生命线，坚持把党对工会工作的领导贯穿于方方面面，确保党中央决策部署和自治区党委政府的工作要求得到全面落实。要自觉把工会工作放在党和国家事业全局去谋划去布局，围绕中心、服务大局，切实把组织群众、宣传群众、教育群众、引导群众的工作做细做实，把统一思想、凝聚人心、化解矛盾、增进感情、激发动力的工作做好做到位。

二要把总书记重要讲话中的新发展理念落实到位。要按照总书记重要讲话精神和自治区党委的部署要求，自觉践行新发展理念，围绕"六稳"工作、"六保"任务、推动高质量发展等任务，充分发挥工会团结职工助力经济社会发展的作用。要全面实施助推复工复产行动，深入开展工会"守护健康　情暖职工"的职业健康检查；要深入实施产业工人队伍建设改革，推动各项政策措施落实落地；要围绕自治区重大项目、重点工程、重点产业，深入开展好"当好主人翁、建功新时代"主题示范性劳动竞赛和技能大赛，在推动高质量发展中充分发挥工人阶级主力军作用；要全面实施劳模示范引领行动，落实好关爱劳模工作，大力营造尊重劳动、尊重劳模、尊重创造的浓厚氛围。

三要把总书记重要讲话中的以人民为中心的思想落实到位。要贯彻落实好总书记重要讲话所提出的"切实解决好群众的操心事、烦心事、揪心事"的要求，竭力做好职工服务。要健全服务职工工作机制，做精做细"送温暖""金秋助学""医疗互助""工会班"等工会帮扶品牌，大力推进线上线下、快捷高效的一站式服务；要加强户外劳动者的关心关爱，推动100个户外劳动者驿站和法律援助示范点建设落实；要完善维护职工权益机制，积极构建和谐劳动关系，做好为农民工"护薪""讨薪"的工作；要健全完善困难职工帮扶解困常态机制和预防返贫返困机制，确保小康路上"一个也不能少"。要继续加大帮扶点扶贫力度，在脱贫攻坚中发挥好工会组织的作用。要落实好下基层联系点"六个一"制度，不断增进与职工群众的感情，帮助解决好职工群众的操心事、烦心事、揪心事。

四要把总书记重要讲话中全面从严治党的要求落实到位。要严格落实总书记重要讲话中所提出的全面从严治党的要求，突出抓好工会干部队伍建设。要着力提高工会干部的政治能力和专业能力，树立重担当的导向，大力弘扬实干担当的精神，建立健全工会干部担当作为的激励机制，把广大工会干部的积极性、主动性、创造性充分调动起来，勇于担当、主动作为，激励工会干部真干事、能干事、干成事。要继续加强纪律教育，持之以恒正风肃纪，加强重点岗位、重点领域、关键环节的监督，抓早抓小、防微杜渐，力戒形式主义、官僚主义，持续营造风清气正的创业环境。

四、加强组织领导，迅速掀起学习宣传贯彻习近平总书记重要讲话精神的热潮

总书记的重要讲话，对全区广大职工群众是极大的鼓舞和振奋。各级工会要切实履行政治责任，加强组织领导，精心安排部署，迅速在全区工会系统和广大职工群众中掀起学习宣传贯彻总书记重要讲话精神的热潮。

*一要抓好工会干部的学习。*各级工会要立即行动起来，按照自治区党委的要求，对学习宣传贯彻工作作出安排部署。区总党组要坚持以上率下，充分发挥示范带动作用，把学习总书记视察宁夏重要讲话精神作为重中之重，先学一步、学深一层、学实一些，为全区广大工会干部做表率。各级工会要切实负起责任，制定学习宣传方案，认真组织好工会干部的学习宣传活动。要坚持集中学习和个人自学相结合，采取专题研讨、座谈交流、举办读书班、讲党课等形式，深入开展学习研讨。在学习中要带着深厚感情去感悟总书记的家国情怀和使命担当，去体会人民领袖对人民的真挚情感和坚定信仰，把总书记对宁夏的嘱托、期望和要求入脑入心入行，不断强化衷心拥护党、拥护总书记，真心信赖党、信赖总书记的政治情感，不断增强竭诚服务职工的职责意识，以“为职工办好事、做实事、解难事”的执着和“功成不必在我、功成必定有我”的境界，忠实践行时代责任和历史使命。

*二要抓好职工群众的学习。*各级工会要组织好广大职工群众的学习宣传活动，结合落实工会干部联系基层、联系职工群众的工作机制，深入基层和职工群众中，多形式、全方位、广角度宣传解读总书记的重要讲话精神，推动总书记的重要讲话精神进企业、进农村、进机关、进校园、进社会、进网络，把总书记的深情厚意和亲切关怀传递到千家万户，做到家喻户晓，深入人心。要以总书记重要讲话精神的宣传贯彻为契机，进一步凝聚广大职工群众的强大力量，团结一心、众志成城，为建设美丽新宁夏、共圆伟大中国梦作出积极贡献。

同志们，习近平总书记的重要讲话，对宁夏当前和今后一个时期各项事业的发展都具有十分重要的指导意义。我们一定要高度重视，精心组织，广泛宣传，深入学习贯彻总书记重要讲话精神，对标对表、坚定信心、笃定前行、激发斗志、不辱使命，努力把学习成果体现到提高思想认识上、体现到指导实践推动工作上、体现到提升工作质量和水平上，确保总书记的重要讲话精神在宁夏大地落地生根、开花结果。

在自治区总工会十二届三次全委(扩大)会议上的讲话

(2020年4月10日)

左 军

过去的2019年，对工会来讲，是坚守初心、担当使命、负重前行、奋勇拼搏的一年。在全区各级工会组织的共同努力下，我们各项工作都取得了显著成效。一是我们始终坚持党的全面领导，牢牢把握正确政治方向，坚持以习近平新时代中国特色社会主义思想为指导，坚决贯彻党中央和自治区党委重大决策部署，紧扣中央部署要求，高起点推进主题教育，全区工会党员干部的思想政治受到洗礼和锤炼，守初心担使命的思想行动更加自觉，理论指导实践和创新推动工作的能力有效提升。二是自治区党委、政府高度重视工会工作，党委常委会两次听取工会工作汇报，专题研究并出台了新时期宁夏产业工人队伍建设改革实施方案，陈润儿书记在全区主题教育总结大会上对工会工作给予表扬；石泰峰同志在主题教育期间亲临区总机关指导，代表自治区党委发出了“工会工作大有可为”的号召；姜志刚副书记多次出席工会重要会议活动，多次对工会工作作出指示批示。自治区党委对工会工作的重视，是对我们的激励和鼓舞，是我们做好工作的重要保障。三是我们围绕中心、服务大局，团结引领广大职工广泛开展新中国成立70周年系列活动，激发了广大职工建功新时代的主人翁精神和创造活力，在建设美丽新宁夏的伟大征程中充分展示了工会组织的作用和工人阶级的力量。我区困难职工解困脱困、信访维稳及财务、经审等方面工作取得了显著成绩，受到全总表扬，有力践行了维护职工合法权益、竭诚服务职工群众的神圣职责，我区工会组织的影响力、凝聚力、吸引力进一步提升。

这些成绩的取得来之不易。这是习近平新时代中国特色社会主义思想指引的结果，是自治区党委政府和全总坚强领导和大力支持的结果，是社会各界鼎立相助的结果，是全区各级工会干部和广大职工以实际行动践行“社会主义是干出来的”号召，撸起袖子苦干实干的结果！在此，我向关心支持我区工运事业的社会各界，向全区各级工会干部和广大职工致以崇高的敬意！

同志们，刚才，会议传达了自治区党委姜志刚副书记关于工会工作的批示精神。志刚书记的批示，为我们深入贯彻落实中央和自治区有关精神，进一步推进我区工会工作指明了方向、提出了要求。会议审议了区总常委会工作报告，深入总结了2019年以来工作，科学提出了2020年工作思路、工作目标和工作任务，是我们奋力推进2020年工作再上新台阶、开创新局面的“路线图”，请各级工会组织认真学习领会，切实抓好落实。

下面，为贯彻好这次会议精神，我再讲几点意见。

一、认清形势，切实增强干事创业的使命感责任感

2020年是决胜全面建成小康社会和“十三五”规划收官之年。自治区党委十二届八次、九次全会和年初召开的自治区“两会”明确提出，要紧扣全面建成小康社会目标任务，坚持以新发展理念为引领，牢牢抓住“三个着力”重点，坚决打好三大攻坚战，持续实施三大战略，守好促进民族团结、维护政治安全、改善生态环境“三条生命线”，走出一条高质量发展的新路子，确保与全国同步建成全面小康社会。今天上午，全总召开了十七届三次执委会会议，强调要围绕统筹推进新冠肺炎疫情防控和经济社会发展工作，建立健全工会制度体系，多做扶贫帮扶的工作，多做雪中送炭的工作，多做化解矛盾的工作，多做凝聚人心的工作，不断增强工会组织的政治性、先进性、群众性。

作为党领导下的工人阶级群众组织，我们唯有只争朝夕、真抓实干、发挥优势，凝聚起职工群众的磅礴力量，显示出工会组织的更大作为，才能不负韶华、不负重托。为此，2020年全区工会工作的主要任务是，紧紧围绕习近平新时代中国特色社会主义思想这条主线，全力实施“四大行动”、开展“三大活动”、巩固“三大成果”、夯实党建基础，着力在推动党的创新理论入脑入心入行上展现工会作为，着力在推进经济持续健康发展上展现工会作为，着力在保持社会和谐稳定上展现工会作为，着力在巩固和发展党的执政基础上展现工会作为，努力打造忠诚党的事业、竭诚服务职工的工会干部队伍。

可以看到，2020年我们原本就有不少硬仗要打，“硬骨头”要啃、“薄弱点”要补，然而突如其来的新冠肺炎疫情又给我们的工作带来了巨大的冲击和影响。疫情发生以来，在以习近平同志为核心的党中央坚强领导下，始终把人民生命安全和身体健康摆在第一位，采取最全面、最严格、最彻底的防控举措，坚决抗“疫”，有效战“疫”，疫情防控成效巨大，疫情形势持续向好，生产生活秩序加快恢复。但是，我们要看到，当前境外疫情大流行呈加速趋势，国外疫情输入压力不断加大，给疫情防控工作带来了新的挑战。另外，随着经济社会秩序加快恢复，我区复工复产加快推进，目前，全区规上企业开工率达98.3%，但全产业链复工复产的系统性还不够，市场活跃度比较低，生产效率和效益都不高，经济发展面临的困难在加大。这些因素都必然对我区职工就业、合法权益维护和队伍稳定等带来一定影响。对此，我们必须保持清醒头脑，认清当前复杂形势，坚定必胜信心，切实增强打赢疫情防控阻击战和全力推进工会工作的责任感和紧迫感，始终坚持以习近平新时代中国特色社会主义思想为指导，加强党对工会工作的全面领导，切实把思想和行动统一到党中央对疫情防控形势的最新判断上来，统一到党中央和自治区党委政府的重大决策部署上来，进一步增强“四个意识”，坚定“四个自信”，做到“两个维护”，组织动员广大职工，为打赢疫情防控阻击战和推动经济社会发展建功立业。

要着力抓好理论武装，始终坚持工会工作正确政治方向。各级工会干部要深入学习领会习近平新时代中国特色社会主义思想，不断巩固深化“两学一做”主题教育成果，着重掌握马克思主义立场观点方法，推动学习贯彻习近平新时代中国特色社会主义思想往深里走、往实里走、往心里走。要与学习贯彻习近平总书记关于工人阶级和工会工作的重要论述结合起来，推动习近平新时代中国特色社会主义思想进基层、进企业、进头脑，增强党的基本理论、基本路线、基本方略和全面建成小康社会的政治认同、思想认同、情感认同。

要切实强化思想政治引领，不断夯实党执政的阶级基础和群众基础。随着经济社会的发展和改革的深化，特别是疫情的发生，职工队伍思想难免出现新的情况，要切实增强思想政治建设工作的有效性，深入开展“中国梦·劳动美”主题宣传教育，引导广大职工积极践行社会主义核心价值观，牢牢掌握劳动领域意识形态斗争主导权，突出思想政治工作的先导作用，加强政治动员、政治引导、政治教育。要充分发挥工会组织联系职工群众的桥梁和纽带作用，运用工会网站、“宁工惠”手机App等宣传载体，开展“有深度、接地气、顺人心、鼓干劲”的思想宣传活动，做好新领域新阶层新群体团结引领工作，引导广大职工坚定不移听党话、跟党走。

要深入开展“凝心聚力决胜小康”行动，充分展现工会组织的担当作为。2020

年是决胜全面建成小康社会、决战脱贫攻坚之年，各级工会要引领职工充分发挥工人阶级主人翁作用，着眼实现全面建成小康社会和“十三五”规划的目标任务，围绕国家和自治区重大战略、重大工程、重大项目、重点产业，广泛深入开展多领域、多行业，形式多样的劳动技能竞赛活动，探索在新产业新业态新组织开展竞赛的形式和载体，推动企业与职工同担责任、共渡难关。要认真贯彻落实习近平总书记在决战决胜脱贫攻坚座谈会上的重要讲话，坚决克服新冠肺炎疫情影响，把工会工作有机融入全区脱贫攻坚工作中来，积极完成工会承担的脱贫攻坚任务，做精做细“工会班”“金秋助学”“医疗互助”“技能培训”“送温暖”“结对帮扶”“临时救助”等工会帮扶品牌，进一步加大定点扶贫投入和帮扶力度，为坚决夺取脱贫攻坚战全面胜利充分发挥工会作用。

要持续加强基层基础建设，不断深化工会改革创新。要进一步加强和改进县级工会、乡镇（街道）工会、区域性行业性工会联合会建设，持续深化货车司机、快递小哥等八大群体入会和百人以上企业建会专项行动，推动非公企业工会组建纳入党建工作总体部署，努力巩固和提升企业建会率和职工入会率。要强化互联网思维，深化智慧工会建设，深入推进工会工作线上线下深度融合；不断优化宁夏工会手机 App 和宁夏职工服务网服务功能，积极拓展就业、文化、旅游、健康和娱乐等方面的普惠服务，开发精品项目，实施精准服务。

二、众志成城，统筹抓好疫情防控、复工复产和职工队伍稳定工作

新冠肺炎疫情暴发以来，全区各级工会坚决贯彻落实习近平总书记重要讲话精神，紧紧围绕中央和自治区的决策部署，组织动员广大职工积极投身疫情防控人民战争，全力协助疫情防控一线完成各项任务，特别是广大医务人员面对急难险重，临危受命，冲锋在前，奋战在疫情防控第一线，展现了救死扶伤、医者仁心、大爱无疆的崇高精神。各级工会努力工作，就疫情防控、慰问一线职工、帮扶困难职工、劳模评选、有序复工复产、构建和谐劳动关系、缓解中小企业经营压力等方面积极开展工作，充分展示了工会组织在统筹推进疫情防控和经济社会发展中的重要作用。

习近平总书记强调，面对严峻复杂的国际疫情和世界经济形势，我们要坚持底线思维，做好较长时间应对外部环境变化的思想准备和工作准备；要密切关注国际国内疫情形势变化，全面落实外防输入、内防反弹，及时采取更有针对性和实效性的防控措施，继续抓紧抓实抓细各项防控工作。

各级工会要坚决贯彻习近平总书记的重要讲话精神，毫不放松抓紧抓实各项防控工作，严密防范境外疫情扩散蔓延风险，因时因势调整疫情防控工作着力点和应对举措，不断巩固和扩大疫情防控取得的成效，确保打赢疫情防控的人民战争、总体战、阻击战。

要坚持在常态化疫情防控中加快推进生产生活秩序全面恢复，积极有序推进企事业单位复工复产，稳妥做好疫情善后工作，协调解决复工复产中出现的困难和问题，加快建立同疫情防控相适应的经济社会运行秩序，力争把疫情造成的损失降到最低限度。

要进一步完善协调劳动关系三方机制建设，通过三方联席会议平台，推动涉及职工劳动权益方面的诉求和问题及时解决。要高度关注因为疫情引起的劳动关系矛盾，针对疫情给企业和职工带来的影响，全力做好受疫情影响企业的复工复产、劳动用工、工资支付等指导和服务，推动稳就业各项政策举措的落实，推进实施就业优先政策，加大援企稳岗力度。要特别关注受疫情影响的农民工、高校毕业生、困难退役军人等群体，推动零就业家庭动态清零。

要健全服务职工工作机制，加强职工普惠性服务制度建设，完善职工困难常态帮扶制度，推动建立预防相对困难职工家庭返贫的长效机制；要持续抓好城市困难职工解困脱困工作，进一步加大力度，落实好住房保障、就业就学、大病医疗等政策举措；要做好对坚守疫情防控一线医务人员和职工安全防护措施和待遇保障，及时开展形式多样的慰问和服务，谋划好疫情防控阻击战后因病致贫返贫职工群众的帮扶工作。

要密切关注、深入研究疫情和经济下行压力对职工就业和权益保障带来的关联影响，科学梳理分析，尽力协调应对。要扎实做好工会信访工作，充分发挥好工会“第一知情人、第一报告人、第一帮扶人”的作用。对可能引发群体上访的苗头和隐患，要第一时间出现在维权现场，第一时间了解掌握情况，坚决维护职工队伍的团结统一，确保社会大局和谐稳定。

三、实干担当，扎实推进各项目标任务落地落实

一分部署，九分落实。目标任务已经明确，奋斗号角已经吹响。现在，重点是坚定信心，推进落实，竭力把本次全会确定的蓝图变成现实。

要精心谋划抓落实。凡事预则立、不预则废。各级工会要自觉把自身工作置于全区工作大局中来谋划和推进，坚持围绕大局履职尽责，要对照本次全会确定的目标任务，进一步细化安排，合理确定责任时限，建立完善责任制，责任到人、工作到人，使人人肩上有担子、项项工作有着落，增强抓落实的压力、合力。要建立工作销号制度，完成一项销账一项，确保各项工作有序推进，见到实效。

要转变作风抓落实。作风正、则事业兴。各级工会组织在推进工作落实的过程中，既要保证落实进度和效率，更要保证落实标准和质量，对部署的工作、议定的事项，要找准贯彻落实的切入点和落脚点，吃透上情，摸清下情，久久为功，持续用力，真正把功夫下到察实情、出实招、办实事、求实效上。各级工会干部要带着对职工群众的深厚感情，走出机关，破除“四化”，更多地到基层去，到困难多、矛盾多的地方去，到职工群众中去，帮助基层化解矛盾、解决困难，在化解矛盾问题的过程中根除思想症结，改进工作作风，提高服务本领和能力。要带着问题开展调查研究，进一步把握职工群众的新期待，在实践中积极探索思考，把基层的情况、实践的问题、解决的对策上升到理论层面，不断提升工会工作理论性和科学化水平。

要凝聚合力抓落实。合则强、孤则弱。各级工会要增强全局意识和整体思维，对需要多部门、多地域共同配合完成的工作，要不推诿、不拖拉，主动靠前，心往一处想，劲往一处使，万众一心加油干，团结奋进抓落实，形成推动工作的“一体化”格局。

各位委员、同志们，躬逢伟大时代，肩负伟大使命。我们要更加紧密地团结在以习近平同志为核心的党中央周围，坚持以习近平新时代中国特色社会主义思想为指导，坚定信心，鼓足干劲，团结动员全区广大职工，凝心聚力，共克时艰，为建设经济繁荣、民族团结、环境优美、人民富裕的美丽新宁夏作出新的更大贡献！

统筹谋划 迎难而上
助推宁夏经济社会高质量发展

——在自治区总工会十二届三次全委(扩大)会议上的工作报告

(2020 年 4 月 10 日)

马利明

现在，我代表区总十二届委员会常委会作工作报告，请予审议。

2019 年工作回顾

2019 年，在自治区党委和全总的坚强领导下，区总常委会坚持以习近平新时代中国特色社会主义思想为指导，围绕中心、服务大局，在社会各界的大力支持下，在各级工会干部和广大职工的共同努力下，认真履行职责，发挥自身优势，突出重点，抓好落实，各项工作取得显著成效。

一、思想政治建设持续加强

一是坚决贯彻落实中央、自治区党委重大决策部署。把深入学习贯彻习近平新时代中国特色社会主义思想作为首要政治任务，在学懂弄通做实上下功夫，广大工会干部“四个意识”不断增强，“四个自信”更加坚定，“两个维护”更加坚决。紧扣习近平总书记视察宁夏重要讲话精神，自觉把工会工作置于建设美丽新宁夏的大局下来谋划、来推进，印发《自治区总工会贯彻落实习近平总书记对宁夏重要指示批示精神 2019 年重点工作任务分工》，逐项建账销号，切实把党中央、自治区党委重大决策部署体现到工作中、落实在行动上。

二是扎实开展“不忘初心、牢记使命”主题教育。成立领导小组，制定实施方案，统筹推进学习教育、调查研究、检视问题和整改落实，困难职工帮扶解困不够精准、服务职工能力水平不够高、阵地作用发挥不够充分等一批职工关注的问题得到较好解决，建立了 5 个方面 7 项长效机制。自治区党委主要领导和中央主题教育第五巡回督导组先后到区总调研，对区总主题教育和工会工作予以肯定。

三是广泛开展庆祝新中国成立 70 周年系列活动。通过开展“中国梦·劳动美——与共和国同成长、与新时代齐奋进”主题宣传教育、职工演讲比赛、“我和我的祖国”职工优秀文艺节目展演、“劳动者之歌”合唱大赛，邀请全总文工团来宁巡回慰问演出等庆祝新中国成立 70 周年系列活动，营造了共庆祖国华诞、共享伟大荣光、共铸复兴伟业的浓厚氛围，激发了广大职工的爱国热情，汇聚起了团结奋斗的强大力量。

二、服务大局作用持续发挥

一是大力实施建功立业工程，引导广大职工为宁夏经济高质量发展作贡献。以“当好主人翁、建功新时代”为主题，在宁夏 750 千伏妙岭输变电工程等 5 项自治区重点工程中开展示范性劳动竞赛，在高端纺织等领域开展16项职工职业技能大赛，带动全区5700余家企事业单位、37.8万人次参与。广泛开展职工技能创新活动，全区累计创建劳模创新工作室527个，带动5万多名职工参与技术创新，攻克技术难题4800多项。认真落实劳模待遇、弘扬劳模精神，全年发放劳模“三金”1400万元。邀请全国金牌焊工、大国工匠候选人来宁传授技术，组织技术骨干到江苏、福建、山西学习交流，开展劳模事迹巡回报告活动，推进劳模精神“进机关、进企业、进学校”，激励引导全区广大职工对标先进、立足岗位争作贡献。

二是大力实施困难职工帮扶工程，助力脱贫富民战略有效实施。不断加大帮扶解困力度，全年投入帮扶资金5602.7万元，4.4万名职工受益。制定《困难职工帮扶管理细则（试行）》并通过全总审查备案，在精准识别、完善国家级困难职工档案基础上，探索建立自治区级困难职工档案，推动实现困难职工帮扶精准化，努力做到应帮尽帮。组织全区217个工会与6532户困难职工家庭结成对子，一对一长期持续帮扶，有效帮助3212户困难职工家庭解困脱困，这一经验在全总主席团会议上进行了交流。

三是大力实施和谐劳动关系构建工程，进一步促进职工队伍稳定和社会和谐。推进企业协商民主建设，企业民主管理和工资集体协商纳入自治区对市、县（区）效能目标管理考核指标体系。推进以职工代表大会为基本形式、工资集体协商为主要内容的企业民主管理制度落实见效，目前全区85%的建会企业建立了职代会制度，93%的企业签订工资集体合同，职工合法权益得到有效保障。建成集咨询、维权、帮扶、投诉于一体的“12351”工会网络服务平台，全年受理职工来电、来访、咨询2万余次，形成了全区统一受理、分级办理、限时办结的服务体系。主动参与社会治理，联合司法部门，在企业、商圈、工业园区等区域建立劳动争议调解组织5171个，有效化解了劳动关系矛盾纠纷。我区工会信访维稳工作经验在全总会议上作了交流。女职工维权取得新成果，我区通过“一函两书”机制维护女职工权益实例入选全国第三届依法维护妇女儿童权益十大案例。

三、改革创新工作持续深化

一是强化统筹协调，产业工人队伍建设改革全面铺开。认真履行推进产业工人队伍建设改革牵头职责，制定并落实《新时期产业工人队伍建设改革实施方案》工作台账，明确了23家成员单位的工作时间表、路线图。加强与各成员单位联络沟通，及时掌握工作推进情况，协调解决问题困难，研究制定配套措施，保证每项改革任务都有目标、有措施、有落实。目前，79项改革任务已全面铺开、稳步推进。

二是加强阵地建设，工会组织覆盖不断扩大。深入开展百人以上企业建会行动和“八大群体”集中入会行动，全年新建工会组织1271个，涵盖单位3008个，新发展会员8.43万人。印发《宁夏基层工会“职工之家”建设管理办法（试行）》，以开展示范性“职工之家”创建提升阵地建设水平，职工对“职工之家”的满意度稳步提高。

三是不断优化完善，智慧工会建设深入推进。依托自治区政务云平台建设的“一网一卡一平台”功能不断扩展，“宁工惠”手机App上线运行，职工运用网络入会转会、技能培训、维护权益的比例不断提高，初步形成了线上线下有机融合的工会网上工作新格局。已完成宁夏工会视频会议系统二期建设、OA协同办公系统迁云升级工作，打通了区、市、县（区）工会网上办公通道，智慧工会建设基础更加坚实。宁夏工会网上工作情况在全国省级工会网上工作培训班上作了介绍。

四、自身建设水平持续提升

一是强化机关党的建设，党组织功能充分发挥。坚持机关党建工作和业务工作同谋划、同部署、同落实，认真开展党建质量提升年活动，通过年初签订党建目标责任书、定期召开党建工作会议压实责任、组织支部互检互评找差距，不断增强班子成员、支部书记抓党建的思想自觉和行动自觉。深入实施“三强九严”工程，严格落实“三会一课”和组织生活会等制度，大力整治“灯下黑”“两张皮”问题，党组织的凝聚力、战斗力不断提升。

二是强化党风廉政建设，正风肃纪工作富有成效。牢固树立“全面从严治党永远在路上”的理念，认真执行廉政约谈、诫勉谈话、函询和述廉制度，定期进行警示教育，不断压实管党治党责任。细化廉政风险防范措施，制定《自治区总工会全面从严治党问题清单、责任清单、问责清单》，扎实开展违反中央八项规定精神突出问题专项整治“回头看”工作，依纪依规严肃执纪问责，营造了风清气正的良好氛围。

三是强化干部队伍建设，干事创业环境进一步优化。坚持从严教育、从严管理，深入实施干部素质提升工程，以开展岗位练兵、技能比武、知识竞赛、读书交流等系列活动为载体，全面提升干部的思想政治素质和业务能力水平。继续推行“减上补下”“减上补新”，激励机关干部到基层一线经受锻炼、增长才干。强化理论学习，落实民主集中制，班子成员之间思想交流充分，班子成员与干部职工之间思想交流成为“常态”，班子团结和谐、干部职工积极进取。

四是强化内部管理，基础工作日趋规范、扎实有效。工会经费和资产管理使用的科学性和实效性不断提升，区总被全总评为省级工会财务先进单位，并在全总 2019 年度省级工会经费审查工作规范化建设考核中获特等奖。产业工会工作力度不断加大，我区农林水财轻工工会关于产业工人队伍建设改革的做法在中国农林水利气象工会全委会上进行了交流。调查研究成效明显，区总多篇调研报告、理论文章被《中国工运》杂志刊载。工人疗养院迁建项目有序推进，工人文化宫公益性作用更加凸显，工会大厦经营管理水平进一步提高。

各位委员、同志们，在总结成绩的同时，我们也要清醒地看到工作中存在的问题，主要表现为：工会基层基础仍然薄弱，市、县（区）工会工作仍然存在短板；工会干部服务职工群众的能力水平与新时代对工会工作的要求还存在差距；“两新组织”工会的有效覆盖不够广泛；等等。针对这些问题，我们要在今后的工作中认真研究，精准施策，切实予以解决。

2020 年工作重点

2020 年是“十三五”规划收官之年和脱贫攻坚决战决胜之年，我区将和全国同步全面建成小康社会。工会组织要顺应经济社会发展的新形势，统筹谋划，积极作为。开年之初，面对来势汹汹的新冠肺炎疫情，我们第一时间发出倡议书，动员全区 29652 名工会干部组建 119 个志愿服务队，深入乡镇街道、社区、企业等疫情防控一线开展志愿服务；及时开展关爱慰问，先后为 6 批 785 名援鄂医护人员每人发放 5000 元慰问金，向自治区 4 家定点医院、疾控中心等相关单位和 5 市总工会划拨慰问金 485 万元，支持疫情防控一线人员解决实际困难；印发《关于在疫情防控企业复工复产期间做好工会工作的通知》，提出关爱职工、维权维稳、保障发展等10项具体措施，帮助企业复工复产；不断强化维权帮扶，通过网上服务为职工办理各类事项406件，开展心理疏导4万余人次，切实解决职工实际困难。这些工作成为今年工会工作的新亮点，得到自治区党委副书记姜志刚同志、自治区政府副主席杨培君同志的肯定和社会各界的好评。

2020年我区工会工作的总体要求是：紧紧围绕“一条主线”，按照自治区党委“始终抓住‘三个着力’重点，守好‘三条生命线’，走出一条新路子”的部署要求，全力实施“四大行动”、开展“三大活动”、巩固“三大成果”，夯实党建基础，为夺取新冠肺炎疫情防控和经济社会发展“双胜利”贡献全区广大职工智慧和力量。

一、围绕“一条主线”，在着力引领广大职工听党话、跟党走上展现新作为

一是持续深化理论武装。组织广大党员干部紧紧围绕学习贯彻习近平新时代中国特色社会主义思想这条主线，结合实际，持续深入贯彻落实党的十九大、十九届四中全会精神和习近平总书记关于工人阶级和工会工作的重要论述，团结引领广大职工不断增强“四个意识”、坚定“四个自信”、做到“两个维护”，并把学习所获转化为推动工作、抓好落实的思路和举措。

二是加强思想政治引领。突出思想政治工作的先导作用，推动出台《关于加强和改进新时代产业工人队伍思想政治工作的意见》，开展“阅读经典好书·争当时代工匠”等系列主题实践活动，引导广大职工坚定不移听党话、跟党走。牢牢掌控劳动领域意识形态斗争主导权，加强积极宣传和正面引导工作，大力宣传和广泛汇聚正能量。深入开展社会主义核心价值观和“四德”教育，深化拓展“劳动者之歌”大赛和“宁工学堂”品牌公益服务项目，培育健康文明、昂扬向上、全员参与的职工文化。

二、实施“四大行动”，在着力推进经济社会持续健康发展上展现新作为

一是实施助推复工复产行动。在做好疫情常态化防控的同时，全面落实推进企业复工复产的十项措施，不断巩固和拓展生产生活秩序加快恢复的态势。密切关注疫情对职工思想和健康等方面的影响，举办百场职工心理辅导公益讲座，开设“职工空中心理驿站”，聘请专业心理咨询师为职工提供心理疏导、情绪管理服务达到5万人次以上；开展工会“守护健康　情暖职工”职业健康检查助力复工复产活动，组织不少于3万名一线职工职业健康检查，为每人补助200元检查费，助力职工健康复工、企业稳定生产。

二是实施产业工人队伍建设改革显效行动。召开全区产业工人队伍建设改革工作推进会，推动各项政策措施落实落地。充分发挥产业工会作用，紧扣产业特点，落实各项改革举措，示范带动改革深入推进。分期组织100名技术工人和劳模技能人才到发达省区开展学习培训和技术交流，带动广大职工拓宽视野、增长见识、提高技能。着力完善产业工人思想政治建设、培训教育、素质提升、成长成才、作用发挥等机制，推进改革取得新成效。

三是实施劳动技能竞赛和职工创新创造行动。围绕自治区重大项目、重点工程、重点产业，深入开展“当好主人翁、建功新时代”主题示范性劳动竞赛和技能大赛，在推动高质量发展中发挥工人阶级主力军作用。鼓励和支持行业、企业通过岗位练兵、技术比武等方式开展技术创新，不断激发职工创新创造活力，助力实施创新驱动战略。

四是实施劳动模范示范引领行动。坚持面向一线、面向基层，做好5年一次的全国和全区劳动模范、先进工作者推荐评选表彰工作，并通过组织劳模进学校、拍摄展播劳模专题片等形式，广泛宣传劳模的崇高思想和先进事迹，特别要宣传奋战在一线的医护人员在关乎人民生命安危的重大考验面前，表现出的救死扶伤的高尚职业道德、崇高的思想品质和伟大的牺牲精神，大力营造劳动最光荣、劳动最崇高、劳动最伟大、劳动最美丽的浓厚氛围。努力为医护人员办实事办好事，疫情结束之后，分期分批组织疫情防控一线医护人员专项疗休养，激励广大职工学习劳模、争当英雄，在经济社会发展各个领域建功立业。

三、开展“三大活动”，在着力保持社会和谐稳定上展现新作为

一是开展职工权益维护年活动。健全服务职工工作机制，建成区总职工服务大厅，强化服务功能，为广大职工提供线上线下、快捷高效的一站式服务，打造服务职工综合体；加强户外劳动者关心关爱工作，在全区打造100个户外劳动者驿站和法律援助示范点，推动改善户外劳动者工作条件。完善维护职工权益机制，建立与自治区信访、人社等部门的信息共享和矛盾纠纷调解机制，密切关注劳动关系状况，对劳动关系矛盾纠纷早发现、早介入、早化解，齐心协力为农民工“护薪”“讨薪”，真正把矛盾纠纷化解在萌芽状态；保护好女职工的合法权益和特殊利益。坚持和完善劳动关系协调机制，在全区打造100个行业集体协商示范单位和100个区域集体协商示范单位，带动集体协商提质增效；积极争取与自治区相关部门联合出台《自治区职工疗休养工作指导意见》，完善职工休假保障制度，在增强职工群众获得感和幸福感的同时，促进消费，拉动内需。

二是开展基层组织建设年活动。深入开展50人以上企业建会、“八大群体”集中入会、农民工及时入会工作，巩固和提升企业建会率和职工入会率，实现50人以上企业建会动态全覆盖，全区农民工入会率力争达到55%。深入开展模范职工之家（小家）评选活动，命名一批职工之家和职工小家示范点，打造一批区域性“会站家”一体化职工服务示范阵地。打造一批民主管理工作示范点，推动企业民主管理制度有效落实。

三是开展智慧工会建设提升年活动。持续优化完善“一网一卡一平台”服务体系，为“智慧工会”建设打造安全稳定的运行环境。将政府资源和职工队伍需求精准对接，建设集学习、培训、技能提升、资格认定于一体的职工网络学习提升平台——“宁工学堂”。完成宁夏工会财务资产内控管理平台建设项目，实现数据互联互通，提高财务资产管理标准化、规范化水平。抓住宁夏工会手机App上线的机遇，持续开发推出精品普惠服务项目，提升工会组织的吸引力和凝聚力。

四、巩固“三大成果”，在着力巩固和发展党的执政基础上展现新作为

一是巩固主题教育成果。坚持把不忘初心、牢记使命作为加强工会系统党的建设的永恒课题和工会干部的终身课题，按照中央和自治区党委统一部署，建立“不忘初心、牢记使命”制度，实现学习教育、调查研究、检视问题、整改落实常态化，不断巩固和拓展主题教育成果。

二是巩固脱贫攻坚成果。坚持以人民为中心的发展思想，健全完善困难职工帮扶解困常态机制和预防返贫返困机制，确保全面建成小康社会路上不让一名困难职工掉队。高度关注因疫情造成生活困难的职工，通过发放临时生活补助、加强关心慰问等措施，帮助他们渡过难关。继续加强同心县下马关镇平远村、陈儿庄村2个帮扶点扶贫工作，坚持扶贫和扶志相结合，加大技能培训力度，防止返贫返困。

三是巩固工会改革成果。一方面，持续深化以增“三性”为目标的工会改革，以落实《自治区总工会机关干部减上补下和减上补新实施办法（试行）》《关于加强和改进社会化工会工作者队伍建设的实施意见（试行）》等5个配套文件为抓手，及时总结推广各地工会改革的成功经验，发挥典型带动作用，及时研究解决深化改革中遇到的新情况新问题，推进改革全面提质显效。另一方面，以产业工人队伍建设改革为契机，通过落实工作台账各项措施，推动产业工人队伍不断壮大，素质能力明显提升，合法权益进一步实现，为自治区高质量发展提供人力资源支撑。

五、夯实党建基础，在打造忠诚党的事业、竭诚服务职工的工会干部队伍上展现新作为

一是着力提升工会党的建设规范化水平。工会各级党组织要以党的政治建设为统领，严格履行全面从严治党政治责任，持续强化党组书记领导责任、机关党委书记直接责任、党支部书记主体责任“三个责任”，巩固深化“三强九严”工程，切实增强党内政治生活的政治性时代性原则性战斗性。开展经常性党性教育，通过举办党员“大学习”活动、党性教育等活动，“信仰与忠诚”坚持不懈用党的创新理论滋养初心，锤炼党性。按照做好“三个表率”的目标要求，扎实开展模范机关创建，全面提升机关党建工作质量，以党建助推工会改革发展目标任务落实落地。

二是推动党风廉政建设走向深入。持续加强纪律教育，以开展廉政警示教育周为切入点，认真开展“六廉”活动，推动警示教育精准化、常态化，使铁的纪律成为广大党员干部日常习惯和自觉遵循。持续开展违反中央八项规定精神突出问题专项治理工作，做到关口前移、预防在前。落实落细监督责任，加强对重点岗位、重点领域、关键环节的监督，抓早抓小、防微杜渐。严肃查处违规违纪和失职失责行为，持续营造风清气正的政治生态。

三是培育勤政务实的工作作风。坚持把统筹做好疫情防控和工会各项工作，作为提升党员干部工作作风的重要契机，保持永不懈怠的精神状态和一往无前的奋斗姿态。大力弘扬实干担当的精神，结合落实下基层联系点“六个一”制度，深入企业、深入一线帮助解决复工复产中的困难和问题，提高服务中心大局、服务生产一线、服务职工群众的能力和本领。要养成雷厉风行的作风，把全年各项重点工作任务具体化、清单化，每件工作盯住落实，确保每项任务都落地落细落实。

各位委员、同志们，2020年的工作重点已经明确，完成好2020年的任务意义非同寻常。各级工会组织要勇担使命，按照区总全委会的部署，紧密结合各自实际，细化工作措施，加快进度、加大力度，凝心聚力、攻坚克难，团结动员广大职工为如期实现我区经济社会发展目标作出新的更大的贡献。

在学习习近平总书记视察宁夏重要讲话精神专题研讨会上的发言

马利明

刚才，我们学习了习近平总书记在宁夏考察重要讲话精神，传达了陈润儿书记在自治区党委常委（扩大）会议上的讲话，班子成员就学习贯彻总书记视察宁夏重要讲话精神谈认识、讲体会，提出了很好的措施，下面我就贯彻落实总书记重要讲话精神讲几点意见。

一、提高政治站位

通过刚才的传达学习，我们深切体会到：习近平总书记的重要讲话内涵深刻、情真意切、语重心长，具有极强的政治性、思想性、前瞻性、指导性，指明了宁夏的发展方向、赋予了宁夏时代重任、明确了宁夏工作重点，既体现了人民领袖对宁夏发展的高度重视和对宁夏人民的亲切关怀，也是对我们坚定不移走高质量发展之路的极大激励和鞭策，与总书记历次视察宁夏的重要讲话精神既一脉相承又深化拓展，是我们不断推进工会工作取得新突破新发展的总纲领。区总各部门、各直属单位要把学习宣传贯彻习近平总书记视察宁夏重要讲话精神作为当前和今后一个时期的首要政治任务，坚决落实好陈润儿书记的讲话要求和自治区党委的各项工作部署，坚定不移、久久为功，努力书写新时代宁夏工会工作的新篇章。

二、层层传达学习

区总各部门、各直属单位要把学习触角延伸到所有党员和全体干部职工，安排专门时间，组织广大党员干部逐字逐句研读、深入研讨交流，切实把讲话精神学深学透，不断增强贯彻落实的自觉性。学习贯彻习近平总书记视察宁夏重要讲话精神，要同学习贯彻习近平新时代中国特色社会主义思想结合起来，全面梳理、一体把握，增强贯彻落实的系统性；要同学习贯彻总书记 2016 年视察宁夏时的重要讲话精神结合起来，对总书记 2016 年视察宁夏时的重要讲话精神再学习、再思考，增强贯彻落实的连续性；要同学习贯彻习近平总书记关于工人阶级和工会工作的重要论述结合起来，深入思考、融会贯通，增强贯彻落实的坚定性；要同 2020 年重点工作和本部门本单位的工作实际结合起来，坚持学以致用、以用促学，切实把学习贯彻总书记重要讲话精神落实到推动工会工作创新发展的实践上来，增强贯彻落实的实效性。厅级领导干部要坚持学在前、用在前，深入联系点、扶贫点开展宣讲，切实发挥好表率作用，机关党委要切实发挥牵头作用，做学习贯彻总书记重要讲话精神的组织者、推动者，各支部要把学习研讨作为当前重要任务，努力把学习的成效转化为推动工会工作的强大动力，体现在全心全意维护职工权益上、服务职工工作中，确保总书记重要讲话精神在工会落地生根。

三、加强宣传阐释

引导广大职工坚定不移听党话、跟党走是工会组织义不容辞的政治责任。宣教部、网络部要通过工会网站、微信公众号、手机App等多种方式，全方位、多角度深入解读和大力宣传习近平总书记在宁夏视察重要讲话精神，推动总书记重要讲话精神进企业、进车间、进生产经营一线，营造学习宣传贯彻的浓厚氛围，切实把总书记的深情厚意和关切关怀传递到广大职工中去，引导广大职工群众坚定不移投身经济社会发展、巩固脱贫攻坚成果、加强生态环境保护、促进民族团结等各条战线、各个战场，不断筑牢广大职工同心同德、团结奋进的共同思想基础。

四、全面贯彻落实

下一步，全区各级工会要拓展路径、创新方式，结合2020年工会重点工作任务，着重抓好以下七项工作：

*一是强力推进产业工人队伍建设改革往深里走、往实里落。*习近平总书记指出宁夏推动高质量发展还存在质量效益仍然偏低等深层次问题，产业工人队伍整体素质偏低是影响质量效益偏低的因素之一。要扎实开展“产业工人队伍建设改革深化年”行动，聚焦产业工人思想引领、建功立业、素质提升、地位提高、队伍壮大等重点任务，加强统筹协调，推动产业工人队伍建设改革向纵深发展、向基层延伸。同时，加快建设产业工人公共网络学习平台，全方位提升产业工人技能水平和专业素养，为推动宁夏高质量发展提供技能人才支撑。

*二是围绕完善基层治理体系提高基层治理能力深化工会改革。*总书记指出当前改革重点要围绕推进国家治理体系和治理能力现代化来进行。具体到工会而言，就是要围绕贯彻落实自治区党委《关于完善基层治理体系提高基层治理能力的若干意见》来深化工会改革。这方面，我们做了有益尝试，整合区总各部门服务职能，建成西北首家省级职工服务中心，为广大职工提供线上线下、快捷高效的一站式服务。下一步，要把区总职工服务中心打造成为可供基层学习参考的模板和样本，示范带动全区各级工会组织整合优化服务。同时，深入推进工会“基层组织建设年”活动，推进“会站家”一体化建设向社区、基层工会延伸，真正寓基层治理于精准服务中，主动融入全区基层治理大格局，把执行党的意志的坚定性和为职工服务的有效性统一起来。

*三是更好发挥产业工人队伍在推动经济社会高质量发展中的主力军作用。*以五年一次的劳模评选表彰为契机，大力弘扬劳模精神、劳动精神、工匠精神，弘扬一线医护人员在疫情防控的关键时刻，在关乎人民生命安危的重要考验面前，所表现出的救死扶伤的高尚职业道德，用生命守护生命的伟大牺牲精神和崇高思想品质，激励广大产业工人学先进、赶先进，在经济社会发展各个领域争相建功立业。围绕自治区重大项目、重点工程、重点产业，广泛深入持久开展“当好主人翁、建功新时代”主题劳动竞赛和职工创新创造活动，助推创新驱动战略实施和经济社会高质量发展。

*四是精准做好困难职工解困脱困和驻点帮扶工作。*总书记强调，要对标“两不愁三保障”，瞄准突出问题和薄弱环节，一鼓作气、尽锐出战，确保如期实现脱贫目标。具体到工会而言，主要是做好困难职工的解困脱困工作，这方面我们主要在常态化帮扶基础上，依托困难职工农民工技能培训促就业活动来推进，实施“造血式”解困脱困，帮助职工稳定收入。对于因大病、意外事故等其他原因不能参加技能培训促就业的困难职工家庭，要尽快组织市、县（区）、产业工会制定个性化脱困方案，一户一方案，专人负责，利用社会资源结对帮扶等措施，确保这部分困难群体解困脱困，与广大职工一

道迈入小康社会。通过发展富民产业、完善基础设施、推动劳务输出等措施，巩固同心县下马关镇平远村、陈儿庄村两个区总帮扶点的脱贫成果。

五是履行好维护职工合法权益、竭诚服务职工群众的基本职责。紧扣习近平总书记关于加强民生保障的要求，积极推动实施就业优先政策，深化工会就业创业服务，全面落实网上“春风行动”、集体协商等促就业、保就业举措，努力做到职工多转岗、少下岗，多就业、少失业。同时，坚持把“六保”作为当前最重要的任务，联合人社部门开展困难职工农民工技能培训促就业活动，为下岗失业人员及农民工创造就业条件，力争各类培训人员掌握1～2门就业技能，70%以上实现就业或自主创业。精准研究分析复工复产中存在的问题，帮助企业和职工做好疫情防控、权益维护、人员管理、环境卫生等方面工作，确保职工生产生活稳定。

六是引导广大职工积极参与、助力实施生态立区战略。紧扣习近平总书记“牢固树立绿水青山就是金山银山的理念”的要求，开展形式多样的生态环境保护宣传教育活动，积极投身蓝天、碧水、净土保卫战，广泛参与绿色环保新技术、新产品开发，推广使用新工艺和先进操作法。工会组织要在建设黄河流域生态保护和高质量发展先行区中承担更多责任，当好参与者、推动者。

七是大力提升工会干部素质、改进工作作风。紧扣习近平总书记关于激发广大党员干部奋斗精神的要求，继续实施工会干部素质提升工程，激励干部职工比担当、比作为、比奉献，沿着总书记指引的方向砥砺前行。结合开展工会干部下基层联系点“六个一”活动，组织工会干部深入基层一线帮助解决实际困难和问题，提高服务职工群众的能力和本领，让基层和职工群众切身感受到工会组织是“职工之家”、工会干部是“贴心人”。

凝心聚力抓党建　不忘初心再出发 建设“让党中央放心、让人民群众满意”模范机关

——中共宁夏回族自治区总工会机关委员会工作报告

（2020年6月23日）

马利明

现在，我代表中共宁夏回族自治区总工会机关委员会作报告，请予审议。

过去五年的工作回顾

过去的五年，是区总机关党的建设进程中极不平凡的五年。五年来，特别是党的十九大以来，我们坚持以习近平新时代中国特色社会主义思想为指导，坚决贯彻落实党中央和自治区党委关于全面从严治党的重大决策部署，坚定政治方向、坚持问题导向、坚守价值取向，机关党的政治建设、思想建

设、组织建设、作风建设、纪律建设和制度建设一体推进、整体提升，实现了与工会工作的相互融合、互促共进。

一、旗帜鲜明讲政治，做到“两个维护”更加坚决有力

——理论武装持续加强。坚持把学习贯彻习近平新时代中国特色社会主义思想作为首要政治任务，着力在全面、系统、深入上下功夫。积极开展“大学习”活动，健全完善学习制度，党组理论学习中心组坚持每月至少一次集中学习，带动示范各支部和全体党员经常性学习讨论，并通过考试、督查等方式强化学习效果，机关党员干部理论学习实现全覆盖、常态化、长效性。及时组织党员干部学习贯彻习近平总书记重要讲话精神，结合总书记关于工人阶级和工会工作重要论述、结合工作实际深学细悟、融会贯通。6 月 8 日至 10 日习近平总书记在宁夏视察并发表重要讲话后，党组召开专题会议传达学习、交流研讨，各支部集中讨论，党员干部网上网下学，掀起了学习贯彻习近平总书记视察宁夏重要讲话精神的热潮。积极组织学习研讨、脱产培训、理论研究，力求学深悟透。五年来，区总领导和党支部书记讲党课 255 次，开展专题辅导 20 余场次，组织机关党员到井冈山、浙江大学等党性教育基地脱产培训 351 人次，帮助党员干部学得更深、悟得更透、做得更实。

——主题教育成效显著。按照党中央统一部署和自治区党委要求，紧紧抓住思想教育这个根本，先后组织开展了“两学一做”“三严三实”及其常态化制度化学习教育、“不忘初心、牢记使命”主题教育，推动党内教育从“关键少数”向广大党员拓展、从集中性教育向经常性教育转变，出台完善了“工会班”管理办法、指导意见、“金秋助学”职工之家管理办法等一批制度规定，使工会工作更加科学规范、务实高效和贴近职工群众，党员干部队伍思想、组织、作风、纪律建设得到加强。区总主题教育的做法和成果在《工人日报》、“学习强国”、《宁夏日报》等多家媒体报道，“不忘初心、牢记使命”主题教育得到了中央主题教育第五巡回督导组和自治区党委的肯定。

——贯彻落实坚定有力。始终以党中央的旗帜立场、决策部署、担当精神为标杆，紧跟习近平总书记重要讲话要求，把“两个维护”放到实现中华民族伟大复兴中国梦奋斗目标中把握，落实到工会各项具体工作中。党的十九大及各次全会等重大会议召开后，习近平总书记同全总新一届领导班子成员集体谈话、给郑州圆方集团职工回信等重要指示批示精神发布后，区总组织第一时间传达学习、安排部署、提出举措，用实际行动践行“两个维护”。区总连续两年出台《贯彻落实习近平总书记对宁夏重要指示批示精神重点工作任务分工》，切实把党的理论路线方针政策落实到工会工作各方面全过程。

二、坚持不懈打基础，党组织的组织力和党员干部的战斗力明显提升

——党内政治生活进一步规范。严格执行《新形势下党内政治生活若干准则》《中国共产党重大事项请示报告条例》等制度规定，坚持重大问题、重要事项、重大工作及时主动向区总党组和区直机关工委请示报告。深入实施“三强九严”工程，通过 2020 年初签订党建工作责任书确定目标、定期召开党建工作会议压实责任、组织互检互评查找差距，压紧压实机关党建“三个责任”，强化班子成员“一岗双责”。坚持问题导向，针对党支部政治功能发挥不充分、党员干部引领发展能力不适应等问题，通过组织支部书记培训、开展督查指导、进行互观互学互检等措施，推动党支部标准化、规范化建设，党内政治生活的政治性、时代性、原则性、战斗性不断增强。

——党支部组织力进一步提升。牢固树立党的一切工作到支部的鲜明导向，以提升组织力为重点，认真贯彻《中国共产党支部工作条例》《中国共产党党和国家机关基层组织工作条例》和自治区党委《关于进一步加强和改进机关党的建设的意见》，“整治年”深入开展机关党建“质量提升年”“巩固年”活动，持续推进党支部“晋星升级”。五年来，培育和打造了“移动党课”“签订党建合创协议”“五园一心”基地等特色党建品牌，区总16个党支部全部达到星级以上，其中，四星级党支部1个、三星级党支部5个，二星级党支部6个，文化宫党支部列入区直机关工委党建工作示范名录。今年初，在新冠肺炎疫情防控的关键时刻，16个支部、69名党员下沉到防控一线，深入驻地街道社区开展联防联控，带动全区29652名工会干部，组建119个志愿服务队，守牢疫情防控的细枝末节，有效发挥了党支部宣传党的主张、贯彻党的决定、参与基层治理、团结动员群众、推动改革发展的坚强战斗堡垒作用。

——党员教育管理进一步加强。始终把党员队伍建设作为基础工作抓牢抓实，着力建设一支信念坚定、政治可靠、素质优良、纪律严明、作用突出的工会党员队伍。高标准严要求抓好党员发展工作，着力提高发展党员质量，五年来，发展11名党员，区总机关和直属单位党员达到215名。认真开展党员组织关系集中排查，保证对每一名党员的有效管理。实施党员干部“素质提升”工程，强化党员理论学习和实践锻炼，通过组织支部书记、委员和党务干部培训，举办公文写作大赛，安排干部挂职锻炼等多种途径，不断提升党员干部政治素质和服务职工群众的能力水平。加强对党员的日常监督管理，进行经常性谈心谈话，扎实开展党员干部信教参教问题等专项整治，帮助党员干部筑牢理想信念之基、增强担当奋斗之志，先后涌现了自治区“三八红旗手”等党员“百孝之星”先进典型。

三、驰而不息转作风，风清气正的政治生态持续巩固

——以警示教育推动实现“自身严”。立足于教育，着眼于防范，以党性党风党纪教育为重点开展经常性警示教育。通过理论中心组学习、邀请专家学者专题讲座等方式，教育引导党员干部随时打扫思想灰尘，拧紧遵规守纪的螺丝，做到知敬畏、存戒惧、守底线，保持为民务实清廉的政治本色。坚持以案说法、以案明纪，组织党员干部参观石嘴山监狱等警示教育基地，集中观看《路蠹之覆》《贪欲之祸》等警示教育片，持续强化警示教育效果。五年来，开展各类警示教育112场（次），基本形成了领导“讲廉”、网络“传廉”、典型“示廉”、读书“思廉”、家庭“助廉”的浓厚氛围，进一步筑牢了区总党员干部拒腐防变的思想防线。

——以专项整治推动实现“自身净”。认真开展违反中央八项规定精神突出问题整治，健全完善了财务管理、公车使用、会议管理、办公用品采购、党务公开、劳模及困难职工帮扶专项资金使用与管理等规定，不断织密制度的笼子，中央八项规定精神及其实施细则在区总深入落实。扎实开展形式主义、官僚主义突出问题专项整治为基层减负工作，组织各支部紧紧围绕7个方面25项突出问题，对照“五个有的”突出问题，逐项对照检查，发现问题逐条整改，建立了服务劳模“五个一”、下基层“六个一”长效机制，一些以会议落实会议、以文件贯彻文件、服务职工群众不实等突出问题得到有效解决，机关党员干部工作作风持续改进。

——以执纪监督推动实现“自身硬”。坚持把履行党建和党风廉政建设责任制情况作为年终考核的重要内容，对主体责任落实不力的部门（单位）支部书记及时约谈，监督其落实好责任。建立督查通报制度，每季度对贯彻党章和其他党内法规、执行党的路线方针政策、落实中央和自治区党委重大决策部署情况进行督查通报，强化制度执行。不断提升机关纪委、工会经费审查等内部监督工作水平，对重点岗位、关键环节的监督持续加强，区总财务、经审等工作连续多年受到全国总工会表彰。严格落实《中国共产党问责条例》，以教育警醒为主，严管和厚爱有机统一，必要时坚决执纪问责，使干部既体会到党纪约束的刚性，又体会到组织的关爱，维护了党规党纪的严肃性和权威性，党员干部的党章党规党纪意识进一步增强。

各位党员、同志们，回顾五年来区总机关党建工作取得的成绩，主要得益于自治区党委的坚强领导和区直机关工委的精心指导，得益于区总机关各党支部及全体党员干部的共同努力。在此，我代表中共宁夏回族自治区总工会机关委员会，向区直机关工委的同志、向机关全体党员、干部职工表示衷心的感谢！

在肯定成绩的同时，我们也清醒地认识到，与新时代全面从严治党要求相比，区总机关党建工作还存在一定差距，例如：以习近平新时代中国特色社会主义思想武装头脑、指导实践、推动工作不够全面、系统、深入；实施“三强九严”工程工作措施系统性、实效性不够强；党员干部在新形势下服务职工群众的能力、方法与职工群众的需求还存在一定差距；等等。对这些问题我们将高度重视，在今后的工作中认真研究加以解决。

今后五年的工作任务

今后五年，自治区总工会机关党的建设的使命任务是：以习近平新时代中国特色社会主义思想为指导，以党的政治建设为统领，以保持和增强政治性、先进性、群众性为主线，持续深入学习贯彻习近平总书记视察宁夏重要讲话精神，着力深化理论武装，着力夯实基层基础，着力推进正风肃纪，当好“三个表率”，全面提高自治区总工会机关党的建设质量，增强“四个意识”，坚定“四个自信”，坚决做到“两个维护”，建设让党中央放心、让人民群众满意、高效服务自治区党委中心工作的模范机关，为推进工会工作创新发展提供坚强保证。

一、突出政治机关本色，把握正确方向

一是强化政治统领。严格落实《中共中央关于加强党的政治建设的意见》和自治区党委《关于加强党的政治建设的具体措施》，严格执行基层党组织、共产党员政治合格基本标准，定期开展政治建设情况自查整改，始终在思想上政治上行动上同以习近平同志为核心的党中央保持高度一致。认真落实思想政治工作定期分析报告制度和意识形态工作责任制，适时开展党员干部思想状况调研，将解决思想问题与解决实际问题相结合，做深做实思想政治工作。

二是强化理论武装。始终把学习贯彻习近平新时代中国特色社会主义思想作为理论学习中心组学习的第一议题、常设议题，切实从严抓好“关键少数”。深化党员“大学习”活动，持续推进“两学一做”学习教育常态化制度化，采取集中学习、集体研讨、专题调研、现场教学等形式，有计划、分层次组织党员干部深入研读“必读篇”，跟进学习“最新篇”，深刻理解“宁夏篇”，推动习近平新时代中国特色社会主义思想往深里走、往心里走、往实里走。完善理论学习制度，用好“学习强国”等网络学习平台，运用读书分享会、研讨会、报告会或专题辅导等载体，增强学习成效。

三是强化维护效果。认真组织开展习近平总书记历次视察宁夏时的重要讲话精神学习研讨活动，坚持“三个不动摇”，深刻理解总书记关于做好锚定发展高质量、改革开放新突破、打赢脱贫攻坚战、黄河流域生态环境保护、民生保障和社会治理、激发奋斗精神“六篇文章”的重要论述，积极响应“社会主义是干出来的”伟大号召，按照自治区“守好三条生命线、走出一条高质量发展的新路子”的部署，结合工会工作，制定工会贯彻落实的“任务书”和“作战图”，明确目标任务，确保总书记的要求落地生根。

二、立足全面规范提升，夯实基层基础

一是以开展模范机关创建提质量。按照《自治区直属机关创建“让党中央放心让人民群众满意”模范机关实施方案》，以建设政治坚定过硬、基层基础牢固、勤政为民清廉、服务精准高效、文化健康向上的区总机关为目标，对标党建任务，扎实开展模范机关创建，全面提升机关党建质量。使机关各支部成为攻坚克难的战斗堡垒，使广大党员成为真抓实干的先锋模范。

二是以深化“三强九严”工程促规范。以提升组织力为重点，推进党组书记领导责任、机关党委书记直接责任、党支部书记主体责任和领导班子成员“一岗双责”有效落实，实现党建工作和业务工作一起谋划、一起部署、一起落实、一起检查。围绕党支部规范化建设12条基本标准，压紧压实党建责任，进一步严肃党内政治生活，着力提高“三会一课”质量，持续规范党员“政治生日”、党员公诺等仪式，提高支部学习、发展党员、组织生活、党务公开等工作实效。经常性组织各支部互观互检、座谈研讨，推动形成相互学习、共同进步的良好机关党建氛围，着力提高党支部建设标准化、规范化水平。

三是以开展经常性党性教育树品牌。探索建立“不忘初心、牢记使命”经常性党性教育机制，着眼“制度化”和“操作性”，经常性开展重温党章、重温入党誓词、重温革命烈士家书活动，组织党员走基层、下企业、进党性教育基地，进行思想政治体检，同党中央要求“对标”、拿党章党规“扫描”、用职工群众新期待“透视”、用先辈烈士和先进典型“对照”，永葆党的先进性和纯洁性，建设忠于党、忠于人民的工会党员干部队伍。深化实施工会干部素质提升工程，开展大培训、大练兵活动，建设高素质专业化的工会干部队伍。开展创支部品牌活动，持续推进“一支部一特色、一支部一品牌”党建特色工作，选树特色基层党建明星支部，形成各支部共同规范、各有特色、整体提高的区总机关党建格局。

三、围绕机关作风建设，强化正风肃纪

一是持之以恒改进作风不断增强战斗力。认真贯彻落实中央八项规定及其实施细则精神，持续深入整治“四风”老问题和新表现。始终保持整治形式主义、官僚主义力度不减，定期开展整治效果回头看，坚决纠治理论学习、组织生活、基本制度落实、有关要求执行等方面存在重数量轻质量、重形式轻效果的问题，不断增强针对性和实效性。开展机关“庸懒散浮拖”专项整治，坚决纠治脱离基层、漠视群众等“机关病”，下大力气解决支部作用弱化、治理体系不健全、治理能力不适应、治理责任不落实的“一弱三不”问题，实现机关服务意识强、工作效率高，窗口部门（单位）办事流程优化、服务热情周到。

二是密切联系职工群众不断增强凝聚力。强化全心全意为人民服务的宗旨意识，深化工会干部下基层“六个一”活动，结合部门职能和工作职责，组织党员干部常态化深入基层、深入群众开展调查研究，检视履行职责、落实政策、解决问题、服务发展等方面存在的突出问题，不断强化服务理念，创新服务手段，提升服务效能。建立完善为职工解难题工作机制，不断扩大工会服务项目供给，提高工作水平，着力解决广大职工最关心最直接最现实的利益问题。开展机关党组织与基层党组织结对共建，落实在职党员到社区报到制度，开展机关青年“根在基层”活动，继续做好定点扶贫工作，不断巩固脱贫成果，把广大职工群众紧密团结在党的周围。

三是全面从严正风肃纪不断增强防腐力。始终把纪律和规矩挺在前面，开展经常性纪律教育和警示教育，不断夯实工会党员干部拒腐防变的思想堤坝。强化日常管理，落实谈心谈话制度，及时深入了解党员干部的思想、工作、作风、生活状况，加强日常廉洁风险提醒，做到关口前移、预防在前。强化监督责任落实，加强对重点岗位、重点领域、关键环节的监督，守牢党风廉政风险点，贯通运用监督执纪“四种形态”，抓早抓小，防微杜渐。推进新形势下党内政治生活若干准则、请示报告制度等党纪党规有效落实，树立工会党员干部良好形象。

四、聚焦服务中心大局，推进深度融合

一是聚焦党中央和自治区改革发展重点目标任务助力经济社会发展。聚焦决胜全面建成小康社会，围绕防范化解重大风险、精准脱贫、污染防治“三大攻坚战”，紧盯疫情防控重点工作，组织动员机关党员干部围绕目标、全力以赴、攻坚克难。认真贯彻自治区党委十二届八次、九次、十次全会精神，找准工会工作的切入点和着力点，深入研究制定落实举措，全力助推党中央和自治区改革发展重点目标任务落实落细。

二是聚焦工会工作目标任务推动工运事业发展。切实加强思想政治引领，开展好“中国梦·劳动美——与共和国同成长、与新时代齐奋进”主题宣传教育。围绕建党100周年，按照自治区党委统一安排开展好系列活动，大力弘扬社会主义核心价值观和爱国主义精神，凝聚起中华儿女同心共筑中国梦的磅礴力量。进一步加强和改进职工思想政治工作和意识形态工作，不断筑牢广大职工同心同德、团结奋进的共同思想基础。广泛深入持久开展“当好主人翁、建功新时代”主题劳动和技能竞赛，扎实推进产业工人队伍建设改革，充分发挥工人阶级的主力军作用。认真履行维护职工合法权益、竭诚服务职工群众的基本职责，不断提高维权服务质量和水平。

三是聚焦文明机关创建目标任务推动自身建设发展。深化文明机关创建活动，结合工会工作实际，推动精神文明建设形式创新、内涵拓展、领域扩大，提高创建层次和水平，树立工会新风，展示精神风貌。扎实开展“走好新时代的长征路”宣传教育和“社会主义是干出来的”主题活动等，弘扬崇德向善、见贤思齐的社会风尚。开展“梦想与奋斗·建设美丽新宁夏”主题活动，激励干部职工比奉献、比作为、比担当，增强工作能力，提升工作质量。积极组织党员干部参与文明社区、文明交通、文明旅游、护绿植绿和社会帮扶活动，让每个工会党员干部都成为文明的传播者和职工信赖的“娘家人”。

各位党员、同志们，机关党的建设是机关建设的根本保证，在党的建设中具有特殊重要地位，让我们坚定信念、永葆初心，攻坚克难、凝聚力量，不断提升机关党建工作质量，努力建设“让党中央放心、让人民群众满意”的模范机关，奋力开创新时代我区工会工作新局面！

大事记

重要工作

【自治区总工会慰问困难企业、困难劳模、困难职工】 1月6日至9日，自治区总工会筹集送温暖资金62.4万元，由区总领导分别带队，分6个慰问组深入5市11县（区），对12家困难企业、6户困难职工和6户劳模家庭进行慰问，为每家困难企业送去慰问金5万元，为每个困难劳模、职工家庭送去慰问金2000元。慰问组每到一处，与职工、劳模们手拉手、话家常，使职工群众近距离、心贴心地感受到来自工会“娘家人”的关怀和温暖。

【自治区总工会出台十项措施助力疫情防控企业复工复产】 2月19日，自治区总工会印发《关于在疫情防控企业复工复产期间做好工会工作的通知》，出台十项措施，全力协助企业复工复产，稳定劳动关系，动员广大职工凝心聚力、同舟共济、共克时艰。一是各级工会要将新冠肺炎防控作为当前工会的重大政治任务，教育引导广大职工以主人翁的责任感和使命感，与企业同呼吸、共命运，营造团结一心打赢疫情防控阻击战的良好氛围。要采用健康提示、张贴宣传画、视频播放以及防控知识培训等多渠道普及防控知识，增强职工自我防护意识，理解、支持并配合防控工作。二是各级工会要从工会经费中安排一定的资金设立新冠肺炎疫情防控专项资金，专门用于疫情防控保障和慰问等工作，重点对参与疫情防控工作的医护人员、公安干警、社区防控工作者、物资保障人员、环卫工人、疫情防控重点工程项目建设者、复工复产一线职工及其无法照顾的直系亲属进行慰问和人文关怀，积极动员组织社会力量，发动工会志愿者定期了解他们的需求和困难，建立台账，积极协调解决，尤其是夫妻双方都在防控一线的家庭要重点照顾。三是各级工会要协助有关部门和企业妥善处理好疫情防控期间劳动关系问题，引导企业承担社会责任，监督落实“因隔离、留观或政府采取紧急措施不能提供正常劳动的，企业不得随意解除、终止劳动合同，也不得退回劳务派遣用工”的规定，及时化解因疫情引发的用工矛盾纠纷，切实维护职工合法权益，维护职工队伍稳定。四是各级工会要根据企业复工复产需要，适时开展工会就业服务月活动，积极打造“线上春风行动”，通过各级工会网上服务平台发布用工信息等方式，为用工企业和务工人员搭建平台，协助复工企业缓解用工短缺等矛盾。五是各级工会要广泛宣传在疫情防控和企业复工复产工作中涌现出的先进典型和模范事迹，引导劳动模范和先进人物更好发挥示范表率作用，要在劳动模范、五一劳动奖章（奖状）、和谐劳动关系创建等荣誉评选中优先考虑疫情防控以及对企业复工复产、稳定劳动关系作出突出贡献的个人和集体，充分凝聚疫情防控工作的强大正能量，推动万众一心打赢疫情防控阻击战的良好社会环境。六是市、县（区）工会要在协调劳动关系三方中积极作为，切实保障职工工资报酬、福利待遇、休息休假、安全防护等合法权益，完善企业内部协商民主机制，进一步畅通职工理性表达合理诉求的渠道，通过集体协商等合法方式，力争把劳动关系矛盾隐患化解在萌芽状态，大力推广“互联网＋调解仲裁”，发挥工会在劳动争议调解、仲裁中的特殊作用，避免出现负面舆情影响复工复产。七是复工企业工会要积极协助企业制定复工方案，及时宣讲疫情防控政策要求，建立返岗员工健康监测制度，做好后勤保障、出入管理和环境卫生等工作，为职工配备好防疫保护和劳动保护装备等防护物资，建立一日三次清洁、消毒、通风及进出体温筛查制度，随时掌握职工健康状况，采取合理安排轮岗排班、降低工作区域内人员密度、职工的工位设置拉长、集体住宿尽量降低人员密度、不举办室内外聚集性活动、孕期哺乳期女职工等特殊员工远程办公等措施，建立健全符合企业特点的生产生活指南，把防控责任落实到车间、班组和每一名职工。八是复工企业工会要密切关注职工受疫情影响的思想动态，有条件的工会要聘请心理咨询师或相关专业人员，开展心理危机干预疏导、微信电话服务、公益性心理微课等，疏解职工在疫情形势严峻情况下的焦虑恐惧情绪，倡导职工主动践行合理膳食、适量运动、戒烟限酒等健康生活方式，营造“我的健康我做主”的良好氛围。要主动关心因疫情造成生活困难的职工，及时纳入相应帮扶救助范围，帮助职工解决实际问题，增强职工归属感。九是因疫情影响导致生产经营困难的企业工会，要通过集体协商民主程序与职工协商，采取调整薪酬（停工津贴）、轮岗轮休、缩短工时等方式稳定工作岗位；对暂无工资支付能力的，要支持企业与职工代表协商延期支付，帮助企业减轻资金周转压力。十是各级工会干部要坚定扛起疫情防控责任和工会工作职责，结合全区工会干部下基层联系点“六个一”工作机制，积极主动对接所联系的企业和职工，深入复工复产和疫情防控第一线，用心传递工会“娘家人”“贴心人”的温暖，为协助做好企业复工复产交上合格的“工会答卷”。

【全区各级工会为实现疫情防控和经济社会发展“双胜利”贡献工会力量】 新冠肺炎疫情发生以来，全区各级工会坚决贯彻落实习近平总书记重要讲话和指示批示精神，按照自治区党委、政府和中华全国总工会的部署要求，全力投入疫情防控阻击战。

第一，广泛动员，为抗疫凝聚合力。一是第一时间发出倡议书，号召广大职工群众争做政治责任的担当者、个人健康的守卫者、疫情防控的践行者，团结一心、众志成城，坚决打赢这场硬仗。二是组织动员广大工会干部奋战抗疫一线。全区 29652 名工会干部组建 119 个志愿服务队，深入乡镇街道、社区等疫情防控一线，帮助街道和社区干部排查进出人员，构筑疫情防控的铜墙铁壁。三是动员各级劳动模范、五一劳动奖章获得者积极投身疫情防控阻击战，发挥所长、捐款捐物、冲锋在前。据五市总工会统计，各级劳模先后捐款 6000 余万元，为疫情防控纾困解难。

第二，关爱慰问，为一线医护人员助威。

一是设立疫情防控专项资金。自治区总工会划拨资金近千万元，市、县（区）总工会筹款筹物3280万元，主要用于疫情防控工作的物资购买、走访慰问等。二是及时慰问疫情防控一线医护人员。首批援鄂医疗队出发后，自治区总工会在第一时间为每名队员送去5000元慰问金，共为我区六批援鄂医疗队785名队员每人发放5000元慰问金。同时，在全国和自治区劳动模范评选中重点向疫情防控一线医护人员倾斜。三是加强基层工会资金保障。自治区总工会及时向五市总工会、自治区四家定点救治医疗机构、疾控中心和产业工会提供专项资金支持，支持基层工会做好疫情防控工作，帮助疫情防控一线人员解决实际困难，解除他们的后顾之忧。

第三，发挥优势，为经济社会发展助力。一是通过发布维权提示、开通维权热线、网上办理信访案件、加强劳动关系网上舆情监测研判，及时发布涉及职工合法权益的政策法规，引导职工通过合法途径表达利益诉求，促进劳动关系和谐稳定。二是联合人社部门搭建网上企业复工招聘和职工就业信息对接平台，开展网上“春风行动”，为企业和职工牵线搭桥，解决企业用工短缺和职工就业难的问题。三是全力推动企业复工复产。2月19日，自治区总工会印发了《关于在疫情防控企业复工复产期间做好工会工作的通知》，提出关爱职工、维权维稳、保障发展等10项具体措施，组织各级工会积极开展工作，帮助企业复工复产。

第四，维权帮扶，为困难职工解困。一是强化网上维权服务。疫情期间，把更多的工会服务项目迁到网上，让职工足不出户，通过工会网站、手机App等，就能办理入会转会、政策咨询、困难申报等事项，通过12351平台办理职工各类诉求3466余件。二是强化困难职工生活保障。高度关注因疫情造成生活困难的职工，把他们及时纳入帮扶范围，在做好常态化帮扶的同时，在疫情期间通过发放临时生活补助等措施，帮助他们渡过难关。三是强化职工心理健康服务。从正月初二开始，就开通了24小时职工心理援助热线和“职工空中心理驿站”，聘请专业心理咨询师提供心理疏导、情绪管理等服务，受众达18万余名职工，有效维护了疫情期间职工心理健康。

【我区开展困难职工农民工技能培训促就业活动】 3月20日，自治区总工会、人力资源社会保障厅联合印发《关于开展困难职工农民工技能培训促就业活动的通知》（以下简称《通知》），大力推广线上线下相结合培训模式，积极开展困难职工、农民工技能培训促就业活动，为城镇待岗转岗职工、下岗失业人员以及农民工创造创业就业条件。

《通知》要求，困难职工、农民工技能培训促就业活动以符合自治区职业技能提升行动培训范围并已经录入全国工会帮扶系统（建立困难职工档案）的困难职工、就业困难的城镇下岗失业人员、待岗转岗职工、农民工，自治区脱贫攻坚建档立卡户等为培训对象，紧紧围绕市场需求和劳动力意愿，通过订单培训、定向培训、定岗培训，推进培训内容和方式创新，促进技能培训与实现就业有机结合，使各类培训人员掌握1~3门就业技能，80%以上获得初级以上技能等级证书，70%以上实现就业或自主创业，有针对性地帮助农民工和有就业意愿的困难职工家庭成员等实现就业。所开展的职业技能培训必须符合国家人社部所规定的职业标准和内容要求，培训机构、培训方式应符合《宁夏回族自治区职业技能提升行动实施方案（2019年—2021年）》（宁夏就业领导小组〔2019〕1号，以下简称1号文件）要求。各级工会、人力资源社会保障部门加强沟通协作，推动职业技能培训工作融入由政府主导的“职业技能提升行动”培训就业工作中，充分运用职业技能提升专项资金开展培训活动。培训补贴标准按照1号文件执行。

为保障困难职工、农民工技能培训促就业活动顺利开展，各级工会、人力资源社会保障部门对辖区内就业困难人员、零就业家庭和新失业的人员通过入户实地调研或利用手机App、微信公众号等网络信息平台，了解其具体困难和就业需求，结合生产企业用工需求确定培训班次和培训种类，将劳动力素质提升培训和该地产业发展相结合，推动区域或行业培训规划，打造品牌培训工作，通过补短板、提素质、拓就业、促增收实现稳定脱贫。同时，根据年度培训计划，积极整合多方资源，建立有效考核机制，抓好培训工作落实。依托职业技能培训定点机构或企业培训中心，按照国家职业技能标准开展培训，提高培训的实效性和专业性。根据新冠肺炎疫情情况，充分利用门户网站、手机App、微信小程序等多种渠道，加强线上线下融合培训。建立健全培训资金使用监管制度，严格按照培训实名制度和培训资格认证要求，在确保培训资金合规足额使用情况下，及时兑现各类补贴。

【自治区总工会职工服务中心正式启用】 5月28日，自治区总工会职工服务中心在宁夏工会大厦正式启用。自治区人大常委会副主任、总工会主席左军出席启用仪式并就中心各功能区域工作进行了参观指导，自治区总工会党组书记、常务副主席马利明讲话并宣布自治区总工会职工服务中心正式启用。

为更好地给广大职工提供快捷高效的“一站式”服务，示范带动全区各级工会组织提升服务职工质量，不断满足广大职工群众对美好生活的新期待，自治区总工会租用面积516平方米的工会大厦营业房，着力建设职工服务中心。该中心分窗口服务区、特色功能服务区和综合区三个部分。其中，窗口服务区包括法律援助、信访接待、帮扶救助、劳模服务、职工医疗互助、法人登记、普惠服务、综合服务等窗口；特色功能服务区包括心理咨询室、户外劳动者服务站（爱心驿站）、图书馆分馆、工会移动终端展示机；综合区包括连心室、劳动争议调解室、职工之家。

自2019年11月以来，区总职工服务中心的筹建工作得到区总党组的高度重视和各部室的大力支持。中心启用前，自治区总工会主席办公会审议通过了《区总相关部室移交职工服务中心具体业务和衔接工作清单》和《职工服务中心工作制度》《职工服务中心工作人员岗位职责》《职工服务中心工作人员岗位流程图》，明确了区总相关部室移交给职工服务中心的39项具体业务，包括首问负责制、限时办结制等6项工作制度和工作例会制度、定期培训制度等10项内部管理制度以及信访接待、帮扶救助等10项岗位职责，对流程相对复杂的信访接待、帮扶救助等7项重点业务工作画出了流程图。

在人员配备方面，按照窗口服务区的设置，配备职工服务中心负责人、律师和负责信访接待、帮扶救助、法人登记、劳模服务、职工医疗互助、心理咨询工作人员等十余人。其中，律师和心理咨询师通过购买服务方式引入专业力量，其他人员从区总机关干部和职业化工会工作者中选用。首批被选用的7名职业化工会工作者在基层全区职业化工会工作者中选任，此后每2~3年替换一次，以保持中心服务职工的活力和服务质量。区总自4月20日起至5月中旬对中心工作人员进行了信访接待、帮扶救助、劳动争议、劳模服务、接待礼仪等13项内容51个课时的岗前培训，将服务中心工作人员培养成一岗多能的多面手，使其熟练掌握中心的各项业务，为职工群众提供一流服务，以崭新的面貌展示服务中心的窗口形象。

近年来，自治区总工会坚持以深化工会改革为契机，紧紧围绕增强政治性、先进性、群众性这一主线，聚焦职工需求，干部下基层联系点“六个一”活动、智慧工会、普惠化服务、12351服务热线、“职工之家”等工会服务品牌深入人心，工会组织桥梁纽带作用得到有效发挥。启用后的职工服务中心将继续履行好维护职工合法权益、竭诚服务职工群众的基本职责，进一步提升自治区总工会服务职工群众的能力，推进职工维权帮扶中心向职工服务中心转型升级，着力打造融维权、服务于一体的综合性工会服务平台，使之成为宣传党的路线方针政策的重要窗口、维护职工合法权益的主要阵地、服务职工群众的开放平台、充满阳光温情的爱心驿站，为职工提供线上线下全覆盖、全方位的优质服务，成为全区工会示范性的“职工之家”。

【陈润儿调研工会工作】 8月11日，自治区党委书记、人大常委会主任陈润儿在自治区总工会、团委、妇联调研并主持召开座谈会，强调要深入学习贯彻习近平总书记关于群团工作的重要论述和视察宁夏重要讲话精神，积极履行群团组织职责，不辱时代赋予崇高使命，在“建设美丽新宁夏、共圆伟大中国梦”的实践中建功立业。

陈润儿一行实地考察了宁夏共青团综合服务平台建设情况，他说，要进一步丰富平台功能板块，积极发挥平台作用，使服务青年工作更接地气、更加便捷。

在自治区妇联妇女儿童维权中心，陈润儿得知妇联组织正在广泛开展学习宣传民法典活动，他说，要把学习宣传民法典与维护妇女儿童权益结合起来，把各项工作做得更深入。

“你们可以提供哪方面的服务？如何收取费用?”在自治区总工会帮扶中心服务窗口，陈润儿与工作人员深入交流，要求工会组织把线上服务与线下服务结合起来，既要“键对键”，也要“面对面”，更好满足广大职工多元化需求。

座谈会上，自治区总工会、团委、妇联负责同志分别汇报了工作情况，部分与会同志作了发言。陈润儿边听边记、不时插话，与大家讨论交流，了解工青妇组织紧扣发展大局、助力脱贫攻坚、联系服务群众等方面的工作情况。他说，近年来，全区各级工青妇等群团组织坚持以习近平新时代中国特色社会主义思想为指引，始终把握正确方向、紧扣中心任务，强化了政治引领，发挥了独特优势，服务了发展大局，为宁夏各项事业发展作出了积极贡献、发挥了重要作用。

陈润儿指出，工青妇等群团组织在党和国家事业大局、工作全局中居于特殊地位、肩负特殊使命。做好工青妇工作，是巩固党的阶级基础和群众基础的必然要求，是发挥党的政治特色和政治优势的有效途径，是提高党的执政能力和执政水平的重要基础。要深刻认识做好工青妇等群团工作的特殊重要性和现实紧迫性，切实增强政治责任感和历史使命感。

陈润儿强调，要增强政治性，提升引领力，牢记群团组织是政治组织，政治性是根本属性，把正方向、引对道路，把好思想、筑牢信仰，把住原则、敢于斗争，增强“四个意识”，坚定“四个自信”，做到“两个维护”，自觉坚持党的全面领导，始终与党同心同向同力，把各自联系的群众紧紧团结在以习近平同志为核心的党中央周围。要增强先进性，提升凝聚力，围绕党委和政府中心工作，找准切入点，选准结合点，把准着力点，在“共圆伟大中国梦”的征程中发挥模范带头作用，在“努力建设先行区”的实践中发挥坚强骨干作用，在“建设美丽新宁夏”的进程中发挥主体力量作用，组织动员广大群众在改革发展稳定一线建功立业，为宁夏各项事业发展贡献智慧和力量。要增强群众性，提升服务力，把联系服务群众作为职责所在、使命所系，把着眼服务大局与立足服务群众、强化服务意识与提升服务能力、拓宽服务载体与注重服务实效结合起来，切实增强群团组织的吸引力、影响力、感召力。

自治区领导姜志刚、赵永清、左军、杨培君参加调研座谈。

【自治区总工会聚焦高质量发展作出新贡献】 一是产业工人队伍建设改革扎实推进。认真履行产业工人队伍建设改革协调小组办公室职责，牵头召开全区产业工人队伍建设改革推进会，定期协调成员单位落实改革措施，促进年度59项改革任务有效落实。建成产业工人基础数据库，启动建设宁夏产业工人教育培训网络学院，圆满完成工会承担的12项年度改革任务。《宁夏产业工人队伍建设改革研究》被全总评为优秀研究成果。二是职工创新创造活动广泛开展。围绕自治区重大工程，组织开展银西铁路等6项示范性劳动竞赛及疫情防控健康管理等24项职业技能大赛，带动各级工会开展劳动技能竞赛2800余项，参赛职工40万人次。发挥劳模示范引领作用，2家劳模创新工作室被命名为“全国示范性劳模和工匠人才创新工作室”，新培育创建自治区级劳模创新工作室10个，累计达到81家，为推动我区九大重点产业发展发挥了积极作用。三是劳模精神、劳动精神、工匠精神引领风尚。坚持面向一线、面向基层，自下而上推选全国劳动模范和先进工作者36名，自治区劳动模范和先进工作者228名，其中抗疫一线医务工作者19名。安排231名劳动模范和抗疫一线医护人员疗休养，开展服务劳模“五个一”活动。精心筹备召开全区劳模大会，广泛开展劳模精神“三进”活动，并通过报刊、网络等多种途径，大力弘扬劳模精神、劳动精神、工匠精神，激励广大职工在各行各业奋勇拼搏、建功立业。

【自治区总工会服务职工工作迈出新步伐】 一是服务能力持续提升。整合区总各部门39项服务职能，建成区总职工服务中心，为广大职工提供线上线下一站式服务，示范带动全区各级工会组织整合优化资源，提升服务质量。在全区打造100个户外劳动者示范服务站。“宁工学堂”公益品牌进一步叫响做实。宁夏工人疗养院迁建取得重大进展。落实“六稳”“六保”任务，突出做好稳就业工作，联合人社部门开展技能培训促就业活动，力争使每名参训人员掌握1至2门就业技能，70%以上实现就业或自主创业。二是解困脱困成效明显。主动融入脱贫攻坚大局，制定困难职工帮扶管理实施细则，推动工会班、结对帮扶、送温暖常态化制度化，深化全区217个工会组织与6532户困难职工家庭长期结对帮扶工作，建档立卡困难职工由2016年的5.9万户减少到2502户，脱困率达95.8%，顺利通过全国和自治区第三方评估。加大人财物投入，持续巩固同心县下马关镇平远村和陈儿庄村2个扶贫点脱贫成果。三是基层建设推进有力。深入开展“基层组织建设年”活动，持续抓好“八大群体”建会入会工作，新组建工会1341个，覆盖单位2592家，新发展会员9.2万余人，工会组织覆盖面不断扩大。深入开展职工之家建设和厂务公开民主管理工作评选，16 个基层工会组织分别被全总表彰为全国模范职工之家、职工小家，8 家企事业单位分别被评为全国厂务公开民主管理先进单位、示范单位，5 名基层工会干部被表彰为全国优秀工会工作者。

【自治区总工会全面从严治党呈现新气象】 一是“两个责任”不断压实。坚决落实党组党风廉政建设主体责任和纪检监察组监督责任。区总党组认真发挥管大局、把方向、抓落实作用，修订党组会议工作规则，始终将党建暨党风廉政建设大会作为“开年第一会”，以上率下签订党风廉政建设责任书，形成全面从严治党高压态势。站在讲政治高度抓好巡视整改，将自治区党委巡视组反馈的 12 个问题细化为 96 项具体整改措施，限期完成整改，有力提升了区总党组管党治党水平。二是“两个作用”充分发挥。深入实施“三强九严”工程，扎实推进“模范机关”创建，党支部的战斗堡垒作用进一步显现。组织开展党课教育，举办“书香助战‘疫’讲述党章背后的故事”“梦想与奋斗·建设美丽新宁夏”等主题突出、特色鲜明的主题党日活动 180 余次，激励党员干部铭初心、亮身份、展作为，党员先锋模范作用进一步凸显。三是“四风”“四化”持续纠治。严格执行中央八项规定精神，深入整治以形式主义官僚主义为重点的“四风”问题，切实减轻基层负担。建立区总领导联系产业工会工作制度，广泛开展下基层联系点“六个一”活动，把一线职工的所思所想所盼列入议事日程、变为具体措施，切实在服务职工的实际行动中去除“四化”。

【自治区总工会开展“守护健康　情暖职工”助力复工复产活动】 为维护职工健康权益，助力加快企业复工复产，自治区总工会从 5 月至 10 月在全区开展“守护健康　情暖职工”助力复工复产活动。

此次体检的对象是全区企事业单位职工，原则上优先安排生产疫情防控物资企业、实施重大项目工程企业、急需复工复产企业的职工和建档立卡困难职工。检查项目为职业健康检查基本项目，每人费用 400 元。其中，自治区总工会给予每名参加职业健康检查的职工补助 200 元。各市、县（区）、产业工会可视情况配套资金，剩下资金由企事业单位或职工本人承担。

自治区工人疗养院（自治区职工医院）组建自治区总工会“守护健康　情暖职工”助力复工复产医护团队，深入企事业单位开展职业健康检查。在职业健康检查过程中，建立职工永久性电子健康档案，做好职工健康监测、分析、评估以及健康维护等延伸服务。

重要会议

【自治区总工会召开党组（扩大）会议部署新冠肺炎疫情防控工作】 1 月 28 日，自治区总工会召开党组（扩大）会议，传达学习自治区党委常委（扩大）会议精神，安排部署全区工会应对新型冠状病毒肺炎疫情防控工作，进一步明确责任，落实举措。

会议指出，习近平总书记高度重视疫情防控特别是患者治疗工作，多次召开会议、听取汇报、发表重要讲话、作出重要指示，要求把人民群众生命安全和身体健康放在第一位，坚决打赢疫情防控阻击战。全区各级工会组织和干部要认真学习领会、坚决贯彻落实，以习近平总书记的重要讲话重要指示批示精神作为做好疫情防控工作的根本遵循，在党中央坚强领导下，按照中央、自治区党委部署，全区广大职工上下凝心聚力，有力有序有效落实各项防控措施，坚决打赢疫情防控阻击战。

会议强调，当前，把疫情防控工作作为压倒一切的政治任务来抓，严格按照自治区党委书记陈润儿对做好疫情防控工作提出的“四个绝不”“五个凡是”等要求，认真贯彻落实《中华全国总工会办公厅关于做好关心坚守防疫抗病岗位一线医务人员工作的通知》精神，全力以赴、积极稳妥推动做好新型冠状病毒感染的肺炎疫情防控工作，进一步维护好广大职工群众的健康权益。一是提高认识，强化责任担当，全区广大干部职工把思想统一到党中央决策部署上来，统一到自治区党委决策部署上来。二是进一步增强防控疫情的紧迫感责任感，清醒认识疫情防控面临的严峻形势，把疫情防控作为当前最重要的工作来抓，把各项措施落实得细之又细、实之又实、严之又严、慎之又慎。三是成立应对新型冠状病毒肺炎疫情防控工作领导机构，细化任务分工，及时采取行动，精准科学、规范有序开展防控，落实好日报告制度，认真做好区总工作人员及家属排查工作，对区总所有外出干部进行审核，做到不遗漏、全覆盖。四是加强宣传引导，通过工会官方网站、微信等新媒体平台全方位、多角度地宣传普及疫情防治知识和防控要求，引导广大职工群众提高防范意识，采取有效措施加强科学防护。同时，要求干部职工做到不造谣、不传谣、不信谣，在疫情防控工作中做好表率。

【自治区总工会召开2020年度党建暨党风廉政警示教育会议】 3月27日，自治区总工会召开2020年度党建暨党风廉政警示教育会议。会议传达学习了全区领导干部廉政警示教育大会精神，总结了区总机关党建和党风廉政建设成果，安排部署了2020年机关党建和党风廉政建设工作。区总党组书记马利明讲话并分别与区总党组成员、厅级干部签订了党风廉政建设和意识形态工作责任书。

在总结2019年区总机关党建和党风廉政建设工作时，会议指出，坚持“严”的要求，一体部署推进，机关党建和党风廉政建设工作水平显著提升。一是坚持政治引领，始终以习近平新时代中国特色社会主义思想统领机关党建和党风廉政建设工作。二是坚持正确方向，始终把增强“三性”作为机关党建和党风廉政建设的重要着力点。三是坚持目标导向，始终把营造风清气正的政治生态作为机关党建和党风廉政建设的重要任务。四是坚持履职担当，始终把落实责任作为机关党建和党风廉政建设的“牛鼻子”。

会议要求，把握“治”的重点，主动担当作为，以永远在路上的韧劲推动机关党建和党风廉政建设工作高质量发展。一要巩固拓展主题教育成果，持续推动学习贯彻习近平新时代中国特色社会主义思想走深、走心、走实。二要突出加强党的政治建设，切实增强“两个维护”的政治自觉。三要大力推进党员干部作风建设，始终保持与职工群众的血肉联系。四要严格教育管理监督，打造忠诚干净担当的工会党员干部队伍。

会议强调，强化“管”的责任，狠抓推动落实，以全面从严治党新成效推进新时代工会工作创新发展。一要履行政治责任，把最大政绩体现在管党治党成效上。二要发挥书记作用，把遵守纪律规矩落实到具体行动上。三要做好结合文章，把奋斗精神展现在做好工会工作上。

【自治区总工会召开十二届三次全委（扩大）会议】 4月10日，自治区总工会十二届三次全委（扩大）会议以视频会议的形式召开，在自治区总工会一楼会议中心设主会场，各市、县（区）总工会设分会场。会议传达了自治区党委副书记姜志刚关于工会工作的批示精神，听取并审议了区总十二届委员会常委会工作报告，安排部署了2020年工会工作。自治区人大常委会副主任、总工会主席左军主持会议并讲话。自治区总工会党组书记、常务副主席马利明代表区总十二届委员会常委会作工作报告。

姜志刚在对工会工作的批示中充分肯定了2019年全区工会工作。他指出，全区各级工会组织坚持服务大局、服务职工、服务基层，发挥优势、开拓进取，各项工作都取得了新的成效，思想政治建设有了新加强，职工创新创业有了新进展，联系服务职工有了新提升，“中国梦·劳动美”主题宣讲教育、职工职业技能竞赛、和谐劳动关系构建、产业工人队伍建设等工作谋得很实、抓得很紧。在防控新冠肺炎疫情工作中，各级工会组织积极主动作为，开展一线慰问，广泛宣传引导，推进维权维稳，发挥劳模作用，体现了高度的政治自觉和强烈的责任意识。

姜志刚强调，打好疫情防控这场人民战争、总体战、阻击战，各级工会组织责无旁贷，要密切关注返岗复工人员，支持和引导企业做好职工安全防护和生产生活保障，为有序推进复工复产提供支持。当前，打赢疫情防控阻击战和全面小康攻坚战的任务繁重而艰巨。要深入学习贯彻党的十九届四中全会精神，按照自治区党委十二届八次、九次全会确定的目标任务，始终围绕中心，自觉服务大局，推动工会工作在全区发展大局中展现新气象新作为。要把牢政治方向，在坚持党的领导、加强思想引领、强化理论武装上下更大功夫，确保工会工作始终沿着正确方向前进。要紧紧围绕全区工作大局，团结带领广大职工在推动高质量发展、决战脱贫攻坚、决胜全面小康中发挥主力军作用。要认真履职尽责，抓好困难职工帮扶，加大维权服务力度，构建和谐劳动关系，满腔热情服务广大职工群众。要持续深化改革，创新制度机制，激发基层活力，深化从严治党，以创新进取的精神解难题、求突破，推动工会组织强起来、工会干部强起来、工会工作强起来，为决胜全面建成小康社会、建设好经济繁荣民族团结环境优美人民富裕的美丽新宁夏凝聚起磅礴力量。

左军指出，2020年是具有里程碑意义的一年，是决胜全面建成小康社会和“十三五”规划收官之年。作为党领导下的工人阶级群众组织，各级工会唯有只争朝夕、真抓实干、发挥优势，凝聚起职工群众的磅礴力量，显示出工会组织的更大作为，才能不负韶华、不负重托。他强调，要认清形势，切实增强干事创业的使命感责任感。着力抓好理论武装，始终坚持工会工作正确政治方向；切实强化思想政治引领，不断夯实党执政的阶级基础和群众基础；深入开展“凝心聚力决胜小康”行动，充分展现工会组织的担当作为；持续加强基层基础建设，不断深化工会改革创新。要众志成城，统筹抓好疫情防控、复工复产和职工队伍稳定工作。坚持在常态化疫情防控中加快推进生产生活秩序全面恢复，积极有序推进企事业单位复工复产；进一步完善协调劳动关系三方机制建设，健全服务职工工作机制，扎实做好工会信访工作，充分发挥好工会“第一知情人、第一报告人、第一帮扶人”的作用。要实干担当，精心谋划抓落实，转变作风抓落实，凝聚合力抓落实，扎实推进各项目标任务落地落实。

【自治区总工会召开党组理论学习中心组学习专题研讨会扎实贯彻自治区党委十二届十次全会精神】 5月9日，自治区总工会召开党组理论学习中心组学习（扩大）会，专题传达学习研讨自治区党委十二届十次全体会议精神。自治区总工会党组书记、常务副主席马利明主持，并对持续深入学习领会、贯彻落实会议精神，如何完善基层治理体系、提高基层治理能力，提出明确要求。

马利明从四个方面解读了自治区党委十二届十次全体会议精神。一是完善基层治理体系提高基层治理能力的重大意义。完善基层治理体系、提高基层治理能力是完善国家治理体系、提高国家治理能力现代化的重要内容，是落实习近平总书记视察宁夏时关于对加强党的基层组织建设和基层政权建设的重要体现，是实施全面依法治区、促进社会和谐稳定的实践要求，是满足人民群众需求、改善基本公共服务的有效途径，是巩固党的执政基础、实现党的长期执政的根本保证。二是完善基层治理体系提高基层治理能力要着力解决的突出问题。关键要在解决基层党组织作用弱化、治理体系不健全、治理能力不适应、治理责任不落实的“一弱三不”等突出问题，积极推动基层治理系统完备、科学规范、运行高效。三是完善基层治理体系提高基层治理能力要切实抓好的关键环节。基层治理涵盖领域广泛，治理对象多元，牵涉关系复杂，必须坚持“党的领导”这个核心，突出“依法治理”这个根本，强化“立足基层”这个基础，注重“机制创新”这个关键，体现“服务群众”这个宗旨，全面提升基层治理水平。四是完善基层治理体系提高基层治理能力要强化基础保障。要加强党的领导，坚持以加强基层党的建设为引领，把基层党的组织作用发挥好，领导班子建设好，党的功能优势转化好，为完善基层治理体系提高基层治理能力提供坚强组织保障；要坚持以提高治理能力建设为重点，提升党的引领、依法治理、群众工作能力，以各级干部治理能力提高推动基层治理水平提升；以强化基层队伍建设为关键，要坚持以提升基层服务水平为目标，寓治理于服务之中、以服务来推进治理，从服务入手抓治理、靠服务优化促治理，强化服务理念，创新服务手段，提升服务效能，不断扩大服务供给，更好满足服务需要。

马利明强调，加强基层治理，工会组织责任重大，工会工作是群众工作，工会工作主战场在基层。工会如何参与和完善基层治理体系、提高基层治理能力，首先要加强对职工的思想政治引领，要把党中央的路线方针政策和自治区党委的决策部署宣传到基层，全区范围内凡是有工会的地方，都要最终实现完善基层治理体系、提高基层治理能力全覆盖。其次要把人力、物力、财力下沉至基层，延伸至社区（村），特别要向有劳务输出、生态移民、农业合作组织的村级工会拓展。最后要紧紧围绕工会维护职工合法权益这个主责主业去加强基层治理，助推基层治理能力全面提升。

研讨会上，3 名同志结合工作实际，就工会如何在完善基层治理体系、增强基层治理能力中发挥作用作了交流发言。自治区总工会党组成员、厅级干部、机关副处以上党员干部及直属单位负责人，共56 人参加。

【自治区总工会召开党组（扩大）会议传达学习习近平总书记视察宁夏重要讲话精神】 6 月 15 日，自治区总工会召开党组（扩大）会议，传达学习习近平总书记视察宁夏重要讲话精神和陈润儿书记在自治区党委常委会（扩大）会议上的讲话精神，自治区总工会党组书记、常务副主席马利明就学习宣传贯彻习近平总书记视察宁夏重要讲话精神提出具体要求，区总领导班子成员及厅级干部进行了交流发言。

会议指出，习近平总书记视察宁夏重要

讲话内涵深刻、情真意切、语重心长，具有极强的政治性、思想性、前瞻性、指导性，围绕守好促进民族团结生命线、打赢脱贫攻坚战等重点任务对宁夏发展提出了新的更高要求，为宁夏做好新形势下经济社会各项工作指明了方向、提供了遵循、注入了新的强大动力，同时也为各级工会组织不断推进工会工作取得新突破新发展提供了总纲领。

会议强调，全区各级工会要把学习宣传贯彻习近平总书记视察宁夏重要讲话精神作为当前和今后一个时期的首要政治任务和重大政治责任，认真落实好陈润儿书记的讲话要求和自治区党委的各项工作部署，提高政治站位，掀起学习高潮，加强宣传阐释，全面贯彻落实。要组织广大党员干部逐字逐句研读、深入研讨交流，切实把讲话精神学深学透，要把学习贯彻重要讲话精神同学习贯彻习近平总书记2016年视察宁夏时的重要讲话精神结合起来，同学习贯彻习近平总书记关于工人阶级和工会工作的重要论述结合起来，同工会工作重点、本部门本单位的工作实际结合起来，坚持学以致用、以用促学、学用结合，增强贯彻落实的实效性。同时，要通过工会网站、微信公众号、手机App等多种方式，全方位、广角度深入解读和大力宣传总书记重要讲话精神，广泛报道工会干部、广大职工学习贯彻落实总书记重要讲话精神的认识、体会和成果成效，推动总书记重要讲话精神进企业、进车间、进生产经营一线，掀起学习热潮。各级工会干部要结合下基层联系点“六个一”制度，不断激发干事创业的激情，努力提升服务职工群众的能力，深入基层一线帮助职工解决实际困难，切实把总书记的深情厚意和关切关怀传递到广大职工中去，引导广大职工群众坚定不移听党话、跟党走。

会议要求，各级各部门要紧密结合工会工作实际，着力在做实上下功夫。一要深刻领会习近平总书记关于坚持不懈推动高质量发展的重大要求，组织动员职工在推动经济高质量发展中发挥主力军作用。二要深刻领会习近平总书记关于推动改革开放取得新突破的重大要求，扎实推进工会改革和产业工人队伍建设改革往深里走、往实里落。三要深刻领会习近平总书记关于坚决打赢脱贫攻坚战的重大要求，扎实做好困难职工解困脱困工作。四要深刻领会习近平总书记关于加强民生保障和社会治理的重大要求，认真履行维护职工合法权益、竭诚服务职工群众的基本职责。五要深刻领会习近平总书记关于激发广大党员干部奋斗精神的重大要求，持续提升党员干部素质、改进工作作风，坚定不移、久久为功，努力书写工会践行新时代中国特色社会主义的新篇章。

【中国共产党宁夏回族自治区总工会机关党员大会隆重召开】 6月23日，中国共产党宁夏回族自治区总工会机关党员大会隆重召开。会议全面总结了过去五年来的机关党建工作，提出了今后五年新一届机关党建的工作思路和奋斗目标。选举产生了中共宁夏回族自治区总工会新一届机关委员会委员、书记、专职副书记，纪律检查委员会委员、书记。区总领导班子成员、机关及直属单位的137名党员参加会议。区直机关工委副书记马春杨同志应邀出席会议并讲话。

会上，自治区总工会党组书记、机关党委书记马利明同志作了题为《凝心聚力抓党建不忘初心再出发建设“让党中央放心、让人民群众满意”模范机关》的工作报告，并就区总今后五年加强机关党的建设提出了指导意见。

马利明在工作报告中要求，要突出政治机关本色，把握正确方向。强化政治统领，定期开展政治建设情况自查整改，始终在思想上政治上行动上同以习近平同志为核心的党中央保持高度一致。强化理论武装，始终把学习贯彻习近平新时代中国特色社会主义思想作为理论学习中心组学习的第一议题、常设议题，切实从严抓好“关键少数”。深化党员“大学习”活动，持续推进“两学一做”学习教育常态化制度化，推动习近平新时代中国特色社会主义思想往深里走、往心里走、往实里走。强化维护效果。认真学习习近平总书记历次视察宁夏时的重要讲话精神，坚持“三个不动摇”，深刻理解总书记关于做好锚定发展高质量、改革开放新突破、打赢脱贫攻坚战、黄河流域生态环境保护、民生保障和社会治理、激发奋斗精神“六篇文章”的重要论述，积极响应“社会主义是干出来的”伟大号召，按照自治区“守好三条生命线、走出一条高质量发展的新路子”的部署，结合工作制定工会贯彻落实的“任务书”和“作战图”，明确目标任务，确保总书记的要求落地生根。

马利明强调，要立足全面规范提升，夯实基层基础。以开展模范机关创建提质量。以建设政治坚定过硬、基层基础牢固、勤政为民清廉、服务精准高效、文化健康向上的区总机关为目标，对标党建任务，扎实开展模范机关创建，全面提升机关党建质量。使机关各支部成为攻坚克难的战斗堡垒，使广大党员成为真抓实干的先锋模范。以深化“三强九严”工程促规范，以提升组织力为重点，推进党组书记领导责任、机关党委书记直接责任、党支部书记主体责任和领导班子成员“一岗双责”有效落实，实现党建工作和业务工作同谋划、同部署、同落实、同检查。以开展经常性党性教育树品牌。探索建立“不忘初心、牢记使命”经常性党性教育机制，着眼“制度化”和“操作性”，深化实施工会干部素质提升工程，开展大培训、大练兵活动，建设高素质专业化的工会干部队伍。开展创支部品牌活动，持续推进“一支部一特色、一支部一品牌”党建特色工作，选树特色基层党建明星支部，形成各支部共同规范、各有特色、整体提高的区总机关党建新格局。

马利明要求，要围绕机关作风建设，强化正风肃纪。认真贯彻落实中央八项规定及其实施细则精神，持续深入整治“四风”老问题和新表现。开展机关“庸懒散浮拖”专项整治，坚决纠治脱离基层、漠视群众等“机关病”，下大力气解决支部作用弱化、治理体系不健全、治理能力不适应、治理责任不落实的“一弱三不”问题。密切联系职工群众不断增强凝聚力。强化全心全意为人民服务的宗旨意识，深化工会干部下基层“六个一”活动，结合部门职能和工作职责，组织党员干部常态化深入基层开展调查研究，检视履行职责、落实政策、解决问题、服务发展等方面存在的突出问题，不断强化服务理念，创新服务手段，提升服务效能。开展机关党组织与基层党组织结对共建，开展机关青年“根在基层”活动，继续做好定点扶贫工作，不断巩固脱贫成果，把广大职工群众紧密团结在党的周围。全面从严正风肃纪不断增强防腐力。始终把纪律和规矩挺在前面，开展经常性纪律教育和警示教育，不断夯实工会党员干部拒腐防变的思想堤坝。

马利明强调，要聚焦服务中心大局，推进深度融合。聚焦党中央和自治区改革发展重点目标任务助力经济社会发展。聚焦决胜全面建成小康社会，围绕防范化解重大风险、精准脱贫、污染防治“三大攻坚战”，紧盯疫情防控重点工作，组织动员机关党员干部围绕目标、全力以赴、攻坚克难。认真贯彻自治区党委十二届八次、九次、十次全会精神，找准工会工作的切入点和着力点，深入研究制定落实举措，全力助推党中央和自治区改革发展重点目标任务落实落细。切实加强思想政治引领，围绕建党 100 周年，按照自治区党委统一安排开展好系列活动，大力弘扬社会主义核心价值观和爱国主义精神。进一步加强和改进职工思想政治工作和意识形态工作，不断筑牢广大职工同心同德、团结奋进的共同思想基础。结合工会工作实际，扎实开展“梦想与奋斗·建设美丽新宁夏”主题活动等，激励干部职工比奉献、比作为、比担当，努力建设“让党中央放心、让人民群众满意”的模范机关，奋力开创新时代我区工会工作新局面。

马春杨在讲话中说，近年来，总工会党组坚持以政治建设为统领，深入开展“当好主人翁、建功新时代”主题活动，扎实推进产业工人队伍建设改革，维护职工合法权益、竭诚服务职工群众，围绕“六稳六保”目标持续发力，取得了一系列新成绩，得到自治区党委政府的工作肯定，受到人民群众的好评。区总机关党委将党建和业务工作紧密融合，以党建引领业务工作发展，以党建凝聚人心力量，机关党建质量不断提升。在这次选举中，党员充分行使民主权利，接受了一次严格的党内政治生活锻炼、强化了党员意识，表现出了较高的党性修养，这是落实全面从严治党要求、实施“三强九严”工程的重要举措。

马春杨对新一届机关党委提出三点希望，一要把学习宣传贯彻习近平总书记视察宁夏重要讲话作为机关党建工作的头等大事、首要任务、政治责任。按照自治区党委、区直机关工委的部署和要求，积极主动、认真谋划、精心组织，迅速兴起学习宣传贯彻习近平总书记视察宁夏重要讲话精神的热潮。作为群团组织重要部门，要通过学习宣传贯彻习近平总书记视察宁夏重要讲话，增强“四个意识”，坚定“四个自信”，做到“两个维护”。机关党委要落实政治学习的直接责任，以更强的自觉、更高的标准、更严的要求，认真组织基层党支部融会起来学，结合起来学，贯通起来学，引导党员干部深刻领会习近平总书记提出的重要观点、重大举措、重点任务，切实学深学透、把握准。以积极的心态、奋斗的姿态和拼搏的状态，不断在推进我区工会事业落地落实、抓紧抓实、走深走实上取得新进展，见到新成效。二要以换届为契机推动机关党建高质量发展。尽快研究部署创建“让党中央放心、让人民群众满意”的模范机关。严格对照创建目标、内容和要求，细化工作措施，切实使创建过程成为提升党建质量、破解发展难题、推动事业发展的过程，力争成为第一批模范机关。以学习领会习近平总书记在宁夏视察重要讲话精神为契机，教育引导工会机关党员干部切实把思想高度统一到自治区党委的部署要求上来。准确把握机关党建工作规律特点，持续推进“三强九严”工程建设，深化基层党组织规范化建设，防止“灯下黑”问题反弹，解决好党建和业务“两张皮”问题，进一步压实责任，健全制度，加强监督检查，严格考评，切实提高机关党支部的组织力、执行力、战斗力。三要着力建设忠诚干净担当的党建干部队伍。工会工作事关职工群众切身利益，要坚持把人民放在心中最高位置，坚决抵制形式主义和官僚主义，坚决克服“三不为”问题，教育引导党员干部要牢记总书记“革命理想高于天”的谆谆教诲，肩负时代使命，保持奋斗姿态，敢于斗争、勇于担当、主动作为，高标准、高质量做好各项工作。

【自治区总工会召开党组理论学习中心组学习会传达学习自治区党委十二届十一次全会精神】 7 月 24 日，自治区总工会召开党组理论学习中心组学习会，自治区总工会党组书记、常务副主席马利明主持会议。区总党组成员、机关副处以上党员干部及直属单位负责人参加学习。

会议再次原文学习了习近平总书记在宁夏考察工作结束时的讲话，传达学习了陈润儿书记在自治区党委第十二届十一次全体会议上的讲话。区总3名党组成员和2名部门负责人，围绕建设黄河流域生态保护和高质量发展先行区，结合工会工作实际，交流学习体会，畅谈工作打算，更加深刻地领会习近平总书记视察宁夏重要讲话重大意义和深刻内涵，更加准确地把握自治区党委第十二届十一次全会精神实质，凝心聚力，统一思想，提高认识，明确目标。马利明对5名同志的发言作了客观中肯的点评。

马利明指出，在深入学习习近平总书记视察宁夏重要讲话精神时，要注重“三个过程”，即学习研究的过程就是深化认识、逐步提高的过程；宣传宣讲的过程就是吃透精神、入脑入心的过程；贯彻落实的过程就是提振工作信心、强化责任担当的过程。在学习陈润儿书记讲话精神上，要做到“三个下功夫”，即在学习的系统性、广度深度、在工作的结合和解决问题上下功夫；在扶贫攻坚、加强基层治理、高质量发展等短板弱项上下功夫；在再学习、再动员、再深化、再提高、再落实上下功夫。只有认识到位、理解到位，贯彻才能到位。

马利明要求，全体工会党员干部必须在学习习近平总书记来宁视察重要讲话精神和自治区党委第十二届十一次全体会议精神上学在前、做表率，在学习宣传贯彻落实中要自觉做好“三个结合”，即要与学习习近平总书记2016年视察宁夏重要讲话精神、习近平总书记关于工人阶级和工会工作的重要论述结合起来；要与做好自治区党委、政府的中心工作结合起来；要与工会工作的实际结合起来。只有深研勤学，融会贯通，抓好结合，才能把学习成果转化为振奋精神的动力、推进工作的思路、改革发展的举措。

马利明强调，全体工会党员干部要更加紧密地团结在以习近平同志为核心的党中央周围，坚持以习近平新时代中国特色社会主义思想为指导，深入学习贯彻习近平总书记视察宁夏重要讲话和自治区党委第十二届十一次全会精神，立足工会工作实际，提高站位、精准定位、主动入位，不忘初心、牢记使命，真抓实干、开拓进取，为努力建设黄河流域生态保护和高质量发展先行区，继续建设经济繁荣民族团结环境优美人民富裕的美丽新宁夏作出新的更大贡献。

【自治区党委第六巡视组巡视自治区总工会党组工作动员会议在区总召开】 8月5日，根据自治区党委巡视工作安排，自治区党委第六巡视组巡视自治区总工会党组工作动员会议在区总一楼会议中心召开。自治区人大常委会副主任、总工会主席左军出席会议，自治区党委第六巡视组组长梁红讲话，自治区总工会党组书记、常务副主席马利明主持会议并作表态发言。

梁红在讲话中通报了此次巡视工作的主要任务和工作安排。她指出，一要提高政治站位，充分认识开展巡视工作的重要意义。这次集中安排对总工会等群团组织进行巡视，是自治区党委按照全覆盖要求、结合当前工作实际作出的重要决定，体现了自治区党委对自治区总工会等部门（单位）的高度重视。二要全面贯彻巡视工作方针，围绕“四个落实”强化政治监督。“四个落实”即落实党的理论和路线方针政策以及党中央、自治区党委重大决策部署情况，落实全面从严治党战略部署情况，落实新时代党的组织路线情况，落实巡视、审计等监督发现问题和“不忘初心、牢记使命”主题教育检视问题整改情况。三要强化政治担当，增强自觉接受监督的政治意识，共同完成好自治区党委交给的巡视任务。希望自治区总工会党组和各级党员领导干部本着对党的事业高度负责的态度，站在党和国家事业发展全局的政治高度，主动接受政治体检，强化政治责任，强化协作配合，强化纪律要求，积极支持配合巡视组工作，共同完成好这次巡视任务。

马利明在代表区总党组表态时说，我们将坚决贯彻落实自治区党委的部署要求，全力配合做好这次巡视工作。一是提高政治站位，坚决贯彻自治区党委巡视工作部署。牢固树立“四个意识”、坚定“四个自信”、做到“两个维护”，以高度的政治自觉和坚定的政治担当，自觉主动接受自治区党委第六巡视组对区总加强党的政治建设、履行职责、管党治党、领导班子和干部队伍建设、深化改革等各方面工作的全面检阅。二是密切配合衔接，全力保障巡视工作顺利有效开展。区总党组班子及各部门、各直属单位都要积极配合巡视组开展工作，班子成员要做好表率，汇报工作要实事求是，服务保障要精准精细，做到同题共答、同向发力。三是抓好问题整改，进一步改进和推动区总各项工作。聚焦“四个落实”情况，对巡视组指出的问题主动认领、即知即改，边查边改、立行立改，建立台账、逐一落实。同时，把接受巡视的过程作为寻找差距、改进工作、促进发展的重要契机，举一反三总结回顾近年来的各项工作，既要坚持和完善好的做法，又要主动查找不足，补齐短板弱项，确保不折不扣贯彻好党中央和自治区党委决策部署，全面增强工会组织的政治性、先进性、群众性，在继续建设经济繁荣、民族团结、环境优美、人民富裕的美丽新宁夏中展现工会新作为！

动员会后，自治区党委第六巡视组听取了区总党组专题工作汇报。

【自治区总工会召开党组（扩大）会议专题传达学习陈润儿书记调研讲话精神】 8月11日上午，自治区党委书记、人大常委会主任陈润儿调研工青妇工作，对新时期开展群团工作提出具体要求。当日下午，自治区总工会立即召开党组（扩大）会议，专题传达学习陈润儿书记调研讲话精神，交流感想体会，机关及直属单位副处级以上干部参加会议。

陈润儿书记在调研时对工青妇工作给予充分肯定，要求群团工作要增强政治性，提升引领力；增强先进性，提升凝聚力；增强群众性，提升服务力。积极履行群团组织的职责，不辱时代赋予崇高使命，在“建设美丽新宁夏、共圆伟大中国梦”的伟大实践中建功立业。

在下一步的工作中，自治区总工会将以习近平新时代中国特色社会主义思想为指导，按照总书记视察宁夏指明的发展方向、赋予的时代重任、明确的工作重点，把执行党的意志的坚定性和为职工服务的实效性统一起来，紧密结合陈润儿书记调研讲话精神，认真落实自治区党委十二届十一次全会精神，聚焦守好“三条生命线”，做好“六稳”特别是稳就业工作，落实“六保”特别是保民生任务，重点做好以下四项工作：一是突出宣传引领。结合贯彻落实习近平总书记关于工人阶级和工会工作的重要论述，创新方式、增强实效，全方位宣传报道、多角度解读阐释，推动学习宣传贯彻落实习近平总书记重要讲话精神往深里走、往心里走、往实里走。大力宣传中华文明史、党史和新中国建设史，培育和践行社会主义核心价值观，不断汲取信仰力量，肩负时代使命，永葆奋斗姿态，凝聚起全区百万职工“建设美丽新宁夏、共圆伟大中国梦”的强大合力。二是强推建功立业。深入实施“产业工人队伍建设改革深化年”行动，聚焦产业工人思想引领、素质提升、地位提高、队伍壮大等重点任务，加强与区直有关部门的协同配合，深入调查研究，总结推广经验，加强督查指导，强力推进产业工人队伍建设改革向纵深发展，发挥好产业工人在我区高质量发展中的作用。承办好自治区劳模和先进工作者表彰大会，推进劳模精神进机关、进企业、进学校、进社区。发挥好劳模创新工作室作用，激发职工创新创造潜能和活力，助推我区经济社会高质量发展。三是做实维权服务。开展“阳光就业暖心行动”，深化技能培训促就业活动，增强职工创业就业本领。建立防止返贫机制，拓展帮扶途径和方式，实行“一户一策”，因困施策，帮助困难职工稳定解困脱困。深化“安康杯”竞赛活动，保障职工安全权益。大力开展普惠服务，提升工会会员服务卡含金量，为职工提供看得见、够得着、感受得到的工会服务，切实增强广大职工的获得感、幸福感。认真履行维权主责，发挥好访、调、裁、诉、援“五位一体”的联合维权机制作用，畅通职工利益诉求渠道，引导职工依法理性表达诉求。充分发挥协调劳动关系三方机制作用，密切关注、分析研判、及时化解劳动关系领域矛盾纠纷，维护劳动关系和谐稳定。四是夯实基层基础。深化实施工会干部素质提升工程，不断提高工会干部政治鉴别、工作落实、信息技术应用、自我约束等综合能力。推进宁夏职工服务中心规范化、标准化建设，打造成方便快捷、高效运行的“一站式”服务职工综合体。加大基层投入力度，高质量建设自治区工人疗养院、银川职工活动中心等工会重点工程。扎实开展模范机关创建，以党的政治建设为统领，全面加强工会系统党的建设，为新时代我区工会工作创新发展奠定坚实基础。

会上，吕昊、田景涛、马玉山、李晌、王琦、梁乾等六名同志畅谈了学习体会。大家一致表示，陈润儿书记的讲话表达了对工会工作的关心和重视，使工会干部们倍感振奋、深受鼓舞。大家将以实际行动积极践行陈润儿书记调研讲话精神，不断增强工会组织的吸引力、凝聚力、战斗力，团结引领广大职工充分发挥工人阶级主力军作用，积极投身“建设美丽新宁夏”的主战场，为宁夏各项事业的发展贡献智慧和力量。

【全区产业工人队伍建设改革推进会议召开】 10 月 9 日，全区产业工人队伍建设改革推进会议在银川召开。自治区党委副书记姜志刚出席会议并讲话，自治区领导左军、杨培君出席会议。

会议交流了全区产业工人队伍建设改革推进工作经验做法，对下一步工作进行了安排部署，为深入推进全区产业工人队伍建设改革向纵深发展、取得新成绩凝聚了合力。

姜志刚充分肯定了全区产业工人队伍建设改革所取得的成绩，深入剖析了工作中存在的问题，对进一步推进产业工人队伍建设改革提出了明确要求。

姜志刚指出，当今世界正经历百年未有之大变局，新冠肺炎疫情全球大流行使这个大变局加速变化，产业工人队伍建设改革面临着新的任务和挑战。2020 年 6 月，习近平总书记视察宁夏时赋予我们建设黄河流域生态保护和高质量发展先行区的时代重任。自治区党委坚决贯彻落实习近平总书记重要讲话精神，确定了全区重点特色产业，明确了下一步产业发展的主攻方向，对产业工人队伍建设提出了更高要求。要顺应产业发展大势、把握经济发展大局，以更高站位推进新时代产业工人队伍建设改革。

姜志刚强调，要坚持精准施策，以更实举措推进产业工人队伍建设改革。要聚焦改革重点，紧盯思想引领、技能提升、职业发展、权益维护等关键环节，集中力量推动落实。要突出产业引领，向产业汇聚人才、倾斜政策、下沉资源，助力产业工人队伍建设改革。要坚持示范带动，体现部门职能优势，激发基层改革活力，发挥企业主体作用，以点带面推动改革向纵深发展。要汇聚工作合力，保持战略定力，强化协同配合，加强督查指导，以更强担当推进产业工人队伍建设改革。

会上，自治区党委组织部、教育厅、人力资源和社会保障厅、总工会、国家能源集团宁夏煤业公司等部门（单位）负责同志围绕各自工作中的好经验、好做法作了交流发言。自治区推进产业工人队伍建设改革协调小组成员、卫健委负责同志和各成员单位联络员，各市总工会主席和企业工会代表等70余人参加会议。

【自治区总工会召开党组（扩大）会议传达学习党的十九届五中全会精神】 11月4日，自治区总工会召开党组（扩大）会议，全文传达学习《中国共产党第十九届中央委员会第五次全体会议公报》，研究部署学习宣传贯彻落实工作。区总党组成员、厅级干部及各部门负责人、直属单位党政负责人参加了会议，区总党组书记、常务副主席马利明主持会议并讲话。

会议认为，党的十九届五中全会是以习近平同志为核心的党中央在“两个一百年”历史交汇点上召开的一次具有里程碑意义的重要会议。全会在全面回顾“十三五”历史成就的同时，重点研究“十四五”规划问题并提出建议，将“十四五”规划与2035年远景目标统筹考虑，对动员和激励全党全国各族人民战胜前进道路上各种风险挑战，为全面建设社会主义现代化国家开好局、起好步，具有十分重大而深远的影响。

会议强调，党的十九届五中全会精神内涵丰富，各级党组织要把学习宣传贯彻全会精神作为当前和今后一个时期最重要的政治任务，系统学习领会全会精神，准确把握核心要义，用全会精神武装头脑、指导实践、推动工作，确保全会作出的各项决策部署在工会系统落地生根。

要全面系统学习。把学习贯彻全会精神与学习贯彻党的十九大和十九届二中、三中、四中全会精神结合起来，与学习《习近平谈治国理政》（第三卷）结合起来，与学习贯彻习近平总书记视察宁夏重要讲话精神结合起来，与学习贯彻习近平总书记关于工人阶级和工会工作的重要论述结合起来学习掌握；通过举办演讲会、分享会等方式，打破常规、创新方法、丰富载体，做到学习有高度、有深度、有广度、有温度、有力度，真正入脑入心、学深学透；机关党员干部要先学一步，为广大职工群众和基层工会干部做好表率。

要广泛宣传阐释。通过宁夏总工会网站、微信公众号、微信群等平台，广泛深入开展接地气、入人心的宣传阐释活动，及时将全会精神“传”入职工群众、“播”进车间班组，坚定扛起引导广大职工坚定不移听党话、跟党走的政治责任。区总领导、各部门单位要结合开展工会干部下基层联系点“六个一”活动，组织广大党员干部深入基层一线，通过专题辅导、面对面交流等方式广泛宣传阐释全会精神，切实以党和国家取得的历史性成就鼓舞人心，以党的十九届五中全会擘画的宏伟蓝图凝聚人心。

要深入贯彻落实。在深刻领会党的十九届五中全会对国际国内新形势的科学判断，深刻领会我国进入新发展阶段的历史方位，深刻领会贯彻新发展理念、以高质量发展为主题的根本要求，深刻领会构建新发展格局的战略决策，深刻领会满足人民共同富裕新期待的时代课题，深刻领会党的十九届五中全会对经济社会发展和加强党的全面领导的部署要求的基础上，找准切入点、把握着力点，深入研究制订贯彻落实全会精神的具体措施，精心谋划2021年和今后一个时期的工作，以实际行动推动全会擘画的美好蓝图转变为现实。

会议还就学习宣传贯彻全会精神作了具体安排部署。

【自治区总工会再次深入学习贯彻党的十九届五中全会精神】 11月12日，自治区总工会党组理论学习中心组举行专题学习会，深入学习贯彻党的十九届五中全会精神，认真研讨“十四五”时期全区工会工作。这是继11月4日区总党组传达学习全会精神之后，又一次集体学习与贯彻落实。自治区人大常委会副主任、总工会主席左军出席会议并讲话，自治区总工会党组书记、常务副主席马利明主持会议。区总领导班子成员和部门负责人代表在会上交流发言。

左军充分肯定了“十三五”时期全区工会工作。“十三五”时期，全区各级工会以习近平新时代中国特色社会主义思想为指导，深入贯彻落实中央决策部署，紧紧围绕自治区党委和全国总工会的工作要求，做了大量而卓有成效的工作，特别是职工思想政治引领、助推经济社会发展、维护职工合法权益工作成效明显，工会改革及产业工人队伍建设改革深入推进，工会自身建设迈上新台阶并彰显活力，工会组织的吸引力凝聚力战斗力持续增强。

左军强调，党的十九届五中全会是在迎接中国共产党成立100周年之际、站在实现“两个一百年”奋斗目标的历史交汇点上召开的一次具有里程碑作用的重要会议。全会绘就了未来5年乃至15年中国发展的宏伟蓝图，对于坚持和发展中国特色社会主义，动员和激励全党全国各族人民，乘势而上开启全面建设社会主义现代化国家新征程，进军和实现第二个百年奋斗目标，具有重大的现实意义和长远的历史意义。全区各级工会要把学习宣传贯彻党的十九届五中全会精神作为当前和今后一个时期的政治任务，通过学习会、报告会、研讨会等多种形式深入学习，深刻领会全会的精神实质，认真抓好全会精神的贯彻落实。

左军就做好当前工会工作提出要求。一要提高政治站位，科学谋划工会工作。要认真学习、深入研究，找准工会工作与全会精神的结合点、切入点，以学习贯彻全会精神为契机，回顾总结好“十三五”时期工会发展成就和经验，深入梳理和分析当前工作中存在的突出问题，科学研究和提出“十四五”时期工会工作的具体发展目标、工作任务和工作举措，推动全区工会工作在今后五年取得崭新突破。二要提振精气神，真心热爱工会工作。要有“在其位谋其政”的责任意识，对得起干部的称谓，对得起那份“俸禄”，不能尸位素餐；要“敢为天下先”，做人上知足，做事上不知足，要有志气，知难而进，迎难而上，甩开膀子干；要热爱工作，振奋精神，把自身的精气神充分展现出来，汇聚起干事创业的强大正能量。三要增强责任心，切实做好工会工作。要立足岗位、以身作则、率先垂范，时刻以敬畏之心对待肩负的责任，以进取之心对待从事的工作，把工作当成事业来做，学在深处、谋在新处、干在实处；要贯彻“没有借口”的思想，多花时间去思考分析问题，寻找解决方案，培养和具备强烈的责任心、荣誉感和纪律意识，努力成为一位可信赖、能承担责任的工会人。四要求真务实创新，持续提升工会工作。要坚持实事求是，按客观规律办事，脚踏实地，埋头苦干，看长远、谋全局、重实干、办实事、求实效，多干职工受益的事，多干打基础的事，多干利长远起作用的事；要时刻怀着为党和职工建功立业的责任感和使命感，勤恳做事，真心实意为职工群众排忧解难。要在思想观念上求创新，以创新激发活力，以创新推动工作，营造一种创新创业的新气象，鼓励和保护干部职工创新的积极性和创造性。

马利明在主持会议上指出，要按照左军主席的要求，深入学习宣传贯彻党的十九届五中全会精神，领导干部先学一步，学深一步，学透一步，组织工会干部到基层宣讲；要认真学习研讨，在学深悟透上下功夫，在落实落细上做文章，把学习贯彻党的十九届五中全会精神与学习贯彻党的十九大和十九届二中、三中、四中全会精神结合起来，与学习《习近平谈治国理政》（第三卷）结合起来，与学习贯彻习近平总书记视察宁夏重要讲话精神结合起来，与学习贯彻习近平总书记关于工人阶级和工会工作的重要论述结合起来，找准切合点、把握着力点，深入研究制定贯彻落实全会精神的具体措施，精心谋划2021年和今后一个时期的工作，以实际行动推动全会擘画的美好蓝图转变为现实。

会议组织观看了解读“党的第十九届五中全会公报”和习近平总书记指挥谋划“十四五”——大国发展规划先行视频；传达学习了《中国共产党第十九届中央委员会第五次全体会议公报》《中共中央关于制定国民经济和社会发展第十四个五年规划和二〇三五年远景目标的建议》《〈中共中央关于制定国民经济和社会发展第十四个五年规划和二〇三五年远景目标的建议〉的说明》等。

【自治区总工会召开党组（扩大）会议传达学习习近平总书记在全国劳动模范和先进工作者表彰大会上的重要讲话精神】 11月25日，全总召开学习贯彻习近平总书记在全国劳动模范和先进工作者表彰大会上的重要讲话精神电视电话座谈会。自治区人大常委会副主任、总工会主席左军，自治区总工会党组书记、常务副主席马利明及班子成员、各部室负责人、产业工会相关负责人在宁夏分会场参加会议。

座谈会后，自治区总工会立即召开党组（扩大）会议，传达学习习近平总书记在全国劳动模范和先进工作者表彰大会上的重要讲话精神，研究部署学习宣传贯彻工作。

会上，左军指出，习近平总书记的重要讲话高度评价了工人阶级和广大劳动群众在中国特色社会主义伟大事业中的重要地位和作用，充分肯定了全国劳动模范和先进工作者的卓越贡献和崇高精神，热情赞扬了在抗击新冠肺炎疫情斗争中不畏艰险、顽强拼搏的全国各族人民，明确提出要大力弘扬劳模精神、劳动精神、工匠精神，充分发挥工人阶级和广大劳动群众主力军作用，建设高素质劳动者大军，切实实现好、维护好、发展好劳动者合法权益。讲话具有很强的思想性、指导性、针对性，进一步丰富了习近平总书记关于工人阶级和工会工作的重要论述，为我们做好新时代工会工作注入了强大的思想动力，提供了重要遵循。

左军强调，要以高度的政治自觉，认真学习贯彻习近平总书记重要讲话精神，进一步强化工会干部的理论武装。各级工会干部要提高政治站位，以高度的政治自觉，认真学习贯彻习近平总书记重要讲话精神，要按照全总座谈会部署要求，把这次讲话精神同与学习贯彻党的十九届五中全会精神和习近平总书记视察宁夏重要讲话精神、关于工人阶级和工会工作的重要论述结合起来，全面系统学、及时跟进学，深入思考学、联系实际学，深刻领会好丰富内涵和核心要义。要充分发挥工会组织的作用，不断激发广大职工的主人翁意识。各级工会要紧紧围绕自治区重大战略、重大工程、重大项目、重点特色产业，广泛深入持久开展劳动和技能竞赛，深化“五小”等群众性经济技术创新活动，培养造就更多适应我区经济社会高质量发展的高技能人才。要深入推进产业工人队伍建设改革，推动实施职业技能提升行动，构建技能形成体系，培养造就一支高素质产业工人队伍，立足岗位，建功立业，不断催生发展新动能。要以开好我区劳模表彰大会为契机，大力弘扬劳模精神、劳动精神、工匠精神。要以即将召开的自治区劳模表彰大会为契机，全面深入宣传劳模事迹，大力弘扬劳模精神、劳动精神、工匠精神，努力在全社会营造崇尚劳模、尊重劳模、关爱劳模、争当劳模的浓厚氛围，真正让爱岗敬业、争创一流、艰苦奋斗、勇于创新、淡泊名利、甘于奉献在全区蔚然成风。要广泛深入宣传重要讲话精神，切实抓好职工队伍的思想政治引领。各级工会要借助传统媒体和新媒体，广泛深入宣传习近平总书记重要讲话精神；要采取多种形式，开展接地气、入人心的宣传阐释活动，迅速将总书记重要讲话精神传达到基层职工群众中，号召全区广大职工群众立足本职、鼓足干劲、扎实工作，不断凝聚起全面建设社会主义现代化国家的强大合力。

马利明在主持会议时要求，全区各级工会要按照左军同志的要求，扎扎实实做好学习、宣传、贯彻各项工作，尽快在工会系统和职工群众中掀起学习贯彻的热潮，以习近平总书记重要讲话精神为指引，开创新时代工会工作新局面。一是学习习近平总书记重要讲话精神要与习近平总书记关于工人阶级和工会工作的重要论述融会贯通学习领会，务求学深学懂悟透。二是贯彻习近平总书记重要讲话精神要做到“三个结合”，即与贯彻落实党的十九届五中全会精神相结合；与习近平总书记视察宁夏重要讲话精神相结合；与巡视反馈问题整改相结合。三是学习贯彻习近平总书记重要讲话精神要在深化上下功夫，持续营造宣传贯彻的浓厚氛围；要在转化上下功夫，主动将工会工作融入自治区发展大局之中；要在实化上下功夫，切实把学习宣传贯彻党的十九届五中全会精神、习近平总书记在全国劳模表彰大会上的重要讲话精神，体现到巡视整改的实际行动上来，体现到扎实担当的工作作风上来，体现到工会事业发展的成效上来。

【自治区总工会召开党组（扩大）会议传达学习自治区党委十二届十二次全体会议精神】 自治区党委十二届十二次全体会议于2020年12月6日至7日召开后，自治区总工会于12月8日立即召开由厅级干部、各部室负责人及直属单位党政负责人参加的党组（扩大）会议，认真传达学习全会精神，结合巡视整改目标任务，研究提出五项贯彻落实举措。一是始终坚持党的领导，保持正确政治方向。保持自觉接受党的领导这一优良传统，以党的政治建设为统领，强化政治机关意识，打造“忠诚党的事业、竭诚服务职工”的模范政治机关；强化新时代条件下的职工思想政治引领工作，履行好工会组织的政治责任，团结引导广大职工群众坚定不移听党话、矢志不渝跟党走。二是紧扣高质量发展主题，在贯彻新发展理念、构建新发展格局中充分发挥工人阶级主力军作用。围绕自治区“九大重点特色产业”和“十大工程项目”，广泛深入持久开展“当好主人翁、建功新时代”主题劳动和技能竞赛，组织职工积极参与“五小”等群众性经济技术创新活动；以召开劳动模范和先进工作者表彰大会为契机，大力弘扬劳模精神、劳动精神、工匠精神，动员激励广大职工群众以主人翁姿态积极行动起来，为建设黄河流域生态保护和高质量发展先行区、继续建设经济繁荣民族团结环境优美人民富裕的美丽新宁夏发挥积极作用。三是坚持以人民为中心思想，在改善职工群众生活品质上履行好维权服务基本职责。把稳就业工作摆在更加突出的位置，通过技能培训、就业指导等方式，促进职工就业创业。推动工会班、金秋助学、结对帮扶、医疗互助、临时救助、常态化送温暖等工会服务工作常态化、制度化、规范化，及时把党的温暖送到困难职工中去。持续加强城镇困难职工解困脱困工作，建立健全工会预防相对困难职工返贫常态化帮扶工作机制，不断满足职工群众日益增长的美好生活需要。四是积极融入基层治理，在推进基层治理体系和治理能力现代化中构建和谐劳动关系。不断健全以职工代表大会为基本形式的企事业单位民主管理制度，保障职工群众的知情权、参与权、表达权、监督权，维护职工合法权益。不断夯实基层基础，深入推进“八大群体”入会和农民工入会专项行动，加强乡镇（街道）、区域行业工会建设，持续推动工会组织向基层延伸，融入基层治理格局。五是坚持守正创新，以改革创新精神加强工会组织自身建设。围绕强“三性”、去“四化”目标，持续深化工会改革，健全联系广泛、服务职工的工会工作体系，把工会组织建设得更加充满活力、更加坚强有力。深入推进产业工人队伍建设改革，坚决落实产业工人思想引领、建功立业、素质提升、地位提高、队伍壮大等改革措施，推动实施职业技能提升行动，培养造就一支高素质产业工人队伍。

【自治区总工会召开自治区党委巡视反馈意见整改工作动员部署会】 12月10日，自治区总工会召开自治区党委巡视反馈意见整改工作动员部署会。会议对区总党组巡视反馈问题整改方案进行了说明。机关党委、权益保障部、网络部、工人疗养院4个部门（单位）负责人在会上作了表态发言。自治区总工会党组书记、常务副主席马利明以“发挥巡视标本兼治作用，以全面从严治党的实际成效回应党和职工群众期盼”为题作动员部署讲话。

马利明指出，巡视是党内监督的战略性制度安排，是党内监督和群众监督紧密结合的有效途径和方式，是对各级党组织和党员领导干部的政治体检，自治区党委巡视也是对区总各项工作的全面会诊。区总党员干部要站在讲政治的高度，提高政治站位，充分认识巡视工作的重大意义，以钉钉子精神坚决完成好巡视反馈意见整改任务。

马利明强调，巡视反馈的问题是表象，根子最终还是在思想上。区总全体党员干部都要深刻反思政治意识强不强、学习抓得紧不紧、群众观点牢不牢、党性锤炼实不实、纪律约束严不严，主动扫除思想上的“灰尘”，校准认识上的偏差，为做好巡视整改工作扫清思想上的障碍。

马利明指出，要严格对标看齐，标本兼治整改巡视反馈问题。要全面加强思想政治引领和理论武装，坚定不移推动上级重大决策部署落地见效，坚持以人民为中心充分履行工会职能，严格落实意识形态工作责任制。要严格落实全面从严治党主体责任，与派驻纪检监察组协同高效推进全面从严治党，持之以恒整治“四风”。要深入贯彻落实新时代党的组织路线，着力加强领导班子建设，着力加强干部队伍建设，着力加强干部能力建设，着力加强党建基础工作。要扎实推进巡视、审计等监督发现问题和“不忘初心、牢记使命”主题教育检视问题整改落实。

马利明强调，要强化责任落实，确保巡视整改扎实推进。要做到组织领导到位、责任落实到位、督导检查到位、建章立制到位，把解决共性问题、突出问题与完善制度结合起来，推动系统性、领域性、根源性的深层次问题有效解决，发挥巡视标本兼治作用。

马利明要求，区总各部门、各直属单位、全体党员干部要认真学习领会党的十九届五中全会精神和自治区党委十二届十二次全会精神，把巡视整改的各项措施主动融入自治区中心工作和发展大局中，以积极的工作态度、过硬的工作作风、昂扬的工作状态、良好的工作业绩，坚决、高效、彻底整改巡视反馈问题，向自治区党委、向全区职工群众交上一份满意的答卷。

大事记

1 月　自治区总工会驻同心县下马关镇陈儿庄村、平远村工作队被同心县委、县政府授予“同心县脱贫攻坚优秀驻村扶贫工作队”荣誉称号。近年来，自治区总工会高度重视驻村扶贫工作，安排精兵强将进驻扶贫村开展扶贫工作。2019 年，区总 2 个驻村工作队认真履职，严格落实自治区扶贫办文件精神及区总党组要求，把扶贫开发与夯实基层党组织建设、提升群众生活质量、完善基本公共服务、开展教育扶贫等结合起来，以抓班子、带队伍、兴产业、促脱贫为目标，扎实开展驻村扶贫工作，多渠道促进贫困户增收创收，专心帮助农户解困脱困，为打赢脱贫攻坚战贡献了工会力量。

1 月 3 日　南京证券股份有限公司助力宁夏困难职工解困脱困捐赠仪式在自治区总工会一楼会议中心举行。自治区人大常委会副主任、总工会主席左军出席捐赠仪式，南京证券股份有限公司党委书记、总裁李剑锋和自治区总工会党组书记、常务副主席马利明分别致辞。

1 月 6 日　自治区总工会党组书记、常务副主席马利明一行到银川市贺兰县开展“两节”送温暖慰问活动。自治区总工会党组成员、副主席胡君陪同慰问。

1 月 7 日　自治区人大常委会副主任、总工会主席左军一行到吴忠市红寺堡区、利通区开展“两节”送温暖慰问活动。自治区总工会党组成员、副主席马丽君陪同慰问。

1 月 19 日　自治区人大常委会副主任、总工会主席左军走访慰问了区总机关部分离退休干部职工，向他们致以新春问候和节日祝福。自治区总工会党组成员、副主席马丽君陪同慰问。

1 月 20 日　自治区总工会机关召开总结大会，总结 2019 年各项工作，安排部署 2020 年工作，表彰年度考核优秀等次人员和先进工作者。自治区人大常委会副主任、总工会主席左军出席会议并讲话。

1 月 28 日　自治区总工会召开党组（扩大）会议，传达学习自治区党委常委（扩大）会议精神，安排部署全区工会应对新冠肺炎疫情防控工作。

1 月 30 日　自治区人大常委会副主任、总工会主席左军到自治区总工会机关、宁夏工人文化宫、宁夏工人疗养院和宁夏工会大厦调研新冠肺炎疫情防控工作，并对坚守在岗位上的工会工作人员致以亲切问候。自治区总工会党组书记、常务副主席马利明陪同调研。

2月4日 自治区总工会为我区首批137名援鄂医疗队员每人发放5000元慰问金，并延续发放至最后一批援鄂医疗队员。其间，共为全区六批785名援鄂医疗队员每人发放5000元慰问金。

2月7日 自治区党委副书记姜志刚就我区群团组织做好疫情防控工作作出批示。批示指出，当前正值疫情防控关键时期，要按照自治区党委、政府总体部署，把疫情防控作为当前最重要的工作，切实加强内部管理，严格落实防控措施，特别对返宁工作人员要分类做好隔离，确保安全有序开展工作。同时要发挥自身优势，充分发动群众，广泛开展宣传，为构筑联防联控、群防群控的牢固防线作出积极贡献。

2月18日 自治区人大常委会副主任、总工会主席左军赴吴忠市太阳山开发区，调研督导疫情防控和企业复工复产工作。

2月19日 自治区总工会出台疫情防控期间助力企业复工复产10项措施，动员全区各级工会组织和工会干部全力协助企业复工复产，稳定劳动关系。

2月24日 自治区总工会党组书记、常务副主席马利明一行走访贺兰县企业复产复工和疫情防控情况，并为宁夏凯晨电气集团有限公司和中化现代农业（宁夏）有限公司各送去5万元专项防控慰问金。

2月27日 自治区人大常委会副主任、总工会主席左军到吴忠市太阳山开发区，对园区疫情防控和企业复工复产工作情况进行调研督导。

3月10日 自治区总工会党组书记、常务副主席马利明在自治区应对新冠肺炎疫情工作指挥部第十二场新闻发布会上，介绍区总疫情防控有关情况并回答记者提问。

3月27日 自治区总工会召开2020年党建暨党风廉政警示教育会议，总结区总机关2019年党建和党风廉政建设工作，安排部署2020年工作。自治区总工会党组书记、常务副主席马利明讲话并分别与区总党组成员、厅级干部签订了党风廉政建设和意识形态工作责任书。

4月8日 自治区人大常委会副主任、总工会主席左军到吴忠市太阳山开发区，调研督导园区疫情防控和企业复工复产等工作。

4月10日 自治区总工会以视频会议形式召开十二届三次全委（扩大）会议。会议传达了自治区党委副书记姜志刚关于工会工作的批示精神，听取并审议了区总十二届委员会常委会工作报告，安排部署了2020年工会工作。自治区人大常委会副主任、总工会主席左军主持会议并讲话。自治区总工会党组书记、常务副主席马利明代表区总十二届委员会常委会作工作报告。

4月10日 自治区总工会启动开展“守护健康　情暖职工”职业健康体检活动，为参检职工每人补助200元体检费，帮助职工安全返岗、有序复工。

5 月 28 日 自治区总工会职工服务中心在宁夏工会大厦正式启用。自治区人大常委会副主任、总工会主席左军出席启用仪式并就中心各功能区域工作进行了参观指导，自治区总工会党组书记、常务副主席马利明讲话并宣布中心正式启用。

6 月 11 日至 12 日 全国总工会副主席、书记处书记、党组成员阎京华一行调研宁夏工会工作。自治区人大常委会副主任、总工会主席左军，自治区总工会党组书记、常务副主席马利明陪同调研。

6 月 18 日 自治区总工会召开全区劳动模范学习贯彻习近平总书记视察宁夏重要讲话精神座谈会。自治区人大常委会副主任、总工会主席左军出席会议并讲话，自治区总工会党组书记、常务副主席马利明主持会议。

6 月 23 日 中国共产党宁夏回族自治区总工会机关党员大会隆重召开。会议全面总结了过去五年来的机关党建工作，提出了今后五年新一届机关党建的工作思路和奋斗目标，选举产生了中共宁夏回族自治区总工会新一届机关委员会委员、书记、专职副书记，纪律检查委员会委员、书记。自治区总工会党组书记、机关党委书记马利明作了题为《凝心聚力抓党建不忘初心再出发建设“让党中央放心、让人民群众满意”模范机关》的工作报告，并就区总今后五年加强机关党的建设提出了指导意见。区直机关工委副书记马春杨应邀出席会议并讲话。

7 月 1 日 自治区人大常委会副主任、总工会主席左军到吴忠市太阳山开发区，调研园区企业复工复产和工会工作。

7 月 2 日 自治区人大常委会副主任、总工会主席左军到基层联系点——宁夏然尔特实业集团公司，向公司职工代表及石嘴山市、惠农区两级工会部分工作人员宣讲习近平总书记视察宁夏重要讲话精神。

7 月 8 日 自治区总工会党组书记、常务副主席马利明到基层联系点——银川市艾尼散热器有限公司开展习近平总书记视察宁夏重要讲话精神宣讲活动并调研。

8 月 5 日 自治区党委第六巡视组巡视自治区总工会党组工作动员会议在一楼会议中心召开，自治区人大常委会副主任、总工会主席左军出席会议，自治区党委第六巡视组组长梁红讲话，自治区总工会党组书记、常务副主席马利明主持会议并就配合做好巡视工作作表态发言。

8 月 11 日 自治区党委书记、人大常委会主任陈润儿到自治区总工会调研，实地考察了自治区总工会帮扶中心运行情况，并主持召开座谈会，强调要深入学习贯彻习近平总书记关于群团工作的重要论述和视察宁夏重要讲话精神，积极履行群团组织职责，不辱时代赋予的崇高使命，在“建设美丽新宁夏、共圆伟大中国梦”的实践中建功立业。自治区党委副书记姜志刚，自治区党委常委、秘书长赵永清，自治区人大常委会副主任、总工会主席左军，自治区副主席杨培君参加调研座谈，自治区总工会党组书记、常务副主席马利明汇报了区总有关工作情况。

9 月 1 日 自治区总工会党组书记、常务副主席马利明一行到宁夏总工会职工服务中心调研。自治区总工会党组成员、副主席马丽君、胡君陪同调研。

9月16日 福建省总工会党组书记、副主席丁文清一行，在自治区总工会党组成员、副主席毛洪峰的陪同下来到固原市，与固原回中签订教育结对帮扶协议。

9月19日 自治区总工会党组书记、常务副主席马利明一行来到宁夏工会大厦，调研疫情防控常态化形势下开展多种经营情况。

9月24日至25日 全区工会统计与理论调研人员培训班在宁夏工会大厦举办，来自全区70余名负责工会统计工作的人员参加培训。区总二级巡视员陈永福参加开班式并讲话。

11月2日 全总经审会授权甘肃省总工会经审会组成审计组来宁对区总2019年度帮扶资金、送温暖资金分配管理使用情况进行专项审计，并在区总召开审计见面会。审计组组长、甘肃省总工会党组成员、经审会主任冯继波，自治区总工会党组书记、常务副主席马利明分别讲话。自治区总工会党组成员、副主席胡君汇报了2019年度困难职工解困脱困工作情况和2019年度帮扶资金、送温暖资金的筹集、拨付情况。

11月3日 自治区总工会党组书记、常务副主席马利明一行到石嘴山市调研，实地了解石嘴山市产业工人队伍改革、服务经济社会发展、助力脱贫攻坚及加强工会自身建设等方面工作。

11月10日、11日、18日 自治区人大常委会副主任、总工会主席左军率调研组先后在固原、中卫、吴忠和石嘴山市调研工会工作。通过听取汇报、座谈交流等方式，详细了解各市工会"十三五"期间发展成就、工作经验及存在的问题，并认真听取各市工会对"十四五"期间工作的意见建议。

11月22日 自治区党委副书记姜志刚，自治区人大常委会副主任、总工会主席左军，自治区副主席杨培君带领我区拟获表彰的36名全国劳动模范和先进工作者，前往北京参加全国劳动模范和先进工作者表彰大会。

12月10日 自治区总工会召开自治区党委巡视反馈意见整改工作动员部署会。自治区总工会党组书记、常务副主席马利明作动员部署讲话。

12月22日 南京证券助力宁夏脱贫济困捐赠仪式在自治区总工会一楼会议中心举行。自治区总工会党组书记、常务副主席马利明，南京证券党委书记、董事长李剑锋，吴忠市委常委、同心县委书记马洪海分别致辞。

12月30日 自治区总工会召开2020年度考核大会，区总各部室（单位）负责人及"减上补下"挂职干部作年度述职，自治区总工会党组书记、常务副主席马利明点评并讲话。

2020年自治区总工会机关各部室负责人名单

办公室
主　任　丁文锦（女，回族）
副主任　左玉祥
　　　　杨进余

组织部
部　长　周永根
副部长　王　君

宣教部
部　长　田景涛（蒙古族）
副部长　曹　剑

研究室
主　任　李翔宇
副主任　赵连瑞

权益保障部
部　长　王冬焰
副部长　郑文峰
　　　　赵　芳

劳动部和经济工作部
部　长　张娅丽（女，回族）
副部长　蒋　林

网络部
部　长　田　卉（女，蒙古族）
副部长　唐永富
　　　　梁　乾

女职工部
部　长　刘红梅（女）

财务资产部
部　长　张瑞琳
副部长　高万利

经审办
主　任　陈明鹏
副主任　黄志忠
　　　　樊宗志

机关党委专职
副书记　马玉山（回族）

组织工作

【概述】 深入开展“基层组织建设年活动”，以已缴纳筹备金未建会企业为抓手，摸清底数，合理分配任务，实施挂图作战，确保缴纳筹备金未建会企业组建工会动态清零。持续开展“八大群体”、农民工集中入会行动。全年新组建工会1341个，涵盖单位2592家；新发展会员92097人，其中农民工29750人，圆满完成了会员数达到120万的目标。全面完善工会组织基础数据库，扎实开展工会组织和会员实名数据采集和录入工作，加强实名管理，在广大基层工会干部的努力下，目前已有13386个工会组织、120.4万名工会会员实现大数据动态管理，录入率达到了100%，为推进“互联网+”工会普惠性服务工作提供坚实保障。

【阵地建设质量不断提升】 落实《宁夏基层工会模范职工之家建设管理办法》，不断规范职工之家创建工作，以规模以上企事业单位工会为重点，在全区命名15个职工之家示范点、20个职工之家培育点、15个职工小家示范点、15个职工小家培育点，提升职工之家、职工小家建设水平和服务质量。推进“会站家”一体化建设向社区、基层工会延伸，在工业园区、楼宇、社区等区域，打造7个区域示范性“会站家”一体化职工服务阵地。

【企业民主管理规范化建设稳步推进】 落实《宁夏回族自治区企业民主管理条例》《宁夏回族自治区企业工资集体协商办法》等法律法规和制度，通过微信公众号等各类新兴媒体，多渠道、全方位对“两个条例”等法律法规进行了12个专题的广泛宣传，进一步增强了企业和职工对民主管理工作的认识。开展“创建厂务公开民主管理示范单位”活动，扎实做好厂务公开民主管理工作示范引领工作，指导、培育和挖掘企业民主管理先进典型，带动引领全区企业民主管理工作提质增效，打造30个“全区厂务公开民主管理示范点”。向全国厂务公开协调领导小组推荐了5个全国厂务公开民主管理先进单位、1个全国厂务公开民主管理示范单位和2个全国推动厂务公开民主管理工作先进单位。指导基层工会开展优秀职工代表提案评选活动，向全总推荐优秀职工代表提案3个，有效调动职工参与企业民主管理的积极性主动性创造性，强化职工主人翁地位。

【干部能力素质水平明显提升】 一是做好干部选拔交流工作。按照人岗相适原则，加大干部选拔交流力度，全年共组织推荐正处级干部2名，副处级干部2名；晋升一级、三级、四级调研员2名，晋升一级、三级主任科员5名；交流轮岗干部5名；试用期满测评考察6名；选调直属事业单位干部3名，机关干部1名。二是做好直属单位人事管理工作。组织制定了工人疗养院支委会、院办会议事制度，明确了书记和院长工作职责。积极与人社厅协调，为直属事业单位增加3个非领导职责五级职员和3个非领导职责六级职员职数。组织完成了事业单位15人的岗位晋级工作。面向全区公开招聘4名工作人员。三是持续做好干部培训考核工作。购买工会各类业务视频课程，提供给基层工会进行学习，协调自治区党校将产业工人队伍建设改革视频课程在党校主体班次培训。2020年统筹协调各部室业务骨干到基层工会授课，累计培训500余人次；安排199

名工会干部参加全总、党校网络培训；调训基层工会干部23名，组织区总80名干部参加网络培训，参训率、结业率达到100%。

（海利娟）

宣教文体工作

【概述】 区总宣教文体工作以习近平新时代中国特色社会主义思想为指导，按照“一个高举”“两个巩固”“三个建设”的宣传工作根本任务，紧紧围绕区总中心工作，始终坚持正确政治方向，在提升职工思想政治工作水平、发挥主流思想的舆论导向作用、增强职工团结奋斗的正能量、做好劳模宣传工作以及做强一批职工文化活动品牌等方面谋求突破和创新，充分展示全区各级工会积极团结带领广大职工“建设美丽新宁夏，共圆伟大中国梦”营造了良好的舆论氛围。

【坚持正确政治方向，切实做好职工思想政治引领工作】 一是坚持政治引领。采取线上线下相结合的方式，充分利用区总微信公众号开展网上宣传，举办学习宣传贯彻党的十九届五中全会精神专题讲座，协调成立12个宣讲组下基层开展形式多样的宣讲活动，推动习近平新时代中国特色社会主义思想、党的十九届五中全会、习近平总书记视察宁夏重要讲话、习近平总书记在全国劳模表彰大会上的重要讲话和自治区十二届十二次全会精神进基层、进企业、进车间班组，广大职工听党话、跟党走的信念更加坚定、行动更加坚决。二是强化顶层设计。按照产业工人队伍建设改革工作的要求部署，组织起草《关于加强和改进新时代职工思想政治工作的实施意见》《关于加强企业职工文化建设工作的意见》，报请自治区党委、政府印发，从体制机制建设、制度保障上突破了制约职工思想政治引领工作的瓶颈。三是改进宣传方式。充分发挥宁夏总工会网站、微信公众号等媒体的阵地作用，使广大职工在理想信念、价值理念、道德观念上紧紧团结在一起，推动习近平新时代中国特色社会主义思想在工会系统形成生动实践。

【切实提高政治站位，压紧压实意识形态工作责任制】 一是进一步压实工作责任。制定《自治区总工会落实意识形态工作责任制实施办法》《自治区总工会意识形态工作责任制考核细则（试行）》，进一步明确细化工作责任。落实意识形态领域舆情分析研判制度，定期分析研判工作推进中存在的问题，提请区总党组会议定期专题研究意识形态和宣传教育工作。二是进一步强化学习教育。组织党员领导干部深入开展学习《中国共产党宣传工作条例》，邀请专家分别围绕党的十九届五中全会精神、意识形态工作等主题，为区总全体党员干部进行了专题辅导。三是正视问题抓整改。结合自治区党委第六巡视组巡视工作，针对意识形态巡视反馈问题，按照党组的安排部署，对贯彻落实《党委（党组）意识形态工作责任制实施办法（试行）》《中国共产宣传工作条例》进行全面自查自纠，精心制定整改方案，明确整改目标和任务，督促有关单位扎实开展整改工作。

【牢牢把握舆论导向，切实传播正能量唱响主旋律】 一是推进工会文化活动品牌建设。以“中国梦·劳动美”主题宣传教育活动为主线，举办全区职工群众“劳动者之歌”、“劳动筑梦”全区职工演讲大赛、“声音里的经典——全面小康　奋斗有我”全区故事演说大赛、送文艺下基层慰问演出等系列活动，进一步丰富职工文化生活，推动工会文化品牌活动深入基层，深受职工欢迎；开展全区职工学习党的十九届五中全会精神知识网络竞赛，参与人数超过10万人次；组织开展“致敬劳动者·定格劳动美”宁夏职工手机摄影大赛，网络累计访问量突破100万人次；区总微信公众号推送各类信息239期，在《工人日报》《宁夏日报》、宁夏电视台、宁夏新闻网、学习强国App等区内外主流媒体刊播各类新闻稿件323篇（条），累计阅读量逾42万人次。二是大力弘扬劳模精神、劳动精神、工匠精神。把劳模评选表彰工作作为弘扬劳模精神、劳动精神、工匠精神的重要契机，精心选择具有鲜明时代特点、事迹感人突出的先进模范人物，在各类媒体广泛宣传，组织开展劳模精神进企业、进校园、进机关“三进”活动，在全社会形成学习劳模、争当劳模、关爱劳模的良好氛围。三是切实增强职工疫情防控信心。疫情发生后，第一时间发出倡议书，组织全区各级工会迅速行动，动员全区29652名工会干部组建119支志愿服务队深入一线开展志愿服务，利用区总微信公众号开设战“疫”有我等5个原创专栏，微信公众号发布42期152条疫情防控推文，刊播近500篇稿件，累计阅读量为80946人次，增强了职工科学防疫、同心抗疫的信心和决心。

【大力开展职工志愿服务，推动志愿服务宣传走深走实】 大力宣传弘扬“奉献、友爱、互助、进步”的志愿精神，广泛开展“职工拒毒零计划”活动和禁毒宣传“进千家万户”活动，积极弘扬社会主义核心价值观。一是广泛开展志愿服务。积极发动各级工会以职工、劳模志愿服务队为主体，开展形式多样的送温暖、献爱心志愿服务活动；组织全区各级工会干部和231名教职工志愿者组成工会“课后托管”志愿服务队，在22所学校、160余家社区及单位开办职工子女课后托管班；积极开展环境整治义务劳动，助力文明城市创建，发动各级工会志愿者清理道路景观区烟头、白色垃圾、垃圾箱上的小广告，擦洗文明创建宣传栏、广告牌等公共设施，彻底清除卫生死角。目前，全区职工志愿服务队伍共1486支，职工志愿者10.96万人，开展助力疫情防控、脱贫攻坚、扶危济困、文明城市创建等各类职工志愿服务活动15384次。二是切实加强志愿服务和禁毒宣传。在“6·26”国际禁毒日期间，充分利用文化宫、职工书屋、门户网站、手机App、微信公众号等线上线下宣传阵地，加强志愿服务、禁毒知识、法律政策的宣传教育。其间，组织各级工会志愿者深入街道、火车站、汽车站等人员集中地进行禁毒宣传，通过现场咨询、发放宣传材料等方式常态化普及禁毒知识，累计开展宣传活动56场（次），发放禁毒宣传品2350余份，接受禁毒知识、法律宣传咨询2800余人（次）。三是广泛开展“职工拒毒零计划”活动。向全区企业和职工发出争创“无毒单位”、争当“无毒职工”的倡议，号召广大职工积极行动起来，远离毒品，拒绝毒品，提高防毒、拒毒、抵制诱惑的能力。组织开展线上禁毒读书征文比赛、网络知识竞赛、禁毒微视频比赛等线上活动，引导职工群众正确科学认识毒品危害，让“珍爱生命 远离毒品”理念成为健康意识、生活常识，使“健康人生、绿色无毒”理念深入人心。

（王霄）

开展主题党日活动。

和行动自觉。

调查研究工作

【概述】 2020年，区总研究室在党组领导下，围绕区总全年工作重点，突出党建引领，聚焦主责主业，认真履职，迎难而上，主动作为，调查研究取得积极成果，《宁夏工运》编发质量持续提升，统计试点工作得到全总充分肯定，有关工作成效明显。

【支部“三会一课”制度落实】 将党员大会、主题党日活动、党员集中学习、业务工作融为一体，并通过党建引领业务工作。全年讲党课4次，集中学习10次，召开党员大会13次，开展主题党日活动11次，党员相互谈心谈话7人次，进行廉政谈话6人次。

【支部主题党日活动】 立足工作实际，与职工服务中心联合开展“我为工运作贡献、工运为我展风采”主题党日活动；与产业工会党支部在金凤区雷锋展览馆共同开展“学习革命精神　践行爱国使命”主题党日活动。支部党员积极加入区总党员志愿者团队，参加疫情防控工作，并在疫情防控点开展主题党日活动。

【支部意识形态工作责任制落实】 通过召开专题组织生活会，对宗教、意识形态和形式主义、官僚主义等方面存在的问题开展批评与自我批评，认真整改存在的问题和不足。针对区党委巡视反馈的问题进行深刻反思，在人人自查的基础上经支部大会讨论，汇总形成意识形态问题清单和整改清单。结合部门工作，设立意识形态工作监督员，对采用的文稿均进行三次以上的审核把关，确保舆论导向正确。

【干部理论学习】 认真学习中央、自治区以及区总的有关会议和文件精神，注重提升政治素养，开阔工作视野。组织支部党员重点学习习近平总书记视察宁夏重要讲话精神、关于工人阶级和工会工作的重要论述，以及陈润儿书记调研群团工作讲话精神，注意将学习所获转化为开展工作的具体思路和举措。10月以来，组织支部党员认真学习习近平总书记在全国劳模表彰大会上的重要讲话，悉心研读中央和自治区关于“十四五”规划和2035年远景目标的建议，增强了思想自觉、政治自觉和行动自觉。

【服务基层办实事】 2020年7月，在分管领导带领下，分别在德胜工业园、望远工业园两个联系点宣讲习近平总书记视察宁夏重要讲话精神；宣讲期间与职工们进行座谈交流，对联系点的职工文化和职工之家、职工书屋建设等工作进行指导。在女职工部的支持下，德胜的联系点——凯添燃气股份有限公司的“妈咪小屋”被评为自治区级示范性“妈咪小屋”。

【党建信息报送】 及时反映支部党建工作、学习及活动开展情况，向机关党委报送的信息有5篇被采用。

【调查研究工作】 一是下功夫抓好抓实自身调研。按照产改工作任务分工，研究室从问卷设计、发放到回收汇总，历时5个月，研究形成近万字的《全区产业工人队伍基本状况调查报告》和《全区产业工人队伍思想政治工作情况调研报告》《宁夏产业工人队伍技能素质状况调研报告》，供领导参阅。这3个报告可作为推进全区产业工人队伍建设改革的有益参考。二是抓好抓实全区工会系统调研。年初确定调研方案和参考课题并印发通知；年中加强指导，掌握工作进展情况；年末加强督促，跟踪落实。年内全区共报送调研文稿278篇，按30%的比例评出一、二、三等奖分别为15篇、30篇、45篇。对优秀文稿在《宁夏工运》上陆续刊登，特别优秀的向《中国工运》推荐发表。三是加强合作调研。与宁夏大学政法学院合作，对《新冠肺炎疫情对我区企业的影响》《宁夏技能型企业工人队伍建设情况》《新时代工会工作热点、难点、重点问题》《新时期加强工会服务供给的前瞻性、针对性和制度化》《“互联网+”时代工会服务职工方式的路径》等5个重点课题进行研究，现全部结题。其中《新冠肺炎疫情对我区企业的影响》于6月呈自治区党委领导参阅，其余文稿经修改完善后供区总领导参阅。四是积极向媒体推介调研成果，传递宁夏工会声音。全年有9篇文稿被《中国工运》和《工运信息》等刊物采用。2019年完成的《宁夏产业工人队伍建设改革研究》年内被中国工会学研究会评为“优秀”研究成果，还有《工会界别是政治协商工作中的重要组成部分》一文被收录于《宁夏政协会议专集》。通过区总办公室向区党委办公厅报送调研成果13篇，参加全区党委系统理论调研成果评选。

多年来，研究室一直坚持整理汇集全区各级工会和工会干部形成的调研成果，并择优编辑为《成果选集》。历年成果选集和《宁夏工会年鉴》在年内区党委的巡视工作中得到巡视组高度评价，认为“区总有部署基层有成果”。

【常规工作】 完成《宁夏工会年鉴》（2019）的编辑出版工作，整理区总本级年鉴资料近万字，分别报送全总和《宁夏年鉴》编辑部。紧随区总重点工作进展，及时调整《宁夏工运》栏目，改进版面设计，选登最优稿件，提高编印质量。全年6期任务全部完成，特别是下半年，为配合区党委巡视工作和区总宣传党的十九届五中全会精神，4~6期均提前完成。为了确保《宁夏工运》准确投递到基层工会，年初对投递情况进行了普查，核对了投递信息。随着新组建工会和新入会会员的增加，调整了2021年出版工运杂志的经费预算，拟增加印量，以满足基层和区总离退休干部的要求。从去年全区工会系统的339篇调研文稿中选取100篇约40万字，汇编成《2019年宁夏工会理论调研成果选集》，已发到各级工会和工会干部手中。还印制了6.7万字的《2019年宁夏工会数据手册》。约3万字的《宁夏党史1978—2020工会篇》正在撰写。

【统计工作】 2019年全区工会统计工作被全总办公厅列为全国工会系统的3个试点之一。在2020年全总统计业务培训班上，介绍了宁夏2019年开展统计试点的做法与成效，受到与会者好评。为了更好地推进2020年的统计工作，选树典型，对去年在试点工作中表现突出的36名基层工会统计员进行了通报表扬。2020年统计工作如期完成，统计结果较往年更真实、更准确。全区工会统计年报数据基层直报率大幅上升，达到90.18%，在全国工会系统遥遥领先。

【汇编《新时代宁夏工会的实践与探索》】 为了集中展示新时代我区各级工会创新工会工作的具体做法、实际成效和调研成果、心得体会，于9月底开始，遵照领导指示，从党的十九大以来各级工会和工会干部撰写的千余篇文稿中精选出123篇，汇编《新时代宁夏工会的实践与探索》一书，为全区工会干部开拓工作思路提供方法借鉴和实用教材。全书分为学习收获、谋划布局、改革发展、疫情防控、脱贫攻坚、建功立业、技能提升、维权服务、民主管理、劳动关系、女职工工作、职工文化、“网上工会”、干部挂职、财务经审、组织建设、机关党建、反腐倡廉等18个专题（每个专题都附有彩图），从不同层面、不同角度基本反映了宁夏工会工作概况，映现了宁夏工会工作创新发展的脉络和工会干部辛勤奋斗的足迹。

（刘文平）

网络工作

【概述】 紧紧围绕自治区总工会年初重点工作安排和部署，主动顺应时代发展潮流，继续按照“建好一张网、共推一张卡、用好一个平台”的工作思路，推进互联网在工会的广泛应用和融合发展，打造的“智慧工会”更加完善，更贴近工会工作和职工群众的需求，线上线下更加融合。

【深入推进“宁工惠”职工服务平台建设工作】 在初代“宁工惠”App开发的基础上，重新进行需求梳理和迭代，最终落地22个功能模块，涵盖工会关键基础业务及职工普惠活动等功能。同时，进行多次运营推广活动，覆盖面包含中卫、吴忠等地及国家能源集团宁夏煤业有限责任公司，获得了职工较好的反馈。目前，“宁工惠”App已在华为应用商店、苹果应用商店、应用宝等国内主流应用平台上架，平均打分4.5分（满分5分），累计下载量接近20万人次，在2020年“网聚职工正能量　争做中国好网民”主题活动中获评最具影响力平台。

【扎实开展产业工人学习平台建设工作】 一是积极落实相关工作，先后多次赴自治区教育厅、人社厅等单位和宁夏职业技术学院、宁夏广播电视大学等职业技能培训机构调研。二是精心编制《平台建设方案》《可行性研究报告》等重要文档报告，并组织专家进行论证。三是为完成平台年内上线的目标不变，按照大型软件平台建设周期进行倒排，尽快完成项目需求分析、实施方案、应用开发、课程设置、服务器部署等工作。

【规范12351职工网络服务制度建设】 制定了全区工会12351职工网络服务系统管理办法和操作流程规范，指导市、县（区）工会开展12351职工网络服务工作，初步形成线上线下有机融合的工作新格局。全年全区12351职工服务热线共接单2487件（电话、微信、网站），其中：来电1091件，线上业务1396件（咨询类775件，转接类1712件）。

【积极开展“网聚职工正能量　争做中国好网民”主题活动】 一是在“五一”期间，协调各方资源，组织开展“致敬劳动者·定格劳动美”宁夏职工手机摄影大赛，得到了广大干部职工的积极响应，活动期间网络累计访问量突破100万人次。二是向凯旋的宁夏援鄂医护人员广泛征集音频作品，推出致敬英雄·宁夏“最美逆行者”心声展播，陆续通过微信公众号、“宁工惠”App等平台播出，让职工随时随地都能听到宁夏“最美逆行者”的心声，感受身边战“疫”勇士的大爱情怀。《工人日报》《宁夏日报》《新消息报》《华兴时报》、央广网、宁夏新闻网、宁夏日报

App 等媒体均有登载，在职工中引起了较强烈的反响。

【挖掘网络资源优势，发挥工会桥梁纽带作用】 在疫情期间，依托“宁工惠”App，使职工足不出户，通过手机就能享受到便捷的工会服务。一是线上维护合法权益。开通了网上入会、法律咨询、心理援助、困难帮扶等栏目，职工可以在线与律师、心理咨询师进行沟通，协调解决问题。二是整合职工培训资源。疫情期间，线上“职工书屋”免费提供了 4 万余册图书，“职工课堂”上传了近 300 门微课，既有职工当前最关心的疫情防护知识，也有各类职业技能大师授课视频和绝技展示，帮助职工提升技能水平和职业素质。三是积极开展网络招聘活动。对接企业用工需求，搭建和完善了网络招聘信息平台，共有 100 多家用人单位在招聘栏目里发布了 2000 余个岗位。四是为有效增强广大职工的心理防控能力，在大年初二开通职工心理 24 小时援助热线。通过微信公众号和 App 同步推出 AI 智能心理机器人“工会小宁”，实时更新疫情防护百科知识，通过专业的线上心理咨询流程为职工提供心理援助服务，帮助广大职工解除疫情烦恼，努力打赢心理防疫战，还联合宁夏心源心理援助中心开展公益微课《提升心理免疫力》等网络直播课程，在“宁工惠”App 和微信平台同步直播，服务职工累计达到 3 万余人次。

【尽心尽力做好“12351”职工服务热线】 在疫情期间，为了让广大职工群众真切感受到工会组织传递的关怀与温暖，每天工作人员对当日“12351”热线工作情况进行深入分析，精心办理职工群众诉求，并归类注解，为自治区总工会党组掌握和处置疫情防控工作提供决策依据。同时，对每天接到的线上工单，协调属地工会、自治区总工会各部门、法律援助中心等实行线上办结；对确实需要转为线下办结的工单，及时与当事人沟通调整延长办结时限，杜绝线下办理风险。自 1 月 27 日至 5 月，职工服务热线移交至职工服务中心时，“12351”共接收职工诉求 1800 余件，已全部办结。移交后，热线由网络部进行技术支持。

（王　霞）

劳动和经济工作

【概述】 2020 年，劳动和经济工作部加强和改进党支部建设，圆满完成全国劳动模范和先进工作者、自治区劳动模范和先进工作者推荐评选表彰工作；推动产业工人队伍建设改革各项任务落实；举办全区重点工程示范性劳动和技能竞赛；深化劳模和技能人才创新工作室创建工作；加强劳模帮扶管理工作；开展“五个一”劳模服务活动；进一步加强工会劳动保护，组织开展“安康杯”竞赛活动；加强劳动安全卫生宣传教育培训，参与事故调查处理，为保障职工劳动健康权益作出积极贡献。劳动部承担的自治区党委、人民政府牵头安排的劳模推荐评选和新时期产业工人队伍建设改革两项重点工作得到了自治区领导的高度认可和肯定。

【加强和改进党支部建设】 扎实推进党支部“三强九严”工程建设，落实支部“三会一课”等制度，组织支部党员认真学习习近平总书记视察宁夏重要讲话精神、《习近平谈治国理政》（第三卷）、党的十九届五中全会精神、自治区党委十二届十二次全会精神等重要内容。支部召开党员大会 13 次，主题党日 12 次，组织生活会 1 次，讲党课 5 次，集中学习 23 次，交流讨论 10 次。通过学习，提高了党员干部的思想政治素质，锤炼出了一支有信念、懂奉献、敢担当的党员队伍。发展预备党员一名，一名同志得到职务晋升。极大地鼓舞了部门党员干部工作干事的热情，通过加强支部党员干部综合能力建设，部门党建基础和业务工作实现全面进步。

【劳动模范和先进工作者推荐评选工作】 2020 年，是五年一次的劳动模范和先进工作者评选表彰年，自治区总工会坚持把劳动模范推荐评选工作作为一项重要政治任务，按照党中央、国务院的决策和部署及自治区党委、政府的要求，主动作为，高起点谋划、高标准推进、高质量落实推荐评选工作。经过基层自下而上民主推荐，市、行业（系统）初审，自治区劳模评选工作机构审核，自治区党委研究，推选获评全国劳动模范和先进工作者 36 名，组织他们进京参加全国劳动模范和先进工作者表彰大会；评选自治区劳模和先进工作者 228 名。劳模评选工作中，在坚持面向基层、面向各条战线和社会各个阶层的基础上，向基层一线、科技创新、脱贫攻坚、抗击疫情等领域倾斜，突出葡萄酒、互联网等新型产业，倾斜工匠、技能大师等技能人才，劳模人选的学历、专业技术能力得到提高，人选结构更加优化。同时，不断建立健全评选机制，完善评选程序，始终坚持自下而上、民主推荐，多级多方征求意见，严格审核把关，接受群众监督，劳模评选工作进一步科学、规范，评选工作质量进一步提高。

【推动产业工人队伍建设改革各项任务落实】 作为区总产改工作牵头部室，根据《新时期宁夏产业工人队伍建设改革实施方案》精神，一是制定内外两个落实产改方案工作台账，定期对全区 23 家产改成员单位及区总 10 个相关部室工作进展情况进行督查；二是赴产改成员单位、职业院校及企业开展实地调研；三是组织召开全区产业工人队伍建设改革推进会，自治区党委组织部、人社厅等 6 家牵头单位及试点企业进行交流发言，凝聚改革共识、深化改革成效；四是制定《自治区职工劳动和技能竞赛指导意见》《自治区劳动和技能竞赛效能评估办法》《自治区职工科技创新激励办法》，提高我区示范性重点工程劳动竞赛和职工职业技能竞赛规范化建设水平，激发职工创新创造热情。

【开展自治区重点工程示范性劳动竞赛和职工职业技能竞赛】 围绕自治区重大项目、重点工程、特色产业，在全区组织开展银西铁路工程项目、银川都市圈城乡东线供水工程项目、宁夏宝丰能源集团有限公司煤制烯烃等 6 项自治区重点工程示范性劳动竞赛；开展全区疫情防控、新能源汽车技术技能竞赛、全区创新创业大赛、全区旅游饭店服务技能大赛等 15 项 20 多个工种（项目）的职工职业技能竞赛。全区各级工会组织开展劳动和技能竞赛 2837 项，参赛职工 383873 人次。在 2020 年五一劳动奖评选中，对 9 项劳动竞赛和 9 个工种（岗位）技能大赛中的先进集体和先进个人，授予 1 个奖状、6 个奖章、2 个工人先锋号。

【自治区劳模和技能人才创新工作室创建工作】 组织劳模创新工作室推荐评选工作，在各市、产业工会推荐申报的基础上，组织专家服务进行评审，新命名打造劳模和技能人才创新工作室 10 个，补助经费 100 万元；今年，有3项劳模创新工作室成果获得自治区科技进步奖一等奖，创新工作室在一批经验丰富的技能人才引领下，着力破解难题，开展技术攻关，为企业发展提供了技术支撑，创新成果层出不穷，有力推动了企业创效和创新升级。

【加强劳模服务管理工作】 制定《自治区（部）级劳动模范认定办法》《劳模专项补助资金使用流程》《省部级劳模特殊困难帮扶金发放标准》《自治区（部）级劳动模范临时性困难救助办法》，以制度化建设推动劳模服务管理工作的科学化、规范化。做好劳模慰问帮扶工作，为所有健在的2526名全国和自治区（部）级劳模全覆盖发放春节慰问金314.5万元；发放全国、自治区（部）级劳模生活困难补助金和特殊困难帮扶金598人次、576万元。开展劳模和抗疫一线医护人员疗休养活动，全年共组织9批次、136名抗疫一线医护人员和95名全国、自治区（部）级劳模、五一劳动奖章获得者等在区内疗休养。组织发动全区各级各类劳模、五一劳动奖章获得者等为疫情捐款捐物6000多万元，为疫情防控纾困解难。

【开展“五个一”劳模专项服务活动】 2020年，继续延续服务，拓宽服务形式，开展了“发一份春节慰问金、寄一封春节慰问信、送一份报纸、发一条生日祝福短信、举办一次劳模座谈会”“五个一”劳模服务活动。其中，发一条生日祝福短信，是今年的一项亮点工作。举办一次劳模座谈会，是区总学习贯彻习近平总书记视察宁夏重要讲话精神的具体行动，劳动模范走在前，做表率，对全区劳动模范、职工群众学习贯彻习近平总书记视察宁夏重要讲话精神起到了积极的示范引领作用。

【积极维护职工安全健康权益】 与应急管理厅、卫健委联合发文，扎实开展“落实全员安全责任，促进企业发展”“安康杯”主题竞赛活动，组织动员全区各级工会组织利用网上工作平台及线下结合的方式开展“安康杯”竞赛。向全总推荐获评全国“安康杯”竞赛优胜单位14个、优胜班组16个、优秀组织单位4个、优秀个人4名。做好国务院安全生产和消防工作考核巡查迎检工作。今年，国务院派往宁夏考核组的组长由全总领导带队、劳动部相关负责人组成，我们在做好正常迎检考核工作外，也为宁夏第四次蝉联全国安全生产先进省（区）作出了积极努力。通过“安全隐患随手拍”和安全生产合理化建议“金点子”征集活动，引导和鼓励职工立足岗位广泛参与劳动安全卫生监督。深入开展尘肺病和低温劳动保护专题调研，推动政府完善劳动保护法规机制建设。

（蒋　林）

权益保障工作

【概述】 2020年，权益保障部不断提升服务职工质量，深化权益保障各项业务工作，加大维权力度，建立了以精准帮扶为重点的服务职工工作体系，积极打造户外劳动者服务站点，深化区域、行业集体协商，努力构建和谐劳动关系。城市困难职工解困脱困、工资集体协商、保障农民工工资支付、“七五”普法、信访维稳等工作取得明显成效，并在抗击疫情中积极作为，被评为自治区抗击疫情先进集体。

【健全完善因地制宜的帮扶体系】 打造“建档帮扶”“结对帮扶”“工会班”“金秋助学”“医疗互助”“临时救助”“常态化送温暖”“三个

一技能培训”等8个品牌项目。2020年，帮扶全国级困难职工建档立卡5606人次、发放资金3151.655万元，自治区级困难职工建档立卡3205人次、发放资金1082.7万元；“工会班”每年对子女就读高中的1800户困难职工家庭户均资助2600元；“金秋助学”计划为在校大学生的困难家庭给予平均不低于4000元的资助，帮助其完成大学学业；“医疗互助”全年为2162名职工支付互助金515.8万元；全区工会全年使用临时性大病救助和生活救助资金130余万元，帮扶直接上门寻求救助的困难职工近1063人；“春送岗位、夏送清凉、秋送技能、冬送温暖”的“常态化送温暖”将党委政府和工会对职工的关怀送入千家万户，全区各级工会筹集资金1838万元，慰问职工38971户；全年培训下岗失业困难职工、转岗待岗困难职工、困难农民工3000余人，基本全部实现就业。

【加强帮扶工作制度建设】 修订《自治区总工会困难职工帮扶管理实施细则》，将建档困难职工划分为深度困难职工、相对困难职工、意外致困职工，形成梯度帮扶模式。6月8日，下发《关于全面完成在档困难职工解困脱困工作的通知》，从“技能培训”和“结对帮扶”入手，高标准谋划、全方位推动，制定责任清晰、任务明确、目标精准的解困脱困方案。结合《自治区总工会“工会班”管理办法（试行）》《自治区总工会金秋助学管理办法（试行）》，根据不同收入层次的困难职工分级建档，将更多困难职工边缘户纳入建档和帮扶范围，有的放矢地加大资金量投入，运用“大数据”优化资金使用效率，多部门的信息比对确保资金使用透明廉洁高效，经全总确认，已圆满完成城市困难职工解困脱困目标任务。聘请第三方对2017年以来解困脱困工作成效评估、对自治区财政配套资金开展绩效评价，对工作成效和资金使用进行评价；积极配合全总审计组来宁审计2019年、2020年帮扶资金、送温暖资金，对存在的问题进行整改，进一步提高专项资金的管理水平和综合使用效益。

【积极开展送温暖和职工医疗互助工作】 一是2020年“两节”期间，以全国总工会书记处书记曲昭伟同志为团长的全总送温暖慰问团，冒着严寒亲切看望慰问了银川等地的3家困难企业，走访慰问了1户困难职工和1户困难劳模家庭。“两节”期间，自治区领导分成22个慰问组，自治区总工会组成6个慰问组，深入各市、县（区）慰问困难企业、困难职工、困难劳模，全区各级党、政、工领导及工会组织走访慰问职工38971户、走访企业701家，通过提供就业岗位、职业培训、小额借款、法律援助等其他形式帮扶困难职工2054人次，全区共筹集送温暖资金1838.946万元，发放送温暖款物折合人民币955.4932万元。二是职工医疗互助开展以来，全区累计有36万人次参与，平均每年向1200余名职工支付互助金450余万元。近期，按照自治区党委的要求，我们已与复星国际集团开展合作，通过进行医疗互助管理系统优化升级，实现扩大医疗互助覆盖面和社会影响力，更好服务职工群众。

【发挥推进工会维权服务阵地作用】 宁夏总工会职工服务中心自5月28日启用以来，共接待来访、来电、来信案件267案次325人次，结案率达100%，帮助职工挽回经济损失320余万元。职工医疗互助申请受理230余人次。接待工会法人登记办理业务职工251人次，现已办结业务140件。建成宁夏图书馆宁夏总工会职工服务中心分馆，配备各类图书1890余册，举办6期读书分享会，受益170余名职工。接听心理援助热线电话120个，心理咨询室沙盘治疗16人次，接受智能减压疗养舱身心放松人数77人次，面访治疗51人。接待福建省总工会、银川市总工会、吴忠市总工会等区内外各级工会组织学习观摩18批370余人次。开展工作在宁夏公共频道《直播60分》栏目、宁夏经济频道《都市阳光》栏目、宁夏网络广播电视台、《宁夏日报》《新消息报》《工人日报》、今日头条、腾讯视频等十多家平台和纸质媒体进行宣传。为忠实履行“维护职工合法权益、竭诚服务职工群众”基本职责，突出为职工办实事，“建、管、用”有机统筹，“增量、扩面、提质”一体推进，全区各级工会共投入资金800余万元，建成站点370个，其中示范点100个，覆盖全区25万余名户外劳动者。

【压实维护职工队伍稳定工作责任】 一是充分发挥工会在协调劳动关系三方中的桥梁纽带作用，及时收集、梳理、传递职工维权方面的诉求，积极参加三方会议制度建设。二是推进打造100家户外劳动者驿站和法律服务示范点，持续开展以出租车司机、环卫工人、外卖送餐人员、快递员、保安等户外流动作业人员为服务对象的法律服务和“暖心行动”，在服务中潜移默化地维护他们的合法权益。三是已积极与自治区文旅厅、上海市总工会对接，合力推动职工疗休养工作，并制定疗休养实施意见，指导基层工会制订疗休养计划，严格推选疗休养对象，做好组织实施工作。四是下发《关于做好2020年集体协商工作的通知》，坚持以劳动密集型、中小型企业集中的行业、区域为重点，开展行业集体协商，打造行业、区域集体协商示范点各100个，重点放在快递、外卖等新业态领域行业，现已全部完成既定任务。全区建会企业集体合同签订率达到95.2%，覆盖企业7773家，涉及职工52.3432万人。五是继续发挥以工会、人社、信访部门为主的信访联动机制，定期召开形势分析会和情况通报会，分析解决重大问题。落实工会领导干部接访制度，推动各级工会领导干部接访下访工作，坚持全区工会月度、季度、年度和维稳形势分析报告制度，截至12月份，2020年全区信访接待2341案次2898人次，区本级信访接待267案次325人次，办结率均为100%。

【推进工会法治化建设】 持续深入开展“尊法守法·携手筑梦”法治宣传行动，全区各级工会共组建服务分队51个、发放普法宣传资料97902份、现场咨询12077人次、实地普法宣传232场次、现场宣讲惠及农民工7万余人次，现场受理劳动争议案件223件，帮助农民工挽回经济损失200余万元。在抗疫工作中，开展线上无接触法律政策宣讲30场次，参与职工达22000余人，受理、调处劳动争议27件55人次，挽回经济损失45万余元；提供法律援助和咨询53件惠及职工155人挽回经济损失38万余元。着力提升基层预防化解劳动争议能力，力争把风险隐患化解在萌芽状态。指导各级工会认真对照国家“七五”普法规划和工会系统普法规划要求，严格落实“四清单一办法”制度，查找薄弱环节，着力解决存在的突出问题，补齐短板，逐项落实，做好“七五”普法实施情况总结、检查、评估、先进推荐和报送等工作。推动企业建立健全内部劳动争议协商解决机制，大力加强专业性劳动争议化解工作，创新仲裁办案方式，加强争议处理指导监督，发挥多元机制合力，大力推广“互联网＋调解仲裁”，切实提高争议处理效能。进一步畅通举报投诉渠道，加大劳动保障监察执法力度，依法查处违法行为。

【助力疫情阻击战和复工复产】 2月19日，在中央和自治区部署企业复工复产工作之后，快速响应，及时研究，提请区总印发了《关于在疫情防控企业复工复产期间做好工会工作的通知》，提出了关爱职工、维权维稳、保障发展等十项具体措施，要求全区工会要共同助力企业有序复工复产，协助企业培训职工掌握防控知识，增强防控意识，支持企业做好防控工作；协助企业制定复工方案；协助企业做好返岗人员的健康信息登记；协助企业落实各项劳动保护措施，搞好安全生产。同时，通过发布维权提示，开通维权热线，网上办理信访案件，加强劳动关系网上舆情监测研判，及时发布涉及职工合法权益的政策法规，引导职工通过合法途径理性表达利益诉求，促进劳动关系和谐稳定。要求全区各级工会要通过集体协商民主程序，采取调整薪酬（停工津贴）、轮岗轮休、缩短工时等方式，引导职工与企业同舟共济，共谋发展，帮助企业战胜困难。十条措施得到了全区各级工会组织的积极响应，取得了明显的成效。疫情发生以来，区总权益保障部忠实履行维护职工合法权益的基本职责，真心实意为职工服务。为了使低收入职工家庭受疫情的影响降到最低，专门下发《关于做好新冠肺炎疫情防控期间困难职工帮扶工作的通知》，在全区开展全面的排查摸底工作，把这部分职工及时纳入了帮扶范围，在做好建档立卡帮扶的同时，通过发放临时生活补助费等措施，帮助这些职工渡过难关。在企业复工复产期间，结合自治区卫健委的要求，制定了“守护健康 情暖职工”职工健康体检实施方案，全年为3万余名职工送去工会组织的关爱和服务。

（王冬焰）

女职工工作

【概述】 2020年区总女工部全面落实习近平总书记视察宁夏重要讲话精神，围绕中心、服务大局，聚焦主责主业，发挥独特优势，主动担当作为，以女职工对美好生活的新期待为目标，在强化思想引领、提素建功、依法维权、关爱服务、家庭文明和自身建设中凝心聚力，守正创新，团结带领全区女职工积极投身我区经济社会高质量发展。

【提素建功能力进一步提升】 深入贯彻《国务院办公厅关于促进家政服务业提质扩容的意见》，落实“六稳、六保”任务，组织女职工参加“当好主人翁、建功新时代”技能竞赛活动，推进女职工创新班组、创新团队建设，促进女职工优秀创新成果的应用和转化。举办以“建功新时代 巾帼展风采”为主题的宁夏第三届家政服务业职业技能竞赛暨“最美家政人”选树活动。通过赛前培训、理论测试和操作技能，着力提高家政服务人员技能素质，推动全区家政服务业规范健康稳定可持续发展。组织全区女职工积极参加本地区本单位疫情防控和企业复工复产，助力做好复工复产复业工作。表彰命名“五一巾帼标兵岗”和“五一巾帼标兵”各30个，营造劳动光荣的社会风尚和精益求精的敬业风气，激励广大女职工立足新时代、担当新使命、彰显新作为、展现新风采。

【主责主业进一步深化】 以“一函两书”为抓手，持续推行女职工专项集体合同落实落细落到位。主动落实区总应对疫情防控工作要求，第一时间开展线上职工心理健康“云减压”公益活动，受众10万余人次。疫情期间通过协商，适时提出安排孕期、哺乳期女职工居家远程办公、灵活安排休假及工作时间的建议。利用维权行动月和国家宪法日等时间节点，采用线上线下相结合的方式集中宣传《特别规定》《保护办法》等法律法规。精心编写《特别规定》《保护办法》《妇女权益保障条例》和工作场所性别平等及以新冠肺炎疫情防控为主要内容的知识题库。组织开展“全区女职工维权暨新冠肺炎疫情防控法律知识微信答题抽奖活动”，全区参加57.3万人次。通过线下线上方式，多措并举，女职工学法、懂法、用法意识和参与度得到双提升。吴忠市根据近年来新增加的女职工权益保障规定开展“四季要约”行动，着力提升协商质量、增强履约实效。加快推进“夫妻共同育儿假”落地落实，国网宁夏电业工会打主动仗、下先手棋，通过问卷调查、征求意见、集体协商、召开职工代表大会通过等程序，率先将每年10天的“夫妻共同育儿假”作为年轻父母“能多陪陪娃的福利”纳入女职工专项集体合同，成为宁夏首家执行育儿假的国有企业，自治区人大、司法厅、银川海关等20多家单位已相继执行相关规定。立足本职，完成新一周期宁夏妇女儿童发展规划编制工作，不断推动优化妇女儿童的发展环境。选送的《孕期调岗劝退，一函两书亮剑》《尊法守法，女职工组织在行动》两部作品分别荣获全国工会“尊法守法，携手筑梦”法治动漫微视频作品征集活动三等奖。

【关爱行动进一步走深走实】 自治区进入常态化疫情防控阶段后，通过实施女职工“两癌筛查+安康保险+子女助学+心理关怀+婚恋服务”五位一体关爱组合拳，实实在在帮助女职工解决工作和生活上的实际困难。投入200万元为6543名新产业新业态、单亲、建档立卡困难女职工及上年度筛查中发现的疑似病例开展“两癌”筛查工作。动员女职工参加“安康保”，为23名患“两癌”女职工理赔204.04万元，缓解了患病女职工的医疗负担。开展“三八”节免费抢票观影、“六一”期间开展关爱帮扶、走访慰问、子女助学、家风家教宣传等活动，为因疫情造成生活困难、抗疫一线职工子女、特别是单亲、困境、孤残等特殊群体的职工子女购置“爱心大礼包”和特殊学习用具，切实将党的温暖送到职工及其子女心坎上。开展“情暖鹊桥·缘定工会”青年职工联谊活动，为单身职工提供婚恋服务。全年全区共举办百人规模以上的联谊活动30场次，参与职工5000余人次，现场牵手100余对。分别打造10个自治区级示范“工会爱心托管班”和“爱心妈咪小屋”，免费为全区100个女职工休息室、哺乳室配送图书。继续开展职工红丝带健康行动，为实现艾滋病防控目标、构建人类卫生健康共同体赋能助力。金杯银杯不如老百姓的口碑，今年区总女职工部收到基层送来的锦旗4面，被评为全区“我身边的战‘疫’模范集体”。

【家庭文明建设成效进一步显现】 常态化推进“家庭家教家风”建设。举办“阅读强素质，书香助战

‘疫’，巾帼建新功”玫瑰书香读书活动和“非常时期一封家书”作品征集活动，引领女职工培养阅读习惯，在阅读中收获幸福，不断推动社会主义核心价值观在家庭中落地生根，以好的家风支撑起好的社会风气。全区共有征文、家书、摄影、书画四类20部作品在全国第八届“书香三八”读书活动中获奖。石嘴山市通过“互联网+”平台，推选出212名最美巾帼丽人，117个“劳动创造幸福家庭”，202名“最受欢迎人民教师”，230名“劳动美——最美护士”，点赞人数超过50万次。国家能源集团宁煤公司组织家风家教家训大讲堂专题讲座，引领新时代女职工立足岗位，自强自信。通过全员家访方式，以“娘家人”的身份与职工及家庭成员谈话交心，重点排查掌握职工工作生活情况和思想动态，梳理问题，建立台账，制定措施，逐一销号，真心实意解决职工的后顾之忧。2020年获全国五好家庭1个、全国最美家庭1个、自治区五好家庭2个、自治区最美家庭4个，区总女职工部被自治区妇联授予“自治区家庭工作先进集体”。

【调查研究进一步夯实】 在女职工较为集中的教育、医疗、金融等7个行业采取网络问卷调查方式，开展帮助职工平衡工作和家庭责任、不同职业女职工心理健康状况及干预对策和女职工劳动保护办法贯彻落实情况3项专题调研，如期提交调研报告和典型案例，为下一步科学谋划、统筹安排工作，更好更精准服务女职工提供基础性数据支撑和依据。

（寇苗苗）

财务资产工作

【概述】 财务资产部以习近平新时代中国特色社会主义思想为指导，持续深入贯彻落实党的十九大、十九届四中全会和自治区十二届八次、九次全会精神，紧紧围绕学习贯彻习近平新时代中国特色社会主义思想这条主线，以党建工作为引领，立足“三强九严”抓党建，响应号召抗疫情，严守制度强业务，落实职责担使命，践行初心做实事，全力保障防疫抗疫等重点任务资金需求，综合做好工会经费收缴与分成，预算编制与执行，资产清理与统筹，经费审核与把关，业务研究与创新等工作。

【贯彻党建新要求，看齐党建高标准】 深入学习贯彻习近平总书记在中央和国家机关党的建设工作会议上的重要讲话精神及习近平总书记给郑州圆方集团全体职工的回信精神，以党的政治建设为统领，着力深化理论武装，着力夯实支部党建基础。深化“三强九严”工程，按照《关于进一步加强和改进机关党的建设的意见》和《关于进一步明确党内组织生活有关要求的通知》要求，全面贯彻中央和自治区党建工作部署，看齐党建高标准，坚决落实“三会一课”、主题党日等制度。及时开展防疫抗疫党员公诺活动，全体党员主动参与社区防疫工作，结合疫情开展了“我身边的战役英雄”主题党日活动。在贺兰县“稻渔空间”开展主题党日活动，沿着总书记视察时的路线，走进田间地头、泥巴地上的“情景式”党课，每名党员都深深地感受到总书记用脚步丈量民生的伟大情怀。

【直面工作新挑战，严格经费收管用】 加强与税务部门的沟通、联系，不断加大税务代收工会经费力度，2020年虽然受到疫情影响，但全区税务代收工会经费仍然达到7.47亿元，同比增长4.9%。规范预算执行，各项经费保障以预算为纲、以预算为法，始终坚持“先预算后开支、有预算才开支、无预算不开支”的原则，严格资金审批权限和程序，强化预算执行主体责任，严控预算执行完成时限，定期通报预算完成情况，确保各项支出及时均衡实现。起草印发《宁夏回族自治区总工会落实小微企业工会经费支持政策实施细则》，支持小微企业发展。坚持经费向防疫抗疫、助力企业复工复产、职工素质提升、职工维权帮扶、劳模慰问等重点工作倾斜。先后为全区六批785名援鄂医疗队人员每人拨付5000元慰问金，为自治区四家定点医疗机构、防控中心、五市总工会、产业工会和区总直属单位拨付485万元疫情防控专项资金，为疫情防控工作提供充足资金支持。同时退付全区169家企业疫情期间工会经费滞纳金近万元。

【适应业务新发展，推进内控建设规范化】 升级改造“税务代收工会经费业务管理系统”，增加了工会经费分成业务银企互联功能，在便利业务操作的同时，保证了税务代收工会经费的封闭式运行。健全完善内控体系，堵塞风险漏洞，修订《自治区总工会财务核算管理办法》，起草印发了《宁夏回族自治区工会预算绩效管理办法》《宁夏回族自治区工会财务监督暂行办法》《宁夏回族自治区总工会对下项目补助实施办法》。研究制定宁夏总工会财务资产审计内控管理系统可行性方案和建设方案，按程序开展招投标工作后，组织软件公司开发，全面推进全区工会内控体系建设。

（高万利）

经费审查工作

【概述】 2020年，在自治区总工会党组和全总经审会的坚强领导下，经审工作始终坚持以习近平新时代中国特色社会主义思想为指导，不断深化“不忘初心、牢记使命”主题教育活动，以党建引领经审各项工作，对标增强政治性、提升引领力，增强先进性、提升凝聚力，增强群众性、提升服务力，紧紧围绕自治区总工会中心工作，坚持问题和目标导向，积极践行疫情防控守土有责、守土尽责的责任担当，依法全面履行审查审计监督职责，做好常态化“经济体检”。在全区各级工会经审干部的共同努力下，全年各项工作都取得较好成效。

【对自治区总工会本级2019年度经费收支决算进行审查】 8月26日，自治区总工会十二届经审会第六次常委会议在银川召开。自治区总工会党组成员、经费审查委员会主任闫灵主持会议。会议听取并审查通过了自治区总工会本级2019年经费收支决算，听取并审议了《关于2019年度工会企事业资产管理情况的报告》《自治区总工会本级2019年度预算执行情况审计结果的报告》，以及《自治区总工会本级2020年上半年经费收支预算执行情况（审议稿）》。会议还审议修订了《宁夏回族自治区总工会经费审查委员会常务委员工作规则（试行）（审议稿）》。

【扎实开展审计工作】 全面贯彻落实“审、帮、促”工作要求，严格依据国家法律法规和全总经审会规章制度，强化风险管理意识，有效发挥工会经审工作“治已病、防未病”功能。全年完成以下审计任务：一是完成了对自治区总工会本级2019年度工会经费预算执行情况的审计，向主席办公会议专题汇报审计结果；二是对宁夏工人文化宫、宁夏工人疗养院、宁夏工会大厦2019年度财务收支、经营管理等全部经济活动情况进行了审计；三是对银川市、石嘴山市、吴忠市、固原市、中卫市总工会 2019 年度预算执行情况、专项资金和固定资产管理使用情况进行了审计；四是对区直机关工会 2018 年度和 2019 年度经费收支预算执行情况、专项资金管理使用情况和固定资产管理使用情况进行了审计；五是对三个驻会产业工会所属 42 个基层工会 2018 年度和 2019 年度经费收支预算执行、专项资金管理和固定资产管理使用情况进行了审计；六是对五市和 13 个县（区）及产业工会 2019 年度帮扶送温暖专项资金进行了审计；七是受全总经审会委托完成了对新疆生产建设兵团 2019 年度帮扶送温暖专项资金的审计；八是建立审计整改台账，加大审计回访力度跟进督促，加强审计整改落实情况的检查；九是对 1 个建设工程维修项目进行了结算审核。

坚持依法审计与守正创新相结合，2020 年成功将审计工作信息化建设嵌入区总工会信息化建设平台当中，开启了“互联网 + 工会审计”新模式，有力助推经审工作高质量发展。

【规范化建设考核工作】 坚持以工会经审工作规范化建设考核为抓手，严格落实《经审工作规范化建设考核实施方案（试行）》考核标准，对市级工会、县级工会、产业工会 2020 年度经审工作规范建设进行考核。经过考核，吴忠市总工会经审会等 3 个单位获得特等奖，其他 4 个单位获得一等奖，3 个单位获得二等奖，3 个单位获得三等奖。对市、县级工会 2020 年度优秀审计项目进行了评选，其中 10 个审计项目获得全区工会优秀审计项目。

在全国总工会经审会对 2020 年度全国省级工会经审工作规范化建设情况考核中，宁夏回族自治区总工会经审会获得特等奖。

【以党建为引领，提高经审工作整体水平】 2020 年区总经审会始终把好经审工作政治方向，通过党建与业务工作相结合方式积极开展“4 + N”经审工作大讲堂，促进党建质量与审计质量双提升。按照《全国工会干部 2019—2023 年教育培训规范》的要求，2020 年全区各级经审组织切实加强工会经审干部培训，针对疫情防控常态化采取灵活有效的方式组织干部培训。区总经审会借助多媒体信息化平台组织开展了全区经审干部业务技能大赛，并将思想政治理论等融入竞赛试题，有近 400 人参与了此次竞赛活动，26 人分别荣获一、二、三等奖，吴忠市总工会等 5 家单位分别荣获团体一、二、三等奖。加强经审工作理论研究和学习交流，2020 年全区各级工会的经审工作信息有 84 篇在全总、区总等刊物媒体发表，工会经审干部业务交流活跃，业务能力不断提升，有力促进了我区工会经审工作整体水平。

【自治区总工会第十二届经费审查委员会第六次全体会议】 根据新冠肺炎疫情防控工作需要，12 月 18 日，自治区总工会第十二届经审会第六次全体会议以通讯方式召开。经审委员审查并通过了自治区总工会本级 2020 年经费收支预算调整方案（审议稿）、自治区总工会本级 2021 年经费收支预算（草案）。

（陈明鹏　张小玲）

机关党建工作

【概述】 在区总党组的坚强领导下，机关各党组织和全体党员干部以习近平新时代中国特色社会主义思想为指导，以政治建设为统领，压紧压实党建责任，坚定不移推进全面从严治党，深入实施“三强九严”工程，不断强化党支部标准化规范化建设，着力提升机关党组的建设质量，为创建“让党中央放心、让人民群众满意”的模范机关，推动宁夏工运事业高质量发展提供了坚强保障。

【旗帜鲜明用习近平新时代中国特色社会主义思想统揽全局】 一是突出政治统领地位。坚持把“两个维护”作为首要政治任务，对党中央、自治区党委召开的重要会议、出台的重要文件、部署的重要工作，第一时间组织认真学习，深入研讨，不折不扣抓好落实。要求各党支部书记严格履行党建主体责任，切实担负起直接教育、管理、监督党员和组织、宣传、凝聚、服务群众的职责，引领全体党员旗帜鲜明讲政治，在思想上政治上行动上始终同以习近平同志为核心的党中央保持高度一致。二是强化理论武装。继续推行领导班子示范学、机关党委组织引导学、党支部跟进学、党小组分散学、党员广泛学的“五级联动”学习机制，深入开展党员“大学习”活动，巩固和深化“不忘初心、牢记使命”主题教育成果，党员干部政治理论素养得到不断提升。一方面狠抓“关键少数”示范学。严格执行党组理论学习中心组学习制度，紧紧围绕党的十九届三中、四中、五中全会精神、习近平总书记来宁视察重要讲话精神、习近平总书记关于工人阶级和工会工作的重要论述以及自治区党委历次全会精神，认真组织党组成员及其他领导干部，坚持一学一讨论、一学一点评、一学一报告，持续推动领导干部发挥领学促学的“头雁效应”。另一方面强化支部深入广泛学。充分运用支部领学、党员自学、“学习强国”网络拓展学等方式，组织党员干部深入学习《习近平新时代中国特色社会主义思想学习纲要》《习近平总书记给郑州圆方集团职工回信精神》等内容，同时依托读书分享、交流研讨、专题辅导、劳模座谈等途径，引导党员干部原原本本、贯通联系实际学，切实掌握基本观点，深刻理解核心要义，有效增强了党员“大学习”活动的实效性。全年党组理论学习中心组学习 14 次，交流研讨 11 次，举办红色观影、看廉政警示片、党的应知熟记知识网上网下测试等学习教育活动 12 场次，党组书记及其他班子成员、厅级党员干部、支部书记等讲党课 50 余次，开展党员干部学好用活“学习强国”和宁夏干部网络学习平台督查 10 次，在央广网、《工人日报》《宁夏日报》、宁夏机关党建网等主流媒体刊发党建工作信息 91 篇，营造了学理论、用理论指导工会实践的良好氛围。

【狠抓组织建设，不断提升机关党建质量】 一是突出党建工作责任。不断强化党组、机关党委、党支部“三级书记”责任，坚持党组书记亲自抓、负总责，包抓支部的区总工会领导带头抓，机关党委统筹引导抓，支部具体抓，定期召开党组会、机关党委会，研究部署党建工作，形成了党组统一领导，机关党委直接负责，党支部主责落实，纪检监察执纪监督到位的党建责任落实机制。二是规范机关组织设置。在区直机关工委的精心指导下，严格按照党建组织程序和步骤开展换届工作，如期召开了新一届区总工会机关党员大会，选举产生了新一届“两委”班子，得到了自治区党委巡视组的充分认可。同时，配齐配强支部班子，及时督导支部换届改选，机关基层党建基础进一步稳固。三是强化支部书记能力建设。先后举办了支部书记及党务干部培训班，邀请区直机关工委领导深入支部现场指导，组织开展党建工作互观互检等活动，力促支部书记抓党建能力和水平不断提升。四是强化“九项基本制度”落细落实。扎实推进党员“大学习”活动，严格落实“三会一课”制度，延伸开展微党课、微视频、微故事“三微”活动大比拼，认真开展党员信教参教及反对形式主义专题组织生活会，全年共举办“书香助战‘疫’讲述党章背后的故事”“信仰与忠诚”“梦想与奋斗·建设美丽新宁夏”等主题党日活动180余次。规范党员发展，加强党费管理，做实党员转出转入信息档案管理，有效增强了党建活力。全年共发展党员4名，16个党支部全部达到了二星级以上，其中四星级党支部3个、五星级党支部1个。

【争做党建排头兵，扎实开展“模范机关”创建】 坚持把创建模范机关作为提升机关党建质量的有利契机，大力推行“一支部一特色，一支部一品牌”党建工作目标，积极争做党建排头兵，走在前，做表率。今年专门成立了创建领导小组，党委书记担任组长。及时印发《自治区总工会创建“让党中央放心、让人民群众满意”的模范机关工作任务及分工方案》，各党支部以“方案＋工作台账＋对账销号管理＋信息报道＋总结提升”的形式，细化目标任务，制定工作措施，落实工作责任、明确完成时限，运用创建“模范机关”OA专群、发放创建模范机关研究调查问卷、开展创建工作督查、实施年终考核验收等方式，全面推进创建工作落细落实，形成了逐级分工落实、人人参与、齐抓共管创建工作格局。目前，区总工会各级党组织严格按照《自治区总工会创建“让党中央放心、让人民群众满意”模范机关工作任务及分工方案》的通知要求，紧密结合《自治区总工会基层党组织星级考核办法》《2020年自治区总工会基层党组织星级考核细则》，层层推进、主动作为，其中，办公室党支部推行“党建有我”轮流领学、轮流研讨、轮流设计主题党日等系列行动，营造了人人参与党建的工作氛围；组织部党支部党建与业务深度融合，联合主题党日活动特色鲜明，持续开展关爱离退休老干部活动；网络工作部党支部紧盯党建与业务契合点，创新推出“一‘键’连心工会服务就在我身边”模范机关特色品牌；女职工部党支部依靠党建促业务，开启集中学习＋“支部宝”微信群＋主题党日外联协作活动模式，全力提升党建活力；工人文化宫党支部创新公益课程新模式，满足职工精神生活新需求，持续推进“五园一心”品牌延伸发展；工会大厦党支部推行集中学习进工作场所、进班组，实现“三会一课”从“单一”转向“多元化”，从“会议室”转向“工作现场”，从“要我学”转向“我要学”，力推党支部活动小型化、小型活动经常化，有效夯实党员政治思想根基。

【突出党建引领，助推工会高质量发展】 区总机关突出党建引领，强化党工共建深度融合发展。先后推出宁夏“智慧工会”建设提升年活动，建立产业工人基础数据库，启动建设宁夏产业工人网络教育学院，开通24小时心理援助热线，受众7万余人；建成西北首家省级职工服务中心，打出了“职工权益维护年”组合拳，全区785名援鄂医疗队员每人领到5000元的关爱慰问金，10项举措帮助企业复工复产，96.61%全国级困难职工实现了脱困；劳模表彰向基层一线倾斜，共推荐评选全国、自治区劳动模范和先进工作者264人，全力弘扬劳模精神、劳动精神、工匠精神，广泛推行“当好主人翁、建功新时代”主题劳动和技能竞赛。今年，权益保障部被自治区党委、政府评为全区抗击新冠肺炎疫情先进集体，女职工部被区直机关工委评为全区“我身边的战疫模范”集体。经审工作和财务工作分别被全国总工会考核为特等奖和财务先进单位，区总“宁工惠”职工服务平台被全总评为全国工会20家最具影响力平台之一。

【强化精神文明建设，不断推动党群形成合力】 坚持把群团建设纳入党建总体部署，“增三性”“去四化”，全力加强机关党群建设，不断凝聚党群工作合力。先后开展了战“疫”模范、“最美公务员”评选等系列活动，坚持党员到驻地社区报到和每月1次的爱国卫生社区志愿活动不松懈，持续推动下基层联系点“六个一”活动和驻村扶贫工作，组织党员干部积极开展义务植树、“无烟机关”创建比赛。目前，已连续开展社区环境卫生整治11场55余人次；组建69名的抗疫志愿者队伍，分赴驻地馨和苑等5个小区支援新冠肺炎疫情防控；组织医疗志愿服务队为职工进行健康体检3.7万人，有力激发了党员干部的工作积极性和主动性，开创了以精神文明建设助推工会工作全面提升的新局面。

【持之以恒正风肃纪，突出抓好机关作风建设】 一是持续开展警示教育。按照中央、自治区纪委相关文件精神，充分利用集中学习、专题辅导、廉政书法比赛等多种方式，开展经常性警示教育，持续推动领导“讲廉”、网络“传廉”、家庭“助廉”等“六廉”活动进机关。特别是以“领导干部廉政警示教育周”活动为契机，把理论学习与思想教育结合起来，把案例教育与党纪法规教育结合起来，重点研讨《习近平关于党风廉政建设和反腐败斗争论述摘编》等篇目，组织观看《叩问初心》《国家监察》等警示教育片，扎实推动党员干部拧紧遵规守纪的螺丝，筑牢反腐防线。二是全面落实党风廉政责任。及时召开2020年度党建暨党风廉政建设工作会议，量身定制，层层签订党风廉政建设责任书、意识形态工作责任书，压实管党治党责任。同时，按照自治区纪委办公厅《关于推进全面从严治党 落实“两个责任”完善“三个清单”的通知》精神，结合区总工会实际，对照党章党规、对照《党委（党组）落实全面从严治党主体责任规定》等内容，认真制定自治区总工会2020年全面从严治党“三个清单”，并逐级分解任务，限时整改到位。三是坚决整治形式主义突出问题。机关各党组织全面贯彻习近平总书记关于纠正“四风”问题的重要指示精神，认真落实中央《关于持续解决困扰基层的形式主义问题为决胜全面建成小康社会提供坚强作风保证的通知》，深入学习习近平总书记关于反对形式主义重要论述和自治区党委有关文件精神，坚决纠治理论学习、组织生活、基本制度落实、有关要求执行等方面存在重数量轻质量、重形式轻效果的问题，实现了机关服务意识强、工作效率高，办事流程优化、服务热情周到。同时，严格落实中央“八项规定”精神和自治区若干意见，坚守职责定位，坚持以纪律为尺子，推动监督执纪问责，通过对职工群众身边不正之风的清查，对困难职工帮扶、劳模疗休养、重大项目招投标等重点领域、关键环节的审计，深入查找在文风会风、调查研究、评比表彰等方面存在的问题，认真分析其产生的深层次原因，深挖思想根源，找准症结，强化监督整改，从源头上防止和解决问题。今年共处理违纪党员1名，有效扎紧了制度笼子，推进了作风转变，区总机关风清气正的政治生态进一步优化。四是全力推进巡视反馈问题整改。机关各党支部充分发挥职能作用，对照自治区党委巡视反馈意见，主动认领，照单全收，并结合本支部查摆和梳理出的其他问题，汇总列出需要加以整改的问题，形成巡视反馈问题整改责任清单，一一对账销号，接受跟踪督查，限时整改到位。机关党委针对各党支部党建基础较薄弱的问题，先后印发了关于党员学习教育先行整改任务通知和党支部会议记录规范，建立了机关党委委员、机关纪委委员联系支部工作分工负责机制，制定了支部书记轮流“三强九严”专题讲党课和机关党委工作人员轮流下支部蹲点工作安排，用系列举措实效推动巡视反馈问题整改落到实处。目前，机关党建方面巡视反馈问题整改扎实有序推进，党的领导进一步加强。

（王红勇）

自治区总工会直属企事业单位

2020年自治区总工会各直属企事业单位负责人名单

宁夏总工会干部学校

校　　长　强忠琴（女，回族）
副 校 长　黎春芳（女）

宁夏工人文化宫

主　　任　李　响
副 主 任　王　琦（女）
　　　　　苏维平（回族）

宁夏工人疗养院

书　　记　郝　雪（女，挂职）
院　　长　靳建宁
副 院 长　李存银
　　　　　张格会（女）
　　　　　赵永刚（挂职）

宁夏工会大厦

书　　记　曹　剑（挂职）
总 经 理　赵　福
副总经理　范辉东
　　　　　马虹霞（女，回族）

宁夏总工会干部学校

【概述】 充分发挥全区工会干部教育培训主阵地作用，聚焦劳动关系及工会工作一线，突出工运特色、改革特色和宁夏特色，为全区工会工作创新发展提供强有力的人才保障和智力支撑。主要职能为：工会干部在职培训［包括完成区总下达的全区工会干部教育培训任务；指导全区各级工会干部培训工作；协办各市（县、区）、产业工会干部培训；开展义务送教、联合办班和各类专题培训；探索开展“互联网＋工会”干部网络培训；工会干部培训课程体系建设与开发（包括围绕新时代工人阶级和工会工作面临的新情况，开展调研和工会干部培训课题研究；加强与外省工会干部院校的合作，开展培训交流活动；开发培训课程，完善和健全课程培训体系）；以及面向全区工会会员开展书画、美术、摄影公益培训；配合区总相关部室开展产业工人队伍素质提升培训等其他培训服务］。

【加强理论武装，增强培训工作的政治性】 以贯彻落实习近平新时代中国特色社会主义思想和党的十九大精神为引领，充分发挥全区工会干部教育培训主阵地作用，落实在全区工会系统各级各类培训工作上，聚焦干部教育培训的政治属性，以习近平新时代中国特色社会主义思想为指导，认真贯彻全国工会干部教育培训工作会议精神，以建设忠诚干净担当的高素质专业化工会干部队伍为目标，突出政治引领，坚持重心下移，彰显品牌特色，力促工会干部教育培训工作取得新成效。

【加强制度建设，规范培训管理】 依据《干部教育培训工作条例》和全总《关于进一步加强工会干部教育培训工作的意见》《2019—2023年全国工会干部教育培训规划》以及《宁夏回族自治区本级党政机关培训费管理办法》等规章制度，在借鉴兄弟省份工会干校相关培训制度的基础上，认真整改巡视期间提出的各类问题，并结合自身实际出台《宁夏工会干部培训工作管理办法》，建章立制，建立健全工会干部培训管理、师资管理等规章制度，加强对培训计划、培训师资库、培训经费等方面的管理，做到科学化、制度化、规范化。制定科学合理的培训评估指标体系，以评促改、以评促建、以评促升，最终达到提高培训质量的目标。

【指导和协助基层工会开展培训】 一是为宁夏邮储银行承办为期两天工会干部培训班，培训学员50人；二是协助中卫市工会为100名各行各业工会干部成功举办为期4天的培训班；三是与宁夏工商职业技术学院联合举办工会干部培训班，培训学员40余人；四是为银川市第一建筑有限责任公司承办工会理论培训班，培训学员50人。这些培训班的举办进一步提升了工会干校的培训服务职能，为创新融合发展拓宽了思路。

【借力培训资源开展公益培训】 继续坚持与工人文化宫联合办学，发挥“宁工学堂”的品牌优势，与工人文化宫联合开展公益类培训，全年开设公益课两期27门48个班，总教学1560课时，参加学员3700名。并将全年两期的书法、绘画、摄影、剪纸140余名学员的作品在五楼进行布展，为六间教室及走廊做文化墙，以勤学、智慧、追梦、文化、美德为主题五个方面丰富教室文化气息。同时，为切实加强困难职工、下岗职工和农民工就业技能培训，助力脱贫攻坚，提高就业能力，实现精准帮扶、精准脱贫，新开办了育婴员、美容师技能培训班，共培训学员78人。为提升职工技能素质，经过线上报名、线下审核面试，为50名幼儿教师开设保育员中级培训班。

【加强师资队伍建设】 选调有一定教学水平的工会机关干部和大中型企业工会主席充实教师队伍，同时聘请其他大专院校及培训机构有影响力的高校名师、劳模工匠、行业领军人物等担任干校兼职授课教师，不断丰富工会干部教育师资库。目前，已有近70名优秀师资充实到工会干部教育培训师资库。

（海利娟）

宁夏工人文化宫

【概述】 2020年，文化宫以创建“让党中央放心、让人民群众满意”的模范机关为契机，以持续巩固深化“不忘初心、牢记使命”主题教育成果为载体，全面推进各项工作高质量发展。在加强基层组织建设、提高干部队伍素质、服务人民群众等方面取得了一定进步。

【以提升向心力为导向，加强思想建设】 一是坚决做到“两个维护”。支部始终贯彻落实《中共中央关于加强党的政治建设的意见》，健全党中央决策部署和习近平总书记重要指示批示落实机制，坚决做到将“两个维护”内化于心、外化于行，体现在坚决贯彻党中央决策部署、推进区总工会工作、履职尽责做好文化宫本职工作上，体现在全心全意为人民谋幸福，充分发挥文化宫“学校与乐园”的职能上。二是多元化推进党员“大学习”。支部将学习研讨作为主要形式，把系统学习和专题学习、重点发言和互动交流结合起来，推动理论武装走深走心走实。坚持读原著学原文悟原理，每周组织党员干部深入学习《习近平谈治国理政》、习近平总书记系列重要论述摘编等共36次，广泛开展讨论，做到入脑入心。及时跟进学习习近平总书记最新重要讲话，特别是把学习贯彻习近平总书记视察宁夏时的讲话精神和对宁夏工作的重要指示作为重要学习任务，并在学习后深入思考，支部党员结合自己的工作实际撰写心得体会共20篇。针对性地组织青年党员干部学习习近平总书记关于年轻干部要提高七种能力的有关论述，引发青年党员深刻反思，激发青年党员干事创业的激情和热情。创新学习方式方法，开展互动交流、研讨发言式学习，用好学习强国App平台，撰写心得体会、知识测试等，做到学习有记录、有讨论、有体会。三是常态化开展党性教育。支部把坚持“不忘初心、牢记使命”作为加强党的建设永恒课题和党员干部终身课题，灵活运用研讨式、互动式、观摩式、体验式等方法，开展“信仰与忠诚”党性教育活动努力推动形成“不忘初心、牢记使命”长效机制。主动开展马克思主义民族宗教观教育、警示教育，从思想上树牢党性教育意识。组织观看《漆黑的权利》《叩问初心》等警示教育片，组织党员学习《民法典》，以及《党章》《准则》《条例》等党纪党规，学习涉及违反中央八项规定、扶贫、疫情防控等领域的多个党纪法规案例，进一步营造守规矩讲纪律的浓厚氛围，深化党性教育。

【不断深化意识形态工作，牢牢把握意识形态话语权】 党的十九大报告指出："意识形态决定文化前进的方向"，文化宫党支部高度认识意识形态工作是党极其重要的一项工作，充分利用阵地优势切实将意识形态工作要求落实到支部建设中，深度融入党建工作中，不断提升意识形态工作能力和水平。一是充分发挥示范引领作用。将政治建设融入公益服务，紧紧把握时代精神，利用影院阵地优势，牢牢把握意识形态话语权，面向一线职工、基层党员，放映主旋律影片，传播正能量，打造"红色公益"特色品牌。2020年放映主旋律影片《八佰》《黑金危机》等影片约100场次，观影人数近6000人。在重大节假日实行"公益开放"活动，开展免费观影票活动，通过普惠化服务平台推出观影优享卡、半价观影、工会会员6元观影及每日免费观影等活动，将意识形态工作与业务工作紧密结合。二是扎实推进党建宣传阵地建设。以文化宫一楼、三楼、四楼党建文化墙为载体，展示支部建设、党员风采及党建带动"宫"建的具体工作；以内部刊物《五月花》为有效的信息载体，提高文化宫的社会知晓率和示范引领作用，2020年创办4期，面向全区各地（市）县基层工会和产业工会，寄送800余份；设计制作"五园一心"打造服务型党支部宣传折页5000册，向观摩党建人员发放，充分宣传文化宫支部建设工作。三是开设文化宫微信及抖音公众号，占领意识形态工作宣传阵地。2020年，微信公众号推送文章760篇，普法文章15篇，抖音发布文化宫相关工作作品42篇，能够做到及时更新，宣传到位。四是严格落实巡视对意识形态工作责任制问题的整改。文化宫建立意识形态工作办法，形成意识形态工作责任制；明确了信息发布流程，建立"三审三校"制度；加强对公益培训教师、学员意识形态引导教育工作，在课程设置中融入弘扬社会主义主旋律和社会主义核心价值观的内容。

【深入实施"三强九严"工程，不断提升党建工作高质量发展】 一是强化责任落实。年初，支部及时制定了《文化宫党支部2020年工作要点》《2020年文化宫党支部工作计划》，明确支部党建工作方向。二是抓实"三会一课"制度。政治学习与业务学习相结合，今年开展集中学习39次，党课5次。召开支部委员会共18次，研究事项共36项。三是严肃党内政治生活。支部于6月20日召开共产党员不信教参教和反对形式主义为基层减负专题组织生活会，会上支部班子和党员都能直奔主题、直面问题，支委班子带头接受批评，党员之间坦诚相见，达到了红脸出汗、触动思想、增进团结、促进工作的良好效果。四是严格落实谈心谈话制度。支部开展"六必谈"活动34人次，达到掌握思想轨迹，增进感情交流，凝聚工作合力的目的。并将谈话常态化、多样化、人性化，每两个月支部书记检查一次党员干部的学习笔记，结合工作实绩、学习表现及短板不足、需要解决的问题，及时在学习笔记上批注，通过文字与职工进行交流，拉近了同事间的关系，达到了事半功倍的效果。五是严格落实"支部主题党日"制度。文化宫把支部主题党日作为落实"三会一课"制度的重要载体，交由5个科室轮流组织，发挥党员干部主动性，群策群力、创新形式、丰富内容，如4月"学习战'疫'模范争做优秀党员"主题党日，让党员近距离聆听战役模范故事，深刻感受到了舍小家顾大家的无私奉献精神；5 月“坚守初心追忆峥嵘岁月，牢记使命重温革命精神”主题党日，在重温老一辈奋斗过程中，自觉弘扬革命精神，充分发挥先锋模范作用等。六是严格落实党员发展规定。2020 年文化宫有 2 名职工递交了入党申请书，由组织委员分别就入党动机、政治觉悟、道德品质、遵纪守法开展了谈话，确保新发展党员政治合格、质量过硬。七是持续巩固“不忘初心、牢记使命”主题教育。

【创建“让党中央放心、让人民群众满意”模范机关】 一是支部书记认真履行“一岗双责”责任，紧抓支部建设，制定了符合支部特点的模范机关方案，将创建任务分解至各科室，明确创建任务责任人，在创建过程中巩固“五园一心”基层服务型党支部建设，巩固“五星级”建设成果。二是严格履行支部书记主体责任，紧抓“三强九严”支部建设，将建设“五园一心”基层服务型党支部与打造“宁工学堂”公益服务品牌同谋划、同部署、同落实，做到了党建工作与业务工作互融互促。三是支部将创建无烟党政机关工作纳入文化宫整体工作计划，成立了无烟单位建设领导小组，制定了《自治区工人文化宫创建无烟单位方案》《自治区工人文化宫创建无烟单位管理规定》等制度，在综合楼文体馆周边设立五处集中吸烟点，在公共区域张贴禁烟标识 80 处，文体馆增设“宁宫馨语”温馨提示，定期进行戒烟巡查和控烟谈话，严格落实控烟制度。四是积极参加“创建文明城市，建美丽新宁夏”包干湖畔嘉苑社区街巷文明创建活动，争创文明机关。特别是 2020 年 1—5 月疫情防控期间，党员积极参加志愿者服务活动，身着“红马甲”用实际行动投入为职工创造安全舒适整洁工作中，充分展现了“奉献、友爱、互助、进步”的志愿者精神，发挥了党员先锋模范作用，增强了党员的服务意识和责任意识。

【以提升战斗力为目标，加强作风建设】 一是提升干部能力素质。按照《2020 年区总机关党建工作要点》，制定了《2020 年支部工作安排表》，要求干部职工每 2 周进行一次优秀书籍、文章分享，并随机选择 3 名干部职工交流学习心得，干部分享题材新颖，形式多样，潜移默化地提高了干部提笔能写、开口能讲的能力；文化宫党支部有幸纳入示范名录中后更加重视联学联建，先后有 6 家单位前来观摩，为做好党建宣传工作，支部要求年轻党员熟悉支部工作重点，厘清接待流程，在各支部来访交流学习时，轮流担任讲解员。二是力戒形式主义，强化干部作风建设。严格落实《自治区党委第六组关于巡视自治区总工会党组的反馈意见》，对照巡视反馈意见逐项研究制定落实措施，自查出 11 类问题中共 29 个问题，能够深入查找问题原因，细化落实整改措施，形成长效机制；围绕《关于解决形式主义突出问题为基层减负的通知》精神，支部党员干部自查自身形式主义、官僚主义作风，着力解决工作中理论指导实践能力不足，按部就班、疲沓拖拉现象存在问题。三是为认真贯彻自治区党委和纪委监委关于党风廉政建设有关要求，进一步增强党员干部贯彻落实党风廉政责任制的主体责任意识，全面推进文化宫党风廉政建设和反腐败工作，支部书记与分管领导、支部党员签订了《党风廉政建设责任书》；9 月支部组织“增强法律意识，加强党风廉政教育”主题党日活动，使大家对法律知识和审判程序有了一定的了解，增强了党员懂法、守法、用法的意识和能力。

【多措并举扎实做好常态化疫情防控工作】 一是提高政治站位，凝聚防控攻坚的思想共识。疫情期间做到班子成员每日在岗，科室每日有人上班，党员、干部轮流值班并坚持值班常态化。二是严格坚持疫情常态化精准防控和局部应急处置有机结合。聚焦“人、物、馆”3个重点，紧盯“入门岗、流动中、场馆门、活动点”4个环节，实施入门人员全员测温、外来人员全程管理、流动人员全量核酸检测、办公区（场馆、会场）活动地点全面环境清消。针对可能发生的局部暴发疫情风险，按照自治区疫情防控办公室要求根据流入地风险等级应急处置。做好日常疫情防控工作，对门岗进出口、综合楼茶水间、卫生间、电梯间、办公楼层等公共区域每日进行消毒；为办公楼层配备消毒液、杀菌肥皂等防控物资，电梯间按键贴膜消毒并配抽纸进行二次防护，从而保障消杀工作有序开展不打折扣；为物业公司和综合楼南门消杀人员配备一次性口罩，为没有口罩的办公人员免费发放一次性口罩；为外卖、快递等邮递物品设立专门放置处，送货人员不进楼，收货人自行下楼取货。为驻楼单位40亩土地33000平方米的400余名干部职工提供安全的工作环境。三是严格落实重点工作疫情防控实施细则。自复工复产以来，文体馆共接待重大活动、运动会18场，会议中心接待会议24场。在活动前，向主办方就人员出入、车辆管理等提出明确要求，活动中严格要求参加活动和参会人员测量体温且出示健康码，并在场馆重点部位配置消杀物品，要求每人佩戴口罩，对于人员密度较大的会议，要求参会人员座位间隔一人；自7月恢复电影院正常营业以来，按照电影院疫情防控要求，按隔排隔座售票，满场人数不超过总座位数的70%。每场放映前对影院做好消杀工作，工作人员和观众进入必须戴口罩、测量体温，同时要求排队必须间隔一米安全距离并停止售卖影院零食；“宁工学堂”公益班在开课时与学员签订《“宁工学堂”学员安全协议》。在开课后严格按照综合楼日常管理要求，进入大楼测温，查验健康码，确保学员身体健康和生命安全。

【打造“五园一心”服务型党支部，做实具有工会特色的服务品牌】 一是拓展“N+1+1”公益课程设置体系，推进“宁工学堂”公益服务品牌建设。2020年，在巩固基础公益课程的基础上新增了3门精品提高课程和4个艺术团，新增育婴师、面点师技能培训。在不断完善“N+1+1”公益课程体系的同时也注重公益课程更高更长远的发展。为弘扬劳模精神，发挥劳模的示范引领作用，文化宫积极拓宽工作思路，创新开设“劳模大讲堂”，并打造成为大力弘扬工匠精神、充分发挥劳模作用的品牌工作。截至目前，开展劳模讲堂共两期，参与职工约400人，取得了广大职工群众的肯定和赞扬，宁夏广播电视台《都市阳光》栏目先后两次对“宁工学堂”做了专题报道，得到了社会的广泛认可。二是充分发挥支部优势，助力脱贫攻坚。文化宫开设了育婴员、面点师技能培训班，参加培训学员累计255人，为“六稳六保”贡献工会力量；开展公益课程送课送教进驻村扶贫点，为孩子们带去音乐、舞蹈、美术等课程，使扶贫先扶智真正落实到具体工会工作中。三是坚持共享发展理念，拓宽普惠覆盖面。文化宫积极探索“互联网+公益”的新模式，实行线上线下报名，同时利用新媒体，如微信公众号、“宁工惠”App、抖音平台对公益课程进行广泛宣传。今年受疫情影响，文化宫及时调整公益培训模式，推出“公益云课堂”教学。2月份开始，每周上传视频课程，通过“宁工学堂”平台上传公益教学课程26节，并完成了技能线上授课121课时。通过新增线上培训模式，拓展了受众范围，逐步扩大普惠服务覆盖面，不断提升“宁工学堂”品牌影响力提高社会影响力。在去年原有公益培训班基础上，新组建了合唱二团、舞蹈团、民乐团、瑜伽提高班、乒乓球提高班等，开创了“低收费”公益培训模式。旨在提升“宁工学堂”品牌形象，打造高精尖课程，同时为有意愿继续提升文化、体育、艺术修养和技能的工会会员搭建良好的学习及展示平台。

【强化服务理念，提升服务水平】 一是以深化基层服务型党组织建设为抓手，强化服务功能。在文体场馆设立志愿服务岗、清凉驿站等公益设施，密切党群关系。为能更好地发挥职工文化主阵地作用，提升服务质量，2020年，对文体馆、会议中心舞台灯光进行改造，改造后可达到专业演出灯光效果，提高演出舒适度；对电影院及配套设施进行升级改造，使职工群众能够达到最佳观影效果。二是严格按照对外经营操作流程和主办方会议接待服务内容及要求，做好会议中心接待工作。保证会场布置及时、卫生清洁，确保会场设施设备正常使用，保质保量地完成各项会议接待工作。截至目前，承接各种会议65场，其中公益类7场，经济收入20万元。三是围绕物业分项管理目标，规范服务标准，抓好综合楼物业管理工作。按要求做好综合楼日常维修、消防设施设备检查及定期组织消防知识讲座和应急疏散演练，并与各驻楼单位消防负责人签订《消防安全承诺书》；完成更换综合楼监控系统，新的监控系统已于5月份更换完成，具有智能化的后台应用、高性能的服务器，保证24小时稳定运行、安全性高、像素高，更好地保障了驻楼单位职工的财产安全。

（王嘉楠）

宁夏工人疗养院

【概述】 2020年，面对新冠肺炎疫情冲击、经济下行压力加大和市场竞争日益加剧的严峻形势，工人疗养院以习近平新时代中国特色社会主义思想为指导，深入贯彻党的十九届五中全会和习近平总书记来宁视察重要讲话精神，坚持稳中求进工作总基调，统筹抓好疫情防控和经营发展大战大考，保持战略定力、工作定力、作风定力，迎难而上，破解难题，排难而进，整体呈现出“应对疫情科学防治、经营收入持续增长、迁建项目进程加快、从严治党纵深推进”的工作局面。

【党建工作在规范完善中凸显亮点】 制定印发党支部工作要点，签订党建、党风廉政和意识形态责任书，压实落细支部主体责任。深入推进“三强九严”工程，上好“党性提升”微党课，建立支部理论学习教育制度，充分利用集中学习、观看讲座、交流研讨等形式，认真学习党的十九大及五中全会精神，特别是习近平总书记来宁视察重要讲话及在全国劳动模范和先进工作者表彰大会上的讲话精神等，持续巩固拓展主题教育成果。做好“主题活动”微实践，召开“党员不准信仰宗教和参与宗教”专题组织生活会，举办“争做新时代合格共产党员”等专题党课3次，开展“守初心 护佑健康、担使命助推发展”等主题党日活动12次，发展党员2个、培养积极分子4名，党员组织观念逐步增强。过好“党群共建”微生活，号召党员积极参与义务植树、健康义诊、无烟单位创建等志愿服务活动，评选表彰了1个优秀党小组和7名优秀共产党员，形成了“支部树品牌、小组亮名片、党员做表率、职工争先进”的氛围。积极主动地接受巡视组的监督检查，即知即改，立行立改，逐个整改落实巡视反馈问题。健全完善《党支部委员会议事制度（试行）》《重大事项集体决策实施细则（试行）》《院长办公会议事制度（试行）》，修订建立预算管理、采购管理、合同管理等内部控制制度，党务公开规范有序，权力运行公开透明。创新开展“笃行使命当先锋、两带两创建新功”主题实践活动，推动了党建工作与业务工作的融合发展，主题实践活动申报为亮点工作。

【职工队伍在素质提升中聚力提气】 着力加强干部队伍建设，自治区总工会从基层给疗养院公开选调了2名管理人员，考察提拔了10名科级干部，配齐配强了管理力量。重视职工成长成才，采取“走出去”和“请进来”相结合的方式，组织职工参加疗养休养、健康管理、传染病防治等学习培训，职工业务技能不断提高。对备案招考的9名专业技术人员实行了同工同酬，审核发放了在编人员2012年以来住房货币补贴资金，组织开展了职工读书分享、文艺汇演、演讲比赛等系列文化活动，调动了职工干事热情和创造潜能。干部职工“抛家舍业下基层、不怕吃苦进企业、加班加点出报告”成为常态，形成了人心思进、人心思齐、人心思干的创业氛围。先后收到职工群众送来致谢牌匾2块、锦旗18面，彰显了服务职工的大爱，诠释了工会的为民情怀。

【经营管理在改革创新中科学发展】 坚持党支部领导下的院长负责制，健全完善《党支部委员会议事制度》《重大事项集体决策实施细则》《院长办公会议事制度》，修订建立预算管理、采购管理、合同管理等内部控制制度，制定印发办公用品、中药饮片、设备耗材等采购项目议标办法，重大事项集体决策，权力运行公开透明。加快推进餐饮、保洁、安保社会化购买式服务，拟定《首席专家引进管理办法》和《返聘人员管理实施办法》，改革步伐全面加快。提出了《新老院区一体化管理整体发展运行方案》，厘清了发展思路，明确了发展方向，增强了发展信心，为推动高质量发展奠定了基础。

【运营收入在带疫发展中持续增长】 持续做好常态化疫情防控，积极稳妥地开展职工疗休养，圆满完成了21批693人次的疗休养。为克服执业医师不足的难题，采取购买式服务的方式，加强与专业体检单位合作，临时聘请健康检查医师，保障了“守护健康 情暖职工”助力复工复产活动的开展，共健康检查职工37877名，完成女职工“两癌”筛查6543人，涵盖单位591家。多次与宁夏医科大学总医院磋商，签订了《专科对口帮扶合作协议》。优化成立了7个考核单元，建成启用了医疗信息化系统，购置了CT机、彩超机、体检车等先进设备，医疗服务质量明显提升，门诊共接待职工8626人次，治愈出院870人次。加快清产核资工作，做好应收账款清欠，收回应收账款603万元。全年实现经营及事业收入2955.9万元，同比增长12.6%；支出2614.9万元，盈余341万元。区总服务职工的疗休养、助力复工复产、“两癌”筛查工作被《人民日报》《工人日报》《宁夏日报》等媒体刊发。

【迁建工程在破题克难中提程加速】 在疫情影响开工延迟、景观湖建设叫停、交叉作业相互制约的非常之时，把推动项目建设作为促进发展的重中之重，以非常之举、用非常之策、应非常之事。指导各施工单位充分准备、消毒隔离、审核验收，工程于4月底全面复工，为后期加快施工赢得了时间。按照自治区党委、政府要求，第一时间对接发改委、建设厅、审计厅，快速地将原景观湖调整为绿化内容，绿化提升方案顺利通过报备，有效破解了制约项目建设的梗阻问题。建立施工现场沟通、分包工程施工计划、分项工程交叉作业等制度，确保沟通及时、衔接有序、推进高效。采取项目办工作人员包抓工程责任制，实行周一定期巡查，主动深入施工现场，研究解决存在问题，督促加快施工进度，形成了抢抓工期、竞相赶超、冲刺目标的势头。目前水、暖、电、气投入使用，建筑外观工程接近尾声，部分单位开始申请决算。抢抓冬闲有利时机，加快完成办公设备、医疗设施设备、后勤保障设备和信息化建设等分项招标采购工作，为明年复工奠定了基础、预留了时间。

（马文江）

宁夏工会大厦

【概述】 2020年宁夏工会大厦在区总工会的坚强领导和大力支持下，面对新冠肺炎疫情和严峻的市场形势，以“严防控、求生存、保安全、促发展”为目标，统筹疫情防控和生产经营，扎实开展疫情防控工作，积极推进大厦经营管理各项工作有序进行，力争将疫情造成的损失降到最低，实现区总既定的年度经营目标任务。

【突出政治建设】 深入学习习近平新时代中国特色社会主义思想和习近平总书记视察宁夏重要讲话精神，学习领会党的十九届四中、五中全会精神，力求学深悟透、融会贯通。认真研究制定支部《2020年党建工作要点》《2020年年度学习计划》《1+4+X主题党日活动计划》《“爱岗敬业，奋斗有我”主题实践活动》等方案计划，并全面抓好贯彻落实，做到了上级有部署、有要求，支部有响应、有落实。严格按照《自治区总工会党组意识形态工作责任制实施细则》，加强大厦微信公众号平台的监督检查，严格落实“三校三审”制度，定期分析研判大厦意识形态领域安全形势；围绕“坚定信念信仰，改进工作作风”，组织党员学习自治区党委办公厅《关于印发共产党员不准信仰宗教和参与宗教活动若干规定（试行）》的通知，并开展专题组织生活会，意识形态专题分析研讨会，确保支部党员不信仰宗教、不参与宗教活动，切实增强做好新时期民族宗教工作的责任感和使命感。

【聚焦党建工作】 加强党支部标准化、规范化建设，制定《宁夏工会大厦党支部委员会议事规则》和《宁夏工会大厦党支部重大事项集体决策实施细则》，针对巡视反馈的问题，制定47条对应的整改措施，环环相扣、层层推进巡视整改工作，把加固薄弱环节作为扣紧全面从严治党责任链条的着力点。坚持每季安排1次党课，每月至少召开1次支部党员大会、1 次“1 +4 + X”支部主题党日活动，以规范党组织活动助力党风廉政建设主体责任的落实。在创新“主题党日”活动方面，坚持主题党日活动同党支部年度党建工作计划结合，同政治理论学习结合起来，同党员工作岗位相结合，制订了特色鲜明的年度主题党日计划，确定了以“重温誓言，坚定信仰”“为爱发声，致敬英雄”“爱岗敬业，奋斗有我”等 12 个主题党日活动。2020 年 9 月，工会大厦员工黄芹、邹佳荣获自治区“文明员工”荣誉称号；党员雷文静家庭荣获“最美家庭”荣誉称号，文明创建活动为发展提供新动能。

【党建业务融合发展】 聚焦大厦降本减亏重点、节能降耗难点、经营管理短板，组织并开展“合理化建议征集”“创新创效争做表率”等活动，推动全体员工为大厦管理建言献策，争创一流业绩。坚持公开民主管理制度，对于经营规划、装修改造、薪酬调整、大项开支等“三重一大”事项，经党支部委员会集体研究后，及时向员工进行公开，确保程序规范、管理民主、决策科学、监督有效。进一步完善各项管理制度，强化资产管理，优化经营结构，提高管理水平，积极推进建立完善现代企业管理机制，促进大厦持续健康发展。

【积极防控，确保安全】 工会大厦积极响应自治区政府及行业监管部门防控相关要求，面对新冠肺炎疫情，主动担当作为，以“外防输入、内防扩散”为原则，成立疫情防控领导小组，制定疫情防控预案，储备防控物资；强化人员管理，按防控要求积极开展个人防护、入厦测温登记，严格落实上岗人员晨检制度；坚持每日对各区域通风消毒，切实保障环境卫生；加强食品卫生安全管理，严格原材料采购、验收、储存、使用环节流程管理；大厦严细部署文化宫综合楼机关食堂防控工作，在严格开展餐厅、后厨消毒工作的同时，强化工作人员个人防护，为工作人员提供专用防护用品，严格食品安全管理，实行区域分餐并开展送餐服务；扎实开展“筑安全、强服务、促经营”安全生产月、百日安全检查等安全生产活动，通过各类活动严格排查安全隐患，并积极落实整改；以强化员工安全意识为出发点，进行各类安全预案的培训和实操演练，使员工安全意识和大厦安全管理能力得到有效提升。

【夯实基础，提升服务】 工会大厦始终把宾客意见作为提升服务的有效途径，坚持每日征求宾客意见，对宾客意见及投诉高度重视，做到有处理、有反馈、有总结，意见投诉快速透明、渠道畅通，并通过开展连续无投诉奖励活动，不断提升大厦的服务和管理质量，同时积极关注网评意见，及时答复，认真分析总结通报，改进问题，以此强化责任意识；把工会企业“家”文化内涵融入对宾客服务的各个环节，落实贯彻“视宾客为亲人，视员工为家人”的理念，把标准化服务提升至“个性化”“定制化”，通过一系列满意加惊喜的增值服务，将大厦温馨之家的温暖传递给每一位宾客，使大厦整体服务水平和客人满意度显著提高；开展以“强素质、促服务、展风采”业务技能活动，形成了业务技能“学、比、拼”的浓厚氛围，特别是选派业务骨干赴北京中国职工之家培训学习并参加全国“两会”服务接待工作，多名员工从不同角度图文并茂分享服务“两会”切身体验，他们以扎实的工作作风、严谨的工作态度、真诚耐心的服务受到“两会”代表的高度赞扬，职工之家特发来感谢信，对他们的工作给予充分的肯定，充分展现了宁夏工会及宁夏工会大厦的形象，丰富了接待高规格、高标准会议的经历，全体员工从他们的分享中深受教育和启发。

【拓宽渠道，促进经营】 宁夏工会大厦餐饮积极行动，研发制定销售方案及菜品，积极开展线上线下各种销售活动；大厦在生产经营过程中面临用工紧张、成本上升、资金不足等问题，制定完善《工会大厦全员营销激励方案》，组织并召开员工恳谈会、经营形势分析会；深入全区部分市县（区）拜访客户，鼓励全体员工积极营销、主动营销，齐心协力创业绩、促经营；大厦商品部开展宁夏精品羊绒衫展卖活动，通过举办内购会、特卖会等形式，取得良好的销售业绩。开展制度建设完善工作，为顺应转企改制及经营发展需要，大厦成立制度修订完善工作小组，制定大厦管理制度修订完善工作方案，对大厦各项制度进行梳理、归类、完善，为大厦经营管理工作打下坚实的制度基础。

【强化内控，降本增效】 工会大厦不断提高内控制度的执行力，规范工作流程，逐步把内控机制建设提高到更高水平，使其贯穿于经营活动的决策、执行和监督的各个环节，强化财务监管力；严格执行集中采购监督管理办法和采购评审制度，大厦内审小组，坚持对各部门定期进行内审检查，不断加强管理，完善内控体系；加强对工会资产管理工作的规范化建设，依法依规开展各项管理工作，确保大厦资产安全完整，通过有效的内控管理工作，在各项成本费用的控制上下功夫，全年各项费用同比下降19.42%。

【顺利完成宁夏职工服务中心建设工作】 按照自治区总工会的要求，工会大厦承担职工服务中心的建设工作。大厦对此项工作高度重视，成立建设项目领导小组，按照规划设计要求，积极开展设计论证、项目招标、工程建设等相关工作，于2019年12月31日正式开工，大厦认真组织、精心谋划，保证质量，加快进度，克服冬季施工困难及疫情防控工作的影响，全面完成建设工作，职工服务中心于2020年5月28日正式投入使用。

（范辉东）

市级工会

2020年各市总工会主席、副主席、经费审查委员会主任名单

银川市总工会

主　　席　张自华
副 主 席　尚和峰
　　　　　程利云（女）
　　　　　黄建华
　　　　　叶　辉（女，挂职）
　　　　　李咏霞（女，兼职）
　　　　　柏长友（兼职）
　　　　　马　燕（女，兼职）
经审会主任　李晓燕（女）

石嘴山市总工会

主　　席　强　伟
副 主 席　谢海燕（女，回族）
　　　　　高秀琴（女）
　　　　　马子海
　　　　　吴少斌（回族，兼职）
　　　　　李世平（兼职）
　　　　　祁雨婷（女，回族，挂职）
　　　　　陈　刚（兼职）
　　　　　李红宾（兼职）
经审会主任　杨进余

吴忠市总工会

主　　席　陈克安
副 主 席　彭　健（回族）
　　　　　徐经生
　　　　　杨爱萍（女，回族）
　　　　　米恩强（回族，兼职）
　　　　　姚建祥（兼职）
　　　　　范学东（挂职）
经审会主任　丁立群（回族）

固原市总工会

主　　席　呼延俊杰
副 主 席　王世明（回族）
　　　　　李维龙
　　　　　蒙旺平（兼职）
　　　　　吴运智（挂职）
经审会主任　陈雪芬（女）

中卫市总工会

主　　席　付成林
副 主 席　王朝升
　　　　　任　勤（女）
　　　　　张景峰（挂职）
　　　　　鲁擎飞（兼职）
　　　　　刘维燕（女，兼职）
经审会主任　祝海荣

宁东能源化工基地工会

主　　席　刘红宁
副 主 席　龙　洁（女）
　　　　　胡海英（女，兼职）
经审会主任　王文忠

银川市总工会

【概述】 2020年，在银川市委、市政府的坚强领导下，银川市总工会积极落实区、市党委、政府的各项部署，坚持以习近平新时代中国特色社会主义思想为指导，深入贯彻落实习近平总书记关于工人阶级和工会工作的重要论述精神以及习近平总书记视察宁夏重要讲话精神，聚焦主责主业、深化改革创新，团结动员全市广大职工为打赢疫情防控人民战争、建设“绿色高端和谐宜居”美丽新银川建功立业，各项工作取得新的重大进展，连续12年获得全区工会工作年度考核第一名，连续11年获得市委绩效考评优秀单位。

【思想政治引领】 坚持把贯彻落实习近平新时代中国特色社会主义思想和党的十九届五中全会精神作为首要政治任务，与贯彻落实习近平总书记视察宁夏重要讲话精神以及中国工会十七大、自治区第十二次党代会和历次全会、市委十四届历次全会精神紧密结合起来，加强职工思想政治教育，以“新时代工会大讲堂”和“新时代劳模宣讲团”为载体，广泛开展“中国梦·劳动美”主题教育，举办学习贯彻习近平总书记视察宁夏重要讲话精神进园区、进企业、进班组宣讲等理论宣讲活动，团结引领全市广大职工听党话、跟党走。强化职工精神文化引领，举办首届银川市职工文化节、“逆行者的身影”职工摄影作品巡回展、全市职工篮球、羽毛球、乒乓球比赛等文体活动200余场次，覆盖职工30余万人。2020年，银川市总工会荣获全市基层理论宣讲先进集体、全市第二批“防疫抗疫最佳志愿服务组织”，以及全区故事演说大赛等多项活动优秀组织奖。

【参与疫情防控】 印发《关于支持企业科学有序复工复产的通知》和《关于在做好“六稳”工作、落实“六保”任务中充分发挥工会组织作用的实施意见》，采取强有力措施支持企业科学有序复工复产。全市工会投入1000余万元疫情防控资金，慰问疫情防控医护人员和一线职工。搭建“云就业”服务平台，发布用工信息270期，涉及企业2600余家，提供就业岗位134001个，达成就业意向48673人次。深入企业开展专题调研，向市委及相关部门提交《新冠肺炎疫情影响下企业劳动关系状况调查》《疫情影响下稳定职工队伍的做法与思路》等调研报告4篇，为市委决策提供参考。

【召开银川市工会第十七次代表大会】 11月27日，银川市工会第十七次代表大会开幕。自治区党委副书记、银川市委书记姜志刚，自治区总工会副主席马利明出席并讲话，市人大常委会主任左新军、市长杨玉经、市政协主席马凯、市委副书记周云峰、市委常委、秘书长王勇、市政府副市长韩江龙、市政协副主席徐永豪出席开幕式。市人大常委会副主任、市总工会主席张自华代表银川市总工会第十六届委员会作了题为《牢记初心使命　团结动员广大职工在推进高质量发展中走在前做表率》的工作报告。大会总结了银川市工会第十六次代表大会以来的工作，确定了今后五年工作的指导思想和目标任务，选举产生了银川市总工会第十七届委员会和经费审查委员会。

【宣传教育引导】 围绕党的中心工作，巩固深化自治区文明单位创建成果，依托新时代工会大讲堂，积极探索全覆盖、多层次的基层理论宣讲新路径，开展劳模工匠“微讲堂”“微宣讲”，组织全市各级工会开展线上线下理论宣讲、演讲比赛、事迹报告、文艺汇演、培训讲座等1000余场，吸引全市30余万职工参与，持续推进学习宣传阐释习近平新时代中国特色社会主义思想进机关、进学校、进园区、进企业、进工地、进社区、进网络。打造“职工文化”品牌，举办职工文化艺术节、“职工大讲堂·千堂百场公益课”“劳动光荣·文化筑梦”助力重点项目建设慰问演出等系列文化活动4000余场次，建设职工书屋332个，覆盖职工147余万人。大力弘扬劳模精神、劳动精神、工匠精神，“五一”前夕制作劳模专题宣传片8个，在人流密集的户外电子屏、公交站台、住宅小区等投放公益广告，组织劳动模范走进银川广播电台801演播厅，向听众宣讲他们的感人事迹。在市总微信公众号推送“榜样”栏目27期，阅读量1.5万余人次，取得了较好的社会反响。组织劳模、战“疫”模范深入企业、园区、项目工地、社区开展宣讲50余场次。向全总报送稿件21篇，市委信息处上报信息220篇，在《中国工运》《工会信息》等媒体刊发18篇，在自治区、银川市各级媒体刊登324篇。

【职工文化建设】 举办“新时代工会大讲堂·千堂百场公益课”职工文化体育公益培训班，开设书画、舞蹈、朗诵、插花等20门职工培训课程，丰富职工文化生活；延伸服务触角举办职工子女暑期爱心班，解决职工子女暑期“看护难”“教育难”问题。创立“一企（行业）一品”职工文化艺术品牌培育项目，组织公交公司、蒙牛乳业等9家企事业单位开展舞蹈、软笔书法等文艺团队建设和品牌培育工作。持续开展“企业职工文化节”及系列文艺活动：举办“开启新征程·建功新时代”2020年职工春晚；开展“庆五一·致敬最美劳动者”援鄂医护人员慰问活动；举办“劳动开创未来 奋斗成就梦想”全市职工主题演讲比赛；举办“我们的节日·中秋寄情”全市职工爱国诗词朗诵比赛暨展演活动；举办“当好主人翁、建功新时代”职工“迎国庆·展风采”文艺汇演；组织参加“劳动者之歌”、黄河大合唱等区市文艺活动，获得优秀组织奖。开展“劳动光荣·文化筑梦”送文化下基层志愿服务活动，全年为重点项目工地、企业送文艺演出、送图书、送讲座等30余场次。

【劳动技能竞赛】 围绕全市重点项目工程，启动了“当好主人翁·建功新时代”推进重点项目建设百场劳动竞赛活动。在经开区智能终端产业园、宝丰能源集团煤制烯烃项目等重点工程、项目分期、分层次、分区域、分行业分系统开展全市百场示范性劳动竞赛108场次，职工参与面达93%以上，参与职工26万人次。百场劳动竞赛在全市全面开花，得到社会认可、企业欢迎和职工的满意。百场示范性劳动竞赛活动先后在《工人日报》《宁夏日报》、人民网、今日头条、宁夏电视台公共频道等多家媒体报道。

【经济技术创新】 建立人才库、师资库。以劳模、工匠和金牌工人为主力军，建立高技能人才库3000人，开展举办4期技术交流活动。发放“凤城工匠”助推奖励资金25人9.7万元。征集职工“十佳五小”成果项目212项。“五位一体”技能人才培养长效机制，力促产业工人技能提升，这项工作经验介绍材料在《中国工运》第10期刊登。

【职工素质提升】 进一步深化"五位一体"长效机制建设，力促产业工人技能提升工程。举办了全市首届物联网创新创意大赛、新冠肺炎疫情防控技能竞赛、建筑工人技能竞赛、汽车维修技能竞赛等全市技能竞赛22场，承办全区新能源汽车技术技能竞赛和疫情防控健康管理综合技能大赛2项、劳动竞赛2项。指导2000多家企业开展了化工、电商、快递、物流、新材料等行业岗位练兵和技能竞赛活动，23万多名职工参与竞赛活动，职工参与面达92%以上。银川市总工会获得2020年全区新能源汽车技术技能竞赛优秀组织奖和2020年全区疫情防控健康管理综合技能竞赛优秀组织奖。

【劳模管理服务】 一是做好劳模专项补助金的发放和慰问工作。审核申报2020年全国和自治区劳模生活困难补助金和特殊困难帮扶金符合条件共106人；市级劳模生活困难补助金和特殊困难帮扶金符合条件共16人，发放资金80076元。按照安排对困难劳模进行摸底，做好"两节"期间劳模慰问金发放和慰问工作。完成了年度43名市级农民、农民工、市属破产改制企业劳模体检工作。二是完成劳模、技能人才创新工作室培育创建工作。2020年选树全国劳模8人、自治区劳模39人。推荐申报国家级示范性劳模创新工作室5个、自治区级5个，命名授牌银川市级20个，目前全市106个劳模创新工作室，其中全国示范性创新工作室1个，自治区示范性创新工作室10个，市级示范性创新工作室23个，拥有成员1200余人、发明和实用专利1000余项，创经济效益近亿元。

【普惠服务和精准帮扶】 积极开展职工医疗互助保障活动，组织区、市77637名职工参加职工医疗互助保障活动，为419名患病职工发放互助金275.46万元。大病救助、意外伤害救助职工10人，发放救助金25463元，切实解决患病职工家庭实际困难。开展"牵手'五一'战疫情·温暖职工'惠'服务"系列普惠活动，免费为职工发放口腔健康体检卡、身体健康体检卡、顺丰快递大礼包共计5000份。举办"健康银川·绿色出行"线上有奖健身活动，吸引14100余名职工参加。

结合全市开展的疫情防控入户摸底工作，组织各基层工会严格按照困难职工认定标准进行"过筛式"入户走访，精准识别困难职工，确定救助对象。截至2020年底，全市共有在档困难职工257户，其中：全国级困难职工142户、自治区级困难职工115户。将困难职工结对帮扶纳入市总开展的"情暖职工"志愿服务活动中，组织全市214名工会干部与580户困难职工积极开展"一对一""1＋N"结对志愿服务活动，通过开展"三帮三助"活动（帮制订计划，帮改善条件，帮脱困解困；助就业、助就医、助就学），竭力提升困难职工的"幸福指数"。组织开展"两节"送温暖慰问困难职工活动，各级工会共筹措资金52.37万元，走访慰问了379户困难职工和669户困难职工边缘户，其中市总本级34户，困难职工边缘户252人。投入资金30万元，慰问困难企业、重点行业9家职工5570人，切实让他们感受到党和政府以及工会组织的温暖。

【基层组织建设】 坚持"党建带工建"，开展"基层组织建设年"活动，紧盯新领域、新产业、新业态、新组织、新群体"五新"重点领域，扎实推进货车司机、商场促销员等“八大群体”建会入会。截至目前，银川市新建基层工会组织345家，发展工会会员29577人，发展农民工会员11095人，超额完成自治区总工会下达任务。大力推进“会站家”一体化建设，全市各级工会投入1700万元，推进区域性“职工之家”建设，新建、升级改造各级“职工之家”50多个，“十五分钟”工会服务圈基本形成。

【互联网+工会】 截至2020年末，抖音、微视政务号发布短视频作品累计435期，播放量累计6356.30万人次，点赞量达163万人次，网民评论互动量累计15527人次，抖音政务号用户数9.5万人，较2019年末同比上涨850%；微博政务号用户数15.6万余人，累计发布相关推文790条，阅读量累计达200万人次以上。接受抖音私信互动及困难求助40余次。其中疫情期间发布抗疫类相关内容186期，并分别被学习强国、中工网、全国总工会等央级媒体政务号采编发布28期。2020年度依托“三微”新媒体平台自制并发布《职工心理小课堂》短视频16期，其中学习强国采编15期。拍摄并制作发布网络安全宣传周《铁柱历险记》系列短剧3部，女职工维权公益短剧《孕期调岗劝退“一函两书”亮剑》一部。

【职工权益保障】 充分发挥工会在矛盾纠纷多元化解决机制中的引领、推动和保障作用，市总工会联合市中级人民法院在全市两级法院和总工会建立“法院+工会”劳动争议纠纷化解新型工作模式，针对当事人起诉到人民法院、属于受诉法院管辖、依法应当登记立案的劳动争议纠纷，适宜调解解决且双方当事人自愿调解的，由工会派调解员接受人民法院委派或委托进行调解，调解不成的，由人民法院依法审理，实现了职工诉求和法院工作的有效衔接。目前全市已建立“法院+工会”专职调解员队伍116人，法院委派委托案件180件，调解成功141件，调解成功率为78.33%，为职工（农民工）挽回避免经济损失533.35万元。

【创建和谐劳动关系】 加强劳动关系状况研判，紧紧围绕新冠肺炎疫情影响下企业复工复产中遇到的新情况新问题，广泛深入开展集体协商“稳就业促发展构和谐”行动，走访排查1500余家企业，化解劳动争议案件81件，引导企业与职工同舟共济，共渡难关。创新开展“民主管理进民企”活动。全市219名工会干部与406家民营企业建立了“一对一”“一对多”结对联系，分类指导，精准施策，助推企业民主管理建制水平和运行成效。弘扬《宪法》精神，开展《民法典》走进职工“三个一百”普法行动，参与职工9000余人次。健全完善维权机制，修订《银川市工会劳动争议调解办法》《银川市工会法律援助办法》，创新建立“法院+工会”劳动争议纠纷化解工作模式，实现了职工诉求和法院工作的有效衔接。该做法在宁夏工会尚属首家，在全总刊物《工会信息》进行了经验交流。

【女职工工作】 一是扎实做好女职工维权工作。认真组织开展“女职工维权行动月”活动，组织动员全市女职工积极参加区总开展的权益保护法律法规微信有奖竞答活动。制作女职工维权典型案例视频在全国工会“尊法守法·携手筑梦”法治动漫微视频作品征集展示活动中荣获三等奖。二是扎实做好全市女职工“两癌”筛查工作。重点围绕疫情期间援鄂女性医务人员、坚守一线女职工、受疫情影响较大的中小微企业和困难企业女职工开展筛查工作，全年共完成女职工“两癌”筛查1878人，筛查出疑似病例56人。三是采取“线上专区+线下社群”的服务方式开展全市青年职工婚恋交友活动。在宁夏婚恋网、银川市总工会微信平台设立“银川市青年职工婚恋服务专区”，截至2020年末已有91家单位、916位单身青年职工报名加入专区。线下采取“周末小趴+联谊活动+专家咨询”的形式，2020年先后举办了“520，我不愿让你一个人”音乐主题交友沙龙等单身“周末趴”15场，举办“相约七夕·遇见你遇见爱”等沉浸式青年相亲联谊会4场。四是扎实做好职工子女课后托管工作。8月份在全市下发《关于开展职工子女爱心托管班推荐申报工作的通知》，采取分级管理的方式，不断扩大示范点范围，经实地评审，确定了8家银川市工会爱心托管班示范点，并按照好中选优原则推荐了“兴庆区胜利街南华社区职工爱心课堂”等四家单位为自治区级工会爱心托管班。《工人日报》2020年11月23日第二版刊发《银川工会：四点半课堂遍布全市》。

【加强自身建设】 巩固深化“不忘初心、牢记使命”主题教育，深入推进“两学一做”学习教育常态化制度化，开展“让党中央放心、让人民群众满意”模范机关创建工作，突出实践实干实效，提升广大党员干部的党性修养。认真落实“三会一课”、民主生活会等制度，严肃党内政治生活。加强工会系统党风廉政建设，强化“一岗双责”，积极配合市委巡察，扎实做好反馈意见整改落实。不断完善工会经费收、管、用等各项制度，工会经费对下倾斜力度进一步加大，基层工会经费收缴和使用管理得到有效加强。扎实推进审计监督全覆盖，推动经审工作机制创新，规范经费审查审计，有效发挥经审工作保障服务功能。银川市总工会被中华全国总工会评为2019年度工会财务先进单位。锲而不舍落实中央八项规定精神，持续巩固和拓展作风建设成果，推动党员干部深入基层一线，不断增强服务意识、提升工作实效。

（于欣然）

石嘴山市总工会

【概述】 2020年以来，石嘴山市总工会在市委和区总的坚强领导下，以习近平新时代中国特色社会主义思想为指导，全面落实自治区党委、市委和自治区总工会的各项决策部署，扎实做好“六稳”工作、落实“六保”任务，团结动员广大职工迎难而上、积极进取，各项工作取得了新业绩。市总工会荣获全国推动厂务公开民主管理工作先进单位、中华全国总工会2020年度全国“安康杯”竞赛优秀组织奖、全国科技周示范单位、全区抗击新冠肺炎疫情先进单位、全国工会审计优秀项目、全区疫情防控健康管理综合技能竞赛优秀组织奖等多项国家和自治区级荣誉；获得全市目标任务考核一等奖、市直机关“五星级党支部”、市离退休“四星级党支部”、“石嘴山市三八红旗集体”等多项市级荣誉称号。

【抗击新冠肺炎疫情】 全力抗击疫情，第一时间安排党员参加社区防疫执勤，开展企业防疫督查和机关大楼防疫值班。科学决策设立新冠肺炎疫情防控专项资金，动员党员积极捐款，全市各级工会组织共筹集资金357.6万元，重点对参与疫情防控的医护人员、社区防控工作者进行慰问，为1000

名职工提供资金和防疫物资支援，市总工会被自治区党委、政府授予“全区抗击新冠肺炎疫情先进集体”荣誉称号。

【基层组织建设】 把组建工会、发展会员作为“一号工程”来抓。全年新增工会组织202家，发展会员12000人，完成区总下达发展会员任务的200%。督促指导基层工会按时换届选举，保障组织健全。打造自治区级职工之家培育点4个、职工之家示范点3个、“会站家”一体化建设示范点3个。建设市级先进职工之家培育点6个、示范点6个。

【劳动竞赛活动】 分级分类开展劳动竞赛。举办“英力特杯”全市矿热炉企业劳动竞赛和操作工技能竞赛。评选命名特色工作室、“工人先锋号”、示范班组80个。开展2020年全市卫生应急职业技能大赛，共有10家重点医疗单位150名医护工作者参加。投入资金购置智能化竞赛设备，组队参加了全区疫情防控健康管理综合技能竞赛，第一人民医院代表队取得竞赛团体二等奖，有三名队员获得优秀奖，市总工会荣获优秀组织奖。与市住建局、团市委共同主办了全市“华通杯”建筑职工技能大赛，来自全市52家建筑单位476名建筑工人参加了砌筑工、抹灰工、架子工、钢筋工、电工五个工种的决赛。

【劳模工作】 开展了全国、自治区、市三级劳动模范先进工作者推荐评选工作。推荐评选全国劳模3名、自治区劳模23名，命名表彰市级劳模57名，57名受表彰的人员中抗疫一线援鄂医疗队员占比40%。举行了全市劳动模范和先进工作者颁奖仪式，王文宇、马平安、刘建军、王建、吴保军、毛洪峰、强伟出席仪式，常晋宏主持仪式。组织“两节”期间劳模慰问和帮扶工作，共慰问帮扶全国、自治区、市三级劳模614人次180余万元。

【安全生产及劳动保护】 2020年，全市有2135个单位4494个班组、9.7万名职工积极参加“安康杯”竞赛活动，参赛率达到90%以上，规模以上企业全部建立了“安康杯”竞赛组织机构。命名表彰2019年度市级“安康杯”竞赛和劳动活动先进集体5个、优秀班组50个，优秀班组长34人。推荐申报了全国“安康杯”竞赛先进集体（班组）、个人，市总工会被中华全国总工会、应急管理部、国家卫健委表彰为优秀组织单位，奔牛公司、中能恒力被表彰为优胜单位，大地公司电石分公司、晟晏公司一分厂、申银特钢炼铁厂三个班组被表彰为优胜班组。安全生产月期间，全市共举办各类宣传活动50余场次，利用微信搭建起了“安全课堂”，开展安全生产微信答题活动，1万多名职工参加600名获奖，形成了“互联网+”时代的安全生产宣传教育新模式。

【职工文化建设】 “石嘴山工会”微信公众号的影响力显著增强，形成了以市总工会微信公众号为中心、各级工会微信公众号齐发声的网络宣传新矩阵。截至目前，“石嘴山工会”微信公众号关注人数109293人，全年共发布信息215期，点击浏览量达224.52万人（次），重要时间节点实现活动全覆盖。搭建职工文化活动新阵地，依托理工学院、光明中学成立石嘴山市职工文工团，发挥音频工作室作用。围绕庆祝建市60周年为主线，共开展6场文化活动，其中为5000余名职工送去4场“送文化”下基层慰问演出活动，开展了庆祝建党99周年支部主题党日活动、庆双节职工闪亮大武口步行街快闪活动。

【维权服务】 依法开展工资集体协商。打造了17个行业集体协商示范单位和17个区域协商示范单位，确保已建会企业集体协商动态建制率保持在90%以上。加大户外劳动者关心关爱力度，市县区总工会共投入25万元，打造了11个设备齐全、普受欢迎的户外劳动者服务（法律援助）站点，为环卫工人、出租车驾驶员、快递员等户外从业人员提供临时憩息场所。成立3个农民工维权法律援助服务站，针对农民工维权的需求和特点，以法律宣传、咨询服务、代理文书、法律援助、代理诉讼等，免费为农民工提供维权服务，帮助农民工处理维权遇到的困难。先后开展劳动法律讲座6期，剖析维权案件21件，受理农民工法律咨询、诉讼共115起，为职工（农民工）追回劳动权益206万元。

【帮扶解困】 印发《关于结对帮扶困难职工的通知》，安排全市工会干部与434户困难职工结对，建立了工会干部服务困难职工的长效机制，提升工会联系服务困难职工群众的效果。建立帮扶资金固定投入机制，印发《工会经费投入帮扶救助工作办法》，规定每年以工会经费投入帮扶不少于20万元，提高工会在扶贫帮困方面的保障能力。“两节”期间，组织各县区上报困难职工490户，争取区总发放帮扶资金270万元。投入51万元对星瀚集团春节期间坚守一线职工、邮政公司快递员、建设社区513户困难边缘职工进行慰问。将受疫情影响的困难职工及时纳入帮扶救助范围进行帮扶，对受疫情影响较大的出租车行业司机进行大病救助调查，对24名患大病职工进行调查，及时提出救助建议并发放帮扶资金15.8万元。将助学活动延伸到高中，开展疫情期间工会班学生防疫助学活动，投入5.6万元慰问工会班163名困难学生。开展工会“圆梦大学、再送一程”专项助学活动，为工会班考入高校58名学生发放助学金（赴学交通费5.8万元），为他们送去一份关爱（送行李箱、送车票）、送去一份祝福，为大武口区96名困难高中生发放助学金5万元。

【送清凉】 注重做好一线职工防暑工作，开展送清凉活动，投入136.3万元走进200多家企业开展送清凉活动，助力复工复产。帮扶我市农产品生产企业开展扶贫促销。为企事业单位职工送去西瓜、西红柿等农副产品80万斤，惠及职工5万余人，同时，借送清凉之机，督促企业为职工发放高温津贴，加强安全生产，使广大职工切实感受到了工会的服务。

【女职工工作】 坚持和落实好女职工组织与工会组织建设“三同时”，加强区域（行业）女职工组织建设，实现女职工组织全覆盖。疫情期间，通过“宁夏职工空中心理驿站”，共开展专题心理讲座13场。助力女职工就业复工。帮助企业宣传招工，开展女职工就业咨询，助力带动女职工及时返岗就业。开展形式多样的联谊交友活动。全市各基层工会累计举办单身青年联谊活动6场（次），惠及职工1500人。深入实施“职工好家庭”网推活动。推选不同行业、表现突出、家庭文明和谐的117个职工好家庭进行展示宣传。组织开展“关爱女职工、庆三八”和女职工维权月微信有奖答题活动，为百名巾帼丽人和最美劳动者点赞，普通职工获得感明显提升。

【自身建设】 重大事项主动向市委汇报，积极争取市委、市政府支持。坚持资金向基层倾斜。做到重大活动由市总牵头投入经费，减轻基层工会负担。足额划拨154家行政事业单位工会经费。健全管理制度，确保工会经费规范化使用。科学编制和执行预算，提高资金使用效率。组织开展“守初心、担使命，抓转型、促发展”“砥砺初心使命、永葆政治本色”主题教育活动。把“不忘初心、牢记使命”贯穿党员干部队伍建设始终，组织动员全体党员干部为文明城市创建、决战脱贫攻贡献力量。围绕落实“两个责任”，列出《全面从严治党“三个清单”》，组织党员逐人签订廉洁从政承诺书。坚持“六个一”下基层工作制度，围绕重大决策和产业工人队伍建设开展调查研究，完成专题调研文章5篇。整合县区与开发区总工会管理体制，加大“党工共建”工作力度，坚持人员配备向园区倾斜，为园区党建工作更换办公设备，推动新媒体与网格管理相融合。

（马小燕）

吴忠市总工会

【概述】 2020年，吴忠市总工会深入学习贯彻习近平总书记视察宁夏时的重要讲话精神，团结动员广大职工为建设黄河流域生态保护和高质量发展先行区的排头兵建功立业。一年来，市总工会紧紧围绕市委、市政府中心工作，把执行党的意志的坚定性和服务职工的实效性统一起来。思想武装更加深入。围绕习近平新时代中国特色社会主义思想及最新讲话文章，结合工作调研开展集中学习95次，研讨交流16次，警示教育4场，增强工会组织的政治性。凝心聚力更接地气。大力弘扬劳模精神、抗疫精神，邀请全国抗疫先进个人李建东讲述典型事迹，拍摄劳模专题片25期，在吴忠电视台等开展宣传78次，推动劳模精神、抗疫精神等进机关、进网络、进电视、进报纸。使建功立业更有深度。在银西高铁、银川都市圈城乡东线供水项目、现代纺织、油气化工、种植采摘等行业领域开展“创双优”劳动竞赛15场，带动各县（市、区）开展竞赛20余场，工人阶级主力军作用得到彰显。维权服务更加精准。处理“12351”网络平台派单600余件，办结率100%。开展“线上招聘”活动12期，帮助200余名职工成功就业。筹集资金20万元，为3500余名一线职工送去“清凉”。固本强基更加稳固。全市筹集资金153.65万元，帮扶在档困难职工3379人次，筹集资金24.1万元，对241名受疫情影响的困难职工开展临时救助。选举兼职、挂职副主席各1名，补齐改革短板。自身建设更加坚实。新建工会124家，发展会员7526人。同步推进党工共建、职工之家建设，创建全国模范职工之家2个，筑牢“会站家”一体化发展基础。

【深入学习宣传贯彻习近平总书记视察宁夏重要讲话精神】 开展学习习近平总书记视察宁夏重要讲话精神、习近平总书记在全国劳动模范和先进工作者表彰大会上的讲话精神，认真学习党的十九届五中全会精神和习近平总书记与中华全国总工会新一届领导班子集体谈话精神，采取集中领学、交流研讨、撰写体会等方式开展学习32次，创新设立学习小组，实施入脑入心工程，推动基层工会组织集体学习314场、撰写体会1310余篇。党组成员带头到各县（市、区）总工会、直属基层工会，开展宣传宣讲8场次，受众600余人次。拍摄劳模专题片25期，在吴忠电视台等开展宣传78次，刊发稿件358篇，被市级以上媒体采用79篇。

【创建“让党中央放心、让人民群众满意”模范机关】 2020年，吴忠市总工会党组认真贯彻落实习近平总书记关于创建模范机关的重要指示精神，紧紧围绕中央和自治区的决策部署，以“建设让党中央放心、让人民群众满意的模范机关”为目标，以“践行‘两个维护’，建设对党忠诚的模范机关；强化政治功能，建设组织过硬的模范机关；奋力担当作为，建设服务高效的模范机关；弘扬时代新风，建设和谐文明的模范机关；着力正风肃纪，建设勤政清廉的模范机关”为内容，以“党建+”模式为抓手，充分发挥党组织的政治核心、战斗堡垒和党员先锋模范作用，带领全体党员干部奋发向上、主动作为，积极打造让人民群众满意的模范机关。荣获首批“吴忠市直属机关创建‘让党中央放心、让人民群众满意’模范机关达标单位”称号，成为市直属机关首批22个创建模范机关示范达标单位之一。

【开展“基层组织建设年”活动】 开展“50人以上企业建会行动”。按照“四清一明”要求，对50人以上企业深入排查摸底、集中力量突破，新建50人以上企业工会组织19家，发展会员2016人。开展“八大群体集中入会行动”。采取“拉网式”排查，切实掌握“八大群体”职工数量、行业分布以及入会情况，尽锐出战、集中攻坚，累计实现全市货车司机等“八大群体”建会93家，发展会员5150人。开展“农民工入会专项行动”。围绕工农业园区、建筑项目、快递行业、农业专业合作组织等重点领域，采取单独建会、行业建会或联合建会等方式，吸纳3562名农民工加入工会组织。2020年新建单独基层工会117家，新建联合工会7家，发展工会会员7526人。

【开展全国、自治区和吴忠市劳动模范推荐评选】 推荐评选全国劳动模范5名，自治区劳动模范28名，评选表彰吴忠市劳动模范50名。举办全市职工技术创新大赛，申报创新项目73项，评选创新成果30项。发挥劳模示范引领作用，开展“劳模聚服务活动”23场次，直接或间接服务职工群众3679人次。王锋劳模创新工作室被命名为2020年自治区劳模和技能人才创新工作室。

【实施“四项行动”推进产业工人队伍建设改革】 2020年，吴忠市总工会通过实施政治强基、赋能成长、维权服务、机制保障“四项行动”，扎实推进产业工人队伍建设改革向纵深发展。实施“政治强基”行动。拓宽产业工人民主参与渠道，提高产业工人在“两代表一委员”、群团挂兼职干部中的比例，保障产业工人的政治地位和民主权利。开展吴忠市劳动模范和先进工作者评选表彰，在推荐全国、自治区劳动模范和先进工作者人选时，注重向产业工人、专业技术人员倾斜。实施“赋能成长”行动。着眼培养产业紧缺型技能人才，广泛开展职工技术等级培训、岗位技能培训，满足不同层次职工的培训需求，通过师徒结对、技能竞赛、技术比武等活动，提升产业工人技能水平。实施“维权服务”行动。强化源头参与，建立政府、工会、企业三方协调协商机制，推进工资集体协商提质增效，努力构建和谐劳动关系。准确掌握困难产业工人生产生活情况，坚持分级管理，精准帮扶，动态帮助困难产业工人解决实际困难，让产业工人更好感受到工会组织的温暖。实施“机制保障”行动。加强与司法、法院、劳动人事仲裁机构协作，建设职工法律援助站点，构建多层次劳动争议调解、法律维权服务网络。落实和完善以职工代表大会为基本形式的民主管理制度，抓好职代会的标准化建设、抓好厂务公开的程序化建设。

【厂务公开民主管理提质增效】 持续推行“123X”和“153N”工作机制，实现已建会的国有及其控股企业和事业单位厂务公开、职代会动态建制率达100%，已建会的100人以上非公企业单独建制率动态保持在95%以上。789家企事业单位实行召开职代会向上一级工会报告制度。广泛开展“公开解难题、民主促发展”和“聚合力、促发展，职工代表提案在行动”等活动，引导职工代表为企业改革献计献策，有序参与企业治理，共征集优秀职工提案23份。开展创建厂务公开民主管理示范单位活动，宁夏水投吴忠市水务公司荣获全国厂务公开民主管理先进单位。

【助困解困取得阶段性积极成效】 紧紧围绕全市脱贫解困工作大局，认真推进困难职工精准建档、规范化管理，健全完善精准帮扶体系，全力推进建档立卡困难职工解困脱困工作，取得阶段性积极成效。全年共帮扶在档困难职工2312人次，拨付帮扶资金594.065万元；组织职工参加医疗互助76673人，筹集医疗互助金385.52万元；举办各类网上专场招聘会13期，提供就业岗位4276个，免费就业服务4142人。全市在档困难职工由2019年初的1310户下降到目前的967户，城市困难职工解困脱困成效显著。

【完善救助制度，强化资金监管】 进一步规范完善帮扶救助制度流程，严格落实正职监管、副职分责、集体研究、及时公开、经审监督等工作制度，制定了《工会帮扶资金使用管理办法》《工会送温暖资金使用管理办法（试行）》等帮扶资金管理制度，实行帮扶资金“统一管理、分户建账”，定期开展内部财务审核工作，主动接受市审计部门和上级工会专项经费审计监督，帮扶资金监管更加规范。

【打造文化活动阵地，丰富职工文化生活】 积极筹集资金，整体改造工人文化宫，积极开展“伊利杯”全市职工篮球比赛、“夏进杯”全市职工乒乓球赛、“中国梦·劳动美”全市职工书法、美术、摄影比赛暨优秀作品展等文体活动，共展出美术作品81件、书法作品90件、摄影作品111件，文化宫已成为凝聚职工、传播文化、职工健身的主阵地。同时充分发挥文化宫的职能作用，联合各工业园区、社区开展了乒乓球、羽毛球、书法、摄影、舞蹈、台球等职工喜爱的公益课，参与培训职工突破1000人，极大地丰富了职工业余生活。

【疫情防控工作积极作为】 面对突如其来的新冠肺炎疫情，市总工会班子成员分组建立包抓机制，助力企业复工复产，深入基层调研，形成调研报告，受到市委、市政府主要领导的充分肯定；各级工会组建党员先锋队、设立党员先锋岗，驻守社区一线，开展志愿服务，构筑起联防联控、群防群控的坚强防线；开展“线上招聘”13期，发布招聘信息482条，提供就业岗位4276个；市、县（区）、各园区工会筹集资金420万元慰问援鄂医务人员和疫情防控一线职工，在大战大考中交出了满意答卷。

【持续推进工资集体协商的提质增效】 按照“严格控制总量、着力提升质量”的总要求，选聘各级专兼职集体协商指导员155名。创新对集体协商指导员的业务培训，制作5期“互联网+协商”培训教程，依托吴忠市集体协商指导员微信群进行不见面培训。举办集体协商指导员技能大赛，常态化开展“四季要约”行动，重点围绕已建会但未开展集体协商的企业、集体合同到期需续签的企业等“四类企业”发放“一函两书”，全市各级工会共发放要约提示函641份，督促指导595家建会企业和46个区域（行业）建立工资集体协商机制。按照“因企制宜、分类施策”的总要求和“保企业、保稳定、促发展”的总原则，全市共签订综合集体合同641份、覆盖企业1306家、覆盖职工58415人，签订工资专项集体合同635份、覆盖企业1298家、覆盖职工58003人，两项合同动态签订率均达到97%以上。紧扣“职工权益维护年活动”中的“双百”示范点任务，按照“六化”标准，积极在家政服务、民办幼教、葡萄酒酿造、快递服务、外卖送餐等23个行业和毛纺织园区、金积工业园区等23个区域开展行业（区域）工资集体协商。

【深入开展女职工提素建功工作】 深入学习宣传贯彻习近平总书记视察宁夏重要讲话精神，通过举办工会主席培训班、专题讲座、知识竞赛及劳模事迹宣讲报告会等多种形式，结合下基层活动，进一步推动习近平新时代中国特色社会主义思想、习近平总书记视察宁夏重要讲话精神进园区、进企业、进车间，与2026名女职工进行了心得交流。在阻击新冠肺炎疫情的关键时刻，开展“非常时期一封家书”作品征集活动，收到全市81家单位的200篇稿件，经过筛选、评审，60篇优秀家书脱颖而出，7名女职工的征文、家书和书画作品获全国荣誉。通过此次活动，旨在战“疫”时期引领全市广大女职工越是艰险越向前，万众一心、众志成城，为坚决打赢疫情防控阻击战在各自的岗位上奋发有为，贡献巾帼力量。同时号召女职工培养阅读习惯，在阅读中获得幸福感，激励女职工立足岗位，以最美的奋斗姿态提素建功、砥砺前行。

【开展“互联网+集体协商”】 为破解在开展区域（行业）工资集体协商中企业分散、职工较多、不易组织等难题，全力提升区域（行业）工资集体协商的质量和效率，研发“互联网+集体协商”应用程序，将推荐协商代表、提出协商要约、宣传法规政策、征求职工意见、审议合同草案、公示合同文本、开展满意度测评这几个法定程序在线上完成，通过现场培训、实地指导等方式，着力打造“线上运行、线下协商”的工资集体协商工作新模式。全市25家企业、行业进行推广使用，受到职工群众的好评，得到区总工会认可，相关工作信息在《工人日报》上进行刊登。

【开展“晒亮点、找差距、抓落实、促提升”活动】 在继续深化巩固推广“一本卷”工程、工会经费绩效审计和审计问题“三级整改”等创新亮点工作的基础上，2020年在全市开展“晒亮点、找差距、抓落实、促提升”活动，制定方案，强化措施，召开推进会，及时总结工作中的好经验、好做法，在互观互学互评中取长补短，通过示范引领督促后进，以市总“预考”助力县级工会迎接区总“复考”，大力推动县级经审工作提质进档，有效提升全市经审工作整体水平。

市总本级和青铜峡市总工会在2020年度全区工会经审工作规范化建设考核中分别获得地市级特等奖和县区级特等奖，同心县总工会、盐池县总工会分别荣获县级工会二等奖、三等奖，经审工作规范化建设水平迈上了新台阶，实现了新突破。

（苏　兵）

固原市总工会

【概述】 2020年，是充满诸多困难挑战的一年，市总工会在市委、自治区总工会的正确领导下，坚持以习近平新时代中国特色社会主义思想为指导，认真贯彻落实市委四届六次、七次、八次、九次全会和自治区总工会第十二届三次全会精神，以实际行动践行“两个维护”，紧盯全市中心工作，勇于担当、积极作为，圆满完成了市总三届五次全委会议确定的各项工作目标任务。

【加强党的建设，高扬旗帜引领职工群众】 持续巩固“不忘初心、牢记使命”主题教育成果，扎实开展“担当新使命、展现新作为”学习实践活动，积极创建“让党中央放心、让人民群众满意”的模范机关，全面落实管党治党主体责任，压实意识形态责任制，坚持问题导向，有序推进巡察反馈和主题教育发现问题整改，确保各项问题整改到位，切实提高了机关党建整体工作水平。持续深化“中国梦·劳动美”主题教育，倡导“幸福都是奋斗出来的”实干风气，发挥工会组织“大学校”作用和工会干部“宣传员”作用，深入宣传党的十九届四中、五中全会精神，引导广大工会干部和职工群众坚定信仰、忠诚实践习近平新时代中国特色社会主义思想，使广大工会干部和职工群众永远听党话、跟党走的思想自觉和行动自觉进一步加强。

【发挥组织优势，坚持在疫情防控中主动作为】 在全市打赢新冠肺炎疫情阻击战中，全市各级工会组织和广大工会干部职工按照中央和区、市党委、政府及区总的部署要求，积极响应、主动作为，有序组织广大职工投身疫情防控工作，号召广大职工争做疫情防控的排头兵，全市80余名工会干部深入乡镇街道、社区等疫情防控一线。各级工会组织先后紧急筹措资金130余万元为我市援鄂医务人员及其家属、市县定点医院、疾控中心、重点防控站点（社区）开展各类慰问活动120余场次。

【主动担当作为，助力做好“六稳”“六保”工作】 围绕保居民就业任务，加大职工就业指导力度，推动用人单位落实好劳动法律法规实施，全市完成800人次农民工技能培训工作，增强保收增收后劲，联合举办招聘会2场次；围绕保基本民生任务，加大困难职工帮扶和解困脱困工作力度，积极推动《保障农民工工资支付条例》贯彻执行，建立工会预防相对困难职工返贫常态化帮扶工作机制，持续推进送温暖常态化，完成对困难职工的核查工作；围绕保市场主体任务，积极助力企业全面复工复产，在重点行业开展劳动和技能竞赛，带动复产达产，大力引导广大职工群众参与消费扶贫工作，举办行业技能竞赛4场次；围绕保基层运转任务，加大劳动关系矛盾纠纷排查力度，劳动争议调解组织组建率保持在85%以上，提高工会维权能力，接访职工128人次，信访案件办结率达100%。

【依法管会建会，积极推进基层治理体系建设】 紧盯推进企业民主管理、和谐劳动关系构建和企业工会组织覆盖三项工作重点，深化企业民主管理、集体协商制度落实，在全市461个建会企业中组织开展了工资集体协商“要约行动”，在全市工会组织开展“聚合力、促发展”职工代表提案征集活动，全市共签订集体合同90份，工资专项集体合同292份，覆盖企业652家。开展全市性集体协商专题培训1场次，举办工资集体协商观摩活动2场次，打造行业、区域集体协商示范点36个，覆盖企业390家，覆盖职工1428人。建会国有企业厂务公开、职代会制度实现全覆盖，非公企业厂务公开、职代会动态建制率达到85%以上，向区总推荐上报优秀职工代表提案3份。组建固原经济技术开发区总工会，重新厘清市属基层工会、原州区工会和开发区工会组织关系和日常组建责任。全市新建工会组织660家，发展会员9213人，发展会员工作完成全年任务的184.3%、培育市级“会站家”示范点12家，模范职工之家20家，申报自治区总工会并命名表彰区级模范职工之家（小家）5家。

【激发创造活力，广泛凝聚职工群众建功立业力量】 完成全市第三届劳动模范、先进工作者评选表彰工作。在“五一”前后，对新评选的60名市级劳模事迹进行了宣传报道。深化全市劳模致富带头人工程，积极组织6个劳模服务分团深入贫困村，开展“传帮带”，培训困难群众生产技能600余人次，解决基层生产技术难题10余项，巩固提升6个劳模和技能人才创新工作室。建设市级职工书屋10家、设置电子阅览设备2个，组织职工积极参加全区“劳动筑梦”演讲比赛、“阅读经典好书·争当时代工匠”、“网聚职工正能量·争做中国好网民”等主题实践活动。市县两级职工活动中心已全部建成并投入使用，市职工活动中心日均服务职工达300余人次。

【提升服务能力，不断完善帮扶救助体系】 积极做好困难农民工会员脱困解困工作，对我市城市困难职工（农民工）解困脱困工作进行全面摸排和核查整改。全市开展各类救助1151人次，发放救助金860余万元。深化职工医疗互助活动，全市参加互助单位300多家，累计为2000余名住院职工发放互助金600余万元，对全市226名困难女职工进行了免费“两癌”筛查。新建工会户外劳动者服务站10个、新增“爱心妈咪小屋”5个、建设“爱心托管班”2家。

【创新亮点工作】 积极推动工会工作创新，向创新要活力求动力，围绕职工思想引领、农民工维权服务、新型工会组织建设、工会助力脱贫攻坚等重点工作领域，市县两级工会共新申报创新亮点工作18项。《固原市总引导企业职工同舟共济》在7月24日《工人日报》第2版进行了刊发，对疫情防控形势下，我市各级工会组织助力企业复工复产工作给予了充分肯定。

（蒲国栋）

中卫市总工会

【概述】 中卫市总工会辖3个县（区）总工会（沙坡头区总工会、中宁县总工会、海原县总工会），机关内设办公室、综合工作部、经费审查委员会办公室、市直机关系统工会委员会4个机构，所属市困难职工帮扶中心（市职工权益保障服务中心）和市职工文化活动中心2个全额预算事业单位。2020年，在市委和自治区总工会的正确领导下，全市各级工会坚持以习近平新时代中国特色社会主义思想为指导，认真学习贯彻习近平总书记视察宁夏时的重要讲话精神，坚决落实党中央和区市党委各项决策部署，围绕中心、服务大局，聚焦主业主责，凸显作用作为，努力克服疫情影响，各项工作任务圆满完成。

【职工思想政治引领】 围绕学习贯彻习近平新时代中国特色社会主义思想，党的十九大和十九届二次、三次、四次、五次全会精神以及习近平总书记视察宁夏重要讲话精神，汇聚了广大职工团结奋进的强大正能量。认真践行社会主义核心价值观，采取线上线下相结合的方式，组织开展了“讲扶贫故事 展工会风采”扶贫短视频故事征集和“非常时期一封家书”征集评选以及全市职工故事演说大赛等“中国梦·劳动美——决胜小康奋斗有我”系列主题活动，组队参加的全区“劳动者之歌”文艺汇演、“劳动筑梦”演讲比赛均获得优秀组织奖。命名市级“职工书屋”示范点7家，给每家“职工书屋”示范点配送的各类图书价值2万元，教育引导广大职工群众切实增强“四个意识”，坚定“四个自信”，坚决做到“两个维护”。

【助力疫情防控和复工复产】 积极响应市委、市政府号召，组织全市各行各业13.3万会员深入疫情防控一线，与全市各条战线防控人员一道，筑起了疫情防控的坚强屏障。动员全市329名劳模为中卫疫情防控捐赠款物350余万元。市、县（区）总工会积极筹措380余万元，组织开展慰问、支持重点单位疫情防控工作和助力企业复工复产。市总筹资19.8万元，会同市委组织部代表市委、市政府对全市66名援鄂医务人员和家属进行了慰问。市、县（区）总工会筹措资金77万元，在全区率先组织开展了“守护健康 情暖职工”助力复工复产活动，为参加职业健康检查的86家企业近8000名职工，在区总补助的基础上每人再补助100元，该项工作被宁夏电视台专题报道后，推送到“学习强国”宁夏学习平台。

【建功立业活动】 围绕区市委、市政府中心任务和重点建设项目，以“当好主人翁、建功新时代”为主题，筹集资金100.9万元，在13个行业57个工种中组织开展劳动和职业技能竞赛26场次，参与职工2564人次，585名职工通过技能竞赛和技能培训晋升了技术等级。进一步规范劳模服务管理，制定出台了《中卫市劳动模范评选管理暂行办法》，对推荐评选的50名劳动模范和先进工作者进行了表彰奖励。组织评选推荐全国劳动模范3名、自治区劳动模范和先进工作者24名。深化“安康杯”竞赛活动，组织开展了“安全隐患随手拍”、安全生产合理化建议“金点子”征集评选表彰和“利安隆杯”知识竞赛等活动，切实促进企业安全生产建设。

【劳模关爱行动】 围绕劳模服务管理，为190名省部级以上劳模发放慰问金22.5万元。积极组织22名援鄂医护人员和5名自治区劳模参加区内疗休养活动。为14名中卫市劳模发放农民劳模生活困难补助金和特殊困难帮扶金7.42万元。组织全国劳模和中卫市无工作单位劳模进行健康体检。推荐上报全国示范性劳模创新工作室2家、自治区劳模创新工作室3家、培育中卫市劳模创新工作室8家。对甄选的30名劳动模范和先进工作者先进事迹在中卫电视台、《中卫日报》和“中卫工会”微信公众平台等媒体进行宣传报道。

【协调劳动关系】 积极组织开展职工权益维护年活动，培育打造行业性、区域性集体协商示范点28家。全力做好受疫情影响企业的劳动用工工资支付等指导和服务，联合相关部门妥善处理了市应理集团供排水公司等5家划转公司职工安置及中博饭店24名职工拖欠工资及失业金问题。高度重视信访维权工作，为150名职工追回工资、补偿金等143.4万余元。常态化开展“尊法守法·携手筑梦”公益法律服务行动24场次，开展法律咨询、政策解答140余人次，代书、代理法律援助案件30余起。落实“六稳”“六保”责任，突出做好稳就业工作，市、县（区）总工会联合人社部门举办城镇下岗失业人员、待岗转岗职工、农民工技能培训促就业活动10场次490人，95%的参训人员取得了资格认证，有效提升了职工就业技能。

【困难职工帮扶】 为进一步健全完善职工医疗保障体系，在市本级和沙坡头区启动实施了职工医疗互助工作，为141名职工核发医疗互助补助金43.74万元。坚持“四季帮扶”常态化，组织开展线上“春风行动”“五一”招聘会4场次，推送就业岗位15810个，帮助3120名职工达成就业意向；“夏送清凉”惠及44家企业3645名一线职工，发放防暑物品50万元；“金秋助学”资助困难职工（农民工）子女197人、发放助学金59.6万元；“冬送温暖”发放慰问金176.58万元，1699名职工受益。为疫情影响严重的13家企业、195名困难职工发放临时救助金39万元。“六一”“七一”和丰收节期间，筹措43.15万元，走访慰问企业一线农民工793人、帮扶村建档立卡户学龄儿童和困难老党员536人。

【职工文化建设】 围绕“强体魄、展风采、促和谐”，组织开展了全市“迎新年”机关职工体育运动会、2020年送春联“下基层”、全市职工篮球赛及环腾格里湖徒步走等文体活动。积极推进“互联网+”工会建设，探索普惠职工、网上入会等新方式、新途径，完成了“中卫工会”微信公众号优化升级，粉丝关注度显著提升，“宁工惠”App下载量4万余人次。推行“5元观影”等普惠服务项目28项。充分发挥职工文化活动中心在传播知识、陶冶情操、提升素质中的公益作用，承办基层工会职工运动会20余场次，7万余人次职工群众进场活动锻炼。

【基层组织建设】 认真履行牵头组织职责，制定印发了《新时期中卫市产业工人队伍建设改革实施方案》，强化统筹协调，产业工人队伍建设改革全面铺开。扎实开展“基层组织建设年”活动，持续抓好“八大群体”建会入会工作，新建工会组织74家，新增会员10143人（农民工3781人），全市工会组织累计达到1517个，会员13.3万人（农民工5.36万人），工会组织覆盖面不断扩大。坚持以“六有”为基准，深入开展“职工之家（小家）”创建评选活动，命名中卫市先进职工之家15家，先进职工小家6家。创建全国模范职工之家1家，自治区模范职工之家（培育点）3家、模范职工小家（培育点）5家。

【女职工工作】 深化实施女职工关爱行动，举办家政服务、插花花艺、手工制品等培训班，共培训600余人。广泛开展女职工“团体安康保险”活动，50多家单位2000余名女职工参加了团体安康保险。开展“庆六一”关爱留守儿童慰问活动，全市共慰问520余名家庭困难儿童，发放各类慰问品计66650元。全市开设网上心理驿站、网上公益心理微课等40期，每期参与职工达12000人邀请心理咨询专家在全市巡回举办关爱女职工心理援助讲座2场次，300余名女职工现场接受了心理咨询。组织1382名困难女职工进行了“两癌”免费筛查。创建自治区“爱心妈咪小屋”，为全市6家区级“妈咪小屋”配送图书礼包，让更多的女性感受到便利和贴心。

【经审财务工作】 严格执行财务管理规定，建立完善内控机制，规范财务运行管理，优化工会经费支出结构。切实加强工会资产审计监管，组织对市总本级2019年度经费预算执行情况，市总所属事业单位、县（区）总工会2019年专项资金管理使用情况，5个系统工会所属的33个基层工会经费管理使用情况及12家企业工会计拨经费管理使用情况进行了审计，工会经费审查审计的质量和效能得到有效提高。

【干部队伍建设】 坚决贯彻执行中央八项规定精神和区、市若干规定要求，及时纠正工会干部中存在的“四风”问题。梳理修订机关工作制度52项，定期召开党组理论学习中心组学习会、党组会、主席办公会议，实行民主决策、科学管理，班子团结和谐、单位风清气正。从严教育管理监督，举办各类工会干部培训14期，工会干部的思想政治素质和业务能力水平得到有效提升。

【加强工会党的建设】 认真履行全面从严治党的政治责任，深入实施“三强九严”工程，扎实开展“双学双强”活动，持续深化形式主义官僚主义突出问题专项整治，着力为基层减负，党组织的凝聚力、战斗力不断提升。扎实开展“让党中央放心、让人民群众满意”模范机关创建活动，组织开展党课教育，举办“学习民法典　争做守法人”“弘扬爱国主义　争做民族团结先锋”等主题突出、特色鲜明的主题党日活动12余次，党员先锋模范作用进一步凸显。

（赵凤兰）

宁东能源化工基地工会

【概述】 宁东能源化工基地工会委员会坚持以习近平新时代中国特色社会主义思想为指导，坚决执行宁东基地党工委、管委会和自治区总工会决策部署，围绕宁东基地“12111”发展战略，加强思想政治引领，建强工会基层组织，弘扬劳模工匠精神，践行“社会主义是干出来的”伟大号召，实施“三项行动”，打造“三大平台”，健全“三项机制”，紧抓“三大建设”，强化服务职工能力，为建设技术领先、行业领军、世界一流的现代煤化工产业基地提供了坚强保障。

【第一届宁东基地工会会员代表大会】 2020年8月7日召开第一届宁东基地工会会员代表大会，宁东基地党工委委员、管委会副主任、工会筹备领导小组组长刘红宁向大会做了《奋进新征程 建功新时代 凝聚产业工人强大合力助推宁东基地高质量发展》的工作报告，大会选举产生了宁东基地工会第一届委员会、经费审查委员会；“两委”会第一次会议选举产生了宁东基地工会第一届委员会主席、专、兼副主席、常委、经费审查委员会主任、副主任。宁东基地党工委委员、管委会副主任刘红宁同志当选为宁东基地工会第一届委员会主席，为宁东基地工会工作开展奠定坚实的组织基础。宁东基地现有基层工会组织162个，服务会员约6800人，占宁东基地产业工人的8%。

【基层组织建设】 2020年度宁东基地工会指导新建基层工会14家，涵盖化工、新材料、机械、工贸工业、学校等领域企事业单位，新发展会员1496名，有效扩大工会组织覆盖面；指导基层工会签订四个专项合同，新建工会签订率90%以上；联合社会事务局、安全生产监督管理局开展联合调研工作，实地调研企业40家，其中非公企业29个，国有企业7个，机关事业单位4个，填写调查问卷1400余份，与企事业工会深入交流，指导纠正各类不规范问题；组织基层工会干部业务培训班1期，55个基层工会63名工会干部参加培训；举办基层工会统计年报培训班，组织完成64个基层工会统计年报上报工作；向党工委、自治区总工会报送工作信息11期；本年度在宁夏工会工作平台录入4000名会员信息，实现会员一次入会、动态转接，确保会员会籍管理制度的落实。

【走访慰问】 坚持以“职工为本”，做好“六稳”工作，落实“六保”任务，深入开展走访慰问活动，向一线职工送去慰问物品，让广大职工体会到党和政府及工会组织的关心，切实维护好、调动好、发挥好职工参与和谐社会建设的积极性、主动性，更好的发挥经济建设主力军作用。2020年8月中旬自治区总工会、宁东基地工会组织开展助力复工复产，采购西砂瓜55000斤，纯净水310箱，委领导带队，慰问重点工程、重点项目一线职工活动，对八家单位的3700余名奋战在生产、抗疫、服务行业一线职工深切慰问；9月底开展农民丰收节慰问活动，对110余名一线农民工、2户西吉异地移民困难户进行慰问，发放节日慰问金34600元、慰问品120份。

【劳模工作】 从宁东基地各行业、各领域推选先进典型代表6人，组成宣讲团，在机关、企事业单位等进行事迹宣讲30余场次，大力弘扬劳模精神、劳动精神、工匠精神。培育选树劳动模范、五一劳动奖章、巾帼建功标兵、道德模范等自治区级先进模范12人，推选自治区级“工人先锋号”“五一劳动奖状”“自治区巾帼建功集体”等先进集体13个，认定“宁东头雁”3人、“宁东工匠”20人、“宁东英才”3人、“宁东高层次人才”15人、“先进专业技术团队”9个等一批技术领军人物、团队，选树范围涵盖机关事业单位、国有、非公企业、农村、社区、医疗、卫生等行业领域，广泛营造了学习先进、争当先进的浓厚氛围，推荐2020年度全区劳动模范、先进工作者5名；积极推进劳模管理工作，组织劳模及时参加区总工会安排的体检、疗养等活动。

【职工文化建设】 建好活动阵地，建设宁东基地党群活动服务中心、社区服务中心等综合性服务阵地5个，高标准建设宁东体育场、篮球馆、足球场、乒羽中心、游泳馆、网球场等体育活动阵地，指导企业工会建设“职工之家”20余个，为职工开展文体活动提供坚强保障；开展文化活动，在重要纪念日，号召开展内容丰富、寓意深厚、积极向上的文化活动，在新中国成立70周年、建党99周年期间，基层组织广泛举行“共庆祖国华诞 同唱祖国赞歌”升国旗仪式、发展图文展、红歌比赛、演讲比赛等系列庆祝活动，宁东基地文明办、工会、团工委、妇联联合举办了“建设十五年，见证大发展”摄影展活动，征集到1700余幅作品；在传统节日，广泛组织开展“我们的节日”庆祝活动，春节、重阳节、端午节等传统节日各社区组织的包饺子、包粽子、送温暖、微心愿、鹊桥会等传统活动辖区职工群众参与热情高、活动效果好，有效增进凝聚力、增强幸福感，各单位、企业、学校、医院、社区等举办职工文化活动过百场次。开展体育活动，组织开展“宁东基地群众性篮球比赛暨足球邀请赛”，31支代表队400余名职工群众参加活动；举办了职工冬季长跑比赛，300余名职工踊跃报名参赛；各基层工会还积极开展趣味运动会、足球邀请赛、跳绳比赛、接力赛、拔河比赛等职工乐于参与的体育活动。

【劳动技能竞赛】 广泛开展岗位练兵、技术比武、合理化建议、节能降耗等多样化竞赛活动，在行业、企业深入开展“当好主人翁、建功新时代”主题示范性劳动竞赛，持续深入开展“安康杯”竞赛和“安全生产月”活动；以技能竞赛为载体，着力提升职工队伍业务能力，举办宁东建筑工人技能大赛、医护人员技能大赛、思政优质课评选等各行业技能竞赛，掀起宁东基地各行业比、学、赶、超劳动热潮；积极组队参加中国技能大赛、中国创新创业大赛、宁夏青年职业技能竞赛等比赛，实现团体和个人荣誉的“双丰收”。积极组织职工参加技能人才培训教育，超过12000人参加各类技能培训并获得资格取证；推动落实高级技师补贴等人才政策。

【职工权益保障】 监督劳动纠纷调解，积极宣传落实国家、自治区、总工会等帮扶救助、劳动保护政策，发挥劳动监察大队监察职能，工会组织协调，及时帮助职工维权解困，组织基层工会学习十九届五中全会精神、《民法典》《工会法》等法律法规，引导职工群众广泛学习法律知识，提高职工群众法治意识。受理宁夏总工会12351职工信访案件3起，均为拖欠职工工资案件，联合综合执法局及时协调办理，涉及金额417855元；宁东基地施行建档立卡困难职工动态管理，开展职工大病救助等帮扶工作；参与社会事务局、社保中心、劳动监察执法大队等多部门开展联合检查，重点检查企业集体劳动合同签订、专项合同签订、女职工保护制度建设等工作，促进和谐劳动关系规范化、制度化建设，东基地各企业四项专项合同签订率达90%以上；参与安全生产管理，基层工会积极参与企业安全生产管理工作，“安康杯”竞赛、“安全隐患随手拍”、安全生产合理化“金点子”等安全生产活动；坚持科学严谨、依法依规、实事求是、保护职工的原则，积极参与到事故调查、赔偿等各环节，确保监督事故赔偿及时到位，未发生一起因赔付款项不到位引发的矛盾纠纷，职工、家属权益得到有效保障。

【搭建宁东工人建功立业平台】 认真落实新时期宁夏产业工人队伍建设改革方案要求，按照政治上保证、制度上落实、素质上提高、权益上维护总体思路，突出人才引领发展战略地位，深化产业工人队伍建设改革，积极创新人才机制，优化人才环境，实现人才引领产业、产业集聚人才的良性循环，为推动黄河流域生态保护和高质量发展先行区建设提供了强有力的人才保障和智力支撑。一是突出党建引领，强化产业工人先锋作用。深挖“社会主义是干出来的”发声地优势资源，推广“党建带工建、工建服务党建”经验，开展践行伟大号召系列活动，制定加强非公企业和社会组织党建工作意见、非公企业党建工作指导手册、基层党组织工作规范等10余项长效机制，现非公企业和工会党的组织覆盖、工作覆盖分别达到78.77%和100%。二是突出体系共育，优化产业工人用才环境。以工人到专家为目标，建立岗位练兵、技术比武、技能竞赛机制，自主实施“宁东英才”“宁东高层次人才”“宁东工匠”“宁东头雁”等一批育人项目，打造“宁东人才高地”“技能大师工作室”“创新基础团队”等特色团队，连续3年举办职业技能竞赛，连续2年组队参加全国石化行业技能大赛，先后培育全国石油和化工行业优秀技能人才5人、自治区313人才工程1人、自治区国内引才312计划2人、自治区青年拔尖人才培养工程17人、自治区科技创新领军人才3人、自治区人才小高地4个，享受国务院、自治区政府特殊津贴7人，170名技能人才获奖，20人破格晋升。全国技术能手、中华技能大奖、宁东高技能人才、自治区技术能手、自治区塞上技能大师分别占宁夏总量的10%、33.33%、31.9%、16.4%、17.64%，宁东职业竞赛题库已成为煤化工行业企业提升产业工人技能等级的重要理论培训教材。三是突出平台搭建，架起产业工人育才支点。率先联合区内外职技院校合作共建全区首所现代产业学院——宁东产业学院，提供职业教育、技术培训、技能鉴定、就业指导、工业认知和思政教育等一体化服务；充分发挥“互联网+”优势和职业技能竞赛引领作用，开展技术工人“订单式”培养和资格认证，每年定向培养技术工人400人，约10000人参加各类技能培训取证；与21家院校建立政校企、产学研合作新机制，面向企业推行新型学徒培养模式，建成教师企业实践和学生实习实训基地，组织培训37期2671人次。引进第三方机构建立人力资源公共服务平台，与自治区、各市县（区）、陕西、甘肃等实现资源共享，服务企业招聘442家次，帮助企业招收技术工人11783人。

（陶志文）

县（区）工会

2020年各县(区)工会主席、副主席名单

兴庆区总工会

主　席　丁万福

副主席　杨学文

　　　　刘　军

　　　　买占鹏（回族，挂职）

金凤区总工会

主　席　李文陈

副主席　马泉林（回族）

　　　　张玉芳（女）

西夏区总工会

主　席　刘红伟（女，回族）

副主席　马海波

　　　　刘　芳（女，兼职）

　　　　刘　贤（兼职）

　　　　张　颖（女，兼职）

灵武市总工会

主　席　周玉斌（回族）

副主席　高　春

　　　　杨　双

　　　　蔡　芳

　　　　赵　瑞（挂职）

永宁县总工会

主　席　蒯金银

副主席　王金成

　　　　李晓峰

贺兰县总工会

主　　席　盛国为

副 主 席　徐　华

　　　　　马宏文（回族）

　　　　　王学文

　　　　　赵仕瑛（挂职）

　　　　　崔　娟（女，兼职）

银川经济技术开发区总工会

主　席　高宁强

大武口区总工会

主　席　周福祯

副主席　闻东尧

　　　　廖明清（兼职）

　　　　陈海涛（挂职）

　　　　张冬梅（女，挂职）

惠农区总工会

主　席　罗　彬

副主席　姜立清

　　　　吴茂明（回族）

平罗县总工会

主　席　许　锐

副主席　李生华

　　　　王艳霞（女）

利通区总工会

主　席　李娟清（女）

副主席　周国鸿

　　　　艾永峰

同心县总工会

主　席　陈宁雅（女，回族）

副主席　马俊生（回族）

　　　　贺志林（回族）

　　　　马淑红（女，回族）

　　　　严　勇（兼职）

　　　　李晓红（女，回族，挂职）

盐池县总工会

主　席　官秀敏（女）

副主席　齐　向

　　　　石天翔

　　　　黎　东

青铜峡市总工会

主　席　史　君

副主席　王银英（女）

　　　　沈　冰（女）

　　　　马尚忠

　　　　王爱萍（女）

红寺堡区总工会

主　席　买廷东（回族）

副主席　王兴文（回族）

　　　　马奋山（回族）

　　　　马晓霞（女，回族）

太阳山开发区总工会

主　席　杨根枝

副主席　苏玉生（回族）

　　　　姜　红（女，挂职）

　　　　代长礼（兼职）

原州区总工会

主　席　张俊孝

副主席　张　福

　　　　张宏羽

　　　　邓志海

　　　　侯洪明（兼职）

　　　　海　勇（回族，挂职）

西吉县总工会

主　席　吴建雄

副主席　马雪松（女，回族）

　　　　席俊杰

隆德县总工会

主　席　杨智军

副主席　郭　锐

　　　　杜向晖

　　　　穆　青（回族，挂职）

　　　　张建龙（兼职）

泾源县总工会

主　席　郧生勇（回族）

副主席　兰　莹（女，回族）

　　　　蒙晓东（回族）

彭阳县总工会

主　席　晁建勇

副主席　马文智（回族）

　　　　赵志武

　　　　张丹枫（女，挂职）

　　　　李文存（兼职）

沙坡头区总工会

主　席　田仲锋（回族）

副主席　马立芹（女，回族）

　　　　王国斌

　　　　景兆满

　　　　罗建忠

　　　　王　毅（挂职）

　　　　马兴龙（挂职）

中宁县总工会

主　席　王月琴（女）

副主席　雍建华

　　　　刘　文

　　　　光胥桦

　　　　张文华（挂职）

海原县总工会

主　席　杨常林（回族）

副主席　马彩红（女，回族）

　　　　李颖宇（女，回族）

　　　　马治兰（女，回族，挂职）

兴庆区总工会

【概述】 2020年是极不容易、极不平凡的一年，在决胜全面小康的关键时刻，在新冠肺炎疫情带来的严峻考验面前，兴庆区总工会紧紧围绕区委、区政府和市总工会确定的目标任务，勇于创新，奋力拼搏、真抓实干、团结奋进，在前行路上坚定信念，在建功立业上勇挑重担，在维权帮扶上积极作为，在服务职工上尽职尽责，在创新发展上亮点频闪，各项工作取得新的进展。

【党建工作】 坚持以党建为统领，积极创建模范机关，大力推动党建与业务工作相互促进，深度融合。持续开展党的宗旨、革命传统、烈士家书、形势政策等不同内容的培训教育活动，教育广大工会干部进一步增强“四个意识”、坚定“四个自信”、做到“两个维护”。组织开展重温党章、学习党史、做新时代追梦人、铸牢中华民族共同体意识等具有特色的主题党日活动，使理论学习走深走实，主题教育成效显著。

【宣传教育工作】 深化“中国梦·劳动美”主题宣传教育，通过文艺汇演、征文摄影、故事演说、职工运动会、劳模宣讲等活动，引领职工以积极向上，奋勇争先的精神风貌和坚定的理想信念为兴庆区发展建功立业，参与职工10000余人。在微信公众号、微博等平台推送各类信息，发布劳模微宣讲，开展答题活动，实现党的声音、党的理论在职工群众中全覆盖，引领职工坚定不移听党话、矢志不渝跟党走。2020年在市级及以上媒体刊登报道129篇，微信公众号、微博平台发布信息345期，阅读访问量逾66万人次。

【疫情抗击工作】 众志成城抗击疫情。深入开展疫情防控相关工作，全体干部职工深入一线，切实当好群众的“贴心人”，勇做战“疫”的“先锋军”。广泛普及科学抗疫知识，切实增强广大群众自我防护意识，强化舆论导向，弘扬抗疫正能量。慰问一线职工温暖人心。积极争取银川市总工会支持，下拨抗疫专项资金210万元，为坚守疫情防控一线的工作人员送去急需物资。组织开展慰问留银一线过年职工活动，广泛动员各基层工会，共为辖区779名留银一线职工送去价值15.23万元的慰问品以及班子成员共同书写的贺卡、慰问信，并聘请专业摄影团队为职工朋友录制新年祝福，让留银职工切实感受到来自银川第二故乡的温暖。复工复产措施有力。及时核查企业疫情防控工作方案，发放宣传手册，拓宽就业渠道，搭建用工平台，推送招聘信息，指导347家企业复工4387人。开展“守护健康 情暖职工”助力复工复产活动，配套资金10.56万元，为528名职工提供健康体检。联合月牙湖乡党委、政府组织移民建档立卡户赴外地务工就业，为辖区务工人员复工提供有力帮助。

【技能人才建设工作】 强化队伍素质，深化职工技能提升工程。采用“线上培训+互动学习”职工教育新模式，动员引导职工进行自主学习，确保广大职工在疫情防控期间技能“不落伍”，推进企业发展“不掉链”。开展行业礼仪培训、专业技能提升、安全知识讲座、心理健康讲座等各类小企业素质教育培训43期，确保职工队伍素质得到有效提升。开设育婴员、社工师初级培训班，推动下岗待岗职工、建档困难职工群体职业技能得到保障。全面落实“六稳”“六保”工作，在兴庆区重点项目中开展“六比一创”劳动竞赛、技能竞赛、岗位比武，参与职工2690人，组织参加银川市疫情防控知识竞赛，荣获一等奖。改善用工环境，拓宽求职渠道，线上招聘不打烊。开展“安全生产月”“安康杯”竞赛活动，参与职工1165人，发放宣传资料13000余份，为创建安全用工环境打下坚实基础。开展“春风行动”网上招聘活动，发布就业招聘信息7期，涉及企业73家，提供就业岗位1083个，为职工稳就业提供有效服务。崇尚劳动美，搭建平台发挥示范引领作用。认真做好选树自治区劳动模范和先进工作者相关工作。组织开展劳动模范和战“疫”模范下基层宣讲、劳模疗休养等活动，在全社会树立尊重劳模、关心劳模、学习劳模、争当劳模的良好氛围。新培育创建劳模（技能人才）创新工作室3家，扎实推进劳模“一所五站”管理运行工作，为发挥劳模作用，进行技术革新创造空间。

【维权帮扶工作】 夯实维权基础，依法有效促进社会和谐稳定。组织开展困难帮扶、医疗互助、“四季送”品牌活动，发放帮扶资金331万元，惠及职工11348人次。组织建立“全覆盖”式信访维权机制，有效化解职工诉求，全年接待职工来电来访192案次208人次，涉及金额53.35万元，办结率达98%。深化普法宣传，持续开展工会法律援助服务，创新开展“法院+工会”劳动争议诉调对接工作，在解放西街文艺社区设立调解室，指派专职人员，聘请专业律师，实现职工诉求和法院工作有效衔接。深化集体协商“四项机制”，广泛开展“四季要约”，选聘专职集体协商指导员，选树创建行业、区域集体协商示范点，全年签订四项集体协商合同659份，覆盖企业3726家，覆盖职工59629人，签订率达97.5%。

【组织建设工作】 夯实组织基础，实现服务优质普惠。聚焦“八大群体”，紧盯“五新”重点领域，积极开展“基层组织建设年”活动，扎实推进集中建会活动，截至目前，兴庆区共建立基层工会组织758个，涵盖职工72093人，职工入会率达99%。大力推进“会站家”一体化建设，创新提出“一馆N中心”发展理念，建立区域性职工服务中心、户外劳动者驿站、职工之家（小家）、“职工书屋”示范点共217个，着力解决职工临时休息难、素质提升慢等问题。结合兴庆区委、区政府关于市民驿站建设总体规划部署，在凤凰北街崇安社区、安秀社区等9个市民驿站投入资金46.5万元，将工会服务延伸至职工群众家门口。

【创新亮点工作】 注重创新发展，亮点频闪促进工作提质增效。“一馆N中心”建设成果丰硕，公益课程广获好评。目前已开展三期培训，授课856节，培训职工达19000余人次。“法院+工会”劳动争议诉调对接工作有序开展，全年共接诉前调解案件124件，符合安排调解30件，调解成功13件。职工服务驿站微信小程序、“一所五站”劳模匠心共享之家、“5+X移动经审服务”工作模式、新华商圈快递行业“五型”工会一条巷、敬德烧烤一条街工会联合会、新型“村民职工之家”等创新亮点项目的打造进一步拓宽了服务覆盖面，延伸了服务链条，使服务职工阵地遍地开花，服务职工事业繁荣发展。

【女职工经审财务工作】注重统筹兼顾，充分发挥女职工财务经审作用，稳步提高工作质量。一是广泛开展关爱女职工活动。积极开展女职工困难慰问、维权帮扶、普法宣传活动。特色沙龙、公益课程有声有色，青年职工联谊交友活动深受欢迎，录制短视频在全国工会婚恋服务平台进行展播。全面推进职工子女假期托管班工作，成功申报自治区级工会托管班1个、市级工会托管班2个。推荐被命名表彰自治区巾帼标兵岗1个，标兵1名。推荐评选市级“最美家庭”2户，兴庆区最美家庭、文明家庭5户。二是财务经审工作稳步推进。突出审计重点，加大监督力度，开展对本级和下属工会组织经费预算执行、离任经济责任、扶贫帮困和疫情防控专项资金审计，提出审计意见122条、建议55条，其中《对兴庆区解放西街街道工会联合会郭东丽同志任期经济责任的审计》荣获自治区优秀审计项目。坚持“审帮促改”原则，采取“三边”措施，强化监督回访，完善工作台账，审计整改和回访率达100%。

2020年，兴庆区总工会多次承接区、市总工会及各县（市）区兄弟单位调研观摩。15个基层工会被自治区、银川市总工会评选为模范职工之家（小家）、“会站家”一体化建设示范点、非公企业规范化建设示范点。在区、市总工会举办的各类活动中，荣获自治区优秀组织奖1个、银川市优秀组织奖4个，连续三年在银川市总工会年度业务工作考核中喜获一等次，位列各县（市）区之首。

（魏敏芝）

金凤区总工会

【概述】 2020年，金凤区总工会以习近平新时代中国特色社会主义思想为指导，紧紧围绕区委、区政府重点工作、重大部署，主动担当、积极作为、上下联动、群防群治，动员带领广大职工抗疫防疫、复工复产，为金凤区经济社会发展贡献工会力量。工会业务工作在2020年区总、市总工会考核中都荣获一等奖。

【工会组织建设】 按照“会站家”一体化思路，通过不断拓宽服务领域、延伸服务手臂，推进职工之家建设优化升级，除建成的户外劳动者之家、司机之家、商圈职工之家、楼宇职工之家、“一条街”职工之家、移动式职工之家、项目工地建设者之家以外，今年新建“温暖驿家”30家，吸引了兄弟市、县（区）工会前来观摩学习。截至目前，单独建会79家，加入工会联合会企业39家，共发展会员5187人；建成全国模范职工之家（小家）4家，自治区模范职工之家（小家）7家，银川市先进职工之家29家，金凤区合格职工之家55家，总计95家。

【建功立业竞赛活动】对496家企业（个体工商户）进行了职工队伍稳定风险排查化解摸底排查，并举办心理疏导培训班，帮助职工纾解焦虑情绪和心理压力。全年开展物业、快递、建筑业、美容美发、商圈餐饮、医疗卫生等多个行业劳动竞赛和劳动技能竞赛16场次，参与职工6600多人，承办银川市汽修产业职工职业技能大赛。扎实推进产业工人队伍建设改革，打造金凤区长城中路街道汽修行业职工文化活动中心，服务辖区汽修行业职工。扎实开展岗位练兵、技术比武、技术革新、技术攻关、“五小”发明创造等活动，参与职工5600人次，成功申报27项银川市“十佳五小”成果奖励，在小微企业培育培养优秀标杆班组6家，开展班组长培训班1期，充分发挥优秀人才“传帮带”作用。

【关爱劳模工作】 积极开展劳模评选活动，2020年推荐评选获得全国先进工作者1名、自治区劳动模范3名。充分发挥劳模示范引领作用，建设劳模创新工作室5家，开展劳模宣讲活动1场次，参与职工260人。组织自治区、银川市、金凤区三级劳模到丰登镇润丰村移民点参观学习，在中冶“领航大厦”项目开展的劳模宣讲报告会，以劳模精神激励干部职工立足岗位建功立业。加大劳模关心关爱力度，累计为47名劳模发放“三金”14.5万元。

【维权机制建设】 通过日常接访、“12351”热线电话开展工会信访接待工作，共接待来访来电91案次97人次，涉及金额27.04万元。在金凤区法院挂牌成立“法院+工会”劳动争议诉调对接中心，着力构建金凤区劳动争议多元化解机制，加大对辖区职工劳动争议案件的诉前调处力度，切实帮助解决职工群众的操心事、烦心事。开展“法律进企业”“法律进工地”“民法典走进职工中”等普法宣传活动30余场次，发放《工会法》《劳动合同法》《安全生产法》《职业病防治法》等宣传资料1500份。

【送温暖工程】 开展送温暖活动，慰问困难职工60户、小微企业职工230人，共计发放慰问资金8.202万元；组织60个单位2321人参加“守护健康　情暖职工”助力复工复产职工职业健康体检活动；有18名困难职工子女得到助学帮扶。2020年有122家3892名职工参加职工医疗互助。筹集资金近30万元开展“情系职工送清凉　助力复工促发展”主题慰问活动6场次，慰问中国一冶丝路经济园项目等22个项目工地的3800余名一线建设者；筹集资金50万元对创建文明城市的创城一线职工进行慰问。

【厂务公开民主管理】 开展“公开解难题、民主促发展”活动，加大非公企业建会指导力度，全区规模以上企事业单位职代会、厂务公开建制率达98%，天骏房地产公司和康元医院被评为银川市民主管理示范单位。建立集体协商互联网工作平台，充分发挥“互联网+”集体协商工作，利用金凤区电子快报、金凤区总工会微信公众号启动集体协商“春季要约”，发布《春季要约提示函》，召开集体协商“11333”工作法推进会，建立倒查机制，对集体合同的备案、协商程序、档案资料通过街道“交叉式”测评进行审查，推进金凤区集体协商工作的全面落实。

【宣教文体工作】 利用金凤区微信公众号开展“职工端午节中华优秀传统文化知识竞赛”、寻找最美劳动者摄影、“全面小康奋斗有我”故事演说、工会扶贫短视频故事、社会主义核心价值观主题微电影（微视频）、庆祝建党99周年暨“党在我心中　永远跟党走”K歌等线上竞赛活动6期；线下开展“甜言蜜语　粽想牵手”青年职工交友会暨“粽有味道”包粽子PK大赛、“礼赞祖国——职工赛诗”、“最美逆行人”摄影展、职工趣味运动会、职工素质拓展等活动10余次。举办“我身边的战疫故事”分享会，教育引领广大干部职工学习抗疫精神、厚植爱国情怀、凝聚奋进力量。开办职工乒乓球、瑜伽、金丝沙画公益课3期。组织干部职工积极参加志愿服务活动，开展交通文明志愿服务和爱国卫生运动志愿服务。

【女职工工作】 金凤区已建立工会女职工委员会449家，新增女职工会员8858人。在“女职工维权月”活动中，开展了以维护疫情期间女职工合法权益为重点的维权月活动。共发放宣传册400余份，举办法制培训班30期。在“三八”前夕开展对防控一线的女医务工作者、社区干部、公安干警、物业服务等人员的慰问活动，为她们送去了牛奶、方便面、杏仁露等价值37万元慰问物资，共慰问防疫一线女职工2300余人。对不同群体的女职工开展心理关怀、婚恋关怀等服务，开展心理辅导公益讲座1场，98人；组织线上心理辅导公益讲座25场。

【“1+N”职工之家建设】 为有效发挥工会组织紧密联系企业的优势，动员凝聚全社会力量加入关心关爱户外劳动者队伍中来，金凤区总工会推行“1+N”的建站模式，深入基层调查摸底，统筹布局服务站点数量和建设标准，由总工会牵头，依托银行、商户、老饭桌、俱乐部、环卫工人驿站等社会力量，提出工会主导、社会参与、共建共享的“1+N”户外劳动者服务站建站思路，结合辖区实际动员学校、银行、社区、爱心商家等地方，充分利用现有社会资源联合挂牌建家建站，形成了各具特色的建站思路。重点建设了金凤四小“工会+俱乐部”、金宇名庭“工会+老年饭桌”、未来城“工会+特色街区”、辖区“工会+临街爱心商家”等区域性职工之家、户外劳动者站点，有效解决户外劳动者休息、取暖纳凉、手机充电、临时避雨、吃饭热饭、喝水、如厕等需求。截至目前，共建立户外劳动者服务站点30个、“温暖驿家”27家。

【工会三支联络员队伍】 为推动基层工会工作管理规范化、服务常态化、功能多样化、工作品牌化，2019年在长城中路街道工会试点成功后，2020年把三支联络员队伍建设放在工会深化改革发展的大局中去，召开“基层工会联络员”工作推进会，下发《金凤区总工会全面推行“基层工会联络员”队伍工作的实施方案》，各基层结合辖区实际情况因地制宜建立联络员队伍，整合资源、多方发力，变“单兵出击”为“联合作战”，截至目前，金凤区在各街道、阅海湾中央商务区共成立工会联络员队伍17支，选优配强了工会联络员512名，积极配合所属街道工会开展普惠服务、企业建会、民主管理、宣传教育、职工培训、困难帮扶、文化体育等工作，将工会的服务触角延伸到了辖区所有建会企业，深入了每个职工中，使工会组织服务职工“最后一公里”的距离不断缩短，纽带和桥梁更加“畅通”。此项工作得到了《工人日报》、宁夏及银川主流媒体的关注和报道。

【“三室一站一课堂”户外劳动者职工之家】 通过“工会+俱乐部”及“工会+爱心企业”的方法，打造上海西路街道工会户外劳动者服务（法律援助）金凤四小站，该站点位于金凤区第四回民小学体育馆，场地面积400多平方米，总体布局“三室一站一课堂”，内设户外劳动者服务室、教育培训室、爱心理发室、法律援助工作站、乒乓球公益课堂5个区域功能室。主要解决户外劳动者冷不能取暖、热不可纳凉、渴不可喝水、累不可歇脚等现实问题及公益课堂无阵地、户外劳动者休闲娱乐无阵地、费用高的问题。目前，该站点不仅为户外劳动者提供服务，而且与悦海新天地楼宇工会职工之家互为补充辐射了周边金凤万达、建发大阅城、悦海新天地三大商圈，为辖区包括户外劳动者、商圈职工、小微企业职工在内的2000余名职工提供各类工会服务。先后在此开办“职工乒乓球公益课堂”两期培训职工48人；举办“职工暨户外劳动者乒乓球比赛”丰富职工文化体育生活；举办“爱在我心·情暖你心”环卫工人节暖冬行动慰问环卫职工200人；接待环卫工人、外卖送餐人员、农民工等户外劳动者400余人，提供休息、饮水、如厕、热饭、法律咨询等服务，受到了户外劳动者的一致好评。为了更好地做好站点服务工作，街道工会还发动辖区爱心企业为站点捐赠了冷热柜，给劳动者提供免费饮用水，并为户外劳动者发放了雨衣和毛巾。通过一系列扎实有效的工会服务和丰富的活动开展，不仅凝聚起了广大职工群众的政治认同、思想认同、情感认同，也充分发挥了阵地资源共建共享、辐射带动、职工交流、价值传播的功能，使其真正实现了建之有效、建之有用，让户外劳动者站点成为劳动者与工会组织互动的新空间。

（徐 佳）

西夏区总工会

【概述】 2020年是极不平凡的一年，面对突如其来的新冠肺炎疫情，在西夏区委和银川市总工会的坚强领导下，西夏区总工会围绕中心，服务大局，积极主动发挥党联系职工群众的桥梁纽带作用，团结动员广大职工群众坚定信心、努力拼搏、奋勇前行，很好地完成了各项工作目标，整体工作成效显著。朔方路街道工会被授予“全国模范职工之家”；宁夏志辉源石酒庄“职工书屋”被评为“全国职工书屋示范点”；《贺兰山下砥砺前行的扶贫人》短视频获全国工会系统扶贫故事短视频征集活动优秀奖；中关村联合工会被授予“自治区模范职工之家”；法院、舍弗勒工会被命名为“自治区模范职工之家示范点和培育点”；宁朔北路社区“工会爱心托管班”被评为“自治区工会爱心托管班”；西夏区职工技能创新集体协商、葡萄行业集体协商好的做法，均被《工人日报》、宁夏新闻网等主流媒体刊登报道。

【疫情防控展现工会作为】 面对新冠肺炎疫情，坚决贯彻落实习近平总书记关于疫情防控工作的重要讲话和批示精神，按照统一部署，广大干部职工放弃春节假期全部返岗，到兴盛村和华西村协助开展卡口防控、入户宣传、信息录入等志愿服务工作；下拨专项资金50万元，对辖区四家医院及各个卡口一线工作者进行慰问；印发《关于协助企业做好复工复产的通知》，筹集资金100万元，支持小微企业渡难关；开展招聘会、技能培训、公益性服务等“互联网+”工会活动50余场次；利用官方微信平台发布权威信息和科学防疫知识300余篇，引导职工正确抗击疫情。开设“抗击疫情 工会同行”“抗击疫情 劳动闪亮”“一封家书”等专栏弘扬典型稳人心。

【政治理论学习不断加强】 通过召开党组专题会议、支部“三会一课”，举办主题宣讲、开展“追寻总书记足迹 不忘初心跟党走 建设美丽新宁夏”主题党日活动等深入学习习近平总书记视察宁夏重要讲话精神；结合自治区级节约型机关创建活动，开展“晒晒我的光盘”活动，在微信公众号发布节约粮食、杜绝浪费相关图文，贯彻落实习近平总书记对制止餐饮浪费行为作出的重要指示精神；引导西夏区各级劳动模范、工会干部、职工群众深入学习习近平总书记在全国劳动模范和先进工作者表彰大会上的讲话精神，并引发热烈反响，征集感言19条。

【职工思想政治引领不断强化】 坚持以党建带工建为引领，以“中国梦·劳动美·西夏情”主题活动为载体，举办“诵读经典·品味书香”庆祝建党99周年职工经典诵读、“声音里的经典——全面小康　奋斗有我”故事演说大赛、“网聚职工正能量　争做西夏好网民”等主题活动100余场次。开展以“阅读强素质·奋斗建新功”为主题的“好书我推荐”“中国梦·劳动美·西夏情——书韵流香·阅读追梦”读书沙龙等职工读书节活动30场次。以“云宣讲”突出网上思想引领，开设“职工微课堂”栏目，拍摄推送一线劳动者微视频，宣传劳动精神，推动思想政治引领在职工中扎根，引导广大职工坚定不移听党话、跟党走，均被“学习强国”采用。

【职工精神文化生活不断丰富】 以“工惠有约”活动为载体，开设朗诵、瑜伽、书法、舞蹈等9个公益培训班，培训职工1000余人次。开展迎新春“送万福进万家”书法公益活动、“最美劳动瞬间”手机摄影、机关干部棋类比赛等职工文化活动。举办机关干部职工趣味运动会，被“学习强国”采用；开展关爱女职工“庆三八·送岗位”“晒晒我们的节日”“三八”网络维权宣传周、“非常时期　立足岗位　属你最美”巾帼风采展等女职工活动。积极参加自治区、银川市总工会的各类活动，获自治区总工会“致敬劳动者　定格劳动美”摄影比赛优秀组织奖，银川市总工会“黄河大合唱”“寻找最美劳动者”比赛优秀组织奖。

【民主法治建设不断深化】 开展以“战疫情　稳岗位　促发展　构和谐”为主题的2020年工资集体协商“春季要约”行动。召开宁夏首场职工技能创新集体协商现场会，签订西夏区职工技能创新专项集体合同。召开西夏区葡萄行业集体协商会议，维护职工合法权益。整合劳动人事仲裁、法院、工会工作的资源优势，成立宁夏首家“工会+仲裁+法院”劳动争议调裁诉对接工作室，合力预防化解劳动关系领域重大风险，共同促进了劳动关系和谐稳定。开展《民法典》宣讲走进企业、走进工地、走进商圈、走进职工中活动50场次。开展“互联网+”民主管理工作，共征集意见建议1000余条，四项合同的签订率达到99%。深化“16654”帮扶救助模式，冬送温暖、夏送清凉、金秋助学、大病救助共计慰问4031人次73.28万元。36名工会干部与56户建档困难职工进行“1+1”“1+N”结对帮扶，助力精准扶贫。

【职工建功立业工程不断提升】 发挥“钉钉”和“课堂派”等线上培训平台作用，开展网上保安员、保育员等工种技能培训3期264人，职工素质培训113期4693人；完善“五智”技能人才库，打造技能人才（劳模）创新工作室5家，开展群众性技术创新、革新、“五小”发明创造等活动，申报银川市“十佳五小”成果15项，推荐银川市“凤城工匠”助推奖2人。成立西夏区劳模工匠宣讲团，开展“让有信仰的人讲信仰”活动，让劳模精神、劳动精神、工匠精神深入人心。围绕区委、区政府重点项目，开展“当好主人翁　建功新时代”主题劳动竞赛活动，涉及建筑、快递、保安、非遗手工制作、车间包装等，参与职工3万余人次。

【工会自身建设不断加强】 认真落实“三强九严”工程，“三会一课”党内政治生活、组织生活进一步规范。深入推进党风廉政建设，持之以恒正风肃纪成为常态，政治纪律和政治规矩进一步强化。开展“温暖进万家”“高举党旗 坚决打赢疫情防控阻击战”“传承红色基因”等丰富多彩的主题党日活动；创建“党建带工建 建功新西夏”党建品牌，建设模范机关。发动党员干部按照“双报到”要求，主动参加创城志愿服务活动，累计服务时长2000多小时。以“会站家”一体化建设为引领，推进工会组建工作由数量型向质量型提升，成立宁夏首家葡萄产业工会联合会、宁夏华夏西部影视城有限公司等工会。在推进“八大群体”入会上寻找突破口，成立宁夏塞上银盾、郑山通运输等公司工会。新增工会组织38家，发展会员4121人。以“四亮双诺多公开”活动为载体，通过抓示范、树典型，建立完善规范化职工之家、户外劳动者站点14个。

（刘桂芸）

灵武市总工会

【概述】 2020年，灵武市总工会始终坚持以习近平新时代中国特色社会主义思想为指导，深入贯彻落实习近平总书记关于工人阶级和工会工作重要论述以及视察宁夏重要讲话精神和党的十九届五中全会精神，紧紧围绕市委和区、市总工会确定的目标任务，敢于担当、真抓实干，圆满完成各项工作任务。现有机关工作人员27人，领导班子成员3人，社会化工会工作者30人。全市共有已建会基层工会组织511家，职工33066人，会员32786人，其中农民工会员12728人。新组建基层工会38家，发展会员2905人，发展农民工会员1964人。

【劳模服务管理】 2020年，灵武市总工会实行“一室一库两队四化”劳模管理模式。慰问各级劳模、五一劳动奖章获得者78人，发放慰问金7.8万元，发放劳模三金20余万元。“五一”国际劳动节前拍摄劳模宣传片6部，在电视台、灵武微信平台等公共媒体大力宣传，营造浓厚的学习先进、争当劳模氛围。推荐上报自治区劳动模范和先进工作者4人，申报打造银川市级劳模创新工作室3家。

【民主管理】 2020年，灵武市总工会进一步建立健全职代会、厂务公开制度。辖区国有企业及控股企业、事业单位厂务公开全覆盖，职代会建制率达到97%。积极落实企事业单位召开职代会向上一级工会报告制度，建立实名制台账。开展集体协商“春季要约”行动，发出企业集体协商要约书207份，收到回复187家，覆盖面达90%。单独签订集体协商合同120家，覆盖企业128家，覆盖职工5155人，签订率达90.2%，职工覆盖率达93.6%，职工知晓率达85%。开展“民主管理进民企”和协调劳动关系大督查大调研活动，建立“一名工会干部+一个企业”的结对联系机制，实现50人以上建会民营企业普遍达到“一知、三建、四规范”，建会民营企业民主管理建制率达95%，规范率达85%。开展“公开解难题，民主促发展”主题活动，征集上报全国优秀职工代表提案10条。

【职工维权】 2020年，灵武市总工会构建“工会+人社+司法”的工作格局，设立“劳动争议调解室”和“职工（农民工）维权服务工作站”，筹建“工会+法院”劳动争议诉调工作室，及时化解劳动纠纷，为职工（农民工）提供高效、便捷、贴心的维权服务，全面构建和谐劳动关系。结合“法律八进”开展《民法典》进企业、进机关、进社区等普法宣传活动30场次，参与职工近万人，发放宣传册2万余册。在灵武工会微信公众号连载相关法律法规知识，掀起网上学习热潮，在全市营造“党组织重视普法工作、社会支持普法工作、人人参与普法工作”的良好社会氛围。开展“尊法守法·携手筑梦”服务农民工法律公益服务行动。成立“律师+工会干部”维权队伍，开展法律服务行动5次，发放宣传册600余册。职工服务中心共接待来访案件29案次34人次。其中来访案件27案次32人次，12351热线电话案件2案次2人次，没有来信案件，来访来电案件均为个人访案件，没有集体访案件，办结率达100%。

【帮扶救助】 2020年，灵武市总工会加大困难职工帮扶和解困脱困工作力度，实施党员干部职工与在档困难职工“1+1”“1+N”结对帮扶工作机制，解困脱困职工家庭286户，在档困难职工69户。慰问困难职工827人次，发放帮扶资金189万元。联合市就业局组织开展“春风行动”现场招聘会1场次，线上线下发布招聘信息52期，推送就业岗位2890个，发放各类宣传册1000余份，现场解答劳动法律法规问题100余人次。按照分级培训、按需施教、自主培训的原则，开展基层工会财务经审业务培训班、全市工会干部学习贯彻党的十九届五中全会精神暨工会业务知识培训班等各级工会组织开展培训27期，培训职工3357人。联合创维集团宁夏分公司在灵武市鸿锦国际家居体验中心举办“普惠服务·创维公益万里行”活动和创维公益万里行捐赠仪式。创维集团宁夏分公司为基层工会职工之家及户外劳动者服务站捐赠20台微波炉、40台电风扇，并提供价值1050万元家电优惠项目。

【职工文化】 2020年，灵武市总工会以各类文化服务为载体，展现“中国梦·劳动美”主题教育的内涵，引导广大职工自觉践行社会主义核心价值观，弘扬主旋律、唱响新时代的劳动者之歌。组织开展“奋进新时代·展现新风采”全市职工趣味运动会、全市职工健步行、冰雪趣味运动会、全市职工运动会、财税金融系统职工运动会等百场文化体育活动，全市各行业200余家单位万余名职工踊跃参加。组织参加银川市第四届职工篮球、羽毛球比赛暨第六届职工乒乓球比赛，荣获优秀组织奖、乒乓球个人第一名、乒乓球女子团体第五名的好成绩。开展“品书香·强素质·建新功”职工读书月活动，引导广大干部职工多读书、善读书。全市共有36家机关、企事业单位建有职工书屋，藏书量达52万余册。疫情防控期间，扎实开展职工心理健康服务工作，组织职工收看“空中心理驿站”10期，开展“一封家书”暨“阅读强素质·奋斗建新功”征文、女职工权益保护法律法规微信有奖竞答、“安康保险”等关爱活动，让女职工亲身感受到一份浓浓关爱之情。开展“六一”关爱慰问活动，慰问抗疫一线医护人员和困难职工子女20户，发放慰问物资1.8万元。开展免费两癌筛查工作，服务女职工241人。举办“‘七’待已久·‘夕’望是你”青年交友联谊活动。

【技能建设】 2020年，灵武市总工会开展全市“争当主人翁、建功新时代”动物防疫职业技能大赛、建筑工人技能大比武、再生资源循环经济示范园区职工技能大比武、窗口服务行业优质服务竞赛、创建全国文明城市知识竞赛、首届现代农业无人机植保技能大赛等各类市级竞赛9场次，基层竞赛26场次，参与职工4000余人。组织参加银川市级、自治区级、全国比赛获银川市技术能手称号1人，技术标兵1人，全国技能大赛三等奖1人，储备各类高技能人才58人。开展职工“五小”发明创造、技能人才创新工作室申报创建工作，申报创新成果20余项，打造创新工作室4家。

【工会组织建设】 2020年，灵武市总工会全面开展会员信息实名制登记，基层组织、工会会员实名制录入率达100%，完成法人资格证申请和变更56家。新建职工之家12家，表彰命名银川市级“会站家”一体化建设示范点1家，先进职工之家2家，先进职工小家2家，非公企业规范化建设示范单位2家，劳动者驿站示范点1家，打造“爱心妈咪小屋”3家，“四点半课堂”8家，切实把工会建设成为让党中央放心、让职工群众满意的“职工之家”，为职工群众提供更加便捷贴心的服务。

【经费审查】 2020年，灵武市总工会积极开展对基层工会经费使用情况的“导、审”工作。开展基层工会审计及指导工作，抽取51个基层工会，集中开展对下审计工作，审计面达33%。组织实施审计回访工作，回访率40%。开展本级工会经费审查审计工作。健全完善工会经审工作制度，开展经审工作规范化建设；聘请特邀审计员参与审查审计工作，对市总本级年度预算执行、专项资金、资产管理等情况进行审计；召开经审工作督查会议，督促本级及所属基层工会对本级预算、预算执行情况和审计结果公开。

【志愿服务】 2020年，灵武市总工会制定下发了《灵武市总工会2020年深入开展学雷锋志愿服务活动的实施方案》，加大志愿服务宣传力度，大力弘扬“奉献、友爱、互助、进步”的雷锋精神。开展“疫情防控”“绿化环境”“扶贫帮困”“创城”等志愿服务活动9期，登记服务时长5541小时。

【疫情防控】 坚决贯彻落实习近平总书记关于疫情防控的重要讲话和重要指示批示精神，按照市委、市政府及上级工会的部署要求，积极响应、主动作为，组织全市广大职工积极投身到疫情防控工作中。通过微信公众号、朋友圈、“一封信”、宣传海报等多种形式和措施，广泛宣传新冠肺炎疫情防治知识，做好包抓居民小区卡口防疫值守工作。开展关爱慰问，先后对市医院、中医院、疾控中心、交警大队、各乡镇、城区街道办事处育才街社区进行慰问，发放慰问物品8.5万元，帮助疫情防控一线人员解决实际困难。

（刘富梅）

永宁县总工会

【概述】 2020年，在县委、区政府的正确领导下，永宁县总工会紧紧围绕疫情防控和经济社会发展大局，主动作为、勇于担当，动员带领广大职工抗疫防疫、复工复产，为疫情防控取得重大战略成果、经济社会实现健康平稳发展作出了积极贡献。

【夯实党建工作责任制】 紧紧围绕全面从严治党的总

体要求，党组认真落实抓党建工作主体责任，班子成员履行党建“一岗双责”，形成抓党建的强大合力。深入落实《中国共产党党组工作条例》，县总工会党组召开会议专题研究2020年党建工作，印发《2020年党建工作计划》。深入开展“三强十一严”工程，以“评星定格”活动为载体，贯彻好《支部工作条例》《机关基层党组织工作条例》等，做好机关党支部和退休党支部换届工作，落实好谈心谈话、民主评议党员、党务公开等制度，建设好党建工作阵地，开展好党员承诺践诺、“双服务双报到”等活动。2020年，研究确定1名入党积极分子，开展志愿服务活动8次，支部党员到社区报到率达100%；收缴党费5424元，全部上缴县委组织部。

【紧抓意识形态工作】 县总工会党组始终把意识形态工作与党建工作、业务工作紧密结合，每季度对工会意识形态领域存在的突出问题、重大舆论、重要情况进行分析研判。积极推进学习制度规范化、制度化、常态化，进一步提高党员干部思想政治素质，加强马克思主义民族观、宗教观教育，签订党员不信教承诺书，多渠道教育引导广大职工进一步增强民族团结工作的责任感和使命感，牢固树立“三个离不开”思想，切实增强“五个认同”，铸牢中华民族共同体意识。加强线上、线下阵地建设，利用重要节日，开展“用汗水和生命谱写新时代劳动者之歌”宣传活动，推出15期“讲述永宁正能量——战疫路上最美职工模范”宣传，点赞评论数合计近16万，获得银川市委宣传部的认可，力荐在学习强国宁夏平台进行推送；举办全县职工球类比赛、开展“展职工风采 谱时代强音”美术书法摄影文艺作品比赛，并将评选出的优秀作品在全县各企业、系统进行巡回展览，同时举办颁奖晚会对获奖作品进行表彰。加强职工思想道德大型宣传栏、“会站家”一体化职工之家等阵地载体建设，组织引导职工践行社会主义核心价值观。

【全面落实党风廉政建设责任制】 班子成员和各部室主要负责同志切实履行党风廉政建设责任，层层签订目标责任书。党组书记认真履行党风廉政建设第一责任人职责，对班子成员落实“一岗双责”情况加强研究分工、检查考核，对班子成员履行职责情况定期过问，督促全面履职尽责。认真执行党风廉政建设责任落实报告制度，党组书记报告履行第一责任人情况，班子成员向党组报告个人履责情况，推动党风廉政建设责任制有效落实。围绕工会经费收、管、用和困难职工帮扶、劳模服务等专项资金的安排、使用，以及资产处置、物资采购、干部管理等重点岗位和关键环节，认真排查腐败风险点，及时识别新的廉政风险点，明确风险防控责任，健全风险防控措施。

【坚决抓好巡视巡察问题整改落实工作】 以巡视巡察反馈问题整改工作为契机，通过认真开展“不忘初心、牢记使命”主题教育整改落实“回头看”工作，完成对主题教育和区、市巡视巡察反馈问题整改落实情况的自查梳理，特别是针对市委第九轮巡察反馈的7个方面的9个问题，均按计划正常推进，现已全部完成整改。紧盯清明、“五一”等关键“节点”，扎实开展落实“中央八项规定”和纠治“四风”工作，以严格落实值班制度为抓手，加强对党员干部节日期间外出和疫情防控期间值班值守的监督和管理。

【全会动员、上下协同，全力以赴为疫情防控贡献力量】 新冠肺炎疫情发生后，县总工会第一时间响应县委、区政府及上级工会组织号召，成立单位疫情防控领导小组，全体干部职工立即投入疫情防控一线，深入共建社区及包扶村观桥村，开展联防联控，累计摸排走访住户449户，采集人员信息1200余人次。认真做好分包小区（商业旧楼）居民“三返”登记工作，及时将商业局旧楼小区大门进行修焊，安装门锁，严格小区出入人员登记，全天候24小时轮班值守；第一时间响应全总号召，率先行动，于大年初四就组织对全县医务人员、永宁县高速路口卡点工作人员等进行了慰问，并又先后筹措资金30余万元，多次慰问银川市临时急救医院（望远胸科医院）、华庭宾馆隔离点、永宁黄河大桥卡点、杨和康城疫情监测点等抗疫一线医务、公安、社区等工作人员，下拨25万元疫情防控专项资金至各乡镇（街道）、工业园区、卫生系统工会联合会及城管执法局工会委员会等，助力各基层工会开展一线慰问、购买防控物资；第一时间大力宣传疫情防控的政策措施和科学知识，通过微信群、QQ群、电子屏等形式，向返岗职工发出抗击新型冠状肺炎疫情的倡议，向小区居民和职工群众宣传防疫相关知识，引导职工群众科学宣传防疫知识，加强自我防护意识，坚决做到不造谣、不信谣。

【聚焦“六稳”“六保”、发挥工会优势，在推进永宁经济高质量发展中主动作为】 一是助力复工复产。疫情期间，主动对全县各企业疫情防控和复工复产工作情况进行调查摸底，研究制发《关于做好企业复工复产有关工作的通知》等指导性文件、印发3000册《新冠肺炎疫情下助力企业复工复产》宣传手册。认真做好工会劳动保护工作，动员组织全县各企业工会开展以“消除事故隐患 筑牢安全防线”为主题的“安康杯”竞赛，主动配合相关部门对复工复产企业存在的安全隐患进行检查，助力职工安心复工、企业稳定生产。二是开展网上“春风行动”。针对部分企业缺工严重、稳岗压力大和重点群体就业难等突出矛盾，县总工会通过“和美永宁”App、微信群、QQ群等开展线上“春风行动”“就业援助月”招聘和求职活动，目前，共开展12期招聘活动，集中推送用工企业179家，涉及维修工、操作工、化验员、保安、保洁等782个工种3387个就业岗位，436人实现就业。线下举办电焊工、育婴员等职工技能培训班4期，210人取得技能证书。三是有序组织群众性经济技术创新活动。聚焦我县产业行业发展，广泛开展各类劳动、技能竞赛近百场次。重点在中粮长城举办全县职工建言葡萄酒产业发展论坛暨葡萄酒行业技能竞赛，全县7家葡萄酒企业的70余名职工与我区4名葡萄酒行业专家对我县葡萄酒产业发展建言献策。创新探索“入会+竞赛+协商”形式，在四季鲜果品蔬菜批发市场开展了永宁县物流果蔬批发行业农民工集中入会暨劳动竞赛集体协商活动，现场吸引600余名农民工入会。深入开展“战疫情·促发展·当好助力军·建功新时代”主题劳动竞赛，全面启动宁夏国光新能源100MVP光伏电站“固定支架组建、光伏组件安装”及宁夏伊品生物科技股份有限公司“六比一创”技能竞赛，带动全县363家基层工会的近2万名职工投身发展、岗位建功立业。四是实施“健康工会行”活动。为帮助职工纾解因疫情影响带来的焦虑情绪和心理压力，县总工会主动联系宁夏附属医院心理学专家为全县职工开展心理健康知识讲座，目前累计开展15场次，覆盖职工近万人次。同时，在县审批服务大厅等基层工会设立智能健康监测点，动态监测办事群众及职工的健康状况。五是积极培育选树高技能人才。继续实施“永宁工匠”三年培育计划，持续做好“凤城工匠”助推奖励，大力开展劳模（技能人才）创新工作室创建、合理化建议、“五小”成果选树等活动。今年，新培育打造5家劳模（技能人才）工作室，带动上报银川市职工“十佳五小”成果30余项、征集上报3项全国优秀职工代表提案，全县各企业职工提出合理化建议168件，实施117件。

【强化引领，凝心聚力，在推进职工思想政治建设上下足功夫】 一是广泛开展工会品牌“四进”活动，把学习贯彻党的十九届五中全会精神、习近平新时代中国特色社会主义思想以及习近平总书记关于工人阶级和工会工作的重要论述作为首要政治任务，组织开展党的十九届五中全会集中宣讲2场次、习近平总书记视察宁夏重要讲话精神宣讲6场次、抗疫模范人物事迹宣讲4场次、《民法典》专题宣讲20场次，累计覆盖职工近3万人次，切实引导广大职工把思想和行动统一到中央精神和决策部署上来，把精神和力量凝聚到推动经济社会发展上来。二是深化“中国梦·劳动美”主题宣传教育，加强以社会主义核心价值观为重点的“四德”教育，在宁夏路丰置业有限公司、西夏王葡萄酒业有限公司等15家企业醒目位置设立职工思想道德建设宣传栏，打造中粮长城葡萄酒（宁夏）有限公司、华润雪花啤酒（宁夏）有限公司等具有企业文化特色的职工之家示范点，建成全国职工书屋1家、自治区级职工书屋9家、银川市级职工书屋5家、县级职工书屋36家，辐射职工近3万人，进一步引领广大职工践行社会主义核心价值观、弘扬中华传统文化。三是大力弘扬劳模精神、宣传先进典型，在“和美永宁”App、市总工会微信公众号等推送15期“讲述永宁正能量——战疫路上最美职工模范”专栏，用“最美的声音”颂扬最美“疫”线职工，点赞评论数合计近16万人次，获得了银川市委宣传部的认可，力荐在学习强国宁夏平台进行推送，深受广大职工的欢迎；举办全县职工球类比赛、开展“展职工风采 谱时代强音”美术书法摄影文艺作品比赛，面向基层职工征集疫情防控期间涌现的先进人物、感人事件、动人瞬间，并将评选出的优秀作品在全县各企业、系统进行巡回展览，同时举办颁奖晚会对获奖作品进行了表彰，鼓励引导广大职工学赶先进、攻坚克难。

【突出主责，依法维权，在构建和谐劳动关系上寻求实效】 一是加强特殊时期集体协商工作，县总工会在了解企业复工复产状况、务工人员返岗情况的基础上，制发《关于开展2020年“春季要约”行动暨做好新冠肺炎疫情影响下的企业集体协商工作的通知》等一系列指导性、规范性文件，全县8个区域7个行业召开16场集体协商会议，重点就区域行业职工最低工资标准、意外伤害保险的缴纳、职工医疗互助缴纳等进行了沟通协商，有效推动企业和职工同舟共济，共渡难关。2020年，签订工资专项集体合同357份、完成应签合同的99%。组织人大代表、政协委员及工会代表对2020年度集体协商工作进行督查调研，提高集体协商实效。二是做好职工法律援助和工会劳动法律监督工作，发挥区总“12351”职工网络维权平台作用，聘请法律顾问，借助微信群、QQ 群等 24 小时回应职工诉求。在各企业建立专业劳动争议调解员队伍，与县法院对接建立“法院 + 工会”劳动争议调解服务站，共同预防化解劳动关系矛盾，最大限度将纠纷化解在基层。三是有效维护女职工合法权益和特殊利益，组织全县 100 名女职工到宁夏工人疗养院免费开展“两癌”筛查、动员组织 43 家单位的 1092 名职工参加“团体安康保”等举措，让广大女职工实实在在受益。

【精准服务，普惠职工，在为职工办实事、解难题上持续发力】 一是主动融入脱贫攻坚大局，认真做好闽宁镇建档立卡户、望远镇富原小区劳务移民结对帮扶各项工作，确保帮扶对象“两不愁三保障”，巩固好脱贫成果，并做好后续工作。二是突出抓好服务职工和城市困难职工解困脱困工作，全体干部职工“一包一”“一对一”下沉基层一线，了解摸底建档困难职工及企业职工生产生活状况，走访慰问宁夏紫荆花纸业有限公司、宁夏启元药业有限公司等企业待岗、失业职工及快递行业职工共计 912 人，发放慰问品价值 21 万余元。三是扎实开展向农民工“四季送”及“夏送清凉”活动，先后 4 次慰问全县医护人员及重点项目工程建设农民工。同时，为助力城乡环境整治、文明城市创建等工作，对奋战在一线的交警、环卫工人及全县各乡镇街道村社区干部职工等进行了慰问，累计筹措资金 45 万元，慰问职工（农民工）、交警、乡镇街道村干部 3600 人次。四是大力实施好职工医疗互助活动，明确报销起付标准为 1000 元，完善相关互助政策，9 期职工医疗互助活动累计报销互助金 258.94 万元，惠及职工 1695 人次，此项工作在全区作为试点进行推广，并曾获得银川市创新项目之一。

【夯实基础，作风扎实，在深化工会改革上对标找差距】 按照习近平总书记关于深化群团改革的指示要求，切实增“三性”、去“四化”。一是坚持把抓基层、打基础作为重点，深入推进“小三级”工会建设，着力落实好“八大群体”及“农民工集中入会”行动，最大限度地把职工吸收到工会组织中来，全县现有基层工会组织 601 个，涵盖单位 934 家，会员 54935 人，其中，2020 年新组建工会 66 家，发展会员 4686 人，农民工会员 1865 人，分别完成市工会下达任务的 220%、156% 和 233%。二是坚持重心下移、力量下倾、资源下沉，在望远工业园区设立工作委员会，就近就地服务园区企业和职工；着力加强“会站家”一体化建设，多方筹措资金，建设县体育中心、闽宁镇、望远金盛物流园、德瑞斯创业园等 10 家集职业素质提升、维权帮扶、普惠服务、文化活动于一体的“一站式”职工服务中心。在原来 10 家户外劳动者服务驿站的基础上，今年又新建了 5 家工会户外劳动者服务（法律援助）站，切实服务好货车司机、网约送餐员等“八大群体”职工及环卫工人、出租车司机、农民工等其他户外劳动者。三是积极探索困难职工脱贫解困的有效途径，对原商业广场困难职工帮扶中心进行了改造升级，委托宁夏伟帝珍品有限公司聘请非遗项目的专业教师，就贺兰石雕刻、手工编制、工艺制作等项目为县域内的下岗失业人员、困难职工（农民工）及其家属进行培训。培训合格的学员与宁夏伟帝珍品有限公司签订劳务协议，由公司按照学员作品等级发放相应的保底工资和提成，其中提成不低于市场价格的15%。未签订劳务协议的学员，其雕刻合格的成品由公司先向学员支付不低于当时市场价格15%的提成后再进行售卖。自商业广场职工帮扶工作室运行以来，已有近百名困难职工家属、下岗人员报名参加，10名学员获得了宁夏伟帝珍品有限公司发给自己雕刻作品相应的提成。今年，在总结商业广场职工帮扶工作室工作经验和良好做法的基础上，县总工会在闽宁镇建设职工帮扶室，就近就地帮助闽宁镇辖区困难职工家庭及其剩余劳动力“就业稳定、脱贫增收”，目前，该项目正在立项招标阶段。四是推动工会组织规范化建设，按照“六有”标准，不断推动基层工会职工之家提档升级，目前，创建全国模范职工之家4个、职工小家1个，自治区模范职工之家6个、职工小家5个，银川市先进职工之家29个、职工小家6个及“会站家”一体化建设职工之家示范点1个、市级户外劳动者之家1个。

（徐丹琪）

贺兰县总工会

【概述】 2020年，贺兰县总工会在区、市总工会及贺兰县委的正确领导下，坚持以党的十九大和十九届四中、五中全会精神以及习近平新时代中国特色社会主义思想和习近平总书记视察宁夏重要讲话精神为指导，紧紧围绕上级工会和县委中心工作，坚决落实常态化疫情防控措施不放松，全力助推企业复工复产见实效，在加强组织建设、维护职工权益、创新民主管理等方面取得新进展、彰显新作为。

【突出政治引领，党的建设得到新加强】 一是加强政治理论学习，牢牢把握正确政治方向。始终坚持正确的政治方向，自觉接受党的领导，把学习贯彻党的十九大、十九届五中全会精神以及习近平总书记关于工人阶级和工会工作的重要论述、习近平总书记视察宁夏重要讲话精神作为首要政治任务，在学懂弄通做实上下大功夫，不断促使广大干部职工牢固树立“四个意识”，坚定“四个自信”，做到“两个维护”，坚决在思想上政治上行动上同以习近平同志为核心的党中央保持高度一致。凝聚广大职工群众思想共识，通过召开专题报告会、举办辅导讲座、知识竞赛等活动，下基层、入企业，向广大职工群众宣讲，着力在广大职工中培育和践行社会主义核心价值观，切实把党的意志和主张落实到全县职工中。

二是完成换届工作，领导班子展现新风貌。按照县委安排及银川市总工会要求，2020年12月15日贺兰县工会第十次代表大会胜利召开，来自全县各条战线的173名代表，围绕“践行初心使命，勇担时代重任”主题，带着全县广大职工的心声和重托，齐聚一堂，话过去，展未来，共商贺兰工会事业发展大计。客观总结了县工会第九届委员会六年工作，安排部署了今后五年全县工会工作，选举产生了县总工会新一届委员会委员、常委、主席、副主席及经费审查委员会委员、主任。

【有效防控疫情，复工复产展现新作为】 一是新冠肺炎疫情期间，全县各级工会干部职工积极行动，深入企业，坚守社区，踊跃投身到疫情防控一线开展志愿服务工作，坚持高标准、严要求，班子成员亲力亲为、率先垂范，做好共建社区的“四包一”“七管七有”防控工作。二是在疫情防控阶段的第一时间，紧急下拨60万元资金，专项用于慰问战斗在疫情防控第一线的医务工作者和防控一线干部职工，并携手多家企业工会、劳模爱心捐赠物资2300余万元。三是向疫情期间深入防控一线开展疫情防控及卡点执勤的十家企业及县直机关单位，拨付购买疫情防控物品补助和助力企业复工复产资金共计7万元。四是按照区总工会“守护健康 情暖职工”助力复工复产活动通知要求，积极动员企事业单位2358名职工参加体检活动。

【聚力职工素质建设，培育建设劳动队伍】 弘扬时代精神，经济技术工作有力推进。大力弘扬劳动精神、劳模精神、工匠精神等时代主旋律。开展电工、电焊工等技能培训共4期，267名困难职工（农民工）获得技能证书；举办经审工作培训班一期；开展安全生产月系列活动，切实加强我县职工安全生产意识；围绕“当好主力军·建功新时代”助力企业复工复产，聚焦职工密集等重点行业开展县级“六比一创”劳动技能竞赛8场，带动600余名职工参与；全县各级工会组织累计开展劳动技能竞赛56场，参与职工1.2万余名；“五一”劳动节评选疫情防控与复工复产“十佳”企业，支持10万元；评选“五小成果”57项，以奖代补14.4万元；评选“最美劳动者”20名；获得“凤城工匠”助推奖励2人；打造技能人才（劳模）创新工作室4家，其中凯添天然气有限公司、贺兰县第四中学荣获市级技能人才（劳模）创新工作室称号；创建“六有”标准的户外劳动者服务站点13家。

【聚焦主责主业，促进劳资和谐共赢】 助推职工维权，劳动关系不断改善。促进工资集体协商工作向纵深发展。建会企业452家，共签订集体合同434份，签订率96%，覆盖职工人数41052人；签订工资专项集体合同429份，签订率95%，覆盖职工人数40624人。优化“16331”工会维权模式。建立“工会+”劳动争议多元化解（诉调对接）工作机制，共排查受理劳动纠纷案件138件316人次，挽回经济损失46万元，更好地维护了劳动关系领域和谐稳定，将问题消除在萌芽状态。7月份牵头联合法院、人社局共同成立了贺兰县劳动争议、人事争议、劳务合同诉调对接中心。截至目前，共受理案件439起，调解成功313起，为职工（农民工）挽回避免经济损失1734.011万元。

【助力帮扶解困，发挥工会帮扶优势】 落实精准帮扶措施，帮扶解困成效突出。对19户建档立卡帮扶户进行产业扶贫，产业帮扶分红共计85500元，户均4500元。我会34户建档立卡帮扶户全部实现脱贫出列；扎实开展“四季送”等帮扶救助品牌活动。开展“冬送温暖”活动，对11家春节不停产企业开展节前慰问，慰问职工618户，发放慰问物资239400元；联合人社局、就业局共同开展“春风行动”等活动9场次，参与招工企业241家，提供就业岗位7887个；积极筹措13.3万元开展“夏送清凉”活动，共发放“解暑礼包”2000余份、西瓜万余斤；对困难职工子女“金秋助学”4户、纳入“工会班”7户；“中国农民丰收节”慰问一线劳模及农民工300名，发放慰问物资45000元。“两节”期间走访慰问困难职工（农民工）51户，发放慰问物资17300元；疫情期间帮助29户困难职工申请困难救助；积极开展职工医疗互助保障工作，2020年核报职工55人，核报金额64488.35元。

【全力推进工会组建，促进组织蓬勃发展】 突出重点抓建会。今年新建工会

48家，发展会员4945人，累计发展会员62477人，分别完成市总工会下达任务的137%和142%。深入开展职工之家建设活动。打造县级“职工之家”10家，其中3家被评为市级“会站家”一体化职工之家示范点；市总工会命名先进职工之家2家、职工小家1家、劳动者驿站示范点2家，争取资金支持7万元。扎实开展企业厂务公开、职代会工作。建立职工代表大会制度的非公有制企业452家，占97%以上。实行厂务公开企业443家，占95%以上，职工满意率达96%，百瑞源有限公司荣获全区唯一一家全国厂务公开民主管理示范单位；宁夏泰益欣生物科技有限公司被评为银川市级厂务公开民主管理示范单位。

（程大勇）

银川经济技术开发区工会

【概述】 2020年，经开区工会贯彻以“人民为中心”的发展理念，持续服务企业，服务基层，服务职工，为经开区迈向“千亿级升级版经开区”，凝聚职工力量，服务发展大局，彰显工会作为。

【坚持正确政治方向　不断夯实广大职工共同奋斗的思想基础】（一）加强思想引领。组织开展多种形式的思想教育活动，推进习近平新时代中国特色社会主义思想进基层、进企业。举办“习近平总书记视察宁夏重要讲话精神”基层工会干部进企业微宣讲活动；组织各基层工会广泛开展“中国梦·劳动美”主题宣讲比赛，选拔优秀选手参加全市比赛，荣获三等奖；组织动员广大职工参与收看并热议十三届全国人大三次会议活动，畅谈对国家和经开区未来发展的期盼和建议，5000余名职工参与其中。

（二）弘扬劳模精神。认真做好劳模等先模人物的评选推荐宣传工作，经过层层推选，宁夏机械研究院有限公司职工周建宇被授予全国劳动模范；张黎博等5人入选自治区劳动模范候选人名单。在银川经开区育成中心举办“弘扬劳模精神·争做时代先锋”银川市劳模和战“疫”模范下基层宣讲活动，推动劳模精神、工匠精神进园区、进企业、进班组。通过推选表彰，广泛宣传、深挖典型，进一步营造了劳动光荣的社会风尚和精益求精的敬业精神，营造尊重劳动、崇尚技能、鼓励创造的浓厚氛围。

（三）做好新闻宣传。牢牢把握正确舆论导向，加强信息发布，快捷、图文并茂地展示重点亮点工作，提升工会媒体宣传的影响力、感召力和凝聚力。截至目前，共撰写报送各类信息128篇，被经开区网站、区、市总工会网站、微信公众号、中国开发区工会杂志等新闻信息平台采用229篇。

【紧扣发展大局　着力打造与经开区发展相适应的新型职工队伍】（一）提升主题劳动竞赛水平。紧紧围绕经开区打造“千亿级升级版经开区”这一目标，组织开展“劳动最光荣　创造最光荣”主题劳动竞赛、技能竞赛、岗位练兵、技术比武等各类活动20场次，参与职工11718人，从中选拔技术能手、技术标兵等优秀技能人才2266人，在企业内部实现晋级晋升职工134人。组织辖区企业申报银川市“十佳五小”职工创新技术成果68项。承办银川市总工会推进重点项目建设百场劳动竞赛启动仪式。承办银川市首届物联网创新创意大赛，经开区企业：宁夏力成电气集团有限公司的KYN28－12智能高压交流金属封闭开关设备项目荣获本次大赛一等奖。广泛动员辖区各企业积极参加中国开发区协会、全国新区开发区工会工作论坛理事会联合举办的“首届国家级新区经开区高新区班组长管理技能大赛”，共有42家企业的1582名班组长参赛，参赛人数位列全国第二，在决赛中取得优异成绩，2名选手荣获一等奖，1名选手荣获二等奖，1名选手荣获三等奖，2名选手荣获优秀奖，经开区工会荣获优秀组织奖和团体一等奖，竞赛结束后组织获奖选手进企业开展宣传活动，传授先进班组管理经验，充分调动广大职工自主创新的积极性。

（二）推进技能人才创新工作室培育创建。培育3个经开区技能人才创新工作室，推荐申报银川市级技能人才创新工作室3个、自治区级技能人才示范性创新工作室1个。近年来，经开区创建的创新工作室，不仅在辖区发挥了示范引领作用，还成为区、市工会的示范先进，创建经验多次得到交流推广。今年，我们承办全市技能人才（劳模）创新工作室现场观摩活动，全市各县、市区的50余名企业负责人、工会主席、工会工作者到经开区学习技能人才创新工作室先进经验，交流提升全市创建水平。

（三）深化企业职工培训项目化管理。基层企业申报职工教育培训项目10个，参与职工8200人次。其中，获得技能证书370人。在“项目化”培训模式的带动下，各基层企业共举办职工技能培训、业务讲座等各类职工素质提升培训活动769期，培训职工14200人次。通过实施项目化培训，有效提高了企业培训的主动性和员工参与的积极性，让培训项目更务实化、立体化。

【聚焦维权服务　积极构建和谐稳定的劳动关系大格局】（一）统筹推进疫情防控。防控新型冠状病毒肺炎疫情战役打响以来，经开区工会主动作为，积极发挥工会作用，第一时间召开疫情防控专题会议，将全体工作人员分4组下沉企业第一线，先后170余次对片区42家企业进行排查，发现问题及时提出整改意见，向企业宣传区市和管委会支持企业防控和复工复产的政策措施，协调对接有关部门帮助企业及时解决各种难题，助力企业复工复产。深入企业职工宿舍，对358名职工心理问题进行疏导，对52名银川以外返工隔离人员思想情况进行摸底，解除职工思想顾虑，为企业复工复产提供保障。

（二）维护职工合法权益。开展“春季要约”行动，要约企业294个，要约覆盖面达93%，覆盖职工23925人。指导312家企业开展集体协商工作，签订四项合同，签订率达93%。开展电子软件行业集体协商活动，签订电子软件行业工资专项合同。厂务公开职代会建制企业312家，今年有2家企业荣获全市厂务公开民主管理示范单位。调解处理企业劳动争议案件5起。为31家企业的2049名职工申报银川市职工医疗互助，参保金额102450元。开展《民法典》宣传进企业活动，先后邀请专职律师在隆基硅、蒙牛、电通等10家单位进行宣讲，服务职工4400人。

（三）促进企业安全文化建设。广泛组织开展以“十个一”活动为主要内容的安全文化活动，引领职工积极参加安全生产民主管理、民主监督实践活动，营造安全发展氛围。今年共有275家企事业、1461个班组报名参加活动，参与职工21514人。在隆基15GW单晶硅棒及切片项目工地举办安全生产宣传咨询日活动。分别在天通银厦、天地支护、康亚药业举办安全知识竞赛活动，参与职工330

人，竞赛通过现场抢答、闭卷考试等环节，进一步强化了企业及员工的安全生产自我防范意识。

（四）常态化开展送温暖活动。开展“暖冬行动”、“两节”送温暖和“送清凉”活动，累计走访慰问重点项目、重点工地、重点企业共63个，困难职工21674人次，发放慰问金87.3万元。新冠肺炎疫情发生以来，经开区工会立足自身职责，在疫情防控工作中积极发挥工会作用。设立了“防控专项资金”，党工委统一部署分成6个慰问小组，开展慰问防控单位一线人员活动，共向893名一线防疫人员，送去了价值12万余元的慰问物资。开展女职工“两癌”筛查活动，48名符合条件的女职工享受了免费筛查。全年共审核申报自治区级建档困难职工8人，银川市工会帮扶困难职工6人，金秋助学帮扶困难职工4人。

（五）丰富职工文化活动。组织职工参加全国“抗疫情·促发展”职工风采展示线上系列活动，辖区内765人次参与，45个作品入围国赛。组织6家基层企业参加银川市总工会“一企（行业）一品”职工文化艺术品牌培育活动。组队参加银川市职工第四届篮球、羽毛球，第六届乒乓球比赛，荣获道德风尚奖。选拔2名企业职工参加全市职工主题宣讲演讲比赛，获得三等奖。配合区、市总工会分别在15GW单晶硅棒项目工地、3GW高效单晶电池工程项目工地、智能终端产业园二期工程工地开展“文化盛宴”送职工、“关爱一线职工·凝聚发展合力”慰问活动。联合市总工会在西夏万达举办“变单为双、甜蜜试恋”青年交友活动，100余名职工参加。组织开展职工“迎新春”系列活动，参与职工500余人次。组织开展“庆三八”线上系列活动，征集作品400余件。组织开展职工电子竞技《欢乐斗地主》比赛，辖区40余家单位的617名职工参加。组织开展经开区职工助力“六稳、六保”喜迎国庆佳节线上运动竞赛，参与企业22家，职工1911名。在中小企业创业园举办园区青年职工趣味运动会，参与职工60人。

【深化自身建设　不断提升基层工会建设的规范性和有效性】（一）抓好基层组织建设。以服务促建会，不断加强对基层工会的指导和服务，将建会重点向50人以上企业拓展，进一步推进新入区、新注册企业建立工会组织。摸清底数，夯实基层，认真做好企业年报统计和工会信息平台工会组织和工会会员实名制录入管理工作。全年新建工会组织30个，发展会员3011人。

（二）加强工会组织阵地建设。按照银川市总工会《关于全面推进“会站家”一体化（区域性职工之家）建设的通知》，进一步深化和推进经开区星级职工之家、职工书屋建设活动。新建经开区星级职工之家、职工书屋各3个。现已建成经开区星级职工之家26个，星级职工书屋24个；其中，荣获全国模范职工之家1个，自治区模范职工之家、模范职工小家4个；银川市“会站家”一体化建设示范点1个，先进职工之家、先进职工小家9个；全国职工书屋示范点1个，自治区职工书屋示范单位5个。依托育成中心党群活动服务中心建设，同步打造育成中心党群活动服务中心区域性职工之家，将职工书屋、职工心灵驿站、健身中心等功能区融为一体，在中小企业创业园打造区域性职工之家，为园区职工提供职业素质提升、维权帮扶、普惠服务、文化活动四位一体的“一站式”服务。

（三）规范工会财务经审工作。服务企业，下沉使用工会经费，不断优化工会经费支出结构，加大对星级“职工之家”建设、经济技术创新、维权帮扶三个方面专项补助经费的投入力度。同时加大对基层工会专项补助经费的监督审计工作，切实加强对开发区工会各类对下专项补助经费的审计监督，提高资金使用效益。

（刘晓燕）

大武口区总工会

【概述】 2020年，大武口区工会在区委、区政府和石嘴山市总工会的领导下，围绕“组织起来，切实维权”这一主线，持续推行工会工作项目化管理，立足实际，扎实工作，各项工作稳步推进，工会作用充分彰显。深入学习贯彻习近平新时代中国特色社会主义思想，党的十九大、十九届五中全会精神和习近平总书记来宁视察讲话精神，召开大武口区工会第七次代表大会。以服务大局、服务基层、服务职工为目标，切实履行“维护、建设、参与、教育”职能，在夯实基层基础中求突破，在维护职工权益中谋实效，在构建和谐企业中显作为，狠抓工会各项工作的开展，团结动员全区广大职工发挥主力军作用，为大武口区经济发展、社会和谐作出了积极贡献。

【坚持党的领导，切实增强工会工作政治性】 把牢工会政治方向。坚持以党的政治建设为统领，全面加强工会系统党的建设，落实全面从严治党要求，严格遵守政治纪律和政治规矩，不断增强“四个意识”，坚定“四个自信”，自觉做到“两个维护”。强化职工思想引领。深入学习宣传习近平新时代中国特色社会主义思想和习近平总书记来宁视察时的重要讲话精神、区市全会及区委九届六次全会精神，及时开展“砥砺初心使命、永葆政治本色”主题教育活动，引导职工群众听党话、跟党走。突出职工文化建设。开展了2020年全民健身季职工运动会、“燃情冰雪　健康宁夏”冰雪嘉年华活动、机关企事业单位职工篮球赛和广播操比赛等大型文体活动，吸引4000余名干部职工参与比赛。开展“迎新春　送万福　进万家”系列活动。组织高新区、街道、行业等基层工会开展“我们的节日”系列活动，先后开展“清明祭奠革命先烈”、“端午传统文化体验”、“七夕寻缘筑梦·爱在工会”单身青年职工相亲交友联谊、“喜迎建市60周年喝彩石嘴山美食”厨艺大赛等活动，各级工会先后组织开展了健步走、棋牌赛、亲子趣味游戏、周末技能培训课堂等丰富多彩的职工趣味活动20余场次，极大地丰富了职工文化生活。

【服务发展大局，建功立业行动持续深化】 发挥劳模工匠带动作用，推进企业技术创新，谢婉龙、余兴隆2名劳模创新工作室被评为市级劳模创新工作室，苏宁新能源赵文峰劳模创新工作室被列为全市工会工作观摩点。认真组织评选推荐全国劳模（先进工作者）4名、自治区劳模7名、市级劳模9名、自治区优秀工会工作者2名、市级优秀工会工作者6名。评选表彰“五小成果”26项，宁夏房安监理有限责任公司被评为自治区模范职工之家。通过评先评优和模范引领，充分调动了广大职工投身创新创业积极性。深入开展“技能培训促就业行动”，举办纺织、电工焊工、高新区首届职工技能大比武、轮胎创艺设计等技能大赛，举办周末技能茶艺、厨艺、瑜伽等培训13期，1500余名职工参与了活动，提高了职工参与工会活动的积极性。

【齐心协力抗击疫情】 积极筹措65万元专项资金，看望慰问乡镇卫生院、公安派出所、街道村居、高速公路监测点等一线职工，为80名援鄂医护人员家属送去慰问金，为327个卡点、隔离区3000余名一线工作人员送去水果、方便面、军大衣等物资。及时宣传疫情防控一线涌现出来的先进典型和先进事迹，通过微信平台推出“战疫！工会在行动”“疫情期间 招聘不打烊”系列报道33期，其中9期被自治区总工会连载转发，营造了全区职工群众万众一心、战胜困难的浓厚氛围。加强正面引导，开展了2期新冠肺炎疫情防控知识和女职工维权月微信有奖竞答活动，加大疫情防治和女职工维权相关知识的普及力度。

【精准帮扶工作务实推进】 强化困难职工动态管理。与民政、税务等部门协调对接，对申请家庭经济状况进行比对核查，切实保证建档救助对象各项信息真实、准确、可靠。冬送温暖，为困难企业、困难职工、民生社区低保户，送去慰问金10.6万元，为236名困难职工发放帮扶资金66.5万元。开展劳模关爱活动，筹集资金1.9万元为69名先进模范人物开展生日送祝福活动。筹措15万元为企业送去消毒液、口罩等防疫物资，助力企业复工复产。春送岗位，发布线上招聘信息45期。夏送清凉，为2923名环卫、绿化、城管、重点项目企业等一线职工送去清凉物资50余万元，各基层工会为辖区企业一线职工送去清凉物资62万元。“金秋助学”为54名“工会班”子女发放助学金25.3万元，中秋节走访慰问困难职工家庭400名。

【维权服务工作扎实有效】 认真落实协调劳动关系三方四家机制，及时开展工资集体协商“春季要约”行动，发出要约函169份，覆盖企业835家，覆盖职工17462人。建立餐饮、快递、商业、家政4个行业工资集体协商示范点，4个区域集体协商示范点，推动实现工资集体协商工作“扩面”与“提质”。

【工会组织凝聚力不断增强】 2020年，以落实“基层组织建设年”为抓手，全力推进基层工会组织建设。加强区域性、行业性工会组建和会员发展工作，推进非公企业工会“建起来、转起来、活起来”。2020年单独建会37家，联合建会47家，发展会员3600人。推动基层工会管理规范化、服务常态化、“会站家”一体化。落实会员评家制度，确保百人以上单位能够及时开展会员评家活动，参与率达100%，25人以上企业参与率达90%以上。加强工会干部队伍建设，做好高新区工会工作接收、人员调整，社会化工会工作者岗位晋级等事宜。

【加强舆论引领，促进新闻宣传上台阶】 通过微信公众平台及自治区总工会职工服务网，12351维权热线，进行建会入会、法律宣传、法律在线咨询和解答，网上有奖答题，增强了针对性、实效性、互动性。大力弘扬劳模精神和劳动精神，推出“纷芳五月·劳动赞歌”劳模事迹系列报道专栏3期，做好红五月系列活动。全年推送微信消息273期。区级媒体采用7篇、市级媒体采用5篇、自治区媒体采用17篇、国家媒体采用2篇。“喜迎建市60周年喝彩石嘴山美食”厨艺大赛信息荣登“学习强国”宁夏平台。

【全面从严治党，工会自身建设不断加强】 严格落实“三会一课”制度，规范党内政治生活，健全完善中心组学习制度，及时召开党风廉政工作会议，严格落实“一岗双责”“三重一大”等重要事项决策制度。签订责任承诺书，定期组织观看廉政案例。持续改进工作作风。优化资金管理，集中财力办大事，推动工会经费向基层倾斜。

【经费管理、审计和女职工工作】 规范工会经费收管用，严把审核审查关，举办经审、财务工作培训，聘请第三方对15家基层工会开展经费审计。2020年度收入合计6534676.80元，各项支出合计7142141.37元，工会经费结余－607464.57元，突出做到“三个坚持”，管好用好工会资产，以工会财务规范化建设为抓手，紧紧围绕工会工作中心和重点，围绕服务于职工，服从于基层工会中心工作，依法合理用好、用活工会经费，做到用之有道、用之有效，使工会职能作用得到更有效发挥。女职工工作成效明显。深入开展女职工素质提升、深化女职工权益保护，关爱女职工生产生活，通过实施“素质提升”行动、“权益维护”行动，采取多种形式，关注女职工身心健康。石嘴山市贺兰山商业大楼有限责任公司、石嘴山市华欣百货商厦妈咪小屋被市总工会评为全市妈咪小屋示范点。

【创新亮点】 “会站家”一体化建设同步推进，零距离服务职工。始终坚持“会站家”一体化建设的工作思路，充分发挥基层工会、户外驿站、职工之家等资源共建共享。目前已在青山街道汉唐社区、蓝山社区、团结社区，长城街道宁夏房安建设工程监理有限公司打造完成4个党群之家示范点。累计服务职工、农民工1.8万余人次。蓝山社区、永康社区、游东社区3个户外劳动者驿站投入使用。“会站家”同步建设，既延伸了工会工作“触角”，扩大了工会服务“半径”，也架起了工会联系和服务企业职工的桥梁和纽带，构筑了零距离服务职工新格局。

线上线下同频共振，助推职工教育常态化。疫情常态化防控期间，区总工会积极探索“互联网＋思想政治工作”，不断健全工会QQ工作群、微博、微信、现场云等新媒体资源，推动了职工教育工作不断强起来。注重深挖新媒体优势和平台功能，在提升思想引领效果的最大化和最优化上下功夫。并依托“一图解读”、连载刊发等形式，让党的创新理论“飞入寻常百姓家”。同时，先后开展“劳模先进事迹专栏”“我们的节日”等系列活动，让职工充分享受“思想盛宴”，打通网上网下工作链条，更加务实有效地做好“线下”教育工作。

（卢志刚）

惠农区总工会

【概述】 2020年，惠农区总工会在区委、区政府和上级工会的领导下，坚持以习近平新时代中国特色社会主义思想为指导，认真学习贯彻党的十九大和十九届四中、五中全会以及习近平总书记视察宁夏重要讲话精神，紧紧围绕区委、区政府的中心工作，不断夯实基层基础，突出主责主业，致力精准服务，主动为建设黄河流域生态保护和高质量发展先行区发挥自身应有作用。

惠农区总工会内部机构共设置六个部室，分别是办公室（组织部）、权益保障部（职工服务中心）、劳动和经济部、网络宣教部、工业园区工作部、组织监督保障部。现有工作人员31人，其中：在职公务员编制5人、事业编制1人、职业化工会干部24人、“三支一扶”人员1人；另有挂职副主席2人。

【工会组建 民主管理】 抓好建家入会工作，提高工会组织凝聚力。2020年，共完成新增会员录入4334人；单独建会22家，纳入区域64家。其中，50人以上企业建会一家；新组建快递公司工会1家，发展会员29人，纳入区域联合工会快递公司组织1家，会员3人；新建货运物流公司工会组织3家，发展会员48人；新增商场信息员50余人；完成农民工入会1100余人。通过精心培育，创建了一批硬件设施较好、作用发挥明显的基层工会模范职工之家。其中：宁夏然而特实业集团有限公司工会被命名为全国模范职工之家和自治区模范职工之家；宁夏中盛电缆技术有限公司工会被命名为自治区模范职工之家；惠农区文化馆工会委员会被命名为自治区职工之家培育点；宁夏荣华缘新材料有限公司电工班工会小组、惠农区园艺镇静安社区工会委员会被命名为自治区模范职工小家示范点，惠农区尾闸镇屯园社区工会委员会被命名为自治区职工小家培育点；惠农区红果子镇工会联合会、宁夏然尔特实业集团有限公司工会委员会被命名为自治区“会站家”一体化示范点。通过不断深化厂务公开民主管理，认真组织相关企事业单位积极开展“公开解难题、民主促发展”和厂务公开民主示范单位创建等活动，促进了企业和谐稳定发展。2020年，厂务公开建制率达96%，实行厂务公开的工会组织439家，涵盖单位684家，涵盖职工27064人；推荐锦华化工有限公司和然尔特实业有限公司申报自治区级企业民主管理示范单位。

（欧晓丽）

【宣传教育 文化体育】 坚持正面舆论宣传导向，做好信息常态化推送工作的同时，采取“互联网+工会”服务模式，坚持线上线下相结合，围绕区委、区政府中心工作和工会重点工作任务，及时做好疫情防控、脱贫攻坚、创城创卫、社会治理、扫黑除恶、安全生产、技能竞赛等方面的主题宣传工作，积极培育和践行社会主义核心价值观，大力弘扬爱国主义和改革创新精神，及时传播工会声音，广泛传递社会正能量。2020年，共推出信息208期，发布各类信息近1200篇，其中原创信息144篇；为弘扬劳模工匠精神，依托工会微信公众服务号专题广泛宣传劳模和先进人物典型事迹，展示劳模风采，引领和带动广大职工积极开展技术研发、发明创造、技能竞赛等创新创效和“五小成果”申报等活动，助推企业逐步实现高质量发展；为助力创城复查迎检工作，借助工会微信平台及时推出“巩固全国文明城市创建成果”线上有奖知识问答活动，进一步提高了广大职工群众对创城工作的知晓率、参与率和满意度。另外，注重严格落实意识形态工作责任制，强化正面舆论宣传引导，加强线上线下舆情防控，定期分析研判意识形态领域形势，从严规范管理工会微信公众号等自媒体传播工具。

以开展庆祝建市60周年活动为契机，联合文化旅游局成功举办了2020年宁蒙“陆港之声”全民热歌争霸赛；分别配合宣传部、卫健局相继开展了“共促转型发展 共建美好家园”主题演讲比赛、全区干部职工“万步有约”健步走等大型文体活动；协同工信商务等部门、单位举办了惠农区第五届美食文化节等活动，繁荣了惠农夜经济、扮靓了居民夜生活；协助市总工会圆满完成“送文化走进英力特”全市矿热炉技能大赛颁奖文艺演出；组织创城期间表现突出的部分街居干部积极参加“石嘴山职工激情闪亮迎市庆展风采”活动。另外，动员相关街镇、部分机关事业单位、开发区企业基层工会分别结合各自实际，举办丰富多彩的各类职工文体活动40余场次，极大地丰富了广大职工的精神文化生活，赢得了基层广大职工群众的普遍好评。

（潘　矜）

【调查研究　资料编撰】 围绕贯彻落实习近平新时代中国特色社会主义思想，结合工会中心重点工作，以“振奋精神、兴区富民”大学习大调研大讨论为契机，采取深入基层蹲点，面对面与职工交流等方式，将专题调研与推动工作结合起来，与聚焦热点难点问题为职工服务结合起来，认真撰写各类调研报告、理论性文章11篇。

（赵　娟）

【帮扶救助　法律保障】 持续开展困难职工帮扶和特殊群体慰问工作。针对129户生活困难或本人及家庭成员因残疾、子女上学、意外事故等原因造成生活陷入困境的职工、农民工进行认真摸底、及时核查上报纳入帮扶系统（其中：全国级69户、自治区级60户），通过建立“N＋1”结对帮扶工作机制，按照“一档一卡、一户一策、划片包干”原则，做到分组分片帮扶全覆盖。先后组织人民商场、阳光商厦分别为建档立卡困难职工和银河苑小区移民捐赠价值2万余元的爱心衣物，主动助力脱贫攻坚；配合上级工会继续实施“工会班”高中学生帮扶救助项目，全年共为困难家庭学生发放助学金16.302万元，同时做好新一届“工会班”学生申报审核工作。做实做细春送岗位、夏送清凉、秋送助学、冬送温暖“四季送”等品牌服务活动，围绕落实“六稳”“六保”任务，配合就业部门举办线上线下招聘会3场次、发布各类就业招聘信息2215条，涉及招聘企业42家、就业岗位860个；“两节”期间送温暖共慰问各行业职工552人，发放慰问资金364000元；新冠肺炎疫情期间，慰问防控一线职工千余人次，累计慰问物资价值252330元；组织四家企业慰问援鄂归来医护人员139930元；做好夏季送清凉工作，采取全覆盖方式，对辖区130家企业、在建重点工程项目、参与创城志愿服务的街镇、社区开展了送清凉慰问活动。完成了自治区总工会聘请第三方对惠农区城市困难职工解困脱困工作及帮扶资金使用情况进行审查与评估工作；配合市总工会做好全总聘请第三方审查评估全市城市困难职工解困脱困工作及帮扶资金使用情况评估工作。

全面开展工资集体协商工作，按照“四季要约”行动和疫情期间做好职工权益保障工作要求，制定下发了2020年工资集体协商工作安排，在正常生产企业中扎实开展工资集体协商要约邀请，深入企业搜集职工意见建议，为开展协商工作打下基础，共签订集体合同119份，覆盖企业数392家，覆盖职工12724人；签订工资专项合同数136份，覆盖企业数337家，覆盖职工11278人。开展“工字号”劳动争议调解专项行动，通过对辖区现有劳动争议调解组织进行摸底统计，指导正常生产的企业补充完善调解组织人员、组织等基础工作，确保调解组织发挥作用；做好职工信访维稳，突出解决职工所反映的信访问题，及时处理涉法涉诉案件的处理，做好法律援助，农民工工资清欠等工作。2020年，共处理职工来电来访21起，解决21起，有效地维护了职工的合法权益；联合司法部门积极开展法律援助活动，免费提供法律咨询服务，深入街镇村居广泛开展服务农民工公益法律服务行动，为90多人次职工（农民工）提供了法律咨询或服务；加强普法宣传和培训活动，以“乡村振兴、工会在行动”为主题，主动深入红果子镇集市开展《工会法》《劳动合同法》宣传活动；联合人社部门举办了劳动争议调解员专题培训活动，培训基层劳动争议调解员50余人。全力打造职工服务驿站、心灵驿站，多方位、多角度服务职工群众。重点在红果子镇职工服务中心和宁夏矿产品交易中心打造了自治区级职工户外服务站点；开展“守护健康　情暖职工”职业健康体检活动，组织全区复工复产企业、建档立卡困难职工、疫情期间坚守一线的943名职工进行了11个项目的健康体检；加强与劳动关系三方委员会的联系，努力构建和谐劳动关系。

（杨彩凤）

【经济技术　劳动保护】 认真做好劳模及先进工作者评选工作。2020年，共推选出自治区级劳模和先进工作者5人，市级劳模和先进工作者9人，有效发挥了劳模和先进工作者在创新驱动、转型发展、技术革新、学科研发中的引领示范作用。为激发移民群众的内生动力，在海燕村扶贫车间开展了优秀班组、先进职工评选及表彰活动；积极参与石嘴山市优秀教师评选及点赞等活动；广泛开展劳模及优秀职工关爱活动。在端午节期间，主动上门看望慰问部分劳模代表；在“农民丰收节”期间，集中对22名优秀农民工、农村劳模进行了慰问；协助市总工会对从经开区62家企业中推选出的220名“苦干敬业”和“创新实干”优秀职工进行集中慰问，并邀请部分劳模和抗疫模范为优秀职工现场颁发荣誉证书，极大地鼓舞了基层企业职工干事创业热情。不断深化劳模工作室、职工（技能大师、学科带头人）创新工作室创建工作，大力弘扬劳模工匠精神，不断激发企业职工创新创业热情，助推企业转型高质量发展。2020年，选树培育市级劳模创新工作室4家，被正式命名3家；向市总工会上报企业“五小成果”5项，其中有3项获得认定表彰。

精心组织开展“当好主人翁，建功新时代”劳动技能竞赛、岗位练兵等活动。在5·12护士节期间，组织7支参赛队在惠农医院举办了以“规范服务行为　提升护理质量”为主题的护理技能竞赛活动；先后会同惠农区农业农村和水务局、教育局工会联合会分别举办了农业行业职业技能大赛、第五届教师基本功大赛活动；联合惠农区妇联举办了惠农区乡村巧厨娘大比拼活动；组织开展宁夏建龙龙祥股份有限公司双高线技术改造项目重点工程示范性劳动竞赛；主动配合市总工会积极承办了全市卫生应急职业技能竞赛和全市矿热炉操作工劳动技能竞赛，并发动广大职工同步参与微信网上有奖答题活动；组织辖区企业踊跃报名参加“英力特杯”全市矿热炉生产企业劳动竞赛和操作工等技能竞赛活动，各类竞赛参赛职工总数达2200多人。另外，还组织全区576家企业参加自治区总工会“安康杯”竞赛活动，规模以上企业参赛率达90%，其他中小非公企业参赛率达到80%以上，其中：宁夏中能恒力钢丝绳有限公司荣获全国“安康杯”竞赛优胜单位奖、宁夏申银特钢股份有限公司炼铁厂高炉甲班荣获全国“安康杯”竞赛优胜班组荣誉称号。

（张　静）

【网络建设　“互联网＋工会”】 采取“互联网＋工

会”宣传模式，坚持线上线下相结合，有效运用新媒体。惠农区总工会微信公众号2019年4月3日在腾讯平台注册，2019年4月4日认证为“惠农区工会”，2020年3月18日认证为“惠农区总工会”。

开展互联网＋困难职工帮扶。受理困难职工网上、微信平台和12351电话诉求，紧紧围绕职工民生问题，将工会正在开展的职工服务卡普惠服务、有缘工会、金秋助学等项目纳入互联网＋职工服务信息系统平台，使项目化服务职工数字化、网络化。积极与网信办、人社、公积金、卫生、房管部门合作，方便职工网络终端，查询社保、公积金等相关信息；开展互联网＋职工维权服务。建立网上劳动争议调处机制，受理职工网上申诉，开展网上劳动争议调解和处理，为基层工会和职工提供网上业务指导服务。设置信访管理模块，与12351信访维权对接，实现对职工信访、12351维权热线职工来电、上级工会转办、受理、办理、反馈、办结等全方位管理，畅通职工利益诉求表达及维护渠道；开展互联网＋职工素质提升工程。依托互联网开展线上职工技能培训，发布就业招聘、岗位用工信息，为职工提供网上咨询、培训、就业等便捷服务；开展职工网上主题教育，弘扬社会主义核心价值观，提高职工精神文化素养。

（潘　矜）

【女职工工作】　分别在万德隆广场、人民商场、新明珠购物城（2个）、阳光百货、德俊商厦等单位设立6个爱心母婴室；先后在育才路街道银河苑社区和育才社区培育打造职工子女“爱心托管班”服务示范点。其中，银河苑社区“爱心托管班”被命名为自治区级“爱心托管班”示范点；组织辖区机关企事业单位近300名单身青年职工在红果子镇大地天香景区成功举办了“相约工会·牵手七夕·钟情大地·缘定天香”交友联谊活动，现场牵手13对；以开展“职工好家庭”选树活动为契机，推选出27名表现突出、文明和谐的职工家庭；针对疫情期间女职工心理问题，开展线上线下女职工心理辅导公益讲座5期，惠及女职工500余人；发动近千名女职工参加了“安康保”保险，同时积极对接宁夏工人疗养院，为150名困难女职工免费开展“两癌”筛查；围绕落实《女职工劳动保护特别规定》《宁夏女职工劳动保护办法》等法律法规，指导企业与女职工签订专项集体合同120份，有力维护了女职工的合法权益。

（任美香）

【财务工作】　一是做好日常财务报账工作。按月及时对账，按照《政府会计制度》《工会会计制度》等规定，认真做好日常财务报销工作。二是做好固定资产管理工作。定期盘点、整理单位固定资产，按时上报固定资产月报，按照相关要求做好处理待报废资产处置工作。三是及时修订完善工会经费核拨办法，规范管理、合理使用相关资金。

（徐　静）

【经费审查】　修订完善了《惠农区总工会经费审查委员会经费审查审计监督工作规则》等9条经审工作制度；按照年初制定的《2020年度经费审查工作要点》完成了对34家基层工会2019年度工会经费的审查审计工作，提出问题79条，督促整改58条，深入现场指导乡镇街道基层工会落实审计整改报告；上报惠农区总工会本级审计项目获得自治区总工会经审委2019年度优秀审计项目，完成2020年度经审规范化建设工作；利用微信网络平台进行财务经审业务培训，进一步规范工会经费的管理使用，提高工会经费的有效利用。

（于婷婷）

【党建工作】 坚持党对工会工作的全面领导，加强理论武装，始终注重将学习贯彻习近平新时代中国特色社会主义思想作为当前首要政治任务和政治责任，以开展“守初心、担使命、抓转型、促发展”主题实践活动为契机，结合开展“砥砺初心使命、永葆政治本色”教育、“百日攻坚”专项行动，发挥工会党组理论学习中心组的引领示范作用，通过组织工会干部认真学习贯彻党的十九大及十九届四中、五中全会精神和习近平总书记视察宁夏重要讲话精神以及习近平总书记关于工人阶级和工会工作的重要论述等，切实增强“四个意识”，坚定“四个自信”，做到“两个维护”，主动担负起引导广大职工群众听党话、跟党走的政治责任。一年来，召开工会党组理论学习中心组学习会12次；开展干部理论学习28期、专题辅导3场次、交流研学9场次；依托“学习强国”“青年大学习”“工会小课堂”以及各类网络专题培训班等在线学习平台，提升党员干部理论知识水平，努力提高党员干部解决问题、破解难题的能力。严格落实“三会一课”、组织生活会等制度，进一步完善了《惠农区总工会党组议事规则》《惠农区总工会主席办公会议议事规则》。加强党风廉政建设，实事求是地开展批评和自我批评，严肃处理违纪违规党员，落实谈心谈话制度等，党员干部的宗旨服务意识进一步增强。一年来，开展主题党日活动12次，领导干部讲党课4次；组织观看警示教育片7场次，开展节前廉政集体谈话6场次、日常谈话30人次。有序开展“让党中央放心、让人民群众满意的模范机关”创建工作，努力推动我区工会工作再上新台阶。

（赵　娟）

平罗县总工会

【概述】 2020年，平罗县总工会深入学习贯彻习近平新时代中国特色社会主义思想和习近平总书记视察宁夏重要讲话精神，围绕助推平罗高质量发展，立足工会实际，履职尽责、担当作为，很好地完成了各项工作任务，取得较好的成绩。

【积极参与疫情防控，助力复工复产】 新冠肺炎疫情发生后，组织26人次在乡镇、社区、企业参与疫情防控。投入资金102万元用于疫情防控，网上发布招聘信息28期，开展网上心理健康讲座8期。在园区社会化工作者按照网格化机制，包抓一个或多个企业，全面摸排、防控监测、助力复工复产。

【坚决落实巡察整改】 针对县委第二巡察组巡察反馈的4个方面12个问题和意见，细化了44条整改措施，修订完善管理制度16项，制订印发各类方案、计划10余份，并将所有工作列为长期坚持整改问题。

【加强组织建设，广泛发展会员】 新建工会42家，发展会员3347，为77家工会组织更换法人资格证，创建培育自治区级、市级职工之家示范点各1个。推动企业民主管理，开展“公开解难题　民主促发展”活动，新安科技被授予“全国民主管理先进单位”称号。

【推动职工经济技术工作】 一是广泛开展劳动竞赛，举办了巾帼家政服务业、企业高技能人才、“双创杯”职工职业安全、全县矿热炉操作工等技能竞赛，共有 11 个工种，1100 多人参赛。二是推动职工技术创新，在全县开展“五小”科技创新成果三级联创联评联展工作，30 多家企业 290 名职工申报成果 90 项。贝利特马学山劳模创新工作室被评为自治区级劳模创新工作室。三是做好劳模培养选树和管理服务，2020 年推荐区级劳动模范 5 人，市级劳动模范 13 人。帮扶全国、自治区级劳动模范 72 人次，发放资金 63.79 万元。

【注重职工教育引导】 一是组织我县援湖北抗疫人员走进大地公司、晟晏等企业进行宣讲，用“抗疫”事迹教育职工爱岗敬业，担当奉献。二是围绕“中国梦·劳动美”和迎接建市 60 周年，开展全县职工故事演说、健身操比赛等活动，丰富了职工文化生活。三是利用平罗县总工会微信公众号先后开展了《宪法》、党建知识、安全生产、石嘴山市发展史等线上知识竞答活动，参与职工 15100 余人次。

【深入开展服务职工工作】 一是深化“四季送”（春送岗位、夏送清凉、秋送助学、冬送温暖）帮扶工作，帮扶慰问困难职工、劳模、一线职工、农民工、“工会班”学生等群体共计 1533 人次，发放资金 203 万余元。二是推进维权和法律服务。普遍开展工资集体协商，签订率达 91%。开展送法律进企业 7 场次，培训职工近 500 人。打造 3 家劳动者之家（工会法律援助站）。为全县 240 余名女职工免费进行“两癌”筛查，在汇融商场建立 1 个“爱心妈咪小屋”。三是开展普惠服务，线上线下相结合，投入 14.5 万元开展 11 项普惠活动。

【落实脱贫攻坚】 投入 5.4 万元用于扶持帮扶户发展种养殖、修缮房屋、购买煤炭，帮助解决实际困难。

【严格工会经费审计审查】 抽查审计 37 家基层工会经费使用情况，将对下补助资金列入必审范围，重点审计职工之家、职工书屋等专项资金的使用情况。

（何秉钦）

利通区总工会

【概 述】 2020 年，在利通区委、区政府和吴忠市总工会的坚强领导下，坚持以习近平新时代中国特色社会主义思想为指导，围绕中心、服务大局，履职尽责、担当作为，工会自身建设迈上新台阶彰显新作为，工会组织的吸引力凝聚力战斗力持续增强凸显新业绩。

【深化理论武装，汇聚奋斗共识，职工思想引领有新成效】 深入实施思想武装工程，把团结引导职工听党话、跟党走作为重要政治责任。持续深化理论学习。深化“大学习”行动，开展党组理论中心组学习研讨 11 次、党员干部集中学习 40 余次，撰写心得体会 40 篇，形成调研报告 8 篇，4 篇荣获自治区总工会理论调研成果一、二、三等奖；邀请上级工会领导、班子成员带头开展集中宣讲 20 次，“企业工会三讲小课堂”开展微宣讲 20 次。强化职工文化建设。深入推进健康利通建设，组织开展各类职工文体活动 40 余场次。举办羽毛球、台球职工公益课 20 场次，吸引职工 400 人次。征集职工书画摄影作品 60 余幅，其中 1 幅小楷书法作品荣获吴忠市职工书法美术摄影展一等奖。守好工会舆论阵地。全面落实意识形态工作责任制，微信、微博推送宣传信息 1200 余条，“宁工惠”App 推广下载量达 1 万人次；编发各类信息191期，其中市级以上媒体刊登80余篇。全面投入创城工作，机关干部包抓社区、路段开展文明志愿活动120次，打造创城知识示范街1个。

【主动融入大局，助力经济发展，桥梁纽带作用有新发挥】 深入实施凝心聚力和建功立业工程，营造融入经济社会高质量发展的浓厚氛围。广泛凝聚榜样力量。推荐评选全国、自治区、吴忠市劳动模范（先进工作者）10人。利通区环卫中心机械清扫队驾驶员李彦被评为全国劳动模范。利通区委四套班子领导走访慰问各级劳动模范、工匠代表27人。创建劳模创新工作室2家、匠心工作室1家；开展“劳模聚服务”2场次。推进产业工人改革。推动利通区委、区政府印发《新时期利通区产业工人队伍建设改革实施方案（2020—2022年）》，细化责任落实清单20余项，牵头部门先后制定改革落实方案11项。聚焦党工共建，实现全区有党组织的非公经济组织和社会组织100%同步建立工会组织，建设群团服务站35个。全面优化竞赛活动。联合举办基层卫生岗位练兵、创新创业大赛、育婴员职业技能竞赛、环卫工人职业技能竞赛4场次，承办全市焊工职业技能竞赛1场次。组织辖区8家企业11项创新成果参加吴忠市职工技术创新大赛，其中荣获一等奖1家、二等奖5家。组织162家非公企业571个班组7466名职工参加“安康杯”竞赛活动。

【织密维权网络，提升幸福指数，和谐劳动关系有新突破】 深入实施维权服务工程，开展职工权益维护年活动，持续深化“大落实”行动。依法推进科学维权。举办服务农民工法治行动、以案释法、《民法典》专题讲座等普法宣传活动23场次。打造户外劳动者服务和法律援助站示范点、“法律进企业”示范点6家。开展职工队伍稳定风险专项排查30家。深入开展女职工维权服务工作，成功调解1起环卫女职工婚姻家庭维权庭前诉讼案例，征集上报优秀家书43篇，1篇荣获三等奖。稳步推进集体协商。开展复工复产劳动关系网上调查130家。举办“四季要约”启动会14场次，发放提示函163份，涵盖企业234家，覆盖职工8742人。打造区域（行业）、单独企业、“互联网+协商”示范点27个。全区149家非公企业开展集体协商质效评估工作。评选利通区级劳动关系和谐企业4家，推荐吴忠市级劳动关系和谐企业3家；集体合同和工资专项集体合同动态签订率达95%以上。深入推进脱贫解困。年内慰问困难职工（农民工）939人，发放慰问金319万余元；联合海信集团慰问困难职工103人；慰问困难企业7家、职工202人，发放慰问金10万余元；“夏送清凉”筹措资金14.38万元，慰问一线单位39家惠及职工4000余人。收缴互助金242万余元，参与人数达48568人，补助患病职工485人，发放互助金173万余元。举办技能培训班2期。免费为150名困难女职工进行“两癌”筛查体检。我会包抓的5户建档立卡户已全部脱贫；牵头推动58家机关单位落实建档立卡户消费扶贫资金117万余元。

【履行主责主业，夯实基层基础，深化改革成效有新举措】 深入实施固本强基工程，持续深化“大提升”行动。加强建会力度。深入开展基层组织建设年活动，新建工会组织17家，发展会员128名；完成已缴筹备金未建会企业任务1000家，发展会员2561人，农民工会员360人，涵盖法人单位1017个；开展“八大群体”集中入会仪式3场次，实现服务平台录入会员合格率达100%。深化厂务公开工作，上报职工提案4个，开展专项督查1次；申报自治区级示范单位2家；全区非公企业厂务公开、职代会建制率达90%。激发工作活力。开展全区工会工作互观互检1次。深入开展“职工之家”创建活动，打造“会站家”一体化职工服务阵地9个。全区基层统计年报完成率达100%。持续深化“会员评家”“四亮一诺”活动，基层工会规范化建设覆盖率达85%。提升监督水平。完成对本级2019年度工会经费预算执行情况和48家基层工会审查审计，审计金额461万余元，回访率达93%。强化对专项资金审计力度，入户抽查困难职工82人，抽查率达36%。推进党的建设。制定“让党中央放心、让人民群众满意”模范机关5个方面11项创建台账。健全党组抓党建工作责任制，召开党组会议14次，开展主题党日12次、谈心谈话16次。健全党组抓党风廉政建设责任制，开展廉政警示教育5次。制定《持续整治形式主义突出问题为基层减负重点任务》5个方面14项内容。

【凝聚抗疫合力，扛起防控之责，投身疫情防控有新作为】 利通区总工会党组和全体党员按照区委、区政府统一部署，积极投身疫情防控第一线。全力以赴顾大局。成立由16人组成的工会志愿小分队，协助做好14个村（社区）、道路卡口疫情防控工作，排查统计湖北及外省人员157人次；主要负责人赴灵武火车站、吴忠高铁站接转来利返利人员2万余人次；领导包联密切接触者家庭2户。助力防疫走在前。第一时间发布倡议书，张贴宣传彩页1万余份，推送疫情防控信息2000余条，悬挂横幅15条；机关党员作词作曲《和你等待黎明》为武汉加油，受邀参加FM92.8宁夏经济广播融媒体直播；编辑上报疫情防控信息49条。“大战”面前显担当。自筹价值10万余元慰问物资，党组书记带队慰问13个防疫检查站及多家疫情监控排查点和乡镇卫生院。动员26名各级劳模捐款捐物共计91万元助力疫情防控。做实做细企业复工复产疫情防控排查监督工作，多措并举确保疫情防控和生产秩序恢复稳步推进。

（马晓萍）

同心县总工会

【概述】 2020年，在县委和区、市总工会的正确领导下，同心县总工会以习近平新时代中国特色社会主义思想为指导，始终坚持把党的政治建设摆在首位，坚持以职工为中心的工作导向，聚焦“六稳”“六保”工作，深入实施“六大工程”，扎实开展“六大行动”，各项工作取得了新进展。

【深入实施思想武装工程，抓学习强理论，筑牢信仰之基】 县总工会党组把学习党的创新理论作为首要政治任务，坚持读原著、学原文、悟原理。一是及时跟进学，学习贯彻习近平总书记给郑州圆方集团职工的回信、在全国劳动模范和先进工作者表彰大会上的重要讲话、致首届全国职业技能大赛的贺信等有关精神。二是专题深入学，专题学习党的十九届五中全会和习近平总书记视察宁夏重要讲话精神6次。开展学习宣传党的十九届五中全会和习近平总书记视察宁夏重要讲话精神进企业宣讲活动。三是联系实际学，围绕党的十九届五中全会和习近平总书记视察宁夏重要讲话精神等，引导党组成员结合分管工作，开展交流研讨4次，力求学深悟透。通过多种学习形式，党组成员的“四个意识”更加牢固，“四个自信”更加坚定，“两个维护”更加自觉。认真学习自治区党委十二届十次、十一次、十二次全会精神，为坚决守好“三条生命线”、走出一条新路子，继续建设经济繁荣民族团结环境优美人民富裕的美丽新宁夏贡献智慧力量。

【深入实施凝心聚力工程，抓活动促引领，统筹做好疫情防控和各项工作】 一是助力企业复工复产。组织集体协商指导员对辖区内多家企业实地走访，了解企业复工复产、疫情防控、职工工资支付等，发放宣传手册2000余份，通过县总工会微信公众号帮助企业发布招工信息。二是着力维护和谐劳动关系。对全县国有企事业单位及私营企业开展职工队伍稳定劳动关系风险专项排查工作，排查企事业单位90家。积极参加协调劳动关系三方会议，命名6家“劳动关系和谐企业”。三是以文化活动凝聚人心。以“中国梦·劳动美”为主题开展系列文体活动，疫情期间，组织职工参加市总工会举办的“非常时期一封家书”活动，有6篇作品获奖。积极参加市总工会举办的职工篮球比赛活动。开展“网聚职工正能量，争做中国好网民”活动。在社区举办的“定家规、立家训”主题大讲堂活动3场次。联合县文联举办了“学习宣传贯彻习近平总书记视察宁夏重要讲话精神建设美丽新宁夏”书法美术作品展。举办全县“创建卫生县城、提高健康素养”知识竞赛活动，助力创建自治区卫生县城。四是发挥典型引领作用。隆重召开了“五一”国际劳动节暨劳动模范和先进工作者表彰大会，评选表彰了50名劳动模范和36名先进工作者。推荐评选丁建华、赵建浦、王生全、丁玉梁4名同志为自治区劳动模范和先进工作者，阿曼古丽等6名同志荣获吴忠市劳动模范和先进工作者。组织拍摄“最美劳动者”“战疫模范”专题片，通过县电视台、微信公众号等广泛宣传，在全县营造劳动最光荣、劳动最崇高、劳动最伟大、劳动最美丽的浓厚氛围。五是扎实开展疫情防控工作。始终把疫情防控摆在重要工作位置。按照县委、县政府安排部署，县总工会及时发出倡议，动员全县职工群众全力参与疫情防控，为构筑群防群治的严密防线贡献力量。县总工会党员干部及时下沉小区，坚持严防死守，林秀苑小区临时党支部被县委授予新冠肺炎疫情防控工作优秀党支部。

【深入实施建功立业工程，抓落实求实效，确保工作落地见效】 一是扎实开展劳动技能大赛。在教育、卫生、建筑等行业开展岗位大练兵和劳动技能竞赛13场次，参与职工2000多人。重点在中核扶贫车间举办“当好主人翁，建功新时代”为主题的全县服装缝纫加工技能大赛，参与职工160人，通过劳动技能大赛大力弘扬劳模精神、劳动精神、工匠精神。积极组织企业参加全市职工技术创新成果展示大赛，我县中药材双覆膜种植技术获得一等奖。二是关心关爱职工身心健康。开展“守护健康　情暖职工”助力企业复工复产活动，邀请自治区工人疗养院，为我县企事业单位330名职工开展职业健康体检。为300名企业女职工购买安康险。开展以“强意识、查隐患、促发展、保安康”为主题的“安康杯”演讲比赛，参加比赛的企事业单位有19家。组织全县2000多名职工通过“宁工惠”App观看职工心理健康讲座，确保疫情期间职工情绪稳定。三是开展劳模送服务活动。高考前夕，邀请吴忠市教育系统的先进工作者，开展了2020年度“劳模聚服务”送课送研送培活动，为参加高考的学子现场解疑释惑。李海洋、顾生秀等区市级先进工作者开展培训服务活动5场次，充分发挥了劳模“聚能量”的作用。

【深入实施维权帮扶工程，抓服务促发展，着力提升职工获得感】 开展“两节”送温暖活动，慰问困难职工550人，发放慰问金316万元，为扶贫车间建档立卡户发放大礼包500份。成立工会班，资助困难职工家庭高中生150名，每人每年发放2600元，共计发放39万元。2020年参加医疗互助人数7797人，收缴互助金39.8万元，报销21.5万元。在“六一”期间，看望慰问200名留守儿童和困难家庭儿童。开展“尊法守法·携手筑梦”服务农民工公益法律活动7场次，受众农民工2000多人次，重点宣传《保障农民工工资支付条例》《民法典》等。举办缝纫、手工编织等技能培训工作，培训农民工200人。筹措资金20万元，对援鄂的30名医护人员家属和5个社区进行慰问。建成户外劳动者驿站3个，为快递小哥、环卫工人提供休息、手机充电、避雨、取暖等服务。筹措资金3万元，为下马关平远村300名外出务工人员定制服装。开展集体协商工作，打造集体协商示范点15家，结合统筹疫情防控的特点我们认真贯彻落实《集体协商“稳就业促发展构和谐”行动计划》，采取“培训+线上+线下”协商模式，深入开展集体协商工作。先后召开了2020年度工资集体协商工作部署会、业务能力培训班、“四季要约”启动会暨协商指导员培训班共3期。组织协商指导员参加吴忠市总工会举办的集体协商指导员技能大赛。在物业、药品、快递行业推行“互联网+工资集体协商”工作模式，被《华兴时报》刊载。开展助力“六稳”“六保”、夏送清凉活动，围绕全县重点工程项目和脱贫攻坚工作，筹措资金17万元，为全县2000多名职工送去党和政府的关怀关爱。

【深入实施固本强基工程，抓培训夯基础，不断增强工作活力】 认真贯彻落实区市总工会“基层工会组织建设年”活动，2020年，新组建工会21家，会员1067人，新增农民工253人。在扶贫产业园、下马关镇成立区域工会2家。目前，全县基层工会组织252家，会员27314人，其中农民工会员14179人。以社区为重点，在新华社区、永春社区、豫园社区、豫西社区打造“会站家”一体化建设示范点4个。对27家缴纳筹备金未建会的企业组建工会，解决了筹备金返还问题。建立普惠化服务项目4项，使工会会员普收益、常收益。发放工会服务卡2263张，累计发放22464张。深入推进民主管理。全力推动各类企业认真落实厂务公开民主管理“123X”和“153N”工作机制，不断加强企事业单位民主管理工作，全县国有企业和事业单位厂务公开，职代会建制率动态保持在99%，非公企业和行业厂务公开、职代会建制率动态保持在90%。

【深入实施自身建设工程，抓提升树形象，扎实推进全面从严治党】 县总工会党组认真落实全面从严治党主体责任，严守党的政治纪律和政治规矩，坚持民主集中制，落实“三重一大”事项和重大事项请示报告，意识形态工作责任制，持续整治形式主义、官僚主义，严格落实中央八项规定及其实施细则精神。机关党支部认真落实“三会一课”、主题党日等制度。集中为12名党员过政治生日。组织全体党员干部认真学习《习近平谈治国理政》（第三卷）、《民法典》等。开展“党课开讲啦”活动。鼓励党员自觉学习“四史”，讲党史小故事。扎实开展创建“让党中央放心、让人民群众满意”的模范机关创建活动，不断推动工会机关党建走在前做表率。加强民族团结教育，坚决守好促进民族团结生命线。认真开展“廉政警示教育周”活动，组织党员干部认真学习《处分条例》等，集中观看《叩问初心》等警示教育片，切实把党风廉政建设工作落到实处。

（周　军）

盐池县总工会

【概述】 2020年是全面建成小康社会和“十三五”规划收官之年，我会坚持以习近平新时代中国特色社会主义思想为指导，深入学习贯彻党的十九大，十九届四中、五中全会精神和习近平总书记视察宁夏时的重要讲话精神，紧扣习近平总书记同全总新一届领导班子集体谈话精神要义，紧紧围绕县委、县政府中心工作，以市总工会提出的“六大工程”和“六大行动”为工作主线，以党建带工建为抓手，以构建和谐劳动关系为基础，以服务职工为重点，切实履行工会基本职责，团结动员全县广大职工群众为扎实做好“六稳”工作，全面落实“六保”任务，夺取疫情防控和经济社会发展“双胜利”，推动盐池县工会工作全面发展，为全国全区同步全面建成小康社会作出工会应有的贡献。

2020年，县总工会获得全区工会经审工作规范化建设三等奖，吴忠市焊工职业技能竞赛优秀组织奖，上报“约商管一体化”等创新亮点工作2项；推荐荣获区级模范职工之家1家，区级模范职工小家1家，自治区职工小家培育点1家，吴忠市“四点半课堂”1家，自治区“巾帼标兵岗”1家，区级示范性“爱心妈咪小屋”1家，吴忠市职工技术创新成果三等奖1个。

【严格落实科学防控，努力体现工会担当】 （一）积极投入疫情防控。疫情发生以来，机关干部职工积极投身一线，在包抓片区的同时，为广大企业职工提供心理教育培训，并对率先复工复产企业予以防疫物资支持；慰问街道、社区等多个疫情防控部门，并对15名援鄂医护人员和深燃众源等10家企业进行表彰慰问，发放慰问金24.88万元，覆盖职工3400余人次。

（二）积极促进复工复产。按照县委、县政府总体部署，我会制定了《关于鼓励全县工会会员积极参与带动消费的实施方案》。累计发放消费券220万元，150余家单位（企业）领取消费券，11000余名职工参与引领消费，160余户商家参与活动，活动关注度达到12000余人次，收回消费券150万元，带动百货、餐饮、服装等数十个行业社会消费近1500万元，进一步激发全县职工消费活力，为提振商户和消费者信心发挥了积极引领作用。

【加强学习调研，思想武装工程成效显著】 一是坚持学习制度，灵活学习方式，全年累计开展学习活动40余次。二是坚持开展经常性调研活动。通过积极开展各类“线上＋线下”调研、学习、培训活动20余场次。三是以党组为引领，以支部为堡垒，灵活开展各类主题党日活动，组织本单位和基层工会负责人赴青铜峡、利通区学习“党建带工建”工作、组织劳模赴宁夏黄河军事文化博览园开展国防教育等，并与利通区总工会、西夏区总工会等单位联合开展主题党日活动。

【激发基层活力，凝心聚力工程扎实推进】 一是借助主流媒体，打造工会宣传品牌。借助互联网平台，深入做好疫情防控的宣传教育和舆论引导，落实疫情期间战“疫”模范推广，狠抓常态化业务落实工作。二是加强女职工文化建设，不断创新活动形式。“三八”妇女节期间，县总工会指导基层开展小桔灯公益阅读等各类“线上+线下”女职工活动百余场次。三是激发基层工会活力，调动职工参与积极性。深化“中国梦·劳动美”主题宣传教育，采用多种模式，组织开展线上有奖知识竞答、“非常时期一封家书”征集评选表彰等“五一”系列活动。组织职工开展“中国美·劳动美”公益书法班、绘画班培训。四是选树先进典型，弘扬劳模精神、工匠精神。录制劳模和先进工作者宣传片进行宣传，组织劳模开展红色文化教育、劳模家乡游活动，组织省部级劳模及五一劳动奖章获得者进行体检，培树劳模创新工作室1家，评选全国劳模1名，区级劳模3名，市级劳模和先进工作者6名，同时授予我县15名援鄂医护人员“五一巾帼标兵”荣誉称号。五是培育和践行社会主义核心价值观，弘扬社会正能量。组织干部职工开展老龄月、民族团结月等志愿服务活动，打造社会主义核心价值观文化墙等宣传活动，进一步弘扬时代主旋律，传播社会正能量，培育社会文明新风尚。

【展现基层作为，建功立业工程成效明显】 一是结合基层需求，开展各类技能竞赛。邀请全市和县内各餐饮企业参加盐池县第四届餐饮饭店行业服务技能大赛暨特色创新菜品邀请赛；联合县教体局、盐池县职业中学举办全县第一届工程机械技能大赛；联合县住建局开展建筑工人技能大赛；参加市级焊工职业技能竞赛；组织基层工会开展形式多样的“线上+线下”“安康杯”职工安全生产知识竞赛活动。二是强化就业服务，开展线上就业活动。积极开展“线上春风行动”；开展中式烹饪、电焊工技能培训班2期，完成培训100人。三是助力脱贫富民，全面开展“四查四补”。每周定期进村开展扶贫工作；同时加强扶贫领域腐败和作风问题专项治理工作，做好专项巡视“回头看”和脱贫攻坚成效考核问题整改。

【发挥主责职能，维权服务工程精准到位】 一是营造和谐稳定劳动关系氛围。深入建筑行业、餐饮行业、工业园区开展调研工作，通过网络平台及线下宣传，加大关于工资社保合同等各类职工维权政策宣传力度，提高职工维权意识。二是发挥协调劳动关系三方机制作用。召开劳动关系三方会议，审核命名县级劳动关系和谐企业6家，推荐上报吴忠市级劳动关系和谐企业2家；组织职工参加吴忠市劳动争议调解员技能大赛，荣获集体三等奖。三是多措并举推动职工维权。组织全县企业积极开展劳动关系、最低工资标准网上调查问卷活动及复工复产企业劳动纠纷排查工作；通过发放宣传材料、推送政策信息、入企开展培训、参与网络竞答等方式，开展“网络安全为人民、网络安全靠人民”主题宣传活动；联合县妇联共同督促各基层单位女职工卫生费、“夫妻共同育儿假”的落实。四是全面推动工资集体协商工作。2020年，选聘专兼职集体协商指导员19名，签订行业、区域合同各4份，工资专项合同99份、综合集体合同80份，合同签订率达95%以上。组织职工参加吴忠市集体协商指导员技能大赛，荣获集体二等奖。五是加强企业民主管理。全县国有及其控股企事业单位厂务公开、职代会制度建制率达100%，非公企业建制率达90%，培树厂务公开示范单位10家。六是加大普法工作力度。在基层企业工会建立普法示范点1个，充分发挥基层工会劳动法律监督作用；积极落实法律“八进”工作，利用“线上+线下”方式向职工宣传《保障农民工工资支付条例》、扫黑除恶、《宪法》等各类法律知识。七是加强信访维稳工作。利用“12351”维权服务平台，成功处理入会案件115起，农民工工资拖欠案件2起，提供劳动维权服务和法律援助28次。八是关注职工身心健康，做好职工健康权益维护工作。累计投资400余万元，完成全县6700余名干部职工健康体检工作；125家单位（企业）共计5226人参与职工医疗互助工作；组织动员全县女职工参加关爱女职工“安康保”，共41家单位884名女职工缴纳“安康保”；组织203名女职工在振兴社区开展“两癌”筛查活动；完成妇女儿童“两规划”终期评估验收各项工作。九是做好困难职工脱困解困工作。持续发挥春送岗位、夏送清凉、秋送助学、冬送温暖等“工字号”品牌作用。2020年“两节”期间，自筹资金慰问困难职工175人，发放慰问金11.32万元；全年累计救助困难职工388人次，救助金额达211.07万元。区属5家单位来我县慰问包扶困难职工，送去米面油等物资。金秋助学22人，发放助学金10万元。工会班60人，发放资金15.6万元。“五一”期间对园区10个企业进行“四季送”慰问活动，送去图书、活动器材等物资共计16.5万元；对全县劳模、环卫工人等群体进行“夏送清凉”慰问，送西瓜、牛奶等物资共计7.8万元。

【强化基层建设，强基固本工程提标扩面】 一是健全机关班子队伍，增强工作凝聚力。2020年我会召开了县总九届二次全委（扩大）会议，补选县总工会常委1名，委员1名。二是建强基层组织，发挥基层堡垒作用。截至2020年底，全县单独基层工会236家，职工12496人，工会会员12134人。新建单独基层工会16家；注销工会组织22家，工会换届16家。发展工会会员372人，其中农民工会员123人。“八大群体”入会98人。三是强化基层能力建设，提升基层工会服务能力。组织全县78家基层工会组织开展“会员评家”工作；举办全县工会主席业务知识培训班、工会统计工作业务知识培训班；加强基层组织“会站家”一体化建设，打造长江酒店、盐池宾馆等5个户外劳动者驿站，培育宁夏天利丰能源利用有限公司等5家企业示范点。

【发挥党建引领，自身建设成效明显】 一是巩固“不忘初心、牢记使命”主题教育成果，建立理论学习中心组学习制度，深入学习习近平总书记关于从严治党、党的十九届五中全会精神及在全国劳动模范表彰大会上的重要讲话精神；扎实开展廉政警示教育，组织专题学习，树立干部职工规矩意识和纪律意识。二是重视制度建设，严格规范内部管理。结合工会工作实际，重新研究修订了党组会议议事规则、主席办公会议制度等内部管理制度，做到严格按程序决策，严格按制度办事，严格遵守纪律规定，自觉维护制度的权威性，确保挺纪在前、令行禁止。三是重视工作实效，主动接受监督检查。坚决贯彻“五不直接分管”和领导干部个人重大事项报告等制度，加强“三公经费”的管理，自觉接受广大干部职工和社会各界监督。强化经费收缴，建立税务代收工作联席联动机制，按照“统一领导、分级管理”原则，加强对所属工会进行财务资产监督检查和人员培训。

回顾2020年工作，我会虽取得了一定成效，但不可否认还存在不足和差距。一是工会组建工作需要进一步探索和加强；二是随着职工队伍结构的不断变化，职工的维权机制需要进一步完善；三是服务职工能力有待进一步提高，方式有待完善。针对存在的问题，我们将在今后的工作中认真研究，创造条件切实加以改进，努力推进全县工会工作再上新台阶。

（叶舒雯）

青铜峡市总工会

【概述】 坚持以习近平新时代中国特色社会主义思想为指导，深入贯彻落实习近平总书记视察宁夏重要讲话精神，紧紧围绕“六保”“六稳”工作大局，战疫情、促发展，各项工作有序开展，取得了显著成效，先后获得第六批全国文明单位、全区工会经审工作规范化建设考核特等奖、吴忠市工会工作一等奖、全市效能目标考核优秀等次等荣誉。

【学思践悟，推进理论武装走深走实】 通过党组理论学习中心组学习，组织工会干部持续深入学习习近平新时代中国特色社会主义思想和习近平总书记视察宁夏重要讲话精神，开展了“五个一”学习活动，召开了学习贯彻习近平总书记视察宁夏重要讲话精神劳模交流研讨会。紧密联系工会工作，组织基层工会干部深刻领会习近平总书记重要讲话精神以及关于工人阶级和工会工作的重要论述，切实把学习成果转化为做好工会工作、推动工运事业发展的生动实践。

【众志成城，促进疫情防控复工复产双胜利】 迅速行动、主动作为，动员全市各级工会干部和广大职工全力投入疫情防控阻击战。一是广泛动员积极参与。切实做好疫情防控宣传教育和舆论引导工作，第一时间发出倡议书，稳定广大职工思想，号召科学规范防控。组织26名干部职工组成6个志愿队，分别深入镇、街道、社区做好疫情防控工作。二是及时开展关爱活动。筹措资金50余万元，支持市医院等3家医疗单位和市交通局等4家一线单位开展疫情防控工作，先后对援鄂医护人员、邵岗镇大沟村和11个入青卡点值守人员及全市23个社区200余名防控一线女职工进行了慰问。三是协助企业复工复产。深入全市30余家企业，宣传疫情防控期间涉及职工切身利益的劳动用工法律法规，指导企业抓实疫情防控，助推复工复产，凝聚广大职工奋进合力。

【主动有为，助推经济社会高质量发展】 积极推进产业工人队伍建设，深化劳动和技能竞赛，鼓励广大职工立足岗位建功立业，联合科学技术局等四部门举办了首届“创青春”创新创业大赛暨职工技术创新竞赛和青铜峡市建筑工人技能大赛。大力弘扬劳模精神、劳动精神、工匠精神，推荐自治区劳动模范5名、吴忠市劳动模范8名，对新评选的13名自治区级和吴忠市级劳动模范先进事迹在市电视台开辟专栏进行了广泛宣传。拓展和深化“五小”等群众性经济技术创新活动100场次，宁夏青铜峡水泥股份有限公司二分厂电工班获得2018—2019年度全国“安康杯”竞赛优胜班组。组织动员全市广大职工积极参加合理化建议、技术革新、技术攻关、发明创造、岗位练兵、技能竞赛、技术交流等活动，不断释放广大职工创造创新活力，增强企业自主创新能力，助推企业转型升级，在建设黄河流域生态保护和高质量发展先行区中发挥了主力军作用。

【勇于担当，增强职工群众获得感幸福感】 开展了职工权益维护年活动，运用工会微信公众号，进行法律法规在线普法活动，灵活处理疫情防控期间劳动关系问题，扎实开展职工队伍稳定风险专项排查工作，指导企业签订“一事一议”集体协议27份，签订工资集体合同192份，工资集体合同履约率、职工群众知晓率和满意率均在90%以上。深化“四季送”和困难职工解困脱困工作，联合人社部门举办网络招聘会，提供就业岗位885个；投入资金10余万元，开展了“情系职工·夏送清凉”活动，为全市11个新建、技改项目、26个重点企业、事业单位和防疫卡点、10家小微企业送去了西瓜、酸梅汤、矿泉水等防暑降温物品；对已脱困的48名市县级困难职工档案进行了注销，为166名住院职工报销医疗互助金48.73万元。开展了女职工“关爱行动”，免费为200名女职工进行了“两癌”筛查，陈袁滩镇韵欣苑社区童乐园爱心托管班被命名为区级工会爱心托管班。

【筑牢根基，激发基层工会组织活力】 扎实开展基层工会组织建设年活动，持续深化货车司机等“八大群体”入会和百人以上企业建会专项行动，新建工会组织27家，发展会员1883人。推进基层工会规范化建设，加大工会经费向基层倾斜力度，对基层工会实行项目化补助99.5万元，开展“会站家”一体化建设，打造党群服务阵地3个、户外劳动者之家5个、标准化室内活动阵地5个，扶持各类文体活动5场次，获得2020年“伊利杯”吴忠市职业篮球赛一等奖，市政管理服务中心工会委员会被自治区总工会授予模范职工之家和“会站家”一体化示范点，宁夏金昱元化工集团股份有限公司工会委员会被命名为自治区模范职工之家示范点。认真落实创城测评指标任务，开展了“职工乐学公益课”瑜伽、乒乓球培训班和“读书月”等系列活动，举办了以“倡导全民阅读·建设书香机关”为主题的读书分享会、征文活动和“‘艺’起抗疫 古峡有爱”摄影作品征集活动。“五一”“十一”期间，在青铜峡市总工会官方微信公众号开展了两期线上知识有奖竞答活动，全市参与答题职工达3.2万人次。

【严抓严管，推动党的建设向纵深发展】 认真落实主体责任，全面贯彻落实新时代党的建设总要求，坚持和加强党的全面领导，在党员教育、组织生活、制度机制、服务职工等方面创造性开展工作。严明党的政治纪律和政治规矩，严格执行中央八项规定及其实施细则精神。完善内控制度，规范财务预算管理，不断提高工会经费使用效益。加强工会审计能力建设，推行“集中联审”工作机制，全面完成了同级审查任务，有效发挥了工会审计监督作用。

（王海花）

红寺堡区总工会

【概述】 2020年，面对

新冠肺炎疫情冲击，红寺堡区各级工会坚决贯彻区、市总工会及红寺堡区委、区政府工作部署，牢牢把群众观念根植于心，以“六大行动”为抓手，深入实施“六大工程”，工会工作取得新成效。

【深化学习，强化政治引领，推进思想武装工程】 认真组织学习宣传贯彻党的十九大和十九届二中、三中、四中、五中全会精神及习近平总书记视察宁夏重要讲话精神，通过多种形式组织学习，不断向基层工会组织延伸，确保学习效果；健全完善周学习例会和经常性学习教育制度，把“抓在平常、融入经常”的要求落到实处。组织开展各种形式的集中学习50余次，宣讲10余次，不断加强思想武装。

【选树典型，发挥示范带动作用，推进建功立业工程】 先后召开了红寺堡区总工会二届八次、九次全委会；开展业务培训班及讲座5场次，线上知识竞赛1场；推荐全国劳模1名，自治区劳模2名，市劳模和先进工作者5名，自治区五一巾帼标兵岗和标兵各1个。罗山酒庄劳模创新工作室和张国庆劳模创新工作室成功通过自治区验收；召开了红寺堡区首届劳动模范和先进工作者表彰大会，对50名劳模和先进工作者进行了表彰。

【积极抗“疫”，服务经济社会，推进凝心聚力工程】 筹措专项资金27万元，慰问34家单位的疫情防控一线工作人员。开展线上招聘会4次，提供岗位700多个。组织动员890名职工报名参加健康体检；联合就业局共同举办服装缝纫、育婴员职业等技能培训班4期，培训人数200余人；对辖区内36家已建会企业进行全覆盖摸排，签订工资集体协议44份（含疫情期间签订的临时性协议8份）；筹集资金12万元对责任区内屋面墙皮脱落、门窗腐蚀生锈、室外台阶破损进行整修，全面完成创城各项工作任务；完成调研报告3份。培育打造市政环卫服务中心、博大社区等4个户外劳动者服务（法律援助）站；制作了“劳动者风采”宣传片在红寺堡电视台定时播放；开展了“非常时期一封家书”和“一封家书”征文活动、枸杞和黄花菜采摘大赛和“送荣誉下基层”等活动10场次。上报信息89篇；2篇调研文章（引领劳模创新工作室发挥作用，助力脱贫攻坚；关于红寺堡区工资集体协商工作开展情况的调研报告）分别荣获2020年度全区工会理论调研征文一等奖和二等奖。

【聚焦主责，打造帮扶救助品牌，推进维权服务工程】 “两节”发放慰问金10.6万元，涉及困难企业2家、困难职工134人；职工医疗互助、大病救助、“六一”“端午”慰问资金13.19万元；对45家重点项目工程、行业、企业的一线职工（农民工）开展了送清凉慰问活动，总价值18万余元；170余人购买“安康保”；为600余名困难女职工免费开展“两癌”筛查；为56名大学生发放助学救助金14.5万元；补录2019年“工会班”74人，发放资金19.24万元；完成2020年“工会班”申报核实工作，共150人。

【抓好组建，管理服务广大会员，推进固本强基工程】 推荐4家单位、2名个人分别申报全国职工书屋、补充更新图书项目、阅读站点及劳模书架项目；打造4家“会站家”一体化建设试点，将罗山社区申报为自治区“会站家”一体化建设项目；荣获自治区模范职工之家及模范职工小家各1个

（弘德包装、供暖公司客户服务中心）；荣获自治区模范职工之家示范点及模范职工小家示范点各1个（人民法院、水投客户服务中心）；在弘德村扶贫车间（宁夏瓦尔登有限公司）建立职工服务驿站。新建工会组织13家，发展会员752人；打造工会规范化建设示范点2家；与体育馆、爱心同行洗车行等7家单位达成12项具体普惠项目，发放瑜伽体验卡643张，联合海信集团免费为200名困难职工发放了人均400元的生活用品。厂务公开、职代会制度全覆盖并落实职工董事、职工监事制度；100人以上非公企业3家，厂务公开、职代会建制率100%。开展“聚合力、促发展”优秀提案征集活动，推荐上报优秀职工代表提案3件；推荐上报1家单位创建自治区厂务公开民主管理示范单位。产业工人队伍建设改革进展顺利。

【抓好党建，转变工作作风，推进自身建设工程】 一是加强机关党建，规范党内政治生活。开展“重走习近平总书记来红寺堡弘德村考察路线”主题教育活动。二是强化廉政意识，筑牢思想防线。通过组织参观红寺堡区青云湖廉政教育基地、大河乡龙源村廉政文化长廊，观看警示教育片《叩问初心》《知法犯法的法院院长》和《染黑的权力》，开展廉政知识“应知应会”测试等，党员干部拒腐防变能力得到普遍提高。截至目前，各级工会干部职工未发生任何违法违纪问题。三是严格审计，扎实整改。完成对本级工会和基层工会经费预算执行情况的审计，共计21家，出具审计报告21份，提出审计整改意见建议66条，被审计单位制订相应的整改措施，认真加以整改，审计整改率达93%，对基层工会审计覆盖面达49%。自治区总工会审计我区2019年度帮扶资金、送温暖资金分配使用情况审计反馈的6个方面17个具体问题全部整改完成并取得明显成效。

（杨晓燕）

太阳山开发区总工会

【概述】 今年以来，面对新冠肺炎疫情的影响，开发区总工会在党工委、管委会和市总工会的坚强领导和大力支持下，坚持以习近平新时代中国特色社会主义思想和视察宁夏重要讲话精神为统领，紧紧围绕开发区中心工作和工会工作，认真履行工作职能，扎实开展“六大行动”“六大工程”实施工作，推动各项工作上台阶。2020年荣获吴忠市集体协商指导员技能大赛一等奖、荣获全市工会劳动争议调解员技能大赛一等奖。

【党建引领，以“大学习”为抓手，深入实施思想武装工程】 组织各基层工会干部持续深入学习习近平新时代中国特色社会主义思想和习近平总书记视察宁夏重要讲话精神，建立健全学习制度，组织辖区基层工会主席和工会干部参加管委会举办专题学习讲座，开展党员亮身份和“党员先锋岗”等活动，切实把学习成果转化为做好工会工作，推动工运事业发展的生动实践。

【以“大调研”为抓手，积极投入疫情防控，大力实施凝心聚力工程】 坚决做好打赢疫情防控阻击战的工作。走访调研重点企业6家，深入了解企业疫情防控、复工复产等工作，优化企业复工复产环境，协助企业落实各项劳动保护措施，加强出入管理、环境卫生、健康监测、就餐卫生管理等工作，教育引导职工配合各项防控措施，做好个人防护，同时及时帮助企业协商解决有关问题，疫情期间重点工作是做好5家外来人员集中医学观察隔离点工作，共接待隔离点近500人，圆满完成阶段隔离任务；深入企业开展产业工人队伍状况、企业薪酬待遇专题调研、最低工资标准调查共3次。

【以“大培训”为抓手，不断增强履职能力，在推进建功立业工程上出实招】一是严格落实工会干部下基层“六个一”制度，找准职工群众对美好生活需要的切入点，多措并举抓实施。组织基层工会开展“安康杯”职工安全生产竞赛活动，参与人数达1000余人次。二是开展各类协商培训6场次，培训协商代表30余人，职工代表200余人，通过培训班、座谈会等形式，组织工会干部、企业管理者认真学习《工会法》《劳动法》及《宁夏回族自治区企业工资集体协商办法》，提高工会干部的业务素质和协商能力。今年，已签订有效集体合同10份，覆盖企业11家，职工1481人；已签订有效工资专项合同12份，覆盖企业13家；已签订区域合同1家，覆盖企业12家。职工3601人，职工知晓率90%，满意率90%，完成率100%。三是开展重点工程劳动竞赛1场次，参与职工85人、组织参加吴忠市总工会、吴忠市人力资源和社会保障局主办的全市焊工职业技能竞赛荣获二等奖的好成绩。四是大力弘扬劳模精神、劳动精神、工匠精神。深化劳模创新工作室建设2家；实现技术革新60多项，获得科技创新资金400余万元；在职技术工人培训26场次，培训2766人，合理化建议396条，采纳率40%，节约资金20万元；师徒结对77对。“助力复工复产、健康体检活动”参加企业2家，参与职工400余人。五是全面开展开发区“四季要约”行动。按照区、市总工会工作要求，结合开发区工作实际，及时印发了工资集体协商“四季要约书”，共发放要约书26份，收到复函24家，开展各类培训5场次，培训协商代表30余人，职工代表200余人，在20余家正常生产与经营的企业进行夏季要约宣传，发放《工资集体协商流程图》《宁夏回族自治区企业工资集体协商办法》50余份；通过深入宣传大力推动了集体协商工作的开展。

【以“大改进”为抓手，增强服务职工精准性，在实施维权服务工程上出成效】“春”送技能送岗位。借助基层工会岗位练兵和“安康杯”知识竞赛、班组建设树立品牌活动，有效提高了职工参与企业建设的积极性。根据疫情工作需要，以“线上”服务为主，多点开花，力保就业。通过网络积极为企业用工和职工求职牵线搭桥，帮助企业解决短期用工紧缺问题，利用微信公众号、58同城、吴忠市企业交流平台，为园区2家企业外来务工人员提供点对点一站式直达集中包车服务，将工会促进就业工作融入园区建设，助推企业发布招聘岗位信息15条，7家企业招聘信息，提供岗位108个，招聘人员500余人，通过各项举措把助力复工复产的各项措施落实落细到位，协力企业做好职工就业招聘工作。“夏”送清凉。开展夏季“送清凉”活动，为16家企业2000余名奋战在一线的广大职工送去了“清凉”和工会“娘家人”的关怀，共计发放慰问品6万元。“秋”送助学。扎实开展“金秋助学”活动，帮助他们解决上学难的问题。今年开发区各企业困难职工考上大学子女共有12户，共筹集帮扶资金5.4万元。“冬”送温暖。坚持开展

“两节”送温暖活动，共慰问困难职工（农民工）63户，发放帮扶资金25.39万元。帮助他们度过一个祥和的节日，让职工体会到来自党和政府的关心，切实发挥工会“娘家人”的作用。

【积极开展女职工工作】 一是全力保障女职工的身心健康，开发区总工会积极动员辖区各企业女职工积极参加关爱女职工“安康保”活动，共有113名女职工参加了此项活动。二是深化女职工“关爱行动”，做到疾病的早预防、早发现、早治疗，根据区、市总工会统一部署，太阳山开发区总工会组织各企业广大女职工积极参加自治区总工会举办的全区困难女职工“关爱行动”暨“两癌”普查活动，为全开发区110名困难单亲女职工进行了“两癌”（乳腺癌、宫颈癌）免费检查。三是推行落实“夫妻共同育儿假”共10家单位执行。

【党工共建，以“大落实”为抓手，狠抓固本强基工程，打造坚强战斗堡垒】 一是召开开发区总工会一届三次会员代表大会，认真传达区、市总工会会议精神，安排部署开发区2020年工作，做到工作有部署、任务有落实。二是加强基层工会建设的本质要求和综合载体，融合工会内外资源，统筹开展“建会、建家、建队伍”和职工服务阵地建设，2019年宁夏庆华煤化集团有限公司荣获全国职工书屋荣誉称号。通过基层工会组织加强“六有”工会和“融合党建”新模式，促进开发区“职工之家”和“会站家”一体化建设提档升级，强化宣传引导，充分发挥示范带动作用。三是对2020年年报及各种报表、宁夏工会工作服务平台新增企业和工会会员在系统上进行了新增，有效加强了工会会员动态数据管理。四是进一步做实基层组织建设，扩大有效覆盖。以100人以上未建会企业为工作重点，把建会攻坚行动对象的范围扩大到25人以下微型企业，进一步提高覆盖率，2020年建会企业有4家，新发展会员163人，新发展农民工73人，工会组织增长率11.4%，会员增长率4.1%，农民工增长率5.9%；组织各单位按时换届10家。开发区农民工有1228人，已加入工会组织的农民工1228人。

【聚势汇能，以“大提升”为抓手，着力加强自身建设工程，打造有责任担当的新型职工队伍】 一是常态化深入基层一线，抓好工会干部联系基层“六个一”制度的贯彻落实；二是组织管委会和企业党员干部、工会主席赴同心县红军西征纪念馆开展“铭记红色历史、传承革命精神”主题党日活动，进一步拓展了学习的思想深度和实践广度；三是组织管委会干部职工116人到市人民医院进行健康体检，有效地保障干部职工的身体健康；四是自觉强化“学习强国”平台作用，工会党员学习积极性位于支部前列，有效形成“比学赶超”的浓厚学习氛围，推动全体工会干部、党员学深悟透、入脑入心、知行合一。

（苏　娟）

原州区总工会

【概述】 2020年，在原州区委和自治区总工会、固原市总工会的坚强领导下，在区人大、政府、政协和社会各界的大力支持下，原州区总工会以习近平新时代中国特色社会主义思想为指导，全面学习贯彻党的十九届四中、五中全会精神，习近平总书记视察宁夏时的重要讲话精神及在全国劳动模范和先进工作者表彰大会上的重要讲话精神，深入贯彻落实自治区党委十二届八次、九次全会和市委四届五次、六次全会精神，原州区委三届四次全会精神及自治区总工会十二届三次、固原市总工会三届五次全会精神，聚焦主责主业，狠抓组织建设、权益保障、经济技术、脱贫攻坚、自身建设等工作，团结引领全区广大职工为实现新冠肺炎疫情防控和经济社会“双胜利”，继续建设经济繁荣、民族团结、环境优美、人民富裕的美丽新宁夏贡献力量。

【疫情防控】 一是第一时间投入抗疫行动。面对突如其来的新冠肺炎疫情，区总工会主动作为，第一时间制发了《坚决打赢新型肺炎疫情防控阻击战的倡议书》和《致全区奋战在抗击疫情一线工作者的慰问信》，这也是宁夏发出的第一封慰问信。总工会领导班子带领总工会干部职工先后对原州区人民医院、区疾控中心、区卫健局及驻守在原州区主要交通路口的11个疫情防控监测点、3个街道办事处的38个社区疫情防控监测点、疫情防控共青团志愿者、退伍军人志愿者等一线人员进行了慰问，送去价值5万元的方便面、牛奶、面包、八宝粥、香肠等应急食品。慰问期间，共出动干部职工114人次，慰问一线人员近900人，及时地把党的温暖和区委、区政府的关心送到了抗击疫情一线人员的心坎上。同时，始终如一地做好回民小区和单位自身的疫情防控工作。二是实施助推复工复产行动。通过总工会微博、微信公众号、工会工作群等平台宣传疫情防控知识、发布各类用工信息，引导企业和职工掌握科学防护知识，有效开展新冠肺炎疫情防控工作，帮助企业做好复工复产工作。区总工会干部第一时间联系50多家包抓企业，对疫情期间企业职工的生活情况进行摸底，对符合建档的困难职工及时纳入解困帮困范围。开展了工会“守护健康　情暖职工”职业健康检查助力复工复产活动，组织123名企业一线职工参加自治区总工会职业健康检查，为每人补助200元检查费，助力职工健康复工、企业稳定生产。组织基层工会职工下载“职工空中心理驿站”，收听收看陈沛其等专业心理咨询师、心理学教授主讲的心理疏导专题讲座17期，帮助广大职工消除不良情绪，预防、减轻疫情所导致的心理伤害。

【组织建设】 一是开展基层组织建设年活动。扎实开展基层组织建设年活动，制定下发了《原州区总工会开展“基层组织建设年”活动实施意见》，通过班子带队调研引导、分级包抓动员、分层上门走访、分级召开推进会、先帮扶后建会、边建会边规范、抓点带面等各种措施推进工会组织建设。截至2020年底，在全区建立基层工会组织355个，涵盖单位（企业）554个、发展会员23625人、农民工会员8077人。其中，2020年共有221家企业建立了工会，工作力度之大是近年所没有的。打造职工之家、村社联建工会、农民工集中入会、“会站家”一体化建设示范点、培育点15个，通过以点带面，进一步夯实了基层工会组织基础，提升了基层工会组织规范化水平。积极推动建会企事业单位健全以职工代表大会为基本形式的厂务公开民主管理制度，为维护职工民主权利发挥了显著作用。2020年底，全区实行厂务公开民主管理制度的企事业单位181个，建制率达92%，覆盖职工11094人。二是开展智慧工会建设年活动。组织工会会员注册“宁工惠”App和办理“宁夏工会会员服务卡”12738张，利用工会会员服务卡平台，发动固原泰合酒店、原州区光瑞汽车修理厂、新时代购物中心等企业开展旅游住宿、汽车保养、商场消费、文化娱乐等工会普惠化服务活动。为优化完善职工网络服务体系，深入推动工会工作线上线下深度融合，创建了区总工会微信公众号，开展网上入会、网上服务、网上帮扶、网上维权、网上宣传工作，进一步增强工会工作的传播力、引导力、影响力。

【权益保障】 开展职工权益维护年活动。通过深入开展职工权益维护年活动，扎实做好职工就业、金秋助学、“两节”送温暖、医疗互助、集体协商、设立工会班、户外劳动者驿站等工作。2020年对278个建档困难户的档案逐一进行了补充完善，对新确定的53个建档困难户逐一进行了入户调查，确保把好困难职工入口关。为1173名（人次）困难职工（农民工）解决帮扶资金357.084万元，为195名（人次）患病职工减轻医疗负担39.7万元，为4159名企业职工与233家企业签订了工资专项集体合同33份，新建户外劳动者（法律援助）站3个，为环卫工、园林工、快递员、地摊经济销售员、的哥等户外劳动者提供了温馨、便捷的服务。

【经济技术】 一是实施劳动技能竞赛和职工创新创造行动。区总工会积极探索在企业开展职工经济技术创新活动的途径与方法，坚持抓点带面，推动技术创新活动。企业紧紧围绕发展的难点和关键点，开展劳动竞赛、技术攻关、技术协作、合理化建议活动，取得了显著效果。联合农业、卫生、商业等行业基层工会积极开展以“当好主人翁、建功新时代”为主题的技能大赛、劳动竞赛。2020年，共有235家企业开展了多种形式的经济技术创新活动，其中劳动竞赛15余次，8900余名职工参加，有200多名职工提出合理化建议245条，采纳185条，进一步激发了广大职工的劳动热情和创业精神，增创效益达200万元。二是实施劳动模范示范引领行动。评先选优，树立模范典型。积极做好劳动模范、先进集体和个人的推荐申报工作。2020年，通过广泛调查摸底、基层民主推荐、总工会认真把关、区委审定、公示等，评选出自治区劳动模范、先进工作者6名，固原市劳动模范、先进工作者10名，原州区优秀工会工作者16名、先进基层工会11个，五一劳动奖章获得者27名、五一劳动特别奖获得者21名、工人先锋号11个。尤其区、市劳模和先进工作者是固原四县一区获表彰最多的。曹辉在自治区党委表彰大会上作为劳模代表作了发言，给自治区领导及与会同志留下了深刻影响，在全区引起了很大的反响。积极动员，发挥示范引领作用。面对突如其来的新冠肺炎疫情，总工会积极发动和动员侯洪明、马国虎、刘月琴、杨永斌等劳动模范和五一劳动奖章获得者深入疫情防控定点医院、疾控中心等开展慰问活动，共投入慰问物资达13万多元，在引领广大劳动者为社会作贡献方面发挥了重要作用。组织劳模事迹报告会3场，让劳模用事迹感召人，以劳模精神带动人，号召大家用勤劳的双手致富，创造属于自己的美好生活。创建了以王彦平、刘玲等命名的劳模创新工作室7个，吸纳发展成员286人，确立创新课题33项，其中已完成课题30项。

【宣教文化】 一是加强思想政治引领。（1）自觉承担起引领职工群众听党话、跟党走的政治任务。通过加强党的政治理论宣传学习，引领职工坚持正确的政治方向。通过广泛宣传先进典型事迹，引领职工深入践行社会主义核心价值观。通过建立原州区劳模劳动教育基地和开展劳模先进事迹宣讲活动，大力弘扬劳模精神、劳动精神、工匠精神，充分发挥劳模示范带动作用，引领广大职工树立正确的世界观、人生观和价值观，坚定不移地听党话、跟党走。（2）巩固“不忘初心、牢记使命”主题教育成果，把学习教育、调查研究、检视问题和整改整治四项措施始终贯穿日常工作之中，并形成长效机制。扎实开展“担当新使命、展现新作为”学习实践活动，积极创建“让党中央放心、让人民满意”模范机关。通过巩固主题教育成果，干部职工进一步增强了“四个意识”、坚定了“四个自信”、做到了“两个维护”，政治素质普遍提高，用党的理论指导工作实践的能力不断增强，确保了区委和自治区、固原市总工会各项决策部署落到实处。二是开展职工文化建设年活动。坚持寓教育于活动之中，根据工会工作实际，结合重点节日节点，组织举办职工系列文体活动。2020年国庆节前夕，认真贯彻落实自治区党委办公厅、人民政府办公厅《关于加强企业职工文化建设工作的意见》精神，在区委、区政府的大力支持下，联合文广局、教体局举办了“感知原州·原州劳模行”活动、“美丽原州·职工摄影”比赛、“健康原州·千名职工万步走”竞赛、“教育原州·园丁颂”职工演讲比赛、“书香原州·决战脱贫攻坚朗诵会”、“多彩原州·职工象棋赛、羽毛球赛、乒乓球赛、广场舞大赛”迎国庆系列活动，参与干部职工群众达万人，达到了凝聚人心、激发斗志、倡导健康、丰富职工文化生活等多重目的，创造了人人参与、人人共享的文化氛围，受到了广大干部职工的一致好评，也得到了区委、区政府和上级工会的充分肯定。区总工会职工书屋获得了中华全国总工会授予的“全国职工书屋”荣誉称号。

【女职工工作】 2020年全区新建女职工组织56家，发展女会员609人，共有女职工组织332家，覆盖率达100%。一是开展女职工维权行动月活动。通过宣传单、微信公众号、门头电子屏、横幅等多渠道多形式开展《女职工劳动保护特别规定》《宁夏女职工劳动保护办法》等法律法规宣传，推动企业履行法律义务，引导女职工尊法学法守法用法。二是加强女职工关爱行动。以女职工需求为导向，不断加强职工子女托管服务、“妈咪小屋”建设，组织9家单位437人参加女职工“安康保”。开展女职工空中心理驿站课堂，17期参加学习的职工达2.6万人次。组织160名建档困难女职工、疫情期间援鄂女性医务人员和坚守一线的女职工进行“两癌”筛查；帮扶慰问女职工229人，发放资金达14.37万元；六一慰问75名留守、残疾、单亲家庭儿童，发放3000元的学习用品。三是开展提素建功培训活动。积极开展基层工会干部、下岗失业人员教育宣传培训活动，先后培训女职工300余人，提高了女职工创业就业能力，也提升了女职工整体素质。四是树立典型，展现新作为。原州区第一批援助湖北医疗队医护人员马爱民被武汉东西湖方舱医院评为“先进标兵”；福苑有限公司后厨部被评为自治区五一巾帼标兵岗；原州区总工会女职工委被原州区妇联评为巾帼文明岗。

【财务经审】 严格按照中央八项规定精神，以财务制度和财经纪律对工会经费和专项资金“收、管、用”，并及时进行检查审计。按要求完成了2019年部门决算和2020年工会经费收支预决算上报工作，并及时进行了公开公示。严格规范各种津补贴的审核、公示、发放工作。经过严把财务监督、审查关口，确保了工会帮扶资金、送温暖资金得以专款专用，按规运行。同时财务经审工作也更加规范，区总工会经审工作获得了自治区总工会经审工作规范化建设三等奖。

【机关党建】 区总工会领导班子坚决落实全面从严治党主体责任和党风廉政建设主体责任，严格要求班子及班子成员履行“一岗双责”、廉洁自律等制度。机关党支部认真落实“三会一课”、主题党日、组织生活会等九项基本制度，持续深化“三强九严”工程，坚持抓实抓好“双评双定”等活动，机关党建工作规范化水平明显提高。同时，做好法制建设、民主政治建设、平安建设、创建国家卫生城市、创建全国文明城市、基层减负等工作。尤其是在创建国家卫生城市期间，总工会接受了全国爱卫办爱国卫生工作验收组和全国爱卫办健康教育工作验收组的验收，都得到了两个验收组的好评，为创建卫生城市贡献了工会力量。

【党风廉政】 总工会通过理论学习中心组学习、党员大会集中学习、“学习强国”等组织干部职工认真学习《党章》《关于新形势下党内政治生活的若干准则》《中国共产党纪律处分条例》等党纪党规；通过组织干部职工学习自治区、市、原州区有关形式主义、官僚主义、“四风”问题等典型案例，观看《国家监察》等警示教育片3次，在工作群推送重要节点廉政教育提醒8次，召开集中约谈提醒会1次的方式开展了警示教育活动，进一步提高了干部职工廉洁自律的自觉性。认真落实《党委（党组）落实全面从严治党主体责任规定》等制度规定，制定了领导班子成员、部室负责人党风廉政建设主体责任书，完善和细化了全面从严治党“三个清单”内容，进一步明确了领导班子、领导干部和部室负责人的职责。同时严格落实签字背书、公示公告等制度，切实把抓党风廉政建设责任具体化、规范化和制度化。

【工会改革】 一是巩固工会改革成果。持续深化以增“三性”、去“四化”为目标的工会改革，修订完善了《原州区总工会干部职工包抓基层工会规范化建设实施意见》和《原州区基层社会化工会工作者管理办法》等文件，对部分工会工作者进行了岗位交流，进一步转变了工会干部的工作作风，推动了工作。二是巩固对外交流成果。立足原州实际，进一步解放思想，积极开展对外交流，采取“走出去”“请进来”的办法，组织基层工会干部到上海等地学习区内外工会工作的好经验好办法。借东西互助闽宁协作的东风，主动加强与福建马尾区对口帮扶工作，探索两地工会在干部学习、劳模疗休养、企业帮扶、消费扶贫等方面的交流合作。2020年10月，福州市马尾区总工会到我区交流工会工作，双方已签订协议，计划2021年为我区困难企业捐赠帮扶资金40万元。

【脱贫攻坚】 一是抓实抓好头营镇大疙瘩村脱贫攻坚工作。认真履行帮扶部门、第一书记、驻村队员和帮扶责任人的职责，切实为大疙瘩村脱贫添砖加瓦。2020年，给头营镇工会拨付经费3万元用于建设大疙瘩村篮球场。为大疙瘩村制作指示牌1个，和区纪委共同为建档立卡户提供红梅杏树苗2000株。慰问留守、残疾、单亲家庭儿童75名，发放价值3000元的学习用品。二是抓实抓好消费扶贫。区总工会联合区扶贫办下发了《关于在全区基层工会开展消费扶贫工作的通知》，并采取打电话督促、及时统计采购数据、召开促进会等方式督促基层工会落实好消费扶贫工作，各基层工会通过线上“扶贫832平台”和线下扶贫产品专柜共采购消费扶贫产品138万元，完成区委下达任务100万元的138%。

【重要会议】 5月15日召开原州区总工会二届六次全委（扩大）会议，会议传达了自治区、固原市总工会全委（扩大）会议精神；审议通过了《区总工会二届常委会工作报告》和《区总工会二届经审会工作报告》，表彰了原州区2019年度先进基层工会、优秀工会工作者和命名了厂务公开示范单位。区总工会二届委员会全体委员、经费审查委员会委员、基层工会主席和社会化工会工作者共计105人参加会议。

7月17日召开原州区最美劳动者表彰大会，会议表彰了2020年原州区援鄂抗疫“五一劳动特别奖”、2019年度原州区五一劳动奖章和工人先锋号。区委副书记沈瑞华同志出席会议并讲话。区政府副区长王统一、区政协副主席李广平、市总工会经审会主任陈雪芬和固原福苑实业有限公司董事长、全国道德模范张志福出席会议。原州区历届劳模代表、2020年拟受表彰的自治区劳动模范和先进工作者、受表彰的2020年固原市劳动模范、先进工作者和原州区“五一劳动特别奖”、“五一劳动奖章”先进个人、“工人先锋号”先进集体，各乡镇（街道）、系统工会、直属基层工会、基层企业工会主席和区总工会班子成员、全体干部职工共计284人参加会议。

【机构简介】 原州区总工会现有职工总人数34人，其中：核定行政编制4个，实有人员4人；社会化工会工作者22人；职工文化活动中心核定编制8人，实有人员8人；门卫1人。

（王永强）

西吉县总工会

【概述】 2020年是“十三五”规划收官、脱贫攻坚决战决胜之年，县总工会坚持以习近平新时代中国特色社会主义思想为指导，认真学习贯彻落实党的十九大，十九届二中、三中、四中、五中全会精神及习近平总书记关于工人阶级和工会工作重要论述、习近平总书记视察宁夏重要讲话精神，在上级业务部门和县委的正确领导下，团结引领全县各级工会组织和广大干部职工，围绕中心，服务大局，忠诚履职、开拓进取，圆满完成了县总工会九届二次全委会议确定的各项目标任务。

【把握政治方向，强化思想引领】 一是把深入学习贯彻习近平新时代中国特色社会主义思想作为首要政治任务，组织广大工会干部认真学习党的十九届四中、五中全会精神、习近平总书记关于群团工作重要论述、关于工人阶级和工会工作重要论述，习近平总书记视察宁夏重要讲话精神，区、市、县党委全委会议精神。教育引导广大工会干部和职工群众进一步增强“四个意识”，坚定“四个自信”，做到“两个维护”，始终在思想上政治上行动上同以习近平同志为核心的党中央保持高度一致。二是通过召开党组专题会议、支部民主生活会、班子成员讲党课、干部职工大学习大讨论专题研讨等活动，推动“不忘初心　牢记使命”主题教育活动、“担当新使命　展现新作为”学习实践活动常态化长效化制度化。三是积极开展警示教育活动，制定《县总工会廉政警示教育活动方案》，组织观看《黑金危机》《小官巨贪》等警示教育片，召开“守纪律、讲规矩，正确履职尽责”暨身边事警示身边人专题民主生活会、班子成员以案说法专题研讨等，教育党员干部自觉加强党性修养，坚定理想信念。时刻检视警醒自己，做党性坚强的纯粹人。

【积极主动作为，助力疫情防控】 面对年初突如其来的新冠肺炎疫情，发挥优势、主动作为，积极响应党中央号召，按照区、市、县党委及上级业务部门的决策部署，有序组织广大职工投身疫情防控阻击战。一是利用线上线下平台发布疫情防控知识，倡导全县各级工会组织、广大职工积极做疫情防控的守卫者和践行者。二是组织机关干部、社会化工会工作者深入乡镇社区等疫情防控一线，积极作为，充分发挥工会工作者主人翁作用。三是开展了“疫情防控，西吉巾帼行动”，转播“心理健康微课”3期、宣传西吉巾帼奋斗坚守抗疫一线事迹6期。四是组织线上招聘2场次，发布招聘信息9条，帮助企业和求职者解决用工求职“双难”问题。五是筹措资金38.8万元，慰问援鄂医护人员及其家属、复工复产企业困难职工及疫情防控检测点等，为疫情防控和经济发展“双赢双胜”彰显工会力量。六是积极开展“守护健康　情暖职工”助力复工复产健康体检活动，为我县73家企事业单位的1603名职工进行健康体检。为70名建档困难女职工进行“两癌”筛查。

【认真履职尽责，助推脱贫攻坚】 一是紧扣县委、县政府中心工作，为解决农民工维权帮扶救助方面的需求，我会创新思路，探索“企业+扶贫车间+工会+贫困户”的工会组建模式，提高贫困户、农民工、分散就业人员的获得感和幸福感，截至目前，新建农村专业合作社、扶贫车间工会组织6家，新增农民工会员153人。二是充分发挥劳模在脱贫工作中的助力主力作用，创建劳模示范基地，积极开展“传帮带”作用，带动农民脱贫致富。三是组织干部职工深入帮扶村开展贫困人口精准识别摸底、产业政策宣传、“四查四补”、“再查再补”工作。筹措资金8万元，助力帮扶联系村脱贫攻坚。四是举办困难职工（农民工）技能培训班2期，培训100人。为困难职工、农民工、城镇待岗转岗职工等就业创造条件，在促进经济发展和实现社会稳定方面发挥工会组织的作用。

【发挥模范引领，创新普惠服务】 一是严格按照劳模推荐评选程序，完成全国、区、市劳动模范和先进工作者评选活动，今年我县获“自治区劳动模范”荣誉称号4人，获“自治区先进工作者”称号1人，获“固原市劳动模范”称号6人，获“固原市先进工作者”称号2人。“自治区五一巾帼标兵”1人。在“两节”期间，向全县45名劳模，发放慰问金4.5万元。二是利用微信公众平台，推送劳模和先进工作者事迹，弘扬正能量，倡导广大职工把敬业、忠诚、担当、奉献作为慎始慎终的追求。三是打造户外劳动者站点4处，配齐站点急用药箱、饮水机、微波炉等必需品，为户外劳动者提供便利。四是进一步完善了《职工医疗互助活动管理办法》，降低收费标准、提高报销比例、扩大受益人群，退休职工5年内只要在本单位缴纳50元医疗互助金就能享受医疗互助报销。五是积极做好城市困难职工帮扶和解困脱困工作。一年来，开展各类救助1661人次，发放救助金236.645万元。完成全国级困难职工（农民工）161名和省级困难职工（农民工）306名信息核查和117.545万元帮扶资金发放工作。完成市级困难职工暖冬行动救助工作，共救助453人，发放救助金30.7万元。“金秋助学”153人30.6万元、“工会生”150人19.5万元。六是积极开展职工文体活动，培育健康向上的职工情怀。举办“庆元旦”职工趣味运动会、组织20名干部职工参加全县体操网络视频大赛获三等奖。积极参与2020年宁夏职工群众“劳动者之歌”文艺汇演，推送的节目获二等奖。打造区级模范职工之家1家、培育县级职工书屋7家。七是委托第三方机构完成本级、下级40家工会经费审查审计工作，规范了财务资产管理制度。

【加强权益保障，促进劳动关系和谐】 一是签订集体合同、工资专项集体合同40份，覆盖140家企业、职工4053人。其中企业单独签订31份，覆盖企业31家、职工2249人，区域性6份，覆盖企业92家、职工1425人，行业性3份，覆盖企业24家、职工533人。全县应签集体合同和工资专项集体合同签订率动态保持在95%以上，形成了全县规模企业单独协商、小微企业通过区域性行业性协商覆盖的集体协商工作格局。二是新办工会法人资格证书15家企事业单位。三是开展安全生产、禁毒宣传等活动5场次，发放各种维权资料2000余份，接访6人次，接待心理咨询32人次，线上集体协商2家，有力促进了劳动关系和谐稳定。四是完成我县产业工人队伍状况抽样调查。五是积极开展了以习近平总书记关于脱贫攻坚的重要论述、《民法典》等为主要内容的“服务大局普法行”宣讲活动。六是举办企业民主管理和工资集体协商培训班，提高了工会工作者的业务能力和服务水平。七是组织基层工会观看女职工空中驿站心理课堂8场次，涉及企业19家。完成市总工会女职工作品展，上报参展作品13幅。八是开展网络安全宣传进企业活动，发放宣传资料300余册。

【落实主体责任，提升自身建设】 认真学习贯彻落实中央和区市县党委关于基层党建工作重要会议和相关文件精神，严格按照全面从严治党“三个清单”，强化党对意识形态工作的领导。完成党员“三会一课”、评星定格等工作，积极开展“纪念中国人民抗日战争暨反法西斯战争胜利75周年”“脱贫攻坚工会在行动”等主题党日活动。召开工会九届二次全委（扩大）会议。组织召开2019年度效能目标管理考核专题民主生活会、领导干部廉政警示教育会，建立干部学习长效机制，严格干部考勤制度，进一步提升工会服务职工的能力和水平。传达学习了习近平总书记坚决制止餐饮浪费行为弘扬勤俭节约美德重要指示精神，并向全县广大职工发出制止餐饮浪费行为的倡议书。积极配合主动完成县委第一巡察组的巡视巡察工作。

（孙晓娟）

隆德县总工会

【概述】 2020年县总工会党组在县委、县政府的坚强领导下，以习近平新时代中国特色社会主义思想为指导，认真学习贯彻党的十九大和十九届四中、五中全会精神及习近平总书记来宁视察重要讲话精神，扎实开展“担当新使命、展现新作为”主题教育活动，全面加强工会党的建设，充分发挥广大职工主力军作用，为推进全县经济社会高质量发展，全面建成小康社会作出工会组织应有贡献。

【思想教育】 坚持把学习贯彻习近平总书记关于工人阶级和工会工作的重要论述及中国工会十七大精神作为首要政治任务，把集中宣讲和自学相结合，着力在学懂弄通做实上下功夫，坚定不移接受党对工会工作的领导，增强“四个意识”、坚定“四个自信”、做到“两个维护”。坚持用习近平新时代中国特色社会主义思想引领职工、用中华民族伟大复兴中国梦激励职工、用社会主义核心价值观教育职工、用中华民族优秀传统文化浸润职工，唱响“劳动光荣、工人伟大”的时代主旋律，深化“中国梦·劳动美”主题宣传教育活动。

【帮扶救助】 按照自治区总工会要求，认真核对筛查在档困难职工档案，实施动态管理。目前共有建档困难职工172人，今年申报救助困难职工（农民工）185人次，发放帮扶资金64.6万元。“两节”期间慰问困难企业2家、困难职工（农民工）和劳模142人，发放慰问金17万元，开设“工会班”1个，发放助学金13万元。疫情期间筹措资金6万余元，对5名赴鄂援助医护人员和14个省际、县际检测查验站（点）一线职工进行了慰问。

【素质提升】 围绕全县重点脱贫村，紧盯贫困村农民工群体，以提高技能增加收入为目标，举办家政服务技能培训2期65人；开展了中小学幼儿教师岗位、税务系统岗位能手等4个行业技能大赛，并指导基层工会开展各自行业的劳动竞赛活动，重点行业和规模以上企业参与面达70%。

【劳模工作】 加强劳模管理和服务工作。推荐评选全国劳动模范1名，自治区劳动模范1名，市级劳动模范8名。建成自治区级职工书屋8个，申报“全国模范职工之家”1个，“全区模范职工小家”1个，培育申报创新亮点工作2项。

【协调劳动关系】 落实政府与工会联席会议制度和协调劳动关系三方联席会议机制，启动工资集体协商“四季要约”行动，今年签订集体合同63份，覆盖企业101家，涵盖职工4353人。全县108家建会的企事业单位建立职工代表大会制度，25人以上企业职代会推行率达95%以上。积极开展劳动争议调解，聘请1名专职律师常年开展维权服务。今年接受来访来电职工群众56案次56人次，已全部办结。

【自身建设】 结合工会信息化建设，采取“撤、并、改、整”的措施，抓好组建工会和发展会员工作，今年新建工会组织20家，涵盖169个单位，发展会员1540名，办理工会会员卡800多张，实名制录入工会组织267家、会员19085人。建成以服务环卫工人为主的“会站家”一体化工会户外劳动者服务（法律援助）站3处。

【宣传工作】 2020年共编发《隆德工运信息》49期，采用篇目12期，区总基层动态采用9期，市总工会微信平台采用3期，《隆德政务网站》采用6期，邀请县电视台报道各类活动3场次，多角度、全方位地宣传报道，进一步扩大了工会的影响力，增强了工会的凝聚力。

【女职工工作】 按照“三同时”原则建立女职工组织205家，已建工会女职工组织覆盖率达100%。2020年签订女职工劳动保护专项集体合同65份，覆盖111家企业，覆盖女职工4597人。3月6日，隆德县总工会、妇联联合行动，为六盘山工业园区复工复产的女职工和支援武汉、银川抗疫的医护人员家属送去温暖。组织651名职工进行助力复工复产健康体检，为在档的70名困难女职工进行“两癌”筛查。

（党团兵）

泾源县总工会

【概述】 2020年是全面贯彻落实党的十九大精神，坚决打赢新冠肺炎疫情人民战、阻击战、防控战，脱贫攻坚战，决战决胜全面建成小康社会最为关键的一年。面对新的形势和新的任务，泾源县工会勇于担当，主动作为，充分发挥工会在推进我县经济社会发展中的重要作用，全面贯彻落实党的十九届三中、四中、五中全会精神，以提升职工素质、完善维权机制、构建和谐劳动关系、深化困难职工帮扶、加强基层工会建设、增强工会凝聚力为基本要求，提升工会建家治会的水平，各项工作取得了显著成绩。

【思想政治引领】 狠抓干部政治理论学习，确保工会工作正确政治方向。牢固树立“四个意识”，坚定“四个自信”，做到“两个维护”。坚持用习近平新时代中国特色社会主义思想教育职工、引领职工，团结凝聚广大职工坚定不移听党话、跟党走。组织职工认真学习中央、区、市、县“两会”精神，全国纪检监察工作会议精神、农业农村工作会议精神，习近平总书记视察宁夏时的重要讲话精神，不断提升工会干部的理论水平和业务能力。

【精准帮扶】 按照《宁夏自治区总工会困难职工帮扶管理实施细则（试行）》及“精准帮扶”要求，认真开展困难职工建档立卡工作。第一批建档立卡183户（其中：全国级困难职工25户，自治区级困难职工148户）。第二批建档立卡173户（全国级25户、自治区级148户）。累计发放救助资金118.805万元。

【助力脱贫攻坚】 设立了“泾源县总工会爱心物资配送中心”，发动社会各界捐款42.86万元，价值5.5万元的物资。采购日用百货、五金交电、洗涤用品、粮油副食等物资，向全县7个乡（镇）的77个“爱心超市”进行了物资配送，配送物资84批次。

【疫情防控】 一是抓宣传、教育、引导，及时做好职工信息排查、登记和疫情通报，教育、引导职工不信谣、不传谣、不造谣。二是及时发出《倡议书》，组织动员社会各界捐款、捐物，共同抗击疫情。募集款物154.5万元（其中现金150.8万元，物资3.7万元）。三是走访慰问县医院支援武汉医护人员、280名疫情防控点工作人员、宁夏援鄂物资运送人员、集中隔离点工作人员、社区卫生院医护人员、乡镇卡点工作人员，华兴村双老户、单老户、特困户，乡（镇）56户未脱贫户。发放慰问金37.69万元。

【组织建设】 新建工会组织10家，发展会员597名，农民工555名，占93%；女职工408名，占68%。

【职工之家建设】 在宁夏泉祥户外纺织品有限责任公司、金氏匠制衣公司两个扶贫车间规范建立职工之家，配备相应的办公设施（桌椅，沙发、茶几、热水器等）。

【户外劳动者站点建设】 在百泉社区、世纪购物中心、金腾生活购物广场建成职工“爱心驿站”3个。

【工会班助学】 在县高级中学开设“工会班”三个，资助学生75名，每人每年发放助学金2600元，共计发放助学金19.5万元。

【“两节”送温暖】 “两节”期间，筹集慰问资金112.8272万元，对全县7个乡镇、30家企业（包括4个扶贫车间）的2075名困难职工和4名劳动模范进行了慰问。

【推动企业复工稳岗】 印发了《致全县企业负责人的一封信》。“监督企业履行依法隔离期、医疗期职工工资支付义务，对企业安排以灵活方式在家上班的职工，按照正常工作期间的工资收入支付工资；对无故拖欠职工工资行为，提请行政执法部门及时予以纠正；对在春节延长假期期间因疫情防控不能休假的职工，协助企业及时安排补休；对不能安排补休的，督促依法支付加班工资。引导企业积极承担社会责任，落实“因隔离、留观或政府采取紧急措施不能提供正常劳动的，企业不得随意解除、终止劳动合同，也不得退回劳务派遣用工”等规定。

【工资集体协商】 督促指导企业通过平等协商签订工资专项集体合同。签订工资集体合同53家，覆盖职工1546名（其中女职工792名）。开展心理疏导活动，疏解职工在疫情防控形势严峻情况下的焦虑恐惧情绪。

【技能竞赛】 投入5万元，联合县教体局开展了全县中小学、幼儿园“互联网+”教育应用大赛。

【劳模评选】 评选推荐自治区劳模3名，固原市劳模先进工作者6名。

【职工文体活动】 投入30万元，联合县教体局、体育中心、宁夏娅豪国际滑雪场举办了首届泾源县迎新春职工冰雪运动会，全县各乡镇、各部门的37支代表队，1000余名职工参加了比赛；投入15.87万元举办了“民族团结月”千人健步走、职工篮球赛。投入5.46万元，举办了庆祝农民丰收节活动。

【“送清凉”活动】 积极筹措5万元资金，购买西瓜、牛奶、饮料等防暑用品，为全县重点项目建设工地职工，扶贫一线工作人员，扶贫车间职工，户外劳动者送去清凉。

【职工普惠服务】 联合创维集团宁夏分公司开展了“普惠职工、情暖人心”向部分困难职工捐赠家电，为有需求的职工提供购买家电补贴活动。

【关爱女职工】 对全县70多名女职工进行了“两癌”筛查。开设了线上女职工心理健康讲座，对300多名女职工进行了心理辅导。

【财政划拨工会经费】 积极争取县委、县政府支持，落实财政划拨行政事业单位工会经费160万元。

（兰五六）

彭阳县总工会

【概述】 2020年，在县委、县政府和上级工会的领导下，县总工会认真贯彻落实区、市、县党委的决策部署，加强职工思想政治引领，加大职工维权帮扶力度，深入推进工会改革创新，团结带领广大职工建功新时代。围绕中心，服务大局，服务职工，服务基层，发挥优势，积极作为，各项工作取得了显著成效。

【疫情防控】 2020年初，面对突如其来的新冠肺炎疫情，全县各级工会组织和广大工会干部职工按照县委的决策部署，积极响应、主动作为，有序组织广大职工投身新冠肺炎疫情防控阻击战。一是全体干部职工积极参与乡镇、社区路口、门口执勤值守，开展宣传、摸排、登记、测温等工作。二是筹措资金8万余元为防控指挥部、县人民医院、疾控中心、隔离点、援鄂医务人员及其家属、乡镇（社区）查验点等开展慰问、捐赠防护物资。三是在劳模推荐评选中重点向疫情防控一线职工和医护人员倾斜。四是紧盯疫情变化，积极助力企业复工复产，多次调研了解复工复产企业存在的困难和急需解决的问题，为开工企业捐赠医用口罩和消毒液近3万元。同时，我们不断深化维权帮扶，及时帮助解决企业停产造成的职工生活难题，这些工作得到了社会各界及企业职工的好评，增强了企业打赢疫情防控阻击战和推动经济稳定发展的信心。

【组织建设】 依法推进非公企业建会工作，不断提高工会组建率和农民工入会率。目前，全县基层工会组织305个，会员22126人。其中机关事业单位工会120个，会员12799人；国有集体企业5个，会员230人；非公企业工会66个，会员2748人；村级工会86个，会员5886人；其他社会组织28个，会员463人，会员录入率达100%，合格率100%。按照“会站家”一体化思路，建立相应的“职工之家”。整合资金40多万元为11个乡镇工会配备了文化设备和健身器材；培育“职工之家”示范点4家，培育“职工小家”示范点4家；依托宁夏职工服务网络平台，以“四个一”（一片心、一叠卡、一张网、一个家）为抓手，继续推进会员卡普及工作，已办工会会员卡13201张，办卡率达59.66%。坚持求精务实的原则，扎实推进会员普惠化服务，不断提高会员普惠化服务合作项目质量。以大型医药、商场、饭店、燃油、燃气等领域为重点，签约会员普惠化服务机构8家。举办基层工会财务人员培训班1期，培训80人次。

【维护职工权益】 坚持以发展和谐劳动关系为主线，全面贯彻落实“两个普遍”要求，严格执行《宁夏回族自治区企业民主管理条例》，集体协商工作扎实有效开展。今年，共签订集体合同63份、工资专项集体合同61份，涵盖企业69家、覆盖职工2845人。共有建档困难职工231户，发放救助金230.48万元（其中：全国级建档困难职工117户，发放救助金146.23万元；自治区级建档困难职工114户，发放救助金84.25万元）；“两节”期间慰问困难职工群众176户，发放慰问金19.6万元；慰问困难企业3家，发放慰问金11万元。工会班资助困难学生75名，发放救助资金19.5万元；县级“两节”期间慰问困难职工群众60户，发放慰问金6万元。

【经济技术】 不断加强劳模管理与服务工作，逐步完善劳模档案动态化网上管理机制；“两节”期间，慰问劳模40人次，发放慰问金5.4万元；组织劳模和援鄂医务人员参加了区内疗休养和“家乡游”；劳模工作获得多项殊荣，自治区表彰劳动模范和先进工作者3名，固原市表彰劳动模范和先进工作者7名；充分发挥劳模引领作用，在“彭阳县总工会”微信公众号和微信平台上开设“劳模风采”栏目，专题宣传弘扬劳模事迹，在全县不断营造尊崇劳模、热爱劳动的良好氛围；疫情期间，广大劳模积极参与到疫情防控一线，自发捐款捐物9.54万元。

【文体活动】 以“三八”“五一”“七一”“国庆”等重大节庆为节点，有序开展职工群众演讲比赛、劳动者之歌大赛、妇女运动会、职工运动会等形式多样的系列文体活动，不断丰富职工群众文化生活，提高职工群众综合素质。成功承办了第四届彭阳县职工运动会、2020年迎新春全民健身季彭阳县新年健身跑等活动，深入开展践行社会主义核心价值观读书、演讲、书法作品展等主题活动。

【活动阵地建设】 职工文化活动中心集图书阅览、书画创作、歌舞戏曲排练、学术讲座、培训、健身等活动项目于一体，发挥文化艺术、职工教育、体育健身等公益性服务效能。干部、职工凭《宁夏工会会员服务卡》入场活动，除春节假日，全天分4个固定时段免费开放，截至目前，服务职工群众、老干部3万多人次。职工活动中心紧紧围绕“中国梦·劳动美”主题，传播好声音、弘扬主旋律、开创新业绩，凝聚职工力量的主阵地，宣传引领职工进一步学习好、践行好党的十九大、十九届五中全会精神，进一步推动习近平新时代中国特色社会主义思想落地见效，打通宣传引领、教育关爱、服务维权职工“最后一公里”。今年，建设多功能音乐厅150平方米，为职工合唱团、秦腔自乐班常年提供服务；建设职工活动中心职工书屋80平方米，配套图书1万册；举办长期公益书法培训班1个，聘请彭阳县书法协会会员为学员每周六、日长期授课；建设瑜伽活动室80平方米，培训瑜伽学员40名。

（石玉国）

沙坡头区总工会

【概述】 2020年，沙坡头区有基层工会642家，会员60728人，创建5个先进职工之家、6个合格职工之家。

【建功立业活动】 以“当好主人翁、建功新时代”为主题，广泛组织劳动竞赛、技术比武、岗位练兵等活动，举办“沙坡头书香杯”“沙坡头苹果杯”等劳动技能竞赛5场次，参赛人员600余人，评选出不同等级的技术能手130名。深化“安康杯”竞赛活动，组织155家企业开展“安全隐患随手拍”、安全生产合理化建议、“金点子”征集等活动，切实促进企业安全生产建设。

【劳动模范服务】 大力弘扬劳模精神、劳动精神、工匠精神，推荐全国劳动模范1名、自治区劳动模范7名，中卫市劳动模范12人。慰问全国劳动模范5名，打造市级劳模创新工作室2个。

【困难职工帮扶】 在沙坡头区机关企事业单位启动实施职工医疗互助活动，组织154家机关企事业单位6241名职工参加职工医疗互助活动，筹集职工医疗互助金37.45万元，为43名职工核发医疗互助补助金10.6528万元；坚持“四季帮扶”常态化，救助困难职工360户，发放慰问金130.071万元；开展“夏送清凉”活动，惠及1076名一线职工，发放防暑物品10.76万元；“金秋助学”资助困难职工（农民工）子女18人，发放助学金10万元；“六一”和丰收节期间，筹措资金3.15万元，走访慰问企业一线农民工49人、农村留守儿童和困境儿童100名。为300名困难女职工免费进行了“两癌”筛查。整合社会优势资源，持续深化“四点半课堂”服务，惠及100余名职工子女。

【职工维权服务】 认真履行工会维护职工合法权益的基本职责，全年接待职工来电来访37件，办结37件，办结率100%。疫情期间落实农民工工资支付检查1次。依法依规维护了80名职工合法权益，其中联合区工信局处理劳资上访纠纷1件，督促企业发放61名职工补偿资金35万元；扎实开展工资集体协商工作，签订合同280份；助力企业复工复产，投入资金4.88万元，为488名坚守防控一线、重大建设项目在岗职工、急需复工复产企业职工和建档立卡困难职工进行了健康体检。

【文化活动建设】 组织开展了“讲扶贫故事 展工会风采”扶贫短视频故事征集和“书香工会”读书征文、“非常时期一封家书”征集评选、职工故事演说大赛以及“中国梦·劳动美——决胜小康 奋斗有我”系列主题等活动6场次。围绕“强体魄、展风采、促和谐”主题，组织沙坡头区开展2020年送春联“下基层”、职工运动会及环腾格里湖徒步走等文体活动4场次。

【基层组织建设】 制定印发了《新时期沙坡头区产业工人队伍建设改革实施方案》，产业工人队伍建设改革全面铺开。深入开展50人以上企业建会、“八大群体”集中入会、农民工入会工作，新组建工会24家，发展会员3336人。举办沙坡头区工会干部培训班3期，培训工会干部157人。

（孙红梅）

中宁县总工会

【概述】 县总工会下辖职工文化活动中心和困难职工帮扶中心，内设办公室、业务部和经审办3个部室，现有干部职工15人，其中，公务员4人，事业编3人，工勤人员1人，社会化工会工作者7人。2020年全县有基层工会组织533个，职工（农民工）入会39418人。2020年新增工会组织22个，发展会员2965人。

【凝心聚力工程】 一是发挥劳模示范引领作用。制定印发了《中宁县劳模评选管理暂行办法》，推选全国劳动模范1人、区级劳动模范2人、市级劳动模范9人、县级劳动模范50人；积极开展了“五个一”劳模服务活动，创建劳模创新工作室4个；召开了全县庆祝“五一”国际劳动节暨劳动模范和先进工作者表彰大会，表彰奖励了50名县级劳动模范，通过电视台、报刊、网络等媒体，对评选出的劳动模范先进事迹进行宣传报道。二是组织开展各类文体活动。举办了“立师德、塑师表、铸师魂”主题演讲比赛和“中国梦·劳动美——决胜小康　奋斗有我”职工读书演讲比赛，职工“五人制”足球赛、篮球挑战赛；组织职工参加区总、市总工会举办的“致敬劳动者　定格劳动美”手机摄影大赛、“阅读经典好书　争当时代工匠”主题诵读活动、“中国梦·劳动美——决胜小康　奋斗有我”故事演说大赛、全区第五届社会主义核心价值观主题微电影（微视频）征集活动、宁夏职工群众“劳动者之歌”文艺汇演评选活动、中卫市首届职工篮球赛，均取得较好的成绩。积极开展职工书屋创建活动，全县创建各类职工书屋46家，其中，国家级职工书屋3家；自治区级职工书屋12家；市级职工书屋14家；县级职工书屋17家。投入资金共计270余万元，存书量约40万册，面积3847平方米，覆盖职工人数2.69万人。

【建功立业工程】 一是大力推进产业工人队伍建设改革。制定印发了《新时期中宁县产业工人队伍建设改革实施方案》，指导基层工会举办各类技能提升培训班80多期，培训下岗职工（农民工）1000余人次。二是广泛开展职工技术创新活动。以“当好主人翁　建功新时代”为主题，举办“中宁县热电联产供热管网建设项目”劳动竞赛、全县枸杞修剪技能比赛、建筑工人职业技能竞赛、全县教师“三字一化”教学技能比赛，同时组队参加了全市“宁钢杯”“水投杯”和家政服务技能大赛。全年举办各类技能培训班6场，培训各类技术职工290名，取得各级职业资格技能证书职工达到277人。

【维权帮扶工程】 一是深入实施帮扶救助活动。“四季送”活动共投入53.8万元，其中，“春送岗位”活动中，171家企业推送了就业岗位4640个，帮助2131人达成就业意向；“夏送清凉”活动中，为参与全县重点项目、重点工程建设的建筑工人、环卫工人宁特公司等22家基层工会购买12万元防暑降温慰问品，送到一线职工手中；“金秋助学”活动中，为困难职工（农民工）的26名大学生子女发放助学帮扶资金10.8万元；“冬送温暖”和“两节”送温暖活动中，为105名困难职工发放慰问金14万元，慰问困难企业1家，发放慰问金5.2万元；常态化生活救助194人次88.5万元。二是实施“关爱女职工行动”。“六一”期间，筹资3500元慰问恩和镇移民务工群众子女；举办关爱女职工心理健康暨法律知识培训班，为女职工讲授心理健康知识、《民法典》婚姻家庭篇等知识；开展女职工“两癌”筛查活动，帮助418名女职工进行“两癌”健康检查；宣传报道涌现出的疫情防控、脱贫攻坚先进优秀集体4个、优秀女职工26名；组织动员21家单位的66名女职工积极参加关爱女职工“安康保”。三是提升“工会普惠”服务质量。以工会会员服务卡为载体，开展职工普惠服务项目5个。实施职工子女课后托管和户外劳动者服务项目，依托美团外卖、北控公司建立“户外劳动者服务（法律援助）站”2家，汽车站“爱心妈咪小屋”（自治区级示范点）、振兴社区“四点半课堂”。四是做好脱贫攻坚结对帮扶工作。组织机关干部开展了“志愿服务助力脱贫攻坚”扶贫日宣传活动，发动干部职工购买消费扶贫产品、深入贫困户家中帮助干农活、打扫卫生等活动，受到了贫困户的好评。同时组织干部开展“助力脱贫富民，志愿结对帮扶”活动，结对帮扶困难职工105户。五是做好农民工关爱行动。在9月22日中国农民工丰收节期间走访慰问受疫情影响较大的农民工、企业一线班组负责人等先进代表157人，发放慰问资金近8万元。

【和谐劳动关系工程】一是深化厂务公开民主管理工作。大力推行区域性、行业性职代会制度，创建全国厂务公开民主管理先进单位1家，市级厂务公开民主管理示范单位5家。建立了以社会化工会工作者为主体的集体协商指导员队伍，开展“四季要约”行动，引导基层工会做好工资集体协商要约，培养行业性、区域性集体协商“双百”示范点8家，建会企业集体合同和工资集体合同签订率达到97%以上。二是做好职工权益保障工作。充分发挥工会信访调解、法律援助和12351职工热线平台作用，聘请专职律师为职工提供法律援助，有效化解劳动争议纠纷。累计接到12351平台处理会员入会、政策咨询等64件，办结率达到100%。接待来信来访53起，及时化解劳动纠纷2起。扎实开展“安康杯”竞赛行动，参赛职工23300名，切实维护职工群众的生命健康权益。大力开展“尊法守法·携手筑梦”服务职工（农民工）法治宣传行动、《保障农民工工资支付条例》征文、《民法典》宣传等法律进企业活动。

【助力企业复工复产】一是新冠肺炎疫情暴发后，组织和动员机关工会干部职工和志愿服务者坚守疫情防控卡点，做好联防联控、人物同防、外防输入、内防反弹等防控工作。二是筹集专项资金助力复工复产，拨付132万元经费，分别为108名交巡协警购买了棉皮鞋；为特殊学校250名师生购买口罩、消毒液等防疫物品；为重点开工企业、园区办、教育系统、卫生系统、12个乡镇等工会划拨防疫专项资金97万元；扎实开展“守护健康　情暖职工”职业健康体检活动，筹集24.18万元为19家企业2418名职工进行了健康体检，为企业稳定复产，职工安全复工提供了有力保障。

【加强自身建设】一是认真履行全面从严治党的政治责任，持续开展“不忘初心、牢记使命”主题教育，持续深化“党政机关作风建设年，干部队伍素质提升年”活动，扎实开展“让党中央放心、让人民群众满意”模范机关创建活动；严格落实党建工作责任制、深入实施“三强九严”工程，积极开展联系基层“六个一”活动和“双学双强”活动，开展支部主题党日活动12次，强化党员经常性教育，党支部战斗堡垒作用进一步显现，党员先锋模范作用进一步凸显。二是做好“两新组织”建会和网约送餐、家政服务等“八大群体”入会工作。新组建工会组织22家，新增会员2665人。严格执行财务管理规定，组织对全县74家基层工会经费使用管理情况进行了审计，举办全县基层工会干部业务培训班1场次。2020年建成全国模范职工之家1家，自治区模范职工之家（培育点）1家，模范职工小家1家；中卫市先进职工之家3家，先进职工小家2家。

（郭立恒）

海原县总工会

【概述】2020年，是极不平凡的一年。在全面决胜小康，坚决打赢脱贫攻坚战的关键时刻，面对突如其来的新冠肺炎疫情，海原县总工会在区、市总工会和海原县委、县政府的正确领导下，全县各级工会坚持以习近平新时代中国特色社会主义思想为指导，认真学习贯彻习近平总书记视察宁夏时的重要讲话精神，坚决落实党中央和区市县党委各项决策部署，围绕中心、服务大局，聚焦主业主责，凸显作用作为，努力克服疫情影响，圆满完成各项工作任务。

海原县总工会现有干部职工 23 名，女职工 11 人。主席 1 人，常务副主席 1 人，副主席 1 人，挂职副主席 1 人，兼职副主席 1 人，经审主任 1 人，二级主任科员 1 人，四级主任科员 2 人，事业编 1 人，社会化工会干部 13 人。另外，设有困难职工帮扶中心，配备 4 名工作人员（其中职业化工会干部 3 人）。设有职工文化活动中心，活动中心面积 1240 平方米，设有健身房、乒乓球室、多功能室、职工书屋等，有工作人员 3 名（其中职业化工会干部 2 人）。

【思想政治引领】 把学习贯彻习近平新时代中国特色社会主义思想，党的十九大和十九届二次、三次、四次、五次全会精神，自治区十二届十二次全委会精神以及习近平总书记视察宁夏重要讲话精神作为首要政治任务，通过党组中心组理论学习、辅导讲座、干部集中学习等多种形式，跟进传达学习党中央和区、市、县党委最新部署要求，汇聚了广大职工团结奋进的强大正能量。严格落实意识形态工作责任制，强化网络意识形态阵地管控，认真践行社会主义核心价值观，扎实有效地开展单位职工精神文明创建活动，今年 4 月份，县总工会荣获第十八批自治区精神文明单位荣誉称号。组织开展了“我与两会同行”全国两会知识竞赛、“廉洁在心中”主题征文比赛、“学习强国”学习平台达人挑战赛、第三届“微宣讲”大赛、“我和我的祖国”爱国主义读书演讲比赛、全县禁毒知识竞赛，组队参加市总工会举办的“中国梦·劳动美——决胜小康　奋斗有我”系列主题活动及“阅读经典好书　争当时代工匠”主题诵读活动，均荣获优秀组织奖，组队参加的全区职工读书演讲比赛，树台学区田永霞荣获区级三等奖，以县总工会驻村队员马普生同志史店乡苍湾村扶贫事迹为题材拍摄的《普生日记——一名工会人驻村扶贫的点滴故事》、“讲扶贫故事·展工会风采”短视频故事被区总工会采纳，组织参加 2020 年宁夏职工群众“劳动者之歌”文艺汇演评选活动，《绿韭菜新唱》荣获全区二等奖，组队参加全国、区、市家政服务行业技能竞赛，其中何小艳荣获全国优秀奖，杨生丽荣获全区一等奖，谢花、马诗语、何小艳荣获全区二等奖。创建自治区级职工书屋 4 家、市级职工书屋 2 家、县级职工书屋 5 家，补配图书 2330 册。教育引导广大职工群众切实增强“四个意识”，坚定“四个自信”，坚决做到“两个维护”，坚定不移听党话、跟党走。

【发挥职能作用】 新冠肺炎疫情以来，我们坚决执行区、市党委、政府以及区、市总工会工作要求，及时成立新冠肺炎疫情防控领导小组，强化宣传引导，发挥职能优势，坚守防控阵地，筹措 17 余万元开展慰问、支持重点单位疫情防控工作和助力企业复工复产，对全县 133 名援鄂医护人员家属及一线防疫医护人员进行了慰问。对全县 164 名社区一线防疫人员进行了慰问。组织开展了“守护健康　情暖职工”助力复工复产活动，为 129 名企业职工进行了免费体检。选派 10 名党员干部到幸福社区值勤。通过工会微信公众平台向广大职工推送疫情防控措施、防疫知识等 274 篇。针对疫情期间职工心理健康问题，组织职工观看网上心理驿站、公益心理微课等7期，参与职工1600余人次，县总工会2名职工至今在新区集中医学观察点值勤。

【建功立业工程】 围绕中心任务和重点建设项目，以“当好主人翁、建功新时代”为主题，筹集资金5万元，广泛组织劳动竞赛、技术比武、岗位练兵等活动，在3个行业7个工种中组织开展劳动和职业技能竞赛3场次，参与职工156人次。积极组队参加了全市“家政杯”“水投杯”技能大赛3场次。深化“安康杯”竞赛活动，组织开展了“安全隐患随手拍”和安全生产合理化建议“金点子”征集活动，切实促进企业安全生产建设。进一步规范劳模服务管理，今年组织评选推荐自治区级劳动模范4名、中卫市劳动模范先进工作者7名，在全社会开展尊重劳模、爱护劳模、学习劳模、争当劳模的良好风尚。

【困难帮扶工程】 为认真贯彻落实中央和区、市关于打赢脱贫攻坚战的决策部署，全面完成结对帮扶村脱贫攻坚任务。一是县总工会组织干部职工精准实施责任帮扶，累计对139户建档户援助资金8.45万元，为3户建档户新建安全住房给予了1.5万元建房补贴，针对黄坪行政村缺少办公设备的困难和问题，筹措资金2万元，解决了村部办公设备不足的问题，补齐了短板弱项。二是帮扶责任人经常走访帮扶村，了解掌握帮扶村村集体经济发展、产业发展、脱贫措施等情况，积极主动帮助贾塘黄坪村精准制定发展思路。三是牵头研究制定《海原县消费扶贫活动（硒砂瓜销售）工作方案》，及时组织各基层工会按照方案要求开展消费扶贫活动，全县机关事业单位9196人共采购硒砂瓜690吨（资金136万元），调动社会各界参与消费扶贫的积极性，切实解决全县硒砂瓜销路难题，拓宽建档户增收的渠道，巩固提升脱贫攻坚成效。四是组织单位25名工会干部职工与170户困难职工家庭结成帮扶对子，精准制订“一户一策”帮扶计划，开展常态化帮扶和结对帮扶。五是坚持“四季帮扶”常态化，筹措资金3万元开展“夏送清凉”活动，706名职工受益，“冬送温暖”发放慰问金87.06万元，199名职工受益，为150名“工会班”学生发放助学金39万元，“农民丰收节”发放慰问金1万元，100名职工受益。帮扶困难职工1285人次，共计投入帮扶资金131.36万元。六是为102名困难女职工免费进行了“两癌”筛查。

【和谐劳动关系构建工程】 7月6日县政府及时召开了三方协调工作会议，就积极组织开展“职工权益维护年活动”进行了专题安排部署，扎实推进集体协商工作，培育打造行业性、区域性集体协商示范点2家，我县建会企业32家，涵盖职工数1583人，今年签订工资集体合同52家，涵盖职工数2175人，企业集体合同和工资专项集体合同签订率达162%。持续深化厂务公开民主管理，推动民主管理建制扩面。年内，成功申报中卫市厂务公开民主管理示范单位1家（宁夏海原国华农机制造有限责任公司工会）。高度重视信访维权工作，受理职工来信来访30余件，利用“12351”平台，网上受理办结职工各类申请事项2件，为4名职工追回工资6460元，根治欠薪冬季专项行动，配合人社部门化解各类欠薪问题40起，为421名农民工追回劳动所得479.34万元。立足企业和社会需求，扎实开展困难职工农民工技能培训促就业专项活动，组织培训困难职工、农民工等 50 人，其中 46 人获得专项职业能力证书。通过购买服务的方式，组建“职工法律维权服务站”，聘请职业律师定期坐班为职工提供法律服务。采取“工会干部 + 专业律师 + 企业员工”的模式，常态化开展“尊法守法·携手筑梦”公益法律服务行动 6 场次，发放法律法规宣传资料 800 余份，开展法律咨询、政策解答 5 场次，满足了职工维权诉求。

【夯实基层基础】 扎实开展“基层组织建设年”活动，以非公有制企业为重点对象，深入开展 50 人以上企业建会、“八大群体”集中入会、农民工入会工作，扎实推进建会入会工作，新建工会组织 14 家，新增会员 1820 人（农民工 644 人），全县工会组织累计达到 191 个，会员 28245 人（农民工 15441 人）。以“六有”为基准，深入开展“职工之家（小家）”创建评选活动，年内，中卫市总工会命名先进职工之家 4 家（海原县回民中学工会、宁夏海原国华农机制造有限责任公司工会、海原县第六小学工会、宁夏阅海老年服务中心海原分院工会）。上报区级劳模创新工作室 1 家（补助金 10 万元）、2020 年丁晓龙劳模创新工作室顺利通过中卫市总工会验收（补助金 3 万元）。成功申报自治区模范职工小家 1 家（中卫市海兴开发区税务局办公室工会小组）、优秀工会工作者 1 人。积极推进“互联网 +”工会建设，探索普惠职工、网上入会等新方式、新途径，为职工提供网上入会、网上维权等工会服务，努力提升工会服务水平。在原有 3 家“爱心驿站”的基础上，投资 2.7 万元新建户外劳动者服务（法律援助）示范点 1 家（县政务大厅），真正解决了我县广大从事户外工作的劳动者和环卫工人等就近喝水、避暑、取暖、临时避雨等实际困难。

【机关党的建设】 认真履行全面从严治党的政治责任，深入实施“三强九严”工程，严格落实“三会一课”制度，认真落实党支部主体责任，扎实开展“双学双强”活动，持续深化形式主义官僚主义突出问题专项整治，着力为基层减负，党组织的凝聚力、战斗力不断提升。制定了《海原县总工会党组全面从严治党问题清单、责任清单、问责清单“三个清单”》，扎实开展“廉政警示教育周”活动，坚决贯彻执行中央八项规定精神和区、市若干规定要求，坚决制止餐饮浪费行为，及时纠正工会干部中存在的“四风”问题。每个月份按规定扎实开展主题党日活动，参观红色教育基地 1 次，观看教育警示片 10 余次。深入开展“党政机关作风建设年、干部队伍素质提升年”活动。

【财务经审工作】 严格执行财务管理规定，建立完善内控机制，规范财务运行管理，优化工会经费支出结构。全县预算工会经费 1154 万元，已拨付各基层工会经费 803 万元，收缴工会经费 351 万元，“海原县总工会实现财政足额划拨工会经费工作”在 2020 年 12 月 7 日的自治区总工会通报上给予表扬。切实加强工会资产监管，组织对县总本级 2019 年经费预算执行、专项资金及固定资产管理使用情况进行了审计，对海原县总工会 2020 年上半年预算执行情况进行了审查，对 44 家基层工会经费收支、管理、使用情况进行了抽查审计，工会经费审查审计的质量和效能有效提高。坚持从严教育管理监督，着力提升干部思想政治素质和业务能力水平。举办全县基层工会主席、经审财务人员、工资集体协商培训班3期，培训200余人。健全完善规章制度，定期召开党组理论学习中心组学习会、党组会、主席办公会议，实行民主决策、科学管理，班子团结和谐、单位风清气正。

（李　军）

产业及所属部分基层工会

2020年自治区产业及所属部分基层工会主席、副主席名单

宁夏教科文卫体工会

主　席　王克栋（回族）

副主席　李明军

　　　　杨献政（女，挂职）

宁夏农林水财轻工工会

主　席　郝　雪（女）

副主席　赵永刚

　　　　李献飞（挂职）

宁夏农垦工会

主　席　段志强

中国人民银行银川中心支行工会

主　任　张克立

副主任　马　芬

宁夏黄河农村商业银行股份有限公司工会

主　席　巴　岱

副主席　隋生秀

宁夏能源化工冶金通信工会

主　席　朱　伟

副主席　王林吉（兼职）

　　　　李晓宁（女，挂职）

　　　　马　钰（女，挂职）

国家能源集团宁夏煤业公司工会

主　席　马金明

副主席　张玉柱

　　　　王林吉

中国华电集团有限公司宁夏分公司工会

主　席　薄其明

副主席　陈立平

国家电投宁夏能源铝业

主　席　刘　卫

中铝宁夏能源集团有限公司工会

主　席　张　举

中色（宁夏）东方集团有限公司工会
主　席　马晓明
副主席　吴忠晓

国家能源集团宁夏电力有限公司工会
主　席　丁瑞琪

中国大唐集团有限公司宁夏分公司工会
主　席　郑路华

华能宁夏能源有限公司工会
主　席　佟长敏
副主席　王新民

中电建宁夏工程有限公司工会
主　席　郝文军

宁夏建设投资集团有限公司工会
主　席　邓国际
副主席　程建斌

宁夏电力设计院有限公司工会
主　席　杨永刚

中国电信股份有限公司宁夏分公司工会
主　席　孙晓东
副主席　张九峰

中国移动通信集团宁夏有限公司工会
主　席　王　琦
副主席　张　炜（女，回族）

中国联通集团工会宁夏回族自治区委员会
主　席　周建强
副主席　张澍东

宁夏京能宁东发电有限责任公司
主　席　戴晓红（女）

宁夏枣泉发电有限责任公司工会
主　席　林闽城

中国石油宁夏石化分公司工会
副主席　宋文亮
　　　　周　君

长庆油田分公司第三采油厂工会
主　席　马　杰
副主席　张雅敏（女）
　　　　李安慧

中国石化集团长城能源化工（宁夏）有限公司工会
主　席　张爱明
副主席　余灵柱

中国航空油料有限责任公司宁夏分公司工会
主　席　吴顺生

中国石油宁夏销售公司工会
副主席　王雁宁

西部机场集团宁夏机场有限公司工会
主　席　庞晋虎

宁夏红墩子煤业有限公司工会
主　席　张仰泰

宁夏电业工会
主　席　赵大光
副主席　何勇毅
　　　　王向普

宁夏邮政工会
主　席　李　俭
副主席　王　辉（回族）

宁夏交通工会
主　席　赵晓冬
副主席　孔繁芸（女）
　　　　李占国（兼职）
　　　　王靖淞（兼职）

宁夏地质工会
主　席　成蒙云

宁夏建设建材工会
主　席　李　梅（女，兼职）

自治区直属机关工会
主　任　张锦旗

宁夏驻京办事处工会
主　席　冯海燕（女，回族）

中国金融工会宁夏工作委员会
主　任　白雪峰
副主任　马　芳（女，回族）

宁夏教科文卫体工会

【概述】 新冠肺炎疫情发生后，宁夏教科文卫体工会第一时间发出坚决打赢疫情防控阻击战通知书和倡议书，团结动员各级工会和全体职工齐心协力，众志成城，共克时艰。医疗系统各级工会组织广大职工为援鄂医疗队送行、迎接英雄凯旋，增强抗疫战士的责任感、使命感和荣誉感。自治区卫健委工会多方筹措，积极协调，为六批援助湖北医疗队队员配置防寒服、旅行背包等生活用品。自治区体育局工会等单位开展讲述战“疫”故事活动，激励职工勇于担当、奋发有为。

【落实慰问资金】 在疫情防控的关键时期，及时将区总工会筹措的870余万元慰问金落实到援鄂医疗队和我区疫情防控相关单位；与相关部门沟通联系，会同区总财务部将每人5000元慰问金精准发放到785名援鄂医疗队队员手中，送去党的关怀和温暖，送去广大职工的深情厚意。抗击新冠肺炎疫情关键时期，教科文卫体工会系统组织职工踊跃捐款，慷慨相助，累计捐款逾百万元。

【关怀抗疫英雄】 联合中国石油宁夏销售公司为1062名战“疫”英雄每人发放价值1000元电子券“昆仑天使卡”；联合中通快递宁夏管理中心向我区抗击疫情一线医务人员发放面值20元，共计2.5万张快递代金券；向全区62家公立医院的抗击疫情医务人员赠送全国工会电子职工书屋阅读卡8000张；按省部级劳模规格，组织136名抗疫一线医务人员参加区内疗休养活动。

【跟班培训和工作督办】 2020年7月至9月宁夏教科文卫体工会对21个直属单位、30余名工会干部进行跟班培训。培训采取点对点、面对面、一问一答的方式进行。在培训的同时进行工作督办，坚持以问题为导向，实施分类指导。此次跟班培训和工作督办是宁夏教科文卫体工会认真学习宣传贯彻习近平总书记视察宁夏重要讲话精神的实际行动，也是深化产业工会改革、落实基层组织建设年各项任务、创新工会工作方式的具体举措。

【开展结对帮扶活动】 2020年9月，开展以“闽宁携手合作、助力脱贫攻坚”为主题的职工志愿服务活动，福建教科文卫体工会以固原回中初中部一线教师为帮扶对象，通过线上交流，线下组织专家名师现场指导、案例研讨、经验分享、实践应用等形式，提高教师专业化水平，提升学校办学质量和效益。同时，捐资10万元，用于教师外出学习交流、课件开发等，努力打造出一支师德高尚、业务精良、潜心钻研的教师队伍。

【举办第七届全区高校青年教师教学竞赛】 在第36个教师节来临之际，由自治区总工会和自治区教育厅联合主办，宁夏教科文卫体工会承办，宁夏大学和宁夏医科大学协办的第七届全区青年教师教学竞赛在宁夏大学举办。在做好疫情防控的前提下，动员全区各高校积极响应、踊跃参加、层层选拔，掀起岗位练兵、技术比武热潮。全区高等院校的247名青年教师参加了预赛、复赛，73名青年教师参加了自治区决赛；5名优秀教师代表宁夏参加了第五届全国高校青年教师教学竞赛总决赛，并获得1个二等奖，4个三等奖的好成绩，宁夏教科文卫体工会获优秀组织奖。宁夏教科文卫体工会将认真贯彻落实《宁夏回族自治区职工职业技能竞赛办法》，坚持“以赛促教、以赛促学、以赛促改、以赛促建”思路和手段，进一步促进高校青年教师队伍建设，鼓励高校广大教师加强教学基本功训练，不断提高教学质量，努力造就一支有理想信念、有道德情操、有扎实学识、有仁爱之心的高素质、专业化青年教师队伍，为建设黄河流域生态保护和高质量发展先行区提供智力支撑和人才保障。

【举办“展劳动者风采·传递战疫正能量”美术书法摄影展】 国庆节前夕，举办以“展劳动者风采·传递战疫正能量”为主题的教科文卫体工会系统职工美术书法摄影展，征集美术作品52幅、书法作品81幅、摄影作品254组，共计387幅（组）。经活动评委会组织专家认真审定，最终评出美术、书法、摄影作品一等奖共9幅（组），二等奖共18幅（组），三等奖共29幅（组）。作品生动再现了系统广大职工在疫情防控和复工复产中的感人故事与生动画面，充分展示了系统职工爱岗敬业、无私奉献的精神风貌。

【举办职工气排球比赛】 在夺取抗击新冠肺炎疫情和复工复产双胜利背景下，为进一步振奋广大职工精神、增强职工体魄，10月13日至15日，宁夏教科文卫体工会在宁夏工人文化宫文体馆举办首届职工气排球比赛，直属基层单位的13个代表队、近300名运动员参加比赛。经过3天激烈角逐，宁夏医科大学工会等6个单位获女子组前6名，宁夏大学工会等6个单位获男子组前6名；经比赛组委会综合评定，自治区教育厅工会等13个单位获优秀组织奖。

【开展劳模精神进校园活动】 12月25日，自治区总工会组织开展的“争做奋斗者　建功‘十四五’”劳模精神“三进”宣讲活动在宁夏大学文萃校区怀远楼报告厅举行。宣讲会上，宁夏医科大学总医院副院长周炜，中铝宁夏能源集团银仪电力工程有限公司工程专责、助理工程师汲洪民，石嘴山市平罗县定远街消防救援站站长王玉珏三位全国劳模用朴实的语言、真挚的情感讲述了他们在各自岗位上默默无闻、无私奉献的奋斗历程，展现了新时期劳模的风采。

【做好职工帮扶和劳模服务工作】 2020年筹集10万元资金，开展经常性、常态化送温暖慰问活动；认真做好职工医疗互助活动，9648名职工参加互助活动，为46人次住院职工办理医疗互助补助，共发放补助金135670元；开展关爱女职工“两癌”筛查活动，为20家单位393名女职工健康检查。为2名省部级劳模发放补助金3万余元；开展慰问劳模活动，为106名劳模发放70周年大庆纪念品，发放春节慰问金18万余元，安排20名全国劳模健康体检；组织17名全国、省部级劳模，五一劳动奖章获得者，模范职工之家工会主席参加海南、厦门、北戴河等地的疗休养活动；配合制作劳模宣传体感照片。

【开展“劳模创新工作室”创建工作】 在教科文卫体产业中深入开展大众创业、万众创新活动，激发职工创业干事热情，营造崇尚科学、尊重劳模、学习劳模、争当劳模、关爱劳模的良好氛围。宁夏大学文琦创新工作室、宁夏职业技术学院（宁夏开放大学）马杰创新工作室、宁夏农林科学院王永宏创新工作室、宁夏工商职业技术学院郝红艳创新工作室、宁夏回族自治区第三人民医院丁永国创新工作室、宁夏回族自治区人民医院朴文花创新工作室、宁夏医科大学韩梅创新工作室等7家创新工作室被命名为宁夏教科文卫体工会劳模和技能人才创新工作室；冷晓红创新工作室被命名为自治区总工会劳模和技能人才创新工作室。

【开展“评先选优”工作】 宁夏回族自治区人民医院高小芳、宁夏农林科学院荒漠化治理研究所蒋齐、宁夏大学西夏学研究院杜建录、宁夏医科大学总医院呼吸与危重症科李秀忠、宁夏医科大学总医院周玮被授予全国先进工作者；自治区人民医院胸科中心啃冰、自治区第四人民医院呼吸一科徐麟、自治区第三人民医院张海燕、自治区教育厅体育卫生与艺术教育处高应举、宁夏体育运动训练管理中心高晓民、宁夏师范学院数学与计算机科学学院马旭、宁夏医科大学药物分析学系马学琴、宁夏体育职业学院刘军、北方民族大学商学院杨保军、宁夏医科大学总医院感染科张志远、宁夏医科大学总医院急诊科陈中伟、自治区第五人民医院肿瘤中心刘钺、黄河出版传媒集团宁夏人民出版社有限公司管世献、宁夏演艺集团秦腔剧院有限公司李小雄被授予自治区先进工作者；开展全区先进女职工集体和个人评选活动，宁夏医科大学附属回医中医医院护理部、宁夏大学马克思主义学院《思想道德修养与法律基础》教研室被授予“自治区五一巾帼标兵岗”；宁夏师范学院外国语学院赵晓红、宁夏科技发展战略和信息研究所黄莉被授予“自治区五一巾帼标兵”。宁夏体育科学技术中心运动医学研究和运动康复诊疗室被授予“全国五一巾帼标兵岗”。

【实行积分制考核】 按照《宁夏产业工会改革方案》的要求，落实相关的改革任务。研究制订本产业工会主席办公会决策议事规则、常务委员会议事规则、委员会全体会议议事规则（意见稿）；建立产业联席（联系）会议等相关制度。改进年度目标考核方式，推行工会工作积分办法，进一步细化目标考核细则，变考基层为基层自考，自治区卫健委工会等9家单位分别荣获一、二、三等奖。

【职工之家建设】 职工之家建设更加务实。大力推动落实“六有”工会建设，累计创建各级模范职工之家9家、模范职工小家9家。

（杨献政）

宁夏农林水财轻工工会

【概述】 2020年，在区总党组的领导下，在中国财贸轻纺烟草工会和中国农林水利气象工会的精心指导下，宁夏农林水财轻工工会认真按照区总十二届三次全委（扩大）会议确定的目标任务，立足经济建设和生态文明建设主战场，围绕中心、服务大局，积极响应、主动作为，组织广大职工积极投身疫情防控阻击战，为全区疫情防控工作取得阶段性胜利作出了积极贡献，各项工作取得明显成效。

【自身建设】 5月14日，宁夏农林水财轻工工会一届四次全委（扩大）会议在银川召开。会议传达学习了中国农林水财气象工会四届四次全委会议、中国财贸轻纺烟草工会四届四次全委会议和自治区总工会十二届三次全委（扩大）会议精神，总结了2019年工作，研究部署了2020年任务，自治区总工会一级巡视员拓兆功同志到会并讲话。

【职工维权】 扎实开展职工权益维护年活动，推动在农林水财轻工系统企业中普遍建立工资集体协商机制，健全产业协调劳动关系三方机制，落实以职代会为基本形式的民主管理制度，激发职工参与民主管理的积极性，通过召开职工（代表）大会，及时公开有关重要事项，深入了解职工的意愿和要求，及时化解劳动纠纷，先后参与协调处理宁西供水公司5名职工劳动关系纠纷、农垦职工社会保险金、宁夏农业勘察设计院13名职工因解除劳动关系经济补偿等职工上访事件，确保产业职工队伍稳定与劳动关系和谐。

【疫情防控】 面对新冠肺炎疫情，积极引领各基层级工会坚决贯彻落实习近平总书记关于疫情防控的重要指示和讲话精神，按照党中央、国务院和自治区党委、政府及区总的部署要求，围绕中心、服务大局，各级工会累计投入疫情防控资金218.65万元，组织广大职工积极投身疫情防控阻击战，主动作为，助力疫情防控和复工复产工作。为全区疫情防控工作取得阶段性胜利作出了应有贡献。全力做好本产业广大职工疫情防控的宣传教育和舆论引导工作。加强对健康理念和传染病防控知识的宣传教育，组织开展“守护健康　情暖职工”职业健康检查助力复工复产活动和职工心理辅导公益讲座，助力职工安心复工、企业稳定生产。认真做好疫情防控期间困难职工帮扶工作，全面开展疫情期间低收入困难职工摸底调查工作，帮扶困难职工206人，发放困难帮扶资金5950元。

【素质提升】 各基层单位工会在协助企业做好复工复产的同时，不断深化劳动和技能竞赛活动，围绕自治区重大项目、重点工程、重点产业，开展“当好主人翁、建功新时代”主题劳动和技能竞赛。指导宁夏国运集团工会组织实施银西铁路工程项目劳动竞赛和银川都市圈城乡东线供水示范性重点工程劳动竞赛，指导开展第三届宁夏农村创业创新大赛、第三届全区家政服务业职工技能竞赛和全区税务系统业务竞赛等全区行业职业技能竞赛，支持鼓励各级工会开展具有自身产业特色的行业技能竞赛，推动竞赛活动向网络平台拓展，向基层延伸，不断扩大覆盖面、提高参与度。全年共开展各类劳动和技能竞赛33期，参与职工9017人，竞赛工种（项目）22项，竞赛投入经费701.33万元，开展各类技能培训班141期，培训职工6337人，晋升技术等级213人。

【劳模选树】 做好推荐评选全国和自治区劳动模范、先进工作者相关工作，大力宣传和营造劳动光荣的社会风尚、精益求精的敬业风气。深化劳模和工匠人才创新工作室创建活动，培育本级劳模创新工作室8个，推荐自治区及劳模工作室2个，发挥劳模工作室带动产业技术引领作用，将劳模工作向基层一线、向田间地头延伸。推荐全国农林水利气象工会“绿色生态工匠”1名，协同自治区河长制办公室在全区水利系统开展“寻找最美河湖卫士”活动，总结推广基层创建创新工作室的经验和做法，促进职工技术技能不断升级，畅通职业成才渠道。

【工会服务】 密切关注疫情对职工思想和健康等方面的影响，组织开展“守护健康　情暖职工”职业健康检查助力复工复产活动和职工心理辅导公益讲座，助力职工健康复工、企业稳定生产。准确把握脱贫攻坚决战决胜的时间节点，加强困难职工解困脱困帮扶，针对不同层面、不同类别困难职工的脱困需求，将“工会班”“金秋助学”“医疗互助”“常态化送温暖”“技能培训促就业”“结对帮扶”“临时救助”等7大类帮扶品牌做精做细。进一步引导职工充分享受“互联网+”工会普惠性服务项目，建成职工户外劳动者站点6家示范点，立足行业特点服务职工群众，增强职工的认同感、幸福感和获得感。推进基层工会组织和工会会员实名制管理，加强工会法人登记，健全完善工会数据库。培育推荐一批民主管理工作示范点，推动企业民主管理制度有效落实。

【职工文化建设】 深入学习贯彻习近平新时代中国特色社会主义思想，教育广大职工坚定不移引导广大职工听党话、跟党走。组织所属基层工会开展“劳动筑梦”职工演讲比赛，选拔2名选手参加全区“劳动筑梦”职工演讲比赛，1名选手获得二等奖，农林水财工会获得优秀组织奖。举办宁夏农林水财轻工工会第二届职工乒乓球、羽毛球比赛等活动，以“健康生活、快乐工作”为主题，推进各基层工会职工书屋建设，成立读书、朗诵、合唱、书法、美术、摄影等兴趣小组，积极向全委及有关媒体推介宣传系统工会职工好故事、好声音、好典型，展现广大职工在践行社会主义核心价值观中的感人事迹，唱响时代主旋律。

【基层调研】 围绕自治区推进产业工人队伍建设改革工作目标，积极开展智慧工会建设年活动，依托自治区政府云平台，打造产业工人网络学习基础平台，满足广大职工个性化学习需求。深入开展大调研活动，及时了解掌握职工群众所需所求，为确定工作重点、明确工作方向、改进服务质量提供依据。

【干部培训】 继续深化“送教到基层”活动，创新培训和活动的方式方法提高政治素养和政策水平，举办了农林水财轻工工会干部培训班，着力提升工会干部特别是基层工会干部的培训力度，组织参加区总经审干部网上知识竞赛，获得优秀组织奖。打造一支熟悉产业经济、群众工作本领过硬的高素质专业化的工会干部队伍。为基层工会干部搭建了学习交流平台，达到了提升能力的目的，受到广大工会干部的普遍好评。

（赵永刚）

宁夏农垦工会

【概述】 新冠肺炎疫情发生后，集团上下一心、众志成城、忠于职守，农垦干部职工用实际行动展现出大局意识、担当精神、良好风貌，垦区设立59个疫情防控监测点，全力配合属地和社区抗疫；企业干部职工坚守生产经营岗位，全力保障市场供给，日供应原奶756吨、成品奶5吨、肉品17吨。垦区党员干部职工共捐款捐物247万元，受到宁夏红十字会表彰。防疫抗疫工作中涌现出一批战疫模范集体和个人。

【开展劳动技能竞赛和职工创新行动】 举办了第三届全国农业行业职业技能大赛宁夏赛区农垦系统初赛，并选拔出3名农业植保员参加宁夏选拔赛，荣获二等奖、三等奖和优秀团体奖。推进职工创新工作，推荐上报全国劳动模范（技能人才）创新工作室、自治区劳动模范（技能人才）创新工作室、宁夏农林水财轻工工会劳动模范（技能人才）创新工作室各1家。依托农垦培训中心开展新型经营主体及新型职业农民培训项目，举办农机大户、果树种植、休闲农业、农产品加工等培训班，讲授农产品质量与安全、乡村振兴战略、农业保护政策及法律法规等理论知识，组织学员到石嘴山、青铜峡、中卫、固原等自治区农业农村厅指定的高素质农民培训基地和田间学校现场观摩学习先进模式及管理经验。

【广泛开展职工文体活动】 一是举办庆祝宁夏农垦创建70周年职工歌咏比赛，垦区28家单位组成的21支代表队参赛，参赛人数达1400余人，通过歌唱农垦，歌颂新时代，激励全体干部职工群众秉承优良传统，继续发扬“艰苦奋斗、勇于开拓”的农垦精神，凝心聚力推进农垦高质量发展。二是组织25名职工参加自治区“劳动者之歌”文艺汇演评选，经网络投票及专业评选，节目在全区103个参演作品中脱颖而出，荣获优秀创作奖，展现了农垦人敢于奉献、积极向上的良好风貌。三是举办了为期5天的宁夏农垦第四届职工运动会，垦区28个单位近1000名职工运动员分别参加了篮球、羽毛球、乒乓球、拔河、跳绳、象棋等6项趣味运动项目的角逐。四是举办“致敬70载、奋进新时代”主题征文活动、庆祝宁夏农垦创建70周年书画摄影大赛，面向垦区职工和社会征集了数百幅书画、摄影和征文作品评选并展览。

【积极开展评先评优活动】 根据自治区《2020年全国和自治区劳动模范和先进工作者推荐评选有关工作的通知》《关于评选表彰自治区五好家庭、家庭工作先进集体、先进个人暨揭晓自治区最美家庭的通知》，宁夏农垦贺兰山奶业公司李艳艳被评为全国劳动模范，贺兰山奶业公司刘炳莲、沙湖旅游股份公司吴法勇家庭被评为自治区五好家庭，沙湖旅游股份公司马冬梅、前进农场邓福军家庭被评为自治区最美家庭。近年来，宁夏农垦工会充分发挥职能作用，在垦区内广泛开展评先选优活动并积极申报，垦区内涌现出全国“工人先锋号”、全国劳动模范、自治区劳动模范、“感动宁夏人物”、“三八红旗手”、“巾帼标兵”、“职工之家”、“职工小家”等一批先进单位、先进集体和先进个人，通过开展评先评优活动树立了榜样精神，凝聚起奋斗伟力，干部职工群众劳动热情不断被激发，充分调动了广大职工投身创新创业的积极性。

【全力做好救灾保障工作】 2020年初，农垦工会通过一卡通向受灾户发放了2019年至2020年冬春生活救助资金183万元，做到不拖延、不截留、不挪用。受低温冷冻、风雹等多种自然灾害的侵袭，2020年，农垦黄羊滩农场、玉泉营农场等15家单位不同程度受灾，受灾户数达4246户13565人，农作物受灾面积10万余亩。农垦工会及时通过国家自然灾害报送系统上报灾情，自治区应急厅核对农垦上报灾情并拨付自然灾害生活救助资金205万元，有效缓解了受灾职工群众困难生活压力，保证农场稳定发展。

【加强职工文化阵地建设】 一是在宁夏农垦大厦23层至26层楼道墙面设计、制作反映农垦精神、企业使命、产业发展及廉政建设的主题文化墙。二是建设宁夏农垦企业文化展馆，运用文字、照片、视频、模型等展示农垦历史沿革、改革创新、产业发展、荣誉成就、特色产品、企业愿景等内容。三是打造宁夏农垦职工活动中心，围绕职工健身、职工阅读、工作交流、职工休息、职工文化5个功能定位分别设立健身区、阅览室、瑜伽室、文化墙，多功能区等，面向全垦区职工开放。通过加强阵地建设进一步丰富职工精神文化生活，提高职工队伍整体素质，着力打造昂扬向上、健康文明以及全员参与的企业职工文化，提升企业核心竞争力，推动农垦事业持续健康有力发展。

（董进兰）

中国人民银行银川中心支行工会

【概述】 2020年，人民银行银川中心支行工会在总行工会和银川中心支行党委的正确领导下，在自治区总工会的指导和支持下，按照“加强政治引领、服务央行大局、深化民主管理、强化职工保障”工作思路，坚持政治机关属性，面对疫情防控常态化的形势，迅速调整工作思路和方式，深度探索“互联网+”工作新模式，强化服务能力，不断提升宁夏辖区工会组织的工作水平。

【落实民主管理职能，保障职工民主权利】 一是推进职代会制度建设。围绕“一级工会、一级职代会、一级三委会”的原则，规范代表和“三委会”选举，严格职代会议程，目前已实现全辖基层单位职代会100%全覆盖。二是以民主管理促模范机关建设。8月份银川中心支行机关召开的“模范机关创建”专题职代会取得显著成效，开展“优秀提案”征评工作，单位及部门的提案参与率首次超过80%，提案数量同比增长64.29%，提案有效率达100%，创职代会纪录。11月召开的“创建模范机关　助力脱贫攻坚”辖区系统职代会首次采用“现场会+视频会”的形式，更广泛地实现了职工代表的知情权、参与权、表达权和监督权，同时邀请业务骨干和驻村干部交流扶贫经验和成果，切实体现央行干部的责任担当。

【打造疫情防控立体网，勠力同心共抗疫情】 一是建设疫情物资防护网。在春节期间防疫物资紧张的情况下积极行动，设立专项防控资金，为全行职工购置医用外科口罩上万只，及时为一线岗位人员配发KF94口罩，全力做好物资保障供应。二是建立疫情知识普及网。发布《关于抗击新冠肺炎疫情倡议书》和《关于抗击新冠肺炎疫情贡献半边天力量的倡议书》，被总行工会宣传报道。编制《新冠肺炎防控知识最新手册》和《孕产妇如何防范新冠肺炎手册》，以微课堂形式做好防疫知识和心理减压普及宣传，教育引导科学防控。三是创办抗疫事迹宣传网。创办“守望相助·共抗疫情”电子动态专刊4期，挖掘涌现的优秀职工和先进集体，刊发典型先进事迹100余篇；汇聚“以行助力　以文抗疫”正能量文艺作品，其中6篇优秀抗疫原创音乐、诗词及书法作品被总行刊物采用，整体宣传工作在《金融时报》上报道。四是创建疫情心态调整网。开展心理健康状况问卷调查，及时了解职工心理健康状况，帮助职工心理减压，助力打好心理防疫战，调研报告被总行刊物采用。

【扎实推进“职工之家”建设，紧贴需求暖人心】 一是加大对基层工会的支持力度。指导盐池县支行和西吉县支行成功申报总行工会与基层工会共建“职工之家”项目，各拨付3万元专项资金，有效解决建家资金不足的困难。二是积极参加总行职工大病医疗帮扶、特殊群体职工服务保障机制，确定“面向基层、按需帮扶、分类救助”的帮扶原则，制定《宁夏辖区困难职工帮扶慰问实施细则》，规范困难职工精准帮扶管理工作。三是有序做好慰问工作。行领导带队深入基层开展“双节”送温暖活动，慰问辖区困难职工25人次，发放慰问金11.4万元；扎实开展日常慰问，全年共慰问机关职工55人次，发放慰问金10万余元。四是关注职工身心健康。组织体检、慢病筛查活动，举办心理健康知识讲座，开展职工身体健康情况问卷调查，掌握职工身体状况，调研报告被总行刊物采用。

【活跃全辖区劳动竞赛，“红五月”激荡人心】 一是认真组织全辖工会干部参加总行各类知识竞赛，在“新时代　新使命　新担当”主题知识竞赛中荣获团体成绩第5名；经过两年的实操验证，在全区开展的ACS系统业务竞赛正确率达到99.55%；联合举办宁夏辖区发行库及会计核算业务大比武活动，检验宁夏辖区开展岗位练兵效果，有力发挥业务竞赛促进履职作用。二是大力开展“红五月”系列主题活动。举办“五月礼赞·绽放巾帼花”最美央行人风采展，制作展板和电子专刊展示女职工先进事迹。辖区各行分别组织开展“红五月”职工气排球友谊赛、道德讲堂、读书朗诵、健康知识讲座等系列活动，赢得了干部职工好评。

【发挥互联网优势，丰富日常文体活动】 一是举办“迎新春”系列活动。通过棋牌乐、联谊会等活动，浓厚了喜迎新春的氛围，职工参演比例首次超过60%。二是及时转变方式，运用互联网创新文化活动。开展“云”上“三八”节联谊庆祝活动，被“中国金融网”宣传报道。先后在中支机关和全辖开展线上健步行活动，创下辖区参加人数最多、活动时间最长、行走公里数最多的群众性体育活动纪录。三是举办宁夏辖区第二届职工乒乓球比赛，有力促进全民健身活动开展。各行根据本地区实际情况，分别开展了形式多样的小型运动会，丰富了职工业余文化。四是文联活动成果丰硕，召开人民银行文联宁夏分会二届一次会员大会，交流各地区特色文化。组织开展“网聚央行正能量　争做中国好网民”主题活动，征集并上报各类作品36个，传播网络正能量。举办“脱贫攻坚　你我同行”职工手机摄影大赛，评选出50幅作品制作美篇通过各微信群、会刊等进行展播，对基层央行履职进行了有效宣传。

【加强关心关爱女职工，搭建文明创建平台】 全面创建“女职工关爱室”，石嘴山市中心支行被推荐申报“与中国金融工会共建女职工关爱室”单位，成为全系统六家单位之一。创新推出“云祝福云慰问”关爱方式，打造“娘家人大讲堂　女职工微课堂”品牌，紧贴重大节点、社会热点、工作生活等方面制作微课堂19期，银川中心支行工会女职工委宣传载体建设工作在总行工会全国专题会议上被点名表扬。推动书香央行建设，积极承办总行工会女职工读书征文评选活动，其中宁夏辖区报送的两篇征文分别荣获二、三等奖。组织开展“女职工文明示范岗”“巾帼建功标兵”创建选树工作，激发女职工敬业奉献、积极进取的工作热情。组织职工基于自愿原则购买扶贫产品，自觉履行社会责任。

【加强工会自身建设，倡导求真务实之风】 一是加强工会财务经审规范化管理。制定《宁夏辖区基层工会经费收支管理实施细则》《银川中支工会大额采购管理办法》，完成集中式财务管理软件上线工作，进一步规范财务行为。推行“轮流执审”的审计模式，连续两年对下一级工会的现场审计比例达到100%全覆盖，经审工作被总行提名申报中国金融工会“优秀审计项目”。在总行经审培训考试中，银川中心支行2人分别荣获一、三等奖。二是积极探索打造智慧工会。依托工会微信群、工会电子会刊、微课堂、美篇等新媒体阵地，认真打造工会线上文化产品，发挥文化导向作用。三是信息调研工作成效显著。以“争先进位”为目标，大力开展调研，深度探究“互联网+”工作模式，20余篇调研成果、10余项亮点工作在总行工会相关刊物、《金融时报》、“中国金融网”及银川中心支行工会会刊等刊发。截至11月份，被总行采用稿件百余篇，其中专题调研报告17篇，采稿量位于全国前列。四是提升工会干部队伍素质与能力。举办工会工作培训班，就财务、经审以及女职工工作进行现场辅导，提高工会干部的业务能力。

（贺　娴）

宁夏黄河农村商业银行股份有限公司工会

【概述】 2020年，黄河农村商业银行股份有限公司工会在上级工会指导帮助下，在黄河银行党委的坚强领导下，坚持以习近平新时代中国特色社会主义思想为指导，持续深入学习贯彻党的十九大和十九届二中、三中、四中、五中全会精神、习近平总书记视察宁夏重要讲话精神、自治区党委十二届十一次全会精神，按照自治区总工会十二届三次全委（扩大）会议的部署安排，紧密围绕农村金融工作，通过扎实推进基层组织建设、精神文明建设、职工文化建设、民主管理建设等工作，充分发挥工会组织桥梁纽带作用，认真履行“维护职工合法权益、竭诚服务职工群众”的基本职责，团结系统全体员工为实现黄河银行系统高质量发展贡献力量。目前全系统共成立工会组织20个，覆盖率100%；截至2020年末全系统会员人数为5337人，职工入会率为100%，逐步形成了“组织体系完善，工作制度健全，维权机制落实，作用发挥到位”的良好局面。

【加强员工思想政治引领】 强化理想信念教育，通过专题宣讲会、集中学习、理论讨论等形式，组织员工认真学习党的十九届四中、五中全会精神，习近平总书记视察宁夏重要讲话精神，全国“两会”精神等重要内容。强化爱国主义、社会主义核心价值观等主题教育，开展了“有信仰的人讲信仰”“三重温”“讲好红色故事”等主题教育活动，组织党员、员工600余人次观看《黑金危机》《古田军号》等主题教育影片，参加宁夏金融工会组织的“牢记总书记嘱托，担当新使命、展现新作为”主题摄影评比活动，共征集作品6幅，展示了系统员工的良好精神风貌。加强廉政教育和法制教育，深入开展“七五”普法工作，在全系统开展了“合规建设年”“廉政教育周”“清廉金融文化月”等主题活动，重点围绕学习业务知识和法律法规，通过参观党风廉政教育基地、廉政建设党课、集中观看警示教育片等形式，全面加强廉政教育，提出明确纪律要求，全系统共开展警示教育77场次，接受警示教育员工达3011人（次）。围绕《民法典》《民族区域自治法》等开展普法教育，引导员工理性有序表达利益诉求，有效维护了团结稳定。

【不断加强对员工的关怀】 面对突如其来的新冠肺炎疫情，黄河银行系统两级工会积极配合同级党委，坚持在防控一线开展送温暖工作，向1492名一线员工发放了价值55.22万元抗疫物资，对基层网点207名一线员工和146名家属为一线医务工作者的员工进行慰问，共发放慰问金19.6万元。利用重要节假日，协同党委开展下基层送温暖活动，2020年元旦春节期间，黄河银行系统两级工会共走访慰问在岗员工2834人(次)、困难员工136人(次)、退休员工405人(次)。加强员工日常关怀，针对员工及其家属的生、老、病、死等生活重大事件开展慰问活动，2020年各基层工会共慰问因病入院员工136名，开展员工或员工家属去世慰问65人（次），发放慰问金20万元，开展生日、新婚、生育等祝福活动148人（次），发放慰问金和慰问品共计15.39万元。关心员工身心健康，截至2020年10月末，系统有14家机构为4229名员工安排了体检，配合举办健康知识讲座7期，充分体现了人文关怀，有效增强了企业凝聚力。

【持续开展员工帮扶工作】 不断规范全系统员工医疗互助基金工作，坚持系统工会组织、基层工会协调落实、专业保险机构托管审批。2020年，通过公开招标，重新确定了职工互助医疗托管机构，截至12月末，全系统共有15名患重大疾病员工享受医疗互助金13.68万元，已累计为全系统79名身患疾病的员工办理互助基金赔付共计97.59万元，作为员工医疗保险的有益补充，缓解了员工因病导致的经济困难。在认真做好互助基金收缴及登记工作的基础上，坚持及时审批、随时办理，按年度进行公示。2020年1月，黄河银行工会通过集体研究，下发了《黄河银行系统员工困难补助实施办法（暂行)》，年内共计为全系统15名困难员工发放困难员工补助24.5万元，为困难员工有效解决因重大疾病等原因导致的家庭生活困难状况。

【规范女员工保护机制】 疫情暴发期间，系统工会研究下发了《关于加强疫情防控期间孕期、哺乳期女职工保护工作的通知》，要求系统各基层工会要加强疫情期间女职工劳动保护，实行弹性工作机制，同时，密切关注孕期、哺乳期女职工身体状况，有针对性地开展疫情防控教育，每日对其居家或在岗情况、身体健康情况等进行及时了解。并利用“三八”妇女节对全系统2000余名女职工进行了走访慰问，慰问金额达40.84万元。积极保障女员工合法权益得到维护。2020年系统两级工会通过健康讲座等方式组织女职工开展“三八妇女节关爱女职工”活动，参与女职工人数达2172人，进一步增强了女职工获得感和幸福感。

【大力推进争先创优活动】 为强化黄河银行系统广大员工的业务能力，黄河银行系统工会指导各基层工会广泛开展岗位练兵、技能实训、业务比赛等活动，不断提升员工业务素质和服务水平。2020年，通过组织考核推荐，全系统有1名员工荣获“自治区劳动模范”；有1名员工荣获“全国脱贫攻坚奖创新奖”，成为全国中小银行唯一获此殊荣的先进个人，并参加全国脱贫攻坚先进事迹报告团，赴全国31个省（区、市）和新疆生产建设兵团开展巡回报告。

【持续助力教育扶贫事业】 在企业发展的同时，不忘关注和支持当地经济的发展，积极履行社会责任，自黄河农村商业银行助学基金会设立以来，积极开展教育扶贫活动，依托“黄河银行助学基金”，连续15年捐资9581.46万元，向16258名贫困家庭学生发放了各类助学资金。2020年度，黄河银行工会联合黄河银行助学基金会、黄河银行团委，继续实施“圆梦行动”金秋助学活动，对全区1022名考入大学的学生每人资助4000元，同时，继续对“黄河银行高中班”2018级黄河银行高中班200名贫困学生进行资助，共计发放助学资金330.7万元。

【认真落实结对帮扶工作】 在脱贫攻坚战全面收官阶段，黄河银行继续定点帮扶隆德县杨野河村、同心县平远村。2020年为杨野河村投入帮扶资金6.47万元，修建农机设备停放彩钢瓦厂房一间，用于停放村集体农机设备；为村党支部修建党支部宣传栏、捐赠办公设施。有效支持壮大了村集体经济，为脱贫攻坚的全面胜利贡献了力量。

（王泽堃）

宁夏能源化工冶金通信工会

【概述】 2020年，在自治区总工会的领导下，宁夏能源化工冶金通信系统各级工会以习近平新时代中国特色社会主义思想为指引，全面贯彻党的十九大和十九届二中、三中、四中、五中全会精神，认真落实各项工作目标任务，扎实工作、稳步推进，各项工作取得积极进展。一是深入学习贯彻中央精神，强化产业工人思想政治引领；二是大力弘扬劳模精神，团结动员产业工人建功立业；三是聚焦主责主业，切实履行维权服务基本职责；四是立足工会改革创新，加强产业工会自身建设；五是加强支部党建工作，强化党员干部竭诚服务职工的思想觉悟。

【一届四次全委（扩大）会议】 1月7日，宁夏能源化工冶金通信工会在银川召开一届四次全委（扩大）会议。会议深入学习习近平新时代中国特色社会主义思想，全面贯彻党的十九大和十九届二中、三中、四中全会精神，总结回顾2019年工作，研究部署2020年工作任务，表彰了2019年综合业务考核获奖单位，命名了2019年劳模和技能人才创新工作室，履行有关人事事项的民主程序。自治区总工会党组成员、副主席胡君出席会议并讲话。胡君在讲话中充分肯定了宁夏能源化工冶金通信工会过去一年各项工作取得的成绩，并对做好2021年的工作特别是加强产业工人队伍建设改革提出希望和要求：一是把牢正确政治方向，深入学习习近平新时代中国特色社会主义思想，宣传贯彻好党的十九届四中全会精神；二是提高思想引领水平，自觉肩负起新时代产业工会的政治责任；三是把握当前经济运行态势，组织动员广大职工为推动行业经济高质量发展建功立业；四是发挥产业工会优势，推动产业工人队伍建设改革向纵深发展；五是顺应职工对美好生活的向往，履行维权服务基本职责；六是眼睛向下，面向基层，不断推动产业工会工作创新发展。宁夏能源化工冶金通信工会主席朱伟主持会议并作了题为《守初心　担使命　奋力推动产业工会工作高质量发展》的工作报告。会议增（替）补了宁夏能源化工冶金通信工会第一届委员会委员；选举王林吉、马钰为宁夏能源化工冶金通信工会第一届委员会副主席（兼、挂职）；孙晓东为宁夏能源化工冶金通信工会第一届常务委员会委员。

【福建省总工会工作交流团来宁考察交流】 9月14日至18日，福建省总工会王卫红率省总直属企业工会主席一行9人来宁考察交流，自治区总工会党组成员、副主席毛洪峰接见了工作交流团并陪同考察了宁夏职工服务中心。工作交流团一行深入银川市、固原市部分县区及企业进行了实地考察交流。在考察交流过程中，福建省总工会工作交流团就闽宁双方市级和产业工会之间互学互助对口帮扶机制建设、企业间协作交流等进行了探讨，交流了国有企业工会工作经验，走访了部分福建在宁企业，希望通过两省区工会和各企业搭建平台，进一步促进工会工作交流与发展。

【加强工会系统党的建设】 以党的政治建设为统领，坚持把学习贯彻习近平新时代中国特色社会主义思想和党中央重大决策部署作为首要政治任务，紧密结合工作实际，切实把握精神实质、丰富内涵、核心要义、实践要求，进一步提高政治站位，增强“四个意识”，坚定“四个自信”，坚决做到“两个维护”。持续开展“不忘初心、牢记使命”主题教育，巩固教育成果，突出教育实效。坚持工会重大事项、重大问题向同级党组织请示报告工作制度，自觉把党的路线方针政策和工作部署要求贯彻落实到工会各项工作中去。贯彻全面从严治党要求，进一步健全完善工会系统党建责任体系，坚决防止“四风”，从严落实党内政治生活和党内监督制度，加大重点领域、重点岗位、大额经费等监督力度，加强工会经费审查审计工作，进一步增强产业工会党员干部严守政治纪律和政治规矩的自觉性坚定性。

【深化职工思想政治引领】 广泛开展“讲劳模、工匠故事，展劳模、工匠风采”主题活动，做好劳模事迹宣讲和劳模精神、劳动精神、工匠精神的宣传工作。贯彻落实自治区《关于加强和改进新时代产业工人队伍思想政治工作的意见》，在职工中深化理想信念教育、“中国梦·劳动美”主题宣传教育，引导职工践行社会主义核心价值观，开展具有时代特色的学习宣传活动，增强思想引领的针对性、实效性，感染力、说服力，引导职工群众深刻理解党中央治国理政的新理念、新思想、新战略，增强职工的政治认同、思想认同、理论认同、情感认同，团结引导职工坚定不移听党话、跟党走。

【推荐评选劳动模范和劳模技能人才创新工作室】 2020年，本产业有25名职工被授予自治区劳模称号、5名职工被授予全国劳模称号。能源化工工会评选命名了10个劳模和技能人才创新工作室，宁夏建投集团马晓峰创新工作室被命名为自治区级劳模和技能人才创新工作室，宁夏煤业公司王森创新工作室被命名为全国示范性劳模和工匠人才创新工作室。6月11日，全总副主席阎京华到宁夏煤业公司调研时，对能源化工工会劳模技能人才培养、创新工作室建设给予了充分肯定。

【组织开展重点工程示范性劳动竞赛和技能大赛】 以“当好主人翁、建功新时代”为主题，深入开展多种形式的劳动和技能竞赛。在东热西送二期工程、平罗电厂2×660MW机组一期工程等重点工程项目开展示范性劳动竞赛，举办全区新能源发电企业变电运行技能竞赛，龙源风电公司、华电宁夏公司获全区新能源发电企业变电运行技能竞赛优秀组织奖。全系统各单位围绕企业生产经营实际，组织开展了27个项目45个工种的技能大赛，覆盖职工超过8.5万人。华能宁夏公司举办跨区域光伏技能竞赛，为企业培养储备了光伏运维技能人才。宁夏机场公司参加首届西北地区导航岗位职业技能大赛，职工樊家顺获“全国民航技术能手”荣誉称号。各单位深入开展“安康杯”竞赛活动，组织职工开展事故应急演练和隐患排查治理，参加“消除事故隐患 筑牢安全防线”安全知识竞赛，职工安全技能和企业安全生产水平得到明显提升。

【团结动员职工群众，坚决打赢疫情防控阻击战】 投身新冠肺炎疫情防控，筑牢群众防疫防线。新冠肺炎疫情暴发以来，我们坚决贯彻党中央和自治区疫情防控决策部署，认真落实疫情群防群治、联防联控的要求，第一时间向职工发出倡议书，宣传疫情防控政策知识，动员职工积极参与志愿服务。协调各基层单位建立“职工空中心理驿站”，引导职工以良好心态面对疫情防控。各单位发挥各自优势，为疫情防控贡献力量。宁夏建投集团仅用15天时间完成了自治区第四人民医院传染病防治综合楼建设任务，荣获“全国抗击新冠肺炎疫情先进集体”称号；国能电力公司向惠农区政府捐赠7.2吨工业级次氯酸钠，基本满足石嘴山市惠农区消毒液供应；宁夏石化公司向馨和苑社区捐赠消毒液500公斤，有效缓解社区防疫物资供应；中色（宁夏）东方公司组织职工捐款22.7万元，为在鄂企业员工及家属购买口罩、测温仪和防护服等防疫防控物资。推动企业复工复产，全力保障能源供给。认真落实区总复工复产十项措施，各单位工会积极协助企业制定复工方案，协助企业做好后勤保障、出入管理和环境卫生等工作，为职工配备好口罩、消毒液等防护物资，教育职工配合落实各项防控措施，引导职工正确理解、积极应对，助力企业共渡难关。发挥工会组织在劳动保护监督检查工作中的职能作用，督促企业落实内部疫情防控措施和安全生产主体责任，组织开展安全生产和防疫风险隐患自查，建立科学有效的疫情防控检查工作制度和流程，把疫情安全隐患和生产安全事故隐患消灭在萌芽状态。针对疫情防控和生产实际需要，协助企业做好返岗职工的安全教育，规范岗位工作秩序，合理安排轮岗排班，确保了疫情防控期间的生产安全和能源供给。

【健全以职工代表大会为基本形式的民主管理制度体系】 深化“公开解难题、民主促发展”主题活动，广泛组织开展合理化建议和“金点子”征集活动，落实职代会提案制度，鼓励职工群众为企业改革发展贡献智慧力量。围绕企业重大决策、生产经营、班子建设、党风廉政建设和涉及职工切身利益的重大问题，强化厂务公开工作，进一步拓展厂务公开新模式，丰富公开形式，深化公开内容，提升公开成效。及时签订《集体合同》《女职工权益保护专项集体合同》《工资专项集体合同》等，落实职工董事职工监事制度，提高民主管理工作覆盖面和实效性。目前，38家单位均建立了职代会或职工大会制度，覆盖职工约12.37万人。宁夏电信公司被授予全国厂务公开民主管理先进单位，宁夏石化公司一项职工代表提案被评为全国优秀职工代表提案。2020年，我们全程跟进宝塔实业有限公司重组改制工作，多次协调政府改制工作组，指导企业严格履行民主程序，确保改制方案顺利通过职代会，在企业大规范裁员过程中，切实维护职工合法权益，监督落实职工经济补偿等各项权益，同时积极争取上级工会经费补助，帮助企业渡过难关，保证了企业职工安置工作的顺利、稳定、有序推进。

【开展扶贫帮困和普惠服务，真诚关心关爱职工】 各单位决胜全面建成小康社会，决战脱贫攻坚，深化困难职工帮扶举措，送温暖活动扎实开展，为300余名困难劳模发放补助金40余万元，为181名困难职工发放中央和自治区两级帮扶资金258万元，为287名女职工安排“两癌”筛查。组织13691名职工参加医疗互助，有效保障职工医疗需求，减轻患大病职工医疗负担。各单位充分发挥职工文化活动中心、俱乐部、体育场馆等阵地作用，广泛开展职工书法、美术、摄影及各类体育活动，提高职工文化品位，丰富职工业余生活，营造健康文明的职工文化氛围。举办了能源化工工会青年联谊活动，为青年职工婚恋交友搭建平台。广泛开展各类普惠服务，满足职工日益增长的美好生活需要。

【加强工会自身建设，激发基层活力】 加强产业工会领导班子建设。继续选拔优秀干部到能源化工工会挂职，领导班子形成了专、兼、挂模式；进一步强“三性”、去“四化”，领导班子更加富有朝气和活力。积极指导基层工会进行换届选举和委员替补工作，坚持组织原则，规范组织程序，夯实组织基础，激发了基层工会活力。举办产业工人队伍建设培训班，培训工会干部100人次。各单位工会分别结合实际开展有针对性的培训，有效提高工会干部理论水平和履职能力。加强职工之家建设。2020年，我们首次评选了本产业工会先进职工之家（小家）、优秀工会工作者，确定了先进职工之家（小家）示范点、培育点，推荐了自治区和全国模范职工之家（小家）、优秀工会工作者及自治区模范职工之家（小家）示范点、培育点，各单位工会把建会建制建家紧密结合起来，激发了基层工会活力。坚持开展调查研究。广泛征集基层工会和职工意见建议，不断改进工作。2020年征集工会工作调研报告和理论文章50篇参加区总论文评选，16篇获奖。坚持对基层工会经费审查审计，促进工会财务经审工作规范化建设；按时完成工会年度统计报表填报工作，工会系统党风廉政建设责任制有效落实，保证和促进了工会工作的顺利进行。

【加强支部党建工作，强化党员干部竭诚服务职工的思想觉悟】 2020年，产业工会党支部将党建工作与业务工作相融合，通过抓党建促工作，各项工作上了一个新台阶，产业工会党支部被评为三星级党支部。一是提高政治站位，科学谋划党建工作。推进“两学一做”学习教育和“不忘初心、牢记使命”主题教育工作常态化制度化，巩固深化“三强九严”工程成果，推动党建重点任务落实。二是落实“两个责任”、推进党风廉政建设。认真履行“一岗双责”，支委会定期研究党建工作，签订党风廉政责任书、意识形态责任书，严格落实中央八项规定，认真开展“六廉”活动，从严筑牢思想堤坝。落实2020年度巡视区总反馈问题“三个清单”，突出问题导向从严从实抓整改，严格落实各项制度，创新组织生活方式，增强党支部的凝聚力和战斗力。三是通过宣传引导，落实意识形态工作。严格落实意识形态工作责任制，强化党员日常教育管理监督，整治共产党员信仰宗教和参与宗教活动问题，从严做好发展党员工作。四是坚持党建与工会工作同谋划、同推进、同落实。开展“让党中央放心　让人民群众满意”模范机关创建工作，开展主题党日活动12次，党员联系业务工作谈体会、开展战胜疫情学习教育，协助企业复工复产。五是强化支部建设，稳固战斗堡垒。通过“三会一课”制度的扎实落实，支部组织力得到进一步提升。支部共组织召开党员大会6次，支委会13次，上专题党课5次；开展专题组织生活会1次，民主评议党员1次，主题党日活动12次，各党小组共召开小组会61次。

（张国铭）

国家能源集团宁夏煤业公司工会

【概述】 2020年，国家能源集团宁夏煤业公司工会在自治区能源化学冶金通信工会、国家能源集团工会和公司党委的坚强领导下，深入学习贯彻党的十九届五中全会精神及习近平总书记关于工人阶级和工会工作的重要论述，践行“社会主义是干出来的”伟大号召，全面落实公司党建会、职代会各项决策部署，在“一防三保”中充分发挥工会组织的作用，各项工作取得了新成效。公司荣获宁夏能源化工冶金通信工会综合业务考核特别奖，“决胜小康·奋斗有我”全国职工主题阅读活动优秀组织单位，“健康向上·抗疫有我”全国煤矿职工全民健身活动典型单位，全国总工会阎京华副主席调研公司职工技术创新工作，给予了充分肯定。

【引领职工听党话、跟党走】 利用座谈交流、主题教育等多种形式，组织工会干部和职工群众认真学习、深刻领会、准确把握党的十九届五中全会精神，做到学以致用、指导实践、推动工作。深入学习贯彻习近平总书记关于工人阶级和工会工作的重要论述，特别是组织职工学习了总书记在全国劳动模范和先进工作者表彰大会上的讲话精神，积极践行“社会主义是干出来的”伟大号召，开展岗位提素、建功、增效等主题活动，切实增强了思想和行动的自觉，牢牢把握住了工会工作正确政治方向。

【疫情防控积极作为】 开展“一防三保”主题竞赛活动，落实工会“一防三保”十项任务，积极参与疫情防控工作。公司工会拨付经费70万元为职工提供水果和营养餐，增强职工的免疫力，慰问驰援湖北24名医护人员家属。各基层工会实施疫情“班排查”、“日报告”、设立检测点等措施，全面摸排职工疫情风险因素；对滞留外地职工，通过电话、微信问候关怀并发去了慰问信；充分利用新媒体平台，面向职工做好有关政策和防护知识的解读宣传，教育职工不信谣、不传谣；对因疫情隔离造成生活困难的职工及家属，重视心理疏导，第一时间主动帮扶慰问，竭尽所能帮助职工共渡难关。

【民主管理持续深化】 召开公司二届四次职代会，审议工作报告和专题报告，落实了职代会职权。开展提案征集和落实答复工作，立案19件，已办理16件，3件正在落实中，测评满意率为95%。职代会团（组）长联席会议审议通过了《公司关于调整企业年金单位缴费部分拆分比例方案》。职工代表专题巡视并协调解决劳动防护用品、班中餐等涉及职工切身利益的实事。深化厂务公开，利用网站、公众号等多元化阵地，公开力度进一步加强。积极开展《民法典》等普法宣传，引导职工学法、懂法、依法办事，推进“法治宁煤”建设。

【班组建设持续推进】聚焦班组标准化建设，规范实施班组民主安全会，深入开展了班组劳动竞赛。召开班组长、群安员“大讨论、大反思、大整改”专题活动，全面查找、补缺安全漏洞。班组长“亮身份、明责任、做表率、受监督”，进一步强化了班组长责任意识。编印《班组长及其身边的生产安全事故案例选编》，充实基层班组安全警示学习教材。选树表彰“十佳”班组长、百优班组等班组建设先进集体和个人，在《神华能源报》刊登“寻找最强班组，寻找最美班组长”系列报道。对标学习，内培外训，举办班组长素质提升培训27期、3642人，班组长素质和管理水平进一步提升。

【群安工作持续加强】推进“安康杯”竞赛“十个一”活动进区队、进班组、进岗位，1841名群众安全监督员履职尽责，开展了“亮身份履职尽责”等活动，监督职工实施健康保护。女职工家协开展了吹安全枕边风、当安全好矿嫂、安全家书征集等活动，井下送温暖300余次、帮教600余人次。职业健康路演40场次，“学法规、抓落实、强管理”网络安全教育演出19场次，7000余名职工接受了教育。煤矿克尘工作室转化应用新技术76项，摸排一线职工基础病，协调解决了相关问题，维护职工健康权益。

【职工创新持续增强】组织劳模工匠上讲台、进现场、收徒传艺，劳模工匠宣讲授课138场次。探索建立了技术创新工作站，拓宽拓深创新领域和深度，合力攻克技术难题58项。开展了第六届“社会主义是干出来的”“先锋杯”主题劳动竞赛12项，总结提炼竞赛成果32项。对标学习中原油田和峰峰集团职工经济技术创新先进经验，工作室领军人沙龙活动交流推广了先进经验。职工群众积极参与“三新十小”经济技术创新，参与公司评审的成果729项，表彰优秀成果260项。荣获全国示范性工作室1个，国家能源集团优秀工作室1个，宁夏能源化工冶金通信工会优秀工作室2个。中国煤炭协会“五小”职工创新成果16项、一等奖5项，中国能源化学地质工会职工创新成果21项、一等奖3项，进入国家能源集团“源创杯”复赛成果3项，进入决赛并获优秀奖1项。《中国工人》杂志专栏宣传报道了蒙鹏科工作室先进事迹。

【文化活动持续开展】选树全国劳模1人、自治区劳模2人，中国能源化学地质工会大国工匠1人，公司劳模30名、工匠6名。深化“中国梦·劳动美”主题宣传教育，开展了劳模、工匠、十佳班组长“云宣讲”，讲好“宁煤故事”和“职工故事”。开展了“全员阅读·书香宁煤”读书活动，表彰读书之星100名。3名职工代表自治区总工会参加“中国工人杯”职工竞赛并进入全国复赛。参加全国“书香三八”征文，获奖9篇。参评中国能源化学地质工会“网聚职工正能量，争做中国好网民”网络微课，获三等奖。承办自治区“阅读强素质，巾帼建新功”读书分享活动和国家集团能源职工安全漫画、招贴画征集评选活动。开展“力量杯”职工球类和棋牌类群众性体育赛事796场次，参加中国煤矿体协组织的围棋、象棋比赛，获围棋冠军。开展了文艺下基层慰问演出

91 场次，职工文化更加丰富多彩。

【服务职工持续发力】“两节”期间入户、到岗、进病房慰问困难职工 324 人、发放金额 115 万元，结对帮扶 1010 户、发放金额 147 万元，大病救助 395 人、发放金额 174.85 万元，金秋助学 166 人、发放金额 18.1 万元。申请国家能源集团送温暖资金 410 万元、慰问帮扶 467 人，金秋助学 9.6 万元、帮扶 16 人。申请自治区总工会困难职工慰问金 148.68 万元，慰问 219 户。申请自治区红十字会物资 13.8 万元，惠及 750 户困难家庭。参加国家能源集团全国“扶贫日”主题活动，职工捐款 121.35 万元，全额上缴集团。开展公司“送温暖、献爱心、促和谐”活动，职工捐款 210.16 万元。为全体职工发放消费扶贫和中秋福利人均 600 元。组织 3000 名劳模和职工赴三亚疗休养。推送“指尖上的健康微课”51 期。开展了“全员家访”活动，摸排解决矛盾 130 余起，切实履行了工会“娘家人”职责。

【女职工素质持续提升】深化巾帼提素建功，选树国家能源集团巾帼标兵岗 1 个、巾帼标兵 1 人、自治区五一巾帼先进集体和个人等 10 项荣誉。开展抗疫“一封家书”和“书香三八”征文活动，收集 168 篇家书、133 篇征文。参加自治区总工会“玫瑰书香”读书分享活动。举办工会女职工干部素质提升拓展培训班、100 名女职工干部参与培训。评选表彰“最美家庭”，选树全国“文明家庭”1 户、自治区“最美家庭”2 户，引领女职工成长发展。

【自身建设持续夯实】落实工会主席、副主席民情周记制度，察实情、出实策，强化了各级工会人员的主责主业意识。开展“强基层、补短板、增活力、见实效”行动和“三级联动夺旗争星”职工之家建设竞赛活动，推动工会各项工作有效落实。通过“培训辅导 + 现场指导”，帮助 13 个基层工会按期规范完成换届选举工作。立项工会创新亮点工作 116 项。征集调研课题、理论研究论文 225 篇。“宁工惠”App 线上开展活动 7 次。组织职工之家建设讲评，对标学习，借鉴经验。制定了工会工作经费使用清单，工会经费使用更加安全、规范、高效。

（买　利）

中国华电集团有限公司宁夏分公司工会

【概述】 在宁夏能源化工冶金通信工会和中国华电集团有限公司宁夏分公司党委的正确领导和大力支持下，中国华电集团有限公司宁夏分公司工会委员会坚持以习近平新时代中国特色社会主义思想为指导，坚持走中国特色社会主义工会发展道路，贯彻落实党的十九大和十九届二中、三中、四中、五中全会精神以及中国工会十七大精神，紧紧围绕区域中心任务，主动适应变化的新形势，以“三力”工会建设为抓手，较好地完成了年初制定的 16 项工会工作要点和 40 项具体任务，职工的凝聚力和战斗力进一步增强，工会工作迈上了新台阶。在宁夏能源化工冶金通信工会管理的 39 家企业工会中，连续三年综合业务考核被评为二等奖，并作为自治区总工会首选企业，代表驻宁央企第一个在闽宁合作对口单位福建省总工会工作交流会上进行经验介绍和交流。

【加强党的领导】 坚定不移接受党对工会工作的绝

对领导，不折不扣执行党对工会工作的要求，做实做细统一思想、凝聚人心、化解矛盾、增进感情的工作，更好地把广大职工群众紧紧团结在党的周围。坚持把学习宣传贯彻习近平总书记重要讲话精神、党的十九大精神和中国工会十七大精神作为工会组织建设和工会干部教育培训的重中之重，制订系统学习培训计划，通过举办讨论会、研讨会、专题培训班等形式，推动习近平总书记重要讲话精神、党的十九大精神、中国工会十七大精神入脑入心，指导行动。

【宣传教育引导】 组织开展“认真学习贯彻习近平总书记重要讲话和中国工会十七大及十七届三次执委会精神”活动和“贯彻新思想、担当新使命”工会主席专题讲课活动，区域各级工会干部不断增强“四个意识”，坚定“四个自信”，坚决做到“两个维护”，真正实现了让“党的十九大”精神进车间、进班组；通过微信、网站、职工政治学习等方式，在区域内开展形势任务和共同理想教育，依托网站、微信积极搭建“工会之家”“工会e家”宣教平台，认真开展“华电e家”App网络信息平台推广应用，职工凝聚力和工会组织影响力不断增强。

【职工文化建设】 组织职工参加“英雄中国·迎春奔跑”线上赛活动和“喜迎全面小康·共筑伟大梦想”健走活动，进一步增强“行万里路”品牌效应；组织开展篮球友谊赛；开展巾帼事迹展、女职工书法绘画作品展等“巾帼建新功·共圆中国梦”庆“三八”系列活动；结合疫情防控工作，号召各基层工会组织开展“短平快”的文体活动，在丰富职工文化生活的同时，坚定抗击疫情的信心和决心。

【劳动技能竞赛】 通过开展“安康杯”竞赛活动，将安全管理理念融入企业生产的全过程；结合区域实际，组织开展涵盖工程建设、机组检修、提质增效、安全环保、班组建设、精益管理等6个方面共8项劳动竞赛，积极营造浓厚的“比、学、赶、帮、超”劳动竞赛氛围。《宁夏公司“风机运维”劳动竞赛》被中国华电集团有限公司定级为C类项目，一个集体荣获中国华电集团有限公司“工人先锋号”荣誉称号；积极组织参加华电集团有限公司和自治区职工技能大赛，分别荣获华电集团有限公司“风电运维”技能大赛个人铜奖和优秀组织奖，一名职工被授予华电集团有限公司“技术能手”，荣获自治区“新能源发电企业变电站运行技能竞赛”团体第二名、优秀组织奖和个人三等奖；组织开展宁夏公司财务管理技能大赛，进一步提升区域财务管理水平。

【职工素质提升】 建成自治区劳模创新工作室1个，能源工会职工创新工作室3个，集团公司职工创新工作室2个；先后选树中央企业技术能手1名、全国电力行业技术能手1名、全国电力行业优胜选手1名、集团公司技术能手2名，选树宣传区域“巾帼建功岗”3个、“巾帼标兵”6名；分别荣获中国华电集团有限公司职工创新创效成果三等奖和职工先进操作法；以“五型班组”建设为抓手，紧紧围绕公司工作目标任务，扎实开展“星级”班组创建工作。通过月度自查、季度查评的方式，督促指导基层单位不断夯实班组管理基础，2020年共创建“明星”班组12个，2个班组被中国华电集团有限公司授予“五型”标杆班组称号；2个班组分别荣获中国华电集团有限公司“最班组”短视频大赛一等奖和二等奖，《互联网“思维”在班组管理中的应用》入选中国华电集团有限公司优秀班组建设案例。

【劳模精神学习】 结合疫情防控，组织开展“信仰、信念、信心”职工思想教育暨“战‘疫’模范”“劳模先进”事迹报告（视频）会，区域共270余名干部职工观看报告会，充分发挥了劳模先进的示范引领效应；大力开展劳模先进培养、选树工作，1人荣获全国劳动模范称号，1人荣获中国华电集团有限公司劳动模范称号、2名职工荣获华电集团有限公司“先进个人”称号。

【职工服务和精准帮扶】 全年开展送温暖（送清凉）活动9次，送去慰问品价值近16.7万元；看望慰问生病或亲属离世职工5名，送去慰问金及慰问品价值2500元；慰问困难职工5名，送去慰问金1万元；组织开展“贯彻新思想、担当新使命”专题党课暨职工代表座谈调研，现场解答职工代表关心关注的焦点和难点问题，努力将工会打造成职工可依赖、可信赖的“红色驿站”“温馨港湾”；新冠肺炎疫情期间，全面强化群众工作，通过微信公众号将疫情防控期间的日常防护、卫生消毒、报告制度等11条注意事项及措施传达至区域每一位员工，推动员工不信谣、不传谣，减少人员聚集，严防群体感染事件，切实开展职工防护和关爱，共配发防护用品消毒液146瓶，口罩5760个，测温枪10余支，喷壶50余个，每个办公及值班区域均设置洗手液和消毒液，每天对60余处办公及对外场所进行定时消毒，在厂区设置定点测温区，所有人员每天进行体温检测；坚定履行华电央企社会责任，为坚决打赢疫情防控阻击战贡献华电力量。组织各级工会组织在集团公司定点扶贫地区以及西海固等贫困地区开展扶贫消费近10万元，号召企业行政扶贫消费近63万元。

【职工权益保障】 坚持每季度对职工思想动态进行调查研究，及时解决职工所关心的热点、焦点、难点和疑惑；定期开展劳动保护监督检查工作，充分发挥职工代表对企业安全生产工作的日常监督检查职能，切实维护职工合法权益，及时发现并督促整改区域劳动保护方面问题4项；组织职工代表对落实职代会决议情况、重点工作任务完成情况、职工代表提案落实情况、职业卫生健康防治、涉及职工切身利益的重大事项执行情况以及职工关心的热点、难点问题进行巡视检查，发现并督促整改问题10项。

【创建和谐劳动关系】 严格落实职工代表大会制度，定期召开职代会、按期进行换届，严格落实平等协商集体合同制度，在职代会前充分征求职工代表意见，并结合意见建议起草集体合同，职代会上由职工代表进行审议、表决通过后，由公司行政和职工首席代表当众签订，合同内容紧密围绕薪酬待遇、休息休假、权益保护、教育培训、女职工特殊权益等职工切身利益问题，设定了政策、标准、原则，保证了职工利益“红线”，保障了劳动关系的和谐稳定；积极开展职工代表提案征集工作，提案经公司党委会和总经理办公会研究后督促相关部门予以落实，2项职工代表提案荣获集团公司第二届“百佳职工代表提案”称号；每月定期编制厂务公开简报，利用公示栏、办公系统、网站等多种形式进行公开，目前共编制下发厂务公开简报52期，从根本上维护了职工的知情权、参与权、监督权。

【加强自身建设】 修订完善《工会委员会工作规定(试行)》《工会经费管理办法》等7项制度，全面贯彻落实《工会法》，不断深化“职工之家”“职工小家”创建活动，区域工会组织建设完整，职工入会率100%；严格按照《全国总工会基层工会经费收支管理办法》《中国华电集团有限公司工会经费管理办法》和《宁夏回族自治区基层工会经费收支管理实施细则》相关要求，按时足额上解工会经费，严格管控工会经费各项支出；组织开展区域工会经费管理专项检查，查改问题7项；年内实现区域所属各级工会干部培训全覆盖，30余名专兼职工会干部完成综合业务培训，选派一名优秀年轻干部挂职宁夏能源化工冶金通信工会副主席；新能源公司工会被宁夏能源化工冶金通信工会授予“先进职工小家”称号。

（王利锋）

国家电投宁夏能源铝业

【概 述】 2020年，是“十三五”规划的收官之年，宁夏能源铝业公司工会在党委和宁夏自治区总工会、宁夏能源化工冶金通信工会的正确领导下，深入学习贯彻党的十九大和十九届二中、三中、四中全会精神以及中国工会十七大精神，以提升生产经营效益和提高职工的幸福感为使命，用新理念引领工会新发展，围绕中心、服务职工，创新思路、主动作为，各项工作取得了显著成效，为推动公司高质量、可持续发展凝聚了强大力量。

【一届四次会员代表大会】 1月20日，公司召开一届四次会员代表大会，会议通过了大会选举办法，宣读替（增）补工会委员候选人名单。经过选举，刘卫等13名同志为公司工会委员会委员，经工会委员会会议选举，刘卫同志为公司工会主席。党委副书记、工会主席刘卫作了题为《弘扬奋斗者主旋律　争做新时代劳动者　为推动公司高质量发展建功立业》的工会工作报告。报告从维护权益，民主管理取得新进展；融入中心，组织职工建功立业取得新成效；夯实基础，班组建设拓展了新途径；关爱职工，构建和谐劳动关系取得新进步；激发活力，职工文化活动展现了新风采五个方面回顾了2019年各项工作，安排部署了2020年重点工作。

【一届四次职工代表大会】 1月21日，公司一届四次职代会暨2020年工作会议在青铜峡召开。坚持以职代会为基本形式的民主管理制度，深入学习贯彻习近平新时代中国特色社会主义思想和党的十九届四中全会精神，认真落实自治区总工会和能源化工冶金通信工会的工作部署，严格执行职代会决议。

【民主管理】 职代会征集提案意见建议18项，直接答复22项，立案5项，办复率100%，向有关部门和单位下发《提案办理通知单》5份，工会持续跟踪督办。发挥职代会民主监督管理作用，抓好民主评议干部。加强制度建设，完成《工会工作管理办法》《班组建设实施细则》等7项制度的修订。围绕企业重大决策、生产经营、班子建设、党风廉政建设和涉及职工切身利益的重大问题，进一步强化厂务公开工作。实施“透明管理”，拓展厂务公开新模式，丰富公开形式，深化公开内容，提升公开成效，保障了职工参与企业民主管理和民主监督的权利，促进了企业和谐劳动关系建设。围绕企业发展中心工作，广泛组织开展合理化建议和“金点子”征集活动，鼓励职工群众为企业改革发展贡献智慧力量。

【劳动技能竞赛】 以“当好主人翁　建功创一流”主题实践活动为载体，开展了主题为“跑赢自己，跑赢同行”的争发电量“双跑赢”劳动竞赛，以“一提两超、一降三减”为竞赛内容，努力超额完成年度综合计划目标，努力超越同行业、同区域增量指标。开展了“安全零死亡　建功创一流”专项劳动竞赛，以“六比六赛”为目标，全力以赴实现公司年度安全目标。开展了电解铝指标提升劳动竞赛，深入推进电解铝生产指标及精细化管理再上台阶，促进一流电解铝产业建设。参与职工5000余人次，职工参与率达90%以上。围绕提升职工业务技能，开展了火电安全技能竞赛，铝电解工、阳极焙烧、焊工、光伏运维等岗位技能比武，全公司近1000名职工积极参与，200余人参加决赛。进一步激发了职工群众竞争意识、成才意识和创新意识，掀起了学技术、练本领、比技能、创一流的热潮。

【职工群众创新创效】 制定了《创新工作室管理办法》，系统各单位以创新工作室为依托，全面推动职工群众创新创效，6项软件著作获国家版权局登记，多项成果获得国家级奖励。其中，青铜峡分公司“普通铝锭铸造的流量监控系统”创新项目获国家专利，青铝发电1项工程技术成果获中国管理科学研究院工程技术课题一等奖。深入开展“五小”创新及QC攻关活动，组织区内42名青年参加自治区创新方法训练营，组建17个项目组，其中6个项目入围决赛并荣获中国创新方法大赛宁夏分赛三等奖，公司团委荣获优秀组织奖。组织开展青年“五小”创新成果评选。在公司系统内征集青年“五小”创新项目37项。

【职工文化活动】 开展了“礼赞奋斗者　建功创一流”铝电公司第四期“我是奋斗者”故事分享会。举办了新春“和”会，展现了职工群众昂扬向上、砥砺奋进的精神面貌。开展了职工足球赛、气排球赛等文体活动，强健了职工体魄，丰富了业余生活。“三八”妇女节期间开展系列庆祝活动，激发了广大女职工爱企爱岗热情。各单位积极开展职工喜闻乐见的文体活动，开展了读书季及征文、演讲等形式活动，引导职工多读书、读好书，提升自身综合素质。建立联系青年“1＋10”机制，及时、有针对性地对团员青年工作学习生活中存在的思想困惑、焦点问题进行解决。积极营造团结向上、奋力拼搏的职工文化氛围，推进企业文化和精神文化建设同频共振，不断促进职工队伍和谐稳定。

【优化班组建设】 坚持问题导向，深入开展调查研究，召开班组长座谈会、协调会和班组长个别谈话，选取典型班组“解剖麻雀”，从班组记录台账入手，减轻部分班组负担。侧重管理提升，在减负中优化班组建设，在优化中进一步明确减负方向。切实提升基层管理水平，为基层车间和班组“松绑减负”。创建示范班组。制定班组长培训教育计划，提升班组长综合管理能力素质。实施标准化、规范化班组管理，优化班组建设。

【劳模管理服务】 评选表彰公司级劳动模范，推荐宁东分公司刘西宁获得自治区劳动模范称号。宣传报道“先进风采”“一线手记”“典型在身边”等共计100余篇，充分发挥劳模、先进的示范引领和带动作用，凝聚强大的精神力量，落实劳模待遇，“五一”劳动节前完成21名省部级以上劳模慰问，完成对生产现场一线慰问2000余人次。

【关心关爱职工】 时刻关心关注职工群众的工作生活，在构建和谐劳动关系中把职工帮扶关爱工作做细、做实、做出成效。持续开展“困难慰问、大病救助、金秋助学、结对帮扶”四大送温暖活动。组织开展抗击疫情爱心捐款，慰问8名因疫情致困员工。坚持对困难职工家庭帮扶，更新困难职工档案信息，实施精准帮扶。开展“五一”劳动节慰问活动，向奋战在生产一线的劳动者们送去节日的问候和21万元物资；对12名患有特重病的职工进行了救助；向全体职工发放防暑慰问品19万元；开展“金秋助学”活动，为98名职工子女发放助学金39.2万元。深入开展“女职工关爱行动”，公司各单位组织开展女职工专项体检工作，为女职工办理团体安康保险、团体重大疾病保险，增强了女职工抵御重大疾病风险的能力。

【职工小家建设】 制定《职工小家建设实施方案》，以服务生产一线为中心，深入推进职工小家建设，打造具有本单位特色的职工小家，其中，青铜峡分公司动力二车间获宁夏能源化工冶金通信工会“先进职工小家”“先进职工小家示范点”荣誉称号。

（陈　琳）

中铝宁夏能源集团有限公司工会

【概述】 2020年是全面建成小康社会和“十三五”规划的收官之年。面对新形势新任务，中铝宁夏能源集团工会在集团公司党委和宁夏能源化工冶金通信工会的坚强领导下，以习近平新时代中国特色社会主义思想为指导，学习贯彻党的十九大和十九届二中、三中、四中、五中全会精神，以加强产业工人队伍建设为主线，促进思想政治引领、职工技能提升、职工维权帮扶、工会普惠服务等工作见成效，团结广大职工为推动公司高质量发展努力奋斗。

【政治引领凝聚人心】 中铝宁夏能源集团工会把政治建设摆在首位，深入学习贯彻习近平总书记关于工人阶级和工会工作的重要论述，大力宣传党中央对产业工人的关怀，大力宣传中铝宁夏能源集团党委加强产业工人队伍建设、提高技术工人待遇的政策措施，团结带领广大职工进一步提高政治站位，增强“四个意识”，坚定“四个自信”，做到“两个维护”。每季度开展职工思想动态调研分析，及时处理来信来访，通过“职代会提案集中提、合理化建议广泛提、职工诉求动态提”的方式，形成“三位一体”民主沟通渠道，解决职工关心的热点难点问题。不断深化“中国梦·劳动美·宁夏好”主题宣传教育，以“全国劳动模范”汲洪民、“自治区劳动模范”张虎等为宣传重点，专门为公司13名劳模拍摄专题片，号召广大职工学模范、赶先进，同时以“创新工作室”“两带两创”“五小创新”为平台，为劳动模范更好施展才华、传授绝技绝活、展现精神品格提供全方位支持，使他们的劳动技能、创新方法、管理经验广泛传播。

【疫情防控确保生产】 中铝宁夏能源集团工会坚决贯彻执行中铝宁夏能源集团党委和宁夏能源化工冶金通信工会关于疫情防控的工作要求，充分展现工会组织的作为，团结带领广大职工共克时艰，积极主动参与到疫情防控和复工复产工作中。

中铝宁夏能源集团工会积极为职工购买配发防疫物资，组织开展对疫情期间坚守一线员工的慰问工作，列支疫情防控专项资金 336.45 万元，积极组织青年志愿者帮助复工职工如实填写个人旅程信息、隔离和健康状况，建立个人健康卡，助力企业快速复工复产。

【创新创效成绩显著】 通过“工会搭台、专业管理、职工唱戏”的方式激发一线职工创新创效潜能，拓宽职工参与管理、经营、技术、制度创新的渠道，切实引导职工当好主人翁。大力开展“创新工作室”“创新创意大赛”“五小创新”“合理化建议”等活动。积极开展以“安康杯”竞赛为载体的群众性安全生产和职业健康活动，强化企业安全生产基础建设，及时调整“安康杯”竞赛组委会，制定 2020—2021 年度竞赛方案，职工参赛率实现 100%。马莲台发电厂发电部运行二值荣获全国“安康杯”竞赛优胜班组称号。持续开展“安全、干净”班组竞赛，助力企业安全生产，班组安全文明生产管理水平进一步提升，打造了健康文明、昂扬向上的班组文化，形成了人人重视安全、人人关心安全、人人遵章守纪的氛围。结合各产业生产经营进度，有针对性地开展了“煤炭产业掘进进尺”专项劳动竞赛，发电产业的机组利用小时、长周期安全运行的“提质增效”劳动竞赛、“践行使命争先锋”班组等 12 项劳动竞赛，先后有 11514 人次参与其中，奖励 4961 人次，发放奖励 69.76 万元，进一步激发了职工工作积极性，助力企业保进度、保产量、保安全。按照“强化赛前全员培训、普遍提升职工技能，严格竞赛考核选拔、选树岗位技术标兵”的工作思路，不断完善职业技能培训和竞赛工作体系，巩固基层、公司、自治区、行业和国家五级竞赛工作链，筑牢技能竞赛“金字塔”，让优秀人才通过逐级选拔，跨入国家级竞赛大门。结合公司产业特点，开展电工、钳工、焊工和班组长综合管理技能等传统工种竞赛的同时，针对岗位特点，开展火电运行集控值班员等 11 个专业工种的岗位技能培训和竞赛活动，有 1085 名职工参加了竞赛，309 名职工晋升了技能等级。

【巾帼建功新时代】 积极打造女职工工作品牌，广泛开展“迎三八　展风采”系列活动，组织女职工参与“宁夏女职工维权暨新冠肺炎疫情防控法律知识微信答题抽奖活动”，有效提高了女职工的依法维权意识和能力。企业行政认真落实《女职工专项集体合同》，按时按标准发放女职工卫生费，组织全体女职工进行了健康检查，倡导女职工自觉加入“安康保”。其中，银星能源股份公司刘宏荣获“全国最美家庭”称号，王洼煤矿伏晓霞荣获自治区“五一巾帼标兵”称号，女职工工作经验得到自治区总工会女职工委的肯定和推广。

【劳动关系更加和谐】 深入实施工会维权行动，广泛开展“冬送温暖”“夏送清凉”重点工程和一线职工慰问活动，切实做好全体职工传统节日慰问工作。进一步加强基层企业职工之家阵地建设，集团公司工会为 13 个职工之家，76 个职工小家统一制作了职工之家背景墙，拨付基层工会建设经费补助 91 万元，受到基层工会和职工群众的普遍好评。

【自身建设不断加强】 中铝宁夏能源集团工会针对基层企业大部分工会主席岗位调整的实际，召开了工会会员代表大会，增（替）补选了19名工会委员、3名经费审查委员会委员和5名女职工委员会委员，8家基层单位工会主席选举到位，健全了公司工会的组织体系。工会加强自我监督，贯彻构建“大监督”体系的部署，履行业务监督职责，公司各级经费审查委员会认真开展全级次工会经费审查监督，进一步规范工会经费审查工作，重申全总“八个不准”，明确中铝集团工会“七个严禁”和经费收支管理“六项原则”，切实抓好立行立改，推动落实预算、审议、公开、执行、监督、决算“六位一体”穿透式监督管理，提高工会经费使用效率。公司工会在自治区总工会2020年度全区工会工作考核中荣获一等奖。

（张筳玲）

中色（宁夏）东方集团有限公司工会

【概述】 2020年，中色（宁夏）东方集团有限公司工会深入贯彻落实习近平总书记重要讲话精神和党的十九届四中、五中全会精神，在自治区总工会和能源化工冶金通信工会的坚强领导下，全面贯彻中国工会十七大精神，全面落实中色东方集团2020年工作会暨二届五次职代会部署，以“不忘初心、牢记使命”主题教育活动为指导，紧紧围绕企业中心工作，以“适应新形势，实现新作为”为突破口，大力弘扬伟大的“抗疫”精神，将实现好、维护好、发展好职工群众合法权益作为工会工作的出发点和落脚点认真落实工会责任，为推进企业健康稳定高质量发展起到了积极的推动作用。

2020年，公司下属单位西材院党委书记、董事长焦红忠，东方钽业钽粉分厂技术负责人李慧获自治区“劳动模范”称号；特材分公司党支部书记、总经理易均平获石嘴山市“劳动模范”称号；中色新材粉体分厂牛丽获第九届中国有色金属行业“技术能手”称号；东方钽业钽粉分厂分工会获得2020年度“自治区模范职工小家”荣誉称号。

【持续深化民主管理 增强企业发展动能】 中色（宁夏）东方集团有限公司工会切实发挥工会组织的桥梁纽带作用，加强民主管理阵地建设，充分利用OA、工会微信群、微信公众号、企业报等媒介，及时向职工宣贯民主管理的法律法规、政策制度，营造广大职工参与企业经营管理的良好氛围。坚持落实职工代表大会制度。1月8日召开了二届五次职代会，参会职工代表110人。1月6日召开二届职代会第十次主席团会议，审议通过了《中色东方2019年集体合同履行情况的报告》《中色东方企业负责人履职待遇、业务支出工作报告》等职代会会议材料。会后，做好职代会精神的传达、贯彻，并逐一落实二届五次职代会通过的6项职工提案。同时，还利用公开栏、OA、微信公众号等媒介和形式，推动厂务公开工作，扩大职代会、对话会、恳谈会覆盖面，让职工参与干部选拔任用测评、任前公示等多种民主管理形式，使民主管理制度不断完善。

【关注职工精神需求 凝聚企业发展共识】 中色（宁夏）东方集团有限公司工会充分发挥工会“大课堂”作用，广泛宣传党的十九届五中全会精神、中国工会十七大精神和中色东方工作会议精神，同时讲好中色东方职工故事，展现基层风采。2020年，中色（宁夏）东方集团有限公司工会共收到基层信息稿件700余篇，修改发布400余篇，较好地展示了企业生产经营情况、基层工会动态和职工精神面貌。撰写简报30期，对工会的主要工作进行了全面报道。向自治区总工会上报《宁夏回族自治区工会年鉴（2020）》《2020年度劳动竞赛统计报表》《2020年工会统计表》《2020年中色东方工会总结》《2020年工会调研报告》《产业工人素质提升需求征求意见表》《女职工心理健康调研报告》等材料10余份。积极组织职工参加能化工会开展的《全区产业工人状况调查问卷》《女职工心理健康状况调研问卷》及“党的十九届五中全会网上知识竞答”，竞答全员参与率达到40%以上；按要求组织职工参加“劳动筑梦”全区职工演讲大赛、2020年宁夏职工群众“劳动者之歌”文艺汇演，报送的节目“我恋不够的宁夏川”获得优秀组织奖；在石嘴山市总工会组织的干部职工球类运动会上，取得了篮球、羽毛球两项团体冠军。

【组织开展防疫行动确保职工正常生活】 2020年春，突发的新冠肺炎疫情引起了中色（宁夏）东方集团有限公司工会的高度重视，在配合相关工作人员坚决执行各级政府、社区、村镇防疫管理规定的同时，充分发挥组织优势，为打赢疫情阻击战作出了应有的贡献。2月1日，中色（宁夏）东方集团有限公司工会联合团委，在线向全体工会会员和共青团员发出“抗击疫情攥指成拳聚力在鄂企业打赢疫情阻击战”的捐赠倡议书，号召大家踊跃参与捐款献爱心，帮助在鄂兄弟单位打赢疫情防控阻击战。公司职工积极响应、踊跃参与，展现出新时代国企职工的责任担当和家国情怀，3天时间共有1766名职工捐款22.7万元，为在鄂企业员工及家属购买口罩、测温仪和防护服等防疫防控物资。组织职工开展了“抗击新冠肺炎”线上专题知识竞赛活动，参与“阻击‘新冠’总动员”竞答的职工人数达到1412人，占全部在岗职工的58%，较好地宣传了疫情防控知识。

因疫情管控需要，中色东方按要求推迟复工，提前返厂的12名职工在单身公寓居住隔离。2月5日，中色（宁夏）东方集团有限公司工会为隔离的职工采购了蔬菜和日用品送到宿舍，解决他们后顾之忧。复工以后，为进一步增强重点疫情区返石集中隔离职工对企业的归属感，2月19日，中色（宁夏）东方集团有限公司工会通过集中隔离人员微信群向职工们表示慰问，并征集大家在生活上的需求和意见，精心挑选了生活用品和食物等，在宾馆工作人员的协助下，逐一送到大家手中。

自疫情发生后，中色东方在单身公寓、生产区域共设置8个防疫检查工作点，工作人员持续工作一直没有休假。2月25日中色（宁夏）东方集团有限公司工会精心挑选了牛奶、饮料、水果等慰问品，向坚守在检测点一线的全体工作人员表示慰问。同时，经中色东方各分工会前期调查，公司职工家属在抗疫一线的医护人员共有27名，其中参加“支援湖北医疗队”的有4名，在本地区抗疫一线岗位的有23名。2月28日，中色（宁夏）东方集团有限公司工会拨付专项资金15500元，慰问参加“支援湖北医疗队”和本地区抗疫一线岗位的职工家庭。

【风雨兼程不言苦，千里决胜扶贫村】 近年来，中色东方坚持精准扶贫、精准脱贫基本方略，紧紧围绕“两不愁三保障”目标任务，积极履行社会责任，累计筹措帮扶资金135.684万元（其中用于定点扶贫陆家沟村75.684万元，结对帮扶白崖乡三个深度贫困村60万元），千方百计为贫困村和贫困群众办实事、谋实惠，受到了各级组织及群众的积极肯定。

2020年，公司继续投入10万元助力脱贫攻坚。一是投入3.5万元建设了“家门口服务站”，把分散式信息系统统一起来，将政务、文化、民生等服务平台整合起来，将村干部办公集中起来。推进服务办理便捷化，优化办事流程，提高了为民办事的质量与效率，真正实现了“生活小事不出村，办事服务在身边”的服务理念。二是投入2万元建设“村史馆”“文化墙”，利用乡土文化的教化作用让人们记住历史、记住乡愁，进一步增强人们的文化自信和对乡村的热爱之情，从而积极地参与乡村文化建设和乡村经济发展，为实施乡村振兴战略打好基础。

驻村工作队坚持吃住在村，工作在村。25名帮扶责任人（中色东方各分工会主席）克服忙碌生产工作、不辞辛苦，往返近1000公里到村，扎实开展“帮扶干部进村入户解难题办实事”专项行动。驻村工作队精心策划，组织安排，主持开展了丰富多彩的迎新村民文化活动，既有表彰又有比赛，参与人数达到200人；联合南川村党支部开展“共建共享”主题党日活动，不断拓展了党建工作新思路新发展，起到创新引领作用；通过组织开展“扫黑除恶”专项斗争有奖知识竞答活动，进一步深化了村干部、村民们对“扫黑除恶”专项斗争的认识，为专项斗争工作开展再一次营造了氛围，夯实了基础。积极组织扶贫村团支部开展学雷锋志愿服务活动，深入群众家中整治脏乱差现象，村容村貌得到很大改观。利用晚上空闲时间开展妇女扫盲培训班，很多妇女第一次写出了自己的名字，此举得到了村民群众们一致好评。

【搭建平台展风采　助力建功新时代】 2020年，中色（宁夏）东方集团有限公司工会秉承“融入中心、服务大局”的工作理念，全面深化以“建功新时代”为主题的劳动竞赛。各子、分公司根据实际情况，组织开展了有效促进本单位岗位技能、生产效率提升的岗位练兵、技术比武活动。截至11月30日，各单位85个岗位、1457人参加岗位练兵活动，职工参与率达58%，创效近千万元，为推动公司发展作出了积极贡献。

举办第九届“强企杯”职工技能竞赛。通过理论考试和实操相结合的方式，组织基层单位技术工人以赛带练，助力技能型人才的成长成才，提升企业技能水平。竞赛历时4个月，共有28个单位的480余名职工参加了电工、焊工、磨矿工、班组长综合管理、人力资源管理、财会六个工种的比赛。其中，钱吉运、张志国、张宇、张志强、沈立芳、袁会萍6名同志分别荣获电工、焊工、磨矿工、班组长综合管理、人力资源管理、财会六个工种的竞赛第一名。

2020年，各基层工会共征集合理化建议504项，通过实地考察，最终筛选出80项进行专家评审。这些成果为企业节约、创效1000余万元，充分展示出中色东方职工的聪明才智，成为职工创新创效、破解生产难题的有效手段。

【用心营造安全文化　满足职工健康需求】 中色（宁夏）东方集团有限公司工会紧密围绕企业安全生产工作，坚持“三贴近”不断提升“三度”，用优秀的职工安全文化满足职工安全健康需求。一是扎实开展以“强意识，查隐患，促发展，保安康”为主题的“安康杯”竞赛活动。以预防生产安全事故和控制职业病危害为重点，努力提升企业安全生产水平，切实维护职工的安全健康权益。中色（宁夏）东方集团有限公司工会将劳动竞赛、岗位培训与安全活动月结合起来，不断丰富竞赛内容与竞赛形式，维护了广大员工的健康生命权。二是开展安全生产季度大检查和专项检查活动。按照中色东方《2020年安全生产、环境保护检查计划》要求，定期组织开展综合性安全检查、专项安全检查、季节性安全检查和隐患整改跟踪检查，及时排查治理各类安全生产隐患。全年共开展各类安全检查20余次。三是开展生产安全事故应急预案演练活动。按照中色东方《2020年生产安全事故应急演练计划》要求，抓好各单位的应急演练工作，开展各类应急演练30场次，其中公司级2场、分厂/车间级18场、工段/班组级演练10场，有效提高各单位职工应对突发事件的应急响应和救援能力。四是完善职工职业健康管理。加强职业健康教育培训，完善职业病危害防护设施和劳动防护用品，定期开展职业危害因素监测和职业健康体检，强化职业健康监护和应急管理，切实保障职工健康权益。2020年度职工健康体检于9月份开始，11月份结束，完成健康及职业健康体检1918人。五是组织女职工参加“安康保”。全集团288名女职工自愿参团体安康保险“安康保”，切实为女职工撑起健康“保护伞”。

【全力打造暖心服务有效实现精准帮扶】 维护职工合法权益是工会一切工作的出发点和落脚点。中色（宁夏）东方集团有限公司工会采用多种方式，打造关爱系列，将日常帮扶、专项资助、节日关爱结合起来，形成暖心关怀工作机制。建立自治区和中色东方两级困难职工数据库，让工会的关爱帮扶形成长效机制。全年，针对女职工专项和因病致困职工10人，发放帮扶金13000元；临时大病救助4人，发放慰问金10000元。对困难职工实施动态管理。通过重新摸底，及时补充建档职工4名，解困脱贫3名。预计2021年向自治区总会上报集团级困难职工15名。“两节”期间为全公司职工每人发放一袋大米作为节日慰问品，贯彻落实国家消费扶贫政策，为每位职工发放扶贫土豆礼盒1份。为624名女职工发放妇女卫生保健费25万元，为457名职工发放独生子女费12.28万元。全年，各级工会共探望、慰问住院职工120人次，支出慰问金2.4万元，处理职工及离退休职工丧事17次，发放遗属生活费35.6万元，让服务职工的“最后一公里”落实在“最后一个环节”上。

积极开展“冬送温暖、夏送清凉”活动，根据基层实际需求，向生产单位赠送冰红茶、茉莉清茶等饮料1400件，雪糕等17000份，西瓜31000斤，价值11万元。为生产现场解决空调1台、冰柜4台、洗衣机6台、电风扇8台、饮水机9台，价值4万多元，有效改善了生产一线的工作环境。鼓励下属各级工会组织开展“迎新联谊会”、“秋季户外拓展”、“知识竞赛”、“抖音”短视频比赛、球类比赛、“观看爱国主义影片”等形式多样内容丰富的文娱休闲活动，支持资金超过10万元。

【驰而不息长抓不懈完善基层组织建设】 不断改进工会工作作风，切实提升专兼职工会干部履职尽责、服务基层的能力和水平。全年对各二级和直属工会进行两次严格考核，现场点评提出整改意见。通过以评促建，以奖促建，使基层工会“动起来、活起来、强起来”，工会服务基层、服务职工的意识进一步提高，作用进一步得到发挥。不断完善工会基层联系点制度，截至11月底，中色（宁夏）东方集团有限公司工会干部累计走访子分公司30多个车间、岗位近百次，帮助协调解决基层、职工困难30多项，有力地促进了劳动关系和谐稳定，推动了基层工会工作。加强工会经费收支及资产管理。一是认真学习新修订的《宁夏回族自治区基层工会经费收支管理实施细则》，严格执行会计准则，做到账、物、现金相符。经费使用体现“量入为出、收支平衡”和服务职工、服务基层、服务工会重点工作的方针。准确、真实、及时上报各种报表，按时按标准上缴经费，各项支出及开支范围标准符合财务规定。二是做好经费的日常审查和监督工作。能够按要求对年度预、决算执行情况进行审查，并对年度预算执行、专项资金、资产管理情况进行审计，全年未发生违法违规现象。严格执行“八项”规定，自觉接受中色东方纪委和职工群众的监督。

（窦肖群）

国家能源集团宁夏电力有限公司工会

【概述】 国家能源集团宁夏电力有限公司（以下简称公司）是国家能源集团100%控股的区域二级子公司，是宁夏区域中央火电企业的唯一管理主体。公司于2020年10月16日在宁夏银川市金凤区注册成立，注册资本金27亿元。主营业务为：电力生产，热力生产和供应，电气设备修理，发电设备检修，发电成套设备及其配套设备的销售，发电固体废弃物销售，生活污泥处置，煤炭及制品批发销售，电力技术服务和信息咨询，房屋租赁，设备租赁，物业服务，仓储服务等。现辖15家火电企业、1家新能源发电企业、1家上市化工企业、1家售电公司、1家供热公司、代管1家房地产公司。2020年12月，经宁夏能源化工冶金通信工会批复，公司工会委员会名称由“中国国电集团有限公司宁夏分公司工会委员会”变更为“国家能源集团宁夏电力有限公司工会”。

【强化政治引领】 组织学习宣传习近平总书记来宁视察重要讲话、在全国劳模表彰大会上的重要讲话等新精神，参与集团公司、区总工会及公司党委、纪委开展的答题竞赛，4438名职工参加区总工会“学全会精神、展职工风采”党的十九届五中全会精神主题网络竞答。组织参加区总工会开展的调研论文征集，2名工会干部撰写的调研论文分别荣获二、三等奖。

【做好疫情防控】 认真落实国家能源集团公司“一防三保”的工作要求，向全体干部职工发出倡议书，为基层拨付抗疫慰问金，及时做好抗疫物资采购、复工复产慰问等工作。英力特化工职工李红星获得集团公司“一防三保”疫情防控先进个人荣誉称号，灵武电厂职工王永平获得“银川市战‘疫’最美青年志愿者”荣誉称号。

【加强民主管理】 1月27日以视频方式组织召开了公司一届六次职代会暨2020年工作会，明确年度工作目标、重点工作；对年初征集的职工代表提案逐一进行了答复，提案答复率100%；组织召开公司工会第一次会员代表大会，选举产生公司工会全委员、常务委员会和经费审查委员会，协商产生工会女职工委员会。积极推进职工董事、监事制度建设，9月17日选举产生国家能源集团宁夏电力有限公司公司和国电英力特能源化工集团股份有限公司职工董事、职工监事；督促10家基层工会按照民主程序补选工会主席。

【竞赛平台有成效】 大坝三期荣获全国“安康杯”竞赛优胜单位，宁东电厂工会在全国“安康杯”职工安全健康意识与应急技能知识普及竞赛中荣获“优秀组织单位”。评选表彰星级班组43个；指导基层工会开展机组检修、集控运行等技能竞赛53次；组织9名职工参加集团公司“大师杯”第一届危化消防应急救援技术竞赛；组织12名职工参加第十二届全国电力行业技能竞赛选拔赛，1名职工被选拔参加集团集训，1名职工获全国电力质量安全保障与文化建设技能大赛“金牌讲师”荣誉称号。

【深化创新工作】 组织开展职工技术创新成果评比，从72项申报项目中评选表彰了16项。宁东公司和中卫热电分别摘得自治区创新创效大赛金、银奖，并代表宁夏参加全国总决赛，2个创新工作室被命名为国家能源集团首批劳模工匠创新工作室；多项QC成果荣获中国水电质协和国家能源集团公司QC成果奖。组织召开各单位创新工作室负责人座谈会。

【“职工之家”建设获成果】 1家“职工小家”被评为自治区职工小家培育点，2家工会分别荣获宁夏能源工会先进职工之家、先进职工小家，3个分工会荣获宁夏能源工会先进职工小家培育点，1名工会干部荣获优秀工会工作者称号。

【文体活动展风采】 组织开展“宁夏电力杯”首届气排球比赛和“劳动筑梦”演讲比赛，选拔优秀选手参加全区职工演讲大赛、全区故事演说大赛，荣获二等奖1个、三等奖1个、优秀奖2个，优秀组织奖2个；制作《讲述宁夏电力故事——“劳动筑梦”演讲精彩片段》短视频，和“劳动筑梦——讲述宁夏电力故事”主题推文14篇。大坝电厂职工自编自演文艺节目参加宁夏职工群众“劳动者之歌”文艺汇演，荣获舞蹈类一等奖和演唱类三等奖。组织职工参加集团公司“力量杯”职工安全生产漫画、招贴画比赛报送作品66幅。

【开展工会维权服务】 配合完善劳模档案，做好劳模体检、疗休养等工作，2名全国劳模（翁亚伟、孔繁兴）参加了区总工会开展的劳模体检；全年支出各项送温暖慰问金39万元。梳理帮扶公司及系统各单位困难职工350人，18名职工申报集团大病救助，14名职工子女获得上大学困难补助，共支出各类帮扶资金80多万元；12名特困职工被确定为区总工会2021年建档立卡困难职工并获得救助资金。

【助力脱贫攻坚】 深入扶贫点调研慰问，帮助驻村干部解决实际困难，助力两个扶贫点（西吉县西滩乡五岔村、海原县红羊乡石塘村）贫困人口全部脱贫。公司系统基层工会支出扶贫消费资金332.86万元，职工个人购买扶贫物资近11.66万元，累计捐款38.3万余元。编排扶贫短视频故事在集团公司扶贫栏目播出。

（崔聚环　董玮瑶）

中国大唐集团有限公司宁夏分公司工会

【概述】 2020年，在上级工会和分公司党委领导下，大唐宁夏分公司工会始终坚持以习近平新时代中国特色社会主义思想为指导，紧紧围绕2020年工作会确定的“一强、二抓、三保”工作思路，不断提高政治站位，始终服务中心工作，切实维护职工合法权益，大力弘扬劳模精神、劳动精神，竭诚服务广大职工，在分公司统筹推进常态化疫情防控、基建项目复工投产、高质量发展各项目标任务及煤电资源区域整合工作中充分发挥了工会组织的桥梁纽带作用，凝聚了职工力量。这一年，工会工作政治性、先进性、群众性进一步增强，职工大局意识再上新高度，疫情防控、复工复产取得新进展，职工合法权益维护取得新成效，职工建功立业成为新气象，关爱职工群众取得新成果，工会组织迸发新活力。在集团公司2020年四季度职工思想动态调查分析情况的通报中，大唐宁夏分公司职工满意度排名靠前。大唐宁夏分公司工会获得宁夏能源化工工会2020年综合业务考核三等奖。新能源事业部工会被列入2020年宁夏能源化工工会先进职工之家培育点，红寺堡场站被评为先进职工小家，青铜峡场站先锋创新工作室被命名为宁夏能源化工工会职工创新工作室。

【加强思想政治引领】 组织学习习近平新时代中国特色社会主义思想，习近平总书记重要讲话和重要指示批示精神，学习党的十九大、十九届历次全会精神，全国“两会”精神，习近平总书记关于工人阶级和工会工作的重要论述，习近平总书记视察宁夏重要讲话精神，深刻领会习近平总书记以人民为中心的发展思想。参加了自治区总工会开展的党的十九届五中全会知识网上有奖竞答活动。广泛开展社会主义核心价值观和革命精神宣传教育，激发职工爱国主义思想。开展道德讲堂和形势任务教育，引导广大职工立足岗位、无私奉献。贯彻落实党中央关于决战决胜脱贫攻坚决策部署，积极履行央企责任，动员广大职工消费扶贫，购买湖北滞销农产品、西吉农产品23.4万元。

【助力疫情防控】 宣传新冠肺炎疫情防治知识。支出专项慰问金8.79万元，配合行政做好口罩、消毒液、洗手液、分餐饭盒等防疫生活物资储备。集中走访慰问疫情防控和复工保电期间长期坚守岗位的职工和困难职工。开展以“非常时期，共克时艰”为主题的“一封家书战疫情”和“以艺战疫”书法、美术作品征集活动，凝聚职工共识，汇聚职工力量共战疫情。积极宣传疫情防控中坚守一线的先进人物和事迹，传播正能量，汇聚精气神。开展“解决职工实际困难和问题”专项调研、“工会主席接待日”和“我为关爱职工献一策”合理化建议征集等活动，为职工解决问题38项。开展分公司职工心理疏导讲座，引导职工释放压力，以健康的身心投入各项工作中。

【一届三次职工代表大会】 2020年1月19日，大唐宁夏分公司工会认真组织召开了一届三次职工代表大会，共征集到涉及生产、管理、职工培训、职工福利等方面的提案6项，经提案审查委员会审查并征得有关提案方同意，结合大唐宁夏分公司实际，整理立案2项，经一届三次职代会审议通过后，按照职责权限转有关职能部门全面落实，处理率达到100%。

【全面推进厂务公开工作】 为进一步贯彻落实党的十九大精神，按照建立现代企业管理制度的要求，大唐宁夏分公司及系统各单位制定了厂务公开制度，成立了厂务公开领导小组，明确了领导小组主要职责，不断畅通厂务公开渠道，拓展厂务公开的形式和内容的深度、广度，加大生产经营重大问题、重大决策和涉及职工切身利益事项的公开力度，通过厂务公开栏、会议纪要、办公 OA 等形式，把职工关心的、与职工切身利益密切相关的“热点”问题，事关企业发展的“难点”问题和职工最想了解的“疑点”问题，作为公示重点，使重大问题以公开求共识，职工敏感问题以公开求公平，工作难点问题以公开求突破，干部管理问题以公开求公正，有效激发了干部职工的“主人翁”意识，调动了职工投身企业发展的主动性和积极性。

【大力弘扬劳模精神、劳动精神】 “五一”国际劳动节期间，评选表彰大唐宁夏分公司劳模 5 名，开展以“凝心聚力促发展，改革创新增活力”为主题的“劳模宣传月”系列活动，通过网站、微信公众号，推出“五一”劳动节、“劳模风采展示”“匠心五月”“礼赞榜样”系列专版共 12 条，营造了崇尚劳模、学习劳模、争做劳模、关爱劳模的浓厚氛围，激励广大职工岗位建功，踊跃投身高质量发展各项工作中。2020 年 9 月 16—20 日，组织 20 名劳模和疫情期间坚守一线职工，到固原进行为期 5 天的疗休养活动，进一步做细做实关心关爱职工工作。

【开展劳动竞赛活动】 开展分公司“三保二抓一创”和后勤保障“三满意”劳动竞赛，组织基层企业申报集团公司“大唐杯”劳动竞赛先进单位和先进个人，基层企业以“大唐杯”劳动竞赛为平台，组织开展职业技能大赛、风电运维知识等 5 项劳动技能竞赛。组队参加全区 2020 年新能源发电企业变电运行技能竞赛，新能源事业部的强生金取得第七名的好成绩。

【加强创新工作室建设】 开展分公司职工技术创新工作室命名挂牌工作，命名挂牌分公司创新工作室 3 个，为挂牌创新工作室划拨补助资金 15000 元，利用微信公众号进行创新成果展示，引导职工积极投身创新实践，激发职工创新活力。

【深化民生工程“六最”项目建设】 年初计划的 5 个项目全部完成。新能源事业部为场站加装净化水过滤系统，解决了职工生活用水水质差的问题。积极协调办公室，解决了分公司本部停车难问题。配合行政利用基建费用解决了同心风电场、灵武场站职工住宿紧张问题，投入资金近 120 万元。改善红寺堡场站住宿紧张问题的工作也已列入议程，正在编制方案，计划投入资金 300 余万元。

【切实做好“送温暖”工作】 支出工会经费 5.9 万元，慰问节日坚守生产一线职工 1100 人次。为所有会员办理蛋糕券 1092 张，春节等节日工会会员慰问支出 49.4 万元，人均 1600 多元。慰问结婚、生育、生病职工、直系亲属病逝职工 30 余人，为 2 名患大病职工办理大病补助 4 万元。开展“送清凉”活动，走访慰问高温下坚守工作岗位的一线职工。邀请自治区总工会开展“送文化下基层”活动，助力基建工程高质量双投。

【职工服务中心建设】 建立职工健康档案，为职工服务中心配备常用药品、急救药品及体重秤、体温计、血压计等常用医疗检测设备，开展体检报告解读，为有需要职工拍证件照，联合新能源事业部工会建设女职工“哺乳室”，提升职工服务中心（服务站）服务职工效能。建立职工心理健康咨询室，组织工会干部参加集团公司职工心理健康辅导员培训班，努力学习心理辅导专业知识。

【职工文化建设】 开展分公司“争创杯”羽毛球比赛、趣味运动会、《天边加油站》观影活动，以基层企业文体协会为单位开展广播操比赛、健步行活动、平板撑比赛等丰富多彩的文化体育活动，丰富职工业余文化生活。开展“邂逅七夕 幸福敲门”单身青年联谊活动，切实解决青年职工婚恋难交友难问题。开展“凝心聚力促发展，改革创新增活力”职工原创文化作品征集活动，集中展现广大职工在统筹疫情防控、“大干四季度”和高质量发展过程中甘于奉献、勇于拼搏的精神风貌，新能源事业部王瑞华的书法作品《千字文》获集团工委职工原创作品书法类一等奖，并在《大唐报》、微信公众号展播。以“世界读书日”为契机，开展丰富多彩的读书活动，提升职工文化素养。

【夯实工会自身建设】 在完善现有制度基础上，根据新形势制定6项新制度，废除1项制度，确保制度真正落实落地。补选了分公司工会“三委会”成员。基层工会健全了工会组织机构，规范了支会建设流程。举办工会干部暨职工代表培训班，带领学员到华电灵武发电公司和采油三厂观摩学习班组建设、创新工作室、职工活动中心建设和企业文化建设等方面的先进经验和创新做法。为专兼职工会干部配发《企业工会手册》等6种学习资料30余本。组织基层企业8名工会经审干部参加自治区总工会经审干部网上知识竞赛活动。实现了基层工会经费自主管理，完成了2019年度工会经费审计，配合自治区总工会完成了2018—2019年度工会经费审计工作。围绕打造一流工会建设幸福大唐、职工休息休假状况和企业民主管理开展专题调研，撰写调研报告和论文3篇，在自治区2020年度工会理论调研征文评选中1篇获得二等奖，2篇获得三等奖。

（徐玉慧）

华能宁夏能源有限公司工会

【概述】 2020年，华能宁夏公司工会在中国华能集团有限公司工委、自治区能源化工工会和公司党委的正确领导下，在公司行政的鼎力支持下，紧紧围绕公司中心任务，围绕“党政所需、职工所盼”，尽工会之所能，配合打好疫情防控战疫，积极投身到公司的经营发展中，为推动公司经营稳定发展作出了积极贡献。

【民主管理】 一是积极推进以职代会为基本形式的民主管理制度体系建设。公司各级工会组织每年召开职代会，畅通职工民主参与渠道，全面落实职工的知情权、参与权、表达权和监督权，保障职工民主权利落到实处。二是厂务公开民主管理内容不断扩展。在原有的公开形式基础上，下发了公开事项基本清单，在主要网站建立了厂务公开一级栏目，明确了工作组织机构和事项公开流程，设计了厂务公开事项记录表，督促责任公开部门按期公开。随着厂务公开工作一系列有力举措的逐步实施，使得宁夏公司厂务公开工作逐步走向了制度化、常态化，也使广大职工充分了解、掌握了情况，保证了生产经营各方面任务的顺利完成。

【劳动关系】 公司工会以建立稳定协调的劳动关系为着力点，严格依照《劳动合同法》，及时对《集体合同》执行情况进行监督检查和通报。在维护企业大局和长远利益的同时维护好职工群众的具体利益。

【服务发展】 公司工会紧紧围绕重点生产经营任务，深入开展建功立业劳动技能竞赛活动，年初制订竞赛计划，做好竞赛宣传和指导服务工作。2020 年，结合光伏发电特点，根据产业结构调整后的工作实际，公司联合陕西、甘肃、青海，在中卫市举办“阳光杯”光伏技能竞赛。这种跨区域联合举办竞赛的模式，取得了良好成效，不仅为宁、青、陕三地公司在新能源发电领域继续开展职工技能竞赛提供了新模式新思路，为三家公司光伏运维技能人才的培养和储备奠定了坚实基础，还为推动公司在新形势下又好又快发展，提供了稳定的内在动力。

公司工会始终不遗余力地抓好先进选树工作，注重发现公司生产经营中涌现的先进人物和事迹，凝聚“正能量”助推公司稳定发展。年初，公司表彰了一批先进集体和个人，并认真做好五一劳动系列奖项、巾帼建功奖项、三八红旗手及各省部级技术能手、岗位能手、先进工作者的推荐申报工作。

【服务职工】 公司不断丰富职工文化生活，缓解和释放职工工作压力，结合职工兴趣、爱好和特长，成立多个文体协会。根据疫情防控工作要求，今年减少举办室内和聚集性活动，以户外健步走、网络征文、线上云活动为主，多角度对外展示我公司企业活力和职工风采。

同时，公司工会及基层工会大力推进职工书屋建设，大力引导职工养成爱读书、读好书的习惯，以“职工小家”建设工作为抓手，为光伏电站设立流动读书角，极大地丰富了职工的业余文化生活，切实保障职工的文化权益，不断加强职工文化建设。

公司工会坚持以“温暖、关心、帮扶”为内容，有重点地开展工作。始终做好“两节”走访慰问工作，坚持在春节、中秋、端午等传统节日时向职工发放慰问品，坚持职工生日送蛋糕送祝福，通过这些真切的关怀，使大家感受到了工会组织的温暖。除此之外，始终把特重大病困难的职工作为重点对象，建立了困难职工档案。对出现紧急困难、特重大病困难的职工，及时走访、慰问，积极出主意、想办法。2020 年初，公司工会为 23 名困难职工向集团公司申请困难帮扶资金 27.8 万元。

（王晓煜）

中电建宁夏工程有限公司工会

【概述】 2020 年，宁夏电建工会服务企业疫情防控和生产经营两个“战场”，积极发挥工会组织的桥梁纽带作用，大力实施“领航、优才、赋能、凝心、聚力”五项工程，强化使命担当，凝聚职工力量，工会工作取得新成效。

【实施领航工程　树立职工思想行动标杆】 认真学习贯彻习近平总书记重要讲话和重要指示批示精神，围绕疫情防控和复工复产，面向职工开展宣讲活动、组织职工开展交流，汇聚职工智慧和力量，确保落实“六稳”工作和“六保”任务各项要求，奋力答好疫情“加试题”和发展“必答题”。大力弘扬劳模精神、劳动精神、工匠精神，对公司 15 名先进生产者、7 个先进集体、2 名感动宁夏电建人物和 2 个巾帼建功标兵岗、10 名巾帼建功标兵、5 个最美家庭进行表彰。刘万武同志荣获自治区劳动模范称号。

【实施赋能工程　点燃职工干事创业激情】 以项

目建设为主阵地，动员广大职工充分发扬进取精神、奋斗精神。在驰援自治区第四人民医院综合传染病防治综合楼项目建设中开展“驰援四医院 打赢防疫战”劳动竞赛；在北师大银川学校北区项目开展“百日会战、实现6·30竣工目标”劳动竞赛；在中卫麦垛山200兆瓦风电项目开展“大干50天，奋力夺取‘12·30’全容量并网”劳动竞赛；在大唐平罗660兆瓦火电项目开展“奋战30天，圆满完成2号机组168小时试运”劳动竞赛；在嘉泽红寺堡谭庄子风电（50兆瓦）EPC总承包项目开展“迎难而上，夺取年底发电攻坚战胜利”劳动竞赛。近千名职工在攻坚克难中展示风采、在做好疫情防控和服务地方经济发展中展现作为。

【实施优才工程 服务职工创新创效】 搭建职工创新平台，对公司“劳模创新工作室”进行搬迁和建设，优化工作室功能区域布局，完善工作室活动制度和管理办法，实现硬件和软件两方面升级，为项目建设提供有力支撑。搭建职工技术交流平台，广泛开展职工岗位技能比武活动。11个基层单位分别开展财务、经营、物资等业务和起重机械、钢筋骨架缠丝等技能比武，涉及20多个在建项目，采取线上线下同台竞技，参加职工近500人，激励职工立足岗位学习、努力提升自身技能。在2020年宁夏青年职业技能竞赛焊接项目比赛中，丁成、焦建圆成绩名列前茅。

【实施聚力工程 提升职工队伍战斗力】 因疫情原因，海外项目员工无法按时回国休假，工会向坚守海外项目员工的家属89人发放慰问金89000元和送去公司慰问信。在疫情防控和生产经营活动中积极行动，用于项目一线职工慰问和防疫物品购置等工会经费30余万元。春节期间慰问困难职工7人、发放金额21000元，海外职工和家属184人、发放金额184000元，金秋助学23人、发放金额30600元。炎炎夏日，工会开展为一线职工防暑降温送“清凉”活动，为项目提供经费支持用于购买绿豆、白糖及饮料等防暑降温物品。

【实施凝心工程 建设职工精神家园】 开展“五月红·最美劳动者”视频创作比赛，展示在建项目广大干部职工如火如荼的劳动场面。开展安全演讲比赛、“安全生产月”巡讲、工程摄影和文案撰写讲座、新入职员工联谊会、发放职工学习书籍1000余册和“迎中秋庆国庆”文化活动等。参加山东电建2020年安全生产月“安康杯”知识竞赛，选手分别荣获一等奖和三等奖。参加山东电建2020年英语演讲比赛上，选手分别获得第二名、第三名的成绩。参加集团公司微电影创作大赛上，作品《我想对你说》获第八届亚洲微电影艺术节能源中国单位优秀作品。

（柳　毅）

宁夏建设投资集团有限公司工会

【概述】 刚刚过去的2020年是极不平凡的一年，在决胜全面小康社会的关键时刻，面对突如其来的疫情大考，宁夏建设投资集团有限公司各级工会组织不退缩，不懈怠，围绕中心，立足岗位，创新工作，服务大局，基本完成了年初部署的各项工作任务，在争取疫情防控和实现宁夏建投高质量发展目标双胜利中取得了显著成绩。

【思想政治引领取得新成效】 2020年，各级工会通过理论学习、专题辅导、研讨交流等多种方式，深入系统学习贯彻习近平总书记关于工人阶级和工会工作的重要论述，找准贯彻落实党的十九届四中、五中全会精神的切入点、着力点，把团结引导职工听党话、跟党走作为重要政治责任，提升政治站位，加强理论武装，确保工会工作的决策部署落地见效。各级工会干部增强“四个意识”，坚定“四个自信”，坚决做到“两个维护”，自觉在思想上、政治上、行动上同以习近平同志为核心的党中央保持高度一致，加强工会舆论阵地建设，发出工会声音，表明工会立场，强化工会组织政治担当。

【主动担当凝聚抗疫合力】 春节期间，新冠肺炎疫情来势汹汹，宁夏建投接到了自治区第四人民医院传染病防治综合楼工程项目复工建设的政治任务，集团上下不辱使命，历时15天完成了任务，创造了宁夏速度，得到了自治区党委政府的充分肯定，集团公司党委被党中央、国务院、中央军委授予“全国抗击新冠肺炎疫情先进集体”称号。在此期间，工会一班人第一时间响应集团党委号召，不等不靠，主动作为，充分发挥了组织动员、服务保障职能作用。第四人民医院抢工期间把口罩、消毒液等防控物资，方便面、火腿肠等应急食品及时送到了项目建设工地，为一线勇士加油鼓劲！与此同时紧急向所属各单位工会拨付资金十多万元，专项用于购置口罩、消毒液等疫情防护用品；通过微信群、电子屏等形式广泛宣传病毒防控知识，传输疫情预警，向职工及家属发起了《抗击疫情倡议书》《“防范疫情、从我做起”承诺书》，发动全体职工及家属全员动员、全员参与疫情防控；另外突出重点，紧盯湖北及武汉返银人员，联合办公室、党群、物业管理公司等相关单位、部门，对接所属各单位，健全了层层核查，逐级上报的疫情管控信息日报告、零报告制度，做到了“全覆盖、无遗漏、人盯人”，确保了报送信息及时准确、管控措施到位、应急处理科学有据。

【硬核措施助力复工复产】 在疫情防控最吃劲的关键阶段，统筹做好疫情防控和助力复工复产，是一次大战也是一次大考。在一些单位和一些项目建设工地展现出“越是艰险越向前”的魄力与担当，将防疫、复工措施落地、落细、落实，确保疫情防控与完成目标指标“两手抓、两手硬”。疫情防控办公室及时下发了《关于做好疫情防控有关工作的紧急通知》《宁夏建投应对新型冠状病毒感染肺炎疫情防控工作方案》等文件10多份。紧急转发自治区应对新型冠状病毒感染肺炎疫情工作指挥部通知文件近百份、紧急排查来自60多个疫情中高风险地区来（返）宁人员，用硬核措施助力复工复产。

【切实维护职工合法权益】 以职代会为平台，以司务公开为抓手，认真落实职工知情权、表达权、参与权和监督权。筹备召开了宁夏建投一届四次职工暨工会会员代表大会，各位代表以高度的使命感和主人翁精神，认真听取并审议通过了行政工作报告、财务工作报告、工会工作报告；审议通过并签订了《工资集体协商协议书》《女职工权益保护专项集体合同》。整体情况看，职工工资增长与效益提高大体保持了同步，职工生活质量明显提高，职工的职业安全卫生权益得到切实保护，企业民主管理稳步推进。

【职工创新创造活动广

泛开展】 今年，集团工会又投入资金36万元，命名了6个“职工创新工作室”。目前，在马晓峰、扈剑波等15个劳模和技能人才创新工作室的带动下，集团上下形成了人人学技术、人人搞创新的良好氛围，达到了树立一个、发动一批、带动一片的良好效果。马晓峰创新工作室被自治区总工会命名为“自治区劳模和技能人才创新工作室”，安胜、温永宏、扈剑波创新工作室被宁夏能源化工冶金通信工会命名为“劳模和技能人才创新工作室”。

【积极开展冬送温暖、夏送清凉活动】 为工程建设项目工地送去了羊肉、米面油、糖、茶等慰问品，投入经费16.3万元。对施工项目工地的职工（农民工）食堂、生活区域的卫生、生活设备、设施检查抽查，发现安全隐患要求及时整改，积极宣传疾病预防和防暑降温知识。

【主动融入脱贫攻坚积极作为】 主动融入脱贫攻坚大局，推动结对帮扶、送温暖常态化制度化，深化集团所属各单位与困难职工家庭长期结对帮扶工作，一户一策落实帮扶措施，建档立卡困难职工由2017年的98户减少到目前的8户，脱困率达91.8%；春节前夕为81户困难职工家庭送去慰问金8.1万元。疫情防控期间，帮助西吉县、隆德县等贫困地区销售土豆、小米、胡麻油、鸡蛋等农副产品共计11.4万元。这些举措，得到了各级领导的肯定和社会各界的好评。

【深入推进企业文化建设】 今年，为下属工会新建了1个职工文体活动中心、2个职工书屋、9个职工小家，累计投入资金28万元。各级工会通过开展安康杯、安全生产知识竞赛，开展文体娱乐活动等，努力将企业文化和生产经营中心工作紧密结合，助推企业文化理念落地。1月份成功举办了“不负韶华，再创辉煌”——庆祝宁夏建投成立三周年职工文艺汇演；选送的节目《抗“疫”先锋·15天的奇迹》荣获2020年宁夏“劳动者之歌”文艺汇演语言类节目一等奖；组织60多名单身男女职工参加了上级工会举办的相亲联谊活动。今年，集团公司被全国总工会、应急管理部、国家卫生健康委员会授予2018—2019年度全国“安康杯”竞赛优秀组织单位。建工集团等单位工会分别被自治区总工会、能源化工冶金通信工会授予“自治区五一巾帼标兵岗”“先进职工之家示范点”“先进职工小家示范点”“先进职工之家”“先进职工小家”；王玲等职工分别荣获“自治区劳动模范”“自治区五一巾帼标兵”“优秀工会工作者”荣誉称号；职工王恺家庭被自治区妇联命名为“抗疫最美家庭”，张文秀家庭被命名为“自治区五好家庭”，冯烨家庭被命名为“其他最美家庭”。

【做好做实信访工作】 面对集团公司遗留问题多、诉讼案件多等因素，全面落实了“属地管理、分级负责”“谁主管、谁负责”的原则，深入扎实地做好不稳定因素、信访苗头隐患和矛盾纠纷排查调处工作，将突出的矛盾纠纷及群体性事件解决在基层、解决在萌芽状态。今年接待受理职工群众来信来访13起40多人次；自治区信访局、国资委转办9起35人次。全年未发生越级非正常上访和敏感时期职工群众越级上访事件。努力实现了职工群众初访案件办结率达到100%；信访积案化解率达到90%；上级交办网上信访案件办结率、回复率达到100%。

【积极组织参加职工医疗互助活动】 2020年参保职工2799名，参保金额13.99万元，本年度报销医疗救助职工31人，发放到位互助资金112259元。极大地减轻了患大病职工的医疗负担。

【注重维护女职工合法权利和特殊利益】 通过签订《女职工权益保护专项集体合同》的形式，明确女职工的“四期”保护、卫生、生育待遇等特殊保护条款，在“两癌”筛查、“安康保”、子女助学、心理关怀、婚恋服务等方面全方位帮助女职工解决实际困难。

（程建斌）

宁夏电力设计院有限公司工会

【概述】 2020年，宁夏回族自治区电力设计院有限公司工会在公司党委和上级工会的正确领导下，公司工会紧紧围绕公司中心任务，尽工会之所能，配合打好疫情防控阻击战，坚定不移地贯彻落实公司党委和上级工会的决策部署，以维护职工权益、构建和谐劳动关系为根本，以“服务职工、服务企业、服务发展”为根本，进一步夯实政治性、先进性和群众性基础，圆满完成了公司年度工会工作任务。

【政治方向为引领，强化巩固政治性】 工会组织自觉接受党的领导，在思想上政治上行动上与党中央保持高度一致，始终把工会工作放在公司改革发展稳定大局中谋划部署，大力宣传新时代党的路线方针政策，把深入学习贯彻党的十九届五中全会精神、习近平总书记系列重要讲话精神作为首要政治任务，坚持用党的理论武装头脑、指导实践、推动工作，切实承担起引导职工群众听党话、跟党走的政治责任。通过会议、培训、网站等形式和载体，面向职工群众，全面落实上级工会组织和公司党委对工会工作的各项决策部署和各项要求，筑牢推进企业改革发展的群众基础。

【主动担当作为，助力疫情防控】 2020年，面对突如其来的新冠肺炎疫情，公司工会第一时间响应，严格贯彻落实党中央、国务院疫情防控工作部署、上级工会组织工作要求、公司党委和防疫办号召，主动跨前、担当作为，动员广大职工抗疫防疫、复工复产，并提供及时的服务和保障。一是公司工会组织始终把职工安全和健康放在第一位，实时关注职工健康状况，切实关心关爱职工，做到不漏一人。加强舆论引导，充分利用电建通、微信群等即时信息渠道及时传达上级决策部署和防控信息，引导广大职工顾大局、听指挥，不信谣、不传谣。积极向职工宣传疫情防护知识，增强职工防控意识和能力。及时慰问区外工程返银隔离职工以传递组织关怀和温暖，确保职工队伍思想稳定。二是在确保职工健康安全基础上，充分调动职工的积极性，发挥一贯艰苦奋斗精神，助力公司全面复工复产。根据上级工会给予购置口罩信息，第一时间协助防疫办完成采购。三是积极做好复工午餐的配餐工作，为职工返岗、顺利工作创造条件。四是响应国家号召春节减少人员流动，为家在外省职工就地过年的五位单身职工送去了春节的慰问与祝福。

【维护合法权益，强化民主管理】 坚持以落实职工代表大会制度为主要抓手，切实保障职工参与民主管理和民主监督的权利，坚持企业重大事项向职代会报告；坚持企业重大决策按规定提交职代会审议；坚持职代会提案全面答复并落实。

一是公司工会始终坚持和完善以职代会为基本形式的民主管理制度，兼顾疫情防护要求，认真组织召开公司十届五次视频职工代表大会，审议行政、工会工作报告和财务、业务支出、履职待遇、干部选拔任用等专项工作报告，充分发挥了工会参与和监督企业管理的作用。二是严格履行《集体合同》《女职工权益专项合同》《工资专项合同》。在召开视频职代会后代表职工与公司行政签订《集体合同》，并对《集体合同》的履行情况进行巡视检查，进一步维护了职工的合法权益。三是组织职工代表在职代会闭会期间对职代会各项决议，尤其是涉及职工切身利益的社会保险、劳动合同等相关决议执行情况进行民主巡视，通过民主巡视，企业能够按时足额为职工缴纳各类社会保险，劳动合同、集体合同、劳动保护、女职工专项权益等均得到公司行政的有效执行，职工各项合法权益均得到有效落实及保障。四是院务公开民主管理工作常态化，信息公开遵循分级分类的原则，充分利用职代会、月度会、文件及公开公示栏的方式将公司生产经营情况、业务招待费使用情况、领导人员履职待遇情况、干部选拔任用情况、空缺岗位竞聘情况等关系职工切身利益等事项做到应公开尽公开，进一步保障职工的参与权和知情权。

【落实扶贫帮困，彰显责任担当】 2020年6月至9月，积极参与“集团公司2020年集中采购定点扶贫县滞销农产品的消费扶贫”活动，由每位职工在京东帮扶脱困地区网店购买100元以上农产品的爱心行动，切实展示了央企的社会责任担当。2020年12月30日，在公司的中宁县中电新能源公司余丁乡金沙村150兆瓦光伏复合项目中，公司工会协同项目组负责人在新年来临之际，分别走访慰问了项目所在地中宁县余丁乡40余户困难群众，为他们送去节日的祝福和美好祝愿。

【关爱职工生活，开展文娱活动】 一是严格执行《职工关爱管理办法》规定，使职工关爱落到实处，切身感受到企业各方面的关爱。在疫情到来前举办了春节联欢会，采购发放符合节日习俗的慰问品，为全体职工购置生日蛋糕、开展各类观影活动，结合回族职工传统节日习俗，为回族职工购置发放开斋节、古尔邦节食品原料等，进一步增强了各族职工的凝聚力和向心力，让全体职工充分感受到公司工会的温暖。二是为解决公司职工普遍存在的颈肩腰腿不适的状况，连续三年全面推广工间操活动，有效控制了颈肩腰腿所产生的不适，使职工受益；此外由于疫情防控，在春季5月至7月开展了以分工会为单元的真人CS、寻宝等丰富多彩的春游活动；在疫情平稳期，组织开展了妙趣横生的秋季趣味运动会，倡导职工健康工作、快乐生活；平日里，职工根据自身健身需求，在四楼职工活动中心进行各项运动健身，在此基础上利用业余休息时间，2020年8月开展了为期一个月的台球比赛活动，同时继续与社会体育场馆开展合作，活跃职工日常文化生活。三是开展新婚职工、退休离岗职工送祝福活动。通过为新婚职工送贺信和新婚礼物的方式表达新婚祝贺的同时，寄语年轻职工善作善为、勇担责任；开展临近退休员工访谈，切实做到尊重、热爱、关心、依靠每一位职工，对职工诉求及时反应，并予以解决。感恩退休离岗老同志对公司发展所作贡献，祝福老同志老有所乐、生活幸福。平时以电话访谈等方式进行问候，重阳节组织离退休职工开展茶话会活动，以丰富离退休职工生活。四是关爱职工子女成长成才，按规定为独生子女发放独生子女抚养费，高考之后对被一类本科院校录取的四位职工子女发放成才奖励，鼓励职工子女多读书、善学习、早成才。五是将女职工关爱落到实处。为女职工搭建巾帼建功立业平台，在职工代表中保证一定数量的代表职数，鼓励女职工积极参与公司民主管理、创新创效、建功立业；将女职工专项保护写入集体合同，并在工作中认真落实各项权益保护，组织“三八”妇女节网上化妆视频课活动，在5月20日母亲节开展女职工才艺展示图片展，开展女职工专项体检，设立“爱心妈咪小屋”解决女职工哺乳期难题，增强女职工的归属感、向心力和凝聚力。

【开展劳动竞赛，助力公司发展】 劳动竞赛活动是以科学发展观为指导，以加快企业发展为动力，以创造企业最佳效益、树立良好品牌形象为目标，以提高科学管理水平、提升服务质量为重点，继续差异化开展劳动竞赛活动。一是为推动以各分工会、各部室、事业部（中心）、项目部等为单位的劳动竞赛工作，推动劳动竞赛成果形成、成效转化，深化劳动竞赛作用发挥。结合质量月2020年9月27日开展了“三标管理体系”知识竞赛。经过6个参赛队的激烈角逐，能源规划研究中心以130分的高分荣获了一等奖；勘测事业部、电网事业部2队荣获二等奖；电网事业部1队、新业务事业部及技术经济中心分别荣获三等奖。二是2020年7月24日开展了“劳动筑梦”职工演讲比赛，为参加区总工会职工演讲大赛做海选工作，陈琳、张春霞及汪洁位居前三。三是2020年7月29日积极编排选送员工王凯冉参加“声音里的经典——全面小康奋斗有我”全区故事演说大赛，经过海选、初赛、决赛的层层选拔，王凯冉以《烂泥滩村迸发出“光之泉”》为主题，声情并茂地向广大观众讲述了公司立足专业、主动服务、积极作为，助力宁夏西吉县精准脱贫的感人故事，最终在总决赛的12位优秀选手中，并荣获优秀奖。四是2020年11月6日工会组织参加了由河北院工会、团委主办的“我的青春电建故事”演讲比赛，通过15组参赛队员的奋力拼搏，最终王凯冉荣获一等奖，张春霞、陈琳荣获三等奖。

【提高创新意识，深化创新活动】 公司工会积极配合安全月活动完成了食堂伙房失火事故的排练及伤员救助等消防演练工作，大力提高了职工在办公楼突发火灾时的应急处理效率，强化了安全意识，增强了失火应对实操的熟练性。

在办公区域定期开展环境卫生评比工作，定期组织职工体检，助力环境和职业健康工作。通过开展环境卫生评比、流动红旗争夺，促使全体职工自觉维护办公环境卫生，在共同的劳动中打造赏心悦目的办公环境，创造清新、绿色、整洁、舒适的办公氛围，进而促进职业健康工作，增强职工归属感，提升职工的环保意识。

【强化自身建设，提高履职能力】 工会进一步建立健全了工会工作制度及工会岗位职责，完善了民主管理网格及民主管理制度、工会劳动保护监督检查工作制度，工会发挥作用的平台进一步完善。

组织开展职工代表履职能力培训，通过外送内培、边学边干、边干边学等方式加强对工会干部的培养和锻炼，提升工会干部工作能力和水平，选树优秀工会工作者、优秀工会积极分子等标杆，让创新成为习惯、使先进成为引领，确保工作干劲不松、韧劲不减，成效明显。

（孙志颖）

中国电信股份有限公司宁夏分公司工会

【概述】 2020年宁夏电信工会在上级工会和公司党委的领导下，按照自治区总工会、集团工会确定的工作总体要求，以推动企业高质量发展为目标，聚焦助力企业发展，创建和谐企业。以员工岗位创新，员工关爱为抓手，按照思想引领、作用发挥、"四小"关爱、诉求解决、民主管理、队伍建设的总体思路，积极营造有理想守信念、懂技术会创新、敢担当讲奉献，身心健康、蓬勃向上的工作氛围，努力打造员工信赖的"职工之家"。全年各项工作任务取得了较好成效。

【培树先模弘扬正气 岗位创新力求突破】 2020年是劳模评选年，劳模推选工作取得了优异成绩，公司刘东苗、范鉴发两位同志分别获得"全国劳模"和"自治区劳模"荣誉称号。按照宁夏公司劳模评选办法，组织开展了中国电信宁夏公司第二届劳动模范评选工作，评选出10名宁夏公司劳动模范。

抓好抓实"员工岗位创新工作室"，充分发挥"员工岗位创新工作室"示范引领作用，落实"员工岗位创新工作室"工作制度，确定创新课题，组织专题创新，积极推进"员工岗位创新工作室"取得新成效，多出好成果。征集2019年员工岗位创新成果72项，通过评选对18项成果进行了表彰。

【暖心行动凝聚人心 实事活动温暖人心】 各级工会坚持做到"五必访、五必贺"，上门慰问生病住院、结婚生育、生活困难等特殊情况员工。2020年各类慰问达10000人次。率先实行"夫妻共同育儿假"自2020年1月1日起，公司合同制员工、派遣制用工符合法律、法规规定生育子女的，在子女出生后至三周岁期间，公司每年给予十天共同育儿假，夫妻共同育儿假天数计算不含公休日和法定假日，育儿假期间工资福利待遇不变。

2020年围绕关爱全体员工、困难员工、特殊人群关爱和员工家属继续组织开展了为员工"办实事"工作。组织开展各类慰问、"天翼助学"、六一员工子女关爱、中高考陪护、荣退员工"三个一"关爱、关爱女员工、重阳节关爱员工父母、关爱员工健康等10件实事，活动取得了实效，受到员工好评，提升了工会办实事的有效性、创新性。

【员工诉求及时关注 民主管理促进发展】 疫情来临之时，为及时掌握员工疫情期间思想状况，区电信工会专门设立了员工诉求反映24小时热线电话，专人受理员工诉求。工会人员参加公司战地观察团，用时三周前往14个县（区）分局，与一线人员进行访谈。访谈员工105人，深入了解员工在疫情期间和工作生活中遇到的困难、诉求和建议，并与观察团一起向党委做了专题汇报。坚持每季度开展员工思想状况调查，并形成员工思想状况汇报，报公司党委。在组织季度思想状况调查的基础上，为增加员工对调查问卷的参与热情，通过手机App进行了2次有奖问卷调查，受到员工好评。员工问卷参与率有了显著提高，参与答卷员工3596人次，问卷参与率达48%以上。深入全区27个县、区分公司（分局），在查看现场环境的同时，采取一对一访谈、深入班组现场交流等多种形式访谈员工130多人次，对员工反映的问题认真整理及时协调解决。

2020年1月17日圆满完成了公司四届四次职代会的组织召开工作，各项民主管理制度得到落实。职工代表提案工作有明显提升，本届职代会共征集职工代表提案38件，立案31件。公司的民主管理工作制度健全、目标明确、责任落实，措施得力，民主管理工作取得了显著成效，中国电信宁夏公司被评为全国企业民主管理单位先进单位，中国电信宁夏区工会被评为全国模范职工之家，并下达文件表彰。

【疫情关爱主动及时积极承担社会责任】 疫情来临之时，区电信工会根据公司党委和集团工会要求，先后与公司行政联合下发“关于在防控新型冠状病毒感染肺炎疫情期间进一步做好关心关爱员工工作的通知”等系列文件，同时投入专项关爱经费46万元，购买口罩、消毒用品、慰问品等物品慰问了疫情期间坚持工作的员工。由于有1名疑似病例，得到消息的第一时间，区电信工会委派专人，前往医院为疑似病例员工的密切接触人员联系体检排查事宜。为做到工作、防疫两不误，区电信工会积极与相关业务部门沟通，对不能到现场工作的人员，开通了100多套居家办公设施实行居家办公。

按照集团要求，以每人200元的标准，购买集团对口扶贫贫困县农副产品68万元，在完成集团消费扶贫工作的同时，区电信工会与行政联合倡议，积极组织员工在“天虎云商”平台上购买对区内扶贫产品，目前购买各类扶贫产品14.8万元。

（郝　慧）

中国移动通信集团宁夏有限公司工会

【概述】 2020年，面对突如其来的新冠肺炎疫情，中国移动通信集团宁夏有限公司工会（以下简称中国移动宁夏公司工会）在自治区产业工会、集团工会和公司党委的领导下，围绕中心服务大局，一手抓疫情防控，一手抓复工复产，密切关注员工权益保障和矛盾化解工作，发挥工会联系员工、服务员工的优势，坚持以员工为中心，团结员工群众凝心聚力，着力推进工会工作落实，丰富员工文化生活，增强员工群众的获得感，工会各项工作有效融入公司生产经营大局。

【民主管理】 2020年1月3日，召开了四届六次职代会和会员代表大会，会上听取并审议通过了工会王琦主席作的《工会工作报告》，听取了公司业务招待费使用情况报告，听取了经审委关工会经费审查报告；通过开展协商，续签了《工资集体协商合同》；表彰奖励了10名巾帼标兵，6个工会先进集体，57名工会积极分子，8个优秀团队，8名合作单位服务之星。2020年6月11日，通过企务公开方式，公示征集员工对《在岗技术革新实施细则》的意见建议，进一步激励员工立足岗位开展技术革新。

【疫情防控】 2020年2月3日，发布《关于抗击新冠肺炎疫情的倡议书》动员广大员工坚决打赢疫情防控阻击战。统筹推进新冠疫情防控和复工复产工作，组织广大员工顽强拼搏、勇于作为，多做脱贫帮扶、雪中送炭、化解矛盾、凝聚人心的工作，不断增强工会组织的政治性、先进性、群众性。做好疫情防控知识普及宣传，加强职业安全和健康防护，靠前慰问参加疫情防控的一线人员、驻村扶贫干部，大力宣传“最美逆行者”事迹，推荐刘文斌家庭参加自治区五好家庭的评选活动，并荣获自治区“抗疫最美家庭”荣誉称号。全力保障防疫物资发放，积极助力企业复工复产和员工返岗，下拨专项员工关爱经费24万元并采购发放22万元各类防疫物资。

【劳动竞赛】 广泛开展劳动竞赛，组织参加集团举办的“中国移动2020年自主开发大赛”、“5G领跑”网络建设劳动竞赛、“精英杯客户经理销售技能大赛”、网络维护技能竞赛、节能减排竞赛等各类劳动竞赛。不断提高职工技术技能水平，努力建设“有理想守信念、懂技术会创新、敢担当讲奉献”的高素质劳动大军。

【评先选优】 持续加强劳模日常服务和管理工作，热心为劳模服务。在春节、五一、国庆节等重大节日，向公司各级劳模及各年度五一劳动奖章获得者寄送慰问品。公司业务支撑系统部魏荣同志荣获自治区劳动模范称号，网络部黄山同志荣获中国移动劳动模范称号。吴忠分公司被评为集团级“模范职工之家”，平罗分公司、宁东分公司被评为集团级“模范职工小家”。

【员工关爱】 持续推进“暖心工程”，把“五小”建设暖心工程与抓基层打基础紧密结合起来，安排资金243万元，解决一线员工吃饭难、午休难等问题。持续做好员工帮扶工作，日常慰问员工49人次，完成医疗互助8人次，报销金额6.18万元；制定了公司“员工暖心互助金”管理办法，统筹开展员工体检，全区员工体检率达到95%。克服疫情影响举办好幸福“1+1”系列活动；全年组织了春节游艺会、六一亲子、棋牌赛、足球赛、气排球赛、拔河赛等活动；全力配合集团公司“奋斗20载、整装再出发”系列活动，在集团“移动相伴 感动你我”微视频征集活动中斩获1个一等奖和4个三等奖，集团“三八”节微视频征集活动获得三等奖；在通信体协举办的第一届行业员工运动会中，夺得羽毛球男单第一名、女单第二名、团体第二名；乒乓球男单第二名、团体第三名的好成绩。参加“劳动筑梦”全区员工演讲大赛，采购部刘海燕同志获一等奖。机关工会从9月起每月举办员工集体生日会，由公司领导亲自为当月生日的员工庆生，进一步丰富员工关爱内涵。

【班组建设】 持续推进班组建设，举办2期班组长培训，依托集团公司第五片区班组建设交流平台开展牵手行动，组织优秀班组长、网格长参加集团班组建设第五区域工作经验交流会、总结会；吴忠分公司与延安分公司就“网格运营”开展牵手交流、互学互鉴。

【自身建设】 积极配合集团工会推进智慧工会建设，顺利完成智慧工会系统测试，初步建立起工会管理网上工作平台。中国移动宁夏公司工会党支部5月15日与中电建宁夏工程有限公司机关党委、10月20日与西部机场集团宁夏有限公司规划经营部党支部先后开展“党建和创”签约，以实际行动响应公司“质量达标合格行动”主题实践活动；5月28日联合自治区总工会产业工会党支部、纪检组党支部、宁夏华电供热公司工程党支部开展“致敬劳动者 携手战疫情”主题党日活动，加强了组织建设。

（任讯波）

中国联通集团工会宁夏回族自治区委员会

【概述】 宁夏联通工会在公司党委集团工会、宁夏能源化工冶金通信工会的领导下，持续加强员工思想政治建设、深入推进职工队伍建设20条、提升员工劳动技能、鼓励创新创业、加强企业民主管理、深入开展各类文体活动等，号召动员广大员工奋发拼搏，锐意进取，积极投入生产，为宁夏联通数字化转型高质量发展建功立业。现有基层工会6个，会员1150人，工会委员27人，工会小组65个。

【理论学习】 坚持以习近平新时代中国特色社会主义思想为指导，加强理论学习与实践，守初心担使命，凝心聚力促发展。开展理论教育，夯实信念根基，利用主题党日、“三会一课”、周例会等形式，就集团公司1号、9号、28号文件精神，以及董事长6·1党课，党委书记、总经理李晓龙9·9党课精神进行全面学习、宣贯和研讨，进一步统一思想，凝聚发展共识，在变局中开新局，实现价值同向，行为同轨。

【疫情防控】 疫情发生以来，各级工会积极履行职责，以保护员工生命健康和安全为出发点，积极主动投入疫情防控工作中，做暖心“娘家人”，确保员工感染零发生。工作部署指导到位：牢固树立以人民为中心的思想，把人民群众生命安全和身体健康放在第一位，各级工会负责人在疫情期间深入办公区域、营业厅、机房等生产现场调研慰问指导。动员志愿者进入社区、卡口开展疏导、登记等工作。物资保障到位：疫情之初，各级工会想方设法采购物资，在当时防护物资最为紧缺、困难的情况下，第一时间筹集发放防疫物资，增强一线员工防控能力。响应集团号召，组织员工捐款1.8万元。关怀关爱到位：深入落实集团《关于做好春节期间坚守工作岗位员工生活保障工作的通知》，解决坚守一线岗位员工就餐困难问题。投入11.1万元，疫情期间走访慰问一线防控人员和一线职工491人。服务支撑到位：各级工会组织迅速响应，发动技术人员，开发社区电子登记系统、监控平台，支撑“空中课堂”、云视频等，及时投放交通、医疗、学校等重点单位，发扬了工匠精神、劳动精神，彰显了国企担当。银川市分公司网络维护中心被自治区授予“抗击疫情先进单位”。

【强化宣传】 根据工会的重点工作，就疫情防控、数字化转型、划小改革、劳模先进事迹等进行广泛宣传。线上线下联动开展“劳模宣传月”“致敬奋斗者”系列宣传活动。发布推送工会信息65期，通过微视频、微信、H5、企业公众号、钉钉系统等多种平台，形成了强大的宣传攻势，用身边事教育身边人，讲好联通故事，使先进企业文化理念更加具象化、生动化，阅读量达1.95万人次。

【评优评先】 树立榜样，典型引路。紧扣5G应用创新、行业解决方案、中台赋能、共建共享、划小改革、抗疫防疫等场景，各级工会广泛开展争先创优活动。发现和挖掘在疫情防控和复工复产中的先进事迹，评选“我身边的战‘疫’模范”36人、集体9个；评选宁夏联通劳动模范8人、固原市分公司隆德全业务网格CEO陈鹏鑫荣获集团劳模称号，推选吴忠市分公司同心全业务网格CEO金学军为自治区劳模；评选联通“好员工”19人，固原、吴忠市分公司杨彩霞、丁木兰荣获集团“好员工”，起到了很好的示范引领作用。

【技能竞赛】 面对数字化转型，深入开展智慧家庭全产品交付、AI技能竞赛、5G创新应用、互联网自研产品推广、云迁移、工业互联网网络安全等劳动技能竞赛活动，参与员工1151人次，培训677人次，加快人才历练和转型，比效益比贡献，引导员工立足岗位建功立业。银川分公司张佳瑞，集成公司唐承龙、赵旭升获中国联通技术能手。落实“宁夏联通创新梦工场”计划，出台《宁夏联通创新工作室管理办法》，加大技术、网络、产品、应用等方面的技术攻坚，首批10个项目入园孵化，创造收益2400多万元，在公司营造鼓励创新、支持创业的良好氛围，助力员工成长成才、建功立业、实现梦想。成立创新工作室4个，按照专业领域积极做好项目的研发、孵化和创新工作。组织开展“建功在一线”春节线上交付活动，线上产生有效订单44035单，较2019年增长42.75%。

【职工权益】 落实以人民为中心的思想，以20条为牵引，更好满足广大职工群众美好生活需要。提高站位，深入落实职工队伍建设20条，关爱职工工作生活，凝聚干事创业氛围。优化职工代表结构，完成地市分公司工会换届，增加劳模、创新人才的比例，更好地引领发展转型。续签《集体合同》，将重疾险、帮扶互助基金、员工子女中高考陪考假、女工卫生费100元/月等纳入《集体合同》，并推进落实。支出体检费54.92万元，将40岁以下员工每两年体检1次，提高到每年体检1次，首次实现体检全员覆盖。投入33.43万元，为员工参保重疾险，赔付率50%。助力公司消费扶贫36万元。

【文体活动】 举办宁夏联通第四届羽毛球和第六届乒乓球运动会，各单位先后开展迎春、金秋采摘、中秋趣味运动会，以及各类团建活动60多次，丰富员工文体生活，增强企业凝聚力。开展心理健康月活动，推送线上EAP辅导等共100多次。邀请专家开展EAP现场辅导3期，为员工释放压力，全面投入数字化转型做好保障。

【关怀关爱】 出台新的食堂管理办法和车位管理办法，满足员工工作日全勤用餐和停车难的问题。投入27.9万元，强化“五小”建设，新建、改建小食堂16个、小活动室和学习室23个、小卫生间11个、小浴室2个、改造三营网格取暖设施1处，划小单元覆盖率95%以上，解决基层职工就餐、活动、取暖、如厕等突出问题。开展职工网上课堂4期，解决员工后顾之忧。制定印发《宁夏联通帮扶互助基金管理办法》《宁夏联通“五访”“三贺”管理制度》《“五小”建设三年规划》等。投入61万元，慰问员工、老干部、困难员工、异地干部、扶贫驻村干部、退伍军人等，以及开展“夏送清凉”慰问一线员工活动。为2名患重大疾病的员工，实施互助帮扶。积极开展“金秋助学”活动，近年来投入10多万元，近百名职工高考子女享受到助学慰问。慰问建档困难职工8人。投入18.4万元，开展员工生日慰问，公司党委书记、总经理以邮箱形式推送生日祝福。开展“三八”征文、视频厨艺大赛，组织困难女员工和在疫情期间奋战一线女员工32人进行“两癌”筛查。

【智慧工会】 充分利用

中国联通“职工之家”平台，做好网上入会、困难帮扶、技能提升等线上工作，发动基层工会开展线上成果展示，活跃度全国排名前列。配合集团工会完成财务大 ERP 上线，实现工会财务一体化、电子化和流程化管理。

（张澍东）

宁夏京能宁东发电有限责任公司

【概述】 宁夏京能宁东发电有限责任公司工会以习近平新时代中国特色社会主义思想武装员工，贯彻落实新发展理念，紧紧围绕企业生产经营高质量发展中心工作，依托公司“大党建”工作模式，坚持工会工作“六个维度”（素质工程、民主管理、维护权益、服务职工、荣誉体系、工会建设），努力搭建“五大平台”（成长、沟通、服务、快乐、管理），聚焦增强“三性”（政治性、先进性、群众性），提升工会工作规范化水平，打造学习型、服务型、管理型智慧工会，开创了工会工作新局面。

【全心全意依靠职工群众，保障职工民主权利】 2020 年 5 月 8 日召开了工会二届八次职工（会员）代表大会暨年度工作会，认真处理职工代表提案，切实着眼员工热点、焦点，为员工办实事、办好事，签订《集体合同》，对收到的 71 项职工代表提案立案 8 项，46 项列为合理化建议；组织职工定期体检，并邀请专家对体检报告进行解答；严格落实领导干部下基层制度，工会通过联系点清单跟踪职工提出的问题解决情况，形成闭环。

【完善工会自身体系建设，素质提升工程见成效】 在进一步完善工会制度，强化工会活动信息化建设的基础上扎实开展培训工作，提升工会专兼职干部业务能力。工会发挥宣教阵地作用，突出“有特色、接地气”，进一步在做精职工讲堂、做活部门培训、做实班前教育上探索实践，结合实际制定产业工人队伍建设改革方案；协同党委组织部抓好职工队伍职业道德教育和职业技能培训，制定培训规划，精选培训课程，学习新知识，适应新形势；开展了紧急救护知识培训，举办了儿童常见病的预防等“大讲堂”活动。

【深化职工队伍建设，持续开展劳动竞赛】 一是开展了双机停运机组检修劳动竞赛，每月评比发电运行小指标、安全之星、节能之星。二是扎实开展创新工作，年内《基于大数据算法的火电机组调峰经济性分析》技术攻关小组被评为京能电力优秀攻关小组，《发电厂现场全过程安全管控系统（电子“两票”应用）》被评为优秀创新成果。

【继续深入打造亲情家园，服务体系更加完善】 一是开展困难员工摸查和帮扶工作，为 4 名困难员工争取到上级工会救助资金 7.5 万元。二是举办了迎新春文艺联欢会，开展了职工家属接待日活动、送春联活动；夏季深入一线开展“送清凉”活动。三是开展“世界读书日”和“京能读书月”活动，并在疫情期间开展了女职工一起以“读”攻“毒”读书分享活动和“声音里的经典·党史故事我来讲”活动。2020 年公司再一次荣获中华全国总工会职工书屋示范点荣誉称号。四是组织女职工开展烘焙活动，为生产现场的职工送去了下午茶，饼干、糕点等亲手做的食物，兑现了“有机会我做给你吃”的诺言。五是为员工按季度发放生日蛋糕券、观影券。六是安全月期间组织开展了“安全生产月 · 书画进企业”活动。

【积极履行社会责任，认真完成扶贫工作任务】 工会牵头在北京市列出的指定扶贫产品目录中选购98万元扶贫产品，完成京能电力下达任务的128%，排名电力平台第一；为对口帮扶村庄购买农器具、开展金秋助学为对口帮扶的贫困村高考录取的大学生捐款，总计22万元；组织员工在堡玉村认购爱心扶贫土豆，总计1.93万元；开展“消费扶贫手拉手·共赴小康心连心”扶贫爱心包认购活动，共购买扶贫产品5.7万元。

（李　欢）

宁夏枣泉发电有限责任公司工会

【概述】 2020年，宁夏枣泉发电有限责任公司工会以习近平新时代中国特色社会主义思想为指导，深入学习贯彻党的十九届五中全会精神和中国工会十七大精神，积极落实宁夏能源化工冶金通信工会和集团工会工作部署，在公司党委的统一领导下，紧紧围绕公司控亏减亏中心任务，以推进新时代产业工人队伍建设改革工作为主线，以建设“引导力、学习力、创造力、服务力、凝聚力”的“五力”工会为目标，坚持党建引领，落实民主管理，强化素质提升，加强暖心关爱，着力固本强基，不断提升工会工作质量，激发职工群众干事创业的精气神。

【二届六次工代会】 3月16日，宁夏枣泉发电有限责任公司工会召开第二届第六次工会会员代表大会。全面回顾总结了2019年工会工作开展情况，部署2020年工会工作重点任务。宣读了荣获集团、公司先进集体和先进个人的表彰文件。签订了《集体合同》《工资集体协议》《女职工专项集体合同》《劳动安全卫生专项集体合同》。

【职工之家建设】 4月29日，公司“五人制标准足球场”建设项目通过了竣工验收，正式投入使用。标志着枣电公司工会关爱职工身体健康、推进“职工之家”建设的又一新的文化活动场所的建成。

【劳模宣讲】 9月18日，浙能集团劳模工匠宣讲团走进枣电公司开展“中国梦·劳动美——浙能发展奋斗有我”劳模工匠宣讲活动。本次参加宣讲的是浙能集团劳模工匠代表，他们是浙江省五一劳动奖章、省“五个一”杰出技能人才徐仙华；浙能集团第一届热控技能大赛集体优胜奖、集团先进工作者徐朔文。宣讲会上，两位劳模从乐于奉献、岗位成才、勇于担当等方面，和基层职工分享职业道德、敬业精神和成才之道。

【职工思想政治引领】 用社会主义核心价值观凝聚职工，开展“清明祭英烈”、“端午包粽子”、观看爱国主义电影等活动，累计开展集中学法活动4次，“职工大讲堂”4次，志愿者活动4次。参加集团工会组织的“学雷锋文艺志愿者服务职工赛歌会”、光盘接力“吃播”视频拍摄、浙能最美全家福、“我向师傅表白”、“方言版我爱你祖国”等活动，积极培育和践行社会主义核心价值观，激发职工热爱祖国、热爱家园的情怀。

【“产改”工作】 以浙能集团公司《新时代产业工人队伍建设改革实施方案》为指导，围绕尊重和保障产业工人队伍主人翁地位、提高产业工人技术技能素质、健全产业工人维权保障机制、畅通产业工人职业发展通道等内容，制定并发布枣电公司《新时代产业工人队伍建设改革实施方案》，下发《2020 年推进新时代产业工人队伍建设改革工作任务清单》，提出有效措施并有序推进，确保取得实实在在的成效。积极推动《立足职工综合素质　推进新时代产业工人改革》的理论研究课题，两个“产改”案例《“四力”合体建设自驱型班组》《飘起“红领带”，奏响奋进曲》获得浙能集团工会高度肯定。

【劳动和技能竞赛】 结合生产实际，大力开展职工岗位练兵、技术比武、技能竞赛等活动。2020 年，共开展商品煤鉴别、系统图背画、安全知识竞赛以及 Ovation 系统仿真竞赛等 15 项劳动或技术比武活动。同时积极鼓励职工走出去、亮风采，参与上级组织的技术比武并初露锋芒，在浙能集团西北分公司组织的 2020 年度化验、电气专业技能竞赛中，公司职工分别获得第一、第二名的好成绩。

【职工技术创新】 深入开展技术革新、技术协作、发明创造、合理化建议等活动。2020 年，枣电公司开展“五小”专题培训活动 1 次，“五小”经验“云”交流活动 1 次，共收集到“五小”课题 46 项，其中 9 个项目参加了公司首届青年“五小成果”评审发布会；发布 10 项 QC 成果课题；举办两次精益课题发布会，共计 10 个课题参与发布。其中《降低循泵电耗率》荣获浙江省电力行业 QC 小组活动优秀成果二等奖，《班组管理信息化平台的研发》《提高#2 机组过热减温水自动调节品质》分别荣获浙江省能源业联合会 QC 成果二、三等奖。合理化建议“降低湿电工艺水泵电耗”获西北分公司 2020 年度合理化建议铜点子奖。枣电公司自主开发的运行巡检管理 App，打破传统的巡检管理模式，大大提升运行巡回检查效能，且降低成本、节约投资 120 万元，获得西北分公司第一届“五小”创新创效活动一等奖。运行部化验班开发的“电厂废水取样器”解决了公司废水取样的安全问题，并大大提升取样的代表性，该成果已申请国家实用性专利。枣电公司报送的隐患随手拍《危险的井坑》荣获 2020 年浙江省省部属企事业工会安全隐患随手拍合理化建议三等奖。

【人才培养】 2020 年年初，组织制定《宁夏枣泉发电有限责任公司“枣电之星”“枣电工匠”评选实施办法》，共评选出“枣电之星”10 名，“枣电工匠”1 名。“王俊红大师工作室”成为公司第一个被集团认定的大师工作室。另外工会还积极落实集团工会“名师高徒”活动，签订省部属级“名师高徒”协议一对，集团级“名师高徒”协议一对，制订培训计划，并开展培训工作。

【职工关爱】 2020 年，向困难职工发放补助金 17000 元，发放互助会补助金 24350 元。盛夏期间，公司工会开展防暑降温“夏送清凉”活动，累计发放清凉物资 42874 元，慰问职工覆盖率 100%。5 月份，公司工会邀请银川市心理卫生协会的专家开展心理健康讲座，帮助职工思想上解惑、精神上减负、心理上减压。8 月份，还邀请银川三家爱心联盟企业走进枣电，开展口腔保健宣讲、剪发、肩颈保健按摩等公益活动，把关心送到厂里，送到职工身边。

【工会自身组织建设】 2020 年，完成工会经费内部审计 1 次，配合上级工会完成工会经费年度审计 2 次，促进了工会财务和资产的规范管理。开发了工会费用网上报销平台，实现工会经费网上报销，助力“最多跑一次”改革。及时修订了《工会财务管理标准》《荣誉奖项管理规定》《职工疗休养管理办法》，确保公司工会制度的有效性和适宜性，保证职工的合法权益。高度重视公司工会干部培训，提升工会干部业务能力。设置专职工会干事，组织相关人员参加集团工会干部培训、工会经审干部培训和自治区能源化工冶金通信工会“产改”建设培训，提高工会工作水平。2020年枣电公司工会被自治区能源化工冶金通信工会命名为“先进职工之家培育点”，一人获评自治区能源化工冶金通信工会“优秀工会工作者”荣誉称号。2020年，枣电公司工会获评浙能集团工会“优秀工会”，枣电公司获评浙能集团“美丽厂区”，枣电公司两个班组获评“集团工人先锋号”，枣电公司一人获评集团“巾帼建功标兵”。

（高粉艳）

宁夏西部创业实业股份有限公司工会

【概述】 2020年，宁夏西部创业实业股份有限公司工会坚持以习近平新时代中国特色社会主义思想为指导，全面贯彻党的十九大和十九届二中、三中、四中、五中全会精神以及中国工会十七大第三次执委会会议精神，深入学习贯彻习近平总书记关于工人阶级和工会工作的重要论述，更加注重推进工会自身建设，充分发挥工会组织作用；更加注重围绕中心任务推进工会工作开展，引导广大职工立足岗位建功立业；更加注重构建和谐劳动关系，维护和发展职工合法权益；更加注重对职工的关心关爱，不断增强广大职工的获得感和幸福感。

【自身建设规范助力】 按照工会规范化建设标准，不断强化组织建设，建立健全工会工作体系。根据公司组织机构调整，及时对基层工会组织进行整合变更，不断改进管理模式、运行机制和活动方式，工会工作更加顺畅有效。认真开展工会会员实名录入工作，及时掌握新入职及离职员工信息，及时更新实名制工作台账，会员录入率达到100%，确保数据准确完整。坚持党建引领，将工会工作与党建工作、公司经营管理有机结合，实行同部署、同安排、同考核、同监督，工会组织作用得到充分发挥。

【民主管理不断推进】 坚持把民主管理作为公司科学管理、快速发展、和谐发展、高质量发展的主要形式和职企共赢的有效手段，不断完善职工代表大会、集体合同协商、职工董事、监事制度，规范工作程序。2021年1月，以分组团形式组织召开了公司一届三次职工代表大会，会议认真学习和讨论了《凝心聚力再出发，担当作为开新局，乘势而上为打造高质量上市公司努力奋斗》工作报告和《立足新起点，展现新作为，为推动公司高质量发展建功立业》工会工作报告及《2020年工会经费使用情况报告》。深入开展企务公开工作，利用公司办公网、宣传栏、月度生产例会等形式，对公司的重大决策决定、中层管理人员聘任、违章违纪处理（处罚）、绩效考核及各类评先等事项及时公开，组织职工代表对中高层管理人员进行评议，充分发挥了民主决策、民主管理、民主监督作用。

【围绕中心建功立业】 深化拓展“弘扬爱国奋斗精神，建功立业新时代”活动，在公司上下大力营造弘扬劳模精神、工匠精神的学先进赶先进的新时代进取氛围。推荐宁东铁路公司调度中心陈春元参加自治区劳动模范评比，荣获自治区“劳动模范”光荣称号。组织征集“金点子”合理化建议236条，组织开展车辆技能对抗赛、“安全之星、技能之星、节能之星、奉献之星”乘务员劳动和技能竞赛等活动，引领广大职工积极参与到建设美丽新宁夏和公司高质量实践中来。为解决机车检修过程中人工加注黄油速度慢、耗时长等问题，成立技术攻关小组，组织开展“五小”创新活动，成功制作了“远程控制智能定量黄油加注机”，使原来一台机车加注黄油需用的6小时压缩到现在的1小时，提高了工作效率。坚持以“安康杯”竞赛活动为主线，在“安全生产月”活动中，参与组织危险品罐车泄漏应急处置演练、职工公寓火情应急演练等活动，检验了广大职工应急反应、自救互救等安全应急能力。

【服务职工凝心聚力】 始终坚持“以人民为中心”的和谐企业发展理念，解决职工最关心、最直接、最现实的问题。为确保劳动生产安全和职工身心健康，为生产现场“小药箱”补充添置价值1.5万元的应急和防暑降温药品，筹办暑期送清凉等活动。为1312名公司从业人员办理医疗互助保险，给287名职工及家属办理“安康保”。坚持送温暖常态化，为19名职工送去困难补助金3万元，为考上大学的14名职工子女送去“金秋助学金”4.1万元，给15名新婚职工和37名生育职工送去祝福金2.6万元，给生病职工24人送去慰问金1.46万元。在推进职业卫生防护中，协调有关单位解决职工反映的防尘口罩过厚、工作服型号偏差等问题。公司为全体职工办理补充医疗保险，主动回应职工的揪心事、操心事、烦心事，使广大职工分享到公司高质量发展带来的实惠，进一步提升了广大职工的幸福指数。

【文体活动丰富多彩】 针对职工越来越高的精神文化的需求，公司努力找准切入点，以先进、健康、和谐的企业文化教育、团结、引领职工，不断完善职工之家建设，坚持全员参与和突出特色相结合，努力集聚企业发展的“正能量”。组织各基层工会开展迎新年文体活动，邀请自治区青年书法家深入生产一线为广大职工现场书写春联300余副，把公司党委、纪委、工会对广大职工的关怀送到现场、送到家庭。结合生产一线职工需求，为铁路沿线站区补充添置价值5万余元的文化体育用品；在新冠肺炎疫情防控工作中，及时向全体职工发出疫情防控倡议书，“三八”妇女节期间，组织女职工开展疫情防控健康知识答题、举办职工运动会、摄影美术作品展、举办“讴歌时代经典，营造书香西创”读书朗读等活动，鼓励广大职工多读书、读好书，进一步丰富和活跃了职工的文化生活。

（王宝宁）

中国石油宁夏石化分公司工会

【概述】 2020年，宁夏石化公司全年加工原油369.5万吨，实现销售收入176亿元，利润总额2.3亿元，上缴税费72.8亿元，出产产品合格率100%，环境污染事故为零，年度节能减排指标全面完成。公司全员参与“战严冬、转观念、勇担当、上台阶”主题教育活动，推动13个方面60个大项133条具体措施落实到位，助力全年效益指标实现。扎实开展“强基础、除隐患、补短板、上台阶”专项整治活动，围绕“四查”

"四精"，排查各类隐患6907项，隐患治理率93.6%。工会围绕企业中心工作，持续深入开展厂务公开民主管理工作；组织开展劳动竞赛、创新工作室工作；在帮助困难职工、金秋助学、职工维权等工作上切实履行职能，服务发展大局，服务职工群众，取得显著成效。

【加强职工思想政治引领，发挥桥梁纽带作用】 2020年是全面建成小康社会的攻坚之年，也是公司补短板、强管理、夯基础、调结构、促转型，加快推进转型发展的关键一年。全年参与16家机关单位政治巡察工作，4家单位"回头看"，发现工会问题11项，落实整改11项。思想上践行工会工作要听党话，行动上落实工会工作要跟党走；结合群团工作开展青工大讲堂活动；通过多种形式及时把党的声音、主张、要求传递到职工群众中去。

【深入开展维权服务，职工民主权利有效落实】 坚持和完善职工代表大会制度，2020年组织召开公司六届五次职工代表大会，由于疫情防控要求，大会采取线上会议，小范围会场传达；闭会期间组织职代会主席团组长联席会2次，审议重大事项5项，确保广大职工依法实行民主权利。扎实做好25家二级单位职代会（职工大会）的指导工作；收集职工代表意见建议82条，合并整理后提交大会审议通过24条，件件得到督促落实；调解3起职工诉求维护了职工合法权益；围绕职工最关心最直接最现实的利益问题，做好维权服务工作，完善员工利益监督保障机制。

【开展群众性技术创新活动，为企业生产经营建功立业】 持续开展劳动竞赛，参与一线职工1360余人，在企业"战严冬、转观念、勇担当、上台阶"主题教育活动中发挥主力军作用。助力炼油装置4年一次的大检修工作，组织开展"六赛一比"大检修劳动竞赛；组织开展丰富多彩、形式多样的小指标劳动竞赛，促进岗位技能不断提升。2020年，公司共创建12个创新工作室，先后完成82项创新课题，征集合理化建议347条，通过公开评审对30项创新成果和128条优秀合理化建议予以表彰奖励。选树安检公司职工肖慧敏同志为"自治区劳模"。尊重劳动、崇尚技能、鼓励创造的风尚逐步形成。

【开展消费扶贫，困难帮扶等暖人心工程】 推进精准帮扶，大力开展"送温暖"活动。春节帮扶困难员工、外派员工、固定群体、劳模、工伤人员、患病会员等共计1014人次，发放慰问金95.74万元；"五一"期间帮扶有偿解除合同退休人员困难群体等810人次，发放慰问金49.06万元；"金秋助学"帮扶26个职工子女解决就学困难，发放助学金8.4万元；"十一"期间慰问困难群体801人次，发放慰问金52.21万元；会员节日慰问1.2万人次，发放的米面油价值229.60万元。全年入户走访60户，发放慰问品1.7万元；积极履行国家消费扶贫职责，消费扶贫共计88.85万元；加强疫情防控，为全体会员采购防疫手套等物资近20万元。通过修订制度，不断提高管理水平，修订下发《宁夏石化公司帮扶管理办法》《公司工会物资采购服务管理办法》《公司工会物资领用发放管理办法》。

【疫情防控举措到位，精神文化生活丰富】 疫情期间对管理的文体中心场馆及影剧院，严格执行消杀工作，加强活动人员测温监控，保障活动场所安全健康。开展“阅读强素质，奋斗建新功”全员读书活动，收到28家基层单位《读书心得》《一封家书》831篇；举办“爱我宁化、立足岗位、提质增效”职工书画摄影展；参加全国石油职工第四届健步走网络公开赛，员工1288人参赛；举办网络围棋赛；在疫情期间，举办多种线下户外活动，丰富员工精神生活。

（王　琼）

长庆油田分公司第三采油厂工会

【概述】 长庆油田采油三厂工会在宁夏能源化工冶金通信工会和厂党委的坚强领导下，深入贯彻落实党的十九大和中国工会十七大精神，始终将发展主题融入工会工作，以“三服务一加强”（即服务发展、服务基层、服务职工，加强工会自身建设）为主线，以原油生产为中心，以员工需求为导向，聚焦油气上产，助推提质增效，参与企业治理，优化普惠服务，团结带领广大职工为采油三厂高质量发展作出了积极贡献。

【抗击疫情】 1月31日，长庆油田采油三厂工会在抗击疫情关键时期，围绕员工“急难愁盼”问题加大服务保障力度，第一时间下拨76万元组织慰问关怀，动员爱心联盟志愿者开展“抗疫情、送关爱、促上产”系列活动，为全体职工攻克难关提振了士气，凝聚了力量。

【劳动竞赛】 坚持劳动竞赛与生产建设“同部署、同推进、同落实”，组织开展了“安全、保产、控本、提质、增效”主题劳动竞赛，通过“考核评比、业绩兑现、慰问帮扶、总结表彰”实现全过程管理。竞赛关键时期开展了送清凉和抗洪抢险专项慰问，评选出竞赛立功集体和个人，推动了全年生产建设任务目标的顺利实现。

【创新创效】 开展了第六届员工创新成果发布暨成果推广转化会，表彰优秀“五小成果”10项、创新创效能手10人，立项研发成果64项，推广转化成果77项，产生经济效益1200余万元。有2项成果亮相第二十四届全国发明展览会，2个项目在2020年中国创新方法大赛总决赛上获奖，1项成果获长庆油田公司科技进步奖。

【普惠服务】 建立相对低收入家庭长效动态帮扶体系，共帮扶相对低收入家庭141户；在低油价成本压减形势下，厂工会保质保量落实婚丧嫁娶等11项普惠慰问政策，完成了2020年疗养费发放惠及4186人，开展员工直系亲属去世慰问151人，发放全体会员生日蛋糕券，春节、端午、中秋节日慰问品。

【心理关爱服务】 3月26日，长庆油田采油三厂新建投用运行银川职工心理关爱服务中心，按照“一线巡回服务+志愿者定点服务+购买社会专业服务”的新模式，全年有规划、月月有组织、周周有活动。自中心运行以来共接听热线咨询51人次，一对一咨询91人次，跟踪回访58人次，团体辅导42次，主题讲座34期。

【劳模先进典型选树】 大力弘扬劳模精神、劳动精神、工匠精神，制定了《采油三厂培育锻造工匠人物实施方案（2020—2022年）》，形成了各类典型茁壮成长的局面。持续开展了第五届“员工眼中的好员工”评选活动，72名员工入选获奖。选树培育了全国劳动模范顾燕、中国石油劳动模范王军等5名省部级及以上先进个人，大水坑作业区盐31中心站、盘古梁作业区化验室等7个集体分别获全国“安康杯”优胜班组、自治区“五一巾帼标兵岗”等荣誉称号。组织“好员工”事迹报告会、送奖牌证书到一线、“全国劳模”座谈会，8名好员工代表首次以直播方式讲述自己的奋斗之路，激励全员营造“比、学、赶、超”的浓厚氛围。

【结对帮扶助力扶贫】 长庆油田采油三厂工会积极与宁夏、陕西两地总工会联系，确定了购买扶贫产品渠道，以采购职工“国庆中秋”节日慰问品的方式，超额完成消费扶贫任务122.29万元。持续开展自治区“助力脱贫富民　志愿结对帮扶”活动，为54户结对贫困户在新春佳节即将来临之际，送去了过节急需的米、面、油等生活物资。

【职工文化建设】 结合疫情防控要求，积极推进线下+线上的方式，开展了“跨新年、庆厂庆”全员健步走、劳动竞赛主题摄影采风、“辨风险、识风险、控风险”主题知识竞赛、庆祝长庆油田开发建设50周年广场健身操比赛等厂级文体活动11场次；持续推进片区自主常态化活动组织模式，开展月度主题活动65场次，覆盖员工5000余人次，丰富了员工业余文化生活。积极参与群众文体交流，组队参加了长庆油田公司足球比赛和陕西省志丹县篮球赛并斩获季军，两项员工文艺作品在宁夏回族自治区“劳动者之歌”文艺汇演评选活动中获奖。

【加强自身建设】 坚持融入“大党建”格局，持之以恒“增三性、去四化、强基层、促创新”，各级工会组织带领员工听党话、跟党走的自觉性、主动性、有效性持续加强。工会考核标准与党建工作保持高度一致，先后2次修订完善《工会工作考核细则》；全年围绕厂党委重要决策部署，推行“限期办结制”和“工作量化制”，27项重点工作得到全面落实。实施“以奖励代下拨”“以创新代评比”“以需求代建设”工作模式，实现了从“要经费向挣经费”“有创新才能当先进”“有需求才能投资建阵地”的精准激励转变。12月7日，长庆油田采油三厂工会被自治区总工会命名为“自治区模范职工之家示范点”。

（张立文）

长庆油田分公司第九采油厂工会

【概述】 2020年，第九采油厂工会在上级工会和厂党委的领导下，以党的十九大和中国工会十七大精神为指引，认真落实油田分司及采油九厂全年工作部署，围绕全厂发展大局，积极应对新冠肺炎疫情防控和提质增效活动，持续加强员工思想教育引领、组织动员员工建功立业，为推进全面发展、建设稳健九厂作出积极的贡献。

【十届四次职工代表大会】 1月18日，第九采油厂十届四次职工代表大会在银川召开，114名职工代表参加了会议。会议表彰了集体类荣誉20项、个人类荣誉66项，2名员工分别获得省部级、集团公司劳动模范荣誉称号。会议期间审议发布7项决议，增（替）补5名职工代表，机关各部门对43条员工合理化建议进行了办复工作。

【国际劳动妇女节】 3月6日上午，采油九厂以视频形式召开2020年庆祝国际劳动妇女节暨女工工作会，共计56人参加会议。会议总结2019年女职工工作，安排部署了2020年女职工工作，并对2019年度女职工先进集体和先进个人进行了表彰。

【“五一”“五四”先进表彰会】 4月29日，采油九厂以视频形式召开纪念“五一”“五四”先进表彰会。共有65人参加会议。会议弘扬了劳模精神、劳动精神、五四精神，激励广大干部员工以先进为榜样，再接再厉、鼓足干劲、争先创优。

【创新创效】 坚持把“提素质、增才干、谋创新”作为引导员工创新创效重要抓手，推荐周二转中心站申报甘肃省创新型班组、“污水系统滤网改进”等6个项目申报公司创新项目。举办第六届员工“五小”成果、技术发明发布会暨创新创效成果展，现场发布12项“五小”成果，展示历届30项获奖成果，引导全员提高创新创效活动认识。

【送温暖】 开展“春节、送清凉、中秋国庆节送温暖”活动，组织厂领导成立8个慰问小组对一线生产单位站点进行慰问，为基层站点送去肉类、水果、牛奶等慰问品。开展领导结对帮扶活动，组织厂领导深入困难员工、优秀员工、劳模、技师家中慰问12人次，春节、五一、十一慰问困难员工72户次。做好员工日常慰问，慰问去世员工直系亲属25人，慰问住院患大病员工50人，慰问退休员工19人，慰问结婚及生育小孩员工30人次，充分体现工会组织的关心温暖。

【“阳光心态”心理咨询】 参加公司银川片区心理关爱工作推进会，并就采油九厂心理关爱主要工作进行交流。组织“阳光心态”心理咨询进一线活动3期，深入井站为员工进行心理知识讲座及心理问题辅导。

【学习党的十九届五中全会精神】 围绕党的十九届五中全会精神实质、思想内涵等方面内容，组织11个基层工会开展党的十九届五中全会精神专题学习活动68场次。活动中在“长久天地”微信公众号等新媒体平台开专栏、造声势，700余名工会会员围绕党的十九大精神说认识、谈体会，为全厂全年上产汇聚了强大的精神动力。

【普惠服务新模式】 为打好脱贫攻坚战，采油九厂工会与上级工会及吴起县扶贫开发局多次对接，一头连起一线员工生活区，一头连起油田生产区，既为员工送去了冬日温暖，又助力贫困群众增收。在慰问品发放过程中先后实现全员“网上选购”“AB套餐自提”“邮寄到家”等在油田公司率先试点的做法，在获得全厂员工肯定的同时被油田兄弟单位借鉴学习。

【兴超杯·篮球赛】 8月16日，为迎接全国第12届“全民健身日”，在刘峁塬采油作业区组织“砥砺奋斗五十载，阔步迈进新时代”篮球比赛，10个单位110名运动员、裁判员参加了比赛。比赛过程中各基层工会同步组织开展棋类、读书、小型游戏等多样的文体活动，员工群众参与喜好的各项文体活动热情空前高涨，充分满足了广大员工精神文化的需求。

【歌咏比赛】 9月25日，为庆祝伟大祖国71周岁华诞，在吴起生产指挥中心和刘峁塬基地举办了庆祝长庆油田开发建设50周年“迎国庆庆中秋、聚合力保稳产”歌咏比赛，比赛以微信、抖音双平台直播的方式进行。300余名干部员工参加了此次活动，在线观看人数达到万人以上。展示了采油九厂工会会员的精神风貌和积极向上、努力拼搏的进取精神。

【庆祝长庆油田开发建设50周年文艺汇演】 10月23日，庆祝长庆油田开发建设50周年“提质增效促上产”员工文艺汇演暨一线慰问演出在吴起县五谷城采油作业区召开。200余人在现场观看了现场演出，全厂干部员工通过手机网络直播的方式，观看并回顾了采油九厂走过的艰辛历程和取得的辉煌成就。

（蒲玉洁）

中国石化集团长城能源化工（宁夏）有限公司工会

【概述】 2020年，公司工会按照上级工会、公司党委的统一部署，紧紧围绕公司“强管理、稳生产、提效益、带队伍、谋发展”工作思路，认真履行工会职能，组织带动广大职工在聚焦公司中心工作中积极主动作为，在服务职工群众中把握责任定位，在加强自身建设中开拓创新、凝心聚力、真抓实干，在打赢疫情防控阻击战、打好安全环保和扭亏脱困攻坚战中作出了积极贡献。

【加强党的建设】 各级工会始终把团结引导广大职工听党话、跟党走作为重要政治责任，坚持把学习贯彻党的十九大和十九届四中、五中全会精神，学习贯彻中国工会十七大精神和党中央决策部署作为首要政治任务，认真学习领会和落实习近平总书记关于工人阶级和工会工作的重要论述，增强“四个意识”，坚定“四个自信”，做到“两个维护”，广大职工从思想源头、政治站位和工作实践中自觉同党中央保持高度一致，做到思想上高度统一、政治上坚决维护、组织上自觉服从、行动上紧紧跟随，更加坚定了扭亏脱困的强大决心和信心。

【做深形势任务教育】 以集团公司、公司年度和年中工作会为重要节点，分层级在各单位开展形势任务“大宣讲”，通过“企业靠我发展、我靠企业成长”形势任务教育，及时将干部职工思想统一到公司安排部署上来；以“强化责任落实，提升履职能力”为主题广泛开展专题研讨，深入查摆责任心和工作作风方面存在的不足，进一步激发干事创业热情；开辟“形势任务教育专栏”，丰富教育形式，做足政策宣讲，做深形势任务教育，教育引导广大职工在实践中传承石油精神，弘扬石化传统，凝聚干事创业精气神。

【强化先进典型选树】 大力弘扬工人阶级伟大品格和劳模精神，孙道进荣获自治区“劳动模范”称号，评选表彰5名公司劳动模范、3个“巾帼文明岗”和15名“巾帼建功标兵”、15名“最美女工”、10户“最美家庭”、20名“最美贤内助”，举办“强责任勇担当，共建美好家园”故事会，通过微信公众号、电子屏和组织专题报道等形式，开展先进典型事迹宣传，大力弘扬劳模精神和工匠精神，积极引导和激励更多职工学习先进、争当先进、赶超先进，营造良好的创先争优氛围。

【筑牢防疫基础】 面对突如其来的新冠肺炎疫情，公司工会心系全体职工身心健康，向全体干部职工发出倡议书、发放学习手册，通过各种宣传载体广泛开展各种防控知识宣贯，进一步提高职工自我防护意识和水平。开展“疫情防控连万心，关怀慰问送真情”防疫专项慰问活动，发放慰问物资约10万元；开展寻找“奋战在抗疫前线的医护人员家属”、因“疫”致困职工等慰问活动。开展“众志成城抗疫情，共度元宵猜灯谜”活动，让广大职工足不出户也能收获节日的幸福和快乐；开展“携手筑盾，共抗疫情”主题摄影、书画、征文活动，丰富职工疫情防控期间文化生活。

【深化民主管理】 组织召开二届一次职工（会员）代表大会，选举产生新一届工会委员会、工会经费审查委员会，提名产生女职工委员会以及评议干部、提案处理、生产经营、生活福利等4个专门委员会，指导24个基层分工会集中开展换届工作，进一步完善基层分工会组织机构，加强工会组织力量；组织召开8次职工代表团长联席（扩大）会，开展“双亮”（亮牌子、亮身份）和“工会主席接访日”活动，明确委员分工，落实委员职责。每季度组织生活福利委员会和部分职工代表，对职工餐厅和宿舍开展监督检查，督促办公室后勤中心不断提高服务质量，2020年共开展了综合专项巡视检查4次，查出85项问题，参与食材供应单位调研和监督4次，参与职工健康体检市场调研4次。组织职工代表征集各类提案51项，立项9项，已完成8项。深入基层各单位指导、检查厂务公开落实情况，开展年度绩效考核专项督导检查工作，推进厂务公开制度化、规范化建设，充分发挥职工群众监督职责。结合“百日攻坚创效”行动，以“安全生产月”为契机，组织各基层分工会劳动保护监督员，开展劳动保护自查、相互交叉检查和工会全面抽查，查出问题104项，整改104项，全面推进和落实工会安全监督职责。

【深化劳动竞赛】 围绕装置优化运行、指标调优、降本增效等方面，在公司、基层单位和班组广泛开展多层次、多专题、多形式的劳动竞赛共计61项，其中公司级8项，基层单位级35项，班组级18项。总结提炼BDO运行部“三比三赛”、聚乙烯醇运行部“班组成本核算”等15个优秀劳动竞赛案例，召开劳动竞赛现场推进会，交流典型案例，推广特色做法，持续提升各基层分工会组织劳动竞赛的能力和水平。公司工会围绕“攻坚创效”目标任务，组织开展“五比两保”竞赛，在“百日攻坚创效”行动期间营造了浓厚的氛围；每季度开展“安康杯”竞赛，2020年评选出“安全卫士”12名、安全诊断“金银铜”点子30条。乙炔运行部开展电石炉安稳运行劳动竞赛，促进电石稳产高产；甲醇运行部围绕主要工艺指标和环保指标、环保建材运行部围绕产量质量和消耗指标开展的小指标劳动竞赛，营造“人人手里有指标，个个肩上挑重担”的比学赶帮超氛围。

【经济技术创新】 制定下发、宣贯执行《公司职工合理化建议征集实施细则》，优化审批流程，充分发挥OA平台效能，通过“五比两保”——比建议竞赛活动，对合理化建议的提报数量、质量和被采纳情况进行统计排名，充分调动广大职工的智慧和创造力。2020年共征集各类合理化建议1181条，采纳了516条。以“工人先锋号”“创新工作室”等创建活动为载体，引导技术骨干立足生产实际，从亟待解决的生产难题入手，广泛开展技术革新、发明创造、“五小”攻关等各种形式的创新创效活动，累计获得7项专利，18项技术发明和实用新型技术。公司首次自主开展11个工种的职业技能等级认定，认定221人；首次举办9个工种的技能竞赛，15人取得“技师”职业资格。

【做实关心关爱】 持续开展“走基层、访万家”“三知四访五必谈”等工作，全年慰问生病、生育职工和职工家属共计566人次，发放的慰问品价值20余万元。组织开展“新春、五一、端午、中秋、国庆”等重大传统节日岗位慰问和劳模慰问活动。开展困难职工帮扶慰问和“金秋助学”活动，全年发放慰问金近15万元，为困难职工及其子女排忧解难。在公司办公楼周围制作安装自行车停放架300余米，方便职工自行车停放；在公司职工倒班宿舍周边新建体育健身设施，满足广大职工就近健身需求。成立EAP工作组织机构，建立EAP工作服务站，组建骨干团队，启动网上课堂，开展专题讲座。指导女职工委员会做好引领、服务、联系女职工工作，开展“奋勇战‘疫’，巾帼行动”女职工活动，发挥女职工“半边天”作用。

【强化职工文化建设】 调整文体协会组织机构，充实篮球、足球、乒羽、文艺和新闻创作等6个专项协会力量，组织开展“攻坚创效杯”团体篮球、羽毛球比赛和职工趣味运动会，为“攻坚创效”加油助力。开展“大美宁夏能化”摄影比赛，培养职工健康向上的兴趣爱好，激发职工工作活力，营造健康生活、快乐工作的氛围。各基层分工会职工活动有序开展、灵活多样。例如：BDO运行部分工会以班级为单位，组织全员开展户外拓展团建活动；乙炔运行部分工会联手北京中燕、西部四友等承包商组织开展职工秋季运动会；宋新庄煤矿分工会成立文体小组，开展业余文体活动，丰富矿区职工文化生活；聚乙烯醇、环保建材等运行部分工会，组织职工开展拔河、乒乓球、跳绳等丰富多彩的趣味活动，增强队伍的凝聚力。

【加强自身建设】 认真贯彻落实“增三性、去四化”的要求，制定下发、宣贯执行《公司建家活动考核评价细则》，依法规范建家工作，将劳动竞赛、厂务公开、合理化建议征集等“建家”指标纳入各基层分工会的季度和年度考核，持续推进工会干部的履职能力，发挥考核“指挥棒”作用。2020年，通过公司会员代表对公司建家工作进行无记名综合评价，满意率达99.2%，比上年度增加16个百分点。公用工程运行部分工会荣获宁夏能源化工冶金通信工会“先进职工小家”称号。创新工会服务职工载体，建好用好各层级工会干部、职工代表工作群，发挥“互联网+”优势，持续提升工会信息化水平。坚持工会经费使用合法合规，进一步修订完善《公司工会经费收支管理实施细则》，工会经费使用的指导性和可操作性大大增强，基层活力得到进一步激发。同时，在公司OA系统上新建“工会费用管理”线上审批流程，将原来线下的申请、报销全部改为线上申请、报销，实现费用数据的收集、整理和统计分析功能，极大地提升了工会工作效率。新制定下发、宣贯执行《公司劳动竞赛管理办法》《公司职工合理化建议征集实施细则》《公司建家活动考核评价细则》《公司员工帮助计划项目实施方案》等管理制度，进一步规范工作程序。先后举办2期工会干部培训班和EAP骨干培训班，有效提升了工会干部的业务能力，为进一步推动工会工作更好地融入、促进中心奠定基础。

（陈道华）

中国航空油料有限责任公司宁夏分公司工会

【概述】 2020年，中国航油宁夏分公司工会在自治区能源化工冶金通信工会和上级工会的正确领导下，以习近平新时代中国特色社会主义思想为指引，深入贯彻党的十九届四中、五中全会精神和中央经济工作会议精神，认真落实能源化工冶金通信工会工作部署，紧紧围绕中心工作，充分发挥工会组织作用，全力以赴抗击新冠肺炎疫情，助力“强降促保”和“百日攻坚”等专项活动扎实开展，团结动员广大职工较好地完成各项工作目标。宁夏分公司工会委员会现有兼职工会干部4名，下设3个工会小组，职工入会率100%。

【深化政治理论学习，把牢工会工作政治方向】 一是始终坚持用习近平新时代中国特色社会主义思想武装头脑，深入学习贯彻党的十九届历次全会精神，增强“四个意识”、坚定“四个自信”、坚决做到“两个维护”，带领工会工作人员听党话、跟党走。二是深入贯彻落实中国工会十七大精神和集团、航油公司、西北公司工会工作部署，准确把握分公司党委“党建带工建”工作新要求，紧紧围绕年度中心工作，发挥工会组织的政治优势、组织优势、群众优势，推动工会各项工作向纵深发展、向基层延伸。三是通过参加能源化工冶金通信工会干部培训和中国航油西北公司工会工作培训，进一步提升了工会委员的责任意识和执行力，提高了工会干部的政治素养和履职能力。四是努力凝聚员工共同意愿，持续激发队伍内生动力，为分公司安全生产、经营管理、和谐稳定尽责尽力。

【持续开展竞赛活动，有效推动职工技能提升】 一是以技能竞赛为平台，锻炼培养业务技能骨干。上半年组织开展了分公司“新版飞机加油标准化”技能比武，大力支持油库综合技能比武。下半年组织开展了分公司供应站经理（助理）五项全能选拔赛，积极参加了西北公司第一届五项全能比武决赛，王劲松获得第一名，张奔获得优秀奖，为分公司争了光添了彩。二是依托“安康杯”竞赛，筑牢员工安全意识。分公司工会不断深化“安康杯”竞赛活动，切实把安全理念和要求落实到基层，落实到生产一线，进一步增强了员工的安全意识，丰富了安全文化内涵。年初，根据“强意识、查隐患、促发展、保安康”主题制定下发了相应的竞赛实施方案，积极推进安全生产宣传教育，组织激励广大职工参与“安全生产月”“十个一”等活动。三是发挥榜样引领作用，努力营造争当先进、崇尚荣誉的良好氛围。2020年，分公司工会认真开展了先进评选工作，注重发挥先进典型的示范辐射和引领带动作用，以先进精神激励职工，倡导团队积极向上的价值取向。

【推进班组规范建设，夯实班组提质升级基础】 一是全年按照西北公司班组建设提质升级总体部署，围绕建设目标结合实际，完成了指标体系分解工作，整合了班组看板展现要素，下发了《宁夏分公司班组规范化建设指导手册》，规范了班组建制，进一步明确了各班组职责，逐步将班组党员、复转军人、工会小组成员和团支部成员均衡调整到各班组，积极开展党工团各项活动，为加强班组队伍夯实了基础。二是发挥班组团队力量，强化管理提升的效能主体。各班组紧密结合实际，围绕分公司“强管理、降成本、促发展、保安全”提质增效专项行动，认真落实“创收增效百日攻坚行动”重点工作，塞上先锋班组制定了《节能降耗管理规定》，开展了“节能减耗”活动，修旧利废，坚决杜绝滴水漏水；航空加油站着力开展党建引领促发展，班组建设提效能，按照“特色、创新、精品”创建思路，组织动员各班组发扬塞上“轻骑兵”精神，在员工素质提升、真情服务星级评定、党员“零三违”等活动中，充分发挥了示范作用，为班组高质量建设提供坚强的组织保证。三是提炼总结班组特色，弘扬核心文化活力。按照分公司《班组规范化建设指导意见》各班组认真总结近年来各自特色及宝贵经验，重新对班组看板、班组LOGO、班组愿景等内容进行了讨论提炼，编印了《宁夏航油班组建设》创刊号，展现了各班组风采，使各自班组建设焕发活力。四是为切实提高各班组管理水平，组织开展了班组长管理论坛和读书心得分享活动。通过此项活动，使每位班组长进一步厘清了班组规范化建设思路，明确了班组建设的重点任务，对班组管理工作指明了行动方向。五是挖掘班组潜能，创新成效明显。航空加油站针对安全生产工作中存在的棘手问题，动员各班组骨干力量，开展了“航空加油站电器智能充电柜”“便携式加油接头清洗转接装置”等4项实用新型创新项目，目前均已取得国家专利证书。银川油库在班组中开展的“X+”培训模式、今日我主讲“三分四讲”模式等管理创新强化了员工安全意识。各项创新创效活动的开展，有效激发了员工的主人翁意识和创先争优的主动性、积极性。

【落实民主管理制度，维护职工合法权益】 一是认真落实《中国航空油料集团公司民主管理实施办法》，不断完善以职代会为基本形式的职工民主管理制度，促进民主管理工作规范开展。二是组织召开工会委员会议，及时梳理阶段性工作，收集掌握各工会小组工作情况，确定近期工作重点及下一阶段工作任务，使工会工作方向明、任务清、不跑偏。三是加强工会小组长民主管理意识，积极参与库站委会民主决策事项，密切关注生产一线职工权益，监督职业卫生防护措施落实，保障职工群众的合法权益。

【着力建设职工之家，丰富职工业余文化生活】 一是认真落实员工“关爱工程”，确保重大节日期间和特殊天气“送温暖送凉爽”、职工传统节礼、生日祝福、慰问等活动经费有效投入。二是积极争取专项经费，继续完善职工活动器材，为银川航空加油站和中卫、固原供应站配备了站坪职工休息场所电器设备，投入资金2.1万元。三是为缓解员工工作疲劳，放松心情，增强团队凝聚力，强健体魄，组织开展了主题为“迎双庆保双增　开创中国航油新的金色30年”的户外团建拓展活动，使员工体会到了团队协作的巨大潜能和突破成功的快乐，激发大家以更加饱满的热情投入工作中，为顺利实现分公司“迎双庆、保双增”专项行动目标鼓足了干劲。四是在抗击新冠肺炎疫情中，开展了“共同战疫，从‘头’开始”的理发活动和及时足量采购发放防疫物资工作；针对疫情给大家带来的压力和情绪不稳定等心理影响，宁夏能源化工冶金通信工会特派心理健康专家，开展了以“平衡人生，幸福人生”为主题的全员心理健康辅导，通过互动游戏、正面引导等环节为员工们传递了健康阳光的生活理念，并教会大家如何通过有效、科学的方法来做好个人情绪管理，有效缓解工作和生活压力，让员工们以轻松快乐的心情投入自己的工作岗位中。五是为满足单身青年职工的交友需求，搭建情感交流平台，解决单身青年婚恋问题，组织单身青年职工参加了自治区总工会青年交友联谊活动，让青年员工感受到了工会“娘家人”的家庭温暖。六是为鼓励大家强身健体，丰富业余生活，积极组织开展了“健步走”文化体育比赛活动，全年组织了六期，参与员工200余人次，奖励达标人员66人次，营造了职工团结进取、奋发向上的良好氛围。

【表彰先进】 银川航空加油站工会小组荣获宁夏回族自治区总工会“模范职工小家”称号；银川航空加油站加油二班荣获航油公司“先进班组”荣誉称号；王劲松、王琦、李忠林荣获“中国航油西北公司先进个人”荣誉称号；宁夏分公司荣获中国航油西北公司“安康杯”竞赛优胜单位、宁夏分公司银川油库荣获中国航油西北公司“安康杯”竞赛优胜班组；王磊荣获中国航油西北公司“安康杯”竞赛优秀个人荣誉称号。

（武桂梅）

中国石油宁夏销售公司工会

【概述】 中国石油宁夏销售公司系统工会成立于1999年8月，下辖9个基层工会。2020年，公司工会在公司党委和自治区总工会的正确领导下，以党的十九大精神为指导，按照十届三次职代会确定的工作思路和目标，突出重点，创新载体，强化措施，狠抓落实，各项工作扎实有效推进。

【助力企业发展】 持续开展“拓市场·提纯枪·增效益”主题劳动竞赛；积极应对疫情影响和低油价冲击，积极开展“抗疫·提量·降本·增效”百日劳动竞赛；全面贯彻落实集团公司董事长戴厚良同志批示精神，深入开展“落实董事长批示要求·推动全面扭亏再上台阶”主题攻坚竞赛；全面发力假日经济，组织开展“约惠春天”“夏日盛惠”“金秋价到”等主题促销活动，助推非油业务大发展。两级工会全年累计开展各类劳动竞赛21个，全力营造比学赶超的良好氛围，有效提升了市场应变能力和扩销创效能力，助力公司一举扭转了连续亏损局面。聚焦“战严冬·转观念·勇担当·上台阶”主题，持续开展“形势·目标·任务·责任”主题教育活动，深入开展“两转变三提升”教育实践活动，组织开展“企业形象提升周”活动、“创新创效做表率·提质增效当先锋”主题征文和演讲比赛等，充分调动和激发了广大职工促销增效的积极性和主动性。持续开展员工职业技能鉴定，全年鉴定1124人，合格率达75.71%，同比提高22.31%。不断深化专业技术任职资格评审，完成12人中级职称评定，9人高级职称推荐参评工作。公司初级以上专业技术职称人员达到759人，人才队伍进一步充实，结构进一步优化。

【维护职工权益】 大力推进以职代会为基本形式的厂务公开民主管理工作，保证广大职工民主权利的落实。全年征集职代会提案19个，经审议立案3个，落实率达到100%；合理化建议648条，经审议采纳合理化建议26条，其中“加油站雨棚灯机动排班”“促销商品集中展示”等合理化建议被基层一线广泛应用。重新组织签订了《集体合同书》《工资集体合同》《女职工权益保护专项集体合同协议》，并在劳动保障部门备案。成功调解劳动争议案件3起，为构建和谐劳动关系，促进公司和谐发展发挥了积极作用。充分发挥工会团组长联席会议作用，全年召开团组长联席会议3次，审议通过《企业年金实施办法》《过渡年金实施办法》等制度5个。

【关心职工生活】 规范困难员工帮扶救助制度，全年累计投入帮扶资金110.9万元，帮扶困难员工770人。深入开展金秋助学活动，为3名子女考入高等学府的困难员工家庭发放助学金1.1万元。协助申请自治区总工会困难帮扶2人，领取帮扶金1.7万元。切实保障独生子女父母合法权益，发放独生子女费15.51万元。各级工会入户、到岗、进病房慰问困难员工236人次，发放慰问金33万元。组织广大员工为“员工同心互助金”捐款6.85万元。全年组织员工疗养596人，支付疗养费175.56万元。组织4645名在岗和离退休人员年度健康体检和职业健康体检，支付体检费507.78万元。举办员工健康体检咨询会14场，邀请医疗专家到公司为员工进行一对一健康辅导。认真落实《宁夏回族自治区女职工劳动保护办法》，持续开展“三八”妇女节系列关爱活动。常态化开展重大节假日员工慰问活动，全年发放的慰问品价值85.4万元。

【助力脱贫攻坚】 积极推进“百城万站·扶贫助农”百日攻坚活动，优先采购贫困地区60万元农产品发放员工节日福利，协调非油品经营分公司帮销各类扶贫产品409.92万元。深入海原县郑旗乡南山村等9个对口扶贫点进行工作调研。开展扶贫资金管理使用情况专项审计，确保扶贫资金高效、安全、精准运行，提高扶贫工作质量和效益。全年累计实施扶贫建设项目8个，核拨扶贫资金19.92万元。截至2020年3月4日，公司全部9个对口扶贫点，602户、2168人成功实现脱贫摘帽。

【丰富文体活动】 在自治区总工会的支持下，持续开展送书工程，全年为库站一线配送图书4000余册。举办2020年公司“两会”员工文艺汇演，切实提升了员工队伍动力活力。分片举办员工体育运动会，有效激发了广大员工攻坚克难、勇争第一的进取精神。积极开展“我为中国石油点赞”优秀短视频征集评选表彰活动，共征集到反映一线员工防疫抗疫、提质增效、市场保供和社会公益等方面的短视频39个。中卫分公司枣园加油站经理苏夏荣获“我们一起走”全国石油职工第四届健步走网络公开赛视频作品一等奖，公司工会荣获优秀组织奖。

【积极创先争优】 一批先进集体和先进个人受到上级组织表彰。高速公路分公司被评为集团公司“抗疫先进集体”，高速公路分公司泾源服务区副经理李成虎被评为集团公司“抗疫先进个人”；固原分公司苏堡加油站经理牛晓琴被评为集团公司劳动模范，中卫分公司常务副经理李广宁等10人被评为宁夏销售公司劳动模范；银川分公司观桥加油站经理孙玉亮荣获自治区国资委“学习强国”达人挑战赛优秀奖。

（姚　欣）

西部机场集团宁夏机场有限公司工会

【概述】 2020年，在

宁夏能源化工冶金通信工会和宁夏机场公司党委的坚强领导下，宁夏机场公司工会充分发挥联系职工群众的桥梁和纽带作用，认真履行工会各项职能，着力推进工会工作创新，开展技能比武，落实人文关怀，打造职工服务品牌，提高员工幸福指数，为推进机场公司各项工作作出了积极的贡献。2020年，宁夏机场公司工会荣获“自治区模范之家”称号。

【组织建设】 结合“党建进班组”活动，坚持把工会小组建立在班组，设立了156个工会小组，进一步激发班组活力。民主选举工会小组长，作为班组长、党小组长的重要培养平台，制定激励机制，为更好地发挥工会小组长与班组长、党小组长齐抓共管、进一步强化民主管理和民主监督发挥了重要的作用。加大工会小组长的培养力度，不断强化其“兼职必负责”的意识，使工会小组长在班组建设中主动作为，发挥更加积极的作用。加强对基层工作的调研和指导，基层工会主席每月深入一线，与员工和工会小组长一对一、面对面谈心谈话，了解员工学习、思想、工作、生活情况，认真听取意见，及时帮助解决困难。

【民主管理】 与机场公司进行平等协商，重新修订并签订集体合同、工资专项集体合同和女职工特殊权益专项集体合同，切实维护和保障职工的合法权益；全面贯彻职工代表大会制度，民主选举机场公司职工代表98人，全年召开职工代表大会7次，审议通过议题11个，并对重大决策、生产经营管理的重要问题、领导班子建设以及党风廉政建设等关系职工切身利益的内容及时公开，落实职工的知情权、参与权、表达权、监督权；扩大意见收集渠道，在办公楼、职工餐厅、公寓楼等7处地点设立员工意见收集箱，拓宽和畅通干部职工建言献策渠道。

【班组建设】 机场公司工会将创新培训方式提升员工素质作为工作的一个重点，紧密围绕公司“三基”建设方案，与机关职能部门配合，扎实推进班组基础管理。积极利用信息化手段提升基层工作效率，健全和完善班组信息化培训的长效机制，夯实班组基础管理。搭建钉钉“学吧”线上培训平台和员工学分管理办法，累计学习资源7000余项，日活跃人数超过千人，成为全员学习培训的重要方式。持续推进核心人才激励机制改革，开展创新命名活动，得到班组员工的积极响应，一个月内收到创新项目39项，对7个项目进行了首批命名。持续开展班组“微创新”“班前班后会”“微课大赛”等评比活动，员工参与度高，报送项目积极，成果丰硕，屡次在集团微课大赛和案例大赛等活动中取得优异成绩，斩获多个奖项，4个班组被授予西部机场集团“班组教学示范点”荣誉称号。将班组管理中摸索出的管理方法进行总结提炼汇编成册，出版了《班组管理方法集（第一辑）》，让更多班组从中获得启发。深化核心人才成果转化，做好员工资质提升，机场公司现有410余人加入专业技术人才序列，占机场总人数的18%，其中，中高级职称占总职称人数的20.7%。

【人文关怀】 机场公司高度重视人文关怀，围绕“平台广、生活好、环境美、服务优、作风正”方面，开展“美丽空港”建设，打造员工服务品牌，全年推进建设项目7个，总投资259.07万元，包括：员工之家建设、EAP心理健康管理、文体协会、线上学习平台等，不断改善职工生活和工作条件，建设成效得到上级工会的充分肯定。提高集体福利支出标准，新增会员生日祝福、生病探望等慰问，持续开展夏季“送清凉”、冬季“送温暖”、节日“送问候”等慰问活动，组织安检员工进行疗养，401名女职工参加民航女职工大病互助金获得保障。积极宣传并鼓励职工报读“民航职工圆梦大学”，通过学习获得个人学历和能力的双提升，满足广大职工日益增长的文化需求，25人获得2020年春季学期奖学金，新增报读人员4人。2020年银川机场T3航站楼“妈咪小屋”被自治区总工会命名为自治区级（示范性）“爱心妈咪小屋”。

【劳动竞赛】 机场公司工会将技能竞赛作为强化技能“基本功”的品牌来梳理打造，做到每一项竞赛都有机场公司指导，每一项竞赛都有部门组织训练，每一项竞赛都有班组重点落实，持续深化班组建设。全年开展“当好主人翁、建功新时代”“开发者联盟”等4项主题劳动竞赛，参与员工210人，各二级分会共开展38项劳动竞赛，参与员工1369人，形成了以赛促训、以赛促学、以赛促练的良性互动。2020年7月，机场公司高质量承办了西北地区导航岗位职业技能大赛，获得了西北地区管理局的高度认可和赞扬，其中樊家顺以个人综合排名第一的优异成绩，荣获“全国民航技术能手”称号。在首届西北地区载重平衡岗位职业技能大赛中机场公司荣获“团体二等奖”，2名员工荣获“西北优秀配载员”称号。在西北民航局货邮安检技能大赛中荣获“团体二等奖”，3名员工分别荣获个人二等奖和三等奖。

【文体活动】 制定并下发2020年下拨工会经费使用和管理的通知，支持二级分会和文体协会自主开展文体活动，支持资金30余万元。12家分会结合实际，开展健步走、工间操、团建活动、读书会等各类活动53项；7个文体协会根据年度计划安排，制订“健康星期五”、运动会、球类联赛、书画展、主题征文等活动计划，全年共开展活动60余次。2020年11月，在机场公司良好的条件下，全国民航职工第四届乒乓球比赛在银川机场举办，作为承办单位，宁夏机场公司协调精兵强将进行保障，民航工会专函对机场公司工会表示感谢并提出表扬。

【劳模管理】 机场公司工会紧紧围绕中心工作，充分发挥劳模示范引领作用，创建了3个劳模工作室，涉及专业领域分别为水暖空调、民航通信导航和民航安检，全年划拨3万元用于创建工作，并协同机场公司职能部门，在表彰奖励、对标学习、人才培养等方面给予政策支持，力所能及解决创建工作中存在的问题。围绕机场公司生产运行中的难题，开展重点技术攻关和创新项目共31个，包括：脱泥系统改造、多功能吊装机研发、全向信标遥控报警改造、遥控光纤链路改造、班组“五维”管理创新、安检新技术运用等，为企业节支105万余元。在2020年机场公司“微创新”课题评比活动中，申报项目课题共计169项，同比增长56%，其中，劳模工作室所属单位申报课题数量占总课题数量的45%，机场公司从中评选出12个优秀课题进行了表彰奖励，并在公司微信公众号上进行推送。

许全亮劳模工作室充分发挥“传帮带”作用，采取“1+N”为主的培训形式，分4个专业小组开展培训、技术交流等活动，打造青年员工的“训练场”；王成华劳模工作室创建通信导航实训基地，为员工提供了实操训练平台，2020年成功申报宁夏能源化工冶金通信工会劳模创新工作室；安检护卫部劳模工作室创建了民航安全检查员Ⅱ类职业技能鉴定培训机构，建立7个实训教室，培训技师唐湘屏在参加高级技师实操获得满分，创造了西北纪录。

2020年，西部机场集团宁夏机场有限公司党委被授予“全区抗击新冠肺炎疫情先进基层党组织”称号。

机场公司运行管理部医疗急救中心党支部书记、副主任杨明荣获“自治区劳动模范”称号。机场公司安检护卫部安全检查站鸿雁班组被授予“自治区五一巾帼标兵岗”荣誉称号，物业园林公司徐玲被授予“自治区五一巾帼标兵”荣誉称号。

（胥瑞轩）

宁夏红墩子煤业有限公司工会

【概述】 红墩子煤业有限公司工会以党的十九大精神和中国工会十七大精神为指导，以“合规组建、夯实基础”为理念，以“劳动和谐、共同发展”为目标，在自治区能源化工冶金通信工会、红墩子煤业有限公司党委的正确领导下，充分发挥自身优势，切实履行工会职能，围绕中心，突出主题，把握主线，狠抓落实，团结和动员全矿员工，努力构建和谐稳定的劳动关系，为公司的发展、建设、稳定作出了积极贡献。

【成立工会组织】 一是扎实开展工会组建工作。按照昊华能源工会意见及工会组织属地化管理要求，积极与宁夏回族自治区总工会取得联系，变更原煤业公司工会隶属关系，明确公司工会隶属宁夏能源化工通信冶金工会管理，并在宁夏能源化工通信冶金工会和昊华能源工会指导下，于9月1日召开职工代表大会，选举产生宁夏红墩子煤业有限公司工会第一届委员会、经费审查委员会和女职工委员会，组织机构的快速建立健全，为公司工会正常开展工作提供了有力保证。

【健全工作机制】 一是切实发挥职工代表作用。坚持推行平等协商集体合同，组织起草《集体合同》《工资专项集体合同》《女职工权益保护专项集体合同》《劳动安全卫生专项集体合同》四项集体合同，经职工代表审议通过后，与公司行政进行签订，并报银川市兴庆区人力资源和社会保障局备案。组织职工代表选举产生公司监事会监事。二是完成新建工会基础事务。积极办理工会法人资格证，开立工会专用账户，与自治区总工会协商工会经费下拨事宜。三是推进工会制度体系建设。编制《工会经费财务管理办法》《工会工作管理规定》《厂务公开民主管理办法》《职工代表大会工作条例》等四部管理制度，促进工会工作规范化、制度化，为充分发挥工会组织在维护职工合法权益、建立协调稳定劳动关系、提高职工队伍素质、促进企业发展打下良好基础。

【加强职工服务】 一是关心职工生活。公司工会坚持“一线工作法”，深入基层和职工群众中，倾听职工呼声，体察职工情绪，反映职工意见，及时化解矛盾，帮助职工解决实际问题。疫情期间，充分利用昊华能源工会下拨的专项经费，为职工增加肉食、蔬菜和水果供应，提高职工身体素质，缓解职工因疫情长期不能回家造成的压力和烦躁情绪。成立食堂监督管理委员会，实行“一周一通报，一周一整改，一月一总结”工作制度，及时向食堂反馈落实职工意见和建议，有效促进了食堂饮食质量和服务质量的全面提高。二是丰富职工文化。组织开展迎新春“团拜会”、“安康杯”竞赛、安全知识竞赛等活动。认真开展工会扶贫工作，在“双节”前夕，为职工发放米面等扶贫物资，合计12.6万元。组织开展夏季职工防暑降温工作，制定工作方案，为职工发放防暑降温饮料，开展井口送清凉活动。积极参加昊华能源工会组织举办的井下电钳工职工技术比武、“京能杯”安全知识竞赛、“团结合谐杯”篮球比赛、“创新超越杯”羽毛球比赛等活动；组织参加自治区职工技术比武大赛，丰富职工文化生活，增进单位间友谊，加强学习和交流，带动公司形成热爱体育运动、努力提高技能、争做优秀员工的良好氛围。三是提高职工技能。组织开展全员创新工作。上半年共征集到职工小改小革16项，合理化建议18项。项目涉及生产实践、管理创新、意见建议等各方面。其中，“皮带减速机透气帽更换为呼吸器”获昊华能源合理化建议一等奖，6项获二等奖，3项获小改小革二等奖，6项获三等奖。

（牛蓉蓉）

宁夏电业工会

【概述】 2020年，宁夏回族自治区电业工会在自治区总工会的正确领导和亲切关怀下，以习近平新时代中国特色社会主义思想为指导，全面贯彻落实自治区总工会十二届三次全委（扩大）会议各项工作部署，坚持以职工为中心的工作导向，融入中心工作，创新工会工作载体，全心全意服务职工美好生活需要，激发广大职工干事创业的激情，在推动宁夏电力事业发展中发挥了工会组织的职能作用。2020年，电业工会获自治区总工会2020年业务工作考核一等奖、全区工会经审工作规范化建设特等奖；1名职工获全国劳动模范，1名职工获自治区劳动模范，2名职工获自治区“五一巾帼标兵”。1个单位获全国厂务公开民主管理先进单位，1个职工书屋获全国工会职工书屋示范点，1个劳模创新工作室获自治区示范性劳模创新工作室，2个集体获自治区“五一巾帼标兵岗”。

【民主管理持续深化】 积极构建“三级”职工诉求服务体系，已建成一级职工诉求中心1个，二级职工诉求中心17个，三级（县公司级）职工诉求分中心94个，所属单位全部实现诉求中心实体化建设，全年下发职工专用诉求信封5000个，征集职工各类诉求96件，答复办理率100%，形成职工诉求数据分析研究报告1份。坚持和完善职工代表大会制度，组织召开第十届职工代表大会第六次会议暨2020年工作会议，审议通过8项决议，征集职工代表提案和建议55项，立案4项，签订新一轮《集体合同》。三级联动开展“我为公司战略添精彩”合理化建议征集活动，14条合理化建议入选国家电网公司优秀合理化建议，获奖数量居国网系统之首。建立董事长联络员民意直通车微信群，年度答复办理董事长联络员线上线下意见建议42条，通过职工代表巡视，征集答复办理基层各类意见45条。

【职工素质提升工程持续推进】 深入开展“产业工人队伍建设改革深化年”行动，制订下发《国网宁夏电力职工队伍建设改革工作方案》，着力实施“五大”专项行动，明确14项重点举措，不断促进职工队伍综合素质提升。广泛开展“当好主人翁，建功新时代”主题劳动竞赛，紧紧围绕年度重点工作设计竞赛项目，组织开展了750千伏妙岭输变电工程自治区重点工程示范性劳动竞赛、提质增效主题劳动竞赛和“奋战新征程、建功新基建”劳动竞赛，营造了比学赶帮超的竞赛氛围。坚持把职工技术创新工作作为提升职工素质工程的重要抓手，以解决生产实际中的技术难题为突破口，建立完善的计划管理、资金保障、成果转化、人才培养、考核激励等多维度的“双创”（大众创效、全员创新）体系。深入持久开展职工技术创新“双越之星”暨“三赛一创”竞赛活动，全年表彰职工技术创新优秀成果28项，创新先进班组10个，创新先进个人10人。

【班组建设扎实推进】 坚持推进“一流班组”建设，召开“一流班组”建设推进会，制订下发《国网宁夏电力有限公司2020年“一流班组”建设重点工作清单》，明确班组建设75项年度重点目标任务。开展2次班组建设和班组减负工作调研，先后到6个地市公司、26个县（区）供电公司及检修公司共136个班组，分别与195名一线班组长、县（区）公司领导班子成员进行面对面座谈交流，深入调研公司班组建设和班组减负工作，重点收集各单位在班组建设和班组减负方面的困难和问题，共征集各类意见建议106项，均在第一时间组织相关专业部门完成答复办理，答复办理率100%。结合调研情况，对《国网宁夏电力有限公司“一流班组”建设考评标准》进行了3次修订，新增17个专业班组的考评标准，由原来的15个增加至32个，切实做到了班组全覆盖，提升了班组管理水平和工作质效，全年124个班组达到“一流班组”建设标准。组织召开班组减负座谈会，制订《国网宁夏电力有限公司关于减轻班组负担激发班组活力的实施方案》，明确53项具体减负举措及完成时限，建立月度反馈机制，确保各项举措按时间节点高质量完成。累计梳理基层班组工作1273条，组织各部门通过“三上三下”工作流程，确定保留工作802条，取消278条，合并170条，在2019年综合减负率44.6%的基础上，2020年持续为基层班组减负16.7%。

【职工关爱工程精准实施】 坚持以职工为中心，以关心关爱关注职工群众的需求为着力点，持续深化“冬送温暖、夏送清凉、阳春帮困、金秋助学”品牌活动，不断加大帮扶解困力度，提升品牌工作常态化。疫情防控期间，加强对防疫一线职工、困难职工和监护缺失儿童的慰问、帮扶救助，下拨疫情防控专项资金108.7万元，组织所属各单位工会干部主动走访抗疫一线职工家庭，开展专项慰问，送去关心关爱，提升服务品质和温度。持续加大帮扶慰问工作力度，切实为职工群众提供普惠化、常态化和精准化服务，累计慰问金额达290万元。严格落实职工慰问“三必访三必贺”，年初召开工会主席办公会，讨论通过了“三必访三必贺”相关慰问标准，2020年，“三必访三必贺”慰问职工7383人次，发放慰问金261万元。认真开展职工疗休养工作，下发《国网宁夏电力工会关于做好2020年职工疗养工作的补充通知》，组织召开职工疗养协调会，科学编制疗养计划，合理安排员工出行，2020年共组织2875人参加疗休养活动。积极开展户外劳动者服务站点建设，全年完成8个示范点建设任务，推动改善户外劳动者工作条件。

【劳模精神工匠精神得到弘扬】 坚持面向一线、面向基层，认真完成5年一次的劳模推荐评选工作。创新开展“大力弘扬劳模精神工匠精神”集中宣传活动，依托系统内外各类媒体平台，线上线下有机融合，对公司各级劳模先进123人进行集中宣传。组织全国劳动模范张耘溢参加自治区劳模宣讲团，进企业、进学校、进社区开展6场宣讲活动，讲述劳模故事，传递工匠精神。广泛发动职工创作弘扬劳模精神工匠精神的文学、音乐、书画、篆刻、摄影、海报、微影视等文艺作品，征集各类作品102部（幅），弘扬企业精神、展示榜样风采。制作劳模、工匠宣传视频和微电影13部，在各基层单位网站活动专栏、楼宇电视等媒体进行展播，同时推送至微信公众号、学习强国平台，形成劳模精神工匠精神的立体化宣传模式。积极开展劳模创新工作室建设，检修公司全国示范性劳模创新工作室在自治区树立标杆，1年内共接待17个单位、360人次参观交流学习。

【职工文化生活不断繁荣】 根据职工实际需要，开工建设国网中卫供电公司职工文体活动中心，建成了国网宁夏信通公司、国网宁夏电力本部职工书屋和职工活动室，完成了国网固原供电公司、国网宁夏经研院和国网宁夏营销服务中心（国网宁夏计量中心）职工活动室的完善改造，大力提升职工文体活动场所利用率。依托职工运动基地开展了2020年职工足球、网球和羽毛球比赛，依托“S365”App，组织开展2020年职工线上“健步走”活动，进一步推动职工全民健身活动的深入开展。推广应用新版“书香国网”App，通过培训辅导、媒体宣传及开展读书月活动，在“世界读书日”到来之际，实现了“书香国网”App全员覆盖，在国网系统覆盖率排名第八。全面深入推广“爱如电”App，切实加强“智慧工会”建设，拓宽服务领域、丰富服务内容、做强服务品牌，使工会工作保持持久生命力，借助“爱如电”App平台开展职工消费扶贫活动，公司系统职工共计消费60余万元。创作优秀歌曲参加“国网好声音”职工歌手暨原创歌曲大赛，1人获歌手银奖，2人获优秀歌手奖，1首歌曲获歌曲创作银奖，2首歌曲获优秀创作奖；1名职工获“劳动筑梦”全区职工演讲大赛一等奖；2部作品获中国能源化学工会第三届“京能杯”微电影微视频大赛一等奖，4部作品获二等奖，11部作品获三等奖；短视频《“蛋”愿》获“讲扶贫故事 展工会风采”全国工会扶贫短视频故事大赛优秀奖。

【工会组织建设全面加强】 进一步深化“3+1”型（学习型、服务型、创新型和廉洁型）工会组织建设，坚持依法治会、从严管会，推动工会工作规范化管理。通过召开专题研讨、座谈交流、发放合理化建议征集单等方式，开展了工会工作大调研，形成2篇专题调研报告。创新开展2020年工会理论调查研究课题征集活动，从工会本部各部室、所属各基层工会和各级工会干部三个层面开展调查研究，提高了各级工会干部从全局出发认识和处理问题的能力。推进经审工作“五位一体”协同运转的工作机制建设，对22个基层工会年度经费收支预算执行专项资金及固定资产管理使用情况进行审计审查，经审覆盖率达到100%，下发整改督办单2份，约谈基层工会负责人2人。深化职工之家创建活动，制定下发国网宁夏电力《职工之家建设管理办法》《先进职工小家评分细则》，创新思维建设职工之家，着力提升工会建家水平。坚持从严教育、从严管理、从严监督，深入实施干部素质提升工程，不断加强工会干部的培训教育，举办工会干部培训班，邀请自治区总工会财务、组织民管工作专家作专题辅导。开展女职工权益维护工作，落实女职工专项集体合同，将育儿假纳入集体合同。深入实施“女职工建功立业工程”和“女职工素质提升工程”，大力开展“女职工关爱行动”，积极推进基层工会“爱心妈咪小屋”建设，基层单位年度新增“爱心妈咪小屋”14个，覆盖率达到80%。组织3475名女职工及男职工家属参加女职工团体安康保险，参保人数为历年之最。

（王向普　马佩瑶）

宁夏邮政工会

【概述】 2020年，区邮政工会在区分公司党委和上级工会的领导下，以习近平新时代中国特色社会主义思想为指导，学习贯彻习近平总书记关于工人阶级和工会工作的重要论述，贯彻落实关于统筹推进新冠肺炎疫情防控和经济社会发展工作的重要部署，认真落实中国工会十七大精神，全区各级工会切实履行“参与、维护、建设、教育”职能，围绕中心、服务大局，忠诚履职、开拓进取，各项工作取得了显著成绩。

【充分发挥工会组织作用，积极主动服务疫情防控大局】 在众志成城抗击新冠肺炎疫情的斗争中，区邮政工会坚决贯彻落实习近平总书记关于疫情防控工作的重要讲话和重要指示精神，按照区分公司党委和上级工会的统一安排部署，加强领导、服从指挥，动员号召广大干部职工团结一心、胸怀大局、众志成城，为打赢疫情防控阻击战贡献力量。一是切实提高思想认识，团结动员广大职工坚决抓好疫情防控工作。及时下发“关于充分发挥工会组织作用进一步做好疫情防控工作的通知”文件，压实疫情防控工作责任，认真落实疫情防控举措，严格执行疫情防控制度，为抗击疫情提供支撑保障。二是认真履职尽责，积极做好疫情期间职工关心关爱和返岗复工工作。合规利用工会经费，向全区各级邮政工会拨付“抗击疫情救助款”15.5万元，将217桶消毒液、414瓶洗手液、2000只口罩等防疫物资第一时间向一线员工、职工小家和劳模先进发放到位。三是充分利用工会宣传阵地，抓好职工宣传引导和舆情应对工作。利用视频、微信、QQ、美篇等形式大力宣传身边的抗疫模范先锋事迹及公共卫生健康安全温馨提示等。四是切实做好员工生产生活关心关爱工作。疫情防控期间，职工食堂严格执行专人取餐、分散就餐，各级工会共计支付21万余元用于购买了方便面、牛奶、矿泉水等食品慰问疫情防控期间坚守岗位的一线员工，用温情与行动践行着初心和使命把常态化防控融入方方面面。

【坚持正确政治方向，扎实推进工会党的建设工作】 工会组织是群众组织，也是政治组织。各级工会把党建引领贯穿于工会工作的全过程，做到旗帜鲜明讲政治。不断提高基层工会党建制度化、规范化水平。一是党的政治建设扎实推进，把党的领导落实到工会工作各个方面，切实加强党的思想建设、组织建设、作风建设、纪律建设，工会组织的政治性先进性群众性不断增强。二是把学习宣传贯彻习近平新时代中国特色社会主义思想作为首要政治任务，教育引导职工群众增强“四个意识”，坚定“四个自信”，做到“两个维护”。坚持面向班组、面向一线，组织开展职工宣传教育活动，让广大职工更加坚定地听党话、跟党走。三是支部党的建设基础工作不断加强。区邮政工会以提升组织力为重点，按照机关党委的要求，选举成立新的党支部，加强支部书记的主体责任，支委各司其职。根据区分公司编印的《党支部标准化建设操作指南》，进一步提高“三会一课”质量，落实组织生活会、民主评议党员、谈心谈话和主题党日等基本制度，全面推进“中邮先锋”平台应用，提高党支部标准化规范化水平。四是为全面了解掌握全区邮政干部员工思想状况，为企业决策提供参考，经过前期调研，联合区分公司党委党建工作部拟定了员工思想状况调查问卷，经公司领导审定后开展了问卷调查工作。五是按照机关党委要求，顺利通过了党支部互观互检工作。

【发挥主力军作用，创新职工建功立业平台】 一是大力开展各类劳动竞赛活动。各级工会紧扣年初确定的经营目标，聚焦各板块各业务重点难点，协助行政组织开展好集团公司13个劳动竞赛项目。重新修订了《宁夏邮政公司劳动竞赛管理办法》完善劳动竞赛管理机制，加强竞赛过程管控，更好地发挥典型示范引领作用，营造比学赶帮超的浓厚氛围，推动职工与企业共成长。二是劳模先进引领作用进一步发挥。充分发挥“劳模创新工作室”的作用，利用劳模创新工作室的榜样作用引导职工大力弘扬劳模精神、劳动精神和工匠精神，搭建起了学习交流、能力传授、创新创意、成果展示的有效平台，在提升职工技能素质、加强客户开发与维护、促进企业技术进步、推动企业创新发展、履行社会责任等方面发挥了积极作用。三是积极开展“安康杯”竞赛活动。牢固树立安全发展理念，主动适应新时代对安全生产工作提出的新要求，统筹做好安全生产工作，在全区邮政开展“安康杯”竞赛活动，做到各环节全覆盖。四是各级工会大力开展评先树优工作。一年来，全区邮政在经营生产和服务中涌现出一大批先进集体和先进人物。2020年，银川市灵武分公司被评为全国邮政系统先进集体，吴忠市盐池县分公司驾驶员冯彦森获评全国邮政系统先进个人，寄递事业部物流运营分公司蒋燕萍获自治区劳动模范；永宁县分公司望远镇营业所被自治区总工会授予“巾帼标兵岗”光荣称号；银川邮区中心局“赵玉春劳模创新工作室”获得中国邮政集团有限公司劳模创新工作室称号。

【严格履行维护职能，企业劳动关系和谐稳定】 召开宁夏邮政分公司一届九次职代会，大会听取2019年业务招待费和职工福利费使用情况、集体合同履行情况、提案工作情况、职代会闭会期间职工代表巡视情况的报告，审议通过《中国邮政集团公司宁夏分公司工资专项集体合同》和《中国邮政集团公司宁夏分公司员工请休假管理办法》，组织对区分公司领导班子和班子成员进行民主评议，进一步落实职代会的职能，为发展和谐劳动关系、维护职工合法权益作出积极贡献。巩固司务公开工作成果，推荐银川市分公司申报全国厂务公开民主管理示范先进单位，推荐固原市分公司申报全国厂务公开民主管理示范单位。积极做好宁夏邮政分公司第二届职工代表大会筹备工作，年底完成区分公司职代会换届。

【深入开展关爱工程，解决职工实际问题】 坚持开展全区邮政困难职工帮扶救助和2020年春节送温暖慰问活动、暑期慰问活动，共计发放各类慰问金96.06万元。持续推进职工大病互助工作，4月中旬召开专题会议，对各单位提交的2019年度会员大病补助申请进行审议，发放补助资金27.7万元，宁夏邮政职工大病互助保障覆盖面和救助面进一步扩大，影响力进一步增强。坚持组织各市分公司、银川邮区中心局工会开展金秋助学活动，共计发放助学金12.2万元。按照自治区总工会要求，认真做好2020年度困难职工摸排申报工作，申报全国级困难职工26人，自治区级困难职工2人。根据《关于持续深入推进宁夏邮政职工小家建设的实施意见》，先后投入50多万元对全区各市县职工食堂进行改造完善，对银川等基层单位职工小家和职工活动场所设施进行更新改造。银川市分公司投入近4万元，相继建成掌政营业所、通贵营业所、海亮揽投部和滨河新区揽投部职工小家，吴忠市分公司投入10万余元对利通区投递部、青铜峡职工宿舍、食堂进行了改造修建。新建成了固原将台镇职工小家和盐池惠安堡职工小家。为部分职工小家更新了电视机、电冰箱、净水器和消毒柜等小家设备。银川邮区中心局将星级网运之家创建作为企业文化建设的落脚点，以网运之家为载体，充分发挥了网运之家民主团结、学习交流、文化健身、和谐温馨的作用。

【讲政治、讲大局，深入开展基层调研、帮扶工作】 一是为进一步发挥工会密切联系职工的独特作用，真实反映广大邮政职工的呼声，促进企业决策科学化、民主化，区邮政工会成立调研小组深入银川、石嘴山、吴忠等基层单位开展调研，与网点、班组职工面对面沟通，了解职工在生产生活中遇到的困难困惑和对企业经营管理的意见建议。二是根据区分公司关于《关于开展全区邮政代理金融“赢在网点”专项营销联系帮扶活动的通知》宁邮分办〔2020〕45号文件要求，区工会成立了以工会副主席为组长的帮扶小组，先后四次深入银川市西城分公司及所属湖滨街、利群街营业所为基层谋良策、出实招、解难题。同支行长外拓、路演，协助基层发展客户、开展业务，让一线充满热情，集中精力以客户为中心加快业务发展，收到了良好的效果。

【企业文化建设进一步增强】 一是根据《中华全国总工会办公厅关于开展全国工会职工书屋建设工作的通知》要求，完成全区邮政职工书屋建设情况的摸底调查上报工作，全力推进全国总工会职工书屋、便利性职工阅读站点、劳模书架建设。同时拨款20万元，在全区各级邮政工会建立了27个有声图书馆，弥补了文化阅读产品以书本为主、服务形式较为单一的缺点，极大地满足了职工思想政治学习交流和互动的需求。二是通过招标，投资17.4万元购置了P2.5全彩色LED显示屏，更好地满足了各类文艺活动及会议的需求。三是按照集团工会要求开展“战疫情，奔小康!”全国邮政职工手机随手拍邮票照片设计大赛，经过全区各级工会的努力，参赛人数达到1242人，参赛率达到42%。四是通过两个月的积极筹备，承办了宁夏通信体协第一届职工运动会。五是各级工会疫情期间工作不等不靠，积极开展线上“巾帼建功新时代 做最美邮政女职工”庆三八主题系列活动，展现宁夏邮政人昂扬向上、积极进取的精神面貌。

【加强工会自身建设，打造职工群众信赖的“家”】 认真贯彻落实中央决策部署和集团公司、区分公司党委要求，按照“互联网+”思路，强化网上服务平台的使用和管理，完善了会员实名制录入、劳模信息、困难职工电子档案等基础数据库。女职工组织作用充分发挥，关爱女职工行动、维权协调监督等工作取得实效。根据区总下达的经过各级工会的的共同努力，根据自治区总工会2020年度业务工作综合考评办法制定了宁夏邮政工会量化考核办法及标准并在全区各级邮政工会推动实施和督导，通过努力，宁夏邮政工会在自治区总工会2019年度业务工作综合考评中获得二等奖。

（贾　强）

宁夏交通工会

【概述】 2020年，在交通运输厅党委的坚强领导和自治区总工会的指导下，交通工会以习近平新时代中国特色社会主义思想、习近平总书记关于工人阶级和工会工作重要论述、党的十九大及十九届四中、五中全会精神和自治区党委有关会议精神为指导，深入学习贯彻中国工会第十七次全国代表大会和自治区总工会第十二次代表大会的决议，按照交通运输厅党委总体部署和确定的目标任务，团结引领交通运输系统广大职工为建设人民满意的现代综合交通运输体系、推进交通运输高质量发展贡献力量，扎实推进凝心聚力、建功立业、维权帮扶工程，大力开展劳动和技能竞赛，加强自身建设，较好完成了年度各项工作。

【健全完善工会组织，夯实工会工作基础】 一是加强工会自身建设。以加强内控制度建设为抓手，对原有各项制度进行修订完善，新制定修订制度12项，使工会工作更加规范化，决策更加民主科学。二是完善基层工会组织建设，提升工会组织战斗力。根据工作实际将中交基础设施养护集团宁夏工程有限公司和宁夏交通建设有限公司的工会隶属关系调整为宁夏交通工会管理。根据交通运输厅综合改革工作进展情况，指导宁夏交通运输综合执法局、公路管理中心等单位按法律章程要求组建和完善工会组织，并及时跟进，为改革工作中涉及的基层工会组织和会员做好关系转接等服务工作。三是完善“职工之家”和“职工书屋”建设。开展全系统各级职工书屋建设运行情况统计，投入8万元专项资金用于补助基层工会职工书屋建设。获评全国职工书屋示范点1个，自治区级模范职工之家1个，自治区优秀工会工作者1名，创建2家全国职工书屋、2个便利型站点职工阅读站，创建8家“工会户外劳动者服务站”，补助创建资金2.4万元。

【积极开展各类文体活动，丰富职工业余文化生活】 一是举办了交通运输系统职工趣味运动会，379名职工参与了7个集体项目，有效促进了职工的团结协作精神。二是举办了“悦动交通”职工健步走活动，全系统216名职工参加。三是动员组织职工开展“非常时期一封家书”作品征集活动，各单位共筛选上报作品70余篇。四是举办以“梦想与奋斗，建设美丽新宁夏”为主题的交通运输系统职工书法美术摄影比赛。共收到书法作品61幅、美术作品52幅、摄影作品191幅。五是组织职工参与区总举办的“百场职工心理辅导讲座”，以宁夏职工空中心理驿站为载体，通过网络课程的形式向职工提供专业心理援助服务，助力社会和谐稳定发展。六是积极参加自治区总工会、自治区团委等部门联合举办的“声音里的经典——全面小康　奋斗有我”全区故事演说大赛，两名职工进入决赛。组织参加“劳动者之歌”文艺汇演、“劳动筑梦”全区职工演讲比赛、“讲扶贫故事展工会风采”短视频故事征集等活动，征集“塞上江南美丽宁夏”摄影作品和“尊法守法·携手筑梦”法治动漫微视频作品。组织参加区直机关健康运动培训班，举办交通运输系统第九套广播体操和八段锦培训班，组队参加区直机关工委工间操大赛并荣获二等奖。

【深入开展调查研究工作】 一是5月份在全系统范围内通过发放调查问卷、召开座谈会、实地考察等方式，对基层工会经费审查机构和职能发挥情况以及职工之家、职工书屋建设等情况进行深入调研，共走访7个直属基层工会及27个基层站点和1个重点项目建设工地，召开座谈会16场，发放调查问卷98份，征求意见表14份。二是开展道路建设行业农民工向产业工人深度转型调研和交通系统产业工人队伍建设改革状况调研，并完成调研报告。三是开展女职工心理健康状况调研。四是按时完成工会年报统计调查和工会年鉴。五是按照要求征订《中国工运》《工会信息》《中国年鉴》。

【加大帮扶慰问力度，做好权益保障工作】 一是筹资26.8万元开展对基层生产一线单位及班组、劳动模范和困难职工的“送温暖”慰问活动。二是高温时节“送清凉”，筹资17.4万元为高温盛夏时节仍坚守在工作和生产一线岗位的58个基层一线站点进行定额补助并开展慰问。三是维护职工队伍和谐稳定，帮助困难职工应对疫情造成的困难，共筹集资金5.6万元，先后开展了“两节困难职工慰问”“疫情防控期间困难职工专项帮扶”“金秋助学”“六一困难职工子女关爱”等活动，共帮扶慰问困难职工56名，对困难职工基本生活保障起到了一定的作用。四是积极宣传动员职工参与职工医疗互助，今年全系统共有2227名职工参加了银川市职工医疗互助。五是积极助力脱贫攻坚。组织各级工会响应号召集中采购贫困地区特色农产品28.7万元。六是指导基层企业工会建立健全职代会并做好维护职工权益等工作，指导职工参与企业民主管理。基层工会建立集体协商制度覆盖率达到100%，全部签订集体合同和工资集体合同，基本按照合约履行职责。

【大力开展劳动竞赛，弘扬工匠精神】 一是将开展劳动和技能竞赛作为今年工作的重中之重，年初召开会议安排部署，加强动员，使基层工会认识到位，工作开展到位。先后3次深入基层对劳动和技能竞赛进展情况进行调研和督导。共组织开展各类劳动和技能竞赛43期，参与职工人数6711人次，涉及的竞赛工种多达29类，培训人数5742人次，各单位共投入资金954.24万元。二是组织选拔2名选手参加国家一类技能大赛——第十二届全国交通运输行业“中交兴路杯”道路货运汽车驾驶员职业技能大赛全国总决赛，其中一名选手位列大赛第20名，宁夏交通运输厅获得优秀组织奖。三是继续开展评先选优。推荐评选出2019年全国公路水路行业班组、船舶安全生产竞赛活动先进班组2个、先进个人2名；1人获评抗击新冠肺炎疫情全国三八红旗手；6人获评全国公路工程建设劳动和技能竞赛活动先进个人，5个基层班组项目获评全国公路工程建设劳动和技能竞赛活动优胜项目；新申报享受省部级劳模待遇2人，申报自治区劳动模范1名；自治区五一巾帼标兵岗1个；自治区五好家庭、其他最美家庭各1个。四是落实劳模待遇。春节期间为劳模发放慰问金，对部分困难劳模入户慰问；开展全国及省部级劳模困难情况摸底调查，开展劳模生活困难补助金和特殊困难帮扶金申报工作；落实全国劳模体检，配合区总做好省部级劳模疗休养工作。

【切实加强女职工工作】 一是开展了形式多样的女职工维权月活动。基层工会签订《女职工权益保护专项集体合同》覆盖率达100%，强化《女职工权益专项保护实施细则》《女职工劳动保护办法》等专项法律学习，提高女职工的法律维权意识。宣传《女职工劳动保护办法》，保证女职工孕期、产期、哺乳期享受到应有的权益和待遇，注重在工作中维护女职工劳动报酬、工作时间、休息休假、劳动安全卫生等特殊权益。二是组织开展了新型冠状病毒防控知识网络知识问答、开展“六一关爱”活动、“庆三八”线上原创诗歌朗诵比赛、花艺扦插等多种多样的活动，丰富女职工的业余文化生活。三是创建1家自治区级“爱心妈咪小屋”、组织建成10余家女职工休息哺乳室。

【加强财务资产管理和经审工作，确保资金安全规范使用】 紧紧围绕《自治区工会财务工作规范化建设标准》要求，从组织建设、规章制度、审查审计、业务建设等方面，全面加强工会财务工作，推进财务工作规范化建设，提高财务工作水平。对厅机关工会、原道路运输管理局工会等基层单位进行了财务审计，积极配合上级部门做好各项经济责任审计工作和各种专项检查。组织10名工会经审干部参加第一届全区工会经审干部网上知识竞答活动。完成自治区总工会经审工作规范化建设考核工作。积极完善岗位责任制度和内部稽核制度，建立健全内部控制体系。强化预算管理。开展部门预算公开，接受监督。严格决算制度，按时汇总、公示。固定资产管理做到一物一卡，专人进行管理，定期维护、盘查，提升资产管理水平。

【筹措资金全力支持抗击疫情】 新冠肺炎疫情暴发后，第一时间组织交通运输系统各级工会组织积极开展防控工作，及时筹措资金50余万元，并申请自治区总工会专项补助15万元，拨付宁夏公路管理中心、宁夏交通综合执法局、宁夏交通投资集团等单位，用于购置防控物品和慰问品，重点对奋战在防控一线的31个养护中心、6个联防联控办公室、19处高速公路服务区防疫检测点、63处高速公路防疫检查站的人员进行慰问。筹措资金对春节假期以来一直坚守岗位的厅疫情防控办工作人员和厅机关干部职工直系亲属支援湖北医疗队及从事区内防控医务工作的家庭进行慰问。疫情暴发对各行各业造成巨大冲击，交通运输系统企业单位尤其明显，为维护职工队伍稳定，宁夏交通工会及各级基层工会积极发挥作用，深入一线与职工交流交心，与企业协商保证普通职工权益，并投入一定资金开展慰问活动。最后只有部分企业中高层领导存在减薪停薪，普通员工的个人利益基本上未受损失，为疫情期间全系统职工队伍保持稳定作出了积极贡献。

（张津嫣）

宁夏地质工会

【概述】 2020年在自治区地质局党委和自治区总

工会的坚强领导下，宁夏地质工会以及全局各级工会组织坚持以习近平新时代中国特色社会主义思想为指导，坚决贯彻落实党中央、自治区党委决策部署，以“基层组织建设年”活动为抓手，加强基层组织建设，形成合力，切实维护职工合法权益，发挥桥梁纽带作用，突出政治功能，积极开展各项活动，引导职工听党话、跟党走，动员组织广大干部职工积极推进地质事业高质量发展，发挥了工会组织的重要作用，各项工作取得新的成效。

【政治学习】 宁夏地质工会始终坚持党的领导，加强党建、党风廉政建设以及作风建设工作坚持以突出政治属性，强化政治功能为基本要求，始终把学习宣传贯彻习近平新时代中国特色社会主义思想，党的十九大精神，十九届五中全会精神，习近平总书记来宁视察重要讲话精神，习近平总书记在全国劳模、先进工作者表彰大会重要讲话精神，中国工会十七大精神作为重要政治任务，通过集中学习培训、体会座谈会等形式，力求学深悟透，做到入脑入心。

【组织建设】 按照自治区总工会关于印发《自治区总工会开展“基层组织建设年”活动实施方案》的通知（宁工办通〔2020〕12 号）精神，宁夏地质工会迅速行动，按照要求，立足实际，狠抓落实。一是对全局工会组织建设工作情况进行了系统排查摸底，掌握了全局基层工会组织状况，进一步加强各基层工会组织建设工作，基本做到了各基层有工会委员会、有工会分会、有工会小组，有经审委、女职工委。并保障具体工作与活动正常开展。二是召开了第三届地质工会委员会第 17 次全委会，增补、替补了委员，选举产生了主席、副主席；同时增补、替补经审委委员、女职工委委员，选举产生了经审委主任、女职工委主任。三是认真落实《工会会员会籍管理办法》，完善会员管理。对地质工会系统会员全部实现实名制管理，做到了劳动（工作）关系在哪里、会员会籍就在哪里。四是加强基层工会规范化建设。以“六有”为基础，以落实《工会基层组织选举工作条例》《基层工会会员代表大会条例》为重点，及时纠正不规范问题，进一步加强基层工会组织建设。坚持建会工作与基层工会规范化建设两手抓、两促进。指导 13 个基层工会开展了换届工作，健全了基层工会组织。五是认真落实《宁夏基层工会模范职工之家建设管理办法》，推进职工之家创建工作。向自治区总工会推荐模范职工之家、模范职工小家各 1 个，“职工之家”示范点、培育点各 1 个，“职工小家”示范点、培育点各 1 个。六是加强了职工书屋建设。丰富服务内容，拓展服务功能，增强职工书屋吸引力，有重点地为基层单位职工书屋补充了 9 万元的书籍。特别为地质博物馆地质局“窗口”单位增补了地质科普类书籍。七是加强资源共享。按照自治区党委办公厅“党建带工建”相关要求，在工会组织整合资源的基础上，将党建活动阵地、工会活动阵地统筹利用。八是加强民主管理建设工作。进一步落实以职工代表大会为基本形式的民主管理，落实基层单位召开职工代表大会报告制度重点落实重大事项经职代会表决通过。抓好院务公开工作，落实职工群众满意度调查工作。

【培训工作】 为引导干部职工深入学习宣传贯彻党的十九届五中全会精神，组织开展了培训学习会。开展了“千人学理论”“践初心、战疫情、展作为、担使命、促发展”知识竞赛与提合理化建议活动，参与率达到90%以上，提合理化建议1400余条，激发了广大干部职工干事的激情。坚定了听党话、跟党走的决心。

【广泛开展职工文体活动】 紧紧围绕“中国梦·劳动美”主题，紧扣地质事业的重点工作、重大项目，深入开展具有地质特色的劳动竞赛。今年以来，先后开展了全局消防安全技能竞赛活动、核监测分析技能竞赛、新型测量技能竞赛活动、钻探现场技能竞赛、测试“岗位练兵”、地质科普“岗位练兵”评比活动。参与活动820余人次，为提升职工队伍素质，促进项目进度做了不懈努力。积极开展“迎新春、送对联”活动，春节前夕邀请自治区书法家和局书法爱好者深入基层单位、义务赠送对联3200余副。开展了“诵读经典，讲述故事，体会交流，奋斗有我”主题活动，大力宣传身边先进事迹，落实习近平总书记视察宁夏重要讲话精神。集中开展了传承好家风好家训活动，大力宣传全总推荐的杨善洲女儿的文章和湖北荆州第三人民医院护士长雷磊的文章，弘扬杨善洲精神、学习杨善洲家风，学习雷磊家风。开展了地质局第五届“好爸爸”“好媳妇”活动。积极参加由自治区文化厅、自治区总工会等5部门开展的“劳动者之歌”文艺汇演活动，被评为“创作奖”。组织参加了区直工委、自治区总会开展的工间操比赛活动，增强了团队精神，起到了凝心聚力作用。积极践行社会主义核心价值观。通过这些活动，进一步推进学习宣传贯彻习近平总书记来宁视察重要讲话精神，传承红色基因，传承黄河文化，传承奋斗精神，传承地质文化，汲取信仰的力量，肩负时代的使命，保持奋斗的姿态，激发全局广大职工干事创业干劲，为助推习近平总书记来宁视察重要讲话精神落地生根，为地质工作转型升级高质量发展提供坚强的思想保证。

【困难帮扶及慰问工作】 加大困难职工帮扶力度，主动发力，使1户4人城市建档立卡户退出。着力开展送温暖、金秋助学、职工医疗互助等活动，慰问重病及长期有病职工23人，慰问野外项目部及职工食堂62个。职工医疗互助惠及职工24人。送去了党组织的温暖。同时，组织开展了交通岗、社区服务、献血等志愿者服务工作。

【加强职工劳动保护】 重点完成了二类事业单位集体劳动合同的签订。对全局职工代表大会制度，进行了摸底调查，完善了相关工作，在职工参与民主管理、推进地质工作中发挥了积极作用。加强安全生产管理，深化“安康杯”竞赛活动和“安全帽工程”，开展了安全“随手拍”“金点子”活动，整治了一些安全隐患，维护职工在安全生产领域的合法权益。向基层发放国家标准的安全帽350顶，发放安全基本知识书籍1000余册。通过全局广大职工的共同努力2020年6月地质局被中华全国总工会等三部门评为全国“安康杯”竞赛优胜单位。

【加强女职工半边天作用】 维护女职工权益，落实了每年一次的妇检制度，将基层工会为女职工进行“两癌”筛查纳入年终考核中，给予女职工更多的关怀与支持。开展了女职工健康心理培训工作进一步增强职工凝聚力和向心力。我会牟瑢同志荣获2020年“自治区五一巾帼标兵”荣誉称号。

【财务经审工作】 一是严格执行《宁夏回族自治区基层工会经费收支管理实施

细则》（宁工发〔2018〕49号），依法依规开支。二是完成地质工会经费收支决算和经费收支预算上报工作，确保经费正常运行。三是对6个基层工会的工会经费收支情况进行了审计，并形成了审计报告，整改了存在的问题。四是完成了每年经审工作规范化建设考核资料收集整理汇总上报工作工会基础性年报及工会会员实名制网上录入工作。五是召开1次全委会议，就工会财务收支与执行情况进行了通报。

【做好职工群众来信来访工作】 按照信访工作法律法规与相关制度，认真开展了信访工作关注职工反映的问题，解释政策，积极化解。2020年以来，共接待职工来信来访8件，接待来访38人次。处理巡视移交信访件8件，解决了2件历史遗留问题。牵头负责局党委巡视整改第二大问题，并整改到位。出台了《地质局信访工作目标管理责任制考核实施细则》，为进一步做好信访工作提供了制度保障。举办了全局信访培训班，在全局开展了信访维稳风险点以及劳动关系风险点排查工作。将责任落实到人。针对煤炭局因过去劳动关系纠纷引发的“举一反三”问题，深入煤炭局就信访问题进行了讲解。开展了全局信访突出问题专项行动，排查出一般职工诉求类信访问题12件，落实9件，占总件数的75%，取得良好成效。

【做好其他相关工作】 按照局党委的工作部署，在疫情防控工作中，地质工会专门下发了通知，对疫情防控工作进行了安排，号召各基层工会组织积极参与到疫情防控工作中去，引导、组织职工发挥作用。据统计，有320人次的职工参与疫情防控工作，全局基层工会组织协助院属党委、单位购置10余万元疫情防控物品。地质工会为全局职工购买2.2万只口罩，消毒液4000公斤。

（*石　荣*）

宁夏建设建材工会

【概述】 宁夏建设建材工会坚持深入贯彻党的十九届五中全会精神，深刻认识和全面把握“十四五”时期我国经济社会发展的系统谋划和战略部署，深入学习贯彻习近平总书记关于工人阶级和工会工作的重要论述，充分发挥党建带工建的主导作用，工建服务党建的能动作用和党工互建的互动作用，将党的理论和路线方针政策落实到工会工作中，做到政治上保证、制度上落实、素质上提高、权益上维护，更好地发挥工会的桥梁纽带作用，将广大职工紧紧联系起来围绕在党的周围。

2020年11月27日经自治区总工会批准同意，任命宁夏住房和城乡建设厅副厅长李梅为中国建设建材工会宁夏回族自治区工作委员会主任。

【开展劳动技能竞赛】 把提高企业职工技术能力作为提升企业整体实力的重要手段，开展企业内部技能比赛和日常培训，通过培训比赛提升职工的专业技能水平，打造良好的学习氛围，培养职工的“工匠精神”。根据年度工作安排，配合自治区总工会、团委、住建厅于2020年8月12日开展全区建筑工人技能大赛，有近2000人次参赛，90支参赛队伍198名选手参加砌筑工、抹灰工、架子工、钢筋工和电工五个工种决赛，11家企业被授予“建设系统培养技能人才先进单位”，27名参赛选手获得“自治区技术能手”荣誉称号，63名参赛选手获得“自治区住房和城乡建设厅系统技术标兵”及“自治区城乡建设系统青年岗位能手”荣誉称号，39家企业获得“优秀组织奖”。

【完善基层工会组织建设】 所属基层工会全部完成建会。对职工100人以上，女职工20人以上的4家工会建立健全了工会委员会、经审委员会、女职工委员会。70人以下19家工会建立了由3~5人组成的工会委员会，委员设置涵盖经审、女职工、组织、文体生产等，不足25人的选举工会主席1人。

今年新建一家企业工会，新增55名会员。持续完善会员会籍动态管理，提高会员信息录入率。按照《基层工会组织工作管理办法》的要求，督促基层工会按期进行换届选举，今年已先后指导6家基层工会进行换届选举工作及工会法人资格证的变更工作。

完成区总调研组5月20日对产业工会改革实施方案的调研汇报；及时上报工会年度总结、经审规范化考核、经费预决算等报告。

发动广大职工积极参与到建家活动中，持续深入开展模范职工之家（小家）建设活动，宁夏荣恒房地产有限责任公司工会被评为“自治区模范职工之家”，宁夏住宅建设发展集团工会住宅建设工程有限公司工会小组被评为“自治区模范职工小家”，温占彬同志被评为“自治区优秀工会工作者”。

【民主管理工作落地见效】 宁夏建设建材工会下属16家企业均为非公企业，且60%为管理型小微企业。为使工会民主管理工作落地见效，对4家100人以上企业单位实行职工代表大会制，其他12家20~70人的企事业单位实行职工大会制。企业单位工会中，一半以上企业工会设有劳动监察保护委员，能够积极为基层职工发声，维护职工合法权益。在新冠肺炎疫情期间，没有一家企业因拖欠工资问题产生劳动纠纷。企业重大决策、经营方针、职工收益、内部分配及事关职工切身利益等事项均能在职工（代表）大会上公开，充分征求职工意见进行讨论审议，提高了职工及代表对企业经营的参与度，充分体现了民主监督意识，从而保持了企业与职工劳动关系的相对稳定。坚持对领导干部进行民主测评，积极听取职工意见，广泛接受群众监督。

【关心生活落实困难帮扶】 2020年，虽然受疫情影响，聚集性文化活动未能如期进行，但各基层工会重视会员重大节日、病伤住院、生日慰问，对困难职工走访等制度始终坚持，拿出60%经费用于会员重大节日、生日、病伤住院和困难职工慰问走访活动。有202名职工办理了自愿参保手续，为2名患病职工办理了在职职工医疗互助报销，及时解决了职工的难题，让职工切切实实体会到医疗互助保障是为职工办好事、办实事。进行重大疾病住院、重大意外伤害、深度困难职工摸底排查，调查核实后进行困难职工帮扶救助，共投入21000元对8名大病职工和1名困难职工进行医疗救助和困难帮扶。

【开展工会经费审计审核】 为规范工会经费收支，6—10月先后向10家基层工会下发审计通知，要求集中上报审计资料，抽借基层工会部分财务人员对企业工会进行2018—2019年经费收支审计，审计率达72%，两年一次审计覆盖率达100%。审计存在主要问题整改措施回馈率100%，被审计单位整改措施落实正在进行中。

【全力以赴参与疫情防控】 新冠肺炎疫情暴发后，基层工会积极配合单位行政累计自愿抗疫捐款近260万元，自治区党委决定对第四人民医院扩建项目紧急提速复工建设，基层工会中设计单位出方案，施工单位出人力，管理单位组织协调，立即行动派出精干力量，成立临时党支部，24 小时值守工地，积极协调解决水、电、暖、排水等项目施工外网工程建设，组织相关材料生产企业相继复工、2000 余名工人及时到场、各类物资有序进场，合理优化工序，组织工人加班加点二班倒施工，强化防疫质量安全管理。经过全体参与施工人员努力奋斗，2 月 20 日，医院门诊楼、住院病房等 1.64 万平方米扩建项目按时交付使用。项目施工 15 天，零事故、零感染，高质量、高标准完成了 3 个月的任务，创造了“宁夏速度”，建成了标杆工程，为全区疫情防控和救治生命抢得了宝贵时间。

（潘　鹤）

自治区直属机关工会

【概述】 2020 年，自治区直属机关工会在自治区总工会、区直机关工委的正确领导下，坚持以习近平新时代中国特色社会主义思想为指导，深入学习贯彻习近平总书记视察宁夏重要讲话精神以及关于工人阶级和工会工作的重要论述，认真贯彻落实中国工会十七大精神和区总第十二次代表大会精神，加强职工理论武装、提升职工能力素质、夯实基础工作、增强组织活力，团结动员广大职工在新时代建功立业。

【深入开展主题活动】 组织开展区直机关“梦想与奋斗·建设美丽新宁夏”系列主题活动。一是举办区直机关工会“劳动筑梦”职工演讲大赛。二是开展“讲扶贫故事，展工会风采”扶贫短视频故事征集活动。三是组队参加“声音里的经典——全面小康，奋斗有我”故事演说大赛。四是结合青年文明号、巾帼文明岗等创建活动，推进“建设美丽新宁夏·我们在行动”志愿服务。五是加强劳模先进的选树和培养，1 名职工荣获全国先进工作者称号，20 名职工荣获自治区先进工作者称号。

【关心关爱干部职工】 一是开展 2020 年职工医疗互助活动，为 72 名职工审批报销医疗费 21.6 万元。二是做好劳模服务工作，录入劳模档案 35 份，为 3 名困难劳模申请专项补助金 25195 元。三是开展元旦春节“送温暖”活动，向 6 名建档困难职工发放慰问金 1.5 万元。四是鼓励各基层工会设立新冠肺炎疫情防控专项资金，重点用于对参与疫情防控工作人员及其亲属的慰问和人文关怀。

【关注职工身心健康】 一是全面落实全民健身国家战略和《“健康中国 2030”规划纲要》，对区直机关 96 个部门（单位）212 名干部进行为期 3 天的健康运动培训，掀起了区直机关开展健康运动的热潮。二是举办“新时代　新理念　新风貌”工间操大赛，促进区直机关各单位广泛开展机关健康运动，丰富机关文化体育生活，充分展示新时代新精神风貌，营造健康、向上、和谐的集体运动氛围。

【加强基层组织建设】 一是规范工会组织换届选举工作，指导 10 家单位进行换届改选，新批准成立 3 家工会组织，健全完善组织机构，扩大组织覆盖面。二是举办区直机关工会干部培训班，组织 77 名工会干部到福建厦门进行培训，学习掌握工会工作的基本业务，为工会干部“充电加油”。三是组织区直机关工会经审干部参加宁夏第一届工会经审干部网上经审竞赛活动，进一步提高工会经审干部的业务水平，7 名同志分别荣获一、二、三等奖，区直机关取得团体第二的成绩，区直机关工会获得优秀组织奖。

（丁文婷）

宁夏驻京办事处工会

【概述】 2020 年，在驻京办党组的坚强领导下，宁夏驻京办工会积极落实自治区党委、政府的各项部署，坚持以习近平新时代中国特色社会主义思想为指导，深入贯彻落实习近平总书记关于工人阶级和工会工作的重要论述以及习近平总书记视察宁夏重要讲话精神，紧紧围绕自治区党委、政府中心工作，紧密结合驻京办联络工作实际，与时俱进、开拓创新、求真务实，努力提升宁夏驻京办工会工作的法治化水平，积极在为宁夏户籍进京务工及创业人员提供更有效的法律服务，组织驻京办全体干部职工开展健康有益的文体活动，看望和慰问生病干部职工，统筹疫情防控和工会工作方面做了大量有益工作，发挥了很好的桥梁和纽带作用，圆满完成了各项工作任务。

【思想政治引领】 坚持把贯彻落实习近平新时代中国特色社会主义思想和党的十九届二中、三中、四中、五中全会精神作为首要政治任务，与贯彻落实习近平总书记视察宁夏重要讲话精神以及中国工会十七大、自治区第十二次党代会和历次全会、市委十四届历次全会精神紧密结合起来，加强职工思想政治教育，深入开展党史学习教育，团结引领全办干部职工听党话、跟党走。强化职工精神文化引领，举办“学党史 感党恩 跟党走”暨庆祝建党一百周年红色经典诗歌朗诵会。增强了党员干部职工的荣誉感、归属感、使命感，引导全体党员干部职工重温了党的光荣传统和优良作风，进一步坚定了党员职工永远跟党走的信念。

【参与疫情防控】 在春节前夕北京疫情暴发、防控形势严峻的情况下，工会认真贯彻落实《宁夏回族自治区人民政府驻北京办事处关于进一步做好 2021 年“两节”期间新冠肺炎疫情防控工作的通知》《宁夏回族自治区人民政府驻北京办事处关于进一步严格落实疫情防控工作的通知》等文件精神，积极响应北京市“非必要不出京，非必要不出境”的倡议，提倡全体干部职工在北京过春节。春节前夕，集中对在京的宁夏户籍行政人员、教师、医生、企业家、学生等人员进行摸底调查，通过电话、微信、熟人介绍等方式联络在京宁夏户籍人员 3000 多人，分别在北京宁夏企业商会正式会员群、塞上骄子宁夏硕博圈、京宁汇互动交流群、北京宁夏人联谊交流社群等 7 个微信群中推送“他乡亦故乡，过年不返乡”留京过年倡议书，倡议宁夏户籍人员就地过年。结合春节期间慰问老干部、老党员和单位退休工作，开展“送乡情、传乡音、解乡思”活动，制作自治区经济社会事业发展“十四五”规划及 2035 年远景目标和自治区九大特色产业宣传材料 1000 余册，分别寄送在京宁籍人员，积极营造“就地过年”良好氛围。定期提醒干部职工做好自身防护，严格落实佩戴口罩、体温检测、环境消毒等防控措施，按照要求一天三次按时测量体温，及时上报行程动态和健康状况信息。为了做好防疫工作，为每个工会会员购买了口罩、酒精、消毒用品等防疫用品。

【务工人员权益保障】 宁夏驻京办工会采取“政府主导和购买多渠道法律援助服务、专业法律服务机构提供公益性法律援助服务、进京务工人员无偿享受法律援助，进京务工人员所在地劳动管理部门、企业和社会各界人士共同致力于纠纷解决”的“多方参与、多方共赢”模式，联合北京市泽元律师事务所等专业法律服务机构，成立“法律援助服务中心”，组建专业律师团队，解答宁夏户籍进京务工人员的法律咨询，为其在工作过程中遇到的法律纠纷提供法律援助。同时，根据宁夏户籍进京务工人员的需求提供其他法律服务。指导法律援助服务中心长期开通400法律服务热线，专门负责接待并解答宁夏户籍进京务工人士在工作中遇到的法律问题。400法律服务热线开通以来，接到了各行各业的宁夏户籍进京务工人士的法律咨询。其中，有不少咨询的工友遭遇了不公正的待遇，驻京办工会指导法律援助服务中心的工作人员为该等工友提供了法律服务，切实解决了工友们的实际困难。

【职工文体生活】 按照办事处党组的要求，配合机关党委做好理论知识和业务知识的学习工作。坚持开展文体月和读书月活动，组织了健步走登山等体育活动。通过活动营造健康向上、文明和谐的工作文化氛围，搭建干部职工交流、沟通的平台，使大家在活动中体验快乐、锻炼身体、陶冶情操，从而以更加饱满的精神状态投入各项工作中去。为了体现办事处领导和工会委员会对干部职工的关心关爱，做好节日、生日慰问工作，为大家购买米、面、油和生日蛋糕，送去了节日和生日的祝福。代表办领导看望了生病住院的会员，给他们送去组织的关怀。

【加强自身建设】 扎实开展党史学习教育，深入学习领会习近平总书记关于党史学习的重要论述，使干部职工在学史明理中把握思想之舵，在学史增信中筑牢信仰之基，在学史崇德中保持昂扬精神，在学史力行中汲取实践力量，奋力开创新发展阶段驻京办工作新局面。认真落实“三会一课”、民主生活会等制度，严肃党内政治生活。加强工会系统党风廉政建设，强化“一岗双责”。不断完善工会经费收、管、用等各项制度，工会经费收缴和使用管理得到有效加强。锲而不舍落实中央八项规定精神，持续巩固和拓展作风建设成果，推动党员干部深入基层一线，不断增强服务意识、提升工作实效。

（冯海燕）

中国金融工会宁夏工作委员会

【概述】 2020年，宁夏金融工会在中国金融工会、宁夏银保监局党委和自治区总工会的正确领导和大力支持下，不断增强政治性、先进性和群众性，发挥好工会的桥梁纽带作用，团结动员广大金融职工围绕中心，服务大局，为保持金融业持续健康发展，助力打好“三大攻坚战”作出积极贡献。

【强化思想理论武装，提高政治站位】 组织各成员单位深入学习宣传贯彻习近平新时代中国特色社会主义思想，习近平总书记关于统筹推进疫情防控和经济社会发展及打赢脱贫攻坚战、全面建成小康社会的重要讲话和指示批示精神，习近平总书记视察宁夏的重要讲话和党的十九届五中全会精神等，组织系统职工结合本职工作谈认识、谈感悟，深化理论武装，强化责任担当。持续深化“中国梦·劳动美·金融情”主题宣传教育，团结引领广大金融职工听党话、跟党走。推广“新时代金融职工讲习堂”学习品牌，向宁夏固原农商行转拨中国金融工会“新时代金融职工讲习堂”10000元图书补助经费。

【强化金融系统工会党的建设】 认真贯彻新时代党的建设总要求，坚持党建带工建，以党的政治建设为统领，带动金融系统工会自身建设全面推进。严格落实中央八项规定精神，自觉主动抵制不正之风。在服务职工中，树立“亲、勤、清”的好作风，让金融职工真切感受到工会是职工之家，工会干部是信得过、靠得住、离不开的“娘家人”。组织各成员单位积极参加全总开展的“中国工人杯”全国职工读书知识竞赛活动，学习党史、新中国史、改革开放史等，激发广大职工爱党爱国热情，增强工人阶级主人翁意识。

【立足主责主业，激发金融职工工作热情】 一是精心策划，组织开展劳动技能竞赛。按照中国金融工会关于“金融创新，服务创优，大力促进转型发展”劳动竞赛活动的有关要求和部署，宁夏金融工会紧密结合本地区金融系统实际，以提升宁夏金融从业人员综合素质为主要抓手，把科技金融创新作为根本动力，举办宁夏金融系统科技赋能营销创意大赛，大赛采取线上线下相结合的形式，辖内18家成员单位24个代表队参与大赛，网络投票环节累计投票410337次，访问人数达948759次，在线直播当天近千人观看，在宁夏金融系统和社会各界产生较大的影响和传播，得到金融系统职工的广泛认同和一致赞誉。二是评先创优，发挥典型示范引领。根据自治区总工会女职工委员会《关于开展2020年全区先进女职工集体和个人评选命名活动的通知》（宁工女发〔2020〕3号）要求，组织推荐成员单位女职工申报和评选自治区五一巾帼标兵岗（标兵）荣誉称号，其中工商银行银川新华支行和人保财险宁夏分公司财务共享服务中心荣获自治区五一巾帼标兵岗，建设银行宁夏分行资产保全部综合科科长赵静荣获自治区五一巾帼标兵，充分展现新时代宁夏金融系统女职工的卓越风采，增强女职工自豪感和使命感。

【聚焦时代主题，不断满足职工美好生活需要】 搭建“工会搭台、职工唱戏”平台，举办“遇见你　共绘美好未来”宁夏金融青年联谊活动，打破传统相亲模式，通过“纳斯卡”巨画描绘，金融系统180余名单身职工在通力合作、充分参与中拓宽交际、展示自我和结识朋友。举办“中国梦·劳动美——决胜小康　奋斗有我”金融职工线上演讲比赛。其间，共收到28家成员单位推荐的参赛视频，最终评选出一等奖1名，二等奖2名，三等奖3名，优秀奖22名。组织系统女职工参加“一封家书”暨“阅读强素质·奋斗建新功”活动，用文字讴歌抗疫逆行者，同时号召女职工培养阅读习惯，在阅读中感悟人生，获得幸福感。广泛动员系统女职工参与中国金融工会女职工委员会开展的“三八大课堂——提升女职工幸福力”线上主题实践活动，学习巾帼标兵劳模精神，领略先进女职工魅力风采，打造金融系统女职工创造幸福、获得幸福、感受幸福和传递幸福能力。

【强化金融文化品牌】 宁夏金融书法美术家协会依托“品鉴宁夏”网络平台举办“庆祝建党99周年宁夏金融职工书法美术作品展”；成立了宁夏金融摄影家协会，开展“牢记总书记嘱托，担当新使命，展现新作为”主题摄影作品评比活动，共征集摄影作品200多幅，拟在纪念建党100周年展出。

【做好“困难职工帮扶”工作】 积极开展“两节”送温暖活动，向宁夏金融系统14家成员单位116名困难职工共发放慰问金46.8万元，邀请书法名家现场书写对联福字赠予职工群众，工会领导走访慰问困难职工。

【助力疫情防控工作】 向辖内20家成员单位拨付20万元疫情防控专项资金，为金融职工订购防疫口罩、酒精等，让困难职工和一线员工深切感受到金融工会组织的关怀和温暖。转发中国职工发展基金会《关于劳动光荣 互助互济 携手同行“一元捐 十元捐”活动倡议书》，组织系统职工参与公益募捐活动，共捐款3万余元。

【大力开展职工之家建设】 根据中国金融工会《关于省级金融工会与基层工会共建职工之家的通知》要求，通过职工之家申报、现场勘察等程序，确定建行同心支行为共建单位，划拨5万元的建家专项经费，用于加强职工之家建设。

（李 华）

自治区农业农村厅　人力资源和社会保障厅　总工会关于表彰2020年全国行业职业技能竞赛——第三届全国农业行业职业技能大赛宁夏赛区获奖单位及个人的决定

宁农（人）发〔2020〕18号

各市、县（区）农业农村局、人力资源和社会保障局、工会，宁夏农垦集团有限公司：

根据《农业农村部、人力资源社会保障部、中华全国总工会关于举办2020年全国行业职业技能竞赛——第三届全国农业行业职业技能大赛的通知》（农人发〔2020〕3号）要求，结合我区工作实际，自治区农业农村厅、人力资源和社会保障厅、总工会联合印发了《关于举办2020年全国行业职业技能竞赛——第三届全国农业行业职业技能大赛宁夏赛区比赛的通知》（宁农（人）〔2020〕15号）。2020年8月至9月，自治区农业农村厅畜牧兽医局、农业机械化管理处、种植业管理处三个项目组委会组织全区27个市（县、区）农业农村局和宁夏农垦集团有限公司开展了动物检疫检验员、动物疫病防治员、农机修理工、农作物植保员等4个职业工种的比赛活动，通过初赛、决赛，涌现出了一批理论扎实、技能熟练、作风优良的单位和选手，为了表彰先进，激发广大农业行业职业技术人员苦练本领和爱岗敬业的热情，宁夏赛区组委会决定对动物检疫检验员、动物疫病防治员、农机修理工、农作物植保员等4个职业工种的比赛单位和选手进行表彰（具体名单见附件）。

希望受表彰的单位和选手珍惜荣誉，戒骄戒躁，把取得的成绩当作新的起点，把获得的荣誉当作前进的动力，不忘初心、牢记使命，锐意进取、开拓创新，着力推动全区农业行业职业技术人员的能力水平提升，更好地在全区农业行业职业技术人员中弘扬精益求精的工匠精神，为乡村振兴提供有力人才支撑。

附件：1. 2020年宁夏赛区动物检疫检验员技能决赛获奖单位和选手及裁判员表彰名单；
2. 2020年宁夏赛区动物疫病防治员技能决赛获奖单位和选手及裁判员表彰名单；
3. 2020年宁夏赛区农机修理工

技能决赛获奖单位和选手及裁判员表彰名单；

4. 2020年宁夏赛区农作物植保员技能决赛获奖单位和选手及裁判员表彰名单。

自治区农业农村厅
自治区人力资源和社会保障厅
自治区总工会
2020年10月15日

（此件公开发布）

附件1

2020年宁夏赛区动物检疫检验员技能决赛获奖单位和选手及裁判员表彰名单

一、优秀团体奖名单

第一名 银川市代表队

第二名 石嘴山市代表队

第三名 中卫市代表队

第四名 吴忠市代表队

第五名 固原市代表队

二、获奖选手名单

第一名 李发万 银川市综合执法监督局

第二名 王波华 沙坡头区动物卫生监督所

第三名 卢振鸿 灵武市动物卫生监督所

第四名 屠文凯 贺兰县农业农村局

第五名 刘 茜 石嘴山市农业综合执法支队

第六名 汤 凯 青铜峡市动物卫生监督所

三、优秀裁判员名单

王秀梅 银川市综合执法监督局

朱立丽 吴忠市动物疾病预防控制中心

任 杰 灵武市动物卫生监督所

四、颁发参赛证书的人员名单

李发万 王波华 卢振鸿 屠文凯 刘 茜
汤 凯 黄丽红 李知学 黄 涛 杨佳明
李 娜 柳根金 岳效义 武建龙 武桂鑫

附件2

2020年宁夏赛区动物疫病防治员技能决赛获奖单位和选手及裁判员表彰名单

一、优秀团体奖名单

第一名　固原市代表队
第二名　银川市代表队
第三名　吴忠市代表队
第四名　中卫市代表队
第五名　石嘴山市代表队

二、获奖选手名单

第一名　邸　静　贺兰县动物疾病预防控制中心
第二名　陈建银　原州区动物疾病预防控制中心
第三名　赵俊波　青铜峡市峡口镇畜牧兽医工作站
第四名　杨志红　灵武市动物疾病预防控制中心
第五名　王瑞刚　西吉县动物疾病预防控制中心
第六名　黄学智　泾源县六盘山镇畜牧兽医工作站

三、优秀裁判员名单

张涛宁　宁夏农业学校
张学军　自治区动物疾病预防控制中心
王进香　自治区动物疾病预防控制中心

四、颁发参赛证书的人员名单

邸　静　陈建银　赵俊波　杨志红　王瑞刚
黄学智　吴昊林　杜瑞玲　张　军　赵德惠
雍　丽　付娟丽　历　龙　马金香　祁莹莹

附件3

2020年宁夏赛区农机修理工技能决赛获奖单位和选手及裁判员表彰名单

一、优秀团体奖名单

第一名　石嘴山市代表队
第二名　中卫市代表队
第三名　银川市代表队
第四名　吴忠市代表队
第五名　固原市代表队

二、获奖选手名单

第一名　陈佳龙　宁夏佳盛农业科技有限公司
第二名　陈　扬　石嘴山市平罗县小陈农机修理部
第三名　姚　辉　宁夏吉康农业装备有限公司
第四名　徐　鹏　中卫市沃农农机作业服务有限公司
第五名　田　柒　海原县兴农农业机械作业服务公司

第六名　张　欢　石嘴山平罗县农机维修个体

三、优秀裁判员名单

赵润良　宁夏工商职业技术学院

刘培德　宁夏交通学校

梁　堃　宁夏工商职业技术学院

四、颁发参赛证书的人员名单

陈佳龙　陈　扬　姚　辉　徐　鹏　田　柒

张　欢　刘海明　马尚海　时　文　魏　嘉

陈方朝　田玉军　杨　伟　张千山　仵宗元

李平贵　张占虎　李永强　孟兆刚　李建军

附件 4

2020 年宁夏赛区农作物植保员技能决赛获奖单位和选手及裁判员表彰名单

一、优秀团体奖名单

第一名　石嘴山市代表队

第二名　宁夏农垦集团有限公司代表队

第三名　银川市代表队

第四名　中卫市代表队

第五名　吴忠市代表队

二、获奖选手名单

第一名　田　野　宁夏辰欣现代农业科技服务有限公司

第二名　惠　翔　灵武市农业技术推广服务中心

第三名　王　堃　盐池县农业技术推广服务中心

第四名　景国栋　宁夏辰欣现代农业科技服务有限公司

第五名　王　鹏　宁夏来巨亿农业技术服务有限公司

第六名　马　锐　银川市正丰联农种植专业合作社

三、优秀裁判员名单

程　岚　自治区农机安全监理总站

洪　波　宁夏大学农学院

刘晓军　宁夏益禾现代农业服务（中心）有限公司

四、颁发参赛证书的人员名单

田　野　惠　翔　王　堃　景国栋　王　鹏

马　锐　陈　祥　蒋　辉　任晓彬　祁　牛

乔　宁　房良琦　石　乐　张晓强　王泽华

杨静隆　石义泰　史旭东

宁夏回族自治区农业农村厅办公室

2020 年 10 月 15 日印发

自治区总工会关于表彰机关2019年度考核优秀等次人员和先进工作者的决定

宁工发〔2020〕4号

2019年，机关全体干部职工在党组的正确领导下，坚持以习近平新时代中国特色社会主义思想为指导，在各自工作岗位上勤勉履职，涌现出了一批工作扎实、成绩突出的先进个人，为推动全区工会工作创新发展作出了积极贡献。为了树立典型、表彰先进，进一步激发广大干部职工爱岗敬业、无私奉献的工作热情，根据平时考核、年终考核、民主测评，经党组研究，确定丁文锦等13名同志为优秀等次、张瑞琳等22名同志为先进工作者。

一、优秀等次人员（13名）

丁文锦　张娅丽　田　卉　王　君　曹　剑　唐永富　石小红　张小玲　赵永刚　付海玲　王添皞　李冬娜　王普荣

二、先进工作者（22名）

张瑞琳　王克栋　马玉山　吴彦龙　孙文军　刘文平　张国铭　蒋　林　梁　乾　黄志忠　梁　冰　赵　芳　寇苗苗　李学菊　邹　岩　甘爱萍　王　霄　吴小琴　闫　琪　李小宁　王红勇　李煜程

希望受表彰的同志珍惜荣誉，把成绩作为新的起点，不忘初心、牢记使命，再接再厉、持续奋斗，立足岗位再创佳绩，更好地发挥示范引领作用。全体同志要以受表彰的同志为榜样，更加紧密地团结在以习近平同志为核心的党中央周围，进一步开拓进取、担当作为，只争朝夕、不负韶华，不断开创新时代工会工作新局面，为建设经济繁荣民族团结环境优美人民富裕的美丽新宁夏作出新的更大贡献！

宁夏回族自治区总工会

2020年1月19日

自治区总工会关于授予2019年自治区重点工程示范性劳动竞赛和职工职业技能竞赛先进集体和先进个人自治区五一劳动奖的决定

宁工发〔2020〕6号

2019年，自治区总工会深入贯彻落实党的十九大和自治区第十二次党代会精神，围绕自治区重点工程建设项目和民生项目，在全区组织开展了5项重点工程示范性劳动竞赛和16项职工职业技能竞赛，为进一步推动建设知识型、技能型、创新型劳动者大军，提高我区职工队伍技术素质，提升企业技术创新水平，助推我区经济社会发展作出了重要贡献。

为充分调动和激发广大职工学习技术、钻研业务、投身经济建设的积极性、主动性和创造性，在逐级申报、审核、公示的基础上，自治区总工会决定，授予中铁十六局集团有限公司自治区五一劳动奖状、石吉福等6人自治区五一劳动奖章、中国铁路兰州局集团有限公司银川工程建设指挥部和宁夏城际铁路有限责任公司工程部2个班组自治区工人先锋号。

希望受表彰的先进集体和先进个人珍惜荣誉，再接再厉，不断取得新成绩。希望全区广大职工向他们学习，发扬工匠精神，辛勤劳动、诚实劳动、创新劳动，积极投身“践行新理念、建功十三五”主题劳动竞赛和职工技术创新活动，为建设好经济繁荣民族团结环境优美人民富裕的美丽新宁夏作出新的更大贡献！

附件：2019年自治区重点工程示范性劳动竞赛和职工职业技能竞赛授予自治区五一劳动奖名单

宁夏回族自治区总工会

2020年1月21日

附件

2019年自治区重点工程示范性劳动竞赛和职工职业技能竞赛授予自治区五一劳动奖名单

自治区五一劳动奖状

中铁十六局集团有限公司

自治区五一劳动奖章

石吉福　宁夏城际铁路有限责任公司工程部

屈雨潇　银川瑞纳服饰有限公司技术部

周　飞　长庆油田分公司第三采油厂地质研究所

丁肖怡　自治区生态环境监测中心

杨　方　银川市西夏区税务局

左兴华　吴忠市红寺堡区兴华农机合作社

自治区工人先锋号

中国铁路兰州局集团银川工程建设指挥部

宁夏城际铁路有限责任公司工程部

关于命名自治区五一巾帼标兵岗(标兵)的决定

宁工女发〔2020〕6号

在习近平新时代中国特色社会主义思想的指引下，我区广大女职工以强烈的历史使命感和高度的主人翁精神，干在实处，走在前列，展现出新时代女职工的卓越风采，涌现出一大批爱岗敬业、勇挑重担、无私奉献的先进集体和个人。为进一步弘扬劳模精神、劳动精神、工匠精神，不断增强女职工的自豪感和使命感，营造劳动光荣的社会风尚和精益求精的敬业精神，自治区总工会女职工委员会在第110个“三八”国际妇女节来临之际，决定命名银川市第一人民医院院感保健部等30个集体自治区五一巾帼标兵岗荣誉称号，命名吕晓燕等30名个人自治区五一巾帼标兵荣誉称号（名单见附件）。

希望受到表彰的先进集体和个人不忘初心、牢记使命，只争朝夕、不负韶华，珍惜荣誉、再接再厉，切实发挥表率作用，努力创造无愧于时代的新业绩。全区广大女职工要以受表彰的先进集体和个人为榜样，对标先进奋勇争先，立足岗位争作贡献，充分发挥工人阶级主力军作用，在助推经济繁荣民族团结环境优美人民富裕的美丽新宁夏贡献巾帼智慧和力量。希望各级工会女职工组织大力宣传展示先进集体和个人在各行各业做出的突出成绩，进一步引领激励广大女职工勇立潮头，为决胜全面建成小康社会、实现“两个一百年”奋斗目标、实现中华民族伟大复兴的中国梦作出新的更大贡献。

附件：1. 自治区五一巾帼标兵岗名单
2. 自治区五一巾帼标兵名单

宁夏回族自治区总工会女职工委员会
2020年3月6日

附件1

自治区五一巾帼标兵岗名单
（30个）

银川市第一人民医院院感保健部
银川市临时急救医院护理部
银川市兴盈出租汽车有限公司巾帼车队
银川市兴庆区玉皇阁北街东方社区
石嘴山市第一人民医院援助湖北医疗队
宁夏回族自治区第五人民医院援鄂医疗队
宁夏理工学院艺术学院音乐教育系
吴忠市红寺堡区人民医院儿科
盐池宾馆（有限公司）餐饮部
湖南中烟工业有限责任公司吴忠卷烟厂工艺质量管理部
固原福苑实业有限公司后厨部
彭阳县住房和城乡建设局环卫队司机班
中宁县审批服务管理局市场监督管理登记注册科
宁夏体育科学技术中心运动医学研究和康复诊疗室
宁夏医科大学总医院心脑血管病医院呼吸与危重症医学科
国药控股宁夏有限公司物流中心订单组
自治区财政厅机关党委
银川河东机场海关旅检三科
宁夏正业通工程咨询有限责任公司
长庆油田分公司第三采油厂盘古梁采油作业区化验室
宁夏建工集团有限公司宁夏美术馆项目部
国家能源集团宁夏煤业有限责任公司甲醇分公司电气车间运行班
西部机场集团宁夏机场有限公司安检护卫部安全检查站鸿雁班组
国网平罗县供电公司营业班
国网宁夏经研院综合管理部
中国邮政集团公司宁夏永宁县分公司望远镇营业所
宁夏交投高速公路管理有限公司中卫收费站
工商银行银川新华支行
人保财险宁夏分公司财务共享服务中心
自治区宁东医院内儿科护理组

附件2

自治区五一巾帼标兵
（30名）

吕晓燕　银川市妇幼保健院党委委员、副院长
王建宁　银川市大众出租汽车公司驾驶员
陈爱梅　银川市兴庆区凤凰北街崇安社区党委书记
王　娟　银川市金凤区黄河东路街道办事处

党工委书记

齐雁超　石嘴山市第二人民医院呼吸与危重症医学科主任

周鸿丽　石嘴山市人民百货商场有限责任公司董事长兼总经理

汪小凤　宁夏晟晏能源循环经济有限公司三分厂铸运车间副主任

张黎敏　宁夏塞外香食品有限公司任公司质检部经理、党支部副书记、工会副主席、女工主任

杜丽丽　吴忠市红寺堡区政策研究室副主任、红寺堡镇党委委员、红寺堡区驻鲁家窑工作组副组长

杨晓霞　同心县人民医院保洁主管

苏　芳　西吉县图书馆馆长

胡静菊　中卫市人民医院呼吸内科科主任

冯淑珍　中卫市第七小学副校长

田莉梅　海原县教育体育局干部

安春燕　自治区人民医院妇儿护理主管

王雪梅　宁夏大学政法学院教师

贾　芳　宁夏对外科技交流中心外事干部

马　丽　国家税务总局银川市金凤区税务局第一分局党支部书记

王建英　宁夏气象服务中心专业气象预报科科长、宁夏气象局首席气象服务专家

朱庆梅　长庆油田分公司第三采油厂大水坑采油作业区盐一转中心站盐二接转注水站站长

郭银凤　宁夏第一建筑有限公司第一分公司党总支书记、副经理

李　欢　宁夏京能宁东发电有限责任公司工会干事、女工主任

徐　玲　宁夏机场物业园林服务有限公司航站楼业务部经理

伏晓霞　中铝宁夏能源集团王洼煤业王洼煤矿机电科综合机房班长

陈思敏　国网中卫供电公司营销部（农电工作部、客户服务中心）营销信息班班长

刘思尧　国网宁夏电力信息通信公司高级工程师、数据中心专责

牟　璐　宁夏回族自治区地质博物馆讲解员

赵　静　建行宁夏分行资产保全部综合科科长

张蓝之　宁东镇人民政府党委委员、纪委书记

何　媛　宁夏建设工程质量安全监督总站综合科科长

关于表彰2020年全区建筑工人技能大赛获奖选手团体优胜企业和优秀组织单位的决定

宁建（建）发〔2020〕46号

各市（县、区）住房和城乡建设局、工会、团委，各有关单位：

为弘扬工匠精神，提高建筑工人质量安全技能水平，8月12日，自治区住房城乡建设厅、自治区总工会、自治区团委联合举办了宁夏建筑工人技能大赛。大赛以“弘扬工匠精神　增强安全技能”为主题，通过各地推荐、层层选拔，有90个参赛队198名选手分别组队参加决赛。

根据比赛结果，对获得团体优胜奖的宁夏亘基建设工程有限公司等11家企业给予表彰，并授予“建设系统培养技能人才先进单位”称号；表彰中卫市广苑建筑安装有限责任公司等39家企业为“优秀组织奖”。对王海涛等27名获得一、二、三等奖的参赛选手由自治区住房城乡建设厅授予“自治区技术能手”荣誉称号并给予现金奖励，获得各工种第一名选手，可作为全国、自治区或行业评先评优的推荐条件。对决赛中各工种排名第4至10名的选手，由自治区住房城乡建设厅授予“自治区住房城乡建设系统技术标兵”荣誉称号，对符合条件的获奖选手，由自治区住房城乡建设厅联合自治区团委授予“自治区城乡建设系统青年岗位能手”荣誉称号。对协助配合单位宁夏鑫水源建设工程有限公司、宁夏亘宇建设工程有限公司、宁夏永益建设工程有限公司、宁夏恒泰建筑工程有限公司给予通报表扬。

希望受到表彰的优秀单位和获奖选手再接再厉、开拓进取，在推动建筑行业技术进步中作出新贡献。全区建设领域广大职工要以获奖选手为榜样，努力学习，苦练内功，不断提高职业素质和职业技能。各相关企业要加大行业一线操作人才的培训工作力度，努力提高工程质量安全技能水平，创造更多的精品工程，为促进全区城乡建设事业持续健康发展作出更大贡献。

自治区住房和城乡建设厅
自治区总工会
共青团宁夏回族自治区委员会
2020年9月11日

（此件公开发布）

附件

2020年全区建筑工人技能大赛获奖选手、团体优胜企业和优秀组织单位名单

一、获奖选手（27名）

一等奖（9名）：

王海涛　程红伟　张自贵　马学林
马　兵　叶少华　张兴兵　刘　涛
杨春光

二等奖（9名）：

张进虎　路得奎　金　林　王洪祥
马玉贵　丁保林　殷　超　李彦华
马　乐

三等奖（9名）：

吕冶忠　徐　涛　丁文华　王　瑞
杨保柱　杨利民　候平军　程　军
王海龙

二、团体优胜企业（11家）

一等奖

宁夏亘基建设工程有限公司
宁夏鑫水源建设工程有限公司
宁夏建工集团有限公司

二等奖

宁夏昊盛伟业建设工程有限公司
宁夏实强建设工程有限公司
吴忠市第二建筑安装工程有限公司
扬州市方圆建筑工程有限公司

三等奖

宁夏吴忠市第三建筑工程有限公司
宁夏信泰达建设工程有限公司
宁夏浩洲建筑工程有限公司
宁夏锐翔建设集团有限公司

三、优秀组织单位（39家）

中卫市广苑建筑安装工程有限责任公司
宁夏安晟达建设有限公司
宁夏亘宇建设工程有限公司
宁夏富钛建筑工程有限公司
宁夏玉隆石油化工建设有限公司
宁夏永益建设工程有限公司
中卫市玉龙水电建筑安装有限公司
宁夏鑫煜诚建筑工程有限责任公司
宁夏上润建设工程有限公司
宁夏陆磐建筑工程有限公司
银川三建集团有限公司
宁夏金宸达建筑工程有限公司
银川聚仁建筑工程有限公司
宁夏第五建筑有限公司
宁夏铭筑建设工程有限公司
宁夏宁东建设集团有限公司
宁夏元朝实业有限公司
宁夏正丰建筑工程有限公司
中民汇联实业有限公司
灵武市建筑工程公司
宁夏华通建筑有限公司
宁夏商建建筑工程集团有限公司
宁夏陈桥建设有限公司
石嘴山市育才建筑安装工程有限公司
宁夏恒泰建筑工程有限公司
宁夏澜峰建筑工程有限公司
宁夏得发建设工程有限公司
宁夏视通建设集团有限公司

宁夏回族自治区第四建筑工程有限责任公司
宁夏金鼎建筑工程有限公司
固原泰合集团建筑工程有限公司
宁夏鑫水源建设工程有限公司
宁夏锦祥建设工程有限公司
宁夏基垒建设工程有限公司
彭阳县富跃建筑工程有限公司
宁夏全唐环境建设有限公司
宁夏燕华建筑工程有限公司
宁夏路凯建设发展有限公司
固原市建筑工程有限公司

抄送：自治区总工会，自治区团委，厅领导及相关处室，存档（2）。

宁夏回族自治区住房和城乡建设厅办公室
2020 年 9 月 11 日印发

自治区人力资源和社会保障厅 工业和信息化厅 总工会 妇联关于表彰2020年宁夏电气设备安装工(电气试验专业)职业技能竞赛获奖个人及单位的决定

宁人社函〔2020〕323号

各地市人力资源社会保障局、工业和信息化局、总工会、妇联，自治区区域内各发电、供电及拥有电气设备安装工（电气试验专业）的各有关企业：

自治区人力资源和社会保障厅、工业和信息化厅、总工会、妇联于2020年10月21—23日联合举办“2020年宁夏电气设备安装工（电气试验专业）职业技能竞赛”，取得了圆满成功。为激励广大技能人才建功立业，根据《关于举办2020年宁夏电气设备安装工（电气试验专业）职业技能竞赛的通知》（宁人函〔2020〕228号）精神，现对以下获奖个人及单位予以表彰奖励。

一、个人表彰

（一）选手

对获得竞赛项目各组别第1名的选手，颁发一等奖荣誉证书和3000元奖金，破格晋升技师职业资格（理论、实操成绩均合格），具有技师职业资格，可晋升高级技师职业资格，由自治区人力资源和社会保障厅授予“自治区技术能手”荣誉称号。根据成绩择优推荐孙尚鹏同志按程序向自治区总工会申报“自治区五一劳动奖章”；对获得竞赛项目各组别第2—3名的选手，各颁发二等奖荣誉证书和2000元奖金，颁发高级工职业资格证书（理论、实操成绩均合格），已具备高级工职业资格者，可晋升技师职业资格；对获得竞赛项目各组别第4—6名的选手，各颁发三等奖荣誉证书和1000元奖金，颁发高级工职业资格证书（理论、实操成绩均合格），已具备高级工职业资格者，可晋升技师职业资格；对获得竞赛项目各组别第7—12名的选手，颁发优胜奖荣誉证书，颁发高级工职业资格证书（理论、实操成绩均合格），已具备高级工职业资格者，不再重复颁发。

（二）教练、裁判员、工作人员

授予各组别一等奖获得者的主教练周秀等3名同志“优秀教练”荣誉称号，颁发荣誉证书；授予冯洋等3名同志“优秀裁判员”荣誉称号，颁发荣誉证书；授予邢斌等3名同志“优秀工作者”荣誉称号，颁发荣誉证书。

二、集体表彰

（一）对国网宁夏电力有限公司电力科学研究院等单位分别颁发“2020年宁夏电

气设备安装工（电气试验专业）职业技能竞赛”团体一、二、三等奖。

（二）对国网宁夏电力有限公司培训中心等单位分别颁发“2020年宁夏电气设备安装工（电气试验专业）职业技能竞赛”优秀组织奖。

希望受表彰的单位和选手珍惜荣誉，再接再厉，再创佳绩。同时希望其他单位及广大职工积极向受表彰的单位和选手学习，着力优化技能人才成长环境，不断提升职业技能水平，为推进我区电力行业高质量发展作出新的更大贡献。

附件：2020年宁夏电气设备安装工（电气试验专业）职业技能竞赛获奖个人及单位名单

自治区人力资源和社会保障厅
自治区工业和信息化厅
自治区总工会
自治区妇联
2020年11月2日

（此件公开发布）

附件

2020年宁夏电气设备安装工（电气试验专业）职业技能竞赛获奖个人及单位名单

一、获奖选手

（一）电网组

一等奖

孙尚鹏　国网宁夏电力有限公司电力科学研究院

二等奖

马文长　国网宁夏电力有限公司检修公司

王海峰　国网宁夏电力有限公司检修公司

三等奖

陈　磊　国网宁夏电力有限公司电力科学研究院

倪　辉　国网宁夏电力有限公司电力科学研究院

李　辛　国网宁夏电力有限公司石嘴山供电公司

优胜奖

李科云　国网宁夏电力有限公司检修公司

李文涛　国网宁夏电力有限公司中卫供电公司

查　辉　国网宁夏电力有限公司石嘴山供电公司

耿　橙　国网宁夏电力有限公司中卫供电公司

杨　彬　国网宁夏电力有限公司检修公司

王国东　国网宁夏电力有限公司检修公司

（二）发电组

一等奖

韩宏伟　宁夏电力能源科技有限公司

二等奖

吕　超　宁夏电力能源科技有限公司

李冬玉　宁夏电力能源科技有限公司

三等奖

马兆明　龙源宁夏风力发电有限公司

赵文耀　龙源宁夏风力发电有限公司

刘　强　三峡新能源太阳山发电有限公司

优胜奖

苏庆生　龙源宁夏风力发电有限公司

邬　铎　三峡新能源太阳山发电有限公司

魏海亮　三峡新能源太阳山发电有限公司

支　珍　国家电投宁夏能源铝业临河发电公司

赵伟伟　国家电投宁夏能源铝业临河发电公司

周彦锋　申能吴忠热电有限责任公司

（三）厂矿及施工组

一等奖

刘威峰　宁夏电力能源科技有限公司

二等奖

怡　恺　宁夏电力能源科技有限公司

万　钧　宁夏超高压电力工程有限公司

三等奖

赵梦楠　宁夏天源电力有限公司

李奇超　宁夏电力能源科技有限公司

王启阳　宁夏超高压电力工程有限公司

优胜奖

魏　亮　宁夏超高压电力工程有限公司

李春阳　宁夏天源电力有限公司

雍福全　宁夏天源电力有限公司

王松波　宁夏东宏电力有限公司

张　哲　宁夏东宏电力有限公司

吴　亮　宁夏隆鼎电力有限公司

二、优秀教练、优秀裁判员、优秀工作者

（一）优秀教练

周　秀　国网宁夏电力有限公司电力科学研究院

马　波　宁夏电力能源科技有限公司

李　刚　宁夏电力能源科技有限公司

（二）优秀裁判员

冯　洋　国网宁夏电力有限公司培训中心

张建红　青铜峡铝业股份有限公司宁东铝业分公司

饶　艺　国网宁夏电力有限公司宁东供电公司

（三）优秀工作者

艾　峤　国网宁夏电力有限公司银川供电公司

鲁　聪　国网宁夏电力有限公司检修公司

邢　斌　国网宁夏电力有限公司固原供电公司

三、团体奖获奖代表队

（一）电网组

团体一等奖　国网宁夏电力有限公司电力科学研究院

团体二等奖　国网宁夏电力有限公司检修公司

团体三等奖　国网宁夏电力有限公司石嘴山供电公司

（二）发电组

团体一等奖　宁夏电力能源科技有限公司

团体二等奖　龙源宁夏风力发电有限公司

团体三等奖　三峡新能源太阳山发电有限公司

（三）厂矿及施工组

团体一等奖　宁夏电力能源科技有限公司

团体二等奖　宁夏超高压电力工程有限公司

团体三等奖　宁夏天源电力有限公司

四、优秀组织奖

国网宁夏电力有限公司培训中心

国网宁夏电力有限公司银川供电公司

国家电投宁夏能源铝业临河发电公司

申能吴忠热电有限责任公司

宁夏银仪电力工程有限公司

青铜峡铝业股份有限公司青铜峡铝业分公司

自治区总工会关于表彰自治区模范职工之家、模范职工小家和优秀工会工作者的决定

宁工发〔2020〕33 号

近年来，全区各级工会组织以习近平新时代中国特色社会主义思想为指导，全面贯彻落实习近平总书记视察宁夏重要讲话精神和党的十九届三中、四中、五中全会精神，牢固树立“四个意识”，不断增强“四个自信”，认真践行中国特色社会主义工会发展道路，着力增“三性”、去“四化”，强基层、补短板、促发展，充分发挥基层工会在基层社会治理中的职能作用，为服务职工、凝聚职工作出了积极贡献，涌现出一大批深受广大职工群众信赖和赞誉的先进集体和先进个人。

为表彰先进、树立典型，进一步激发全区各级工会组织和广大干部职工的积极性、主动性和创造性，自治区总工会决定，授予宁夏凯晨电气集团有限公司工会委员会等30个单位“自治区模范职工之家”称号，授予蒙牛乳业集团股份有限公司宁夏分公司工会幸福圈工会小组等35个单位“自治区模范职工小家”称号，授予周捷敏等50名个人“自治区优秀工会工作者”称号。

希望受表彰的先进集体和先进个人珍惜荣誉、再接再厉、锐意进取，以更加昂扬的斗志、更加饱满的热情、更加过硬的作风，在今后的工作中再创佳绩，更好地发挥榜样示范作用。全区各级工会组织和广大工会干部要以受表彰的先进集体和先进个人为榜样，不忘初心、牢记使命，求真务实、真抓实干，切实把工会建设成职工群众信赖的“职工之家”，把工会干部锤炼成职工群众信赖的“娘家人”“贴心人”，组织动员广大职工更加紧密地团结在以习近平同志为核心的党中央周围，为继续建设经济繁荣民族团结环境优美人民富裕的美丽新宁夏而努力奋斗！

附件：自治区模范职工之家、模范职工小家和优秀工会工作者名单

宁夏回族自治区总工会

2020 年 11 月 19 日

附件

自治区模范职工之家
（30个）

宁夏凯晨电气集团有限公司工会委员会
宁夏希望信息产业有限公司工会委员会
银川中关村创新中心联合工会委员会
银川艾尼工业科技开发股份有限公司工会委员会
银川市兴庆区中山南街街道工会联合会
银川市妇幼保健院工会委员会
宁夏四季鲜果品蔬菜批发市场工会委员会
宁夏然尔特实业集团有限公司工会委员会
宁夏吉元冶金集团有限公司工会委员会
宁夏中盛电缆技术有限公司工会委员会
石嘴山市善道交通建设发展集团有限公司工会委员会
宁夏房安建设工程监理有限公司工会委员会
吴忠市公安局工会委员会
宁夏伊利乳业有限责任公司工会委员会
宁夏弘德包装材料有限公司工会委员会
青铜峡市政管理服务中心工会委员会
宁夏深燃众源天然气有限公司工会委员会
精艺裘皮制品股份有限公司工会委员会
固原福苑实业有限公司工会委员会
固原市西吉县心雨林下产业专业合作社工会委员会
宁夏瑞泰科技股份有限公司工会委员会
自治区卫生健康委直属机关工会委员会
西部机场集团宁夏机场有限公司工会委员会
宁夏农垦平吉堡农场有限公司工会委员会
国网宁夏电力有限公司营销服务中心（国网宁夏电力有限公司计量中心）工会委员会
中国邮政集团工会固原市委员会
宁夏公路管理中心中卫分中心工会委员会
宁夏荣恒房地产集团有限公司工会委员会
自治区矿产地质调查院工会委员会
宁夏回族自治区应急管理厅机关工会委员会

自治区模范职工小家
（35个）

蒙牛乳业集团股份有限公司工会宁夏分公司幸福圈工会小组
银川新华百货商业集团股份有限公司工会老大楼工会小组
宁夏天宏爆破有限公司工会安全环保部班组工会
宁夏厚生记食品有限公司工会研发中心工会小组
宁夏兴唐米业集团有限公司工会生产部工会小组

银川市兴庆区凤凰北街阳澄社区联合工会
银川市永宁县团结西路街道建设社区联合工会
石嘴山市惠农区尾闸镇屯园社区联合工会
石嘴山市大武口区人民路街道办事处工人街社区联合工会
宁夏参进宁宇达冶金有限公司工会维修工段工会小组
宁夏天地西北煤机有限公司工会铸诚分公司工会小组
石嘴山市光明中学工会总务处工会小组
吴忠中创自控阀有限公司工会生产部工会小组
宁夏泰富能源有限公司工会储运部工会小组
宁夏夏进乳业集团股份有限公司工会营销中心分工会
宁夏水投中源水务有限公司工会同心分公司工会
吴忠市红寺堡区供暖公司工会客户服务部工会小组
宁夏德昌建设工程有限公司工会电工班工会小组
固原市隆德县人民医院工会急诊科工会小组
固原市彭阳县公安局工会古城派出所工会小组
固原市泾源县百泉街社区工会服务大厅工会小组
利安隆（中卫）新材料有限公司工会四车间工会小组
宁夏润夏能源化工有限公司工会稀硝车间工会小组
宁夏水投中宁水务有限公司工会污水处理公司工会小组
中卫市海兴开发区税务局工会办公室工会小组
宁夏职业技术学院宁夏广播电视大学工会健康管理与社会服务系工会小组
中国移动通信集团工会石嘴山分公司委员会平罗分工会
中色（宁夏）东方集团工会东方钽业钽粉分厂分工会
中国航油宁夏分公司工会银川航空加油站工会小组
宁夏渠首管理处工会大坝水利管理所工会小组
国网宁夏电力有限公司银川供电公司工会灵武市供电公司分工会
中国邮政集团有限公司工会银川市金凤区分公司工会
宁夏住宅建设发展集团工会住宅建设工程有限公司工会小组
宁夏地质调查院工会地质环境调查部工会小组
宁夏回族自治区妇女联合会机关工会委员会

自治区优秀工会工作者
（50 个）

周捷敏　舍弗勒（宁夏）有限公司党支部书记、工会主席
田刚卫　宁夏泰益欣生物科技有限公司党委委员、工会委员、党群办主任
施金兰　宁夏银川第一市政工程有限责任公司党委委员、工会主席
杨红琰　宁夏银川市住房保障中心办公室主任、工会主席

柳立明　银川市永泰小学党支部副书记、副校长、工会主席
王晓玲　宁夏长城发展集团有限公司党支部委员、工会主席
丁万福　银川市兴庆区人大常委会副主任、总工会主席
刘红伟　西夏区政协副主席、总工会主席
马卫东　银川教科文卫体工会主席
王　瑞　银川市金凤区长城中路街道宁安社区党委书记兼居委会主任、工会主席
刘道章　石嘴山市第一人民医院工会副主席
杨　文　石嘴山市贺兰山商业大楼有限责任公司办公室主任、工会副主席
朱新忠　石嘴山市惠农区红果子镇党委委员、人大主席、工会主席
祁雨婷　石嘴山市星瀚市政产业（集团）有限公司工会副主席、石嘴山市总工会副主席（挂职）
牛小林　石嘴山市总工会宣教网络部部长
郝学山　宁夏晟晏实业集团能源循环经济有限公司党支部书记、办公室主任、工会主席
梁文刚　宁夏吉元冶金集团有限公司工会主席
刘国珺　宁夏天地奔牛链条有限公司工会主席
陈少峰　宁夏青铜峡水泥股份有限公司党委副书记、工会主席
马鹏飞　宁夏吴忠金积工业园区管委会党工委副书记、工会主席
王　萍　吴忠市总工会女工部部长、权益保障部副部长
刘　静　吴忠市直属机关工会联合会专职工会干部
张志军　吴忠仪表有限责任公司党委委员、党群工作部部长、经营管理部副部长
姜　红　吴忠太阳山开发区总工会挂职副主席
田广辉　吴忠市红寺堡区总工会基层工作部部长
李　艳　吴忠市同心县总工会宣传干事
余　慧　固原市总工会办公室主任
张巧慧　固原市西吉县总工会组宣部部长
焦　艳　固原市彭阳县总工会干事
党团兵　固原市隆德县总工会干事
宋亨晏　固原市原州区总工会组宣部副部长
余丽霞　固原市泾源县总工会干事
厉晓慧　中卫市总工会干事
王德焱　中冶美利云产业投资股份有限公司党委委员、工会主席
童小燕　中卫市政法委国家安全科科长、工会主席
刘　旭　中卫市中宁县宁安镇工会联合会工会干事
谈海燕　中卫市沙坡头区群团工作委员会工会干事
李正庭　中卫市海原县总工会经审委主任
门惠芹　宁夏农林科学院离退休职工服务处处长、工会副主席（常务）、宁夏农林科学院机关工会主席
王书铎　自治区卫生健康委机关党委专职副书记、纪委书记、工会主席
程建斌　宁夏建设投资集团有限公司工会副主席
王　晶　中电建宁夏工程有限公司工会办公室主任
郭天九　中卫市烟草专卖局（公司）工会副主席
牛冬梅　国家税务总局贺兰县税务局风险管理股股长、工会主席
赵林川　国网宁夏电力有限公司石嘴山供电公司工会主席

邵会琴　中国邮政集团公司石嘴山市分公司工会干事
张津嫣　宁夏交通工会经审委主任
温占彬　宁夏建筑科学研究院股份有限公司工会主席
杨慧贞　宁夏地球物理地球化学勘查院副院长、工会主席
何　苗　宁夏发展和改革委员会机关工会主席

宁夏回族自治区总工会办公室

2020 年 11 月 19 日印发

自治区总工会关于命名自治区模范职工之家（小家）示范点、职工之家（小家）培育点和“会站家”一体化示范点的决定

宁工发〔2020〕36号

2020年以来，全区各级工会组织坚持以习近平新时代中国特色社会主义思想为指导，全面贯彻落实习近平总书记视察宁夏重要讲话精神和党的十九届三中、四中、五中全会精神，紧紧围绕自治区党委、政府中心工作，深入开展职工之家（小家）和“会站家”一体化建设活动，不断激发基层工会活力，涌现出一批基础扎实、影响广泛，深受广大职工群众信赖和赞誉的优秀集体。

为充分展示全区建设活动成果，推动职工之家（小家）和“会站家”一体化建设制度化、规范化发展，自治区总工会决定，命名银川市西夏区人民法院工会委员会等10个单位自治区模范职工之家示范点，命名银川市兴庆区玉皇阁北街东方社区工会联合委员会等15个单位自治区模范职工小家示范点，命名银川市金凤区新华联商圈工会联合委员会等20个单位自治区职工之家培育点，命名银川市金凤区北京中路街道清馨苑社区工会委员会等15个单位自治区职工小家培育点，命名银川市兴庆区中山南街街道工会联合会等7个单位自治区“会站家”一体化示范点。

希望被命名的单位戒骄戒躁、再接再厉、锐意进取，持续深化职工之家（小家）和“会站家”一体化建设活动，不断提升服务职工的质量和水平，努力打通服务职工群众的“最后一公里”。全区各级工会组织要充分学习借鉴被命名单位的工作亮点和特色经验，强基层、补短板、促发展，充分发挥基层工会在基层社会治理中的职能作用，不断增强工会组织的吸引力和凝聚力。切实把工会组织建设成为职工群众信赖的“职工之家”，把广大工会干部锤炼成为职工群众信赖的“娘家人”。

附件：自治区模范职工之家（小家）示范点、职工之家（小家）培育点和“会站家”一体化示范点名单

宁夏回族自治区总工会

2020年12月7日

附件

自治区模范职工之家示范点名单
（10个）

银川市西夏区人民法院工会委员会
宁夏兴唐米业集团有限公司工会委员会
石嘴山市平罗中学工会委员会
吴忠市红寺堡区人民法院工会委员会
宁夏金昱元化工集团股份有限公司工会委员会
固原市隆德县杨河乡工会委员会
宁夏医科大学工会委员会
长庆油田分公司第三采油厂工会委员会
宁夏红寺堡扬水管理处工会委员会
中国邮政集团有限公司石嘴山市分公司工会委员会

自治区模范职工小家示范点名单
（15个）

银川市兴庆区玉皇阁北街东方社区工会联合委员会
宁夏启元药业有限公司309车间工会小组
宁夏塞尚乳业有限公司稀奶油车间工会小组
石嘴山市平罗县城关镇星海社区工会联合委员会
宁夏荣华缘特种新材料有限公司电工班工会小组
石嘴山市惠农区园艺镇静安社区工会委员会
吴忠市新南建设投资有限责任公司加气一站工会小组
宁夏水投红寺堡水务有限公司客户服务中心工会小组
宁夏金世纪包装印刷有限公司胶印机组工会小组
宁夏师范学院图书馆工会小组
西部机场集团宁夏机场有限公司地面服务分公司配载结算室工会小组
宁夏泷润物业服务有限公司工会委员会
国网宁夏电力有限公司检修公司银川东换流站工会
中国邮政集团有限公司银川市兴庆区东城公司工会
宁夏地质工程院武汉地质队工会小组

自治区职工之家培育点名单
（20 个）

银川市金凤区新华联商圈工会联合委员会
舍弗勒（宁夏）有限公司工会委员会
宁夏凯添天然气有限公司工会委员会
宁夏望远现代金属物流集团股份有限公司工会委员会
石嘴山市惠农区文化馆工会委员会
石嘴山市检察院工会委员会
吴忠市保安服务总公司工会委员会
宁夏庆华煤化集团有限公司工会委员会
宁夏兴拓现代农业发展有限公司工会委员会
中卫市中宁县白马乡工会联合委员会
自治区教育厅工会委员会
龙源宁夏风力发电有限公司工会委员会
长庆油田分公司第九采油厂工会委员会
国家税务总局贺兰县税务局工会委员会
国网宁夏电力有限公司信息通信公司工会委员会
中国邮政集团有限公司吴忠市青铜峡分公司工会委员会
宁夏同元交通资产管理有限公司工会委员会
自治区地质博物馆工会委员会
自治区审计厅机关工会委员会
宁夏工会大厦工会委员会

自治区职工小家培育点名单
（15 个）

银川市金凤区北京中路街道清馨苑社区工会委员会
银川市永宁县团结西路街道办事处胜利社区联合工会委员会
银川市灵武市城区街道水木灵州社区工会委员会
银川唐徕回民中学高中校区高三年级工会小组
石嘴山市第一人民医院儿科工会小组
石嘴山市惠农区尾闸镇屯园社区联合工会委员会
吴忠市同心县人民医院新生儿科工会小组
吴忠市盐池县人民医院放射科工会小组
中卫市中宁县中医医院心病科工会小组
宁夏英力特化工股份有限公司氯碱分公司工会
中国联合网络通信集团固原市委员会三营网格工会小组
宁夏回族自治区烟草公司银川市公司物流配送中心工会小组
国网宁夏电力有限公司吴忠供电公司变

电检修中心工会
中国邮政集团有限公司中卫市中宁县分公司工会
自治区遥感测绘勘查院（宁夏回族自治区遥感中心）遥感数据工会

自治区“会站家”一体化示范点名单（7个）

银川市兴庆区中山南街街道工会联合委员会
银川经济技术开发区西区工会工作站
银川市贺兰工业园区工会联合委员会
石嘴山市惠农区红果子镇工会联合委员会
宁夏然尔特实业集团有限公司工会委员会
吴忠市青铜峡市市政管理服务中心工会委员会
吴忠市利通区城乡环境卫生管理中心工会委员会

自治区总工会关于命名2020年自治区劳模和技能人才创新工作室的决定

宁工发〔2020〕37号

各市总工会，宁东基地工会，各产业工会，区直机关工会：

为认真学习宣传贯彻党的十九届五中全会和习近平总书记视察宁夏重要讲话精神，大力弘扬劳模精神、劳动精神、工匠精神，落实中华全国总工会《关于进一步深化劳模和技能人才创新工作室创建工作的意见》，激励广大劳模和技能人才充分发挥示范引领作用，引领广大职工积极创新创造，建功立业，推动自治区经济高质量发展，进一步深化劳模和技能人才创新工作室创建工作，不断提高质量、突出实效、发挥作用、扩大影响，加快建设知识型、技能型、创新型劳动者大军，推进新时期产业工人队伍建设改革，培育更多的技能人才，自治区总工会决定，命名吴旭涛、曾建华劳模和技能人才创新工作室等10个创新工作室为2020年自治区劳模和技能人才创新工作室，并给予每家10万元的资金支持。

希望被命名的自治区劳模和技能人才创新工作室珍惜荣誉、再接再厉，发挥示范引领、集智创新、协同攻关、传承技能、培育精神等功能，为黄河流域生态保护和高质量发展先行区建设，为继续建设经济繁荣、民族团结、环境优美、人民富裕的美丽新宁夏作出新的更大的贡献。全区广大职工要以自治区劳模和技能人才创新工作室为榜样，营造劳动光荣的社会风尚和精益求精的敬业风气，勤于学习、善于实践、勇于创新，努力提升素质，练就过硬本领，在建设美丽新宁夏、共圆伟大中国梦的实践中建功立业。

附件：自治区劳模和技能人才创新工作室名单

宁夏回族自治区总工会

2020年12月23日

附件

2020年自治区劳模和技能人才创新工作室名单

曾建华技能人才创新工作室	宁夏电通实业集团有限责任公司
徐志劳模创新工作室	宁夏力成电气集团有限公司
马学山劳模创新工作室	贝利特化学股份有限公司
王锋劳模创新工作室	宁夏罗山酒庄有限公司
何桂琴劳模创新工作室	固原市回民中学
倪联新劳模创新工作室	中卫市百利蔬菜流通专业合作社
冷晓红劳模创新工作室	宁夏职业技术学院
马晓峰技能人才创新工作室	宁夏建设投资集团有限公司
张国庆劳模创新工作室	自治区林业和草原局
吴旭涛劳模创新工作室	国网宁夏电力有限公司科学研究院

自治区总工会关于地市、产业工会 2020 年度工作考核等次的通报

宁工发〔2020〕38 号

各市总工会、各产业工会、区直机关工会、区总各部门：

2020 年以来，全区各级工会组织坚持以习近平新时代中国特色社会主义思想为指导，全面贯彻落实习近平总书记视察宁夏重要讲话精神和党的十九届三中、四中、五中全会精神，牢固树立“四个意识”，不断增强“四个自信”，坚决做到“两个维护”，认真践行中国特色社会主义工会发展道路，着力增“三性”、去“四化”，强基层、补短板、促发展，充分发挥基层工会在基层社会治理中的职能作用，工会组织的吸引力和凝聚力进一步增强。

按照《自治区总工会关于印发地市、产业工会 2020 年度工作考核实施方案的通知》（宁工办通〔2020〕43 号）要求，采取平时考核和年终考核相结合的方式，通过业务工作完成情况、党建工作和参与基层社会治理等对各地市、非驻会产业工会进行综合评价，经区总党组研究，确定了 2020 年度工作考核等次，并予以工作经费补助，具体情况如下。

一、地级市总工会

一等奖（3 个）

银川市总工会　石嘴山总工会　吴忠市总工会

二等奖（2 个）

中卫市总工会　固原市总工会

二、非驻会产业工会

一等奖（1 个）

宁夏电业工会

二等奖（2 个）

宁夏交通工会　宁夏邮政工会

三等奖（2 个）

区直机关工会　宁夏地质工会

希望考核名次靠前的单位戒骄戒躁、再接再厉、锐意进取，在开启全面建设社会主义现代化国家新征程中，不忘初心、牢记使命，求真务实，再创佳绩，更好地发挥示范引领作用。同时要用好管好考核补助经费，工作经费只能用于开展工会工作，不得发放给个人。考核名次靠后的单位要正视差距、找准不足，补齐短板、夯实基础，奋起直追、迎头赶上。全区各级工会组织和广大工会干部要以更加昂扬的斗志、更加饱满的热情、更加过硬的作风，进一步干事创业、担当作为。组织动员全区广大职工更加紧密地团结在以习近平同志为核心的党中央周围，为继续建设经济繁荣民族团结环境优美人民富裕的美丽新宁夏而努力奋斗！

宁夏回族自治区总工会

2020 年 12 月 22 日

自治区总工会关于2020年全区新能源发电企业变电运行技能竞赛结果的通报

宁工发〔2020〕39号

各市总工会、各产业工会、区直机关工会：

为认真学习宣传贯彻习近平总书记视察宁夏重要讲话精神，加快我区高技能人才队伍建设步伐，激发广大职工技能成才、技能报国的热情，进一步提升新能源发电企业职工变电运行技术技能水平，充分发挥主力军作用，根据自治区总工会《关于在全区开展重点工程示范性劳动竞赛和职工职业技能竞赛活动的通知》要求，按照竞赛结果，马兆明等6名同志分别获得全区新能源发电企业变电运行技能竞赛一等奖、二等奖、三等奖；龙源宁夏风力发电有限公司等2家单位获得优秀组织奖，现予以通报表彰。

希望受表彰的同志发扬成绩，再接再厉，不断创造新的业绩。希望全区广大职工向他们学习，立足岗位，扎实工作，争创一流，为黄河流域生态保护和高质量发展先行区建设，为继续建设经济繁荣、民族团结、环境优美、人民富裕的美丽新宁夏作出新的更大的贡献。

附件：2020年全区新能源发电企业变电运行技能竞赛获奖名单及优秀组织奖名单

宁夏回族自治区总工会

2020年12月22日

附件

2020年全区新能源发电企业变电运行技能竞赛获奖名单及优秀组织奖名单

2020年全区新能源发电企业变电运行技能竞赛获奖名单

一等奖（1名）

马兆明　龙源宁夏风力发电有限公司

二等奖（2名）

赵文耀　龙源宁夏风力发电有限公司

王志斌　国家电投集团宁夏能源铝业有限公司

三等奖（3名）

苏庆生　龙源宁夏风力发电有限公司

董红星　中国华电集团有限公司宁夏分公司

董　洋　国家电投集团宁夏能源铝业有限公司

2020年全区新能源发电企业变电运行技能竞赛优秀组织奖（2家）

龙源宁夏风力发电有限公司

中国华电集团有限公司宁夏分公司

关于表彰2020年宁夏青年职业技能竞赛暨机关食堂烹饪及餐厅服务技能竞赛获奖个人的决定

宁机管发〔2020〕77号

各市、县（区）机关事务管理部门（单位）、人力资源社会保障局，区直各委办厅局、各人民团体和直属事业单位，各有关企业：

为促进机关服务保障的规范化、制度化和精细化，激励广大从业人员弘扬精益求精的工匠精神，推动机关事务工作高质量发展，2020年11月21日，自治区机关事务管理局、人力资源社会保障厅、总工会、团委、妇联联合举办了2020年宁夏青年职业技能竞赛暨机关食堂烹饪及餐厅服务技能竞赛。

为表彰先进，决定对竞赛中各职业（工种）总分前12名予以表彰（名单附后）。根据《关于印发〈2020年宁夏青年职业技能竞赛暨机关食堂烹饪及餐厅服务技能竞赛实施方案〉的通知》（宁机管发〔2020〕69号），各职业（工种）总分第1名且理论、实操成绩均合格的选手，由自治区人力资源社会保障厅授予“自治区技术能手”荣誉称号（不重复授予）。各职业（工种）总分前3名的选手，由自治区团委、自治区机关事务管理局联合授予“全区机关食堂烹饪及餐厅服务行业青年岗位能手”荣誉称号（年龄在35周岁以下）；由自治区机关事务管理局分别授予“宁夏机关事务中式烹调师技能标兵”“宁夏机关事务中式面点师技能标兵”和“宁夏机关事务餐厅服务技能标兵”荣誉称号。荣获一等奖、二等奖、三等奖的女选手，由所在单位按规定程序向自治区妇联申报“自治区巾帼建功标兵”荣誉称号。符合晋升条件的选手，由所在单位按规定程序到宁夏工商职业技术学院职业鉴定所进行相关等级认定。

希望受表彰的个人以本次竞赛为新的起点，戒骄戒躁，再接再厉，再创佳绩。广大机关食堂及餐厅服务从业人员要以获奖个人为榜样，立足本职，勤学技能，苦练本领，大力弘扬工匠精神，为推动机关事务工作高质量发展、继续建设经济繁荣民族团结环境优美人民富裕的美丽新宁夏作出新的更大贡献。

附件：获奖人员名单

自治区机关事务管理局
自治区人力资源社会保障厅
自治区总工会
自治区团委
自治区妇联
2020年12月24日

（此件公开发布）

附件

获奖人员名单

一、中式烹调师

一等奖

方正剑（第 1 名） 自治区公安厅机关服务中心

二等奖

田　文（第 2 名） 宁夏国际葡萄酒交易博览中心

朱　昱（第 3 名） 宁夏悦海宾馆

三等奖

马　明（第 4 名） 宁夏国际葡萄酒交易博览中心

曹旭东（第 5 名） 自治区市场监督管理厅机关服务中心

牛　磊（第 6 名） 自治区政府办公厅机关服务中心

优秀奖

李　龙（第 7 名） 石嘴山市机关事务中心

杭智国（第 8 名） 石嘴山市机关事务中心

王海威（第 9 名） 自治区政府办公厅机关服务中心

唐彦伟（第 10 名） 宁夏国际葡萄酒交易博览中心

宋　康（第 11 名） 石嘴山市机关事务中心

王　玉（第 12 名） 自治区交通运输厅机关服务中心

二、中式面点师

一等奖

李志轩（第 1 名） 北京师范大学银川幼儿园

二等奖

徐　岩（第 2 名） 宁夏悦海宾馆

路　静（第 3 名） 石嘴山市机关事务中心

三等奖

张玉婷（第 4 名） 自治区机管局领导干部住宅区服务中心

汪红英（第 5 名） 青铜峡市机关事务服务中心

张彦峰（第 6 名） 自治区交通运输厅机关服务中心

优秀奖

李引丽（第 7 名） 自治区气象局机关服务中心

赵　丽（第 8 名） 自治区党委办公厅机关服务中心

王彩艳（第 9 名） 自治区财政厅机关服务中心

马立涛（第 10 名） 自治区自然资源厅机关服务中心

郑瑞峰（第 11 名） 石嘴山市机关事务中心

张　茹（第 12 名） 黄河出版传媒集团有限公司

三、中式餐厅服务员

一等奖

任　莉（第 1 名） 石嘴山市机关事务中心

二等奖

柴凡艳（第 2 名） 石嘴山市机关事务中心

王变换（第 3 名） 银川市机关事务管理中心

三等奖

朱丽贤（第 4 名） 青铜峡市机关事务服务中心

杨　宁（第 5 名） 宁夏悦海宾馆

杨　洋（第 6 名） 宁夏悦海宾馆

优秀奖

马佳丽（第 7 名） 宁夏国际葡萄酒交易博览中心

王琳珊（第 8 名） 宁夏悦海宾馆

闫　红（第 9 名） 石嘴山市机关事务中心

王　晶（第 10 名） 宁夏国际会堂

杜宇轩（第 11 名） 宁夏悦海宾馆

丁　炜（第 12 名） 自治区财政厅机关服务中心

关于表彰2020年全区旅游饭店服务职业技能大赛获奖单位和个人的决定

宁文旅发〔2020〕号

五市文化和旅游局，各旅游饭店：

由自治区文化和旅游厅、自治区人力和社会保障厅、自治区总工会、共青团宁夏区委、自治区妇女联合会共同主办的2020年宁夏旅游饭店服务职业技能大赛已经顺利完成。根据《关于举办2020年全区旅游饭店服务技能大赛的通知》（宁文旅发〔2020〕223号）精神，自治区文化和旅游厅、自治区人力和社会保障厅、自治区总工会、共青团宁夏区委、自治区妇女联合会决定对大赛获奖单位和个人予以表彰。

一、前厅服务（前台接待）

一等奖（1名）

马　晶　港中旅（宁夏）沙坡头旅游景区有限责任公司

二等奖（2名）

孙明月　港中旅（宁夏）沙坡头旅游景区有限责任公司

朱　亚　西港航空饭店银川机场店

三等奖（3名）

余庆庆　宁夏海华国际饭店有限责任公司

马嘉堡　银川立达深航国际酒店

季　雪　宁夏太阳神大酒店有限公司

二、客房服务员（中式铺床/开夜床）

一等奖（1名）

邵路路　宁夏星海湖酒店管理有限公司

二等奖（2名）

刘彩云　盐池宾馆（有限公司）

杨小佳　港中旅（宁夏）沙坡头旅游景区有限责任公司

三等奖（3名）

李永晶　盐池县长江大酒店

张早强　银川新华联瑞景酒店

纳　微　宁夏悦海宾馆

三、餐厅服务员（中餐宴会摆台）

一等奖（1名）

樊佳欣　宁夏星海湖酒店管理有限公司

二等奖（2名）

杨丽欣　港中旅（宁夏）沙坡头旅游景区有限责任公司

何月婷　港中旅（宁夏）沙坡头旅游景区有限责任公司

三等奖（3名）

王雪燕　西港航空酒店银川店

李海波　宁夏悦海宾馆

邹莉婷　港中旅（宁夏）沙坡头旅游景区有限责任公司

四、优秀教练奖

杨　洋　宁夏星海湖酒店管理有限公司

马桂梅　港中旅（宁夏）沙坡头旅游景区有限责任公司

五、团队奖

团队并列一等奖（2 名）

港中旅（宁夏）沙坡头旅游景区有限责任公司

宁夏星海湖酒店管理有限公司

团队二等奖（1 名）

盐池宾馆（有限公司）

团队三等奖（2 名）

宁夏海华国际饭店有限责任公司

盐池县长江大酒店

固原福苑实业有限公司

六、优秀组织奖

银川市文化旅游广电局、石嘴山市文化旅游广电局、吴忠市文化旅游体育广电局、固原市文化旅游广电局、中卫市旅游和文化体育广电局。

七、相应称号

1. 马晶、邵路路、樊佳欣由自治区人力资源和社会保障厅授予“宁夏回族自治区技术能手”荣誉称号。

2. 孙明月、朱亚、刘彩云、杨小佳、杨丽欣、何月婷、余庆庆、马嘉堡、季雪、李永晶、张早强、纳微、王雪燕由自治区文化和旅游厅、自治区团委授予“宁夏旅游行业青年岗位技术能手”荣誉称号。

3. 马晶、樊佳欣由自治区妇联授予“巾帼建功标兵”称号。

4. 马晶、邵路路、樊佳欣、孙明月、朱亚、刘彩云、杨小佳、杨丽欣、何月婷、余庆庆、马嘉堡、季雪、李永晶、张早强、纳微、王雪燕、李海波、邹莉婷由自治区文化和旅游厅授予“宁夏旅游服务之星”称号。

希望受表彰的单位和个人以此次获得的荣誉为新起点，戒骄戒躁，再接再厉，再创佳绩。全区广大旅游饭店业从业者要向获奖选手学习，立足工作岗位，刻苦钻研技术，努力提升技能水平，掀起全区旅游饭店行业开展岗位练兵和技能培训的新高潮，为建设黄河流域生态保护和高质量发展先行区提供强有力的人才支撑和服务保障。

宁夏回族自治区文化和旅游厅

宁夏回族自治区人力资源和社会保障厅

宁夏回族自治区总工会

共青团宁夏回族自治区委员会

宁夏回族自治区妇女联合会

2020 年 12 月 25 日

（此件公开发布）

关于宁夏第三届家政服务业职业技能竞赛暨“最美家政人”推树活动情况的通报

〔2020〕9号

各市总工会，区总各相关部门：

为认真贯彻落实习近平总书记给郑州圆方集团职工回信精神和《国务院办公厅关于促进家政服务业提质扩容的意见》（国办发〔2019〕30号），促进我区家政服务业规范健康稳定可持续发展，自治区总工会于8月12—24日在银川开展了为期13天的宁夏第三届家政服务业职业技能竞赛暨“最美家政人”选树活动。

本届家政技能竞赛共设母婴护理员和养老护理员两个工种，全区共有18家单位69名选手参加了初赛。经过集中培训和初赛，选拔9名选手参加决赛。决赛中选手们经过理论知识考试、现场实操测试，惠富琴、武莉蓉分别获得2个竞赛工种一等奖，银川市总工会等多家单位获优秀组织奖（获奖名单见附件），现予以通报。

希望受到通报表彰的单位和个人珍惜荣誉，发扬成绩，再接再厉，在今后的工作中立足岗位，加强学习，苦练技能，为提升家政服务业水平，助力宁夏迈向高质量发展谱写巾帼新篇章。

附件：宁夏第三届家政服务业职业技能竞赛获奖人员暨“最美家政人”名单

宁夏回族自治区总工会办公室

2020年9月23日

附件

宁夏第三届家政服务业职业技能竞赛获奖人员暨“最美家政人”名单

一、个人奖项

（一）母婴护理员

一等奖（1名）

惠富琴　女　宁夏恩惠家庭服务有限公司

二等奖（4名）

胡春艳　女　银川城市管家商业服务股份有限公司

潘秀文　女　宁夏中卫市圣鑫劳务服务有限公司

徐婷婷　女　银川城市管家商业服务股份有限公司

魏　娟　女　宁夏暖馨家政服务有限公司

三等奖（4名）

殷玉荣　女　吴忠市翔宇职业技能培训学校

李　娜　女　宁夏恩惠家庭服务有限公司

周承娟　女　宁夏中卫市圣鑫劳务服务有限公司

高小雯　女　银川城市管家商业服务股份有限公司

（二）养老护理员

一等奖（1名）

武莉蓉　女　宁夏阅海老年服务中心

二等奖（3名）

张苗苗　女　宁夏阅海老年服务中心

李　娜　女　银川市兴庆区中心敬老院

马晓梅　女　宁夏阅海老年服务中心海原分院

二、自治区最美家政人（4人）

（一）母婴护理员

惠富琴　女　宁夏恩惠家庭服务有限公司

胡春艳　女　银川城市管家商业服务股份有限公司

（二）养老护理员

武莉蓉　女　宁夏阅海老年服务中心

张苗苗　女　宁夏阅海老年服务中心

三、优秀组织奖（6个）

银川市总工会

吴忠市总工会

固原市总工会

中卫市总工会

宁夏家政服务行业协会

宁夏阅海老年服务中心

全区产业工人队伍基本状况调查

自治区总工会研究室

为推进全区产业工人队伍建设改革提供数据支撑，今年第二季度，自治区总工会调研组通过书面问卷形式，对部分市、县（区）和产业的3100余名职工、188名企业工会主席进行了思想、技能、工作、生活等16个方面共125个具体问题和675个选项的调查，覆盖企业219家，比较全面地了解了全区产业工人队伍的基本状况。

一、调查数据分析

经对企业职工问卷、机关事业单位职工问卷和企业工会主席问卷（三类问卷回收率均在95%以上）反映的数据信息进行汇总、比对和分析，并结合专题调研、参考相关统计资料，可将全区产业工人队伍基本状况综述如下：

（一）产业工人队伍基本构成较为合理。在参与调查的2600名企业职工中，35岁及以下年轻职工占46.92%，36岁至50岁的职工占45.77%；中专、大专以上学历的职工占76.39%；初、中、高级技工和技师、高级技师占57.5%。在参与工会主席问卷调查的188家企业中，2019年末，一线技术工人取得职业资格证书的占一线职工的68.77%，占职工总数的56.11%。

（二）职工思想政治工作能够广泛开展。近72%的职工表示所在企业能够经常开展职工思想政治工作，组织学习习近平新时代中国特色社会主义思想、党的十九大精神和有关方针政策等。由于企业重视思想政治工作，职工的思想政治素质有比较明显的提升，71.62%的职工对“中国梦”和习近平新时代中国特色社会主义思想表示“了解”；72.8%的职工对社会主义核心价值观“非常了解”和“比较了解”；81.62%的职工对全面从严治党、大力推进党风廉政建设和反腐败斗争表示赞同，认为“非常有力”和“比较有力”；82.11%的职工认为社会风气“很好”“比较好”和“向好发展”。

（三）职工技能素质提升普遍受到重视。企业职工问卷结果显示，经理层、中层管理人员、班组长、职工对企业“非常重视”职工技能培训和技能人才培养的反映比较一致，样本占比均在93%以上，农民工达83.72%；对企业“经常组织”职工技能培训的反映也比较一致，均在95%以上，农民工达83.03%。工会主席问卷结果显示，有148家企业将技能等级情况作为核定工资的重要指标，占调查企业的78.31%。

关于培训效果，51.98%的职工认为企业技能人才培养“成效显著”。

（四）大部分职工感到有一定的归属感。此项调查均涉及企业和机关事业单位职工，分别有大体相同的四项指标，即工资收入满意度、有意见敢说、安全感（机关单位为舒心感）、受尊重感。调查结果显示，企业职工对四项指标的肯定程度略高于机关事业单位职工。从企业看，职工的安全感、受尊重感指标相对较高；其次是有意见敢说，占64.88%；工资收入满意度为47.23%。从机关事业单位看，职工在单位有意见敢说、受尊重感指标相对较高，分别占70.59%、65.15%；其次是舒心感，占57.89%；工资收入满意度为44.83%。

（五）大部分职工业余生活呈现多元化。无论是企业职工还是机关事业单位职工，业余生活都主要是与家人团聚、运动健身、进行各种学习活动、看电影电视、陪护父母、上街购物、走亲访友、进修培训、上网和在家休息，排前三位的是与家人团聚、运动健身和进行各种学习活动，样本占比分别为63.84%、37.0%、36.90%。从心理健康看，大部分职工能够自我调整，抗压能力较强，59%的职工表示“很好”和“善于自我调整”；61.04%的职工表示“很幸福”和“比较幸福”；30.92%的职工表示自己生活“一般”。

（六）大部分职工的精神追求积极向上。从价值取向看，66.23%的职工“认同”和“比较认同”靠劳动能过上富裕生活；70.62%的职工认为劳模是学习的榜样，67.96%的职工“希望成为”劳模；近80%的职工认为“工匠精神”是精益求精、追求卓越、敬业奉献、开拓创新的精神，是做任何工作都需要的认真负责的精神。从社会认知看，55.81%的职工认为地位“有很大提高”和“有所提高”；22.31%的职工认为地位“没有变化”；82.11%的职工认为当前社会“很好”“比较好”“向好发展”。从最迫切的愿望看，职工反映排前三位的是“增加收入”“身体健康”“提升技能”，分别占65.85%、37.81%、35.31%；之后比较集中的依次是“家庭幸福”“到最能发挥自己特长的岗位上”“提升学历”，分别占25.85%、15.69%、15.54%。

（七）企业工会最需要抓好的重点工作。调查显示，企业工会主席认为当前最需要抓好的重点工作排前三位的依次是“及时掌握职工生产生活情况，帮扶困难职工”“开展职工培训”“做好职工思想政治工作，及时开展心理健康服务”，样本占比分别为66.67%、58.73%、52.91%；之后依次是“与企业协商，保障和提高职工工资收入”“与企业协商，保障和提高职工福利”“开展劳动和技能竞赛”等。

二、需关注的问题

此次调查也反映出了产业工人队伍建设中存在的一些问题，主要有：

（一）思想政治工作进展不平衡。国有企业、集体企业职工思想政治工作明显好于私营企业和其他企业，教育、卫生行业企业职工思想政治工作“经常开展和学习”的样本占比最低，仅为40%。农民工参与学习更少，表示“经常开展”的只占6%。

（二）队伍技能素质偏低。在参与调查的职工中，34%的职工还未取得技能等级资格证书，高级技师、技师、高级技工占比不高，分别占调查职工总数的3.65%、4.85%、9.96%。

（三）企业培养途径与职工愿望有差距。企业人才培养的主要途径是“岗位技能培训”和“安全培训”，但54.27%的职工认为提升技能素质的最好途径是“参加专业技能培训”，39.24%的职工认为企业技能人才培养途径“成效一般”。在职工选择回答提升技能素质的最好途径时，“技能大赛”仅占18.5%。

（四）职工生活压力较大。调查结果显示，企业和机关事业单位职工生活“压力很大”和“有一定压力”之和均超过90%，企业职工“压力很大”的占比高于机关事业单位，企业为41.88%，机关事业单位为28.49%。企业职工最有压力的问题排前三位的是“收入低”“房价高”“子女教育”，分别占52.54%、46.85%、33.42%；其次是“看病费用高”“赡养老人”“工作不稳定”，分别占30.35%、24.85%、14.92%；最后是“升职难”“劳动时间长”“技能不高”，分别占14.31%、13.69%、11.46%。

（五）企业文化建设与职工参与活动不匹配。职工认为企业“有好的阵地和设施”“阵地设施一般”的分别占31.65%、39.65%，两项合计达71.30%；但经常参加活动的只占21.38%，偶尔参与的占41.42%，超过30%的职工没时间去活动。企业能够经常组织文体活动的占33.54%，即使这样，能够经常参与活动的占50.50%。还有26.11%的职工表示企业“有阵地无设施”和“无阵地无设施”。

（六）影响社会公平的因素叠加交织。调查显示，企业和机关事业单位均有近20%的职工认为当前社会“不太公平”或“很不公平”，排第一位的是“收入分配不公平”，样本一致性为45.93%；其次依次是“教育资源分配不公平”“社会保障待遇不公平”“普通群体没有表达意见的机会”“弱势群体得不到帮助”“年轻人没有发展机会”，样本占比分别为35.90%、28.43%、26.23%、19.91%、16.07%。还有超过45%的职工认为“企业管理”和“公共管理”不够科学合理、干部素质跟不上经济社会的发展进步。

（七）新冠肺炎疫情对我区企业影响较大。企业工会主席问卷结果显示，新冠肺炎疫情对我区企业“影响很大”和“略有影响”的分别占57.67%、37.04%，两项合计占94.71%。影响最大的两项是“疫情防控措施增加了企业运营成本”“企业订单减少”，样本占比分别为67.72%、60.85%；其次依次是“资金周转困难”“职工和技术工人未能及时到岗”“企业未能及时开工”“原材料和新设备无法及时运达企业”，样本占比分别为51.32%、40.74%、39.42%、31.22%。

三、相关对策建议

为深入推进全区产业工人队伍建设改革和工会工作，根据此次调查了解的职工需求、企业需求及调查反映的问题，结合我区实际，提出以下对策和建议：

（一）关于工会工作

1. 职工思想政治工作要面向企业。组建区、市总工会职工思想政治工作宣讲团，采取逐年推进的方式，每年安排一批企业（含文化、体育等企业）特别是非公有制企业进行宣讲，重点阐释习近平新时代中国特色社会主义思想、社会主义核心价值观和形势政策，加强党史、新中国史、改革开放史、社会主义发展史和爱国主义、集体主义、社会主义宣传教育，更好地统一思想、凝聚力量，发挥好工会引领广大职工听党话、跟党走的“大学校”作用。

2. 精准做好困难职工帮扶工作。各级工会要在深入企业了解职工生产生活情况上多下功夫多用力，随时掌握困难职工的困难程度及其致困原因，做到应帮尽帮、及时帮扶、精准帮扶。

3. 大力推进网上工会工作高质量发展。针对职工参与工会网上活动较少的实际情况，切实优化栏目设置，增强可视性、便捷性，加大普惠服务力度，更加贴近我区职工的网上需求和实际需要。

（二）关于其他工作

1. 对职工要更多侧重专业技能培训。政府主管部门要整合技能培训优质资源，根据不同企业性质、特点和技能需求，因企施策，精选线上线下课程并作出科学合理安排，深入企业或园区开展专业技能培训，精准服务企业职工，以满足大多数职工提升技能的愿望，高效服务全区经济社会高质量发展。

2. 不断增加职工收入。此次调查显示，“收入低”反映了职工生活压力加大；“收入分配不公平”是影响社会公平的第一大因素，也是职工反映最多、最集中的问题。各级政府和相关部门应高度重视，下大力气予以纾解。

3. 加快教育资源合理配置进程。此次调查显示，“子女教育”和“教育资源分配不公平”问题是职工生活压力加大、影响社会公平的第二大因素，必须引起各级政府的高度重视。要以更加有力的措施推进优质教育资源均等化，使每一个职工的孩子在幼儿和少年时代不被社会边缘化。

4. 让企业职工文化建设成果真正惠及广大职工。此次调查显示，“身体健康”已成为职工最为迫切的第二大愿望，但职工经常去单位文化阵地活动的比例较低。各级政府及其相关部门和企业要认真落实《关于加强企业职工文化建设工作的意见》（宁党办〔2020〕6 号），坚持以职工为本，不断丰富职工文化生活，切实发挥好企业职工文化引领职工、教育职工、服务职工的巨大作用。要强化“健身惠及百姓，体育也是民生”的理念，大力加强文化体育场馆及其配套设施建设，在企业、工业园区打造“十分钟健身圈”，增强普惠性；有效开展多层次、多领域、覆盖面广、职工参与广泛的文化体育活动，真正满足广大职工日益增长的多层次、多元化精神文化需求。

（本文为区总重点调研课题成果）

宁夏产业工人队伍思想政治工作调研报告

自治区总工会研究室

思想政治工作在建设高素质产业工人队伍中发挥着极为重要的作用。近年来，宁夏各级工会以习近平新时代中国特色社会主义思想为指导，深入贯彻落实习近平总书记视察宁夏重要讲话精神和关于工人阶级和工会工作的重要论述，高度重视产业工人队伍思想政治引领工作，坚持开展系列主题活动，大力宣传和广泛汇聚正能量，组织引导产业工人听党话、跟党走。为进一步了解全区产业工人队伍思想政治工作状况，自治区总工会课题组于 8 月上旬，就各级各类工会产业工人队伍思想政治工作的开展情况、存在问题，实地走访了银川、石嘴山、吴忠、中卫等市和县（区）企业工会，先后与 30 多个工会组织的干部职工进行座谈，并组织开展了专题问卷调研，汇总形成本调研报告。

一、走访与问卷并行，全面了解产业工人队伍思想政治工作状况

课题组在走访各类工会的基础上，向1452名职工发放了调研问卷。参与答卷的职工中男性871人，女性581人；国有企业（含国有控股企业）的职工居多，占77.69%，集体企业的占2.69%，私营和个体企业的占6.06%，其他性质企业的占13.29%；涉及的行业中制造业占48.69%，信息传输、软件和信息技术服务业占22.25%，农林、交通以及建筑业的相对较少；年龄段以70后、80后居多，分别占35.67%、38.29%，60后、90后分别占11.57%和13.77%。一线职工超过半数，管理类岗位人员、班组长、专业技术和研发人员及其他人员均有涉及。初中占24.04%，高中、职高占19.28%，中专、中技占8.47%，大专、高职及大学本科占47.87%，研究生及以上仅占0.34%。1452名职工中，未加入任何党派的占62.47%，中共党员和共青团员分别占23.07%、13.64%。汇总的问卷，不同程度地反映出了当前全区职工队伍思想政治工作的状况。

（一）大部分职工在思想政治方面能够跟进时代要求。对于是否了解习近平新时代中国特色社会主义思想的基本内容，40.7%的职工表示“了解”，20.18%的表示“比较了解”，27.75%的表示“一般了解”，9.16%的表示“不太了解”，仅有2.2%的表示“不了解”。同时，对于学习习近平新时代中国特色社会主义思想和党的十九大精神的有关活动，参加两次以上的职工占44.63%，参加过一两次的占31.13%。以上也从侧面反映了企业能够开展思想政治工作。

（二）大部分职工对企业思想政治工作比较认可。从职工接受思想政治工作培训情况看，17.01%的职工表示经常参加此类培训；35.06%的职工表示从来没有接受过思想政治工作改进与提升的培训。26.86%的职工参加了一次以上的培训；21.07%的职工参加了两次以上的培训。而对于本单位思想政治工作开展情况的评价，在参与的1452名产业工人中，认为很好的占33.68%，比较好的占32.02%，不好的仅占1.52%。

（三）职工普遍比较关心国家和民生等领域的问题。在微博、微信上，职工关注最多的是社会新闻，占71.01%；关注生活资讯的占46.83%；关注时政要闻的占44.28%。当前，一线职工普遍关注的社会问题，在13个领域中排前六位的依次是：就业困难，占57.23%；子女教育负担重，占46.9%；社会分配不公，占35.88%；物价增长过快，占34.23%；腐败现象，占25.96%；看不起病，占22.87%。

（四）大部分职工对自身身份的认同感有所提高。在主人翁意识方面，参与调研问卷的1452名职工中，有36.16%的职工认为主人翁意识很重要，是主流价值观的重要组成部分；35.4%的职工认为比较重要，发挥着很大作用。但对产业工人的社会地位缺乏足够的信心，22.04%的职工认为产业工人的整体社会地位有很大提升；37.4%的职工认为有所提升；25.34%的职工认为没有什么变化。

（五）职工乐于接受的思想政治工作方式较多。排前三位的是班组学习、自我学习、开会学习，其次是听报告、讲座，座谈讨论和网上交流也是产业工人易于接受的思想政治工作形式。

（六）传统媒体仍然是职工获取信息的重要渠道。职工信息获取渠道排在首位的仍是电视广播等传统媒体，这类职工占70.94%；其次是微博、微信，占52.48%；排在第三位的是手机App，占48.62%。

（七）职工文化生活的参与度值得关注。职工文化生活是做好思想政治工作的一种重要载体，也是一种十分有效的教育途径。从职工参加单位组织的文体活动情况看，31.75%的职工表示没有参加，29.75%的职工表示参加过几次，经常参加的仅占15.98人。每年阅读1～2本书的职工占33.13%，阅读3～5本书的占23.42%，阅读5～10本书的占14.05%。这类情况亟须引起工会组织的高度重视。

二、有益与有效并举，全区产业工人队伍思想政治工作的主要做法

按照自治区党委要求和全国总工会部署，宁夏各级工会坚持党对工会工作的全面领导，坚持全心全意依靠工人阶级方针，主动把握新时代产业工人队伍思想政治工作新要求，围绕宁夏经济社会发展的中心工作，创新工作思路，采取有力措施，推动思想政治工作强起来、实起来。

（一）实施“素质提升工程”，增强思想政治工作引领力。2015年以来，自治区总工会在全区实施《职工素质建设工程五年规划（2015—2019）》，采取系列措施，广泛开展社会主义核心价值观教育，大力弘扬劳模精神、劳动精神、工匠精神，逐步推进企业民主管理，不断完善职工维权机制和普惠服务等，提升了产业工人队伍思想政治工作的引领力。石嘴山市总工会全面实施职工素质工程，丰富文化服务，提升职工素质。打造线上教育引导新阵地，关注“石嘴山工会微信公众号”人数10万余人；推进学习型职工读书活动，建成“职工书屋”261个；举办书画摄影爱好者笔会和公益培训班、书画摄影作品展以及庆“五一”系列活动，开展微电影大赛、合唱大赛、《我和我的祖国》快闪活动、读书征文演讲比赛，组织“有缘工会·幸福牵手”单身青年相亲会等。组织开展“凝心聚力创新业·转型发展作贡献”等主题劳动竞赛，全市20多个行业200多个工种开展劳动竞赛3200多场次，参赛企业7325家，参赛产业工人53万人（次），5万余人取得职业资格证书，2万余人实现技术晋级。命名表彰各类先进集体213个，劳动模范、“石嘴山工匠”“最美一线工人”等先进个人365名。征集“五小”成果7982项，表彰510项，创新创效达13.2亿元。全市1425家企事业单位建立职工代表大会制度，建制率达80%；1397家企事业单位实行厂务公开，占98%。“四季帮扶”发放救助金2000多万元，救助困难职工16000人（次），为1200名考入高校的困难职工子女发放助学金70万元。2019年，“工会班”救助62万元，还为1名患白血病的学生救助1万元。建立关爱户外劳动者“爱心驿站”57个、“爱心妈咪小屋”8个。以上做法，使产业工人深切感受到党和政府的关怀。

（二）实施“创带提工程”，推动思想政治工作实起来。产业工人是工人阶级中发挥支撑作用的主体力量，是创新驱动发展的骨干力量，是实施制造强国战略的有生力量。自治区党委、政府《新时期宁夏产业工人队伍建设改革实施方案》实施后，中卫市总工会紧密联系企业实际，积极探索和构建“党群一体化”工作新格局，实施“四创三带四提升”工程，推动产业工人队伍思想政治工作实起来、活起来。“四创”是抓手，“四创”即创建党员创新中心、创建劳模创新工作室、创建优秀企业党群工作室、创建先进职工之家；“三带”是依托，指党建带工建、工建带动企业转型升级、师带徒；“四提升”是指实施“四创三带”后，促进基层党建工作水平提升、促进企业生产工艺的改进和技术提升、促进工会作用发挥得到提升、促进基层创新创造能力和企业发展水平效益提升。宁夏紫光天化蛋氨酸有限责任公司在中卫市总工会指导下，把“党工共建”落到实处，推行党工组织负责人交叉任职，设置党群办公室，配备专职党务干事和工会干事，推行党务和工会联合选派、联合培训、联合考核、联合激励和联合维权；推进党支部和工会工作同步谋划、制度同步完善、活动同步考虑，实现组织统筹覆盖、人员统筹配置、活动统筹开展、保障统筹落实。把创建“先进党支部”与创建“模范职工之家”结合起来、创建“党员先锋示范岗”与争创“工人先锋号”结合起来，把推动工会服务阵地与党组织活动阵地、公司公共服务平台共建共享。开展“双培”活动，把生产经营骨干和劳动模范培养成党员，把党员培养成生产经营骨干和劳动模范。中心获得授权专利 18 项，连续三年获得中国专利优秀奖；自主研发的年产 1 万吨氰醇法制蛋氨酸项目列入自治区重大科技专项，该项目每年为公司创造 1.5 亿元的经济效益；自主研发的 2 万～2.5 万吨丙烯醛装置强化尾气循环及系统调优项目，每年为公司创造 5000 万元的经济效益。

（三）实施“暖人心”工程，激发思想政治工作新活力。工会思想政治工作的重要任务就是统一思想、凝聚力量，团结和激发产业工人适应时代发展，在经济社会的第一线建功立业、展现作为。银川市各级工会在疫情防控工作中，累计投入 1000 余万元专项资金，慰问了 14000 余名参与疫情防控工作的一线医护人员、干部职工和志愿者。携手泰康养老保险公司启动“致敬勇者、关爱英雄”爱心保障活动，为奋战在一线的 23306 名抗疫人员每人送上了 20 万元的“爱心保”。开展线上“春风行动”“送岗到基层”“就业援助月”等招聘求职活动，帮助工人多就业、少失业，助力企业复工复产。吴忠市总工会、石嘴山市总工会为解决产业工人工作与孩子放学无法接送的矛盾，积极联合当地社区，开设了“4 点半课堂”“爱心托管班”等，既保证产业工人能安心工作，又确保了孩子能安全回家，解决了产业工人的后顾之忧。宁夏宝廷新能源有限公司工会为解决“检修”期间员工无法回家且“关机”造成的员工家属不理解、有矛盾等，创新开展了“员工家属进企业”活动，让家属深刻理解了岗位的特殊性和企业安全的重要性，增进了产业工人与家庭成员之间的相互理解、互敬互爱。

三、短板与不足并存，全区产业工人队伍思想政治工作面临的问题和挑战

尽管当前全区产业工人队伍思想政治工作做法和成效可圈可点，但是各市、县（区）和基层工会组织抓产业工人队伍思想政治工作的举措、实效还不平衡不充分，距离党中央和自治区党委对产业工人队伍建设改革的目标和要求，距离宁夏产业转型升级对产业工人队伍素质所需，距离广大产业工人队伍的时代期盼，仍有一定差距。

（一）思想认识有差距。问卷显示，24.24% 的产业工人没有参加过相关学习活动。这说明 1452 名产业工人所在的单位对其思想政治引领和教育工作总体比较重视，但仍有“空白”点。调研中还发现，有的工会组织和企业领导认为思想政治工作是软指标，完全在于职工自身的努力；有的对思想政治工作缺乏定力，上级要求了就紧一阵、抓一抓，不要求就松一松、软一软；有的对思想政治工作研究不够，没有从产业工人队伍发展规律、形势发展需要和做好思想政治工作的方式方法出发，使得工作或无从下手、不得要领，或脱离实际、以空对空，或浅尝辄止、急于求成。这些都从侧面反映出一些工会组织和企业领导对思想政治工作是党的全部工作的生命线这个重要论断理解不到位，认识不深刻。

（二）*责任意识有差距*。调研发现，一些基层单位的领导缺乏主动抓思想政治工作的责任感、紧迫感和使命感。有的口头上很重视，也有部署，但没有盯住落实，实效不明显。如新时期产业工人队伍建设改革，涉及国家发展大局和全体产业工人利益，2017年以来，中央和自治区相继部署实施，但参与调研的职工“一般了解”的占到总人数的40.43%，“非常了解”的仅占9.64%，还有19.08%的职工“不了解”；更有相当一部分工会干部对产业工人概念不清楚，这说明工会组织对中央及自治区有关产业工人政策的理解还不深刻，宣传还不到位，工作做得还不细。

（三）*工作机制有差距*。受思想认识和责任意识的影响，产业工人思想政治工作的工作机制没有被提上重要日程，缺乏一级抓一级、一级带着一级干、一级对一级负责的工作机制，致使一些企业对产业工人队伍思想政治引领工作表现为被动学习、形式征文、打球拍照、意思表彰等初级阶段，举措单一、实效较差，既不能触动灵魂，也不能改变现状，这些传统的思想政治工作对80后、90后新生代产业工人吸引力不够、震撼性不强，产业工人仍缺乏对自身身份的认同感和自豪感。还有一些企业厂务公开形同虚设，偏离民主管理的轨道。特别是一些非公企业，思想政治工作存在“真空”，职工代表大会制度落实不到位，职工参政议政、民主管理跟进不及时，产业工人民主权利实现渠道不够畅通。

（四）*能力素质有差距*。调研显示，一方面，一些非公企业的职工多由农民工组成，他们大多为初中及以下文化程度，主要从事体力劳动，依法维权和自我保护的意识淡薄；一些单位雇用的农民工，由于其“非正式职工”思想及“临时工”的身份，政治素养较低；一些建筑、开采、冶炼等技术含量低且属于粗加工领域的一线职工，劳动强度大，工资收入低，这部分产业工人的劳动积极性有所挫伤，思想状态不够稳定。另一方面，一些基层单位的领导和工会干部，自身理论功底不扎实，政策水平不高，大道理讲不清、小道理不会讲；有的只会讲空洞的大话、套话来应对职工队伍中出现的消极、被动思想，政策宣传缺少温度，与产业工人的实际生活契合度不高、融合度不够；有的对产业工人的现实需求和工作期盼不了解、不掌握，不能及时解决问题，思想政治工作的亲和力和话语影响力不强。

四、使命与责任并进，提升全区产业工人队伍思想政治工作水平的对策和建议

当前，我区正处于建设经济繁荣、民族团结、环境优美、人民富裕的美丽新宁夏的关键时期，需要大批有理想守信念、懂技术会创新、敢担当讲奉献的宏大的产业工人队伍的强力支撑。如何强弱项、补短板，有效提升思想政治工作水平，建设高素质产业工人队伍，是各级工会必须下功夫解决的重大课题。

（一）*提高政治站位，切实增强产业工人队伍思想政治工作的责任感、紧迫感和使命感*。思想政治工作是我们党做好一切工作的“生命线”，习近平总书记多次强调指出，要求“群团组织必须始终站在党和人民的立场上，坚持为党分忧、为民谋利，把思想政治工作贯穿所开展的各种活动，多做组织群众、宣传群众、教育群众、引导群众的工作，多做统一思想、凝聚人心、化解矛盾、增进感情、激发动力的工作”。各级工会和工会领导干部要深刻领悟，深刻认识当前产业工人思想政治工作的极端重要性，自觉承担起举旗帜、聚民心、育新人、兴文化、展形象的使命任务；准确把握新时代产业工人思想政治工作的政治性、先进性、群众性，始终坚持党对思想政治工作的领导，始终坚持全心全意依靠工人阶级的根本方针，始终坚持与时俱进的工作方法，不断提升产业工人思想政治工作的引领力、凝聚力和服务力，把产业工人更好地团结在党的周围。

（二）完善工作机制，尽快形成有力有效的产业工人队伍思想政治工作格局。一是坚持党委（党组）负主体责任、党组织书记负第一责任的责任制，认真研究，及时部署、督查、考核，推动“软任务”转为“硬指标”，“被动抓”变为“主动做”。二是完善工会工作目标责任制，增加权重，切实形成一级抓一级、层次抓落实的产业工人队伍思想政治工作格局。三是形成联动合力。统筹理论舆论、文化文明和网上网下资源，集中向产业工人思想政治领域发力；建立健全产业工人思想政治工作联席会议和高校、企业思想政治工作沟通联络等机制，加强与各级党委组织部门、宣传部门和政府人力资源和社会保障、国资委、教育、卫健委、团委、妇联等部门合作，既分工负责种好“责任田”，又齐心协力守好“主阵地”，合力解决产业工人队伍思想政治素养提升、技术技能水平提高、合法权益有效维护、心理问题纾解疏导、工作和家庭责任平衡不足等诸多问题。

（三）做实做细做深，着力增强产业工人队伍思想政治工作的实效性。一要认真贯彻落实自治区《关于加强和改进新时代产业工人思想政治工作的意见》《关于加强企业职工文化建设的意见》（以下简称“两个意见”），将“两个意见”落地落实，在理论武装、信念教育、社会主义核心价值观培育、产业工人主人翁意识树立、丰富产业工人精神文化生活等方面取得实际效果。二要针对产业工人思想政治工作中的问题，在工作权限以内能解决的，认真协助企业解决，竭诚给政策、给指导、给帮扶、给舞台；不能解决且在工作权限以外的，及时反馈于各级行政，做到给信息、给建议、给呼应、给效果，确保问题件件有落实、有回应。三要完善区、市、县总工会干部定期赴企业开展调查研究制度，及时掌握产业工人队伍中亟需、普遍、难点等问题，搭好党与产业工人之间的“连心桥”；完善帮扶、关爱、走访、慰问等机制，精准助力有困难、有需求、有要求的产业工人，搭好党和产业工人之间的“爱心桥”；坚持“星级职代会”考评制度，畅通产业工人话语权；指导企业建立健全与岗位贡献相匹配、与企业经济效益和劳动生产率挂钩的工资决定和增长机制，保障一线产业工人工资收入与企业经济效益、生产效率同步增长，搭好党和产业工人之间的“暖心桥”。

（四）坚持与时俱进，不断提升产业工人队伍思想政治工作的鲜活力。按照习近平总书记指出的“思想政治工作要因事而化、因时而进、因势而新”的要求，不断改进工作的方式方法。一要将思想政治工作融入经济社会发展，融入企业的生产经营和管理的各环节中，贴近职工生产生活。推广中卫市“四创三带四提升”等做法，用身边的事例、事实说话，使思想政治工作接地气、聚人气。二要善于抓住有利时机，线下线上同时发力，扩大有效覆盖，增强时代感、吸引力和针对性。如在宣传内容上，可针对不同市县经济社会发展的重点和特色，由各市总工会选取产业工人最为关注的信息作为宣传的“最佳切入点”，增强宣传内容的吸引力和工会微信公众号的关注度；在文化体育活动上，重点在扩大活动的覆盖面、增强群众性上下功夫。三要定期开展形势政策教育，使产业工人知大事、晓大势、明大理。四要在大局中思考问题、在大势中谋划工作，使产业工人方向明、士气旺、心气足，自觉把党的号召转化为产业工人的实际行动，确保党的创新理论得到深入贯彻、党的重大决策部署得到认真落实。

（五）提升工作水平，建设高素质的思想政治工作队伍。一要加强学习，特别是工会领导干部要系统掌握党的方针政策和习近平新时代中国特色社会主义思想；要加快新知识和群众语言的学习，善于运用产业工人喜欢和熟悉的时尚元素、话语体系，开展思想政治工作，增强看家本领。二要建强队伍，选择政治素质高、善于做思想政治工作的工会干部，明确工作任务，加强培训轮训，改善待遇条件，增强开展产业工人思想政治工作的积极性、主动性。三要改进作风，各级工会干部要有为民情怀，带着真切的感情多深入基层、多倾听产业工人的意愿、多实实在在地帮助产业工人解决最关心、最困难、最迫切的问题，以实际行动赢得产业工人的信赖和拥戴，进一步增强思想政治工作的感召力。

新冠肺炎疫情对我区企业的影响

自治区总工会研究室

为助推企业复工复产，有效发挥工会在“保居民就业、保基本民生、保市场主体”和“稳就业”中的作用，自治区总工会研究室在疫情防控常态化背景下，会同有关研究机构研制并发放调查问卷，对新冠肺炎疫情对我区企业的影响进行了比较全面的调查。

此次调查主要采取线上发放调查问卷的方式进行。问卷内容由企业基本信息、疫情对企业目前生产经营的影响、疫情对企业员工的影响、企业对未来经营与发展的预期及应对措施、企业希望相关部门提供的政策或服务等五部分组成。问卷样本覆盖银川、石嘴山、吴忠、固原、中卫市等5个地区不同规模、不同行业、不同属性的企业。截至4月30日，共回收有效问卷2262份。经对问卷样本分类统计和综合分析，新冠肺炎疫情对我区企业的影响及应对建议如下：

一、疫情对企业生产经营的影响

调查样本数据显示，有98.89%的企业高度关注此次疫情对本企业的影响程度。至问卷回收时，已经复产复工的企业占比为84.35%，其中吴忠市样本占比最大，为87.26%。未停工停产的企业占比为11.18%，其中中卫市样本占比最大。不同企业所在地样本对于企业计划复工时间呈现出显著性差异，固原市较为突出，复工复产的企业占比最小，未停工停产的企业占比最小，暂无具体复工时间的企业占比最大。

不同企业属性样本和不同企业规模样本对于企业计划复工时间全部呈现出显著性差异。就企业属性而言，中央企业在已经复工的企业中占比最大，为94.83%，其次为地方国企，个体工商户在已经复工的企业属性中是占比最小的类型。未停工停产的企业占比最大的是大型民营企业，占比最小的是中央企业。就企业规模而言，中型企业已经复工复产的占比最大，暂无复产复工计划占比最大的是其他规模企业，疫情期间未停工停产占比最大的是大型企业。综上，两种类型的样本在复工复产的企业对比中，个体工商户、小型企业以及其他类企业差异性表现得较为突出，中央企业和大型民营企业差异性较小。

调查样本中对于疫情期间所面临的主要困难以及企业主要支出压力表现出较为一致性，即企业面临的主要困难集中在“停产停工期间员工工资支付压力大”“生产经营资金周转困难”以及“市场订单、业务量急剧减少、客户流失”三项当中。企业的主要支出压力集中于“员工工资及社会保险费用”“生产成本与资金周转”和“偿还贷款”三项中。其中，面临“员工工资及社会保险费用”支出压力最大的是大型民营企业，面临“生产成本与资金周转”和“偿还贷款”两项支出压力最大的均为中小型民营企业。

调查样本预计疫情对本企业上半年利润和生产经营的影响中，比上年同期亏损的企业占比为 79.85%，持平的企业占比为 15.92%，预计增长的企业占比仅为 4.25%。企业属性样本中，预计利润会增长的企业类型为地方国企、中小民营企业和个体工商户，其余类型的企业预计会比上年同期亏损或与上年同期持平，所有的大型民营企业预计利润均会比上年同期亏损 11% ~30%。占比为 80.47% 的企业预计本次疫情会对企业生产经营产生负面影响，其中预计影响较大、尚能勉强维持的企业占比为 42.71%，其主要集中于中小民营企业。只有 1.24% 的中小民营企业预计疫情会对企业生产经营产生正面影响，其余类型的企业均预计产生负面影响。预计基本没有影响的企业占比最大的是中央企业，还有少部分其他类企业预计疫情对企业的生产经营基本没有影响，其余类型的企业均预计会产生影响。从行业看，除占比为 11.11% 的其他类行业预计疫情产生正面影响外，其他企业项目所属行业样本均预计疫情产生负面影响。综上，预计上半年利润亏损和产生负面影响的企业与企业属性、所属行业、经营规模和经营方式等单变量之间均无显著性差异。

二、疫情对企业员工的影响

调查样本数据显示，已经复工企业的员工复岗率达到 80% 以上的企业占比为 83.78%，企业复工复产后，主要采取“按时、足额发放劳动工资”“正常休息休假”“加强技能培训”“无裁员或裁员计划”等措施稳定职工队伍。

在延期复工期间能够正常发放职工工资的企业占比为 74.27%，其中所有的中央企业都能够正常发放职工工资，有 80% 以上的地方国企也能够正常发放职工工资，有 50% 的大型民营企业能够正常发放职工工资。只有 2.08% 的样本企业在延期复工期间不予发放职工工资，其中不予发放职工工资的企业类型绝大部分集中体现于个体工商户。

企业复工后，职工工资福利没有变化的企业占比较大，为 72.06%。在职工工资福利没有变化的企业属性样本中，中央企业占比最大。有 9.64% 的企业在复工后会增加职工工资福利，在企业属性样本中职工工资福利减少的企业占比最大的为大型民营企业。综上，中央企业、地方国企、大型民营企业、中小民营企业以及个体工商户等不同属性的企业均分别存在职工工资福利无变化、增加和减少的三种情况。

复工后，有58.49%的企业节假日安排职工正常休息，无加班现象，近三成的企业安排职工偶尔加班，每天加班的企业占比仅为2.3%。受疫情影响，已经裁员的企业样本为3.93%，无裁员亦无裁员计划的企业样本占比为90.76%。

三、企业对未来经营与发展的预期以及应对措施

调查样本中，预计本次疫情对企业未来经营和发展最为显著的影响为以下三项："资金周转困难""市场萎缩，产品或服务市场需求量下降"和"市场占有量（大客户）的流失"，有14.59%的企业预计疫情对企业未来的经营与发展基本没有影响，预计会产生正面影响且对企业的经营与发展带来新机遇的企业占比为6.37%。

为了应对疫情，企业采取的主要措施中占比较大的措施为以下四项："企业经营管理层重视复工复产，积极安排复工复产""加强返岗人员健康筛查""积极开拓市场，扩大市场需求""调整业务和规划，转变企业管理、生产、营销方式"。企业希望政府或相关部门提供的政策或服务中占比为30%以上的措施是"减免或缓交税费""给予用工稳岗补贴""给予复工所需防疫物品补贴""推行租金、电、水、气等补贴与减免""实施企业贷款财政贴息"和"暂缓缴纳职工的社会保险费用"。对此，企业所在地样本、企业属性样本、企业项目所属行业样本、企业规模划分样本以及企业经营模式样本对于企业希望政府或相关部门提供的政策或服务均无显著性差异。也就是说，不同行政区域、不同类型、不同规模的企业以及不同经营模式的企业对政府或相关部门提供的政策或服务的需求基本是一致的。

四、主要应对建议

（一）对企业层面的建议

1. 优化管理模式，积极应对疫情。面对新冠肺炎疫情，企业首先应当加强内部建设和优化管理模式，提升企业应对不可抗力的能力。企业应严格遵循政府部门关于复工复产的相关规定，管理层应重视复工复产的各个环节，积极应对疫情带来的挑战，实行人员返岗严格检查、员工在岗实时防护、工作区域定期消毒等防范措施，保障员工工作环境安全。企业应当探索线上办公的管理体系和方法，构建远程办公、线上办公的模式，努力营造健康向上的工作氛围，使企业向着更加规范化、正常化、健康化的方向发展。

2. 灵活融资手段，确保正常运行。新冠肺炎疫情对企业的经营与发展带来了严重的冲击和影响，企业生产和运行的资金是维持企业在疫情持续期间成本支出、营业利润以及采购原料等的必要条件，企业需要采取灵活多样的融资手段确保资金的正常周转。企业可以有效利用政府扶持政策和金融部门的贷款，筛选并剔除不必要的市场项目回收成本、严控或压缩日常办公经费支出，通过财税外包与协同办公等手段筹措资金，保证企业正常运行。

3. 创新经营模式，努力开拓市场。对于企业来说，新冠肺炎疫情带来的负面影响不仅要依托政策帮扶扩大市场，更重要的是改变单一的经营模式，寻求和搭建多元化经营网格，加快向高附加值产业链升级，向数字经济产业转型。企业在设法维系现有客户的基础上开拓新市场和扩大新客户，可以尝试拓展线上销售与服务的平台，发展新型商业模式，进行多元化销售渠道转型，通过新媒体开展价格优惠、沟通及时、服务到位的线上营销方式。同时，企业还应当保持市场敏锐度，积极调整业务结构，突破原有的业

务方向，努力寻找新的业务增长方式，从而降低企业的经营风险。

4. 落实优惠政策，有效弥补损失。中小企业还应关注政府出台的相关政策，充分利用政府赋予的红利及扶持政策。目前，中央及自治区均出台了支持各类企业应对疫情的各项保障政策，企业要准确应用扶持政策，保证优惠政策落地，助力企业渡过难关。另外，针对扶持政策数量多、内容杂、涉面广等特点，建议企业指定专人，对政府及相关部门的政策及应用进行解读，提高企业享受扶持政策的效用，有效弥补损失。

（二）对政府及相关部门的建议

为了进一步应对疫情对我区经济活动的影响，我区出台《自治区人民政府关于应对新冠肺炎疫情影响进一步做好稳定就业工作的实施意见》，并于2020年5月7日发布。实施意见主要从支持企业稳岗、增加就业岗位、就业托底保障等方面提出政策与指导意见，其中包含了对企业失业保险稳岗返还政策，支持企业与职工集体协商采用协商薪酬、调整工时、轮岗轮休、在岗培训等措施，降低小微企业创业担保贷款申请条件给予企业招聘特定群体补贴等多项内容。除了这些扶持性政策以外，还应当补充考虑以下几项扶持措施。

1. 多部门政策整合，提升协同效用。为了降低疫情对企业的影响程度，近期我国中央政府、地方政府以及各个职能部门均采取了积极的应对措施，出台了许多帮扶性政策。由于政策制定主体较多、内容庞杂、涉及面广等特征，彼此之间难免存在相互冲突、不协调或重复叠加等情况，建议由政府牵头，以省级政府政策为指导，打通税务、财政、金融、商务、人社、科技、交通等核心部门之间政策屏障，充分发挥多中心主体的合作职能，结合地方企业的实际需求，联合推出企业扶持政策，实现政策叠加与协同的最优功效。

2. 多种资源共享，发挥政府服务职能。政府应当强化对企业的服务职能，及时掌握并解决企业在复工复产经营过程中面临的困难及问题。以工业和信息化部下发的文件中关于“大力推广中小企业的互联网平台服务，推动网上办公、数字化管理，充分发挥国家和省级中小企业公共服务示范平台及各地中小企业公共服务平台网络作用，为中小企业提供优质高效的线上服务”为指导，搭建线上服务与资源共享平台，实现从线下办公向线上服务的转变，充分发挥网络服务方便、快捷、及时的优势。政府可以作为网上资源共享的“牵头人”，鼓励各行业共享员工资源、供应链资源、物流资源和办公资源等，这样既盘活了企业的闲置资源又弥补了资源紧张的缺口，帮助企业建立共战疫情、共渡难关的服务链。

3. 建立利益倾斜机制，引导公平发展理念。鉴于不同类型、不同规模、不同行业的企业在疫情中所受的影响存在差异，企业的利益诉求也存在差别，为了引导各个企业能够健康良好地经营发展，政府及相关部门在制定帮扶政策的同时应当避免按照同一尺度、统一标准，需要考虑不同企业的实际情况以及不同的利益需求，向受影响严重、较为脆弱的小微企业等特殊企业倾斜，建立特殊企业的利益倾斜保护机制，实现帮扶政策全方位、多层次、网格化的有效落实，建立更加公平、规范、稳定的企业生存环境。

新冠肺炎疫情影响下企业劳动关系状况调查

黄建华　陆　成

受新型冠状病毒感染肺炎疫情影响，部分行业劳动关系领域面临着一些新情况新问题，尤其是非公有制企业和中小微企业面临着较大的生产经营压力，劳动者不同程度地承受着收入降低、失业、待岗、再就业等风险，导致劳动关系不稳定因素增加，劳动关系矛盾呈凸显态势。为了解新型冠状病毒疫情防控期间企业复工复产和劳动关系状况，分析问题产生的原因，银川市总工会开展了调研，旨在为促进企业复工复产、稳定就业岗位、促进企业发展、构建和谐劳动关系提供数据支撑。

一、基本情况

2月27日至3月10日，银川市总工会运用工会劳动关系事态发展监测网络，主要围绕疫情防控期间企业复工复产和职工普遍关心的工资发放、劳动保护、劳动争议、惠企政策等热点问题开展网上调查，发放并收回有效调查问卷3074份。本次调查中，国有企业占29.70%，民营企业占1.68%，外资企业占0.62%；完全复产企业占2.44%，未复产企业占57.45%，复产率在30%～90%之间的企业占25.11%；企业职工完全返岗的占3.72%，未完全返岗的占51.24%，返岗率在30%～90%之间的占32.04%。

二、劳动关系现状

（一）职工岗位基本稳定。为应对新冠肺炎疫情影响，1月24日、2月7日，国家协调劳动关系三方先后就妥善处理新型冠状病毒感染的肺炎疫情防控期间劳动关系问题、疫情防控期间稳定劳动关系支持企业复工复产问题发出重要通知并提出指导意见，各级党委政府、协调劳动关系三方和广大企业积极响应，迅速落实要求，确保了职工岗位的稳定。调查显示：企业对受疫情影响不能按期到岗的职工中，42.71%的职工安排优先休假、延期上岗，34.29%的职工安排在家办公，解除劳动关系的仅占0.55%；近期企业有招聘计划的占20.56%，有裁员或优化调整计划的仅占4.33%。

（二）职工工资收入受到一定影响。调查显示，疫情防控期间企业能够正常发工资的占58.46%，上班职工正常发、未到岗减发或不发的占13.11%，全员降薪的占3.19%，延期支付薪酬的占9.5%。数据分析显示，银川市辖区所属电力、石油、天然气、自来水等国有企业受疫情影响相对较小，职工能够按时发放工资。餐饮、住宿、旅游、服务等非公企业受疫情影响无法及时复工，对职工工资收入影响较大，24.72%的职工工资与疫情暴发前基本相当，25.89%的职工按本人基本工资发放，7.45%的职工按银川市最低工资标准发放，6.38%的职工只发放基本生活费，5.5%的职工不发工资，但缴纳社会保险。

（三）职工利益诉求通道基本畅通。疫情防控期间，企业在制定规章制度和涉及职工切身利益的措施时，基本能够通过职工（代表）大会采取协商协调的方法共同解决。调查显示，企业在决定重大决策、生产经营管理和建设等重大问题及廉政建设的事项时，完全征求职工意见的占 1.92%，部分征求意见的占 21.08%，没有征求意见的占 19.25%；研究涉及职工切身利益的事项时，通过工会或职工代表沟通、协商解决的占 88.53%，没有沟通或协商的占 11.47%。

（四）企业劳动关系矛盾纠纷趋于平稳。受新冠肺炎疫情影响，企业劳动关系纠纷也呈现多发、高发势态，但总体处于可控、平稳运行范围之内。在国家疫情防控攻坚克难关键时期，职工能够正确看待个人利益和国家利益、眼前利益和长远利益的关系，在遇到劳资纠纷问题时尽可能采取协商协调的方式解决。调查显示，近期没有出现 3 人以上集体上访和越级上访的情况，个人上访数量同比、环比均有下降趋势。劳动关系纠纷类型中，工资待遇类占 34.22%，工作时间类占 17.11%，劳动保护类占 15.35%，社会保险、公积金类占 11.19%，劳动合同类占 8.3%。

三、存在的问题

（一）企业复工复产动力不足。疫情防控期间，除保障民生的物资生产、交通、通信、物流、供水、供电、供气等行业外，其他如餐饮服务业、制造业、旅游业等行业，由于受原材料紧缺、订单减少、职工无法返岗、用工成本增加、政府行政管制禁止开业等因素的影响无法复产，职工受各地管控措施、工作环境等因素影响不能按时返岗复工，多重因素导致企业开工不足，复工率较低。调查显示，企业未完全复产的原因中：政府行政管制禁止开业占 44.93%，职工无法返岗占 24.37%，订单减少占 11.91%，原材料紧缺占 8%；45.84% 的职工表示受疫情防控措施影响不能按时返岗，20.79% 的职工表示防护用品和场地短缺，企业担心出现感染，不敢复工；14.18% 的职工表示存在政策“一刀切”情况，企业无法复工；13.37% 的职工表示工作环境风险较大，返岗意愿低。

（二）职工劳动保护措施不完善。疫情防控期间，为推动企业有序复工复产，各级政府要求企业实行法人负责制，制定有针对性的防控措施，安排合理的办公时间和办公方式，工作场所按时清洁消毒，抓好职工安全卫生措施落实和个人防护。但在调查中发现，部分复工复产企业存在劳动保护措施不到位、职工健康安全管理不规范、工作场地清洁消毒不及时等问题。数据显示，42.19% 的企业为外地返程职工设立了隔离观察期，58.17% 的企业为职工提供了口罩、护目镜等防护装备，51.63% 的企业为职工建立了健康档案，24.11% 的企业采取了就餐隔离措施，19.30% 的企业采取了住宿隔离措施。

（三）企业帮扶措施落实效果不明显。疫情防控期间，各级政府和相关部门积极出台稳定就业、支持企业有序复工复产的“硬核”措施。银川市政府也于 3 月 4 日印发了《统筹推进新冠肺炎疫情防控和经济社会发展切实稳定和促进就业工作的十条措施》，进一步加大援企稳岗力度，阶段性减免社会保险费，鼓励企业吸纳劳动力就业，协商灵活安排工作时间，确保企业在复工复产中得到实惠。但在调查中发现，“惠企惠民”措施在落实过程中还存在措施不具体、覆盖不全面、吸引力不足等问题。数据显示：认为政府和相关部门出台的社会保障扶助扶持政策效果很好的占 38.26%，较好的占 15.39%，一般的占 11.55%，没有落实的占 6.57%，没有效果的占 1.14%，不了解的占 27.10%。

（四）职工心理问题比较严重。针对这次突如其来的新冠肺炎病毒疫情，各级政府采取了“史上最严”的防控措施。面对疫情带来的威胁，部分职工出现恐惧焦虑、抑郁等心理问题，同时出现身体不适、睡眠障碍等生理问题。在全力支持企业复工复产期间，部分职工担心企业防范措施不到位、劳动保护用品短缺，害怕因此感染上新冠肺炎病毒，存在不愿意返岗或返岗意愿很低的情况以及部分企业迟迟不复工等情况，职工担心生产经营困难、收入降低、解除劳动关系等风险，更加剧了自身负面情绪。

四、对策建议

（一）维护职工队伍稳定。一是加强职工思想政治引领和法治宣传教育。各相关部门要广泛宣讲疫情防控知识和劳动关系领域的政策，引导职工树立正确科学的预防理念，做到不信谣不传谣，并依法理性表达利益诉求、解决矛盾纠纷。二是密切关注职工思想动态。及时疏导职工的焦虑恐惧情绪，倡导合理膳食、适量运动、戒烟限酒等健康的生活方式，对出现负面情绪的职工要积极开展心理危机干预疏导，积极营造健康向上的工作生活氛围。三是加强职工队伍稳定排查摸底。各级领导干部和企业要增强责任意识、忧患意识，强化底线思维，坚持预防为主、防治结合的原则，全面掌握职工队伍稳定情况，及时排查化解影响职工队伍稳定的矛盾风险隐患，妥善处置职工群体性事件，维护职工队伍团结统一，维护劳动关系领域政治安全和社会大局和谐稳定。四是广泛宣传先进典型。要大力弘扬劳模精神、劳动精神和工匠精神，引导劳动模范和先进人物发挥示范引领作用，广泛宣传疫情防控期间和企业复工复产期间涌现的先进个人、先进集体，在劳动模范、五一劳动奖章（奖状）、和谐劳动关系创建评比活动中优先考虑疫情防控期间为稳定劳动关系作出突出贡献的企业和个人。

（二）完善协调协商机制。一是发挥协调劳动关系三方在保企业、保就业、保稳定中的作用，深入分析当前劳动关系形势，结合实际，帮助企业制定复工复产措施，联合各方力量共同行动，加强对特殊时期企业劳动关系处理的指导服务，确保劳动关系总体和谐稳定。二是发挥集体协商制度的基础性作用，引导劳资双方本着有事好商量、遇事多商量、有难题共同解决、有困难共同承担的原则，在集体协商制度框架下，共商共谅，寻求双方利益平衡点，努力推动企业与职工同舟共济、共渡难关。三是完善民主管理形式，坚持以职工代表大会为基本形式的民主管理制度，探索民主管理委员会、民主议事会、劳资恳谈会、民主协商会等多种民主管理形式，鼓励职工参与企业管理，依法保障职工群众的知情权、参与权、表达权、监督权，引导职工与企业共克时艰，关心企业生存发展、帮助企业战胜困难，形成企业关爱职工、职工关心企业、共谋企业和职工权益的良好氛围。四是用好现代信息技术手段，避免人员相互接触，尽量采取线上要约、应约和协商前的沟通对接工作，对还未全面复工的企业，通过电视电话、网络视频会议等形式进行协商，协商一致后形成协商会议纪要草案，及时通过电子邮件、内部OA、微信群组等形式听取职工代表意见建议，并向全体职工公示认可后执行。

（三）严格落实惠企措施。一是落实好各项补贴政策。各企业要用好失业保险稳岗返还、培训费用补贴、人才引进补贴、职业介绍补贴、工会经费支持等相关政策；各相关部门要准确把握政策适用原则、范围，主动服务，争取让更多的企业受益；工会要用好防疫专项资金，加大对防疫一线职工的慰问，充分调动职工参与防控疫情的积极性。

二是多渠道帮助企业满足用工需求。各部门要主动对接用工企业，建立企业联系制度，实现供需双方精准对接。要充分发挥各就业服务平台作用，开展线上招聘活动，最大限度地满足企业阶段性用工需求，对本地难以满足企业用工需求的，协助企业定向跨区域招聘。三是鼓励企业开展技能培训。各部门要用好相关线上教育平台，免费提供培训教育资源，指导企业组织开展免费在线培训，支持帮助受疫情影响企业特别是中小微企业开展职工技能培训和困难企业职工转岗培训。

（四）主动化解劳动关系矛盾。一是建立劳动关系风险监测预警机制。各级协调劳动关系三方要按照属地管理、分类监管、联动处置的原则，建立劳动关系风险动态监测制度，定期开展劳动关系风险分析研判，形成劳动关系群体性事件应急联动机制，及时妥善处置劳动争议和群体性纠纷。二是建立劳动争议多元化解机制。充分发挥劳动保障部门、工会、劳动争议调解委员会、劳动仲裁委员会、法院等部门的职能作用，共同化解日益增多的劳动争议。通过相关职能部门联动，将调解贯穿于解决纠纷的全过程，力求将矛盾解决在萌芽状态。三是加强工会劳动法律监督。工会要充分利用劳动法律监督作用，加强对企业劳动用工的动态监管，大力推行工会“两书”制度，强化劳动合同签订的服务指导，支持、配合政府和企业做好劳动法律法规和疫情防控期间复工复产政策措施的贯彻落实。四是畅通职工诉求表达渠道。工会要发挥维权律师团和法律服务志愿者作用，依托工会网站和“两微一端”等互联网平台，开辟职工法律服务绿色通道，为广大职工提供精准的线上线下法律咨询和法律援助服务。

（五）科学防范疫情。一是落实好主体责任。各企业要严格落实法人负责制，按照合理、适度、管用的原则，根据实际情况有针对性地制定防控措施，坚决防止疫情输入输出。二是改善劳动作业条件。企业要为职工配备手套、口罩、护目镜等劳动保护用品，并督促职工做好个人防护，办公场所要一日三次清洁、消毒、通风，进出办公场所要检测筛查体温，随时掌握职工身体状况，发现异常情况及时隔离观察并到指定医疗机构就诊，职工用餐采取分时错峰或盒饭方式解决。三是做好督促检查。各相关部门要认真落实分区分级精准施策的工作要求，高度关注返工复工职工动态，督促和协助企业为职工提供必要的劳动保护条件，采取有效防护措施，帮助协调解决防控物资购置等问题，教育引导职工遵守疫情防控的各项规定，增强防护意识，加强自我防护。

（作者单位：银川市总工会）

整合党工力量　推进党工共建

石嘴山市总工会

石嘴山市总工会把党工共建作为推进党的建设和工会建设有机统一、扩大党的群众基础、巩固党的执政地位的必然要求，以队伍社会化、管理网格化、服务信息化建设为重点，实现了党建和工建共同提升，园区和企业共同发展。

一、整合力量，让党工队伍强起来

为了解决开发区非公企业党建工作力量薄弱的问题，市总以工会改革为契机，将工会工作力量和经费向基层下沉，积极参与到非公企业党建工作中。在3个开发区组建总工会，选聘21名具有党员身份的社会化工会工作者作为专职党务工会工作者，会同园区党工委班子成员、党员干部和党建指导员，分片区包抓企业党建和工会工作。专职党工队伍接受园区党工委和园区总工会双重领导，领取工会聘用工资补贴的同时，享受市委组织部每月180元非公企业党务工作者津贴。专职党务工会工作者纳入全市党务工作者教育培训计划，定期进行培训提升。实行园区、企业党组织负责人和工会负责人交叉任职制度，将党建工作和工会工作紧紧黏合在一起，从体制机制上推动了党建和工会工作同安排、同部署、同落实，确保有人管事、有人干事、有钱理事，实现了组织共建、资源共用、优势互补和党建带工建、工建促党建的良性联动发展，非公企业党组织、工会组织的政治功能、服务功能得到强化。

二、"两化"管理，让党工共建细起来

在解决了有人干事的问题后，为了提高党工组织建设的覆盖面、提升工作的精细化程度，市总借鉴城区社会管理的成功经验，在开发区实行了党建和工会工作区域化网格化管理。将园区党工委班子成员、党务干部（党建指导员）和专职党务工会工作者分配到片区和网格，负责区域内党建工作和工会工作的指导落实，分别承担领导责任、包片落实责任和直接责任。其中：石嘴山高新区将园区划分为4个片区、12个网格，每个网格确定2家牵头企业，带动网格内党工组织开展活动。石嘴山市经开区组建了4个片区网格中心党支部，指导园区内80家非公企业。平罗工业园区划分为6个网格，成立网格党支部，依托龙头企业建立党建工作站，构建了"园区党工委（总工会）—网格党支部—企业党工组织"三级党工管理服务体系。通过区域化网格化管理，使党建和工会工作责任更明确、任务更具体、指导更到位，共孵化非公企业党组织45个、工会组织95个，打造党群之家（党工之家）66个，发展党员193名，发展工会会员3301名。

三、"五个同步"，让党工工作实起来

实行非公企业党建工作和工会工作同步安排部署、同步督查考评、同步组织活动、同步扩大覆盖、同步建设阵地，通过示范观摩等形式，以点带面、全面推进党群一体化。石嘴山高新区在落实"五个同步"的基础上，提出"12336工作模式"，将党建、工建工作深度融合，一体推进，一体考评，成效明显。石嘴山市经开区召开党工共建示范观摩会，建立"双推双培"制度和党工组织联席会议制度，园区85%的非公企业党工组织实现交叉。平罗工业园区按照资源共享、活动共促的原则，指导建设了14个规范化党工活动阵地，促进非公企业党组织和工会组织基础条件提升。企业党组织和工会组织依托区域党群服务中心，联合开展创新创业创优"三创"劳动竞赛和技术比武、技术攻关、合理化建议征集、职工"五小"评比等活动，评选表彰最美工人、最美青年先锋、最美党务工作者、最美企业家，树立楷模和行业标兵，充分发挥了先进典型的示范引领作用。

四、"互联网+"，让党工共建动起来

把引领职工群众听党话、跟党走作为党工共建的重要内容，将信息化建设作为推进党工共建的重要抓手，全面推进"两微一端"普及应用。"石嘴山工会"微信公众号

“粉丝”量达12万人，阅读量达55万人次，位列全区政务微信公众号第八名。通过“两微一端”，深入宣传党的理论、方针、政策，发布职工群众关切的人才招聘、权益维护、救助帮扶等信息，开展党的十九大和十九届四中全会精神以及党建、工会工作网络知识竞赛，及时回应职工群众网络留言，宣传劳动精神、劳模精神和工匠精神。市工会第十二次代表大会代表“唱响《我和我的祖国》快闪视频”网络阅读量达10万人次以上，“为劳动者点赞”一文阅读量达4.5万人次，留言上千条，营造了劳动光荣、创造伟大的良好舆论氛围。通过“互联网+”，有效扩大了党组织和工会组织的凝聚力影响力，让党员和职工群众深切体会到党组织和工会组织就在身边，实现了服务党员、职工群众零距离。

做好非公企业党工共建这项工作应坚持“三个离不开”：一是离不开企业的全力支持和配合，特别是离不开企业主要负责人对党工工作的认可和支持，因此，做通企业主要负责人的思想工作至关重要。二是党建和工会工作已经成为凝聚人心、稳定队伍，促进企业经营治理、发展壮大的重要方法和措施。一个经营良好、管理科学的非公企业离不开党建和工会工作的有力支持。三是党建和工会工作相互离不开，工会工作离不开党支部的领导，党支部工作的推进落实离不开工会这个强有力的抓手。党工组织要融合聚力发展，积极把组织优势转化为企业发展优势，在助推企业健康发展中充分发挥作用、扩大影响力。

吴忠市货车司机等“八大群体”建会入会情况调研

杨爱萍　马　超

随着新产业、新业态、新模式企业的快速发展，企业组织形式和职工就业形态日益多样化，产生了货车司机、快递员、护工护理员、家政服务员、商场信息员、网约送餐员、房产中介员、保安员等“八大群体”。为进一步落实《吴忠市推进货车司机等“八大群体”入会工作实施方案》，深入研判新形势对“八大群体”职工发展和权益状况产生的影响，吴忠市总工会调研组先后深入金窝窝房产中介公司、吴忠市中通快递公司、宁夏纳信物流有限公司、吴忠万达广场商业管理有限公司、宁夏鑫茂祥冷藏运输有限公司等企业开展调研，与职工面对面交流，对“八大群体”建会入会情况、存在的问题进行调查和分析，形成此调研报告。

一、基本情况

据不完全统计，截至2019年10月，全市货车司机等“八大群体”行业单位单独建立工会组织60个，建立行业性联合工会6个，工会组建率达76.7%；发展会员3426人，入会率达62.3%。

（一）按行业划分。货车司机行业单独建立工会组织23个，发展会员963人；快递员行业建立行业性联合工会 3 个，发展会员 237 人；家政服务员行业单独建立工会组织 1 个，建立行业性联合工会 1 个，发展会员 96 人；商场信息员行业单独建立工会组织 9 个，发展会员 67 人；网约送餐员行业单独建立工会组织 1 个，建立行业性联合工会 1 个，发展会员 159 人；房产中介员行业单独建立工会组织 7 个，建立行业性联合工会 1 个，发展会员 167 人；保安员行业单独建立工会组织 19 个，发展会员 1737 人。从以上数据分析看，货车司机、保安员行业建会入会较好，家政服务员、网约送餐员行业建会入会推进缓慢。

（二）按区域划分。利通区货车司机等“八大群体”行业单位单独建立工会组织 12 个，建立行业性联合工会 1 个，发展会员 380 人；红寺堡区货车司机等“八大群体”行业单位单独建立工会组织 3 个，发展会员 92 人；青铜峡市货车司机等“八大群体”行业单位单独建立工会组织 29 个，建立行业性联合工会 1 个，发展会员 912 人；盐池县货车司机等“八大群体”行业单位单独建立工会组织 2 个，发展会员 75 人；同心县货车司机等“八大群体”行业单位单独建立工会组织 6 个，建立行业性联合工会 2 个，发展会员 504 人；市本级货车司机等“八大群体”行业单位单独建立工会组织 8 个，建立行业性联合工会 2 个，发展会员 1463 人。从以上数据分析看，青铜峡市“八大群体”建会入会工作做得较好，盐池县“八大群体”建会入会工作相对滞后。

二、存在的问题

自 2018 年 6 月“货车司机等‘八大群体’入会集中行动”启动以来，我们针对“八大群体”建会入会进行了积极探索和实践，全力推进“八大群体”工会组建和入会工作。通过调研，查找到以下问题：

（一）工会组建率和职工入会率不高。从此次调查数据分析来看，工会组建率仅为 76.7%，职工入会率仅为 62.3%，特别是我市“八大群体”中护工护理员行业还未建立工会组织，家政服务员、网约送餐员入会率较低。

（二）对工会组建认识不到位。虽然我们积极宣传入会的十大好处，但是少数企业行政领导对工会组建认识不够，认为工会是“可有可无”的组织，部分职工对工会组织的作用完全不了解，不知道加入工会有什么好处。在已建会的宁夏鑫茂祥冷藏运输有限公司工会调研时，该公司工会只吸纳本公司货车司机入会，对于挂靠货车司机入会不予接受，导致带车挂靠用工关系的货车司机游离在工会组织之外。

（三）职工入会积极性不高。由于“八大群体”所在企业缺乏比较完善的用工制度，且多为临时用工人员，未与企业签订劳动合同，大多数企业不给职工缴纳相关保险，加之相对松散的管理体制，企业缺乏凝聚力、向心力，造成“八大群体”职工归属感不强，很多从业者抱着“干一天算一天”的思想，从而导致“八大群体”职工流动性大，入会积极性不高。

（四）服务职工针对性不强。部分“八大群体”工会虽然建了起来，但没有转起来、活起来。虽然已建工会组织能积极开展建功竞赛、帮扶慰问、法律援助、文化娱乐等活动，但大多仍沿袭传统的模式和活动方式，忽视了货车司机等“八大群体”职工工作面临流动性大、工作时间不规律、组织性弱、权益维护困难等诸多问题。

（五）入会渠道不够畅通。鉴于“八大群体”大部分从业人员与工作单位没有固定的劳动关系。我们提出了规模企业单独建会，物流园区挂靠建会，乡镇（街道）、村

（社区）网格兜底建会等新模式，但从调研情况来看，这些入会通道还不能完全实现对货车司机等“八大群体”的全覆盖。

（六）工会经费得不到保障。由于“八大群体”单位大部分为挂靠经营、个体经营，且“八大群体”从业者不以固定工资收入为主，存在无法缴纳工会经费的现象，建立工会组织后，开展正常的工会业务经费得不到保障。

三、建议

结合当前全市“八大群体”建会入会工作的现状，我们要坚持问题导向，进一步加强基层工会组织建设，切实发挥工会职能，全力推进“八大群体”建会入会。

（一）打通货车司机等“八大群体”入会通道。针对入会率低、认识不够、职工入会积极性不高的问题，以“八大群体”职工群众特点为突破口，通过多种形式进行理想信念、价值理念、道德观念、法律政策的宣传教育，加快实现货车司机等“八大群体”从“要我加入工会”到“我要加入工会”的思想转变，激发职工内生动力，踊跃加入工会。针对入会渠道不畅通问题，加强基层工会组织建设，发挥好已建区域性、行业性工会组织作用，推行“园区＋工会”“产业＋工会”“协会＋工会”等模式，推进以挂靠方式运营的企业工会建设，引导其积极吸纳人员入会；依托乡镇（街道）工会组织灵活就业人员入会。同时，强化线上线下入会相结合，以宁夏工会职工服务平台为抓手，实现线上集中申请、线下源头入会的快捷入会新通道，使加入工会组织更具操作性和灵活性，切实推动“八大群体”入会工作取得新突破。

（二）创新运行机制和活动方式。针对“八大群体”建会后存在的经费保障、人员保障和工作机制问题，积极探索制定适合货车司机等生活、工作特点的活动形式和服务方式，争取各级工会、其所在行业、企业的经费支持，加大专兼职工会干部的培养力度，通过购买社会服务等方式，充实基层工作力量，实现工会组织有效覆盖到“八大群体”职工中去。同时，通过开展“寻找最美货车司机”“评选最美快递员”“春风行动送岗位”“尊法守法、携手筑梦”农民工公益法律行动等活动，不断增强工会组织的凝聚力、向心力，确保“八大群体”入会工作稳步推进。

（三）提高服务职工精准性。针对货车司机等“八大群体”的职业特点和农民工占比较大的情况，推动“互联网＋工会”普惠化服务，开展“八大群体”关注度高、喜闻乐见的技能竞赛、公益课等活动，不断提高工会服务职工的普惠化、便捷化水平。加大“司机之家”“户外劳动者”等实体服务阵地建设，让职工随时随地能找到组织、参与活动。将就业服务、法律援助、技能提升、金秋助学、困难职工帮扶救助、送温暖工程向“八大群体”靠拢、倾斜，打通联系服务职工的“最后一公里”，切实增强他们的获得感、归属感和对工会组织的认同感，使他们真正享受到工会提供的精准化、务实化的关爱关心关怀关注系列服务。

（四）加强沟通协作形成工作合力。加强与交通、邮政、市场监督、卫健等职能部门联系协作，强化工会组织间横向交流、信息互通，利用完善的工会组织网络体系，充分调动工会干部的积极性，最大限度地把货车司机等“八大群体”职工组织到工会中来，更有效地为他们提供服务，使职工有更多的获得感、幸福感、安全感。

（作者单位：吴忠市总工会）

推动新时代宁夏工人疗养院高质量发展的调研报告

郝　雪

为积极贯彻自治区党委十二届七次全会精神，认真落实《关于推动高质量发展的实施意见》，宁夏工人疗养院结合“不忘初心、牢记使命”主题教育，按照“守初心、担使命、找差距、抓落实”的总要求，在自治区人大常委会副主任左军的带领下考察山东省工人疗养院改革发展工作，在院领导班子带领下，分别到中卫、固原等地实地调研疗养休养服务工作，并深入院内一线部门了解职工工作生活中的所需所想，解决难点痛点。通过广泛调研，查找差距，深化认识，明确方向，创新举措，充分发挥服务改革发展、服务职工群众、服务工运事业的作用，推动新时代宁夏工人疗养院高质量发展。

一、赴山东考察情况

通过考察山东省总工会、职工之家，青岛工人疗养院和青岛湛山疗养院，学到了先进经验和创新举措。

（一）疗养休养注重顶层设计。山东省把组织职工疗休养作为贯彻习近平总书记新发展理念的重要举措来重视，总工会、财政厅、人社厅、旅发委于2017年印发《关于加强职工疗休养管理工作的意见》（鲁会〔2017〕31号），明确提出各级工会要把职工疗休养列入普惠服务项目，应在本年度经费支出预算中编列职工疗休养项目预算。疗休养应先选择省内工会系统所属疗休养机构，优先安排从事苦、脏、累、险、有毒有害工种的职工，尤其是患有职业病和慢性病的职工，每批（次）原则上不超过7天（含在途时间）。意见的印发为组织开展职工疗休养工作提供了根本遵循。

（二）依托优势资源优化服务。山东省总工会以国家推进健康中国建设为契机，围绕新旧动能转换战略布局，按照促进职工身心健康一体化的理念，坚持以休养为主、疗养为辅，充分利用海滨、矿泉、森林、中医药、自然生态等资源，运用智能、仿生、“互联网＋”等先进科技与理念，融合文化、旅游、餐饮、养生保健、健身休闲等，以疗养、体养、医疗、保健，体检、理疗等为主设置服务内容，打造集健康体检、保健理疗、心理健康、文化培训、红色旅游、工业参观等于一体的新时代职工教育培训基地。

（三）健康体检全程跟踪服务。青岛湛山疗养院健康体检中心，是全国工会五家职工健康管理中心试点单位之一。体检中心以高尚医德和精湛医术全心全意为职工服务，采用全自动体检流程，根据体检分析报告，对体检中发现的异常情况和健康隐患，向体检职工予以解释说明；面向体检人群以讲座或咨询方式讲解常见病、多发病的预防和保健方法。建立职工健康管理大数据，将体检结果进行永久存档，为以后体检作参考对比。优质的服务、科学的分析赢得了职工群众的信赖。

（四）康复医疗着力做精做细。青岛湛山疗养院以“青岛市医保定点单位”为依托，以预防各种慢性病的发生和疾病发生致残后的康复为主攻方向，着力发展神经康复和骨科康复，充分发挥传统优势，开展中西医结合特色医疗项目，采取以脏腑图点穴、大接经针法和核心功能训练为主要康复手段，辅助以现代康复、营养饮食、运动起居、心理调节、推拿理疗、西药中药等方法，治愈了职业病、慢性病，形成了特色防治与康复体系，改善了患者各种功能障碍，使患者早日回归了社会，走出了专科兴院的发展之路。

二、区内调研情况

疗养院领导班子成员带队，党员干部积极参与，对内与职工面对面沟通、背靠背求建、心贴心交流；对外前往中卫、固原等地和单位，采取座谈交流等形式，进行广泛调研并听取、征集意见建议。

（一）院内职工诉求方面。结合“不忘初心、牢记使命”主题教育及“大学习大讨论”活动，梳理汇总职工意见建议 302 条，主要为人才培养、薪资待遇、文化活动、业务开展、基础建设、发展规划等方面的问题。较为突出的如人才队伍建设缓慢、专技人员较少、薪酬待遇低、职称晋升困难、无法有效吸引人才留住人才；“互联网 +”信息化建设滞后，没有医疗预约服务，医疗信息系统缺失，无形中增加了医护人员的事务性工作量，不能投入更多精力提升医疗服务质量和水平；医疗科室设置较少，服务开展面窄，对外宣传力度不够，医疗服务对象不多，“大专科、小综合”发展困难，疗养休养、老年托护服务单一；等等。

（二）职工疗休养方面。目前没有出台区内职工疗休养相关实施管理办法，职工、劳模疗休养宣传不多，地方基层工会经费不足，很多地方的优秀职工、县市级劳模、农民工劳模不能享受到疗休养的福利。在疗休养工作安排上，没有进行有效的沟通，参加职工劳模疗休养单位所属当地工会不知晓，信息不通，造成基层工会工作比较被动。同时，在疗休养方式上，限于某些政策性规定，方式还不够多样、不够灵活。

（三）职工健康体检方面。近年来，职工对自身健康的关注度越来越高，对于健康知识的宣讲有着很高的渴望，在调研反馈中发现，我区没有统一的职工健康体检指导意见，职工体检没有得到有效落实，大部分由各企事业单位自行组织职工体检，体检费用也由单位自己承担，在这方面没有体现出工会会员可享有的普惠性医疗政策。在职业病筛查方面，没有充分考虑到地域性、工种特性等原因所致的发病差异性，因而缺乏针对性，应提升体检服务水平和服务能力，使职工能享受到更加实惠、优质的健康福利。

（四）职工工伤康复方面。由于缺乏宣传，职工工伤康复的医疗覆盖面较窄，很多单位对职工工伤康复及其流程不了解，职工在发生意外伤病治疗后不能进行有效的康复训练，严重影响生活质量，在治疗方面也仅仅是享受国家医保政策，没有享受到切实的工会医疗福利。

（五）老年病托护方面。疗养院现有托护用房 20 间、床位 60 张，配有主任 1 人、从业大夫 2 人、护士 7 人，目前设施陈旧、原有设备老化，专业人员较少，住院多为生活自理能力较差的老年病患者，服务项目较单一，医养结合服务仍需加强。同时，宣传力度较小，品牌不够响，致使区内很多地方对疗养院托护医疗不了解，以为只是养老院，有些有特殊情况职工的父母、亲人也没有享受到相应的普惠政策。

三、调研后的几点启示

山东工作中的先进经验，对于宁夏工人疗养院的发展具有借鉴意义。面对目前疗养院设备老化、设施陈旧的现状，面临体检市场竞争激烈、业务逐年递减的严峻形势，宁夏工人疗养院将坚持问题导向，学习借鉴兄弟疗养院先进经验，认真研究采纳区内各单位职工群众对提升服务质量的意见建议，以新址旧院协调发展的思路，围绕竭诚服务职工群众的宗旨，立足疗养院“疗养休养、健康管理、现代康复、医养托护”四位一体特色品牌，解放思想，锐意创新，提出推动新时代宁夏工人疗养院高质量发展的对策。

（一）加大区内职工劳模医养政策支持。建议自治区总工会加强职工、劳模疗休养政策，职工体检、工伤康复等健康管理办法的顶层设计。进一步明确疗休养费用的支出途径，扩大区内劳模、职工疗休养的对象范围，面向广大职工，以一线职工和工会会员为主，优先考虑长期在有毒有害（或工作强度大）岗位工作的职工、各类先进模范人物，照顾因工负伤或即将退休的职工进行疗养休养、健康体检、工伤康复等，加强职工和工会会员的医疗普惠性服务。促进疗休养互动资源建设，严格按照中央八项规定精神和《中华全国总工会关于加强和规范工人疗休养院管理的意见（试行）》，合理安排职工、劳模疗休养项目内容。积极申请将宁夏工人疗养院（工人医院）纳入国家公立医院财政补助政策范围之内，体现公立医院公益性的同时，在一定程度上解决疗养院医疗业务发展改革问题。

（二）着力打造职工疗养休养基地。认真落实《中华全国总工会关于加强和规范工人疗休养院管理的意见（试行）》，加快出台宁夏《关于加强职工疗休养管理工作的意见》，指导和促进职工疗休养工作。组建成立温泉疗休养中心，以劳动模范和职工群众疗养、休养、医疗、保健、体检、康复为主业，依靠新院毗邻阅海湖和绿博园的地理优势，凭借风景宜人的生活环境、功能齐备的硬件设施、细致入微的优质服务、高效运转的精细管理，丰富和拓展度假休憩、养生休闲、理疗保健、温泉水疗、健康体检、娱乐体验、参观学习等疗休养内容，以更高的标准和更优的质量服务好全区职工，力争把宁夏工人疗养院打造为全国先进、西北一流的疗养基地。

（三）加快培育职工健康管理中心。扩大原体检中心规模，面向基层招聘卫生专业技术人员，发展职工健康管理中心。健康管理中心以保障职工身心健康为目标，以“质量、技术、服务”为核心，以健康体检信息的采集、健康状态评估和跟踪服务为重点，购置先进医疗设备，做好职工群众的健康体检工作。大力推进“互联网+”健康管理工作，引进计算机管理系统实行电子档案管理，开设职工健康管理信息模块，永久保存每个体检职工的健康档案。对从事接触职业病危害作业的劳动者进行上岗前、在岗期间、离岗时的健康跟踪咨询，为其提供全面的检测、分析、评估、预防和康复服务。

（四）加强医疗康复医院合作。按照全总不宜“大而全”的建院要求，以专科立院、专科强院的发展思路，拟将康复一科从宁夏医科大学总院撤出，随同康复二科、康复三科搬迁到疗养院新院康复楼，继续同宁夏医科大学总院加强合作，成立医疗康复四科、五科、六科，发展职业康复、神经康复、工伤康复等学科，创建和培育疗养院医疗康复重点学科、特色科室，将医疗康复品牌打造成全区知名品牌。

（五）创新发展医养托护示范中心。利用旧院地处城市商业区、周边中小企业和职工群众较多，且具有从事老年病托护经验的优势，抢抓国家促进现有医疗卫生机构和养老机构优势互补的机遇（促进现有医疗卫生机构合作，发挥互补优势，简化医养结合机构设立流程，实行“一个窗口”办理），盘活旧院固定资产，扩大老年病托护中心规模，增设外科、妇科、中西医结合科，设置药房、检验室、化验室，开设托护与医保报销服务窗口，建设“医养托护中心”，竭诚服务全区因工致残、伤残失能、空巢失独、失智残障、慢病矫治的工会会员和职工群众，让需要托护的职工群众不出医养托护中心院门就能享受到看病、住院、康复、护理等服务，力争把医养托护中心打造成全区医养托护示范机构。

［作者系工人疗养院党支部书记（挂职）、农林水财轻工工会主席］

新时期基层工会经审工作存在的问题及建议

范 莉

为了进一步提升新时期工会经审工作质量，保障工会资产安全完整高效使用，切实加强制度化规范化建设，银川市兴庆区总工会经审会就基层工会经审工作运行情况进行了专题调研。

一、基本情况

截至2019年初，兴庆区总工会共有基层工会组织757个，其中区域性工会联合会86个，行业性工会联合会7个，独立建会非公有制企业工会583个，机关行政事业单位工会81个，各级工会均建立了经审组织。2019年度，兴庆区总工会经审会主要开展了如下工作：一是充分发挥经审组织在工会促廉工作中的经济监督和服务作用。完成了2018年度本级经费收支预算执行情况的审查审计。全年预算总收入支出分别完成预算的99.69%、99.97%；分别对部门单位、乡镇街道、非公企业40家工会组织进行审计，审计效益较以往大幅提升。提出审计意见和建议132条，整改129条，整改率为97.73%；收回清退资金12.61万元，清退率为100%。二是建立并推行经审工作五项机制，加强规范化建设。制定了《兴庆区基层工会经费收支管理实施办法》《兴庆区总工会经审工作整改办法》，将整改落实作为经审回访工作的重中之重，建立审查审计回访台账，通过移动式监督将审计问题整改逐一落到实处。三是创新服务理念，打造“5+X移动经审服务”工作模式。年中，根据基层经审实际，对11个街道（乡镇）148个企业开展了经审培训、审查审计、指导监督等移动式个性化“审帮促改”行动，得到了基层单位的认可，提高了审计工作实效。2018年、2019年，分别获区、市两级经审工作规范化建设考核特等奖。通过强化制度建设、加大审计监督力度、改进审计培训方式等工作措施，极大地提升了基层工会经审工作质量。

二、存在的主要问题

（一）经费管理不规范。一是预算执行不到位，预算编制随意性大。主要表现：实际支出数与预算数差异较大；预算编制不细，未将一些重要经费支出项目进行细化编制；部分预算项目执行率低。二是工会经费支出账务核算不规范。主要表现：工会经费账户使用不规范，部分凭证附件缺失，部分单位工会经费未独立核算，未将工会账户并入单位预算经费账户。职工福利、慰问金等均从单位行政账户中支出，账目混乱。三是未严格执行职工慰问金支出标准，违规变相发放职工福利。主要表现：部分单位为了省事，不向员工收取会费，但单位仍向其发放工会会员福利，比如节日慰问、生日慰问等。四是结余资金过多。影响了工会经费使用的目的和作用的发挥。五是制度不健全，资金使用不规范。在基层工会经费使用中，帮扶、慰问、救助资金是工会组织的主要业务支出，所占比重比较大，通常以专项资金进行严格管理。审计中发现，未将生活救助、大病救助、帮扶慰问的范围、对象、程序及提供的相关资料进行细化明确的现象大量存在，导致救助对象资料不全，资金支出存在一定的风险。

（二）审计力量不足。一是基层工会经审干部多为兼职人员，人少事多，财务经审人员存在“一肩挑”现象。二是专业人员紧缺。对经审干部缺乏“激励机制”，造成人员流动频繁，“人员乏力”，审计监督缺乏深度和力度，难以履行好工会内部审计监督职能。三是经审培训亟待加强。由于经审人员少任务重，难以落实经审人员的培训和交流。

（三）经审质量不高。由于长期以来受经审现状困扰，基层经审存在审计手段落后、发现问题力度不够、质量不高、缺乏亮点和审计成果等问题，从而制约了经审工作监督职能的发挥。

（四）经审服务意识不强。基层经审人员对开展经费审查活动是协助工会财务加强对工会经费的管理、监督工会各项经济活动、按照国家的法规政策办事的认识还比较缺乏，面对现实困难“知难而进”、履职担当的责任意识不够强烈。

（五）审计权威不够。一些基层被审单位没有把经审工作纳入工作日程，对经审工作的重要性和必要性缺乏足够的认识，认为基层工会经济活动所涉及的金额不大，且所有支出“遵规守法”，审计与否都无关紧要，更有甚者认为经审组织就是“挑刺”找毛病，在经审报告执行方面“打折扣”，出现屡查屡犯的现象。

三、措施及建议

（一）抓队伍提升经审战斗力。一是经审人员是“工会卫士”，为工运事业的发展保驾护航。因此，经审工作只能加强不能削弱，人员要配齐，队伍要稳定，建立“激励机制”，确保能激发经审人员活力。二是注意发现和培养年轻化专业化的审计干部，建立健全相关机制确保“留住人才”。三是拓宽培训渠道，以达到“他山之石，可以攻玉”的效果，开拓审计人员创新思路，不断提升综合能力。

（二）抓业务提升经审能力。“知者行之始，行者知之成”，多储备知识才能做到“知行合一”。新时代的审计知识、技术、手段都“日新月异”，所以我们要努力适应，紧跟时代步伐，提升经审业务能力，挖掘创新，力争经审工作多出亮点。同时，要准确运用相关的法律法规政策，做到“依法审计”。

（三）抓质量提升经审效果。一是从审计出的问题看问题实质，明确下一步的审计工作方向。从事前预防入手，防范违纪违规风险。二是不仅关注预算执行过程，看资金能不能开支，还要看支出得值不值，有没有效率（投入产出定理）。三是注重审计执行力，落实审计报告看整改。在审计“回头看”中对于“屡查屡犯”的问题，该问责的要问责追究，该约谈的要约谈，以提高审计权威、提升审计执行力。

（四）增强“为民理财”服务理念。坚持“一审二帮三促进”的审计理念，为工会大局服务；维护好广大职工会员利益，促进工运事业发展；“跳出审计看审计”，让审计对象认识到审计不是“挑刺”，通过审计，帮助被审单位及领导依法行政、依法理财，不犯错误。

（作者系兴庆区总工会经审会主任）

利通区职工医疗互助情况调研

郑建平

职工看病难、看病贵是一个热点问题，一直为吴忠市利通区总工会所关注。2014年，利通区总工会开始探索开展重特大病医疗互助，找到了一条解决职工因病致困、因病返贫的途径，受到广大职工好评。

一、会员医疗互助的特点

（一）缴费低，保障金额高。互助办法规定：凡是在利通区辖区（包括吴忠市区）工作的工会会员或具有利通区户籍在外务工的工会会员，每人只需缴纳50元，便可参加。互助分两个标准：

1. 一次性补助标准。住院费用在2万元以上、个人自付费用在0.5万元（含0.5万元）至1万元的，一次性补助500元；自付费用在1万元（含1万元）至1.5万元的，一次性补助2000元；自付费用在1.5万元（含1.5万元）至2万元的，一次性补助4000元。

2. 按比例补助标准。住院总费用5万元以上且个人自付费用2万元以上的分两次给予补助。第一次补助标准为：个人自付费用达到2万元（含2万元）至5万元的补助个人自付费用的30%；个人自付费用达到5万元（含5万元）至10万元的补助个人自付费用的35%；个人自付费用达到10万元以上（含10万元）的补助个人自付费用的40%，最高补助不超过10万元。如果当年资金结余，会员医疗费用剩余的部分再进行第二次补助，标准为：2万元（含2万元）至5万元的最高补助到60%；5万元（含5万元）至10万元的补助到70%；10万元以上（含10万元）的补助到80%。两次补助最高不超过20万元。

（二）不限病种，实现兜底。在医保中一些病种、项目不能报销的，在利通区职工医疗互助中却可以覆盖到。商业保险在参保前须进行体检，把重病排除在保险之外，而在利通区医疗互助中就能得到补助。从这个意义上讲，医疗互助为患病职工及其家庭成员构筑了一道保障线。

（三）夫妻同时参加，就能覆盖家庭其他成员。互助办法规定：利通区工会会员夫妇双方同时参加的，可覆盖双方达到法定退休年龄（男年满 60 周岁，女年满 50 周岁）的具有宁夏户籍的父母、未成年子女及在校就读的大学生。此规定解决了一人患病全家返贫的困难，体现了受益人从个人到家庭的扩展，突出了工会关注的是会员全家。

（四）关注空巢老人，体现工会的大爱。互助办法规定：达到法定退休年龄（男年满60 周岁，女年满50 周岁）、子女非利通区户籍、居住在利通区的空巢老人，每人每年缴纳 100 元互助金，可享受互助政策。此项规定解决了空巢老人及其子女的后顾之忧，使社会更和谐。

（五）关注单亲家庭，体现工会的温暖。互助办法规定：丧偶单亲家庭只需缴纳 50 元，就可覆盖其未成年子女及在校大学生；如果本人是独生子女的，其达到法定退休年龄（男年满 60 周岁，女年满 50 周岁）的宁夏户籍父母也可覆盖。离异的单亲家庭缴纳 100 元，可覆盖其达到法定退休年龄（男年满 60 周岁，女年满 50 周岁）的宁夏户籍父母、未成年子女及在校大学生；丧偶独生子女单亲家庭只需缴纳 50 元，也可覆盖达到退休年龄的利通区籍父母。

（六）关注独生子女和孤儿，延伸工会互助的触角。互助办法规定：未婚独生子女的利通区工会会员只需缴纳 50 元，就可覆盖达到法定退休年龄的宁夏户籍父母。还将利通区籍的孤儿免费纳入医疗互助范围，不用缴纳互助金，也可享受重特大病医疗互助政策，让工会会员的大爱惠及更多的困难群体。

二、医疗互助活动开展情况

活动开展以来，利通区各机关团体、企事业单位、厂矿牧场、乡镇社区的工会会员积极参与。2014 年达到 3.8 万人，以后逐年递增，到 2018 年超过 5 万人。吴忠市总工会考察后，认为医疗互助值得推广，即动员全市直属单位的会员参加。截至 2019 年 10 月，累计达到 27 万人次。

得到救助的家庭无不为工人阶级无私的大爱所感动。会员薛某是利通区某单位职工，其母亲在外地医院做了心脏二尖瓣手术，治疗费用高达 80 多万元，由于符合夫妇同时缴费可覆盖双方达到法定退休年龄的宁夏户籍父母的规定，得到利通区总工会送来的补助金 8.5 万元。薛某感动地说："真没想到，小小的 50 元，给我家解决这么大的困难，感谢工人兄弟，感谢工会！"会员纳某是吴忠市一单位职工，2018 年患骨髓瘤，治疗费用达到 40 多万元，其子还在上大学，高额的费用使她的家庭生活举步维艰。除医保报销、商业报销外，剩下 83470 元，因纳某参加职工医疗互助，2019 年 2 月获得补助金 56850 元，她自己只需支出 27620 元。农民工李某的母亲 2018 年患主动脉瘤，住院总费用达 30.92 万元，除去医保报销外，自付竟达 6.98 万元。因其参加医疗互助，2019 年 6 月获得补助 4.9 万元。李某紧握着利通区工作人员的手说："我们是农民家庭，靠打工维持生活，真没想到我的母亲病了，工会还给补助，工会真是贴心啊！"2018 年 10 月，农民工张某患乳腺癌，治疗费用达到 32.4 万元，除医保报销 24.3 万元、民政救助 3.1 万元外，利通区总工会为其支付补助金 2.1 万元。张某称赞道："我患这么大的病，90% 的医疗费用都报销了，我个人才花了少量的钱，共产党好，工会好。"从 2014 年到 2018 年底，利通区职工医疗互助共筹集资金 1344 余万元，发放互助金 980 余万元，救助患病职工 1500 余人。

为了加强互助金管理、规范发放程序，利通区总工会牵头，成立了由纪检、财政、审计、医保等相关部门组成的理事会和监事会，每年对互助金的使用情况进行监督、审查和公示，并对互助资料进行审核，保证了互助金使用公开透明。

三、存在的问题

（一）政策有失公平。互助办法规定，夫妻双方同时参加的可覆盖双方达到法定退休年龄的宁夏户籍父母。那么，同样在利通区辖区工作，父母是非宁夏户籍的却不能享受，就有失公平。

（二）政策规定不够完善。职工家庭一人退休、另一人还没退休的，已退休的就不能参加也不能享受，这部分家庭还占相当一部分。我国法律规定的男女退休年龄相差10岁，女职工退休后男职工还要工作10年，有子女的，能覆盖；没有子女或子女未结婚的，就不能覆盖。互助办法关于“已达到退休年龄、子女为非利通区户籍的工会会员的空巢老人缴纳100元即可享受互助”的规定，要加上“居住在利通区一年以上”予以限定，如果是暂时居住或探亲访友的要限定在外。

（三）事前补助缺失。有的职工入院时就把家里的全部积蓄交给医院或是借钱治疗，有的治疗期长达1年。互助职工在急需用钱的时候得不到救助，有的可能因此失去生命，事后给予补助的意义就不大了。

（四）参与率不高。利通区及吴忠市城区拥有工会会员近10万人，而参与率才达到50%，还需加大宣传，扩大覆盖面。

四、意见和建议

（一）增强全市职工参与意识。职工医疗互助是献爱心的善举，是“众人拾柴火焰高”的爱心工程。年轻职工参加医疗互助、为他人献一份爱心是一件很有意义的事情。现在许多疾病有向年轻人蔓延的趋势。以每年交50元为例，职工若连续交十年也就600元，这十年内生一次小病住院5天就花费1000元以上；如果得一次大病，得到的补助金就远远不止600元。参加医疗互助是花小钱保平安的举措，年轻时帮助需要帮助的人，步入中年后就给自己的安康买了份保障。

（二）在推进工会组建中同步推进职工医疗互助。吴忠市工会的组建率总体在70%，还有30%的小微企业没有建会，在全市开展的“八大群体”集中入会中，动员更多职工同步参与到医疗互助活动中。

（三）吴忠市总工会统筹开展医疗互助。全市五个县市（区）工会的医疗互助目前是各搞一套，制定的互助办法不一，补助比例各异。建议由市总工会牵头，建立全市工会统一的职工重特大病医疗互助实施办法，形成在全国叫得响、有特色、有成效、职工拥护的帮扶补助品牌。

（四）建立事前补助制度。有的患病职工在入院治疗后，已无钱再缴纳后续治疗费用。职工医疗互助要建立事前帮扶补助机制，通过上门探望、上门核实等方式，并经过医疗部门的真实预估，确定补助标准，在职工最需要帮助的时候，将工会的温暖及时送达患病职工。

（五）加强与民政、医保的联系，避免重复。与市民政部门、医保部门进行对接，填补职工医疗报销的盲点，避免重复报销项目，将职工医疗互助办成政府放心、工会放心、职工满意的民心工程。

（作者为利通区总工会社会化工会工作者）

自治区总工会文件

自治区总工会关于在疫情防控企业复工复产期间做好工会工作的通知

宁工发〔2020〕7号

各市、县（区）总工会，各产业工会，区直机关工会，区总各部门、直属单位：

为深入贯彻落实习近平总书记关于疫情防控工作的一系列重要指示精神，全面落实自治区应对新型冠状病毒感染肺炎疫情工作领导小组工作部署，在疫情防控中积极发挥各级工会和广大职工的作用，全力协助企业复工复产，稳定劳动关系，动员广大职工凝心聚力、同舟共济、共克时艰，现就具体事项通知如下。

一、各级工会要将新冠肺炎疫情防控工作作为当前工会的重大政治任务，教育引导广大职工以主人翁的责任感和使命感，与企业同呼吸、共命运，团结一心打赢疫情防控阻击战。要采用健康提示、张贴宣传画、视频播放以及防控知识培训等多渠道普及防控知识，增强职工自我防护意识，理解、支持并配合防控工作。

二、各级工会要从实际出发安排一定的资金设立新冠肺炎疫情防控专项资金，专门用于疫情防控保障和慰问等工作，重点对参与疫情防控工作的医护人员、公安干警、社区防控工作者、物资保障人员、环卫工人、疫情防控重点工程项目建设者、复工复产一线职工及其无法照顾的直系亲属进行慰问和人文关怀，积极动员组织社会力量，发动工会志愿者定期了解他们的需求和困难，积极帮助解决。

三、各级工会要协助有关部门和企业妥善处理好疫情防控期间劳动关系问题，引导企业承担社会责任，监督落实“因隔离、留观或政府采取紧急措施不能提供正常劳动的，企业不得随意解除、终止劳动合同，也不得退回劳务派遣用工”的规定，及时化解因疫情引发的用工矛盾纠纷，切实维护职工合法权益，维护职工队伍稳定。

四、各级工会要根据企业复工复产需要，适时开展工会就业服务月活动，积极打造“线上春风行动”，通过各级工会网上服务平台发布用工信息等方式，为用工企业和务工人员搭建平台，协助复工企业缓解用工短缺等矛盾。

五、各级工会要广泛宣传在疫情防控和企业复工复产工作中涌现出的先进典型和模范事迹，引导劳动模范和先进人物更好发挥示范表率作用，要在劳动模范、五一劳动奖章（奖状）、和谐劳动关系创建等荣誉评选中优先考虑对疫情防控、企业复工复产、稳定劳动关系作出突出贡献的个人和集体，充分凝聚疫情防控工作的强大正能量，大力营造万众一心打赢疫情防控阻击战的良好社会环境。

六、市、县（区）工会要在协调劳动关系三方中积极作为，切实保障职工工资报酬、福利待遇、休息休假、安全防护等合法权益，完善企业内部协商民主机制，进一步畅通职工理性表达合理诉求的渠道，通过集体协商等合法方式，力争把劳动关系矛盾隐患化解在萌芽状态，大力推广“互联网+调解仲裁”，发挥工会在劳动争议调解、仲裁中的特殊作用，避免出现负面舆情影响复工复产。

七、企业工会要积极协助企业制定复工方案，及时宣讲疫情防控政策要求，建立返岗员工健康监测制度，做好后勤保障、出入管理和环境卫生等工作，为职工配备好防疫保护和劳动保护装备等防护物资，建立一日三次清洁、消毒、通风及进出体温筛查制度，随时掌握职工健康状况，采取合理安排轮岗排班、降低工作区域内人员密度、职工的工位设置拉长、集体住宿尽量降低人员密度、不举办室内外聚集性活动、孕期哺乳期女职工等特殊员工远程办公等措施，建立健全符合企业特点的生产生活指南，把防控责任落实到车间、班组和每一名职工。

八、企业工会要密切关注职工受疫情影响的思想动态，有条件的工会要开展心理危机干预疏导、微信电话服务、公益性心理微课等，疏解职工在疫情防控形势严峻情况下的焦虑恐惧情绪，倡导职工主动践行合理膳食、适量运动、戒烟限酒等健康生活方式，营造“我的健康我做主”的良好氛围。要主动关心因疫情造成生活困难的职工，及时纳入相应帮扶救助范围，帮助职工解决实际困难，增强职工归属感。

九、因疫情影响导致生产经营困难的企业工会，要通过集体协商民主程序与职工协商，采取调整薪酬（停工津贴）、轮岗轮休、缩短工时等方式稳定工作岗位；对暂无工资支付能力的，要支持企业与职工代表协商延期支付，帮助企业减轻资金周转压力。

十、各级工会干部要坚定扛起疫情防控责任和工会工作职责，结合全区工会干部下基层联系点“六个一”工作机制，积极主动对接所联系的企业和职工，深入复工复产和疫情防控第一线，用心传递工会“娘家人”“贴心人”的温暖，为协助做好企业复工复产交上合格的“工会答卷”。

宁夏回族自治区总工会

2020 年 2 月 19 日

关于做好集体协商工作的通知

宁工办通〔2020〕9号

各市、县（区）总工会，各产业工会：

为积极应对新冠疫情对劳动关系的影响，协助企业做好复工复产，保障企业和职工合法权益，促进经济发展和维护社会稳定，现就做好集体协商工作有关事项通知如下。

一、指导思想

全面贯彻党的十九大精神，进一步完善政府、工会、企业共同参与的协商协调机制，积极落实自治区关于疫情防控决策部署，统筹处理好促进企业发展和维护职工权益的关系，动员企业关爱职工，稳定就业岗位，职工关心企业发展，职工与企业同舟共济、共渡难关。不断提升协商质量，拓展协商内容，保护和调动职工的生产经营积极性、主动性，不断推动全区劳动关系和谐稳定。

二、做好集体协商各方面工作

（一）积极做好疫情防控期间集体协商

1. 各级工会要认真贯彻落实国家、自治区协调劳动关系三方《关于做好新型冠状病毒感染肺炎疫情防控期间稳定劳动关系支持企业复工复产的意见》，在疫情防控期间，鼓励符合规定的复工企业实施灵活用工措施，与职工协商采取错时上下班、弹性上下班等方式灵活安排工作时间。

2. 对已经复工的企业，工会可采用意见箱、微信群、电子邮箱、企业OA办公系统等途径做好协商议题收集、整理工作，开展网上要约、答复和协商数据资料网上交换等工作，并通过视频会议等形式进行沟通协商，形成集体合同，履行公示程序。

3. 对因受疫情影响职工不能按期到岗或企业不能开工生产的，在不具备远程办公的条件下，可与职工协商优先使用带薪年休假、企业自设福利假等各类假期，该期间的工资发放，单位和职工可以协商安排。

4. 企业因受疫情影响导致生产经营困难的，鼓励企业通过协商采取调整薪酬、轮岗轮休、缩短工时、待岗等方式稳定劳动关系和工作岗位，维护正常生产经营秩序；对暂无工资支付能力的，要引导职工协商延期支付，帮助企业减轻资金周转压力。

（二）扎实做好疫情结束后集体合同签订工作

各市、县（区）总工会要加强工作协调指导，指导企业工会督促企业和职工依法开展集体协商工作，提前就签订集体合同达成共识。企业和职工应重点围绕工作时间、休息休假、补充保险和福利、职业技能培训、劳动合同管理、奖惩、裁员等事项进行集体协商。疫情结束、恢复正常生产经营后，可以进一步就基本工资调整、加班工资、劳动定额、女职工生育保护、劳动安全卫生等事项进行协商，做好专项集体合同签订工作。

（三）深化行业、区域协商，树立“双百”示范点

各地应坚持以劳动密集型、中小企业集中的行业、区域为重点开展行业集体协商。

2020年，全区各级工会完成行业、区域集体协商示范点各100个（分配名额详见附件）。其中，各市、县（区）总工会在快递、外卖和出租车等新业态领域行业中至少完成一个行业集体协商试点任务，并签订行业集体合同。

（四）继续做好“四季要约”行动

实现经常化集体协商要约工作，每季度根据实际情况及时发出要约，使要约行为贯穿全年，推动工资集体协商常态化。为确保“要约行动”取得实效，各级工会必须按照“两函一书”制度，对基层工会开展“要约行动”的情况进行线上线下督促、检查。

（五）认真开展质效评估

坚持以企业（行业）自评为主、外部评估为辅的原则实施集体协商质效评估工作，引导企业（行业）通过开展自我评估，发现和整改存在的问题，提高集体协商质量和职工参与率、知晓率、满意率以及企业认可度。

各级工会要做好集体合同签订情况的摸底工作，对行业协商数量、区域协商数量、已开展集体协商的企业数量以及尚未开展集体协商的企业数量要准确掌握。

三、加强指导员队伍建设

要不断完善指导员考评、激励和退出机制，加大培训工作力度，明确工作任务目标，充分发挥指导员在协商工作中的作用，不断提高指导员协商水平。一是本年度集体协商指导员主要从社会化工会工作者、劳动争议调解员、法律援助工作者、协调劳动关系三方工作者、专业律师及熟悉以上工作的离退休老干部人员中产生。二是健全完善指导员台账制度，定期检查，一季度一小结、半年总结、年终述职，并提交年度工作报告。三是各市、县（区）要按照上述要求，做好区总聘用指导员的推荐工作，切实将敢于协商、善于协商的人员选进集体协商指导员队伍。

四、相关要求

各级工会要宣传开展集体协商对于化解矛盾、实现双赢的重要意义。既教育职工充分考虑企业运行状况，又合理回应职工诉求，开展有针对性的宣传引导，发动更多企业参与到集中要约活动中来。要强化服务意识，加强沟通协调，明确各方职责，制订工作计划，形成工作合力，帮助企业解决集体协商工作中的重点难点问题。

1. 请五市总工会于2020年3月31日前，将拟聘区总集体协商指导员人员名单及推荐表以纸制（加盖推荐单位本级印章）和电子版形式报区总权益保障部审核。

2. 对2019年度考核70分以下或未能完成工作任务的区总聘用指导员不再进行推荐。

3. 2020年度集体协商指导员补助金要严格通过银行卡实名制发放到个人。

4. 各市、县（区）总工会结合实际，配齐本级集体协商专职指导员。

附件：1. 自治区总工会集体协商指导员名额分配表（略）；
2. 自治区总工会集体协商指导员推荐表（略）；
3. 自治区总工会集体协商指导员推荐名单（略）；
4. 自治区总工会集体协商指导员年度考核评分标准（略）；
5. 全区行业、区域集体协商示范点任务分配表（略）。

宁夏回族自治区总工会办公室

2020年3月18日

关于做好新冠肺炎疫情防控期间困难职工帮扶工作的通知

宁工办通〔2020〕10号

各市、县（区）、产业工会，区直机关工会：

为贯彻落实中华全国总工会办公厅《关于做好新冠肺炎疫情防控期间支持企业安全有序复工复产和劳动关系协调工作的通知》和自治区党委应对新型冠状病毒感染肺炎疫情工作领导小组《关于进一步做好疫情防控期间困难群众兜底保障工作的通知》精神，进一步解决疫情防控期间我区困难职工面临的突发性、紧迫性、临时性生活困难，现就做好新冠肺炎疫情防控期间困难职工帮扶工作有关事项通知如下。

一、全面开展摸底排查工作

各级工会要进一步探索困难职工主动发现和快速响应机制，及时了解疫情对所在地区低收入职工群体生活生产的影响，切实发挥基层工会作用，特别是企业工会、社区工会结合在开展抗击疫情相关入户、数据统计、人员登记等方面掌握的情况，全面开展摸底排查工作。

二、及时发现，及时建档

对于因疫情造成的新增困难职工和返贫返困的困难职工，要按照《自治区总工会困难职工帮扶管理实施细则（试行）》的建档要求及时建档、给予帮扶；对参与疫情防控工作的医护人员、公安干警、社区防控工作者、物资保障人员、环卫工人、疫情防控重点工程项目建设者、复工复产一线职工的困难家庭用送温暖资金和防疫专项资金开展慰问关怀，符合建档条件的及时纳入困难职工帮扶范围。

三、开展临时帮扶救助

对于未达到建档标准、暂时无法纳入困难职工档案，家中遇到重大困难和变故的低收入职工，各级工会可使用疫情专项资金和其他资金发放疫情期间临时生活补贴，具体发放标准由各地根据帮扶资金和其他资金以及困难职工总量，根据实际自行研究确定。

四、建立台账，及时上报

（一）请五市总工会、各产业工会于2020年4月10日前将全国级、自治区级困难职工实名制汇总表电子版和纸质版报送区总权益保障部。

（二）企业工会和县级以上工会建立临时帮扶台账，由五市总工会、产业工会于2020年6月30日前将临时帮扶台账及帮扶情况电子版和纸质版报送区总权益保障部。

宁夏回族自治区总工会办公室

2020年3月19日

关于印发《自治区总工会开展“基层组织建设年”活动实施方案》的通知

宁工办通〔2020〕12号

各市总工会，各产业工会，区总各部门：

《自治区总工会开展“基层组织建设年”活动实施方案》已经自治区总工会2020年第3次主席办公会议审议通过，现印发给你们，请结合实际认真贯彻落实。

宁夏回族自治区总工会办公室

2020年3月31日

自治区总工会开展“基层组织建设年”活动实施方案

为深入贯彻党的十九大和十九届二中、三中、四中全会精神，扎实落实自治区第十二次党代会和自治区党委十二届八次、九次全会工作部署，切实发挥工会职能作用，夯实基层工会组织基础，自治区总工会决定在全区工会开展“基层组织建设年”活动，特制定如下实施方案。

一、指导思想

坚持以习近平新时代中国特色社会主义思想为指导，深入学习贯彻习近平总书记关于工人阶级和工会工作的重要论述、习近平总书记来宁视察时的重要讲话精神，牢牢把握为实现中华民族伟大复兴的中国梦而奋斗的时代主题，全面落实中国工会十七大提出的任务要求，坚持落实到基层、落实靠基层理念，以促进区域经济高质量发展、加强和创新基层社会治理为中心任务，以维护职工合法权益、竭诚服务职工群众为基本职责，进一步增强工会组织政治性、先进性、群众性，不断提高基层工会组织的吸引力凝聚力战斗力。

二、工作目标

继续深化全区工会改革任务，着力加强“六有”基层工会建设，建立学习型、服务型、创新型基层工会组织，推动基层工会形成一套有效运行模式、一批创新载体项目和一批易学易推易复制示范点。创新基层工会组织形式和入会方式，着力扩大工会组织覆盖面，增强代表性；创新基层工会活动方式和工作方法，着力强化服务意识，提高维权能力；打造绝对忠诚党的事业、竭诚服务职工群众的干部队伍，着力加强基层工作力量，提升保障水平。努力把基层工会建设成为职工群众信赖的“职工之家”，把广大基层工会干部锤炼成为听党话、跟党走、职工群众信赖的“娘家人”。

三、工作任务

（一）积极推进基层工会组建和会员发展工作，巩固扩大工会组织覆盖面

1. 加强乡镇（街道）工会建设。持续学习推广顾村经验，加大小微企业建会支持力度，健全完善乡镇（街道）—村（社区）—企业小三级工会组织网络，延伸工作触角，扩大组织覆盖。完善乡镇（街道）工会组织形式，根据各地实际情况，分类建立乡镇（街道）总工会、工会委员会、工会联合会。县（市、区）总工会可以在不具备建立工会组织条件的乡镇（街道）设立乡镇（街道）工会工作委员会。推动乡镇（街道）工会建设纳入党建带工建机制，建立乡镇（街道）党（工）委定期听取工会工作汇报、乡镇（街道）工会主席列席党（工）委有关会议制度，落实重大事项向乡镇（街道）党（工）委和上级工会请示报告制度。探索建立乡镇（街道）工会工作权责清单，健全工作评价制度，组织开展乡镇（街道）工会业务考核，制定《自治区总工会加强乡镇（街道）工会工作实施办法》。（责任部门：组织部）

2. 持续开展 50 人以上企业建会行动。以开发区（产业园区）、新经济新技术新业态企业为重点领域，以非公有制企业为重点对象，参照参加社保的企业数摸清底数，认真分析 50 人以上未建会企业的实际情况，坚持因地制宜、因企施策，分类推进企业建会。针对民办医疗、教育等机构数量激增和教育卫生系统聘用编外职工人数较多的情况，做好工会组建和入会工作。对未建会企业积极开展宣传发动、技能培训、维权服务等三进基层活动，增强基层工会的影响力和凝聚力，激发企业和职工自觉建会和自愿入会的内在动力。到 2020 年底，力争实现 50 人以上企业建会动态全覆盖，并将建会重点拓展到 25 人以上企业，不断扩大工会组织覆盖面。（责任部门：组织部、各驻会产业工会）

3. 持续开展“八大群体”集中入会行动。针对“八大群体”从业人员较为分散、流动性大、组织薄弱、权益维护困难等特点，以街道（社区）、商圈、物流园区、货运市场及快递行业、网约订餐平台等新兴行业为重点领域，根据群体从业特点，采取单独建、区域建、联合建、挂靠建、网上建等方式，积极组织建会入会。对职工 25 人以上企业推动单独建会；对行业特点明显、分布相对集中的商户、企业组建商圈、园区、行业工会联合会；对隶属行业管理的商场促销员、货运司机、物流快递员等，通过挂靠龙头企业组建工会联合会；对零散就业人员，组织加大街道（社区）工会联合会、一条街工会等。（责任部门：组织部、各驻会产业工会）

4. 持续开展农民工入会专项行动。把开发区（工业园区）、建筑项目、物流（快递）业、家庭服务业、农民专业合作组织等领域作为重点，把劳务公司建会作为突破口，积极推行职工网上申请、网下办理入会方式，畅通职工入会渠道。通过在农民工聚集地设立流动服务窗口等方式，方便农民工加入工会，力争到 2020 年底全区农民工入会率达到 55%。（责任部门：组织部、各驻会产业工会）

5. 完善会员管理工作。贯彻落实《工会会员会籍管理办法》，充分利用宁夏工会工作服务平台，按照劳动（工作）关系在哪里、会员会籍就在哪里的原则，实行一次入会、动态接转，健全会员档案，规范会员关系接转。重点做好返乡农民工、劳务派遣工、灵活就业人员等群体的会籍管理，确保会员会籍管理不缺项不断档。（责任部门：

组织部、各驻会产业工会）

（二）大力加强阵地建设，打造竭诚服务职工的一流平台

6. 推进职工之家、职工小家示范化建设。深入开展模范职工之家（小家）评选活动，以规模以上企事业单位工会为重点，在全区培育15个职工之家示范点、20个职工之家培育点、15个职工小家示范点、15个职工小家培育点，提升职工之家、职工小家建设水平和服务质量。落实《宁夏基层工会模范职工之家建设管理办法》，不断规范职工之家创建工作，实行动态管理机制，对已授予模范职工之家称号但不符合条件的要求整改，整改不通过的进行摘牌处理，破除"一评终身制"。（责任部门：组织部、各驻会产业工会）

7. 加强"会站家"一体化建设。坚持整合资源，把工会组建、职工之家建设、职工帮扶服务站点创建统一起来，实现工会工作资源共享、工作力量联合、工作效果叠加，构建"会站家"一体化工作体系。通过打造工会职工驿站、司机之家、户外职工之家，推进职工之家建设优化升级，把加强职工之家建设的过程变为组织职工、引导职工、服务职工和维护职工合法权益的过程。推进"会站家"一体化建设向社区、基层工会延伸，在工业园区、楼宇、社区等区域，打造10～20个区域示范性"会站家"一体化职工服务阵地。广泛开展六进活动，即技能培训、法律援助、帮扶救助、安全卫生、职工书屋、职工医疗互助保障等进工会工作站，使工会资源整合最大化，效益发挥最大化。（责任部门：权益保障部、组织部）

8. 加强职工书屋建设。深化"职工书屋"和电子书屋建设，丰富服务内容，拓展服务功能，增强职工书屋的吸引力。坚持开展形式多样的职工读书活动，培育健康文明、昂扬向上、全员参与的职工文化，努力把职工书屋打造成内聚人气、外树形象的职工文化品牌，打造职工美好精神家园。（责任部门：宣教文体部、各驻会产业工会）

9. 加强基层工会规范化建设。以"六有"为基准，以落实《工会基层组织选举工作条例》《基层工会会员代表大会条例》为重点，切实纠正企业工会建设中各类不规范问题。坚持建会工作和基层工会规范化建设两手抓、两促进，统筹好企业建会过程中的政策指导服务工作。广泛宣讲基层工会规范化建设的有关制度，提高广大工会干部运用法治思维和法治方式推进基层工会建设的能力。（责任部门：组织部、各驻会产业工会）

（三）着力创新工会工作方式，提高服务意识和能力

10. 推进新时期产业工人队伍建设改革。制定深化产业工会改革实施方案，创新面向产业工人的工会工作。实施产业工人队伍建设改革显效行动，以建设一支"有理想守信念、懂技术会创新、敢担当讲奉献"的产业工人队伍为主线，适时召开全区产业工人队伍建设改革工作推进会，强化制度设计，总结典型经验，做好舆论引导，凝聚改革共识，推动相关政策意见和制度措施落到实处。围绕产业工人队伍思想政治引领、建功立业、素质提升、地位提高、队伍壮大五大任务，组织各牵头单位开展季度督查，抓好已出台政策措施的落实落地，推动出台更高含金量的政策措施，进一步完善产业工人培养、评价、使用、激励保障等机制。（责任部门：劳动和经济工作部、各驻会产业工会）

11. 健全民主管理制度。落实《宁夏回族自治区企业民主管理条例》《宁夏回族自治区企业工资集体协商办法》等法律法规和制度，督促企业依法履行社会责任，营造有利于产业工人队伍建设的法治环境。进一

步落实以职工代表大会为基本形式的企业民主管理制度，探索建立职工民主管理委员会、民主议事会等多种民主管理形式，加强公司制企业职工董事制度、职工监事制度建设，完善企业法人治理结构。制定《自治区企业工会民主选举实施办法》，开展民主管理工作大调研活动，适时召开企业民主管理工作现场推进会。开展企事业单位职代会质量评估工作，评选表彰厂务公开民主管理先进单位和示范单位。结合区域（行业）工会联合会建设，推行区域（行业）职代会制度，不断扩大民主管理制度对小微非公有制企业的有效覆盖，保障职工的知情权、参与权、表达权、监督权。（责任部门：权益保障部、组织部、各驻会产业工会）

12. 助力新冠肺炎疫情防控。结合复工复产工作形势需要，指导各企事业单位通过协商民主程序与职工协商采取调整薪酬、轮岗轮休、缩短工时等方式稳定工作岗位，妥善处理好疫情防控期间劳动关系问题。将“聚合力　促发展　职工代表提案在行动”作为企事业单位开展“公开解难题、民主促发展”主题活动的有效抓手，指导各产业、各企事业单位根据自身实际，开展不同形式的优秀职工代表提案征集活动，组织动员职工代表为企事业单位复工复产献计献策。（责任部门：权益保障部、组织部、各驻会产业工会）

13. 加大困难职工帮扶力度。继续构建以精准帮扶为重点的困难职工解困脱困帮扶体系，着力推动帮扶工作提质增效。针对不同层面、不同类别困难职工的脱困需求，将“建档帮扶”“结对帮扶”“工会班”“金秋助学”“医疗互助”“临时救助”“常态化送温暖”和“三个一技能培训”8个帮扶工作做精做细，真正实现对全区困难职工群体“帮到位”的全覆盖，确保2020年现有国家级建档立卡困难职工全部实现解困脱困。（责任部门：权益保障部、各驻会产业工会）

14. 构建职工维权服务体系。完善协调劳动关系三方机制建设，通过三方联席会议平台，将涉及职工劳动权益方面的诉求和问题及时进行沟通解决，推动构建和谐劳动关系。深入扎实开展全区集体协商质效评估工作，在全区打造100个行业和区域集体协商示范单位，推动全区集体协商工作再上新台阶。建立与自治区信访、人社等部门的信息共享和协调解决机制，真正把职工诉求解决在萌芽状态，全力化解职工队伍不稳定风险。发挥“12351”网络维权平台联系服务职工的枢纽作用，加大宣传力度、提升响应速度、拓展受理维度。整合区、市、县（区）、乡镇（街道）四级维权力量，形成线上受理、分级派单、属地办理、限时办结的维权新机制，实现半小时内有效响应职工诉求。推进基层维权帮扶中心功能整合，逐步实现建会入会、法律援助、维权帮扶、会员服务一站式办理，加大维权帮扶中心力量配备，推行轮流值班制度，让工会干部普遍沉到维权一线、熟悉职工群众工作，增强依法维权能力。（责任部门：权益保障部、各驻会产业工会）

15. 推进“智慧工会”建设。不断优化完善“一网一卡一平台”服务体系，全力实施“智慧工会”建设，依托全区工会“12351”职工网络服务系统，深入推动工会工作线上线下深度融合。依托自治区政府云平台，打造产业工人网络学习基础平台，满足广大职工个性化学习需求。依托宁夏工会手机App和宁夏职工服务网，积极拓展就业、文化、旅游、健康和娱乐等方面新的普惠服务，开发精品项目，实施精准服务。建设面向职工的新媒体矩阵，培育积极健康、向上向善的网络文化，不断提升工会工作传

播力、引导力、影响力。（责任部门：网络工作部、权益部保障部、各驻会产业工会）

16. 加强创新亮点项目深化推广。不断完善创新亮点项目的发掘力度，认真做好创新亮点培育工作，建设工会创新亮点项目储备库，逐年更新。做实做强创新亮点项目，在近三年来已被确定为“自治区总工会创新亮点项目”中评选10个实践效果显著、职工群众满意、覆盖范围广泛、长效机制完善的项目进行推广深化。鼓励各市结合实际，在承接自治区总工会创新项目的基础上延伸拓展，探索基层工会创新发展的生动实践，使改革创新项目建设形成更多可复制、易推广的工作机制，不断提高基层工会工作水平。（责任部门：组织部、各驻会产业工会）

（四）切实加强基层工会干部队伍建设，提升保障水平

17. 优化基层工会干部队伍结构。推动和指导基层工会换届，加强工会积极分子和志愿者队伍建设，不断壮大基层工会工作力量。注重在一线劳模（先进工作者）和优秀职工中选配工会干部，提高一线职工所占比例，改善基层工会委员会的人员结构。加强工会社会工作专业人才队伍建设，按照社会化运作、契约化管理、专业化培训、职业化发展的要求，推动工会社会工作专业人才在基层合理配置，引导职工社会服务资源向基层倾斜。贯彻落实《自治区总工会关于加强社会化工会工作者队伍建设的实施意见（试行）》，加大人员管理、教育培训等工作力度，补齐补强社会化工会工作者队伍，使全区社会化工会工作者真正成为基层工会工作的中坚力量。（责任部门：组织部）

18. 开展基层组织建设培训。坚持把基层工会干部培训作为重点，运用各级工会培训资源，抓好基层工会干部履职能力培训工作。采取集中培训、以会代训、现场教学、送教上门、网络培训等多种方式，为基层工会干部提供菜单式、个性化培训，增强培训工作实效，提高基层工会干部的理论素养和业务水平，提升服务能力和本领。（责任部门：组织部、各驻会产业工会）

19. 加大基层经费投入。各级工会要拓宽工会经费来源渠道，积极争取行政补助，不断提升工会经费保障能力。坚持工会经费正确使用方向，着力解决基层工会经费缺乏的问题，将工会经费支出重点向基层倾斜，确保大部分经费用于服务职工。（责任部门：财务资产部）

四、实施步骤

（一）制定方案阶段（2020年2月至2020年3月）。自治区总工会围绕自治区党委“守好三条生命线，走出一条新路子”的总体要求，坚持从实际出发，做好顶层设计，制定《宁夏总工会基层组织建设年实施方案》（以下简称《实施方案》）。各市总工会根据《实施方案》制订工作计划，细化工作措施，明确责任分工和时间节点，推动形成各司其职、齐抓共管的工作态势。

（二）全面推进实施阶段（2020年4月至2020年10月）。各级工会按照《实施方案》要求，有步骤、有计划逐条逐项抓好各项工作任务和措施的落实。坚持问题导向，从实际、实践、实效出发，紧紧围绕推进建会数量质量并重发展、激发基层工会活力、发挥基层工会作用和规范建好工会基层组织网络等方面，用改革创新思维有序推进各项工作开展。自治区总工会及各市总工会、产业工会要深入一线加强调研指导，着力解决基层工作中的难点问题，确保基层组织建设年活动取得实效。

（三）总结经验阶段（2020年11月至2020年12月）。各市在开展基层组织建设年活动中，做到边推动、边总结、边交流、

边推广、边提高，创造一批新的经验、新的典型，形成一批机制体制，做出实效。自治区总工会将召开全区基层组织建设年活动经验交流会，在全区各级工会推广。

五、保障措施

（一）完善制度建设。各级工会要积极争取同级党委、政府的重视和支持，推动基层组织建设纳入“党建带工建，工建服务党建”工作体系，形成长效机制。健全和完善工会与政府联席会议制度、各级非公党工委与同级工会党建带工建联席会议、调研督查、激励引导等机制，共同研究解决基层单位在“党建带工建，工建服务党建”工作中的新情况、新问题。

（二）落实责任分工。开展基层组织建设年活动是全区工会的重头戏，各级工会要高度重视，大胆探索，树立全区一盘棋的思想，打破地域、区域、行业等管理界限，创新工作体制、机制，用心用力抓实抓好，努力探索形成具有我区特色的基层工会工作模式。自治区总工会主要抓好基层组织建设年活动的总体规划、资源统筹和宏观指导，并将其纳入年度工作目标考核。市、县级工会要制定具体实施意见，集中时间、精力、人力、财力突破当前基层工会面临的难点问题。乡镇（街道）、开发区（工业园区）工会重点加强自身建设，探索形成推进工作的新模式。产业（行业）工会立足产业（行业）特点，发挥产业工会的独特作用，组织开展富有产业（行业）特色的工会活动。

（三）培育宣传典型。坚持从工会基层建设的实际出发，培养选树具有示范意义的先进典型。尊重基层创造，注重总结工会基层建设的成功经验、创新做法，通过新传媒宣传、召开经验交流会、现场观摩等多种形式进行推广，大力宣传基层工会建设先进典型，扩大工会基层组织的社会影响力。

关于印发《自治区总工会劳动模范临时性困难救助办法》的通知

宁工办通〔2020〕20号

各市、产业工会，区直机关工会，区总各部门：

《自治区总工会劳动模范临时性困难救助办法》已经自治区总工会党组会议研究通过，现予以印发，请遵照执行。

宁夏回族自治区总工会办公室

2020年4月29日

自治区总工会劳动模范临时性困难救助办法

第一章 总 则

第一条 为进一步规范我区劳动模范临时性困难救助工作，帮助劳动模范解决生活困难，根据全国总工会《全国劳模专项补助资金发放管理办法（试行）》，结合我区实际，制定本办法。

第二条 本办法所使用的救助资金是指区总每年预算的临时性困难劳模救助资金。

第二章 救助对象

第三条 我区在册管理的健在的全国劳动模范、先进工作者和自治区劳动模范、先进工作者以及享受国家级、自治区级表彰奖励获得者待遇的人员。

第三章 救助范围

第四条 符合下列条件之一的劳动模范，可纳入临时救助范围：

（一）本人患恶性肿瘤，致使家庭生活困难的；

（二）本人或其配偶、未成年子女患病，自付医药费用达1万元（含）以上，致使家庭生活困难的；

（三）家庭遭遇突发性灾害，致使家庭生活困难的；

（四）本人下岗、失业等，致使家庭生活困难的；

（五）因子女就学，学费及生活费支付难度大，致使家庭生活困难的；

（六）无劳动能力、无固定收入、无自有住房或残疾等，致使家庭长期困难的；

（七）其他原因致使家庭生活困难的。

第四章 救助标准

第五条 根据救助对象具体情况，确定救助标准：

（一）本人首次确诊患恶性肿瘤的，视病情给予临时救助5000～10000元；

（二）本人或其配偶、未成年子女患病且自付医药费用达 1 万元（含）以上的，按照自付药费 20% 的比例给予临时救助；

（三）家庭遭遇突发性灾害致使生活困难的，给予 3000～5000 元临时救助；

（四）因子女就学致使生活困难的，给予临时救助 5000 元；

（五）无劳动能力、无自有住房、无固定收入或残疾等致使家庭长期困难的，视情况给予临时救助 3000～5000 元；

（六）本人因下岗、失业等原因致使生活困难的，按当年自治区一类区月最低工资标准的 2 倍，给予临时救助；

（七）其他原因视情况给予适当救助；

（八）临时性救助金额最高不超过 1 万元。

第五章　救助程序

第六条　临时救助需履行申报审核程序，具体为：

（一）劳模本人提出申请，填写《自治区总工会劳动模范临时性救助审批表》，并提供收入证明、医疗诊断证明、医疗费用单据、子女就学证明、无房证明、失业证明、突发事件鉴定报告等相关证明材料原件及复印件；

（二）申请人所在单位工会或乡镇、街道工会核实情况，签署意见；

（三）区总职工服务中心初审资料；

（四）区总劳动和经济工作部审核，提出临时救助建议；

（五）区总分管领导审批；

（六）区总职工服务中心负责发放。

第六章　其　他

第七条　因同一原因给予临时救助的，原则上两年内不再给予临时救助。

第八条　申请临时救助的可同时申请特殊困难补助，特殊困难补助标准视情况适当降低。

第七章　附　则

第九条　本办法由区总劳动和经济工作部负责解释。

第十条　本办法自印发之日起施行。

自治区总工会关于印发《宁夏产业工会改革实施方案》的通知

宁工发〔2020〕17 号

各市、县（区）、产业工会，区直机关工会，区总各部门、直属单位：

《宁夏产业工会改革实施方案》已经自治区总工会党组 2020 年第 14 次会议审议通过，现印发给你们，请结合实际认真贯彻落实。

宁夏回族自治区总工会

2020 年 4 月 30 日

宁夏产业工会改革实施方案

为深入贯彻中央和自治区产业工人队伍建设改革会议精神，落实中共中央、国务院《新时期产业工人队伍建设改革方案》（中发〔2017〕14 号）和自治区党委、政府《新时期宁夏产业工人队伍建设改革实施方案》（宁党发〔2019〕7 号），结合产业工会工作实际，制定本方案。

一、总体要求

（一）指导思想

深入贯彻习近平总书记关于工人阶级和工会工作的重要论述，坚定不移走中国特色社会主义工会发展道路，推进产业工会工作改革创新，更好地满足产业工人需求，解决突出问题，增强产业工会活力，团结引领产业工人为建设经济繁荣民族团结环境优美人民富裕的美丽新宁夏贡献力量。

（二）主要目标

通过深入推进产业工会工作创新发展，使全区各级产业工会突出重点、聚焦主业，彰显特点、发挥优势，实现职责定位清晰明确，组织关系协调顺畅，组织体系健全完善，制度机制系统完备，工作方式不断改进，组织和工作覆盖面逐步扩大，自身活力进一步激发，服务产业发展、产业工人的能力显著提高，产业工会工作和产业工会组织政治性先进性群众性明显增强，切实承担起带领广大产业工人听党话、跟党走的政治责任。

（三）基本原则

1. 坚持党的领导。牢牢把握正确政治方向，围绕中心、服务大局，遵循产业和地方相结合的工会组织领导原则，充分发挥产业工会在服务党和国家工作大局中的积极作用。

2. 坚持依法依章。严格按照《中华人民共和国工会法》和《中国工会章程》设置调整产业工会组织，处理协调产业工会组织领导关系，依法依章履行职责。

3. 坚持立足实际。做到产业工会组织

设置与产业结构调整、产业工人队伍变化和行政管理体制改革相适应，突出产业特色和产业工会特点，体现层次性、差异性和灵活性，创造性开展工作。

4. 坚持问题导向。勇于探索实践，破解发展难题，研究新情况、解决新问题，切实增强产业工会的吸引力凝聚力战斗力。

二、改革任务措施

（一）准确把握产业工会的职责定位和工作重点

1. 产业工会的职责定位。产业工会是产业工人合法权益的代表者和维护者、产业劳动关系的协调者、产业经济持续健康发展的促进者，在维护产业工人合法权益、协调产业劳动关系、加强产业工人队伍建设、促进产业改革发展中具有重要地位和不可替代的作用。

2. 产业工会的工作重点。加强对所属基层工会工作的分类指导，总结经验，推广典型。推动建立健全以职工代表大会为基本形式的企事业单位民主管理制度，坚持和完善职工董事、职工监事制度，推进厂务公开、业务公开，落实职工群众知情权、参与权、表达权、监督权；协同有关部门重点抓好产业工人的职业道德、职业纪律、职业技能教育和培训，围绕产业经济发展，组织开展具有产业特点的示范性、引领性劳动和技能竞赛、安全生产等建功立业活动，积极推荐和评选本产业的先进典型和劳动模范；以社会主义核心价值观为引领，深入实施产业工人素质建设工程，建设知识型、技术型、创新型产业工人队伍，培养“塞上工匠”，提高产业工人队伍素质。

（二）加强对产业工会的领导

3. 加强产业工会党的建设。坚持把党的群众路线作为产业工会的生命线，自觉抵制和纠正“四风”，防止和克服“四化”等脱离群众的问题。把加强产业工会工作与改进工会干部工作作风结合起来，坚持“不忘初心、牢记使命”主题教育常态化，不断加强产业工会党的建设，把产业工会组织建设得更加充满活力、更加坚强有力。

4. 理顺产业工会组织领导关系。产业工会实行以地方工会领导为主的体制。实行垂直领导的产业工会要加强与地方工会的联系沟通，所属基层工会应当主动向所在地方工会报告工作，接受工作指导。与上一级相关产业工会不易对应的，由性质相近的产业工会或由同级地方总工会明确一个职能部门负责联系和协调工作。驻宁中央企业、外省驻宁国有及其控股企业所属企事业单位的工会，按照属地管理原则，一般由地方工会或相关产业工会领导。机关工会原则上不代行产业工会职责。属于工会统一要求和地区性问题，主要由地方工会负责，产业工会支持配合；属于产业特色的工作和特殊性问题，产业工会有条件、有优势做的，主要由产业工会来做，地方工会给予支持，避免职责交叉、工作重复。产业工会在开展特色工作时，上级工会职能部门要提供具体指导、支持和服务。

（三）加强产业工会组织建设

5. 健全产业工会组织体系。自治区级产业工会设置要与全国总工会产业工会设置原则上相对应，逐步实现对全区各类支柱产业全覆盖。各市总工会根据本地产业经济发展和产业工人队伍变化的实际，可以依托行政主管部门或骨干企业集团等设立产业工会。县以下产业经济发展较好、产业工人较多的地方，按照地域相近、行业相同、管理服务便捷的原则，采取联合制、代表制方式，积极推行建立县（区）、乡镇（街道）或工业园区等行业工会联合会，覆盖不同所有制企事业单位和相关社会组织。

6. 优化产业工会委员会委员、常委会委员结构。按照增强广泛性、代表性和群众性的要求，普遍实行产业工会委员会制，通过召开代表大会选举产业工会委员会，也可以按照联合制、代表制原则组成工会委员会，代表、委员中一线人员比例分别不低于40%、20%，进一步健全和完善产业工会组织设置，明确职责。

7. 加强产业工会领导班子和干部队伍建设。领导班子中设置专职、兼职、挂职成员，在现有专职副主席职数不变的基础上，增设兼职副主席3～4名、挂职副主席2～3名。其中，兼职副主席从一线职工（农民工）和劳动模范中选任，挂职副主席从相关事业单位或国有企业中选任。加强干部培训，提升服务产业工人能力，产业工会干部每年至少参加一期工会业务培训，每3年对所属基层工会干部轮训一遍。

（四）改进产业工会工作方式方法

8. 改进服务方式。产业工会要把竭诚服务职工作为基本职责，研究产业工人特殊利益问题，积极参与涉及产业工人切身利益重大问题的政策制定，从源头上维护产业工人的合法权益。加强对困难职工的帮扶，创新服务手段，提高服务精准化水平；探索运用社会化方式为基层提供项目化、专业化、订单式服务，增强服务基层的针对性和实效性。

9. 突出产业特色。按照不同地区、不同行业的产业工会在企业规模、组织形式、职工队伍、工作基础等方面存在的差异，因地制宜、因企制宜、分类施策，实施精准化、差异化指导和服务，有针对性地提出具体措施。尊重基层产业工会首创精神，注重培育具有产业特征的先进典型，着力在加强产业工人队伍建设、推进行业工会联合会建设、开展行业集体协商、制定行业劳动标准等方面发掘先进经验并不断完善。

10. 构建网上平台。紧紧围绕自治区总工会“一网、一卡、一平台”和“宁工惠”App，结合产业特点，制订和实施产业工会“互联网+”行动计划，依托产业信息网络技术，创建产业工会内部、产业工会与基层工会等网络共享互动平台，形成网上网下相互促进、有机融合的工作新格局。积极拓展文化、旅游、健康和娱乐等方面的普惠服务，开发精品项目，实施精准服务。建设面向产业工人的新媒体矩阵，培育积极健康、向上向善的网络文化，不断提升产业工会工作传播力、引导力、影响力。

（五）建立健全产业工会工作制度

11. 建立产业联席（联系）会议制度。产业工会应与对口产业管理部门、行业协会建立联席（联系）会议制度，参与制定涉及本产业改革发展的法规政策；与政府有关部门、行业协会等联合开展具有本产业特色的重点工作和活动。

12. 建立工作议事制度。研究制定本产业工会主席办公会决策议事规则、常务委员会议事规则、委员会全体会议议事规则；明确产业工会兼（挂）职副主席和干部的职责任务、选派程序，建立日常管理、考核评价等办法。

13. 建立联系基层和产业工人制度。建立健全密切联系产业工人的长效机制，完善产业工会直接联系产业工人和基层联系点制度，坚持“六个一”联系服务职工长效机制，把工作重心放在最广大职工身上。坚持深入基层，倾听职工群众呼声，反映职工群众诉求，切实帮助本产业工人解决困难和问题，让产业工人真正感受到产业工会是“职工之家”，产业工会干部是最可信赖的“娘家人”。

14. 建立工作汇报制度。制定向上级工会报告工作制度，做到日常工作定期汇报，重点工作和重要信息及时汇报，保证工作动态及时上传。

三、组织实施

（一）加强组织领导

各级总工会要切实承担起加强产业工会工作的责任，加大对产业工会的领导力度，把推进产业工会发展列入重要议事日程，纳入工会总体工作统一部署、同步推进、同时考核。建立地方工会领导联系所属产业工会制度，每年至少听取一次产业工会工作汇报或召开一次产业工会工作专题会议，研究部署产业工会工作。

（二）大力支持保障

赋予产业工会更多的资源手段，在表彰奖励名额分配上，适当向产业工会倾斜；在开展干部教育培训、困难职工帮扶、职工疗休养等工作时，充分考虑产业工会实际；在产业工会干部选配、人员选聘时，注意听取产业工会意见；按照经费保障与事责匹配的原则，加大项目化定向补助，使产业工会的重点工作有充足的经费保障。

（三）做好宣传引导

面向广大产业工人和各级产业工会干部，广泛宣传产业工会改革的指导思想、主要目标、基本原则和任务举措，引导他们提高认识、统一思想、支持改革、参与改革、推进改革，同时主动回应他们的关切，为改革工作的顺利推进营造良好氛围。

关于在全区开展2020—2021年度“安康杯”竞赛活动的通知

宁工发〔2020〕19号

各市总工会、应急管理局、卫生健康委员会，各产业工会，区直机关工会：

为落实中共中央、国务院关于安全生产的各项决策部署，主动适应新时代对安全生产工作提出的新要求，统筹做好当前复工复产安全防范工作，扎实开展安全生产专项整治三年行动，贯彻落实《自治区党委　人民政府关于推进安全生产领域改革发展的实施意见》精神，大力推动企业安全生产和工会劳动保护工作创新发展，进一步发挥广大职工群众在安全生产和职业病防治工作中的作用，防范遏制事故发生，根据全国安康杯竞赛组委会办公室《关于开展2020—2021年度全国“安康杯”竞赛活动的通知》（总工字〔2020〕9号）精神，自治区总工会、应急管理厅和卫生健康委员会决定，2020—2021年度继续在全区范围内开展“安康杯”竞赛活动。现将有关事项通知如下：

一、指导思想

以习近平新时代中国特色社会主义思想为指导，认真贯彻落实习近平总书记关于安全生产和职业病防治重要论述，坚决贯彻落实党中央、国务院的决策部署，坚持以人民为中心，牢固树立安全发展理念，大力弘扬生命至上、安全第一的思想。贯彻落实《中共中央　国务院关于推进安全生产领域改革发展的意见》《国务院关于实施健康中国行动的意见》，以预防生产安全事故和控制职业病危害为重点，广泛组织开展群众性安全生产和职业健康活动，督促企业落实主体责任，努力推动企业安全生产和职业病防治工作取得新成效，为决胜全面建成小康社会营造良好的社会环境。

二、主要目标

扩大“安康杯”竞赛参赛范围，吸引更多企业特别是非公、中小微、农民工比较集中的劳动密集型企业参赛，力争企业参赛数和职工参与数逐年增长。企业全员安全生产责任制进一步落实，群众性安全生产活动和企业安全文化建设进一步深入，职工安全责任意识进一步增强，职工职业健康状况持续改善，努力实现参赛企业生产安全事故起数、伤亡人数“双下降”。

三、竞赛主题

强意识，查隐患，促发展，保安康。

四、竞赛要求

在新冠肺炎疫情防控期间举办相关竞赛活动，要严格落实疫情防控各项规定和措施，减少人员聚集，严防聚集性疫情发生。

（一）推动落实企业全员安全生产责任制。推动企业根据安全生产法律法规和相关标准要求，明确所有层级、各类岗位从业人员的安全生产责任，通过加强教育培训、强化管理考核和严格奖惩等方式，建立安全生产工作“层层负责、人人有责、各负其责”

的工作体系；推动建立健全教育培训档案和安全生产责任制管理考核制度，将全员安全生产责任制教育培训工作纳入安全生产年度培训计划，对全员安全生产责任制落实情况进行考核管理，健全激励约束机制，激发全员参与安全生产工作的积极性和主动性；加强对企业建立和落实全员安全生产责任制工作的指导督促和监督检查，促进企业安全生产责任制落地见效。

（二）大力开展群众性安全生产活动。组织开展班组安全技能培训、安全生产合理化建议“金点子”征集等活动，推进班组安全管理标准化、规范化和科学化；广泛开展“安全隐患随手拍”安全生产职工监督活动，动员广大职工开展群众性隐患排查治理活动，全面排查消除各类事故隐患和职业病危害，努力防范和遏制各类事故；建立企业重大隐患治理情况向负有安全生产监督管理职责的部门和企业职代会“双报告”制度；加强国家安全生产和职业病防治等相关法律法规和政策文件的宣传，强化职工安全卫生知识普及，结合《职业病防治法》和《安全生产法》宣传周等主题活动，广泛开展形式多样的安全生产宣传教育活动。

（三）积极推进企业安全文化建设。以树立安全发展理念，弘扬生命至上、安全第一的思想为核心，以创建安全文化体系、完善安全生产责任制和规范员工操作行为为手段，引导企业营造人人讲安全、事事重安全、处处保安全的安全生产环境；把安全文化建设融入企业整体文化建设中，有针对性开展宣传培训、操作演练、亲情教育、警示教育等安全文化活动，把先进的安全生产理念、科学的安全管理方法、实用的安全操作技能、优秀的安全生产文化送到企业；推动企业通过学习和借鉴国际国内先进安全管理思想和安全文化理论，加以总结提炼，持续改进，逐步形成上下齐心、知行合一的安全文化，推动企业安全健康和谐发展。

（四）推动重点行业领域开展劳动竞赛活动。要围绕竞赛主题，面向基层、紧贴企业、依靠职工，充分整合社会资源，开展形式多样、内容丰富的竞赛活动，做到既与时俱进又适应企业发展需要、既围绕大局又贴近实际、既体现行业特色又突出区域特点。要把煤矿、建筑、交通、石油、化工、电力等高危行业和非公中小企业以及设备、技术、工艺落后的企业作为重点领域，把一线职工、农民工等群体作为重点对象，坚持因地制宜原则，吸引更多的企业特别是非公企业农民工比较集中的劳动密集型企业，参与到竞赛活动中来，逐步实现竞赛全覆盖。

（五）充分运用“互联网＋”推动竞赛活动开展。利用“互联网＋”工会服务形式，积极组织企业开展安全生产和职业病防治活动，建立健全电子教育培训档案，组织职工观看平台定期推送的有针对性培训课程、警示教育片、短视频等，通过优秀班组展播和合理化建议区，实现员工和企业、工会互动，及时掌握企业和员工诉求，通过大数据识别把先进的安全生产理念、科学的安全管理方法、实用的安全操作技能、优秀的安全生产文化推送到企业和职工手中。

五、实施步骤

（一）部署动员。各级工会组织要加强对“安康杯”竞赛活动的组织领导，指定专人负责，制定竞赛实施方案，做好部署工作，加大宣传力度，积极争取企事业单位党政和应急管理、卫生健康部门的支持和配合，并在人、财、物等方面给予大力支持和保障，动员更多企业和职工参与到竞赛活动中来。

（二）参赛报名。参赛范围为各类企事业单位。各参赛企事业单位按照属地、产业

（行业）系统、企业联合会、协会组委会等隶属关系报名参赛，但不能重复报名。请各市、产业工会于2020年7月底前负责本地区、本系统、本单位参赛企（事）业单位的组织报名工作，并于2020年10月底前将参赛单位名单、职工人数及班组数报自治区总工会劳动和经济工作部。未报名参赛的单位不得参加“安康杯”竞赛评比表彰，也不得参与自治区五一奖评选。

（三）检查指导。各级工会要经常深入基层了解竞赛活动开展情况，加强竞赛活动的检查指导，认真总结好的经验和做法，及时提出指导性意见和建议，帮助解决遇到的问题和困难。各市、产业工会间可根据自身情况开展交流互查。

（四）宣传报道。自治区总工会将运用各种形式，及时总结、宣传和推广参赛单位的先进经验。各市、产业工会要充分运用广播、电视、报刊、网站、“两微一端”等媒介，加强“安康杯”竞赛活动的宣传报道，不断扩大竞赛活动的社会影响。

（五）考核表彰。自治区总工会将通过总结评比，对2020—2021年度“安康杯”竞赛活动中表现突出的先进集体和先进个人推荐全国表彰，并在全区通报表扬。各市、产业、区直机关工会要加强与自治区总工会的信息交流，及时通过简报信息的方式，将本地、本行业系统开展“安康杯”竞赛活动情况、主要经验、存在问题和意见建议反馈自治区总工会，信息报送情况将纳入我区先进评比推荐考核之中。

附件：1. 全国“安康杯”竞赛考核评分表

2. 自治区“安康杯”竞赛报名表（略）

宁夏回族自治区总工会

宁夏回族自治区应急管理厅

宁夏回族自治区卫生健康委员会

2020年5月9日

附件 1

全国“安康杯”竞赛考核评分表

考核单位：　　　　　　　　　　　　　　　　　　考核时间：

考核项目	考核内容	得分
组织领导（7分）	竞赛组织机构健全（3分），主要领导任“安康杯”竞赛组委会主任。（2分）	
	竞赛活动有计划、部署、方案、组织、检查、评比、表彰、奖励。（2分）	
组织开展安全生产法规学习、培训、教育、宣传（18分）	深入宣传贯彻习近平总书记关于安全生产和职业病防治工作的重要论述，广泛宣传《劳动法》《工会法》《安全生产法》《职业病防治法》《中共中央　国务院关于推进安全生产领域改革发展的意见》等相关法律法规和政策。（5分）	
	组织开展安全生产和职业健康业务知识培训；提升职工应急处理能力和安全意识的提升。（3分）	
	把安全文化建设和健康企业建设融入企业整体文化建设中，有针对性开展宣传培训、操作演练、亲情教育、警示教育等安全健康文化活动。（4分）	
	建立安全卫生宣传教室或安全文化长廊，悬挂安全卫生警示牌、提示卡，张贴安全卫生宣传画、横幅、标语、警示语等。（3分）	
	积极参加全国“安全生产月”、“安全生产万里行”和《职业病防治法》《安全生产法》宣传周等活动。（3分）	
班组安全建设（10分）	重视企业班组安全建设，通过班组日常教育、温情教育和警示教育等，广泛开展班组安全宣传教育活动（6分），组织开展班组安全技能培训、安全生产合理化建议、安全管理优秀成果展示等班组安全文化活动。（4分）	
安全生产和职业健康管理（21分）	安全生产管理机构健全，有专、兼职安全人员并形成网络（3分），安全生产管理有计划，有具体实施方案。（2分）	
	建立全员安全生产责任制度（2分），明确各岗位安全生产职责（2分），建立教育培训档案和安全生产责任制管理考核制度，健全激励约束机制，激发全员参与安全生产工作的积极性和主动性。（2分）	
	把劳动安全卫生条款列入平等协商、签订集体合同内容并严格执行（属高危行业必须签订劳动安全卫生专项集体合同）。（1分）	
	建立健全职业卫生管理制度和操作规程，建立健全职业卫生档案和劳动者健康监护档案。（2分）	
	组织接触职业病危害的劳动者进行上岗前、在岗期间和离岗时的职业健康检查，并将检查结果告知劳动者。（2分）	
	按照规定及时、如实向卫生行政部门申报职业病危害项目。（2分）	
	个人劳动和职业病防护用品符合标准，配备齐全，并按规定严格检查。（1分）	

续表

考核项目	考核内容	得分
安全生产和职业健康管理（21 分）	安全装置齐全有效，设备完好率 100%，消防设备与器材齐全，有专人负责，并定期检查和保养。（1 分）	
	认真做好夏季防暑降温工作。（1 分）	
群众监督（20 分）	认真贯彻工会劳动保护监督检查“三个条例”，健全三级工会劳动保护监督检查网络，加强工会劳动保护监督检查员考核及管理。（5 分）	
	开展经常性的事故隐患和职业病危害源点排查，并进行分级管理，及时整改（3 分），建立企业重大隐患治理情况向负有安全生产监督管理职责的部门和企业职代会“双报告”制度。（2 分）	
	积极配合消防救援机构（1 分）及交管部门（1 分）做好职工的消防及交通安全教育和管理。企业职工没有发生过严重违章事故。（2 分）	
	重视职业病防治工作，开展群众性职业卫生监督检查活动。（3 分）	
	重视女工劳动保护，认真做好女职工“四期”保护。（3 分）	
事故控制（25 分）	未发生重特大事故。（25 分）	
*组织宣传（10 分）	组织开展省级“安康杯”知识竞赛活动进地方卫视。（10 分）	
总得分		

注：*为额外加分项。

关于“工会户外劳动者服务（法律援助）站”示范点建设的通知

宁工办通〔2020〕34号

各市、县（区）总工会，产业工会：

为进一步做好户外劳动者服务工作，按照全总办公厅《关于规范工会户外劳动者服务站点相关工作的指导意见》和自治区总工会十二届三次全委（扩大）会议要求，将工会户外劳动者服务（法律援助）站示范点建设，作为为全区职工办10件实事之一。为持续深化我区工会户外劳动者服务（法律援助）站规范化建设，自治区总工会决定在全区建设100家工会户外劳动者服务（法律援助）站示范点，现将有关事项通知如下。

一、指导思想

深入学习习近平新时代中国特色社会主义思想，进一步创新工会户外劳动者服务（法律援助）站点（以下简称站点）工作方式方法，拓展站点服务功能，整合站点服务手段，提高站点服务职工精准化水平。把站点建设成为改善户外劳动者劳动条件的平台；宣传和教育户外劳动者的阵地；树立工会形象、彰显工会作为的窗口；全社会奉献爱心、传递正能量的纽带和桥梁。

二、服务对象及功能

（一）服务对象

站点主要以环卫工人、出租车驾驶员、交通警察、快递员等户外劳动者为主要服务对象。服务对象还包括但不限于：园林绿化工、网约车（货运车）驾驶员、送餐员、建筑工人、建筑清洁工、市政工作人员、通信电力维护人员、空调安装维修人员、交通协管员、行政执法人员等户外劳动者。

（二）主要功能

重点解决户外劳动者“吃饭难、喝水难、休息难、如厕难”等现实问题。宣传劳动经济权益和法律法规等工会工作相关知识，开展权益维护、法律援助、信访调解、就业服务等工作。积极听取广大职工群众需求和意见，发挥工会职工服务末端智能。

三、建设原则和建设方式

（一）建设原则

本着投入少、好管理、易复制、可持续的工作原则，按照“工会主导、社会参与、共建共享、务实高效”的工作思路，倡导利用现有社会资源建立站点。

（二）建设方式

站点建设方式分为共建和自建两种方式，突出共建共享。共建指由县级以上工会组织与政府、社会组织（公益组织、基金会等）、爱心企业事业单位及人士共同建设、运营、管理。自建是指由县级以上工会组织自筹资金单独建立（设立）。

共建包括但不限于以下形式：依托政务大厅、社区党群活动中心、金融企业网点、商场超市、环卫场站、物流快递网点、餐饮住宿企业、医院、加油站、通信企业营业厅、机场、车站、重点工程建设工地等单位场所挂牌设立；利用工会困难职工帮扶中心（职工服务中心）、帮扶（服务）工作站（点）及已有的各类工会服务站点等于其他单位（组织、个人）合作设立。

四、建设标准

站点建设遵循“六有”标准：有统一的标识名称、有合理的站点布局、有健全的服务设施、有完善的服务功能、有规范的管理制度、有地图可查。

（一）标识

1. 站点统一标识。格式为“工会户外劳动者服务（法律援助）站”，可使用工会会徽。标识内容和会徽的使用应符合《中华全国总工会办公厅关于统一和规范工会资产服务阵地标识的通知》（总工办发〔2018〕27号）、《中华全国总工会办公厅印发〈关于中国工会会徽制作使用的若干规定〉的通知》（总工办发〔2019〕12号）相关规定。

2. 标识可体现站点（地方）特色，内容及颜色应保持严肃性。标识设计及使用应报自治区总工会同意并报全国总工会备案。已有标识应根据实际情况对符合条件的，逐步规范统一。共建站点应实现标识互挂互认。

3. 标识可采取标牌或其他适当形式，一般应在室外醒目位置予以明示。标识（标牌）规格大小可根据各地实际，由县级及以上工会统一制作。

（二）建设布局

各单位根据实际情况进行建设布局。建设前应对建设地点、辐射范围、覆盖人群等进行考察评估。站点密度应考虑城市道路情况和户外劳动者工作区域。

（三）基本设施

独立站点应设置相对固定建设面积，开放式站点功能区域面积不作要求，可自行结合实际情况确定。

配备基础设施，包括但不限于：饮水设备、微波炉、桌椅、电风扇（空调）、医药箱、电源插座、手机多功能充电设备等，应正常通水通电。有条件的站点可拓展服务功能，配备厕所、冰箱、储物柜、维修工具、电视机、无线网络（wifi）、工会报刊书籍、充电充气工具等。有条件的，根据实际情况，可拓展服务项目，丰富其内容。

站点外部应在显著位置标识包括服务内容、开放时间、管理人员姓名、电话等信息内容。

（四）管理制度

站点应制定日常管理规定、服务流程、安全须知等规章制度，并在站点内明示。要逐步建立健全其他相关管理制度和退出机制。

（五）地图查询功能

各级工会统筹掌握管辖区域内站点建设布局情况，符合标注地图条件的，可利用百度地图、高德地图等互联网查询功能和工会App、微信小程序、公众号等方式，形成站点布局电子地图。

运行中的站点位置、外观图片、可提供服务等信息应及时上传，以便于户外劳动者通过手机等设备进行查找。

五、运行和管理

（一）日常运行管理

各市、县（区），产业工会和站点各负其责，由各级工会统筹规划组织实施。每个站点应确定管理人和团队，保障站点安全、有序运行。

运行管理可采取自行管理、共建单位负责管理、服务对象自主管理等多种形式。开放时间可根据户外劳动者工作实际情况，采取固定时间开放、分时段定时开放等模式，最大程度地为户外劳动者提供便利。

（二）固定资产管理

共建站点固定资产可按共建方内部标准

管理，但须接受工会监督指导。

自建站点应按照全国总工会《工会固定资产管理办法》（总工办发〔2002〕30号）和《全国总工会财务部〈关于确定工会行政性固定资产单位价值标准〉的复函》（工财函〔2016〕12号）文件精神，确定固定资产范围，明确产权关系，落实具体管理单位和人员，建立健全站点固定资产管理制度，加强管理，确保站点固定资产安全和完整，自觉接受工会审计与监督。

六、任务要求

（一）各级工会要充分认识规范站点工作的重要意义，统一思想，提高认识，加强领导。要健全站点规划、建设、运行、管理、维护、资金支持、评价、考核、监督、激励等相关工作机制。

（二）要坚持整合原有资源、依靠社会资源、联合社会伙伴的站点建设形式，完善布点配套建设和服务，提高站点效能和辐射区域。要积极向同级党委、政府报告，争取财政资金投入。同时，要充分利用基金会、公益项目等平台媒介，引导社会公益组织、爱心企业等参与站点建设和服务，争取更多社会支持。

（三）各级工会要高度重视，将此项工作作为为职工办实事，抓紧办好办实办细。

完成时限：6～7月份，完成站点规划布局；8～9月份，完成规范化建设并投入运行；10～11月份，区总对各级工会示范点建设运行情况进行调研，授予“工会户外劳动者服务（法律援助）站示范点”牌匾，并对工作成效显著的单位给予通报。

附件：1. 工会户外劳动者服务（法律援助）站示范点建设计划分配表（略）

2. 工会户外劳动者服务（法律援助）站示范点建设情况统计表（略）

宁夏回族自治区总工会办公室

2020年6月15日

关于认真学习宣传贯彻习近平总书记视察宁夏重要讲话精神的通知

宁工办通〔2020〕35号

各市、县（区）、产业工会，区直机关工会，区总各部门、直属单位：

2020年6月8日至10日，中共中央总书记、国家主席、中央军委主席习近平亲临宁夏视察指导，并发表了重要讲话，为认真学习好、宣传好、贯彻好习近平总书记视察宁夏时的重要讲话精神，现将有关要求通知如下。

一、充分认识习近平总书记视察宁夏重要讲话精神的重大意义

习近平总书记始终关心关注宁夏的发展变化，惦念牵挂回汉群众的生产生活。时隔四年，正值全党全国决战脱贫攻坚、决胜全面小康，统筹推进常态化疫情防控和经济社会发展任务的关键时期，习近平总书记再次专程来宁夏视察工作，充分体现了对宁夏人民的关心厚爱，对宁夏事业发展的重视支持，全区上下深感振奋、备受鼓舞。习近平总书记在视察结束时发表的重要讲话，充分肯定了党的十九大以来宁夏各项事业发展取得的新成绩，明确提出了宁夏改革发展的总目标、总要求，指出了宁夏今后需要认真抓好的几项重点任务。这些新思想、新论断、新要求，与2016年7月习近平总书记视察宁夏时提出的“努力实现经济繁荣、民族团结、环境优美、人民富裕，确保与全国同步建成全面小康社会”目标和“三个着力”要求，与近年来对宁夏工作作出的一系列重要指示批示，一脉相承、紧密联系、有机统一，共同构成了推动新时代宁夏各项事业发展的行动纲领，为我们建设美丽新宁夏、共圆伟大中国梦注入了新的思想动力。

全区各级工会组织和全体工会干部要坚持以习近平新时代中国特色社会主义思想为指导，切实增强“四个意识”、坚定“四个自信”、做到“两个维护”，从政治、全局、战略的高度认真学习领会习近平总书记重要讲话的精神内涵，深刻认识到这是当前和今后一个时期宁夏全部工作的主题主线、引领发展的方向指引、统揽事业的基本遵循。要不断增强学习宣传贯彻落实的政治自觉、思想自觉和行动自觉，形成共同意志、共同目标、共同行动，牢记“社会主义是干出来的”伟大号召，发扬“不到长城非好汉”的精神，继续走好新的长征路，确保习近平总书记重要讲话精神在我区工会系统深入落实。

二、深入学习领会习近平总书记视察宁夏重要讲话的丰富内涵和精神实质

习近平总书记的重要讲话，进一步阐明了“新时代建设一个什么样的新宁夏、怎样建设新宁夏”的思路方向、战略任务和实现路径。我们要深刻领会其中的战略思考和前瞻思维，系统掌握蕴含的丰富内涵和精神实质，准确把握其中的认识论和方法论，努力学深、学实、学透。要深刻领会习近平总书记对宁夏工作提出的总目

标、总要求，是对我区各项事业发展的高点定位、指向导航、顶层设计，紧紧抓住了当前我区经济社会发展的关键所在，为我们做好各项工作进一步指明了方向、提供了遵循。要深刻领会习近平总书记赋予宁夏新的使命担当，是着眼于宁夏在黄河流域的生态方位、生态定位、生态地位，赋予我区的重大战略任务，具有重大的方向性、前瞻性、战略性、指导性意义。要深刻领会习近平总书记关于坚持不懈推动高质量发展的重大要求，是习近平总书记精准把脉我区存在的突出问题，提出的全面科学、务实管用的方向路径。要深刻领会习近平总书记关于推动改革开放取得新突破的重大要求，廓清了我们在深化改革、扩大开放方面的思想认识，进一步增强了信心和动力。要深刻领会习近平总书记关于坚决打赢脱贫攻坚战的重大要求，是对宁夏脱贫攻坚的决战令。要深刻领会习近平总书记关于抓好生态环境保护的重大要求，是建设美丽新宁夏、共圆伟大中国梦的应有之义。要深刻领会习近平总书记关于加强民生保障和社会治理的重大要求，体现了深厚的为民情怀和公仆意识。要深刻领会习近平总书记关于激发广大党员干部奋斗精神的重大要求，是习近平总书记的谆谆教导，充分体现了习近平总书记对我区党员干部的鞭策、期许、厚爱。

三、扎实推进习近平总书记重要讲话精神在工会系统落地生根、开花结果

（一）切实承担起团结引领广大职工听党话、跟党走的政治责任。要进一步加强对职工思想政治引领，大力宣传习近平总书记视察宁夏重要讲话精神，宣传习近平总书记对广大职工群众的深情厚谊和关心关怀，宣传中国共产党领导和中国特色社会主义制度的显著优势，宣传中华民族众志成城、风雨同舟的民族精神和爱党爱国的坚定信念，团结引导广大职工坚定战胜困难的信心和决心，坚定不移听党话、跟党走。要坚持以社会主义核心价值观引领职工，深化“中国梦·劳动美”主题宣传教育，把加强职工思想政治工作的过程转化为解决问题、推动工作的过程，筑牢广大职工同心同德、团结奋进的共同思想基础。

（二）组织动员广大职工在坚持不懈推动经济高质量发展中发挥主力军作用。要紧紧围绕习近平总书记关于坚持不懈推动高质量发展的重大要求，牢牢把握工人运动的时代主题，引导广大职工辛勤劳动、诚实劳动、创造性劳动，为实现中华民族伟大复兴的中国梦贡献力量。要把“六稳”“六保”作为当前最重要的任务，广泛深入持久开展“当好主人翁、建功新时代”主题劳动和技能竞赛，在推动高质量发展中发挥主力军作用。要大力弘扬劳模精神、劳动精神和工匠精神，通过组织劳模进学校、拍摄展播劳模专题片等形式，广泛宣传劳模的崇高思想和先进事迹，大力营造劳动最光荣、劳动最崇高、劳动最伟大、劳动最美丽的浓厚氛围。

（三）扎实推进工会改革和产业工人队伍建设改革走深走实。要紧紧围绕习近平总书记关于推动改革开放取得新突破的重大要求，紧盯增强政治性、先进性、群众性目标，扎实开展“产业工人队伍建设改革深化年”行动，紧盯薄弱环节，加强跟踪问效，不断深化拓展工会改革和产业工人队伍建设改革的广度和深度。要不断总结推广改革经验，着力完善产业工人思想政治建设、培训教育、素质提升、成长成才、作用发挥等机制，推进改革取得新成效，努力建设一支适应高质量发展的工会干部队伍和产业工人队伍。

（四）积极助力打赢脱贫攻坚战。要紧紧围绕习近平总书记关于坚决打赢脱贫攻坚战的重大要求，健全完善困难职工常态化帮扶解困机制和预防返贫返困机制，推进帮扶工作提质增效。要落实好自治区总工会、人社厅《关于开展困难职工农民工技能培训促就业活动的通知》（宁工发〔2020〕22 号），大力推广线上线下相结合培训模式，积极开展困难职工和农民工技能培训活动，为城镇待岗转岗职工、下岗失业人员以及农民工创造创业就业条件。要密切关注因疫情造成生活困难的职工，通过发放临时生活补助、加强关心慰问等措施，帮助他们渡过难关。要精准实施“结对帮扶”“工会班”“金秋助学”“医疗互助”“临时救助”和“常态化送温暖”等帮扶措施，确保现有建档困难职工与广大职工群众一道迈入小康社会。

（五）全面提升维权服务质量。要紧紧围绕习近平总书记关于加强民生保障和社会治理的重大要求，大力开展职工权益维护年活动，更加牢固树立以人民为中心的发展思想和全心全意为人民服务的宗旨意识，认真研究解决职工群众最关心最直接最现实的利益问题，更多地为职工提供普惠性、高质量的工会服务项目。在有效维护职工合法权益的同时，要注重引导职工群众依法依规有序表达利益诉求，着力维护社会和谐稳定。要着眼完善基层治理体系、提升基层治理能力，大力开展基层组织建设年活动，加强乡镇（街道）工会建设，扩大组织覆盖，延伸工作触角，提升工作质量，不断夯实工会基层基础。

（六）充分激发广大工会干部奋斗精神。要紧紧围绕习近平总书记关于激发广大党员干部奋斗精神的重大要求，以党的政治建设为统领全面加强工会系统党的建设，严明政治纪律和政治规矩，一以贯之落实中央八项规定精神，持之以恒纠治“四风”特别是形式主义、官僚主义。要完善担当作为的激励机制，大力弘扬实干担当的精神，通过多种方式提高工会干部做群众工作的能力，提高服务中心大局、服务生产一线、服务职工群众的本领，打造忠诚干净担当的高素质专业化工会干部队伍。

四、持续不断把学习宣传贯彻习近平总书记重要讲话精神引向深入

全区各级工会要把深入学习宣传贯彻习近平总书记重要讲话精神作为首要政治任务，加强组织领导，精心安排部署，迅速行动起来，切实抓好学习宣传和贯彻落实。

（一）要深入学习研讨。全区各级工会组织要认真抓好学习，深入开展研讨交流，组织广大工会干部逐字逐句研读、深入研讨交流，切实把讲话精神学深学透。在学习贯彻中，要把重要讲话精神同习近平总书记 2016 年视察宁夏时的重要讲话精神结合起来，对习近平总书记 2016 年视察宁夏时的重要讲话精神再学习、再思考，增强贯彻落实的连续性；要同习近平总书记关于工人阶级和工会工作的重要论述结合起来，融会贯通、一体把握，增强贯彻落实的系统性；要同本单位的工作实际结合起来，坚持学以致用、以用促学，切实把学习贯彻习近平总书记重要讲话精神落实到推动工会工作创新发展的实践上来，增强贯彻落实的实效性。领导干部要坚持学在前、用在前，切实发挥好表率作用，带动干部职工自觉学、主动学、跟进学。

（二）要大力宣传阐释。全区各级工会要通过工会网站、微信公众号、手机 App 等多种途径，深入解读和阐释习近平总书记重要讲话精神，广泛开展有声势、有深度、有影响的宣传。要结合落实工会干部下基层联系点“六个一”机制，组织工会干部深入基层、深入生产一线进行宣讲，推动总书记重要讲话精神进企业、进车间、进职工心中，切实把习近平总书记的深情厚意和关切关怀传递到广大职工中去，引导广大职工群众坚定不移投身经济社会发展、巩固脱贫攻坚成果、加强生态环境保护、促进民族团结等各条战线、各个战场。

（三）*要抓好贯彻落实*。全区各级工会组织和广大工会干部要准确把握习近平总书记提出的新要求，坚定信念信心、肩负使命担当，紧扣全面建成小康社会目标任务，围绕统筹推进疫情防控和经济社会发展工作，按照自治区党委统一部署，结合自治区总工会十二届三次全会精神，结合本地（单位）工会年度重点工作任务，做好“六稳”特别是稳就业工作，落实“六保”特别是保民生任务。要找准工作切入点和着力点，细化工作措施，力戒各类形式主义、官僚主义做法，努力把学习成果体现到提高思想认识水平、改进推动工作上来，确保取得实效。要团结动员广大职工把习近平总书记的关心关怀转化为开拓进取、顽强奋斗的强大力量，转化为践行初心使命、忠诚履职尽责的实际行动，为继续建设经济繁荣、民族团结、环境优美、人民富裕的美丽新宁夏作出新的贡献。

宁夏回族自治区总工会办公室

2020 年 6 月 16 日

关于进一步做好全区企业民主管理工作的通知

宁工办通〔2020〕39号

五市总工会，宁东能源化工基地工会，各产业工会：

为认真学习贯彻习近平总书记来宁视察重要讲话精神，进一步发挥工会组织在基层治理中的职能作用，进一步发挥企业民主管理制度凝聚人心、群策群力的独特优势，组织和动员广大职工为推进企业全面复工、安全生产、持续发展贡献智慧和力量，根据《自治区总工会开展“基层组织建设年”活动实施方案》安排，现就进一步做好全区企业民主管理工作有关事项通知如下：

一、发挥企业民主管理职能优势，助力企业全面复工复产

（一）开展形势政策宣讲活动。指导企事业单位工会主动提请和配合企业开展形势任务宣讲，围绕党和政府加强新冠肺炎疫情防控工作、保障企业复工复产安全生产所采取的政策和措施、疫情防控背景下企业面临的困难和挑战、企业安全生产改革具体举措等方面，向职工讲清楚、说明白，弘扬提振士气勇担当、凝心聚力促发展、奋发有为克难关的正能量。

（二）开展专题厂务公开活动。指导企事业单位工会通过厂务公开栏、黑板报、短信平台、网络平台、内部刊物、内部网站等形式，围绕疫情防控措施、复工复产安排、安全管理和防护内容等，制作不同系列专题，坚持向职工定期公开、即时公开、动态公开，使职工知晓实情、心中有底，进一步增强思想自觉和行动担当。

（三）开展专项巡视检查活动。指导企事业单位工会组织职工代表开展安全生产专项巡视，通过自查、互查、抽查等形式，对企业安全管理、安全教育、安全防护、劳动保护和文明生产等进行监督检查，进一步提升职工对岗位危险源、风险隐患的辨识能力和防护能力，促进企业安全生产隐患排查及治理工作依法合规，推动安全生产工作健康发展。

二、强化企业职代会制度建设，促进企业民主管理规范化

（一）加大宣传培训工作落实力度。依托网络平台、微信公众号、企业工作群等多媒体平台学习宣传《宁夏回族自治区企业民主管理条例》《宁夏回族自治区厂务公开条例》，督促企业落实有关法律法规和政策规定，依法履行社会责任，营造有利于产业工人队伍建设的法治环境。严格落实《2019—2023年职工代表培训规划》，加强对所属企事业单位职工代表培训工作，进一步提升职工代表参政、议事能力水平；利用深入企业一线的机会对民主管理相关工作进行培训指导，进一步增强企业和职工对民主管理工作的认识，引导企业管理者尊重、支持和保证职工的知情权、参与权、表达权、监督权等民主权利行使及落实，充分调动职工参与民主管理、民主监督、民主决策的意识。

（二）提高职工代表大会制度落实质量。严格落实中华全国总工会办公厅印发的《关于规范召开企业职工代表大会的意见》（总工办发〔2011〕53 号），抓好职工代表大会制度落实规范化，切实把职工代表大会（职工大会）各项职权落到实处。积极推动区域性（行业）职代会制度建设，积极推动中小微非公有制企业较集中的工业园区、乡镇（街道）、村（社区）、商业楼宇等地域，依托区域工会联合会或行业工会联合会，建立区域性、行业性职代会制度，建立健全各中小微企业与职工沟通的平台，促进中小微非公有制企业民主管理工作健康发展。

（三）创新厂务公开制度的落实形式。要紧紧围绕构建和谐劳动关系，进一步指导企业抓住劳动就业、收入分配、社会保障、安全卫生、民主评议等重点、难点、热点问题，利用 QQ 群、微信群、微信公众号、企业 OA 办公系统拓展厂务公开民主管理工作的新途径、新方法；要指导和监督企业把厂务公开工作作为一项企业基本制度，真正融入企业经营管理活动之中。

三、开展职工代表提案征集活动，促进企事业单位健康发展

一是扎实开展“聚合力 促发展”职工代表提案征集活动，积极引导职工紧紧围绕本单位生产经营管理、改革发展和职工普遍关心的重点、难点、热点问题，特别是对受疫情影响的行业、企业生产经营面临的突出问题以及疫情防控期间职工群众最关心、最直接、最现实的意愿诉求方面献计献策。

二是加强对职工代表提案评选活动的宣传动员，切实把本地区本行业（系统）范围内具有较强的群众性、代表性，特别是在助力企事业单位复工复产、支持企事业单位和职工共渡难关等方面发挥了积极作用的提案征集推荐出来。

三是根据职工代表提案征集推荐情况，各市和产业工会要进行认真审核和评估，按照国有企业、非公企业、事业单位三个类别分别推荐 1 个优秀职工代表提案（各产业工会推荐 1 个优秀职工代表提案），并于 2020 年 10 月 31 日前将《“聚全力 促发展”全国优秀职工代表提案推荐表》（附件 1）电子版和纸质版一并报送自治区总工会，区总将对全区征集推荐的优秀职工代表提案进行通报表彰，并适时向全总进行推荐。

四、加强典型示范引领，开展示范单位选树命名活动

（一）名额分配。区总根据各单位企事业单位数量、职工人数和厂务公开、职代会建设质量，将在全区范围内命名 30 家厂务公开民主管理示范单位，各单位要按 1∶1.5 的比例推荐拟选树的示范单位，具体推荐名额分配见《选树厂务公开民主管理示范单位名额分配表》（附件 2）；五市总工会所推荐的示范单位中非公企业比例不得低于 30%。

（二）选树条件。有健全的企业民主管理领导体制和运行良好的工作机制。党委充分发挥作用，领导开展企业民主管理工作；行政积极履行第一责任人职责，将企业民主管理与本单位经营管理相结合，有部署、有要求、有监督；有完善的职代会、厂务公开、职工董事职工监事等制度并运行良好；厂务公开在组织实施、监督检查、反馈结果等主要环节严格执行相关规定，做到公正透明、阳光操作，涉及职工切身利益的重大决策问题、生产经营管理方面的重要事项及时向全体职工公开，并听取职工意见和建议；公司制企业职工董事、职工监事经职代会选举产生并接受其监督，履行职责情况向职代会报告。

（三）工作要求。一是各单位要通过日常调研、实地查看等方式，对本级所命名的厂务公开民主管理示范单位进行全面摸底，切实把制度落实全、作用发挥好的单位选出来，并培育、打造为自治区级厂务公开民主管理示范单位。二是各单位要认真梳理、总结归纳属地企事业单位民主管理工作规范化建设情况，挖掘工作亮点和特色经验、查找不足、明确下一步工作措施；对符合示范单位推荐条件的，将经验事迹材料和简介（经验事迹材料不少于4000字，简介500字）于2020年7月20日前上报并发送电子邮件至自治区总工会组织部。三是各单位要通过网络、微信等新媒体平台，加大对示范单位在民主管理工作中好的经验做法的宣传推广力度，通过示范带动，不断加强全区企业民主管理工作规范化建设。

附件：1.“聚合力 促发展”职工代表提案推荐表（略）
2. 选树厂务公开民主管理示范单位名额分配表（略）

宁夏回族自治区总工会办公室
2020年6月19日

关于印发《宁夏回族自治区工会预算绩效管理办法》《宁夏回族自治区工会财务监督暂行办法》的通知

宁工办发〔2020〕2号

各市、县（区）总工会，宁东基地工会，各产业工会，区直机关工会，区总各部门、直属单位：

《宁夏回族自治区工会预算绩效管理办法》《宁夏回族自治区工会财务监督暂行办法》已经自治区总工会党组2020年第28次会议审议通过，现印发给你们，请认真贯彻执行。

宁夏回族自治区总工会办公室

2020年9月11日

宁夏回族自治区工会预算绩效管理办法

第一章 总 则

第一条 为加强工会预算支出管理，强化支出责任，全面实施预算绩效管理，根据《中华全国总工会关于全面实施预算绩效管理的实施意见》《工会预算支出绩效评价管理暂行办法》和《自治区党委人民政府关于全面实施预算绩效管理的实施意见》等有关规定，参照同级财政要求，结合我区工会实际，制定本办法。

第二条 工会预算绩效管理（以下简称绩效管理）是指将绩效理念和方法融入预算编制、执行、监督全过程，根据设定的绩效目标，运用科学合理的评价方法，对预算项目的经济性、效益性和公平性等进行客观、公正的测量、分析和评判，逐步建立“预算编制有目标、预算执行有监控、预算完成有评价、评价结果有反馈、反馈结果有应用”的全过程、全覆盖的预算绩效管理体系。

第三条 本办法适用我区县级以上工会（含县级，下同）和所属事业单位，具备条件的基层工会可参照本办法执行。

第四条 开展预算绩效管理应当遵循以下基本原则：

（一）全面纳入原则。各级工会收支预算要全面纳入绩效管理，预算收入要全面覆盖、足额及时、稳步增长，预算支出安排要统筹兼顾、突出重点、量力而行。

（二）目标管理原则。实施全面绩效管理，要围绕工作职责、工作发展规划，以预算资金管理为主线，从运行成本、管理效率、履职效能、社会效应、可持续发展能力和职工满意度等方面，实施单位预算绩效管理。

（三）科学公正原则。预算绩效评价应当运用科学合理的方法，按照规范的程序，对预算项目绩效进行客观、公正的反映。

（四）统筹兼顾原则。预算绩效评价由各级工会根据评价对象的特点分类组织实施，业务部门自评、单位评价和上级评价应职责明确、各有侧重、相互衔接。业务部门自评应由项目实施部室自主实施，即“谁支出、谁自评”；单位评价和上级评价应在单位自评的基础上组织开展。

（五）激励约束原则。预算绩效评价结果应与预算安排、政策调整、改进管理实质性挂钩，体现奖优罚劣和激励相容导向，有效要安排、低效要压减或清理退出、无效要问责。

（六）公开透明原则。预算绩效评价结果应依法依规公开，并自觉接受社会监督。

第五条 预算绩效评价的主要依据：

（一）国家、自治区相关法律、法规和规章制度。

（二）工会工作确定的目标任务。

（三）预算管理制度、资金及财务管理办法、财务会计资料。

（四）预算资金的使用部门（单位）职能职责及年度工作计划。

（五）项目设立的政策依据、绩效目标和预算批复，预算执行情况，年度决算报告、项目决算或验收报告等相关资料。

（六）审计报告，财务监督检查报告。

（七）其他相关资料。

第二章 预算绩效管理的职责分工

第六条 各级工会主要负责人对本地区、本产业工会预算绩效负责，工会各业务部门和直属事业单位主要负责人对本业务部门本单位预算绩效负责，项目责任人对项目预算绩效负责，对重大项目的责任人实行绩效终身责任追究制。

第七条 各级工会财务部门负责制定工会预算绩效管理制度办法，组织实施本级绩效管理工作，指导下级工会开展绩效管理工作。各级工会经费审查委员会要依法对预算绩效管理情况开展审计监督，对预算项目资金使用绩效做出基本评价。

第八条 各级工会的业务部门及所属事业单位负责按要求编报本部门或单位的预算项目支出绩效目标，撰写绩效自评报告，配合财务部门做好绩效管理的各项工作。

第九条 各级工会要对本级、所属事业单位和下级工会预算绩效管理工作进行考核，建立考核结果通报制度。

第三章 预算绩效管理的对象和内容

第十条 根据工会收支预算全面纳入绩效管理的要求，绩效管理的对象是各级工会所有纳入预算管理的资金，包括工会经费、财政资金和代管经费等。

第十一条 各级工会应加强工会经费收入方面绩效管理，预算收入的组织要全面覆盖、足额及时、稳步增长，并按期分析本级经费收入总量和结构，基层工会经费能否足额到位，所属事业单位的各项自有收入预算是否合规。

第十二条 各级工会应以预算资金管理为主线，按照支出性质分类实施绩效管理，对基本支出继续完善定额标准体系，加强支出合法合规性控制；对项目支出以项目的产出和效益为重点，强化绩效产出控制。

第十三条 绩效评价工作分为预算绩效管理工作评价和预算项目支出绩效评价。

（一）预算绩效管理工作评价包括基础工作管理、指标体系管理、绩效目标管理、绩效监控管理、绩效评价管理和结果应用管理等方面。单位根据上级工会或财政部门的通知要求，对单位预算绩效管理工作进行评价，相关业务部门做好配合工作。

（二）预算项目支出绩效评价重点以项目支出为主，业务部门对纳入财政预算管理的所有项目支出，以及用工会经费安排的，在一定金额以上、与工会重点工作密切相关、具有社会经济影响的预算项目支出开展绩效自评。在自评的基础上，根据上级工会或同级财政要求，对一些重点项目支出聘请专家或委托第三方开展绩效评价工作。

第十四条 单位绩效评价的内容主要包括决策情况，资金管理和使用情况，相关管理制度办法的健全性及执行情况，实现的产出情况，取得的效益情况及其他相关内容。

第十五条 单位业务部门自评的内容主要包括项目总体绩效目标、各项绩效指标实现完成情况、预算执行情况以及为实现绩效目标制定的制度、采取的措施。对未完成绩效目标或偏离绩效目标较大的项目要分析并说明原因，研究提出改进措施。

第十六条 绩效评价一般以预算年度为周期，对跨年度的重大或重点项目可根据项目或支出完成情况实施阶段性评价。

第四章 预算绩效目标设定

第十七条 绩效目标是绩效评价的对象计划在一定期限内达到的产出和效果，由业务部门在申报预算时填报，包括绩效内容、绩效指标和绩效标准。绩效目标应当与部门职责相吻合，目标设置应当科学可行、准确具体、简洁明了。

第十八条 各级工会绩效目标的提出设定与预算安排同步进行。业务部门或单位在编制项目支出预算时，要紧紧围绕工作职责、发展规划，认真贯彻落实党委、政府和上级工会的重要决策部署，从运行成本、管理效率、履职效能、社会效应、可持续发展能力和职工满意度等方面，设置预算项目支出绩效目标。

第十九条 预算项目支出绩效目标设置应当指向明确，符合工会工作的任务。具体要从数量、质量、成本和时效等方面进行细化，尽量进行定量表述，不能以量化形式表述的，可以采用定性的分级分档形式表述。制定绩效目标要经过调查研究和科学论证，合理可行，符合客观实际。

第二十条 绩效内容是绩效目标所包括的基本要素，主要包括预期产出（含提供的公共产品和服务的数量目标、质量目标、时效目标、成本目标等）；预期效果（含经济效益、社会效益、生态效益和可持续影响等）；服务对象或项目受益人满意程度；达到预期产出所需要的成本资源；衡量预期产出、预期效果和服务对象满意程度的绩效指标等。

第二十一条 对新提出安排重大项目时要开展事前绩效评估并将评估结果作为申请预算和预算安排的重要依据。对新增项目预算审核时可以组织第三方机构独立开展绩效评估。

第二十二条 财务部门对项目绩效目标的审核与预算编审同步进行，绩效目标设置作为预算安排的前置条件，对未按要求设定绩效目标或审核未通过的不得安排预算。批复预算时，将绩效目标与预算同步批复下达。

各业务部门严格执行预算绩效批复，如有特殊情况，需要调整预算项目，必须按照绩效预算的编制要求和审核流程，按规定程序重新上报。

第二十三条 按照“谁支出、谁负责”的原则，各业务部门要加强绩效目标管理，对绩效目标实现程度和预算执行进度进行动态“双监控”，及时纠正执行中的偏差，确保绩效目标如期保质完成。对存在严重问题的项目，要暂缓或停止预算拨款，督促整改。

第五章 绩效评价指标、评价标准和方法

第二十四条 绩效评价指标是指衡量绩效目标实现程度的考核工具，分为产出指标和效益指标。产出指标反映与目标相关的产品和服务的提供情况，效益指标反映与目标相关的预算支出预期结果的实现程度。绩效评价指标应当与绩效目标密切相关，尽量使用反映最终结果的指标，指标设置应当科学合理、量化可考。

第二十五条 业务部门或单位自评指标是指预算批复时确定的绩效指标，包括项目的产出数量、质量、时效、成本，以及经济效益、社会效益、生态效益、可持续影响、服务对象满意度等。

自评指标的权重由各部室根据项目实际情况确定。原则上预算执行率和一级指标权重统一设置为：预算执行率和产出指标40%、效益指标40%、服务对象满意度指标20%。如有特殊情况，一级指标权重可做适当调整。二、三级指标应当根据指标重要程度、项目实施阶段等因素综合确定，准确反映项目的产出和效益。

第二十六条 绩效评价标准通常包括计划标准、行业标准、历史标准等，用于对绩效指标完成情况进行比较。

（一）计划标准。指以预先制定的目标、计划、预算、定额等作为评价标准。

（二）行业标准。指参照国家公布的行业指标数据制定的评价标准。

（三）历史标准。指参照历史数据制定的评价标准，为体现绩效改进的原则，在可实现的条件下应当确定相对较高的评价标准。

（四）财政部门和预算部门确认或认可的其他标准。

第二十七条 业务部门自评采用定量与定性评价相结合的比较法，总分由各项指标得分汇总形成。

定量指标得分按照以下方法评定：与年初指标值相比，完成指标值的，记该指标所赋全部分值；对完成值高于指标值较多的，要分析原因，如果是由于年初指标值设定明显偏低造成的，要按照偏离度适度调减分值；未完成指标值的，按照完成值与指标值的比例记分。

定性指标得分按照以下方法评定：根据指标完成情况分为达成年度指标、部分达成年度指标并具有一定效果、未达成年度指标且效果较差三档，分别按照该指标对应分值区间100%～80%（含）、80%～60%（含）、60%～0%合理确定分值。

第二十八条 绩效评价的方法主要包括成本效益分析法、比较法、因素分析法、最低成本法、公众评判法、标杆管理法等。根据评价对象的具体情况，可采用一种或多种方法。

1. 成本效益分析法。是指将投入与产出、效益进行关联性分析的方法。

2. 比较法。是指将实施情况与绩效目标、历史情况、不同部门和地区同类支出情况进行比较的方法。

3. 因素分析法。是指综合分析影响绩效目标实现、实施效果的内外部因素的方法。

4. 最低成本法。是指在绩效目标确定的前提下，成本最小者为优的方法。

5. 公众评判法。是指通过专家评估、公众问卷及抽样调查等方式进行评判的方法。

6. 标杆管理法。是指以国内外同行业中较高的绩效水平为标杆进行评判的方法。

7. 其他评价方法。

第二十九条 绩效评价结果采取评分和评级相结合的方式，具体分值和等级可根据不同评价内容设定。总分一般设置为100分，等级一般划分为四档：90（含）~100分为优、80（含）~90分为良、60（含）~80分为中、60分以下为差。

第六章 绩效评价的组织管理与实施

第三十条 按照“统一领导，分级管理”的工会财务管理体制，预算绩效管理原则上采取分级负责，建立多层次绩效评价工作机制。

（一）自治区总工会负责制定宁夏工会预算绩效管理制度，指导市级和产业工会开展预算绩效评价工作，具体组织本级预算绩效评价工作，根据需要组织实施绩效评价，加强评价结果反馈和应用。

（二）市级（产业）工会负责指导、组织实施本地区、本系统、本产业和本级的绩效评价工作，加强评价结果反馈和应用。

（三）县级工会负责组织实施本级绩效评价工作，加强评价结果反馈和应用。

第三十一条 绩效评价工作主要包括以下环节：

（一）确定绩效评价对象和范围。

（二）下达绩效评价通知。

（三）研究制订绩效评价工作方案。

（四）收集绩效评价相关数据资料，并进行现场调研、座谈。

（五）核实有关情况，分析形成初步结论。

（六）与被评价部门（单位）交换意见。

（七）综合分析并形成最终结论。

（八）提交绩效评价报告。

（九）建立绩效评价档案。

第三十二条 绩效评价实现绩效管理与预算管理的全融合，绩效评价项目的确定、项目绩效目标的管理等融入预算编制全过程，具体工作由工会财务部门和相关职能部门配合进行。预算管理绩效评价和预算项目支出绩效评价采取自评和抽评相结合的方式。

（一）各级工会根据上级工会或同级财政预算管理绩效评价要求，开展预算管理绩效自评，并将评价报告报送上级工会或同级财政部门。

（二）根据年初下达项目支出绩效批复，业务部门或单位在预算执行终了一个月内，向财务部门报送项目支出绩效评价自评报告。

第三十三条 绩效评价工作根据需要可委托第三方机构或相关领域专家参与实施。

第七章 绩效评价结果应用及公开

第三十四条 单位自评结果主要通过项目支出绩效自评表的形式反映，做到内容完整、权重合理、数据真实、结果客观。部门评价结果主要以绩效评价报告的形式体现，绩效评价报告应当依据充分、分析透彻、逻辑清晰、客观公正。绩效评价工作和结果应依法自觉接受审计监督。

第三十五条 业务部门和单位应切实加强自评结果的整理、分析，将自评结果作为本部门、本单位完善政策和改进管理的重要依据。单位将绩效评价结果与预算安排挂钩，对评价结果好的在预算安排上优先保障，评价结果较差的要督促整改，不整改或整改不到位的，相应调减预算，直至取消预算。

第三十六条 单位应按要求将业务部门评价结果和整改落实情况报送本级财政部门，评价结果作为本部门安排预算、完善政策和改进管理的重要依据。原则上，对评价等级为优、良的，根据情况予以支持；对评价等级为中、差的，要完善政策、改进管理，根据情况核减预算。对不进行整改或整改不到位的，根据情况相应调减预算或整改到位后再予以安排。

第三十七条 各级工会的绩效评价结果应当按要求在一定范围内予以公开，接受社会公众对资金使用情况的监督。财政补助资金应按同级政府财政部门的要求进行公开公示。

第八章 附 则

第三十八条 各市级工会应根据本办法，结合本地区、本产业和本系统实际，制定具体的实施细则，并报自治区总工会备案。

第三十九条 本办法自 2021 年 1 月 1 日施行。

附件：1. 工会预算项目支出绩效目标申报表（参考）
2. 工会预算项目支出绩效自评表（参考）
3. 工会预算项目支出绩效目标设定指标框架（参考）
4. 工会预算支出绩效评价指标框架（参考）
5. 项目支出绩效评价报告（参考提纲）

附件 1

工会预算项目支出绩效目标申报表（参考）

（　　年度）

<table>
<tr><td>项目名称</td><td colspan="2"></td><td>项目属性</td><td>新增项目□延续项目□</td></tr>
<tr><td>主管部门</td><td colspan="2"></td><td>项目实施单位</td><td></td></tr>
<tr><td>项目负责人</td><td colspan="2"></td><td>联系电话</td><td></td></tr>
<tr><td>项目起止时间</td><td colspan="4"></td></tr>
<tr><td rowspan="4">项目资金
（万元）</td><td colspan="2">资金总额</td><td colspan="2"></td></tr>
<tr><td colspan="2">其中：工会经费</td><td colspan="2"></td></tr>
<tr><td colspan="2">财政拨款（或行政拨款）</td><td colspan="2"></td></tr>
<tr><td colspan="2">其他资金</td><td colspan="2"></td></tr>
<tr><td>项目概述</td><td colspan="4"></td></tr>
<tr><td rowspan="3">项目立项情况</td><td>项目立项依据</td><td colspan="3"></td></tr>
<tr><td>项目申报的可行性</td><td colspan="3"></td></tr>
<tr><td>项目申报的必要性</td><td colspan="3"></td></tr>
<tr><td rowspan="2">绩效目标</td><td colspan="2">长期目标</td><td colspan="2">年度目标</td></tr>
<tr><td colspan="2"></td><td colspan="2"></td></tr>
</table>

<table>
<tr><td>类别</td><td>一级指标</td><td>二级指标</td><td>三级指标</td><td>指标值</td></tr>
<tr><td rowspan="16">绩效指标</td><td rowspan="8">产出指标</td><td rowspan="2">数量指标</td><td></td><td></td></tr>
<tr><td></td><td></td></tr>
<tr><td rowspan="2">质量指标</td><td></td><td></td></tr>
<tr><td></td><td></td></tr>
<tr><td rowspan="2">时效指标</td><td></td><td></td></tr>
<tr><td></td><td></td></tr>
<tr><td rowspan="2">成本指标</td><td></td><td></td></tr>
<tr><td></td><td></td></tr>
<tr><td rowspan="6">效益指标</td><td rowspan="2">经济效益指标</td><td></td><td></td></tr>
<tr><td></td><td></td></tr>
<tr><td rowspan="2">社会效益指标</td><td></td><td></td></tr>
<tr><td></td><td></td></tr>
<tr><td rowspan="2">可持续影响指标</td><td></td><td></td></tr>
<tr><td></td><td></td></tr>
<tr><td rowspan="2">满意度指标</td><td rowspan="2">服务对象满意度指标</td><td></td><td></td></tr>
<tr><td></td><td></td></tr>
</table>

附件 2

工会预算项目支出绩效自评表（参考）

（　　年度）

<table>
<tr><td colspan="2">项目名称</td><td colspan="8"></td></tr>
<tr><td colspan="2">主管部门</td><td colspan="3"></td><td colspan="2">实施单位</td><td colspan="3"></td></tr>
<tr><td colspan="2" rowspan="5">项目资金
（万元）</td><td colspan="3"></td><td colspan="2">年初预算数</td><td colspan="3">全年执行数</td></tr>
<tr><td colspan="3">资金总额</td><td colspan="2"></td><td colspan="3"></td></tr>
<tr><td colspan="3">其中：工会经费</td><td colspan="2"></td><td colspan="3"></td></tr>
<tr><td colspan="3">财政拨款（或行政拨款）</td><td colspan="2"></td><td colspan="3"></td></tr>
<tr><td colspan="3">其他资金</td><td colspan="2"></td><td colspan="3"></td></tr>
<tr><td colspan="2" rowspan="2">年度
总体目标</td><td colspan="3">年初设定目标</td><td colspan="5">年度总体目标完成情况综述</td></tr>
<tr><td colspan="3"></td><td colspan="5"></td></tr>
<tr><td>类别</td><td>一级
指标</td><td>二级
指标</td><td>三级指标</td><td>分值</td><td>指标值
（A）</td><td>全年
实际值
（B）</td><td>得分计算方法</td><td>得分</td><td>未完成
原因
分析</td></tr>
<tr><td rowspan="8">绩效
指标</td><td rowspan="8">产出
指标
（40
分）</td><td rowspan="2">数量
指标</td><td>指标 1：</td><td></td><td></td><td></td><td rowspan="2">完成值达到指标值，记满分；未达到指标值，按 B/A 或 A/B × 该指标分值记分。</td><td></td><td></td></tr>
<tr><td>指标 2：</td><td></td><td></td><td></td><td></td><td></td></tr>
<tr><td rowspan="2">质量
指标</td><td>指标 1：</td><td></td><td></td><td></td><td rowspan="6">1. 若为定性指标，则根据“三档”原则分别按照指标值的 100% ~80%（含）、80% ~50%（含）、50% ~0% 来记分。
2. 若为定量指标，完成值达到指标值，记满分；未达到指标值，按 B/A 或 A/B × 该指标分值记分。</td><td></td><td></td></tr>
<tr><td>指标 2：</td><td></td><td></td><td></td><td></td><td></td></tr>
<tr><td rowspan="2">时效
指标</td><td>指标 1：</td><td></td><td></td><td></td><td></td><td></td></tr>
<tr><td>指标 2：</td><td></td><td></td><td></td><td></td><td></td></tr>
<tr><td rowspan="2">成本
指标</td><td>指标 1：</td><td></td><td></td><td></td><td></td><td></td></tr>
<tr><td>指标 2：</td><td></td><td></td><td></td><td></td><td></td></tr>
</table>

续表

<table>
<tr><th>类别</th><th>一级指标</th><th>二级指标</th><th>三级指标</th><th>分值</th><th>指标值（A）</th><th>全年实际值（B）</th><th>得分计算方法</th><th>得分</th><th>未完成原因分析</th></tr>
<tr><td rowspan="8">绩效指标</td><td rowspan="6">效益指标（40分）</td><td rowspan="2">经济效益指标</td><td>指标1：</td><td></td><td></td><td></td><td rowspan="6">1. 若为定性指标，则根据“三档”原则分别按照指标值的100%～80%（含）、80%～50%（含）、50%～0%来记分。
2. 若为定量指标，完成值达到指标值，记满分；未达到指标值，按B/A或A/B×该指标分值记分。</td><td></td><td></td></tr>
<tr><td>指标2：</td><td></td><td></td><td></td><td></td><td></td></tr>
<tr><td rowspan="2">社会效益指标</td><td>指标1：</td><td></td><td></td><td></td><td></td><td></td></tr>
<tr><td>指标2：</td><td></td><td></td><td></td><td></td><td></td></tr>
<tr><td rowspan="2">可持续影响指标</td><td>指标1：</td><td></td><td></td><td></td><td></td><td></td></tr>
<tr><td>指标2：</td><td></td><td></td><td></td><td></td><td></td></tr>
<tr><td rowspan="2">满意度指标（20分）</td><td rowspan="2">服务对象满意度指标</td><td>指标1：</td><td></td><td></td><td></td><td rowspan="2">同效益指标得分计算方式。</td><td></td><td></td></tr>
<tr><td>指标2：</td><td></td><td></td><td></td><td></td><td></td></tr>
<tr><td colspan="8">总　分</td><td></td><td></td></tr>
<tr><td colspan="3">自评结论</td><td colspan="7">该项目绩效自评结论为________________</td></tr>
<tr><td colspan="10">项目绩效目标未完成拟采取的措施：</td></tr>
</table>

注：1. 得分一档最高不能超过该指标分值上限。2. 定性根据指标完成情况分为：达成预期指标、部分达成预期指标并具有一定效果、未达成预期指标且效果较差三档：分别按照指标值的100%～80%（含）、80%～50%（含）、50%～0%合理确定分值。3. 定量指标若为正向指标（即指标值为≥**），则得分计算方法：全年实际值（B）/年度指标值（A）×该指标分值；若定量指标为反向指标（即指标值为≤**），则得分计算方法：年度指标值（A）/全年实际值（B）×该指标分值。4. 请在“未完成原因分析”一栏中简要说明偏离目标、不能完成目标的原因及采取的措施后说明今后改进的措施。

附件3

工会预算项目支出绩效目标设定指标框架（参考）

项目分类	一级指标	二级指标	三级指标（示例）	指标值（示例）
困难职工帮扶资金类	产出指标	数量指标	帮扶救助总人次	≥ ** 人
		数量指标	困难职工建档合格率	≥ ** %
		数量指标	困难职工建档人员救助	≥ ** %
		质量指标	资金发放合规率	≥ ** %
		质量指标	困难职工认定是否规范	是否
		时效指标	帮扶资金到位情况	及时
		时效指标	帮扶救助期限	** 月底前
		成本指标	困难职工救助标准	** 元
	效益指标	经济效益指标	困难职工生活质量	提升
		社会效益指标	困难职工生活基本需要	满足
		社会效益指标	困难职工家庭困难程度	缓解
		可持续影响指标	困难职工收入水平	提高
	满意度指标	服务对象满意度指标	受救助困难职工满意度	≥ ** %
劳模专项资金类	产出指标	数量指标	生活困难人数	** 人
		数量指标	特殊困难补助人数	** 人
		数量指标	健康体检补助人数	** 人
		数量指标	疗休养补助人数	** 人
		数量指标	春节慰问人数	** 人
		质量指标	生活困难补助面	** %
		质量指标	特殊困难补助面	** %
		质量指标	健康体检补助面	** %
		质量指标	疗休养补助面	** %
		质量指标	春节慰问覆盖面	≥ ** %
		成本指标	生活困难补助标准	≥ ** 元
		成本指标	生活困难补助总金额	** 万元
		成本指标	特殊困难补助标准	≥ ** 元
		成本指标	特殊困难补助总金额	** 万元
		成本指标	健康体检补补助标准	≥ ** 元/人
		成本指标	健康体检补补助金额	** 万元

续表

项目分类	一级指标	二级指标	三级指标（示例）	指标值（示例）
劳模专项资金类	产出指标	成本指标	疗休养补助标准	≥ ** 元/人
		成本指标	疗休养补助金额	** 万元
		成本指标	春节慰问标准	** 元/人
		成本指标	春节慰问总金额	** 万元
	效益指标	社会效益指标	对劳模形象提升程度	显著提升
		社会影响力	*** 社会影响力	影响力明显
	满意度指标	服务对象满意度指标	劳模满意度	≥ ** %
劳动竞赛类	产出指标	数量指标	涉及行业	** 个
		数量指标	涉及项目	** 项
		数量指标	涉及单位	** 个
		数量指标	全年完成场次	** 场
		数量指标	参与人数	** 人
		质量指标	开展竞赛规范性	** %
		时效指标	开展劳动竞赛	全年
		成本指标	各行业竞赛费用	** 万元
		成本指标	全年投入劳动竞赛总费用	** 万元
	效益指标	社会效益指标	职工技能水平	提升
		生态效益指标	开展节能减排达标竞赛	绿色生产
		可持续影响指标	职工技能提升促进生产	有效
	满意度指标	服务对象满意度指标	职工满意度	≥ ** %
会议培训类	产出指标	数量指标	培训班次	** 次
		数量指标	培训人数	** 人
		数量指标	培训天数	** 天
		数量指标	培训人数增长率	≥ ** %
		数量指标	课程数量	** 门
		数量指标	教学模式创新数量	** 门
		质量指标	培训参与度	≥ ** %
		质量指标	培训覆盖率	≥ ** %
		质量指标	培训合格率	≥ ** %
		时效指标	培训计划按期完成率	≥ ** %
	效益指标	社会效益指标	** 社会影响力	有所提升
	满意度指标	服务对象满意度指标	受训学员满意度	≥ ** %

续表

项目分类	一级指标	二级指标	三级指标（示例）	指标值（示例）
信息系统建设运维类	产出指标	数量指标	硬件采购/维护数量	** 台/套
		数量指标	软件采购/维护数量	** 套
		数量指标	系统开发数量	** 个/套
		质量指标	政府采购率	≥ ** %
		质量指标	系统验收合格率	≥ ** %
		质量指标	系统正常运行率	≥ ** %
		时效指标	系统故障修复响应时间	≤ ** 小时
		时效指标	系统运行维护响应时间	≤ ** 分钟
		成本指标	线路租用成本	** 万元
		成本指标	数据采购成本	** 万元
		成本指标	年度维护成本增长率	≤ ** %
	效益指标	可持续影响指标	系统正常使用年限	≥ ** 年
		社会效益指标	*** 社会影响力	有所提升
		社会效益指标	公共主页点击率	≥ ** 次
	满意度指标	服务对象满意度指标	使用人员满意度	≥ ** %
基础建设修缮类	产出指标	数量指标	建设、改造、修缮面积（合计）	** 平方米
		数量指标	建设、改造、修缮数量（合计）	** 处
		质量指标	项目竣工验收合格率	≥ ** %
		时效指标	项目按期完成率	≥ ** %
	效益指标	社会效益指标	提供良好履职基础，服务社会发展能力	有所提升
	满意度指标	服务对象满意度指标	职工满意度	≥ ** %
购置类	产出指标	数量指标	设备采购任务完成数量（或完成率）	** 个（或≥ ** %）
		数量指标	采购设备安装率	≥ ** %
		数量指标	采购设备调试率	≥ ** %
		质量指标	设备性价比	≥ ** %
		质量指标	设备安装调试结果	好（一般、差）
		质量指标	运转能力饱和率	≥ ** %
		时效指标	购置计划按期完成率	≥ ** %
	效益指标	社会效益指标	促进工作，提高效率	有所提升
	满意度指标	服务对象满意度指标	使用人员满意度	≥ ** %

续表

项目分类	一级指标	二级指标	三级指标（示例）	指标值（示例）
政策研究类	产出指标	数量指标	完成 *** 调研报告	≥ ** 篇
		数量指标	完成 *** 专题研究报告	≥ ** 篇
		数量指标	完成 *** 专刊	≥ ** 篇
		数量指标	完成 *** 专著	≥ ** 篇
		数量指标	上报建议、意见	≥ ** 次
		质量指标	研究课题评审合格率	≥ ** %
		质量指标	领导批示或圈阅次数/率	≥ ** 次/ ** %
		时效指标	研究课题按时结题率	≥ ** %
	效益指标	社会效益指标	相关政策、建议被采纳次数	≥ ** 次
		社会效益指标	成果刊发、媒体报道次数	≥ ** 篇/ ** 次
		社会效益指标	研究成果被其他学术论文、刊物引用次数	≥ ** 次
新闻报刊宣传类	产出指标	数量指标	*** 发稿量	≥ ** 篇
		数量指标	*** 报道次数	≥ ** 篇
		数量指标	日均发行量	≥ ** 份
		数量指标	** 设备采购数量	** 台/套
		数量指标	印点数量	≥ ** 个
		数量指标	报刊杂志公益赠阅数量	≥ ** 万份
		质量指标	稿件自采自编率	≥ ** %
		质量指标	**** 区域覆盖率	≥ ** %
		质量指标	报纸平均传阅率	≥ ** 人次
		质量指标	设备政府采购率	≥ ** %
		质量指标	领导批示、圈阅	≥ ** 次/条
		质量指标	报道首发率	≥ ** %
		时效指标	当日报纸当日投递率	≥ ** %
		时效指标	重大事件报道时间	≤ ** 小时
		成本指标	*** 设备租赁成本	** 万元
		成本指标	*** 场地租赁成本	** 万元
		成本指标	*** 线路租用成本	** 万元
	效益指标	经济效益指标	业务收入增长率	≥ ** %
		经济效益指标	利润增长率	≥ ** %
		社会效益指标	*** 影响力	有所提升
		社会效益指标	*** 报刊、杂志续订率	≥ ** %

续表

项目分类	一级指标	二级指标	三级指标（示例）	指标值（示例）
新闻报刊宣传类	满意度指标	服务对象满意度指标	*** 读者满意度	≥ ** %
		服务对象满意度指标	*** 设备使用人员满意度	≥ ** %
评比考核补助类	产出指标	数量指标	项目补助数量	≥ ** 项
		数量指标	项目评审通过率	≥ ** %
		数量指标	项目补助标准	** 万元
		数量指标	补贴先进单位数量	≥ ** 个
		数量指标	补贴先进单位标准	** 万元
		数量指标	先进单位考核通过率	≥ ** %
		质量指标	项目申报、评审等是否符合相关要求	100%
		质量指标	单位申报、评审等是否符合相关要求	100%
		时效指标	评选、评比工作是否及时	是否
		成本指标	项目补助资金总额	** 万元
		成本指标	先进单位补助资金总额	** 万元
	效益指标	社会效益指标	项目是否得到推广应用	是否
		社会效益指标	单位各项工作是否得到进一步提高	是否
	满意度指标	服务对象满意度指标	职工对单位满意度	≥ ** %
审计项目类	产出指标	数量指标	被审计单位数量	≥ ** 个
		数量指标	移送重大案件线索和事项数量	≥ ** 件
		数量指标	提交各类审计报告和信息简报数量	≥ ** 篇
		数量指标	提交审计建议数量	≥ ** 条
		质量指标	被审计单位对审计建议采纳比例	≥ ** %
	效益指标	经济效益指标	促进单位增收节支挽回损失	≥ ** 万元
		社会效益指标	促进被审计单位根据审计建议建立健全规章制度	≥ ** 条
		社会效益指标	促进被审计单位根据审计建议制定整改措施	≥ ** 项

续表

项目分类	一级指标	二级指标	三级指标（示例）	指标值（示例）
大型活动类	产出指标	数量指标	参与人次	≥ ** 人
		数量指标	参与率	≥ ** %
		数量指标	活动内容	≥ ** 项
		质量指标	活动策划	质量、要素
		质量指标	活动宣传	形式
		质量指标	工作配合	工作效能
		成本指标	使用资金总额	** 万元
	效益指标	社会效益指标	现场气氛	活跃度
		社会效益指标	创新性	形式、载体
	满意度指标	服务对象满意度指标	*** 参与人员满意度	≥ ** %
社会化工会工作者经费补助类	产出指标	数量指标	社会化工会工作者配备率（如按乡镇街道社区等）	≥ ** %
		数量指标	经费补助配套率	*** 元/人/月
		质量指标	待遇保障程度	是否保障
		质量指标	工作能力和工作态度	是否达到要求
		时效指标	经费补助是否及时到位	是否
		成本指标	全年补助经费总额	** 万元
	满意度指标	服务对象满意度指标	社会化工会工作者满意度	≥ ** %
		服务对象满意度指标	社会公众的满意度	≥ ** %

附件 4

工会预算支出绩效评价指标框架（参考）

一级指标	二级指标	三级指标	指标解释	指标说明
项目决策	项目立项	立项依据充分性	项目立项是否符合法律法规、相关政策、发展规划以及部门职责，用以反映和考核项目立项依据情况。	评价要点：①项目立项是否符合国家法律法规、国民经济发展规划和相关政策；②项目立项是否符合行业发展规划和政策要求；③项目立项是否与部门职责范围相符，属于部门履职所需；④项目是否属于公共财政支持范围，是否符合中央、地方事权支出责任划分原则；⑤项目是否与相关部门同类项目或部门内部相关项目重复；⑥项目是否满足职工服务和工会活动的需要，符合部门年度工作计划，是否根据需要制订中长期实施计划。
项目决策	项目立项	立项程序规范性	项目申请、设立过程是否符合相关要求，用以反映和考核项目立项的规范情况。	评价要点：①项目是否按照规定的程序申请设立；②审批文件、材料是否符合相关要求；③事前是否已经过必要的可行性研究、专家论证、风险评估、绩效评估、集体决策。
项目决策	绩效目标	绩效目标合理性	项目所设定的绩效目标是否依据充分，是否符合客观实际，用以反映和考核项目绩效目标与项目实施的相符情况。	评价要点：（如未设定预算绩效目标，也可考核其他工作任务目标）①项目是否有绩效目标；②项目绩效目标与实际工作内容是否具有相关性；③项目预期产出效益和效果是否符合正常的业绩水平；④是否与预算确定的项目投资额或资金量相匹配。
项目决策	绩效目标	绩效指标明确性	依据绩效目标设定的绩效指标是否清晰、细化、可衡量等，用以反映和考核项目绩效目标的明细化情况。	评价要点：①是否将项目绩效目标细化分解为具体的绩效指标；②是否通过清晰、可衡量的指标值予以体现；③是否与项目目标任务数或计划数相对应。
项目决策	资金投入	预算编制科学性	项目预算编制是否经过科学论证、有明确标准，资金额度与年度目标是否相适应，用以反映和考核项目预算编制的科学性、合理性情况。	评价要点：①预算编制是否经过科学论证；②预算内容与项目内容是否匹配；③预算额度测算依据是否充分，是否按照标准编制；④预算确定的项目投资额或资金量是否与工作任务相匹配。

续表

一级指标	二级指标	三级指标	指标解释	指标说明
项目决策	资金投入	资金分配合理性	项目预算资金分配是否有测算依据，与补助单位或地方实际是否相适应，用以反映和考核项目预算资金分配的科学性、合理性情况。	评价要点：①预算资金分配依据是否充分；②资金分配额度是否合理，与项目单位或地方实际是否相适应。
过程	资金管理	资金到位率	实际到位资金与预算资金的比率，用以反映和考核资金落实情况对项目实施的总体保障程度。	资金到位率＝（实际到位资金/预算资金）×100%。实际到位资金：一定时期（本年度或项目期）内落实到具体项目的资金。预算资金：一定时期（本年度或项目期）内预算安排到具体项目的资金。
		预算执行率	项目预算资金是否按照计划执行，用以反映或考核项目预算执行情况。	预算执行率＝（实际支出资金/实际到位资金）×100%。实际支出资金：一定时期（本年度或项目期）内项目实际拨付的资金。
		资金使用合规性	项目资金使用是否符合相关的财务管理制度规定，用以反映和考核项目资金的规范运行情况。	评价要点：①是否符合国家财经法规和财务管理制度以及有关专项资金管理办法的规定；②资金的拨付是否有完整的审批程序和手续；③是否符合项目预算批复或合同规定的用途；④是否存在截留、挤占、挪用、虚列支出等情况。
	组织实施	管理制度健全性	项目实施单位的财务和业务管理制度是否健全，用以反映和考核财务和业务管理制度对项目顺利实施的保障情况。	评价要点：①是否已制定或具有相应的财务和业务管理制度；②财务和业务管理制度是否合法、合规、完整。
		制度执行有效性	项目实施是否符合相关管理规定，用以反映和考核相关管理制度的有效执行情况。	评价要点：①是否遵守相关法律法规和相关管理规定；②项目调整及支出调整手续是否完备；③项目合同书、验收报告、技术鉴定等资料是否齐全并及时归档；④项目实施的人员条件、场地设备、信息支撑等是否落实到位。
产出	产出数量	实际完成率	项目实施的实际产出数与计划产出数的比率，用以反映和考核项目产出数量目标的实现程度。	实际完成率＝（实际产出数/计划产出数）×100%。实际产出数：一定时期（本年度或项目期）内项目实际产出的产品或提供的服务数量。计划产出数：项目绩效目标确定的在一定时期（本年度或项目期）内计划产出的产品或提供的服务数量。

续表

一级指标	二级指标	三级指标	指标解释	指标说明
产出	产出质量	质量达标率	项目完成的质量达标产出数与实际产出数的比率，用以反映和考核项目产出质量目标的实现程度。	质量达标率 =（质量达标产出数/实际产出数）×100%。质量达标产出数：一定时期（本年度或项目期）内实际达到既定质量标准的产品或服务数量。既定质量标准是指项目实施单位设立绩效目标时依据计划标准、行业标准、历史标准或其他标准而设定的绩效指标值。
	产出时效	完成及时性	项目实际完成时间与计划完成时间的比较，用以反映和考核项目产出时效目标的实现程度。	实际完成时间：项目实施单位完成该项目实际所耗用的时间。计划完成时间：按照项目实施计划或相关规定完成该项目所需的时间。
	产出成本	成本节约率	完成项目计划工作目标的实际节约成本与计划成本的比率，用以反映和考核项目的成本节约程度。	成本节约率 =［（计划成本 - 实际成本）/计划成本］×100%。实际成本：项目实施单位如期、保质、保量完成既定工作目标实际所耗费的支出。计划成本：项目实施单位为完成工作目标计划安排的支出，一般以项目预算为参考。
效益	项目效益	实施效益	项目实施所产生的效益。	项目实施所产生的社会效益、经济效益、生态效益、可持续影响等。可根据项目实际情况有选择地设置和细化。
		满意度	社会公众或服务对象对项目实施效果的满意程度。	社会公众或服务对象是指因该项目实施而受到影响的部门（单位）、群体或个人。一般采取社会调查的方式。

附件 5

项目支出绩效评价报告
（参考提纲）

一、基本情况

（一）项目概况。包括项目背景、主要内容及实施情况、资金投入和使用情况等。

（二）项目绩效目标。包括总体目标和阶段性目标。

二、绩效评价工作开展情况

（一）绩效评价目的、对象和范围。

（二）绩效评价原则、评价指标体系（附表说明）、评价方法、评价标准等。

（三）绩效评价工作过程。

三、综合评价情况及评价结论（附相关评分表）

四、绩效评价指标分析

（一）项目决策情况。

（二）项目过程情况。

（三）项目产出情况。

（四）项目效益情况。

五、主要经验及做法、存在的问题及原因分析

六、有关建议

七、其他需要说明的问题

宁夏回族自治区工会财务监督暂行办法

第一章 总则

第一条 为加强工会财务监督，遵守财经纪律，强化内部控制，规范财务行为，提高资金效益，根据《中华人民共和国会计法》《中华人民共和国工会法》和《中国工会章程》《工会会计制度》以及《工会财务监督暂行办法》等法规，结合我区工会财务工作实际，制定本办法。

第二条 本办法所称财务监督，是指各级工会财务部门根据国家有关法律法规和工会财务管理制度，运用一定的监督方法对本级机关和所属单位及下一级工会财务活动进行的监督检查。

第三条 根据“统一领导、分级管理”的工会财务管理体制，工会财务监督实行“统一领导、分级负责、下管一级”的工作体制。自治区总工会财务和资产监督管理部统一领导全区工会系统的财务监督工作。

第四条 各级工会应当坚持事前、事中和事后监督相结合的原则，建立健全覆盖各类资金和财务运行全过程的工会财务监督工作机制。

第二章 监督职责和内容

第五条 自治区总工会财务和资产监督管理部负责管理和指导全区各级工会的财务监督工作，主要职责：

（一）根据相关法律和全国总工会有关制度，研究制定宁夏回族自治区工会财务监督制度，并对市级工会制定的财务制度进行备案管理。

（二）制订自治区总工会年度财务监督工作计划。

（三）对自治区总工会本级所属单位进行财务监督，组织和实施对下一级工会财务活动的监督检查，并向全国总工会报告年度财务监督工作情况。

（四）承担自治区总工会交办的其他财务监督相关工作。

第六条 市级工会（含产业工会，下同）财务管理部门负责管理和指导管辖范围内各级工会的财务监督工作，主要职责：

（一）根据自治区工会财务监督制度，研究制定本级工会财务监督实施细则，并对下一级工会制定的财务制度进行备案管理。

（二）制订市级工会年度财务监督工作计划。

（三）对本级所属单位和下一级工会进行财务监督检查，并向自治区总工会报告年度财务监督工作情况。

（四）承担市级工会交办的其他财务监督相关工作。

第七条 市级（不含）以下工会财务管理部门（人员）根据市级工会财务监督实施细则，组织实施本级和下一级工会财务监督，并配合上级工会开展财务监督工作。

第八条 基层工会应当按照自治区总工会及上级工会的要求，加强财务管理，完善制度建设，严格执行财经法律法规和财务管理制度，积极支持配合上级工会财务监督。

第九条 财务监督的主要内容：

（一）国家财经法律法规和全总、区总有关财务制度规定执行情况。

（二）工会经费计拨、收缴情况，实行

财政划拨和委托税务代收工会经费情况。

（三）工会预算编制、审批与执行情况；工会决算、决算汇总和决算报告编制、审批情况。

（四）财政拨款、上级补助资金使用管理情况。

（五）经费开支的真实性、合法性。

（六）会计基础工作情况。

（七）票据使用管理情况。

（八）内部控制制度建设和实施情况。

（九）工会会计报告、财务报表编制情况。

（十）巡视巡察、政府审计、经费审查审计、财务监督发现问题的整改情况。

（十一）其他事项。

第十条 财务部门实施财务监督，可以采取以下方法：

（一）调取、查阅、复制被监督单位的预算、决算、会计凭证和账簿、财务会计报告、审计报告、台账、开立账户、电子信息管理系统及其他相关资料。

（二）核查被监督单位的库存现金、银行存款、有价证券、实物资产、借出和借入款（物）、会计核算等情况。

（三）经监督工作负责人批准，向被监督单位的所属单位和个人调查、取证相关情况。

第十一条 工会财务部门可以采取购买服务的方式，聘请具有资质的中介机构和人员，实施财务监督，所需经费纳入本级预算。购买服务应履行相关采购程序。

第三章 监督方式和程序

第十二条 财务监督分为日常监督和专项监督。

第十三条 日常监督是工会财务部门对单位各类资金和财务运行等经济事项开展的监督。日常监督采取事前、事中和事后监督相结合的方式。事前监督，重点关注单位内部控制制度建设、项目立项与预算编制审批等情况；事中监督，重点关注各项经济活动的合法合规性以及制度执行情况；事后监督，重点对资金使用绩效、财务会计报告质量进行监督评价。

第十四条 各级工会财务部门可以通过宁夏工会财务资产审计内控管理系统，建立财务日常动态监控工作机制，并利用调查研究、走访工作等开展日常监督，及时发现问题，及时整改纠正。

第十五条 专项监督是工会财务部门针对特定事项、特定资金或因特殊需要对相关单位实施的财务监督。

第十六条 实施专项监督前，由监督实施部门负责抽选人员组成不少于三人的监督工作组。工作组成员与被监督单位负责人和项目、财务管理部门负责人有亲属关系的，应当回避。监督工作人员的回避，由监督实施部门负责人决定。

监督工作组应提前向被监督单位送达检查通知书，明确监督检查的重点内容、工作时限和具体要求。被监督单位应按照检查通知书要求，如实提供各类原始凭证和相关材料、数据。

第十七条 实施专项监督时，工作组应认真履行职责，积极开展监督检查工作，深入了解情况，取得相关证据，编制财务监督工作底稿，完整记录监督事项，做到事实清楚、定性准确、责任明晰，并在此基础上形成专项监督报告（征求意见稿）。

第十八条 专项监督结束前，经监督实施部门同意，监督工作组向被监督单位征求专项监督报告（征求意见稿）的意见建议。被监督单位应在收到专项监督报告（征求意见稿）之日起10日内，提出书面反馈意见。

第十九条 监督工作组在充分听取被监

督单位意见建议基础上，经过深入研究、广泛论证、认真核实，形成正式报告，经监督实施部门主要领导批准后，送达被监督单位。

第二十条 被监督单位要根据专项监督报告指出的问题和提出的意见建议，制定切实可行的整改措施，在收到财务监督报告之日起60日内认真进行整改落实，根据专项监督实施部门要求，及时将整改落实情况反馈专项监督实施部门。专项监督实施部门可对整改落实情况进行核实。

第二十一条 专项监督实施部门应认真收集整理专项监督的各类材料、文件、数据，并按照档案管理的有关规定做好立卷归档。

第二十二条 财务监督应与财政监督、审计监督、经审监督有效衔接，充分利用有关部门专项监督、审计监督结果，避免给被监督单位增加不必要负担。

第四章 责任和处理

第二十三条 被监督单位应当积极配合监督工作，为监督工作提供必要的办公条件和工作保障。有以下情形的，情节较轻的，责令限期改正，或建议有关部门进行组织处理；涉嫌违纪违法的，移交纪检监察机关处理；涉嫌犯罪的，移送司法机关查处：

（一）拒绝、阻挠、拖延财务监督的。

（二）提供虚假材料的。

（三）转移、隐匿、损毁相关资料与证据的。

（四）对监督工作人员进行打击报复。

（五）其他影响财务监督工作的行为。

第二十四条 财务监督发现的违规违纪违法行为，根据情节轻重分别给予处理：

（一）责令立即停止违规行为并予以纠正。

（二）责令停止执行与国家和上级工会相抵触的相关规定。

（三）停止拨付与违规行为直接有关的款项，已经拨付的，责令其暂停使用并追回余款。

（四）责令追回被截留、挪用的款项。

（五）追回违规开支款项。

（六）对涉嫌违纪违法犯罪的问题线索，应移交纪检监察或司法机关查处。

第二十五条 财务监督工作人员应当严格执行各项财经纪律和规章制度，始终做到廉洁自律。

第二十六条 财务监督工作人员实施监督过程中滥用职权、徇私舞弊、玩忽职守、泄露秘密的，由所在单位依规依纪给予处理；涉嫌违纪违法或犯罪的，移交纪检监察或司法机关查处。

第五章 附 则

第二十七条 市级工会可根据本办法，结合实际工作，制定本级财务监督实施细则，并报自治区总工会财务和资产监督管理部备案。

第二十八条 本办法由自治区总工会财务和资产监督管理部负责解释。

第二十九条 本办法自印发之日起执行。

关于印发《宁夏回族自治区总工会落实小微企业工会经费支持政策实施细则》的通知

宁工办发〔2020〕7号

各市、县（区）总工会，宁东基地工会：

《宁夏回族自治区总工会落实小微企业工会经费支持政策实施细则》已经自治区总工会2020年第35次党组（扩大）会议审议通过，现予以印发，请认真贯彻执行。

宁夏回族自治区总工会办公室

2020年11月30日

宁夏回族自治区总工会落实小微企业工会经费支持政策实施细则

为贯彻落实党中央、国务院支持实体经济发展和防控新型冠状病毒感染肺炎疫情的决策部署，规范小微企业工会经费使用管理，稳定小微企业劳动关系，促进小微企业健康发展，根据《中华全国总工会办公厅关于实施小微企业工会经费支持政策的通知》（厅字〔2019〕32号），国家发改委等6部门联合印发的《关于支持民营企业加快改革发展与转型升级的实施意见》（发改体改〔2020〕1566号），人力资源和社会保障部等5部门联合印发的《关于做好新型冠状病毒感染肺炎疫情防控期间稳定劳动关系支持企业复工复产的意见》（人社部发〔2020〕8号），结合实际，制定《宁夏回族自治区总工会落实小微企业工会经费支持政策实施细则》。

一、小微企业划型标准

小型企业和微型企业界定标准执行工业和信息化部、国家统计局、国家发展改革委、财政部2011年6月18日印发的《中小企业划型标准规定》（工信部联企业〔2011〕300号）确定的小微企业划型标准。以2019年数据认定为小微企业的，享受2020年工会经费全额返还政策；以2020年数据认定为小微企业的，享受2021年工会经费全额返还政策。

本细则所指小微企业不包括集团企业、央企所属的符合条件的子公司、分公司。未及时足额缴纳工会经费（建会筹备金）的企业须补足后方可申请返还。同时符合工会建会筹备金奖励政策的企业不得重复享受。

二、支持政策时限

根据《中华全国总工会办公厅关于实施小微企业工会经费支持政策的通知》（厅字〔2019〕32号），对小微企业工会经费实行全额返还的支持政策实施时限，自2020

年1月1日起，至2021年12月31日止（以工会经费缴纳日期为准）。

三、返还操作流程

小微企业工会经费返还实行先缴后返的原则，小微企业要根据《工会法》的有关规定，按照全部职工工资总额的2%及时足额缴纳工会经费（建会筹备金）后，按照小微企业自主申报、工会关系所在地县（区）、市总工会（宁东工会）逐级审核、自治区总工会复核，各级工会分别返还已经分成的差额部分。

（一）企业申报

1. 申报时间

符合工会经费返还条件的小微企业应分别于2020年12月1日—2021年1月31日、2021年12月1日—2022年1月31日，提出当年工会经费返还申请，一年一申请。

2. 申报资料

（1）小微企业工会经费返还申请表（附件2）；

（2）企业营业执照复印件；

（3）企业上年度资产负债表；

（4）企业上年度利润表；

（5）企业社会保险单位参保证明（复印件）或其他能证明从业人员人数的材料；

（6）缴纳工会经费收据复印件；

（7）在“中华人民共和国工业和信息化部”官方网站首页“中小企业规模类型自测小程序”中测试结果截图（1份）；

以上材料均加盖企业公章。

（二）工会审核

地级市总工会、县（区）工会、宁东工会在接受企业申报之日起5个工作日内，对小微企业申报材料进行审核，并报上一级工会复核。

（三）经费返还

对经过审核符合全额返还工会经费的小微企业，由各级工会按照各自分成比例进行返还。

暂未建立工会组织且已通过税务代收系统缴交建会筹备金的小微企业，申报认定小微企业办法同上。小微企业工会组建后，在规定工会经费优惠期间，及时全额返还其建会筹备金，再按有关规定进行工会经费的回拨。

所返还工会经费必须拨入企业工会账户，且按照《宁夏回族自治区基层工会经费收支管理实施细则》有关规定开支。

四、工作要求

（一）加强小微企业工会财务工作的指导。各市、县区总工会、宁东工会要加大《工会法》和《宁夏回族自治区基层工会经费收支管理实施细则》的宣传力度，定期开展针对小微企业的工会财务知识培训，通过编制财务制度汇编、操作手册、案例课程等多种方式，运用工会网站、微信公众号、小程序等手段，加强资源共享和合作，有效促进小微企业工会建起来、转起来、活起来。

（二）切实解决小微企业工会财务工作中存在的突出问题。各市、县区总工会、宁东工会要创新服务手段和服务方式，为小微企业工会独立开设工会经费银行账户、独立进行财务核算提供指导服务；对暂不具备独立核算条件的小微企业工会，可实行“上代下”财务集中核算模式，所需工作经费由上级工会解决；建立健全小微企业工会报账制度，定期向小微企业通报工会经费收支情况；加强对小微企业工会预（决）算工作的指导，不断扩大小微企业工会预（决）算工作覆盖面；对未及时足额缴纳工会经费的小微企业，应督促其足额缴纳工会经费后，再予以返还。

（三）认真落实小微企业工会经费支持政策。各市、县区总工会、宁东工会要比对小微企业划型标准，对本区域申报全额返还工会经费的小微企业相关资料进行审核，做好登记、核实、跟进工作，将比对无误的小微企业工会经费返还名册及基础资料在规定时间内，以市级工会为单位上报自治区总工会，并将审核结果反馈申报单位，及时返还工会经费。同时，要结合实际制定具体实用的操作办法，做好小微企业申报信息保密工作，加强对小微企业工会经费支持政策落实情况的监督检查，确保支持政策落地见效。本通知发布前已经出台的政策文件与本通知规定不符的，应依据本通知精神予以规范。

按照分级、属地管理原则，相关事宜请及时与所属地方总工会联系（各地总工会联系方式见附件3）。

附件：1. 各行业小微企业划型标准（略）
2. 宁夏小微企业工会经费返还申请表（略）
3. 各地总工会联系方式（略）
4. 宁夏小微企业工会经费返还汇总表（略）

关于印发《自治区总工会财务核算管理办法》《宁夏回族自治区总工会对下项目补助实施办法》的通知

宁工办发〔2020〕8号

区总各部室、各相关单位：

《自治区总工会财务核算管理办法》已经自治区总工会党组2020年第28次会议审议通过，《宁夏回族自治区总工会对下项目补助实施办法》已经自治区总工会党组2020年第35次会议审议通过，现印发给你们，请遵照执行。

宁夏回族自治区总工会办公室

2020年11月30日

自治区总工会财务核算管理办法

为进一步加强和规范自治区总工会（以下简称为“区总”）财务核算管理工作，提高工会经费使用效益，确保会计信息真实有效，根据《工会法》《会计法》《工会预算管理办法》等有关规定，结合实际，制定本办法。

第一条 区总财务核算管理工作内容包括区总本级、区总机关和区总干校的所有会计业务和会计事项。

第二条 区总财务核算管理原则。

（一）统一全口径收支管理原则。根据《工会预算管理办法》，区总各项收入统一纳入区总财务核算和管理，各项支出严格按照财务制度执行。

（二）统一财务管理原则。根据《工会会计制度》和《工会预算管理办法》，对区总财务核算管理工作中的所有会计业务和会计事项进行统一财务管理，按照“先预算后使用、先审批后支出”的原则履行审批手续。

（三）统一会计核算原则。根据《工会财务会计管理规范》，对区总财务核算管理中的所有会计业务和会计事项进行统一会计核算，填制会计凭证，登记会计账簿，编制会计报表。

（四）统一档案保管原则。按照《会计档案管理办法》要求，对年度会计凭证、会计账簿、会计报表等财务资料进行统一归类整理装订，定期移交区总档案室保管。

第三条 区总财务核算管理工作由分管财务工作的副主席分管，各部室经费支出事项由分管部室的领导审批负责，财务核算管理工作中的所有会计核算业务和会计事项处理均由分管财务副主席签署意见。

第四条　各部室是预算支出的执行主体，部室负责人对本部室预算项目经费支出内容的真实性、合法性和合规性负主体责任。

第五条　财务和资产监督管理部按照预算确定的任务积极组织区总本级收入，按照规定的比例及时分成拨缴工会经费，对各部门预算项目经费支出内容的合法性和合规性进行审核。

第六条　预算项目执行审批程序。

（一）预算内项目审批程序。

预算内项目是指年初经区总党组会议审议和经审会审查通过列入年度预算之内的经费支出项目。

1. 对内容和标准已经明确的预算内项目，由部室提出方案，经分管部室的领导审核批准后执行。

2. 对内容和标准不明确、需要二次分配经费的预算内项目或实施方案需经区总党组会议（或主席办公会议）研究后执行的项目，由部室提出方案、分管部室的领导审核批准，经分管财务副主席签署意见后执行。

（二）预算外项目审批程序。

预算外项目是指在年度预算执行中，超出年初预算而需要追加解决的项目额度或新增加的预算项目。

1. 对区总各部室组织实施的预算外项目，由部室提出申请、分管部室的领导审核批准、分管财务副主席签署意见，依据追加额度提交区总党组会议（或主席办公会议）研究决定后执行。

2. 对下级工会（含区总所属企事业单位）申请补助的预算外项目，依据追加额度提交区总党组会议（或主席办公会议）研究决定后执行。

3. 对预算执行中，因全总和自治区财政厅增加但不需要区总提供配套资金的补助项目，由部室提出方案，分管部室的领导审核批准，经分管财务副主席签署意见后执行。

区总会议对预算外追加项目的研究，原则上每季度安排一次。各部室（单位）要统筹考虑，精打细算，提前做好预算外项目的前期调研、考察和论证工作，按规定程序提交区总党组会议（或主席办公会议）研究。

（三）按照责权相结合的原则，各部室经批准的预算支出项目由分管部室的领导具体负责并组织实施。

第七条　预算项目经费支出报账审批程序。

各预算项目工作任务完成后要及时办理经费支出报账手续，具体程序为：

1. 报账人员填写经费报账单并附相关财务资料，由部室负责人和分管部室的领导签字确认。

2. 财务部门主管会计、负责人审核确认。

3. 分管财务副主席签署意见。

4. 财务部门出纳和相关人员复核后办理款项支付手续。

第八条　区总开设银行账户、变更银行预留印鉴等业务，按照规定使用主席个人（法定代表人）的印章；区总所有开户银行的预留印鉴全部使用分管财务副主席和相关财务人员的个人印章。

第九条　区总机关工作人员因公出差，应在出差结束后及时完成报销手续。因个人报销不及时产生的滞纳金或对个人资信造成影响等责任，由公务卡持卡人自行承担。

第十条　区总机关各类公务活动支出须采用转账支付或公务卡方式进行结算。转账支付的费用，经办人员须在款项支付后及时索要发票到财务部门完善相关报账手续。

公务活动需要借用款项的，由借款人填写借款借据，经部室负责人签字，分管部室领导确认，分管财务副主席批准后办理借款手续。借用款项应坚持“谁借款、谁使用、谁结算”的原则，凡原借款未结清者，原则上不再办理新的借款。所有借款，应在公务活动结束后及时结清相关费用、办结还款手续。

第十一条 区总机关各类会议、培训、出差、接待等支出项目报账，须将支出发票、批准文件、通知、签到册及有关审批材料一并交财务部门作为报账资料存档。

第十二条 各部室应设置一名相对固定并熟悉财经法律法规知识的人员从事报账经办工作，报账经办人员应由机关在编在岗人员担任。

第十三条 各部室（单位）要认真履行预算项目经费支出的主体责任，严格执行财经纪律。财务部门要严格审核各项经费支出业务，及时掌握预算进度，对报账资料不齐全或审批手续不完整的支出事项，应当退回或要求补办相关手续，对不符合规定的报销事项要坚决制止。经审部门要加强对各项经费支出业务和会计事项处理进行审查审计监督，确保经费使用安全有效。纪检部门要强化监督责任，发现问题要坚决予以纠正。

第十四条 本办法自印发之日起施行。原《自治区总工会财务预算管理办法》（宁工办通〔2017〕14 号）同时废止。

宁夏回族自治区总工会对下项目补助实施办法

为理顺工会经费分配管理体制，规范自治区总工会（以下简称“区总”）对下级工会经费补助工作，提高区总对经费的管控能力和使用效益，结合我区实际，特制定本办法。

一、对下项目补助原则

（一）科学规范。通过完善项目申请、资金审批等程序，科学、合理安排补助资金，建立完善的对下项目补助资金管理制度体系。

（二）突出重点。紧紧围绕工会主责主业，坚持服务大局、服务基层、服务职工的经费使用方向，统筹安排，突出重点，集中财力保障工会重点工作的资金需求。

（三）专款专用。对下补助资金实行项目化管理，必须专款专用，不得截留、挤占或挪作他用，对下补助经费超过两年未使用的，由区总收回，另行安排。

（四）注重绩效。建立健全对下补助和预算支出绩效评价制度，并将评价结果作为今后资金安排和分配的重要依据。

二、对下项目补助范围和补助标准

除全国总工会、自治区财政部门拨付的已明确具体项目和补助标准的专项资金，以及因自然灾害、抢险救灾、扶贫帮困、突发公共卫生事件等特殊情况下拨的应急专项资金外，其他由区总工会安排或再分配的各类对下补助资金全部纳入项目补助管理范围。具体如下：

1. 区总安排的重点工作补助，主要用于全区工会社会化工会干部经费补助，集体协商指导员补助、工会班补助、劳模（职工）创新工作补助、技能大赛补助、职工书屋补助、全国先进就业培训机构扶持资金、创新亮点工作补助等。

2. 政策性补助和乡镇（街道）工会经费补助，主要用于南部山区和中部干旱带地区市县工会工作经费，以及乡镇（街道）工会开展职工活动经费不足的补助。

3. 地（市）级工会、产业工会和区直机关工会重点工作经费补助，主要用于地（市）级工会和产业工会年度安排的重点工作项目。

4. 县（区）级工会工作经费补助，主要用于县（区）级工会自身建设、维权能力建设、职工教育和再就业培训建设、文化活动阵地建设等重点工作项目。

5. 基层工会经费补助，主要用于基层工会开展工会活动经费不足的补助。

6. 其他项目补助，主要用于工会办公场所和职工文化活动中心等维修改造、设施设备更新，政府资金投入不足部分的补助。

区总安排的重点工作补助、政策性补助和职工文体活动场所等基础设施建设项目，根据实际工作确定补助标准；工会工作经费补助、活动补助标准不超过20万元。

三、项目申报流程

对下项目补助实行分类申报，上述项目补助范围中1、2项补助由区总直接安排，其余3～6项须报送申请报告和填报相关项目补助申请表，向区总申报项目补助。

1. 地（市）级工会、产业工会和区直机关工会重点工作经费补助和其他项目补助，由市级工会、产业工会和区直机关工会提出项目补助申请。

2. 所属县（区）级工会工作经费补助和其他项目补助，由各市级工会汇总审核后统一提出项目补助申请。

3. 各产业工会和区直机关工会所属基层工会（含各厅局委工会）经费补助，由所属基层工会提出项目补助申请。

四、项目补助审核和审批

（一）项目补助审核

1. 根据项目补助类别，项目补助范围中1、2项补助由区总相关部室根据工作计划和年初预算安排，按规定程序审批后由区总直接安排。

2. 项目补助范围中3～6项，由区总财务部门对补助项目归集汇总后，对项目资金补助额度的合法、合规性进行审核，对符合条件的项目提出项目建议补助方案。

（二）项目补助审批

由区总财务部门将审核并符合条件的对下项目建议补助方案，提交区总主席办公会议或党组办公会议研究。会议研究通过后，按会议决定下拨项目补助资金。

五、项目实施工作要求

（一）资金使用单位对下拨的项目补助资金，实行专项管理，专款专用，如截留、挤占或挪作他用的，区总要追回下拨项目补助资金，连续两年不再对其进行补助，并追究有关负责人的责任。

（二）各级工会财务部门和审计部门负责对资金使用情况进行监督检查，督促资金使用单位及时报告使用情况，开展资金绩效评价工作。

六、附则

本办法由自治区总工会财务资产部负责解释，本办法自印发之日起施行。

自治区总工会关于学习宣传贯彻习近平总书记在全国劳动模范和先进工作者表彰大会上的重要讲话精神的通知

宁工发〔2020〕35号

各市、县（区）总工会，宁东基地工会，各产业工会，区直机关工会，区总各部门、直属单位：

2020年11月24日，习近平总书记出席全国劳动模范和先进工作者表彰大会并发表重要讲话。11月25日，中华全国总工会、自治区总工会相继召开座谈会、党组（扩大）会议，就学习宣传贯彻习近平总书记重要讲话精神作出安排部署。为认真贯彻全总和区总党组要求，切实做好习近平总书记重要讲话精神的学习宣传贯彻工作，现就有关事项通知如下。

一、深入学习领会，准确把握习近平总书记重要讲话的丰富内涵和精神实质

全国劳动模范和先进工作者表彰大会，是在“十三五”规划目标任务即将完成，全面建成小康社会胜利在望，乘势而上开启全面建设社会主义现代化国家新征程关键时期召开的一次大会，是全国各族人民政治生活中的大事、盛事。党中央、国务院隆重召开表彰大会，充分体现了以习近平同志为核心的党中央对工人阶级和广大劳动群众的高度重视和关怀关爱，对于团结动员广大职工立足新发展阶段，贯彻新发展理念，构建新发展格局，推动高质量发展，开启新征程，扬帆再出发，具有重大意义。习近平总书记在大会上的重要讲话，高瞻远瞩、饱含深情，思想深邃、内涵丰富，是面向全党全国各族人民发出的向第二个百年奋斗目标进军的动员令，具有重大的政治意义；是习近平总书记关于工人阶级和工会工作的重要论述的最新发展，是习近平新时代中国特色社会主义思想的重要组成部分，具有深刻的理论意义；对全面建设社会主义现代化国家新征程中，工人阶级和广大劳动群众当好主人翁、建功新时代，工会组织履行职责、发挥作用、提高水平，提出了一系列新要求，具有鲜明的实践意义。

各级工会组织和广大工会干部要提高政治站位，自觉把学习贯彻习近平总书记重要讲话精神作为当前和今后一个时期的重大政治任务，精心组织学习培训，深刻领会精神实质，精准把握核心要义。一要融会贯通学。把学习贯彻习近平总书记重要讲话精神与学习贯彻党的十九届五中全会精神结合起来，与学习《习近平谈治国理政》（第三卷）结合起来，与学习贯彻习近平总书记关于工人阶级和工会工作的重要论述结合起来，学深悟透、融会贯通、入脑入心，进一步增强“四个意识”、坚定“四个自信”、做到“两个维护”，把思想和行动统一到习近平总书记重要讲话精神上来，统一到党中央决策部署上来。二要带着问题学。在学习中强化问题意识、坚持问题导向，针对工会工作中存在的问题，边学习边思考边领悟，在学习中寻找存在问题的原因、解决问题的办法，不断增强做好工会工作的责任意识、担当意识，切实以习近平总书记重要讲话精神为指引，开创新时代工会工作新局面。三要示范引领学。各级工会领导班子和领导干部要坚持带头示范、以上率下，将习近平总书记在全国劳动模范和先进工作者表彰大会上的重要讲话精神作为理论学习中心组学习的重要内容，作为工会干部学习培训的重点内容和必修课。学习中要坚持理论联系实际，加强转化、多出成果，使习近平总书记重要讲话精神在实践中展现出更强大的真理力量。

二、广泛宣传宣讲，切实把广大职工群众的思想和行动统一到习近平总书记的重要讲话精神上来

习近平总书记在大会上的重要讲话，明确提出了新时代新征程工人阶级和广大劳动群众肩负的庄严使命。各级工会组织要坚定扛起引导广大职工坚定不移听党话、矢志不渝跟党走的政治责任，加强宣传宣讲，在工会系统和广大职工群众中形成学习宣传贯彻的热潮。一要深入基层宣传。结合开展工会干部下基层联系点“六个一”活动，组织各级工会干部深入基层一线，以专题辅导、面对面交流等方式，广泛开展有特色、接地气、入人心的宣传宣讲活动，推动习近平总书记重要讲话精神进社区、进企业、进车间，进职工群众心中。二要广泛凝聚共识。充分发挥网站、微信公众号、手机 App 等工会宣传舆论阵地的作用，运用好工会书刊、职工书屋、文化宫等多种阵地，深入宣传解读习近平总书记重要讲话精神，广泛报道职工群众对习近平总书记重要讲话精神的思想认识、学习体会和落实成果，筑牢当好主人翁、建功新时代的共同思想基础。三要把握宣传重点。重点做到“四个讲清楚”，即：讲清楚全国劳模大会特别是习近平总书记重要讲话精神的重大意义，讲清楚工人阶级和广大劳动群众在决胜全面建成小康社会中作出的突出贡献，讲清楚工人阶级和广大劳动群众在开启新征程中肩负的时代重任，讲清楚工会组织成立 95 周年来的历史经验和在实现“十四五”规划和 2035 年远景目标中的使命担当。

三、坚决贯彻落实，努力把习近平总书记重要讲话精神融入工会工作全过程、各方面

习近平总书记的重要讲话，立足“两个大局”，把握时代大势，饱含人民情怀，对新时代充分发挥工人阶级作用给予充分肯定，对新征程工运事业和工会工作创新发展提出殷切希望，政治性、思想性、指导性、针对性很强，各级工会要深入领会、坚决贯彻。

一要深刻理解习近平总书记对劳模精神、劳动精神、工匠精神的高度赞扬，大力弘扬劳模精神、劳动精神、工匠精神。习近平总书记指出，在长期实践中，我们培育形成了爱岗敬业、争创一流、艰苦奋斗、勇于创新、淡泊名利、甘于奉献的劳模精神，崇尚劳动、热爱劳动、辛勤劳动、诚实劳动的劳动精神，执着专注、精益求精、一丝不苟、追求卓越的工匠精神。习近平总书记强调，劳模先进人物要继续发挥示范带头作用，工人阶级和广大劳动群众要学先进赶先进，各级党委和政府要尊重劳模、关爱劳模，全社会要崇尚劳动、见贤思齐。这些重要论述，对进一步弘扬劳模精神、劳动精神、工匠精神，在全社会形成尊重劳模、崇尚劳动、培育工匠的浓厚氛围，提出了更高要求。各级工会组织要以召开劳动模范和先进工作者表彰大会为契机，全面深入宣传劳模事迹，大力弘扬劳模精神、劳动精神、工匠精神，激励广大职工学习劳模、争当先进，在经济社会发展各个领域建功立业。

二要深刻理解习近平总书记对工人阶级和广大劳动群众的殷切重托，组织引领广大职工群众当好主人翁、建功新时代。习近平总书记指出，工人阶级是我国的领导阶级，是先进生产力和生产关系的代表，是坚持和发展中国特色社会主义的主力军；全面建设社会主义现代化国家，要充分发挥工人阶级和广大劳动群众主力军作用。这些重要论述，为最大限度保护、调动、发展工人阶级和广大劳动群众积极性、主动性、创造性，实现“十四五”规划和2035年远景目标，吹响了冲锋号角。各级工会要紧紧围绕自治区重大战略、重大工程、重大项目、九大重点特色产业，广泛深入持久开展“当好主人翁、建功新时代”主题劳动和技能竞赛，深化“五小”等职工技术创新活动，组织动员广大职工群众以主人翁姿态积极行动起来，为建设黄河流域生态保护和高质量发展先行区、继续建设经济繁荣民族团结环境优美人民富裕的美丽新宁夏发挥积极作用，众志成城开启全面建设社会主义现代化国家新征程。

三要深刻理解习近平总书记对建设高素质劳动大军的高度重视，深入推进产业工人队伍建设改革。习近平总书记指出，劳动者素质对一个国家、一个民族发展至关重要，当今世界，综合国力的竞争归根到底是人才的竞争、劳动者素质的竞争；要努力建设高素质劳动大军，造就一支有理想守信念、懂技术会创新、敢担当讲奉献的宏大产业工人队伍。这些重要论述，为在新征程上激励更多劳动者特别是青年人走技能成才、技能报国之路，培养一代又一代热爱劳动、勤于劳动、善于劳动的高素质劳动者，提供了科学指导。各级工会组织要深入推进产业工人队伍建设改革，坚决落实产业工人思想引领、建功立业、素质提升、地位提高、队伍壮大等改革措施，推动实施职业技能提升行动，构建技能形成体系，培养造就一支高素质产业工人队伍，助力发展好我区九大重点特色产业，不断催生发展新动能。

四要深刻理解习近平总书记对广大劳动者的深切关怀，扎实履行维权服务基本职责。习近平总书记指出，让人民群众过上更加幸福的好日子是我们党始终不渝的奋斗目标，实现共同富裕是中国共产党领导和我国社会主义制度的本质要求。习近平总书记强调，要切实实现好、维护好、发展好劳动者合法权益，解决好就业、教育、社保、医疗、住房、养老、食品安全、生产安全、生态环境、社会治安等问题，不断提升工人阶级和广大劳动群众的获得感、幸福感、安全感。这些重要论述，集中体现了习近平总书记把人民放在心中最高位置、坚持以人民为中心的发展思想，为工会履行好维权服务基本职责，使广大劳动者共建共享改革发展成果，以更有效的举措推进共同富裕，指明了前进方向。各级工会组织要把稳就业工作摆在更加突出的位置，推动完善劳动关系三方机制建设，大力加强专业性劳动争议化解工作，让职工稳定工作岗位；通过技能培训、就业指导等方式，让职工实现就业创业。要推动工会班、金秋助学、结对帮扶、医疗互助、临时救助、常态化送温暖等工会服务工作常态化、制度化、规范化，及时把党和政府的温暖送到困难职工中去。要持续加强城镇困难职工解困脱困工作，以更有力的举措、更精细的工作，确保困难职工解困脱困任务全面完成，建立健全工会预防相对困难职工返贫常态化帮扶工作机制。

五要深刻理解习近平总书记对工会组织的明确要求，着力推进工会改革创新。习近平总书记指出，今年适逢中华全国总工会成立

95周年，我国工运事业是在党的领导下发展起来的；党的十八大以来，全国总工会及各级工会认真贯彻党中央关于工人阶级和工会工作的重要论述，坚持走中国特色社会主义工会发展道路，组织动员广大职工建功立业，做好维权服务工作，推进工会系统自身改革，深化产业工人队伍建设改革，全面加强工会系统党的建设，取得了新的显著成效。习近平总书记强调，工会要总结95年来的成绩和经验，坚持和完善制度机制、健全工会工作体系，努力提高工会工作能力和水平。这些重要论述，既是对各级工会组织和广大工会干部的肯定和鼓励、更是期望和鞭策，为各级工会坚持以忠诚党的事业、竭诚服务职工为己任，续写党的工运事业和工会工作新篇章，注入了强大动力。各级工会组织要围绕强“三性”、去“四化”目标，健全联系广泛、服务职工的工会工作体系，把工会组织建设得更加充满活力、更加坚强有力。要持续推动工会组织向基层延伸，积极探索和改进新经济领域劳动者入会服务方式，深入推进“八大群体”入会和农民工入会专项行动，加强乡镇（街道）、区域行业工会建设，不断扩大工会组织覆盖面和影响力。要加快智慧工会建设，充分发挥工会数据库作用，构建更加多元的服务体系和维权体系。

各级工会组织要结合实际，找准学习习近平总书记重要讲话精神和推进工会工作的结合点与切入点，推动习近平总书记重要讲话精神在工会系统落地生根、开花结果。

宁夏回族自治区总工会

2020年11月30日

关于开展劳模精神“三进”活动的通知

宁工办通〔2020〕60号

各市总工会，宁东基地工会，各产业工会：

为深入学习贯彻党的十九届五中全会精神，贯彻落实习近平总书记在全国劳动模范和先进工作者表彰大会上的重要讲话精神，大力弘扬劳模精神、劳动精神、工匠精神，团结引领全区广大职工勤于创造、勇于奋斗，争做奋斗者、建功“十四五”，自治区总工会决定在全区开展劳模精神进企业、进校园、进机关“三进”活动，现将有关事项通知如下：

一、活动主题

争做奋斗者　建功“十四五”

二、活动内容

邀请全国、自治区劳动模范和先进工作者代表深入全区各地企业、机关、校园宣讲党的十九届五中全会精神，宣讲习近平总书记在全国劳动模范和先进工作者表彰大会上的重要讲话精神；讲述个人奋斗故事、成长心路历程，深刻诠释爱岗敬业、争创一流、艰苦奋斗、勇于创新、淡泊名利、甘于奉献的劳模精神，崇尚劳动、热爱劳动、辛勤劳动、诚实劳动的劳动精神，执着专注、精益求精、一丝不苟、追求卓越的工匠精神，感染与激励全区广大劳动群众坚定不移听党话、矢志不渝跟党走，凝聚磅礴伟力、担当时代新使命，继续建设经济繁荣民族团结环境优美人民富裕的美丽新宁夏，为夺取全面建设社会主义现代化新胜利而努力奋斗。

三、活动时间

2020年12月中旬至2021年元月底前结束。

四、组织安排

由自治区总工会选拔事迹突出的2020年新当选的全国、自治区劳动模范和先进工作者代表组成宣讲团，赴各市、产业工会所属部分企业、机关、学校进行宣讲。各市、产业工会负责场地准备和人员组织工作。

五、活动要求

1. 提高认识，精心组织。各级工会要充分认识劳模精神“三进”活动是学习宣传贯彻党的十九届五中全会精神、习近平总书记在全国劳模大会上的重要讲话精神，弘扬劳模精神、工匠精神、劳动精神的重要举措。要提高认识，精心组织，按照相关规定履行必要报批手续，及时与宣讲团进行对接，确保宣讲活动圆满完成。

2. 结合实际，注重实效。各级工会要结合本地区、本产（行）业特色，创新工作理念，邀请本地区、本行业、本单位劳模进企业、进工地、进学校、进机关、进社区，用职工群众更易于、乐于接受的形式进行宣讲，发挥劳模示范引领作用，大力弘扬劳动光荣的社会风尚和精益求精的敬业风气。

3. 加强宣传，营造氛围。要借助新闻媒体、网站、微信，企业宣传阵地等多种宣传渠道，及时宣传报道宣讲活动的进展情况和成果成效，营造良好的舆论氛围，将活动不断引向深入。

各地要及时做好宣讲活动视频资料制作、收集工作，并于活动结束后上报至自治区总工会。

宁夏回族自治区总工会办公室

2020 年 12 月 16 日

自治区总工会关于命名2020年自治区劳模和技能人才创新工作室的决定

宁工发〔2020〕37号

各市总工会，宁东基地工会，产业工会，区直机关工会：

为认真学习宣传贯彻党的十九届五中全会和习近平总书记视察宁夏重要讲话精神，大力弘扬劳模精神、劳动精神、工匠精神，落实中华全国总工会《关于进一步深化劳模和技能人才创新工作室创建工作的意见》，激励广大劳模和技能人才充分发挥示范引领作用，引领广大职工积极创新创造，建功立业，推动自治区经济高质量发展，进一步深化劳模和技能人才创新工作室创建工作，不断提高质量、突出实效、发挥作用、扩大影响，加快建设知识型、技能型、创新型劳动者大军，推进新时期产业工人队伍建设改革，培育更多的技能人才，自治区总工会决定，命名吴旭涛、曾建华劳模和技能人才创新工作室等10个创新工作室为2020年自治区劳模和技能人才创新工作室，并给予每家10万元的资金支持。

希望被命名的自治区劳模和技能人才创新工作室珍惜荣誉、再接再厉，发挥示范引领、集智创新、协同攻关、传承技能、培育精神等功能，为黄河流域生态保护和高质量发展先行区建设，为继续建设经济繁荣、民族团结、环境优美、人民富裕的美丽新宁夏作出新的更大的贡献。全区广大职工要以自治区劳模和技能人才创新工作室为榜样，营造劳动光荣的社会风尚和精益求精的敬业风气，勤于学习、善于实践、勇于创新，努力提升素质，练就过硬本领，在建设美丽新宁夏、共圆伟大中国梦的实践中建功立业。

附件：自治区劳模和技能人才创新工作室名单

宁夏回族自治区总工会

2020年12月22日

附件

2020 年自治区劳模和技能人才创新工作室名单

曾建华技能人才创新工作室	宁夏电通实业集团有限责任公司
徐志劳模创新工作室	宁夏力成电气集团有限公司
马学山劳模创新工作室	贝利特化学股份有限公司
王锋劳模创新工作室	宁夏罗山酒庄有限公司
何桂琴劳模创新工作室	固原市回民中学
倪联新劳模创新工作室	中卫市百利蔬菜流通专业合作社
冷晓红劳模创新工作室	宁夏职业技术学院
马晓峰技能人才创新工作室	宁夏建设投资集团有限公司
张国庆劳模创新工作室	自治区林业和草原局
吴旭涛劳模创新工作室	国网宁夏电力有限公司科学研究院

关于印发《宁夏回族自治区总工会困难职工帮扶管理实施细则》的通知

宁工办发〔2020〕9号

各市、县（区）总工会，宁东基地工会，各产业工会，区直机关工会：

《宁夏回族自治区总工会困难职工帮扶管理实施细则》已经自治区总工会党组2020年第37次会议审议通过，现印发给你们，请结合实际抓好落实。

宁夏回族自治区总工会办公室
2020年12月23日

宁夏回族自治区总工会困难职工帮扶管理实施细则

第一章 总则

第一条 为进一步加强和规范困难职工精准帮扶管理工作，把党和政府的关心关怀与工会组织的温暖和关爱送到困难职工心坎上，帮助困难职工家庭解困脱困，依据《中央财政专项帮扶资金使用管理办法》（总工发〔2020〕13号），结合自治区实际情况，特制定本细则。

第二条 本细则所指职工是在宁夏回族自治区境内的企业、事业单位、机关、社会组织中以工资收入为主要生活来源的劳动者。

本细则所指最低生活保障（以下简称低保）标准和低收入标准以困难职工工作所在地政府规定为准。

本细则所称帮扶资金，是指中央、自治区财政、各级地方财政拨付的、各级工会在留成经费中安排的以及接受社会各界捐赠的用于支持各级工会开展困难职工（含困难农民工，下同）帮扶活动的专项资金。

第二章 困难职工建档标准

第三条 全国级困难职工建档标准

中央财政帮扶资金补助对象为精准识别后纳入工会全国级档案的困难职工家庭，按照深度困难职工、相对困难职工、意外致困职工等困难类别，建立梯度困难职工档案，根据其困难类别实施分层分类帮扶。包括深度困难职工、相对困难职工、意外致困职工。

1. 深度困难职工，具体是指家庭收入扣减刚性支出必要费用后，家庭人均纯收入低于当地最低生活保障标准的职工家庭。包括：（1）已纳入最低生活保障，但还存在患病、子女上学、伤残等其他刚性支出的困难职工家庭。（2）企业关停并转过程中下岗失业、停发或减发工资造成家庭收入扣减因病、因残、因子女上学等家庭刚性支出和必要就业成本后低于当地最低生活保障标准的职工家庭。（3）本人或家庭成员因患重特大疾病、伤残等因素，导致家庭收入扣减重特大疾病支出和长期照料费用后，低于当地最低生活保障标准的职工家庭。

2. 相对困难职工，具体是指家庭收入扣减因病、因残、因子女上学等家庭刚性支出和必要就业成本后，家庭人均月收入低于当地最低生活保障标准2倍以内的职工家庭。

3. 意外致困职工，具体是指职工本人或家庭成员因突发事件、意外伤害、患重大疾病（重大疾病病种参照中国保险行业协会制定的《重大疾病保险的疾病定义使用规范》和地方政府公布的重大疾病、地方罕见病病种目录），在获得各类赔偿补偿、保险支付、社会救助和社会帮扶后，生活仍暂时有困难的意外致困职工。包括：（1）自然灾害、重大安全事故、重大疫情、社会安全等重大事件中负伤致残、染病或牺牲的职工家庭；（2）家庭成员突发重大疾病等原因产生数额过大的救治费用，导致基本生活暂时出现严重困难的家庭；（3）因发生自然灾害或重大安全事故、交通事故造成重大人身伤害或住宅、家庭生活必需用品损毁严重，导致基本生活暂无着落或暂时出现严重困难的家庭。

4. 对长期居住在城市、生活遇到特殊困难的农民工帮扶应符合1至3条复刚性支出和必要就业成本后家庭人口、经济状况变化等客观原因出现的规定条件且有一年以上事实劳动关系。

5. 居住在独立工矿区、企业集中生活区的离退休人员、病退和领取定期生活费的人员，若本人或家庭成员患重大疾病，可纳入帮扶范围。

6. 因公牺牲干部职工遗属和工亡家属家庭符合1至3规定条件的，可纳入帮扶范围。

7. 具有下列情形之一的职工家庭，不得建立全国级帮扶档案。

拥有2套（含）以上住宅的；拥有商业店铺或雇佣他人从事经营活动的；子女进入高收费私立学校或自费出国留学的；非受雇佣经常使用机动车辆、船舶、工程机械以及大型农机具的；拒绝调查核实家庭收入状况的；已实行社会化管理的退休人员；刻意隐瞒欺骗一经发现的；属于农民、村民等不具有职工身份的；已死亡、失踪、迁出（异地生活和工作）的。

存在以下情况，经县级及以上工会审核报自治区总工会权益保障部备案后可以建档：2套以上住房中有不能使用的危房的情况；2套以上住房人均住房面积未达到当地最低住房标准的；2套以上住房中有在农村、垦区及边远地区拥有不能注销产权、无人居住、未形成经营性收入的；国有企业股份制改革政策性入股，持有虚拟股权而事实未参与分红的职工；因工作需要以个人名义注册的用于开展工作、与职工个人收入不挂钩的基层分支机构法人资格；机动车转让后无法办理过户、报废后无法注销并能提供车辆管理部门出具的有关证明的；拥有两轮摩托、农用三轮车及家用轿车实际价值不足5万元且没有用于经营创收的；财政供养人员符合困难职工认定标准的；因企业拖欠工资，造成累计发放所缴纳个人所得税年度内在500元以下的。

第四条 自治区级困难职工建档标准

自治区财政帮扶资金补助对象为精准识别后纳入工会自治区级档案的困难职工家庭。

1. 自治区级困难职工具体指年度内家庭实际人均月收入低于当地最低生活保障标准2.5倍以内的职工家庭。

2. 意外致困户是指遭受突发事件、意外伤害、重大疾病、子女上学、残疾及其他特殊原因造成生活困难，且年度内家庭实际人均月收入低于当地最低生活保障标准3倍以内的职工家庭。

第五条 家庭总人口原则上以户籍为单位或不在同一户口薄但常年共同生活具有赡养、抚养义务的家庭成员。

下列人员登记在同一户口簿，但不计入共同生活家庭成员：

（一）现役军人；

（二）连续三年以上（含三年）脱离家庭独立生活的宗教教职人员；

（三）在监狱内服刑的人员。

第六条 职工家庭收入和刚性支出核算

1. 职工家庭收入核算。

职工家庭收入是指家庭在规定期限内获得的全部现金及实物收入，包括工资性收入、经营净收入、财产净收入、转移净收入以及其他应当计入家庭收入的项目。国家规定的优待抚恤金、计划生育奖励与扶助金、奖学金、见义勇为等奖励性补助，各类社会救助款物以及县级以上政府规定的不计入家庭收入项目等不计入家庭收入。中央确定的城乡居民基本养老保险基础养老金，暂不计入家庭收入。

2. 职工家庭刚性支出核算指标。

（1）因病费用。指家庭成员因病住院（含门诊慢性病）产生的医疗费用，按照基本医疗保险、大病保险、商业保险报销、互助保障和其他部门救助后的个人承担部分计算。

（2）因残费用。指因残、因病用于康复治疗以及长期照料的费用。

（3）因学费用，指子女上学产生的费用。按照个人承担的学费、住宿费、必要长途路费扣除政府或社会资助后的实际支出。

（4）住房费用，指困难职工租住当地人均住房面积以内房屋的费用。

（5）多重支出费用，存在多重刚性支出的家庭，符合上述情况，可以累积计算。

（6）县级以上人民政府规定的可以纳入家庭刚性支出的其他情形。

3. 计算方法

（1）困难职工家庭人均收入 = 家庭可支配收入 ÷ 家庭总人口

（2）家庭可支配收入 = 家庭总收入 - 缴纳所得税 - 社会保障支出

第三章 困难职工档案管理

第七条 困难职工档案构成

困难职工档案包括：职工申请、户口簿和身份证复印件、《困难职工审核审批申报表》《入户调查表》《困难职工家庭情况填报表》、佐证材料复印件、公示证明材料等。

因病致困户需提供正规医药费票据、县级以上医院的诊断书、各类保险报销票据等原件或与原件相符的复印件。

因学致困户中的困难职工子女需提供中等职业教育或高等教育学校录取通知书或学籍证明、学费票据。

遭受自然灾害或重大安全事故造成重大人身伤害需提供照片、相关部门认定书。

困难职工电子档案上报自治区总工会网络信息大数据平台集中统一管理。

第八条 困难职工建档要求

坚持以工会隶属关系管理原则为主、属地管理原则为辅。与用人单位建立劳动关系的困难职工，由用人单位工会负责建立档案。灵活就业人员，由街道（社区）工会负责建立档案；如街道（社区）尚未成立工会，由上一级工会或县级（含）以上工会帮扶（服务）中心负责建立档案。有条件的县级（含）以上工会，可通过社会救助家庭经济状况核对机制核查、比对帮扶对象的金融资产等拥有状况。

按照建档工会入户调查摸底或职工个人申报、审批对象公示、建档工会核实、上级工会复核、县级（含）以上工会帮扶（服务）中心备案的程序，建立困难职工原始档案。基层工会建立的困难职工原始档案副本需报县级（含）以上工会帮扶（服务）中心备案。县级（含）以上工会帮扶（服务）中心建立的困难职工原始档案由本级工会帮扶（服务）中心或本级工会管理。县级（含）以上工会帮扶（服务）中心对基层工会建立的原始档案进行严格复核，对不符合要求的档案应及时退回原建档单位。

建立健全档案借阅、查询、使用制度，做好档案保密工作。档案一般用于工会系统工作查阅，不予外借。建档职工个人凭本人有效身份证件可查询本人档案信息。外单位查询档案需经档案保管单位批准，并办理有关查阅手续。查询者应严格遵守查档规定和保密制度，不得泄露或擅自对外公布档案内容。困难职工原始档案自撤档之日起保管10年。具有永久保存价值的电子文本、图形、数据表格归档时，应同时生成纸质文件材料一并归档保存。

第九条 困难职工建档工作程序

已建立工会的单位由建档工会入户调查摸底，未建立工会的单位依职工申请开展帮扶工作。帮扶资金帮扶工作程序如下：

（一）申请

困难职工提出申请、提交相关证明材料。

（二）入户调查

基层工会、基层帮扶中心受理申请，派2名以上工作人员通过入户调查、走访单位和邻里等方式对提出申请的职工家庭就成员、经济状况和实际生活水平等进行全面核实；鼓励有条件的帮扶中心采取购买服务方式，委托街道（社区）、乡镇（村委）或符合条件的社会组织入户调查。

（三）审核

基层工会、基层帮扶中心集体研究同意后上报市、县（区）级工会帮扶中心。

（四）信息比对

市、县（区）级工会帮扶中心比对困难职工家庭财产状况信息，精准识别困难职工。职工对比对结果有异议的，基层工会、基层帮扶中心应当组织复查工作。

（五）公示

信息比对无误的进行公示，公示期不得少于三天。对公示有异议的，基层工会、基层帮扶中心应当重新调查核实。

（六）审批

公示期满无异议的，由市、县（区）级工会帮扶中心审批。未建立帮扶中心的省级产业（系统）工会，负责对所属直管基层工会困难职工进行审批。

（七）上报、帮扶

帮扶中心将困难职工档案分层逐级上报至全国工会帮扶工作管理系统，给予分类帮扶，帮扶资金依卡发放。

第十条 动态管理

市、县（区）级工会帮扶中心、基层工会对困难职工家庭状况分类定期或不定期开展入户复核。基层工会（街道、乡镇、企业）年度内入户走访率达100%；县级工会对困难职工家庭年度内入户走访率达100%（领导入户走访率达10%）；市级工会年度内对辖区内困难职工入户走访率达30%，市本级困难职工入户走访率达100%（领导入户走访率达5%）；自治区总工会每年两次抽查入户走访率不少于2%。根据定期走访核查情况，及时办理困难职工新增、注销、脱困和帮扶资金停发、减发或增发等手续，对已调离、死亡或无法联系的困难职工档案及时转移、注销。

第十一条 脱困标准

（一）全国级困难职工

1. 全国级深度困难职工经精准帮扶后，其家庭致困因素消除，家庭人均收入连续6个月超过当地最低生活保障标准、但仍低于最低生活保障标准2倍以内的，将其纳入全国级档案相对困难职工类别，给予1至2年渐退期。

2. 全国级相对困难职工和意外致困困难职工经精准帮扶后，其家庭致困因素消除，家庭人均收入连续6个月超过当地最低生活保障标准2倍以内的，将其从全国级困难职工档案中作脱困处理。

（二）自治区级困难职工经精准帮扶后，其家庭致困因素消除，家庭人均收入连续6个月超过当地最低生活保障标准2.5倍，将其从自治区级困难职工档案中作脱困处理。

第四章 补助标准及限额管理

第十二条 补助标准

中央财政帮扶资金分配方案由区总权益保障部依据资金情况和困难职工档案情况提出，由自治区总工会党组会议集体研究，在下列范围内给予适当补助。

（一）生活补助：主要用于困难职工家庭基本生活支出、住房、取暖降温等方面生活保障，根据困难职工家庭致困原因和收支情况，按季或半年发放。

因职工本人或家庭成员遭遇特殊灾害或重大安全事故造成重大人身伤害的，一次性给予最高不超过5000元的补助金。

（二）助学补助：用于对困难职工家庭中在非义务教育阶段上学子女以及接受特殊教育的残疾儿童的上学基本生活补贴，以推动进入“奖、助、贷、勤、减、免”资助体系为主，适当补助上学期间所需生活费、路费和其他必要支出等费用。

（三）医疗补助：用于对困难职工家庭中患有重大疾病的个人负担的医疗费用补贴。根据帮扶对象需求和帮扶资金筹集情况，按照不超过经基本医疗保险、居民大病保险和其他补充医疗保险、职工医疗互助支付后，门诊和住院治疗期间发生的个人及其家庭难以承担的医疗费个人负担部分确定标准，不得超过医疗费用自负部分（包括自付部分和自费部分）。医疗救助可采取大病确诊后预先补助和医疗后对个人自负医疗费补助。

困难职工本人或家庭成员因病异地就医产生路费（含必须发生的120元费用，不含火车软卧、高铁一等座，飞机商务舱和头等舱，轮船一等舱、二等舱，汽车包车等）和陪护费（住快捷宾馆及以下宾馆）等费用，依据实际住院天数和发生费用，困难职工所在工会每年可以给予最高不超过2000元的补助金。

（四）法律援助主要用于为保障困难职工合法权益，在调解、仲裁、诉讼等过程中提供法律援助的补贴，包括律师咨询、代拟文书、代理诉讼（卷宗、职工签字）、案件补贴。执行当地政府司法行政部门制定的法律援助补贴标准，补贴费用仅限发放给困难职工本人。

（五）职业培训主要用于对登记失业的下岗困难职工、困难职工家庭成员（含职工家庭高校毕业生）、困难农民工等技能培训和技能鉴定补贴。实名制管理，执行当地政府人力资源和社会保障部门制定的同类工种标准。用于职业培训的资金需在年初制定培训预算并报全国总工会权益保障部备案后使用，未经全总批复（批复资金额度以下拨通知单为准）不得使用中央财政资金开展职业培训。

第五章 帮扶资金管理

第十三条 中央财政专项帮扶资金严格按照《财政部关于印发〈困难职工帮扶中心专项资金管理办法〉的通知》（财建〔2006〕468 号）和总工发〔2015〕20 号文件执行，用于支持县级以上地方工会帮扶中心对符合全国级建档标准并上报到全总的困难职工家庭开展生活补助、医疗补助、子女教育、法律援助、职业培训等项目帮扶。各级地方财政配套、工会经费投入、社会各界捐助等其他来源帮扶资金，可以按照自治区财政政策规定、自治区总工会相关制度及捐款单位（人）意愿使用。按照分级使用管理原则，符合全国级建档标准并上报到全总的困难职工可以使用中央财政专项资金和其他来源帮扶资金，自治区级困难职工可以使用自治区财政配套资金及非中央财政的其他来源帮扶资金。

第十四条 帮扶资金的使用应坚持“依档帮扶”、“因困施助”、“先建档、后帮扶、实名制”的原则。根据本地区困难职工群体的数量、分布、成因及困难程度，制定帮扶措施，确定帮扶标准；应结合当地实际建立健全帮扶资金支出审批制度，明确资金的审批程序和额度。

第十五条 各级工会帮扶资金应纳入同级工会预算、决算和绩效管理，按照工会和同级财政的预算管理办法执行。预算、决算主要包括：资金来源、支出项目、帮扶人数、帮扶金额等。每年 12 月底前帮扶中心应编制经费收支预算、决算表，报同级工会编入预决算。年终，各级工会进行年度决算时，应根据帮扶中心年度资金收支决算表进行账务合并；年终决算后，本级工会账上的“其他应收款－帮扶中心”余额应与帮扶中心账上的“结余”数一致。

中央财政专项帮扶资金必须在当年度使用完毕，不得结转下年度。各级地方财政专项帮扶资金原则上应在本年度内使用完毕，具体按同级财政部门要求使用。帮扶资金使用后，应当在 30 个工作日内将救助信息录入工会帮扶工作管理系统，资金类别、额度应与决算表内容一致。

第十六条 帮扶资金实行独立核算、专账管理。核算单位应按照工会会计制度要求设置会计科目，建立总账、明细账和其他辅助台账，准确核算各类帮扶资金的收入、支出和结余等。

第十七条 送温暖资金使用按照中华全国总工会关于印发《工会送温暖资金使用管理办法（试行）》（总工发〔2018〕39 号）的通知执行。

第十八条 工会培训学校自办职业培训申请支付费用时，需要附上支付费用请示、经批准的经费预算、职业培训计划（方案）、培训通知（包括培训日期、时间、培训内容、人数、所需培训费用及费用的支出范围等）、费用清单、讲课费签收单或合同，培训班结算单后附上培训费用支出的合法有效票据、参加培训人员实名制登记表（含报到签名表和上课考勤表），实名制登记表中除帮扶金额一栏不需填写外，其他项目需填写完整，并由参加培训人员本人签名；与经当地人社和教育部门认定的有资质的社会培训机构联合举办职业培训的，申请经费时，除具备上述材料之外，应附有工会与培训机构签订的培训协议、拨付培训机构培训经费回执凭证。

第十九条 专项帮扶资金不得用于下列支出：支付帮扶中心工作人员工资或办公经

费；发放各种奖金、津贴和福利补助；购买车辆、手机等交通工具及通讯设备；帮扶中心基本建设投资；其他与困难职工群体帮扶无关的支出。

不得购买明令禁止的物品。

属于政府采购、购买社会服务、招投标管理范围的，严格执行有关法律、法规及制度规定。

第二十条 限额管理

为防范资金风险，对单个困难职工家庭一次性帮扶超过2万元的，需经自治区总工会审核同意后发放；超过5万元的，需经自治区总工会审批并报全国总工会权益保障部审核同意后发放。

第二十一条 专项帮扶资金按财政部和全国总工会有关绩效管理的规定，实施预算绩效管理。自治区总工会每年对预算和绩效目标执行情况跟踪监控，聘请第三方评估评价机构进行绩效评价，并强化绩效评价结果应用。

第二十二条 监督检查

县（区）级及以上各级工会要建立由本级纪委监委驻工会纪检监察组、权益保障、财务、经审部门组成的资金使用监管小组，既要各司其职开展工作，又要建立协同监管机制，逐步实现监管口径和政策尺度一致，建立信息共享和成果互认机制，提高监管效率，并针对帮扶资金管理使用情况定期开展检查。

各级纪委监委驻工会纪检监察组负责监督有关业务部门认真开展检查工作，发现问题追责问责。

权益保障部门（帮扶中心）负责建立和管理困难职工档案并开展具体帮扶活动，对帮扶资金的管理和使用进行指导督查，编制资金分配和使用方案。

财务部门负责帮扶资金的接收、拨付等财务管理，编制预决算，规范会计核算工作，定期向同级财政部门和上级工会报送财务会计报表，加强财务指导和检查。

经审部门负责帮扶资金管理使用的审计监督。

第二十三条 中央财政帮扶资金专款专用，任何单位和个人不得截留、挤占、挪用。对工作中敷衍塞责、弄虚作假、推诿刁难、优亲厚友、虚报冒领等不作为、乱作为的情形严肃问责。对存在滥用职权、玩忽职守、徇私舞弊等违法违纪行为的，按照有关规定追究相应责任；涉嫌犯罪的，移送司法机关处理。

第二十四条 各市、县（区）工会要激励担当作为，鼓励改革创新，建立容错纠错机制，对秉持公心、程序完整，但因人力不可为等客观原因出现偏差失误的，可督促有关人员纠错纠偏，挽回损失，消除影响，免除其责任。

第六章 附 则

第二十五条 各市、县（区）总工会根据本办法的规定，结合本地实际，制定具体实施细则，报自治区总工会备案。

第二十六条 各级工会应积极争取地方财政支持、同级行政拨付、工会经费投入和社会捐助等多渠道筹集帮扶资金，其他来源帮扶资金除中央财政专项帮扶资金使用对象和范围外，可按照地方财政、同级行政、工会经费有关规定和要求及捐款单位（人）的意愿，科学合理确定资金使用对象和范围。

第二十七条 本细则自下发之日起执行。

第二十八条 本细则由宁夏回族自治区总工会负责解释。

说 明

（一）工资性收入。工资性收入指就业人员通过各种途径得到的全部劳动报酬和各种福利，包括因任职或者受雇而取得的工资、薪金、奖金、劳动分红、津贴、补贴以及与任职或者受雇有关的其他所得等。工资性收入参照劳动合同认定；没有劳动合同的，通过调查就业和劳动报酬、各种福利收入认定，或根据社会保险、个人所得税、住房公积金的缴纳情况推算；对于无法推算实际工资收入的灵活就业人员，原则上按务工地最低工资标准计算其工资收入，申请人申报收入高于务工地最低工资标准的，以申报收入为准。

（二）经营净收入。经营净收入指从事生产经营及有偿服务活动所获得全部经营收入扣除经营费用、生产性固定资产折旧和生产税之后得到的收入。包括从事种植、养殖、采集及加工等农林牧渔业的生产收入，从事工业、建筑业、手工业、交通运输业、批发和零售贸易业、餐饮业、文教卫生业和社会服务业等经营及有偿服务活动的收入等。经营企业的，按照企业实际纯收入或实际缴纳税收基数综合认定；无法认定实际收入的，参考当地同行业、同规模企业平均收入和企业实际缴纳税收情况综合认定。其他情形按当地评估标准和方法推算。

（三）财产净收入。财产净收入指出让动产和不动产，或将动产和不动产交由其他机构、单位或个人使用并扣除相关费用之后得到的收入，包括储蓄存款利息、有价证券红利、储蓄性保险投资以及其他股息和红利等收入，集体财产收入分红和其他动产收入，以及转租承包土地经营权、出租或者出让房产以及其他不动产收入等。出让、租赁等收入，参照双方签订的相关合法有效合同计算；个人不能提供相关合同或合同确定的收益明显低于市场平均收益的，参照当地同类资产出让、租赁的平均价格推算。储蓄存款利息、有价证券红利、储蓄性保险投资以及其他股息和红利等按照金融机构提供的信息计算，集体财产收入分红按集体出具的分配记录计算。

（四）转移净收入。转移净收入指转移性收入扣减转移性支出之后的收入。其中，转移性收入指国家、机关企事业单位、社会组织对居民的各种经常性转移支付和居民之间的经常性收入转移，包括赡养（抚养、扶养）费、离退休金、失业保险金、遗属补助金、赔偿收入、接受捐赠（赠送）收入等；转移性支出指居民对国家、企事业单位、社会组织、居民的经常性转移支出，包括缴纳的税款、各项社会保障支出、赡养支出以及其他经常性转移支出等。转移性收入和转移性支出有实际发生数额凭证的，以凭证数额计算；有协议、裁判文书的，按照法律文书所规定的数额计算。赡养（抚养、扶养）费收入原则上按赡养（抚养、扶养）法律文书所规定的数额计算；无法律文书规定的，按赡养（抚养、扶养）义务人收入扣除户籍地最低生活保障标准之后的一定比例推算；赡养（抚养、扶养）义务人属于特困人员、最低生活保障对象、未脱贫建档立卡贫困人口、低收入家庭成员的，在计算转移净收入时不计入该赡养（抚养、扶养）义务人的赡养（抚养、扶养）费。

附件

帮扶资金自检自查程序

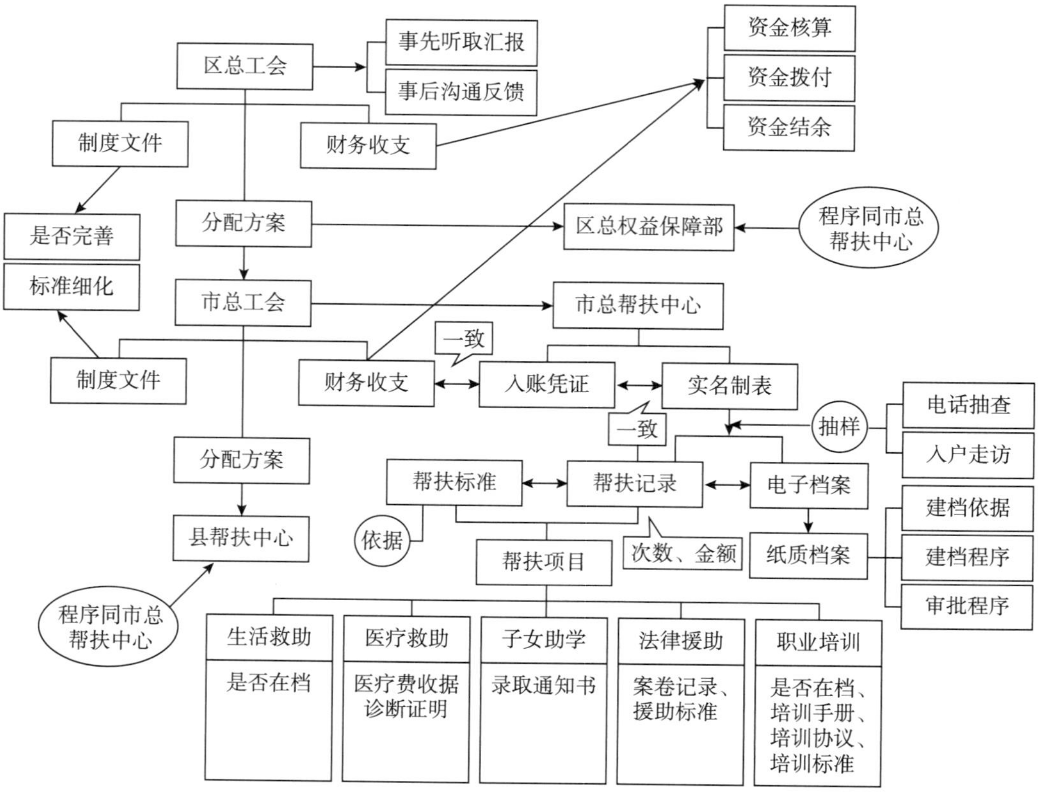

关于2021年元旦春节期间组织开展送温暖活动的通知

宁工办通〔2020〕65号

各市、县（区）总工会，宁东基地工会，各产业工会，区直机关工会：

为深入贯彻党的十九届五中全会精神和习近平总书记在全国劳动模范和先进工作者表彰大会上的重要讲话精神，把党和政府的关怀、工会组织的温暖及时送到广大职工群众的心坎上，按照全国总工会要求，自治区总工会决定在2021年元旦春节期间继续组织全区工会开展送温暖活动。现将有关事项通知如下。

一、总体要求

以习近平新时代中国特色社会主义思想为指导，深入学习贯彻党的十九届五中全会精神，学习贯彻习近平总书记在全国劳动模范和先进工作者表彰大会上的重要讲话精神，切实履行维护职工合法权益、竭诚服务职工群众的基本职责。以建立健全困难职工帮扶工作机制为目标，突出重大节日送温暖示范引领作用，深入基层一线走访慰问，宣传党的方针政策，坚定广大职工听党话、跟党走的信心和决心；重点解决受疫情影响职工群众最困难、最操心、最忧虑的实际问题，不断增强职工的幸福感、获得感和安全感；广泛慰问抗疫一线的先进工作者和劳动模范，大力弘扬劳模精神、劳动精神和工匠精神，把党的全心全意依靠工人阶级的方针落到实处，确保广大职工度过欢乐祥和的元旦、春节。

二、活动内容

（一）把送温暖活动与学习宣传贯彻党的十九届五中全会精神结合起来。送温暖期间，要把深入学习宣传贯彻党的十九届五中全会精神、习近平总书记在全国劳动模范和先进工作者表彰大会上的重要讲话精神作为重大政治任务，面向基层、面向职工，开展有特色、接地气、入人心的宣传宣讲活动，坚持用习近平新时代中国特色社会主义思想武装广大职工和工会干部头脑，进一步坚定广大职工对中国特色社会主义的道路自信、理论自信、制度自信、文化自信，坚定不移听党话、跟党走。

（二）广泛开展送温暖慰问活动。一是走访调研受疫情影响的中小微企业、供给侧结构性改革中的困难企业、去产能任务重的企业、厂办大集体改制企业和面临困难的民营企业，了解企业的生产经营状况、困难成因、职工安置和政策待遇落实等情况。二是慰问下岗失业、患重病、工伤病亡、遭受各类灾害或突发意外等情况造成生活困难的职工家庭，特别是受疫情影响致困的职工家庭、感染新冠肺炎及染病病亡职工家庭，帮助解决实际问题，保障家庭基本生活。三是慰问劳动模范、坚守在新冠肺炎疫情防控一线的医务人员、在国家重点工程和重大项目建设中作出突出贡献的职工和节日期间工作在一线岗位的干部职工。

（三）持续做好城市困难职工常态化帮扶工作。一是继续保持集中攻坚态势，巩固拓展城市困难职工解困脱困工作成果，对困难职工家庭综合施策、精准帮扶，多措并举保障基本生活。二是按照修订后的《宁夏困难职工帮扶管理细则》，建立健全工会系统多层次常态化梯度帮扶长效机制，对深度困难、相对困难、意外致困等不同类型困难职工家庭精准施策、分类帮扶，健全致困返贫监测预警机制和帮扶机制。三是完善工会常态化送温暖机制，在职工遇到困难、发生重大疾病和重要节点时，及时开展送温暖活动。四是总结城市困难职工解困脱困工作成果，走访发掘工作中涌现的先进事迹和优秀人物，利用送温暖契机，向党委政府反映当前解困脱困工作取得的成效和困难职工生活状况、所思所盼。

（四）推进提升职工生活品质计划。一是坚持从职工群众多样化需求出发，提升工会帮扶中心综合服务能力，提供健康管理、养老托幼、心理疏导、文化体育等生活服务项目，引导企业改善职工生产生活条件，切实做好职工福利和生活保障。二是适应常态化疫情防控，联合专业机构推广全天候互联网视频医疗服务，面向企业职工特别是农民工、劳务派遣工、偏远地区职工，提供网上就医咨询、心理疏导、远程会诊、居家医学观察指导，帮助解决职工就医需求。三是按照《基层工会经费收支管理办法》，基层工会向职工会员发放适量的节日慰问品，保障干部职工享有正常福利。

（五）做好农民工维权服务工作。一是配合政府部门做好根治欠薪冬季攻坚行动，加强对招用农民工较多的工程建设领域和劳动密集型加工制造等行业的排查，及时发现和化解欠薪隐患。二是加强《保障农民工工资支付条例》普法宣传，做好政策解读。三是对因企业欠薪导致生活困难的农民工，要依法依规提供法律援助、生活救助。四是加强和铁路、交通运输等部门沟通协作，帮助解决春运返乡农民工遇到的困难。

（六）有效结合“六个一”下基层活动。为丰富送温暖活动，区总将“六个一”下基层活动相应工作安排其中，通过下基层慰问更为准确掌握企业的实际运行情况和职工的文化物质需求，为提升今后服务职工、权益维护、技能提升等工作水平早谋划，为推动和谐劳动关系建设打基础。

三、具体要求

（一）各级工会要精心策划、周密实施2021年两节送温暖活动。在走访慰问中，既要通过精准施策，帮助城市困难职工解困脱困，又要注重研究建立常态化帮扶机制，解决困难职工解困脱困、送温暖走访慰问、职工福利和生活保障服务等工作中的实际问题；基层工会作为送温暖活动的主要力量，要开展形式多样、内容务实的慰问活动，要对生活困难的职工家庭及节日期间坚守服务岗位特别是疫情防控一线职工普遍走访慰问，实现全覆盖、不遗漏。

（二）各级工会要严格遵守国务院联防联控机制及各地疫情防控指挥部的相关要求，简化送温暖行程，严格遵守常态化疫情防控管理规定。走访慰问要减少人员，尽量选择在帮扶中心、机关企事业单位等的开放场所开展慰问。各级工会要结合当地疫情防控情况，走访调研企业、职工生产生活受疫情影响情况，倾听企业管理人员和职工群众对美好生活的期盼和需求，慰问劳模、抗疫一线职工和困难职工。

（三）严格执行中央八项规定精神，着力改进工作作风。要严格按照中央要求，厉行节约、轻车简从，不增加基层负担。要严格按照有关规定和程序管理使用送温暖、困难帮扶资金，不得购买明令禁止的物品，严禁以送温暖名义搞带有商业行为的活动。属于政府采购、购买社会服务、招投标管理范围的，严格执行有关法律、法规及制度规定。

（四）各级工会要加强与媒体的合作，通过报刊、网络、微信平台等载体，强化舆论宣传引导，挖掘活动中的感人事迹、典型经验和主要成效，营造全社会共同关心、帮扶困难职工的良好氛围。

请各市、县（区）总工会，宁东基地工会和各产业工会于2021年2月1日前将送温暖报告、送温暖统计表及帮扶中心工作统计表报区总权益保障部帮扶工作处，另将电子版发送到邮箱 nxzghfbb@ 163. com。

附件：1. 2021年元旦春节期间各级工会送温暖统计表

2. 2020年度困难职工帮扶中心工作统计表

宁夏回族自治区总工会办公室

2020年12月23日

附件 1

2021 年元旦春节期间各级工会送温暖统计表

填报单位：　　　　填报人：　　　　电话：　　　　年　月　日

编号		项目		合计
1	A	走访企业（家）		
2	B	筹集慰问款物总额（万元）　B = B1 + B2 + B3 + B4 + B5 + B6		
	B1	其中：中央财政（万元）		
	B2	地方财政（万元）		
	B3	工会经费（万元）		
	B4	社会捐助（万元）		
	B5	行政拨付（万元）		
	B6	其他收入（万元）		
3	C	慰问对象总计（人次）　C = C1 + C2 + C3 + C4 + C5 + C6 + C7 + C8 + C9 + C10 + C11		
	D	发放款物总计（万元）　D = D1 + D2 + D3 + D4 + D5 + D6 + D7 + D8 + D9 + D10 + D11		
	C1	因非个人意愿下岗失业、家庭收入水平明显偏低、子女教育费用负担过重等原因造成家庭生活困难的职工	慰问对象（人次）	
	D1		发放款物（万元）	
	C2	本人或家庭成员因患大病、遭受各类灾害或突发意外等情况造成生活困难的职工	慰问对象（人次）	
	D2		发放款物（万元）	
	C3	关停并转等困难企业中，因停发、减发工资而导致生活相对困难的职工	慰问对象（人次）	
	D3		发放款物（万元）	
	C4	工伤与职业病致残的职工和因公牺牲职工的家属；因重大疾病手术、住院的职工	慰问对象（人次）	
	D4		发放款物（万元）	

续表

编号		项目		合　计
3	C5	长期在高（低）温、高空、有毒有害等环境中和苦脏累险艰苦行业岗位上工作的一线职工	慰问对象（人次）	
	D5		发放款物（万元）	
	C6	重大灾害期间坚守抗灾一线的职工	慰问对象（人次）	
	D6		发放款物（万元）	
	C7	春节期间坚守在生产一线和交通运输、电力、环卫以及直接面向群众服务的基层岗位干部职工	慰问对象（人次）	
	D7		发放款物（万元）	
	C8	因组织需要长期异地工作或者服从组织需要赴外地、基层工作的派驻挂职干部职工	慰问对象（人次）	
	D8		发放款物（万元）	
	C9	在重大项目和重大工程中作出突出贡献的职工	慰问对象（人次）	
	D9		发放款物（万元）	
	C10	生产一线涌现出来的先进模范人物	慰问对象（人次）	
	D10		发放款物（万元）	
	C11	各级工会建档的困难职工	慰问对象（人次）	
	D11		发放款物（万元）	
4	E	为困难职工提供各项帮扶救助（人次）E = E1 + E2 + E3 + E4 + E5		
	E1	其中：落实民生政策（人次）		
	E2	提供生活救助（人次）		
	E3	提供医疗救助（人次）		
	E4	提供子女助学救助（人次）		
	E5	提供其他帮扶救助（人次）		
5	F	为职工提供各项服务（人次）　F = F1 + F2 + F3		
	F1	其中：提供心理健康服务（人次）		
	F2	提供文化服务（人次）		
	F3	提供其他生活保障服务（人次）		

续表

编号		项目		合　计
6	G	元旦春节期间共帮助农民工平安返乡（人次）		
	H	共协助政府有关部门帮助农民工追讨欠薪（人次）		
	I	帮助农民工追讨欠薪金额（万元）		
7	J1	两节期间共慰问疫情防控一线医务人员	慰问对象（人次）	
	J2		发放款物（万元）	

附件2

2020 年度困难职工帮扶中心工作统计表

填报单位：　　　　填报人：　　　　电话：　　　　年　月　日

编号		项目（统计数据截至 2020 年 12 月 31 日）	合计
1	A	县级以上困难职工帮扶中心（个）　A = A1 + A2 + A3	
	A1	其中：省级（个）	
	A2	地市级（个）	
	A3	县级（个）	
2	B	县级以上帮扶中心共有工作人员（人）　B = B1 + B2 + B3	
	B1	其中：省级（人）	
		其中省级行政编制（人）	
		省级事业编制（人）	
		省级其他聘用人员（人）	
	B2	其中：地市级（人）	
		其中地市级行政编制（人）	
		其中地市级事业编制（人）	
		其中地市级其他聘用人员（人）	
	B3	其中：县级（人）	
		其中县级行政编制（人）	
		其中县级事业编制（人）	
		其中县级其他聘用人员（人）	
3	C	帮扶中心工会志愿者（人）	

续表

编号		项目（统计数据截至 2020 年 12 月 31 日）	合　计
4	D	基层工会帮扶站点（个）	
		其中：企业工会帮扶站点（个）	
5	E	2020 年度县级以上帮扶中心资金来源总额（万元）　E = E1 + E2 + E3 + E4 + E5	
	E1	其中：中央财政拨款（万元）	
	E2	地方财政拨款（万元）	
	E3	工会拨款（万元）	
	E4	社会捐助（万元）	
	E5	其他收入（万元）	
6	F	2020 年度帮扶中心帮扶困难职工（人次）　F = F1 + F2 + F3 + F4 + F5 + F6	
	G	2020 年度帮扶款物总额（万元）　G = G1 + G2 + G3 + G4 + G5 + G6	
	F1	其中：生活救助（人次）	
	G1	帮扶款物（万元）	
	F2	医疗救助（人次）	
	G2	帮扶款物（万元）	
	F3	子女上学救助（人次）	
	G3	帮扶款物（万元）	
	F4	就业培训（人次）	
	G4	帮扶金额（万元）	
	F5	创业贷款（人次）	
	G5	帮扶金额（万元）	
	F6	心理帮扶（人次）	
	G6	帮扶款物（万元）	
		其他帮扶（人次）	

续表

编号		项目（统计数据截至 2020 年 12 月 31 日）	合　计
7	H	2020 年度经工会帮扶实现脱困的困难职工家庭（户）H = H1 + H2 + H3 + H4	
	H1	其中：针对有劳动能力的困难职工，通过加强技能培训、提供创业援助等方式，以就业创业脱困的（户）	
	H2	针对因企业欠缴社会保险费或没有落实相关社保待遇的困难职工，将其纳入国家社会保障制度的（户）	
	H3	针对困病致困的职工，推动其纳入大病保险和医疗互助保险的（户）	
	H4	针对符合低保条件的困难职工，通过社会救助兜底的（户）	
8	I	是否通过运用公益性捐赠税前列支资格、引导大中型企业等设立专项公益基金等方式，汇聚爱心企业、公益组织、社会机构等社会资源（是/否）	
	J	整合爱心企业、公益组织、社会机构等款物（万元）	
9	K	2020 年度帮扶中心为职工提供各项服务（人次）K = K1 + K2	
	K1	其中：提供健康服务（人次）	
	K2	提供其他生活保障服务（人次）	
10	L	2020 年度帮扶中心建设费用投入（万元）	
	M	工作经费投入（万元）	

自治区党政文件

自治区人民政府关于应对新冠肺炎疫情影响进一步做好稳定就业工作的实施意见

宁政规发〔2020〕4号

各市、县（区）人民政府，自治区政府各部门、各直属机构：

为深入贯彻落实习近平总书记关于统筹推进新冠肺炎疫情防控和经济社会发展工作的重要指示和讲话精神，根据《国务院关于进一步做好稳就业工作的意见》（国发〔2019〕28号）和《国务院办公厅关于应对新冠肺炎疫情影响强化稳就业举措的实施意见》（国办发〔2020〕6号）要求，结合我区实际，制定如下实施意见。

一、支持企业稳定岗位

（一）实施援企稳岗政策。阶段性降低失业保险费率和工伤保险费率政策实施期限延长至2021年4月30日。失业保险稳岗返还政策实施期限延长至2020年12月31日。从2020年1月1日起，稳岗返还条件调整为裁员率不高于上年度全国城镇调查失业率控制目标（5.5%）的企业，以及参保职工30人（含）以下且裁员率不超过企业职工总数20%的企业；中小微企业稳岗返还标准由实际缴费的50%提高至上年度企业及其职工缴纳失业保险费的100%，所需资金从失业保险基金中列支。2020年6月底前，允许工程建设项目暂缓缴存农民工工资保证金，连续3年无拖欠农民工工资记录的企业可免缴。（自治区人力资源社会保障厅、发展改革委、工业和信息化厅、住房城乡建设厅、财政厅等按职责分工负责）

（二）加强对企业金融支持。落实普惠金融定向降准政策，引导金融机构重点支持民营企业和小微企业融资。鼓励银行业金融机构完善内部传导和激励考核机制，扩大制造业中小微企业中长期贷款和信用贷款投放，对扩大小微企业融资担保业务规模、降低小微企业融资担保费率等政策性担保机构进行奖补。鼓励银行为重点企业制定专门信贷计划，对遇到暂时困难但符合授信条件的企业，不抽贷、不断贷。（人民银行银川中心支行、宁夏银保监局，自治区工业和信息化厅、财政厅、地方金融监管局等按职责分工负责）

（三）引导企业开拓国内市场。加强投资服务，优化营商环境。推广工业用地长期租赁、先租后让、租让结合和弹性年期供应方式，有条件的市、县（区）可加大标准厂房建设力度并提供租金优惠。降低企业物流和用电用能成本。做好企业产销融通对接，推动合作与交流，组团参加各类国内展会，适度扩大外销窗口规模，重点支持相关企业对接国内各大电商平台和各行业、各区域大宗采购项目，支持企业拓展国内市场销售渠道。（自治区发展改革委、工业和信息化厅、自然资源厅、市场监管厅、商务厅等按职责分工负责）

（四）规范企业裁员行为。支持企业与职工集体协商，采取协商薪酬、调整工时、轮岗轮休、在岗培训等措施，保留劳动关系。对拟进行经济性裁员的企业，指导其依法依规制定和实施职工安置方案，提前30日向工会或全体职工说明相关情况，依法依规支付经济补偿，偿还拖欠的职工工资，补缴欠缴的社会保险费。（自治区人力资源社会保障厅、总工会、国资委，宁夏税务局等按职责分工负责）

二、积极增加就业岗位

（五）挖掘内需推动就业。开展支持社会力量发展普惠养老服务、普惠托育服务专项行动，研究制定养老服务、托育服务促进就业政策措施，培育3岁以下婴幼儿照护服务，发展一批品牌家政企业。将健康养老领域作为服务业引导资金项目支持的重点，落实民办养老机构床位补助及家政服务业考核奖励政策，支持一批服务内容、模式创新的示范带动项目。推进银川市家政服务业提质扩容“领跑者”行动试点城市建设。鼓励汽车、家电、消费电子产品更新消费，有序推进老旧汽车报废更新。培育服务外包市场，支持行政事业单位、国有企业采购专业服务。（自治区发展改革委、工业和信息化厅、人力资源社会保障厅、民政厅、卫生健康委、商务厅、总工会、团委、妇联等按职责分工负责）

（六）提升产业和投资带动就业。实施创新驱动推进、传统产业提升、新兴产业提速、园区改革优化、融合发展深化、绿色发展攻坚、企业梯次培育等工程，开展重大产业就业影响评估，明确重要产业规划带动就业目标，优先鼓励发展就业带动能力强、有利于农村劳动力就地就近就业和高校毕业生就业的产业。加快制定和完善引导相关产业向我区转移的政策措施，对部分带动就业能力强、环境影响可控的项目，制定环评审批正面清单。加快5G商用发展步伐，支持实施一批新能源、新材料、新一代信息技术、先进装备制造领域重点项目，推进新型基础设施、基本公共卫生、基层社会治理、应急物资储备等领域建设，努力创造更多的就业岗位。（自治区发展改革委、科技厅、工业和信息化厅、财政厅、生态环境厅等按职责分工负责）

（七）稳定外贸扩大就业。严格落实出口退（免）税工作规范，进一步优化调整出口退（免）税申报办理流程，确保办理正常出口退税平均时间在10个工作日以内。鼓励出口信用保险、金融机构和担保机构对有进出口实绩的企业开展贸易融资，对实际发生的财务费用给予贴息支持。加大对外贸综合服务企业支持力度，重点支持平台为企业降低担保、保险、融资等方面成本，支持外贸综合服务平台为企业提供报关报检、仓储物流、融资担保、出口退税等供应链服务，对外贸综合服务平台为中小外贸企业提供服务产生的服务费给予支持。加快中国（银川）跨境电商综合试验区建设，制定培育我区跨境电商发展的支持政策，推动跨境电商创新发展。（自治区商务厅、财政厅，银川海关等按职责分工负责）

（八）扶持创业带动就业。深化“证照分离”改革，推进“照后减证”和简化审批，简化住所（经营场所）登记手续，申请人提交场所合法使用证明即可登记。降低小微企业创业担保贷款申请条件，将当年新招用符合条件人员占现有职工比例下调为15%，职工超过100人的比例下调为8%。符合条件的个人最高可申请创业担保贷款额度由15万元提高至20万元。对于符合条件的创业担保贷款按有关规定免除反担保要求。实施“双创”支撑平台项目建设，对带动就业能力强的创业投资企业给予引导基金扶持、政府项目对接等政策支持，对引领示范突出、培养带动作用强的创业指导师工作室给予一次性补助。各类城市创优评先项目应将带动就业能力强的“小店经济”、步行街发展状况作为重要条件。加强创业孵化示范基地创建和动态管理，政府投资开发的孵化基地等创业载体安排一定比例场所，免费向高校毕业生、农民工、退役军人、残疾人等重点群体提供。（自治区市场监管厅、发展改革委、科技厅、财政厅、人力资源社会保障厅、退役军人厅、住房城乡建设厅、总工会、团委、妇联、残联，人民银行银川中心支行等按职责分工负责）

（九）鼓励返乡创业就业。实施返乡创业能力提升行动，将返乡创业重点人群、贫困村创业致富带头人、农村电商人才和退役军人纳入创业培训范围。年度新增建设用地计划指标优先保障县以下返乡创业用地，支持建设一批农民工返乡创业园、农村创新创业和返乡创业孵化实训基地。完善农村电商公共服务体系，建设一批县级农村电商服务中心、物流配送中心和乡镇运输服务站，增加电商就业人数。将返乡创业农民工首次创业纳入自治区创业补贴范围并给予补贴。（自治区人力资源社会保障厅、退役军人厅、农业农村厅、自然资源厅、交通运输厅、商务厅、扶贫办、总工会、团委、妇联、残联等按职责分工负责）

（十）支持灵活就业和新业态就业。进一步完善支持灵活就业的政策措施，抓紧清理取消不合理限制灵活就业的规定，明确灵活就业、新就业形态人员劳动用工、就业服务、权益保障办法，启动新就业形态人员职业伤害保障试点。合理设定无固定经营场所摊贩管理模式。支持劳动者依托平台就业，优化平台企业管理服务。对就业困难人员享受灵活就业社会保险补贴政策期满仍未实现稳定就业的，政策享受期限可延长1年，实施期限为2020年1月1日至12月31日。（自治区人力资源社会保障厅、市场监管厅、财政厅、退役军人厅、总工会、团委、妇联、残联等按职责分工负责）

三、稳步加快技能提升

（十一）大力推进职业技能提升行动。落实自治区职业技能提升行动实施方案（2019年—2021年）、“百城万村”家政扶贫培训计划和“工会技能培训促进就业行动”，加大失业人员、农民工、退役军人、家政企业职业经理人及服务人员的培养培训力度。每年筛选全区行业技能培训项目，通过行业企业各类大赛提升职业技能。支持职业院校（含技工院校）积极承担相应培训任务。（自治区人力资源社会保障厅、财政厅、退役军人厅、农业农村厅、商务厅、扶贫办、总工会、团委、妇联、残联等按职责分工负责）

（十二）加强职业培训基础能力建设。开展产教融合型企业建设培训试点，加强公共实训基地和产教融合实训基地建设。支持各类企业和职业院校（含技工院校）合作建设职工培训中心、企业大学和继续教育基地，鼓励设备设施、教学师资、课程教材等培训资源共建共享。（自治区发展改革委、人力资源社会保障厅、教育厅、财政厅、农业农村厅等按职责分工负责）

四、稳住重点群体就业

（十三）做好农村劳动力转移就业工作。建立农村劳动力转移就业实名制数据库，加强动态管理。大力推进“铁杆庄稼保”工作。在县城和中心镇建设城镇基础设施和公共服务设施、农村建设农业基础设施、实施农村人居环境改善工程中，开展以工代赈，实现农村劳动力特别是农村建档立卡贫困劳动力就地就近就业。区内企业复工复产、重大项目和重点工程、物流体系建设等优先组织使用建档立卡贫困劳动力。（自治区人力资源社会保障厅、发展改革委、农业农村厅、财政厅、扶贫办、残联，宁夏银保监局等按职责分工负责）

（十四）稳定高校毕业生、退役军人等就业。继续组织实施大学生基层服务项目。持续落实自治区吸引支持大学生在宁创新创业政策。通过落实扩大事业单位专项招聘高校毕业生比例、扩大2020年硕士研究生招生和普通高校专升本招生规模、扩大大学生应征入伍规模、扩大国有企业招聘高校毕业生规模、扩大就业见习规模等措施，拓宽高校毕业生就业渠道。开发城乡社区等基层公共管理和社会服务岗位，支持企业、政府投资项目、科研项目设立见习岗位，鼓励见习单位给予见习人员生活补贴。引导用人单位推迟面试体检和签约录取时间。对延迟离校的应届毕业生，相应延长报到接收、档案转递、落户办理时限。离校未就业毕业生可根据本人意愿将户口、档案在学校保留2年或转入生源地公共就业人才服务机构，以应届毕业生身份参加用人单位考试、录用，并参照应届毕业生办理相关手续。引导广大退役士兵参加高职教育，对符合政府安排工作和企事业单位定向招录条件的退役士兵采取多种措施妥善安置。（自治区人力资源社会保障厅、教育厅、发展改革委、财政厅、退役军人厅、农业农村厅、公安厅、商务厅、国资委、团委、征兵办，宁夏军区政治工作局等按职责分工负责）

（十五）帮扶就业困难人员等失业人员尽快实现就业。进一步规范失业人员登记管理，提供“一对一”就业援助帮扶，综合运用政策扶持、援助服务、公岗安置、权益维护等措施，确保零就业家庭动态清零。中小微企业、民办非企业单位和社会团体新招用登记失业半年以上人员以及就业困难人员、离校2年内未就业高校毕业生、农村建档立卡贫困人员和供给侧结构性改革中化解过剩产能企业职工，签订6个月以上劳动合同并缴纳社会保险的企业给予一次性就业补贴，补贴标准按企业实际缴费部分不超过1年的社会保险补贴计算，所需资金从就业补助资金中列支。其中招用登记失业半年以上人员一次性就业补贴政策实施期限为2020年1月1日至12月31日。（自治区人力资源社会保障厅、财政厅、农业农村厅、司法厅、民政厅、退役军人厅、扶贫办、残联等按职责分工负责）

五、完善就业托底保障

（十六）发挥失业保险保生活促就业作用。从2020年5月1日起，将失业金标准从全区最低工资标准的75%提高到90%。对领取失业保险金期满仍未就业且距离法定退休年龄不足1年的人员，继续发放失业保险金至法定退休年龄；对领取失业保险金期满仍未就业的其他失业人员、不符合领取失业保险金条件的参保失业人员，发放6个月的失业补助金，标准不高于当地失业保险金的80%，政策执行至2020年12月31日，所需资金从失业保险金中列支。（自治区人力资源社会保障厅、财政厅等按职责分工负责）

（十七）加强托底安置就业。建立公益性岗位安置对象排序机制，优先安置符合岗位条件的距离法定退休年龄不足5年人员、“零就业”家庭人员和有劳动能力及就业意愿的残疾人。公益性岗位补贴期限不超过3

年，距离法定退休年龄不足 5 年的人员可延长至退休。对补贴期满后，仍然难以通过其他渠道实现就业的“4050”大龄就业困难人员、零就业家庭成员、有劳动能力的重度残疾人等特殊困难人员，可再次按程序通过公益性岗位予以安置，岗位补贴和社会保险补贴期限重新计算，累计安置次数不超过 2 次。各地可开发一批消杀防疫、保洁环卫等临时性公益岗位，给予一定的岗位补贴和社会保险补贴，补贴期限最长不超过 6 个月，所需资金由各市、县（区）统筹解决。对从事公益性岗位政策期满后仍未实现稳定就业的，继续延长享受政策至 2020 年 12 月 31 日。（自治区人力资源社会保障厅、财政厅、扶贫办、住房城乡建设厅、退役军人厅、农业农村厅、残联，各市、县〔区〕人民政府等按职责分工负责）

（十八）做好困难人员生活保障。对符合条件的生活困难下岗失业人员，发放临时生活补助，由市、县（区）人民政府根据家庭困难程度、地区消费水平等综合确定补助对象和补助标准并安排资金。对生活困难的失业人员及家庭，按规定及时纳入最低生活保障、临时救助等社会救助范围。对实现就业的低保对象，可通过“低保渐退”等措施，增强其就业意愿和就业稳定性。（各市、县〔区〕人民政府，自治区民政厅、财政厅等按职责分工负责）

六、做实就业创业服务

各市、县（区）人民政府统筹领导和推进本地区稳就业工作及规模性失业风险应对处置。全面开展线上失业登记办理、就业服务和补贴申领。加强移动通信、铁路运输、社保缴纳、招聘求职等大数据比对分析，健全多方参与的就业形势研判机制，建立全区及地级市调查失业率按月统计发布制度。加强资金管理，完善投入机制，各级财政要将就业补助资金列入同级财政预算，加大就业补助资金和稳岗补贴投入力度。有条件的市、县（区）可设立就业风险储备金，用于应对突发性、规模性失业风险。选树一批促进就业创业工作典型经验、典型人物，开展促进就业先进集体和先进个人表彰激励。

本实施意见是进一步完善我区就业优先政策的重要补充，自治区内有关行政规范性文件与本实施意见不一致的，以本实施意见为准。文件中已明确执行期限的政策措施，按规定时限执行，未明确的从 2020 年 5 月 1 日起施行。

宁夏回族自治区人民政府

2020 年 4 月 30 日

（此件公开发布）

自治区党委　人民政府关于印发《全面落实“六保”任务实施方案》的通知

宁党发〔2020〕10 号

各市、县（区）党委和人民政府，区直各部委办厅局、各人民团体、直属事业单位，中央驻宁各单位，各大型企业：

现将《全面落实“六保”任务实施方案》印发给你们，请结合实际认真抓好贯彻落实。

中共宁夏回族自治区委员会

宁夏回族自治区人民政府

2020 年 6 月 7 日

（此件公开发布）

全面落实“六保”任务实施方案

为深入贯彻习近平总书记关于统筹推进疫情防控和经济社会发展的重要讲话、重要指示批示精神，全面贯彻党中央关于做好“六稳”工作、落实“六保”任务的决策部署，扎实落实2020年国务院《政府工作报告》要求，最大限度降低新冠肺炎疫情影响，坚决稳住经济基本盘，牢牢兜住民生底线，努力完成全年经济社会发展目标任务，制定本实施方案。

一、总体要求

以习近平新时代中国特色社会主义思想为指导，全面贯彻党的十九大和十九届二中、三中、四中全会精神，紧扣全面建成小康社会目标任务，统筹推进疫情防控和经济社会发展，在常态化疫情防控条件下，坚持以保促稳、稳中求进，坚持目标导向、问题导向、结果导向，把“六保”作为“六稳”工作的着力点，集中精力促进投资消费增长、促进企业达产增效、促进就业稳定增加、促进城乡居民增收，全力以赴保居民就业、保基本民生、保市场主体、保粮食能源安全、保产业链供应链稳定、保基层运转，维护经济发展和社会稳定大局，决战决胜脱贫攻坚，全面建成小康社会。

二、“六保”举措

（一）保居民就业

1. 确保实现全年就业目标。全面强化就业优先政策，扎实做好稳就业各项工作。全年城镇新增就业7.2万人，农村劳动力转移就业70万人，城镇调查失业率控制在5.5%以内。（责任单位：自治区人力资源社会保障厅、农业农村厅、扶贫办、宁夏调查总队，各市、县〔区〕）

2. 保障重点群体就业。提高事业单位和国有企业专项招聘高校毕业生比例，鼓励更多高校毕业生应征入伍，招募“三支一扶”3000名，安排应届高校毕业生到机关事业企业单位实习见习5000名以上，离校未就业高校毕业生就业率达到90%以上。加强劳务输出地与输入地精准对接，扩大城镇基础设施、公共服务设施、农业基础设施、农村人居环境改善等工程以工代赈规模，重大项目就近使用本地农村劳动力，解决建档立卡贫困劳动力就业22万人以上。购买公益性岗位1万个，鼓励各地开发一批临时性公益岗位，优先安置符合岗位条件、距离退休不足5年人员、“零就业”家庭人员、退役军人、有劳动能力及就业意愿残疾人，解决城镇就业困难人员就业7000人。做好退役军人就业工作，新增退役军人就业2300人。（责任单位：自治区人力资源社会保障厅、教育厅、工业和信息化厅、财政厅、住房城乡建设厅、农业农村厅、退役军人厅、国资委、扶贫办、残联，各市、县〔区〕）

3. 全面落实就业政策。加大中央和自治区各项援企稳岗政策落实力度，稳定现有就业、增加新的就业、促进失业人员再就业。强化高校毕业生就业工作考核激励，按照优秀、良好、合格等次分别给予30万、20万、10万元的经费奖补。加大困难毕业生就业帮扶，一次性求职补贴标准提高到2000元。失业金标准提高15%，达到最低工资标准的90%。阶段性实施失业补助金政策。对招录登记失业半年以上人员、就业困难人员、离校2年内未就业高校毕业生、农村建档立卡贫困人员和供给侧结构性改革中化解过剩产能企业员工，签订6个月以上劳动合同并缴纳社会保险费的中小微企业、民办非企业和社会团体等给予一次性就业补贴。对不裁员或少裁员的中小微企业，稳岗返还标准提高至企业及其职工上年度缴纳失业保险费的100%。区属国有企业带头不裁员、保就业。（责任单位：自治区人力资源社会保障厅、教育厅、财政厅、农业农村厅、国资委、扶贫办，各市、县〔区〕）

4. 加大就业培训力度。推进职业技能提升行动，加大对失业人员、农民工、退役军人、家政从业人员的职业技能培训，大力开展以工代训，鼓励职业院校积极承担培训任务，提升各类劳动力职业能力水平和就业能力。全年企业技能培训3.5万人次，就业重点群体技能培训3万人次，建档立卡贫困劳动力技能培训2.2万人次、创业培训1.3万人次。（责任单位：自治区人力资源社会保障厅、教育厅、农业农村厅、退役军人厅、扶贫办，各市、县〔区〕）

5. 强化就业创业服务。持续做好线上招聘服务，拓展线下小规模招聘服务范围。支持企业与职工采取协商薪酬、调整工时、轮岗轮休、在岗培训等措施，稳定职工就业岗位。延长延迟离校的应届毕业生报到接收、档案转递等办理时限，离校未就业毕业生2年内参照应届毕业生参加就业考试。因时因地设立便民早市、夜市、摊点群等经营网点，在不影响交通秩序和安全的条件下，允许街边、路边、小区周边划区域摆点设摊，不得收取任何费用。（责任单位：自治区人力资源社会保障厅、教育厅、住房城乡建设厅、市场监管厅、总工会，各市、县〔区〕）

（二）保基本民生

6. 巩固脱贫攻坚成果。全面开展“四查四补”，严格执行现行脱贫标准，实现1.88万剩余贫困人口脱贫、西吉县摘帽。将6亿元脱贫攻坚补短板综合财力补助资金专项用于挂牌督战县扶持、易地扶贫搬迁后续扶持、贫困地区劳动力就业支持和解决苦咸水问题。鼓励企事业单位参加消费扶贫活动。完善防止返贫监测和帮扶机制，落实“四个不摘”要求，加强对脱贫不稳定户、边缘易致贫户预防监测，在产业发展、小额贷款、技能培训、公益岗位安置上与贫困户享受同等政策，发挥大病医疗保险保障作用，防止因病因灾因疫返贫。（责任单位：自治区扶贫办、发展改革委、教育厅、民政厅、财政厅、人力资源社会保障厅、住房城乡建设厅、水利厅、农业农村厅、商务厅、卫生健康委、地方金融监管局、宁夏银保监局，各市、县〔区〕）

7. 提高城乡低保标准。全面落实年初新提高的城乡居民最低生活保障标准。贫困县区低保、特困供养资金补助在原比例基础上再倾斜。扩大低保范围，对城乡困难家庭应保尽保，将符合条件的城镇失业人员及时纳入低保。（责任单位：自治区民政厅、财政厅，各市、县〔区〕）

8. 加大临时救助力度。扩大社会救助覆盖面，将符合条件的低保边缘群体、边缘易致贫人口全部纳入救助，将因疫情影响暂时无法就业、符合条件的参保失业人员纳入临时补助金发放范围。阶段性实施失业补助金政策，对符合条件的失业农民工发放一次性临时救助金。建立困难残疾人生活补贴和重度残疾人护理补贴标准动态调整机制。阶段性价格临时补贴提标扩面，2020年3—6月，将社会救助和保障标准与物价上涨挂钩联动机制的每月价格临时补贴标准提高1倍，将孤儿、事实无人抚养儿童等纳入政策保障范围。孤弃儿童和散居孤儿养育津贴每人每月提高200元。（责任单位：自治区民政厅、发展改革委、财政厅、人力资源社会保障厅、残联，各市、县〔区〕）

9. 保障困难家庭学生教育。持续开展控辍保学行动，实现辍学学生常态化动态清零。加强乡镇寄宿制学校、乡村小规模学校和县城学校建设，新改建校舍35万平方米，消除城镇义务教育学校大班额。推进“互联网＋教育”示范区建设，实现在线互动课堂、数字校园全覆盖。做好各阶段家庭困难学生资助工作，确保应助尽助、应补尽补。（责任单位：自治区教育厅、民政厅、财政厅、扶贫办，各市、县〔区〕）

10. 保障基本医疗卫生服务。加快“互联网＋医疗健康”示范区建设，大力发展网上预约、检查、诊疗等医疗服务新模式。全域医疗健康信息专网接入所有行政村，山区9县（区）所有乡镇卫生院配备智能辅助诊断系统。建成10个县级医院重点专科和5个社区卫生服务中心。加强公共卫生体系建设，推进宁夏重大疫情救治基地建设，提升13个县级医院传染病综合防控救治能力。城乡居民医保人均财政补助标准新增30元，全区基本医疗保险参保率稳定在95%以上，建档立卡贫困户参保率达到100%。免费筛查新生儿48种先天遗传代谢疾病。免费开展城镇低保和农村适龄妇女“两癌”筛查，对患病妇女每人补助1万元。（责任单位：自治区卫生健康委、发展改革委、民政厅、财政厅、妇联、扶贫办、医保局，各市、县〔区〕）

11. 加强保障性住房建设。加大城市老旧小区和棚户区改造力度，全年改造城镇棚户区住房5300套、老旧小区242个、农村危窑危房1.08万户、抗震宜居农房2.5万户，实现农村危窑危房动态清零。拓宽住房保障渠道，加快发展住房租赁市场，加大低保户、城市“夹心层”等住房困难人群住房保障力度，发放租赁补贴9015户，确保困难群众“住有所居”。（责任单位：自治区住房城乡建设厅、财政厅、农业农村厅、扶贫办，各市、县〔区〕）

12. 守好生态环境底线。抓好中央环保督察反馈问题整改，着力解决群众关心的突出环境问题。地级城市空气优良天数比例保持在80%，PM2.5、PM10平均浓度继续巩固改善。国控考核断面稳定消除劣V类水体，黑臭水体基本消除，黄河流域水质优良比例稳定在73.3%以上。严格实行土壤环境质量分类管理，综合防控农业面源污染。（责任单位：自治区生态环境厅、工业和信息化厅、自然资源厅、住房城乡建设厅、水利厅、农业农村厅，各市、县〔区〕）

（三）保市场主体

13. 加大减税降费力度。落实下调增值税税率、增值税期末增量留抵退税、小微企业普惠性税收和下调企业养老保险费率等减税降费政策。下调增值税小规模纳税人征收率，免征公共交通运输、餐饮住宿、旅游娱乐、文化体育等服务增值税和免征中小微企业养老、失业、工伤保险的单位缴费等阶段性减税降费政策执行期全部延长到2020年底。小型微利企业和个体工商户延缓缴纳2020年所得税。清理所有不合法涉企收费。（责任单位：自治区财政厅、发展改革委、人力资源社会保障厅、宁夏税务局，各市、县〔区〕）

14. 降低企业运营成本。自治区“中小微企业18条”和降低除高耗能行业以外的工商业企业电价5%政策延长到2020年底。力争年底电力直接交易规模达到售电量60%，宽带和专线平均资费降低15%。集中清理规范各类中介服务收费，降低企业水电气暖配套费、增容费、扩容费。全面清理规范工程建设领域保证金，加快推行银行保函、保险替代等保证金方式。对承租国有经营性房产经营困难的小微企业、个体工商户房租减免到2020年底，各类园区、双创基地带头减免中小微企业房租，鼓励各类业主减免或缓收房租。（责任单位：自治区工业和信息化厅、发展改革委、财政厅、住房城乡建设厅、市场监管厅、国资委、地方金融监管局、机关事务管理局、宁夏税务局、宁夏通信管理局、人民银行银川中心支行、宁夏银保监局，各市、县〔区〕）

15. 帮助企业纾难解困。分级分类助力市场主体纾困发展，全年投放民营企业政策性纾困基金10亿元。用足用好财政贴息等政策工具，灵活运用市场化手段，帮助企业稳住市场和订单。帮助化解法人单位间“三角债”，加快推进清理拖欠民营企业中小企业账款工作。鼓励市场主体做好自保互保，引导大企业做好示范带动，以预付款等方式向上下游企业支付现金。引导外贸企业积极适应国内市场，推动出口产品转内销，鼓励政府机关、企事业单位采购困难企业产品。建立企业帮扶机制，点对点、人盯人、面对面解决企业经营融资难题。依托“12345”政务服务热线，受理企业用工用能、资金保障等方面的问题。（责任单位：自治区工业和信息化厅、发展改革委、财政厅、商务厅、国资委、地方金融监管局，各市、县〔区〕）

16. 加大小微企业和个体工商户帮扶。大力支持非公有制经济发展，放宽小微企业、个体工商户登记经营场所限制，对农副产品和符合条件的日常用品、零售业个体经营者暂时予以豁免登记。落实月销售收入10万元以下增值税小规模纳税人免税政策，免税期执行到2021年12月底。（责任单位：自治区市场监管厅、工业和信息化厅、宁夏税务局，各市、县〔区〕）

17. 持续强化金融支持。引导金融机构增加贷款额度，全年新增贷款600亿元以上，对受疫情影响到期还款困难的企业，金融机构要通过展期、续贷等方式给予支持。建立企业融资服务平台，加大对小微企业、个体工商户无抵押免担保信贷投放力度和贷款贴息支持，全区2020年信用贷款余额同比增长10%以上。全面建立主办银行机制，逐步制定综合金融服务方案，加强信贷资金支持，对保持现有抵押担保状态不变、承诺就业基本稳定的个体经营者和小微企业，其在2020年6月1日至12月31日到期的贷款允许延期，还本付息日期最长可延至2021年3月31日，免收罚息，金融机构要应延尽延，不得以任何理由拒绝办理。人民银行银川中心支行要加强督促引导，并按规定对地方法人银行延期贷款给予激励，鼓励地方法人金融机构加大普惠小微贷款投放力度，力争2020年全区地方法人金融机构新增普惠小微信用贷款20亿元。人民银行银川中心支行对符合条件的机构给予贷款本金40%的无息再贷款支持，并按照国家政策标准给予奖励。对成功发行非金融企业债务融资工具、公司债、企业债、集合债等债券的民营企业，按发债额度给予2%贴息。发挥政府性融资担保机构作用，对小微企业减半收取融资担保费用，免收再担保费，力争将小微企业综合融资担保费率降低到1%以下。鼓励金融机构推进订单、存货、应收账款、动产质押、商业保理融资等服务，鼓励银行大幅增加小微企业信用贷、首贷、无还本续贷。使用自治区政策性转贷资金转贷过桥的企业，按50%收取费用。积极防范和化解金融风险，坚决守住不发生系统性风险底线。（责任单位：自治区地方金融监管局、工业和信息化厅、财政厅、人民银行银川中心支行、宁夏银保监局、宁夏证监局，各市、县〔区〕）

18. 强化消费拉动作用。加快全域旅游示范区建设，鼓励景区减免门票，实行带薪休假与节假日捆绑模式，开展“宁夏人游宁夏”系列活动，吸引更多区外游客来宁旅游。阶段性开放公共停车位，鼓励商业停车场减免收费。对重点商圈、特色商业街区推出的夜间商业、文化活动产生的电费给予50%补贴。大力发展电子商务，促进快递服务业协同发展，推进线上线下融合发展，发展5G商用和场景应用等新兴消费，释放消费潜力。（责任单位：自治区商务厅、发展改革委、住房城乡建设厅、文化和旅游厅、市场监管厅、宁夏通信管理局、宁夏邮政管理局，各市、县〔区〕）

（四）保粮食能源安全

19. 保障粮食安全。稳政策、稳面积、稳产量。严守耕地保护红线，落实耕地地力保护补贴政策，扩大农业保险覆盖面，粮食种植面积和产量分别稳定在1016万亩、373万吨。加强粮食应急保障体系建设，优化粮食储备结构，适当增加银川市应急成品粮储备。（责任单位：自治区发展改革委、农业农村厅、财政厅、自然资源厅、水利厅、粮食和储备局、国家粮食和储备局宁夏局、宁夏银保监局，各市、县〔区〕）

20. 稳定农业生产。落实各项强农惠农政策。新建高标准农田90万亩。提质发展高效种养业，瓜菜种植260万亩，肉牛、肉羊饲养量分别达到185万头和1230万只，生猪存栏达到78万头，奶牛存栏、生鲜乳产量分别达到54.7万头和240万吨。落实“米袋子”、“菜篮子”责任制，抓好主副食品生产、流通、供应组织，确保粮油菜肉蛋奶等居民生活必需品正常供应和价格基本稳定。（责任单位：自治区农业农村厅、发展改革委、自然资源厅、水利厅、商务厅、供销合作社、粮食和储备局，各市、县〔区〕）

21. 保障能源安全。稳定区内原煤产量，加大区外煤炭采购，做好电煤供应保障。推进应急调峰煤电项目建设，投产一批风电、光伏等新能源项目，保障区内用电及电力外送需要。协调中石油增加宁夏石化公司炼油量、落实年度天然气供应合同。加强天然气产供储销体系建设，提高中石化杭银线天然气供气量，加快建设银川市、石嘴山市、吴忠市、中卫市储气设施。（责任单位：自治区发展改革委、工业和信息化厅、自然资源厅、应急管理厅、宁夏煤监局，各市、县〔区〕）

（五）保产业链供应链稳定

22. 扩大有效投资。抓好区本级80个重点建设项目、27个重点预备开工项目，确保全区800个重大项目完成投资1700亿元以上。围绕实施扩大内需战略和“十四五”规划编制，积极争取中央投资，加强项目谋划储备实施。扩大老旧小区改造、市政基础设施、公共卫生服务、应急物资储备等领域补短板投资。加快推进5G网络、数据中心、人工智能等新基建投资。（责任单位：自治区发展改革委、工业和信息化厅、财政厅、住房城乡建设厅、交通运输厅、卫生健康委、应急管理厅、宁东能源化工基地管委会，各市、县〔区〕）

23. 加强产销衔接。畅通物流运输网络。支持龙头企业建立产品战略储备。推进产业链协同复工达产，分级分类协调企业设备、零部件、原材料等需求，精准打通区内外供应链堵点、断点，确保产业链不断、市场份额不丢。支持企业多渠道开辟产品销路，对国外设立直销点的由自治区财政予以补助。优化出口退税服务，扩大出口信用保险覆盖面，支持外贸企业稳订单和复工达产。（责任单位：自治区工业和信息化厅、发展改革委、财政厅、交通运输厅、商务厅、银川海关，各市、县〔区〕）

24. 稳定产业链条。加快构建产业链自主配套体系，培育壮大现代煤化工、先进装备制造、轻工纺织、新材料、新能源等产业集群。加大“三个一百”重点项目支持，推进“三大改造”，实施重点技改项目100

个，技改投资增长15%以上。组织龙头企业与中小企业开展产能对接、协作配套，突出产业链上下游金融服务，开展融资互保，保障产业链重要企业和关键环节平稳生产。新增“升规上限”企业100家，培育“专精特新”企业100家。（责任单位：自治区工业和信息化厅、发展改革委、科技厅、国资委、宁东能源化工基地管委会、地方金融监管局，各市、县〔区〕）

25. 培育新兴动能。推进智能制造，发展工业互联网，建设企业级工业互联网平台30个以上、行业级工业互联网平台10个以上，推动先进制造业和现代服务业融合发展。培育银川中关村创新中心、中卫西部云基地等数字经济集聚区，力争数字经济规模占地区生产总值比重达30%以上。（责任单位：自治区工业和信息化厅、发展改革委、宁东能源化工基地管委会，各市、县〔区〕）

26. 强化科技支撑。健全财政创新投入稳定增长机制，引导企业加大研发投入。建设科技创新平台30个，实施重点研发项目100个，新认定高新技术企业30家，带动全社会研究与试验发展经费投入强度达到1.4%。健全以需求为导向、企业为主体的产学研一体化技术创新体系，发展技术交易市场，促进科技成果产业化。（责任单位：自治区科技厅、发展改革委、工业和信息化厅、财政厅、宁东能源化工基地管委会，各市、县〔区〕）

27. 提升园区承载力。深化园区体制机制改革，支持开发区改革创新和错位发展。推进园区低成本化改造，完善公共服务和基础设施配套，引导重点企业、优质资源、产业项目向园区聚集。加快银川综合保税区、银川跨境电商综合试验区建设。落实区市县领导包抓园区责任制。（责任单位：自治区工业和信息化厅、发展改革委、商务厅、宁东能源化工基地管委会，各市、县〔区〕）

28. 加大招商引资。主动承接东中部产业和加工贸易转移。注重发挥商协会作用，挖掘已落地企业投资潜力，鼓励开展中介招商、以商招商、产业链招商。支持区内企业参加进博会、广交会等大型展会，宣传推介我区优势产业和特色产品，搭建企业对外交流合作平台。力争招商引资实际到位资金增长10%。（责任单位：自治区商务厅、发展改革委、工业和信息化厅、宁东能源化工基地管委会，各市、县〔区〕）

（六）保基层运转

29. 树牢过“紧日子”思想。坚持以收定支、精打细算，把每一笔钱用到刀刃上、紧要处。从严控制一般性支出，坚决压减非急需、非刚性支出，确保一般性支出压减10%，其中会议费、培训费、因公出国等非急需、非刚性支出压减30%以上，自治区党政机关带头厉行节约。各市、县（区）原则上不得出台新的增支政策，确需出台的报自治区政府备案后执行。（责任单位：自治区财政厅、审计厅，区直各部门，各市、县〔区〕）

30. 积极培植新兴财源。充分挖掘税收增长点，依法依规组织收入，确保应征尽征、应收尽收。抓住中央新增地方转移支付、抗疫特别国债、地方政府债券等政策机遇，最大限度争取中央财政支持。统筹采取加大预算稳定调节基金调入、处置盘活闲置国有资产资源等措施，多渠道弥补疫情影响和减税降费形成的收入缺口，夯实基层保运转财力基础。（责任单位：自治区财政厅、国资委、宁夏税务局，各市、县〔区〕）

31. 加强基层财力保障。优化完善自治区对下转移支付体制机制，逐步提高一般性转移支付比重，加大对财政困难市、县（区）倾斜，增强财政保障能力。将中央新增特殊转移支付全部直达市、县（区），重点支持保基本民生、保运转，守住不发生“三保”问题的底线。（责任单位：自治区财政厅，各市、县〔区〕）

32. 强化预算执行管理。坚持先有预算后有支出，严格执行批准预算，严格“三保”支出优先顺序，不得将保运转经费甩在预算盘子之外，不得擅自挤占保运转资金、改变资金用途，确保工资、公用经费及时足额保障到位，杜绝出现拖欠问题。清查盘点财政存量资金，及时收回结余资金和连续两年未用完的结转资金。“三保”保障压力大的市、县（区）执行更严格的盘活存量资金措施，收回上年度结余结转资金，统筹用于保基层运转等重点支出。（责任单位：自治区财政厅、审计厅，区直各部门，各市、县〔区〕）

33. 有效防控财政风险。完善财政运行监控机制，强化基层财政库款运行监测，对风险等级较高的市、县（区）加强跟踪监控，及时研判风险并预警提示，做到早发现、早预警、早处置。各地可按要求综合评估本地区减税降费、疫情影响等因素，依法依规按程序调整预算。统筹安排一般债券、专项债券、特别国债、预算稳定调节基金等财政性资金，综合平衡年度预算。（责任单位：自治区财政厅，各市、县〔区〕）

三、组织保障

34. 强化组织领导。各地各部门要充分认识落实“六保”任务的极端重要性和紧迫性，增强风险意识，强化底线思维，抓紧抓实抓细具体工作措施，以周保旬、以旬保月、以月保季、以季保年，坚决稳住经济基本盘，兜住兜牢民生底线。建立区市县三级工作专班，牵头部门要切实履行统筹协调、督促落实职责，配合部门要主动作为、积极配合，确保各项工作有人盯、抓得紧、见实效。（责任单位：区直各部门，中央驻宁有关单位，各市、县〔区〕）

35. 强化政策落实。开展“送政策、送服务、问需求、保落实”行动，拓宽政策知晓度，提升申办便利度，让各项政策直达基层和企业。强化资金、用地、用能、用工等要素保障，坚决克服形式主义、官僚主义，确保各项政策精准有效落实到位。（责任单位：区直各部门，中央驻宁有关单位，各市、县〔区〕）

36. 强化督导激励。将“六保”任务纳入年度效能目标管理和领导干部政绩考核，加大定期督办、专项督查、明察暗访、跟踪问效，对“四促四增”成效明显的通报表扬，对不担当、不作为、慢作为的严肃问责。强化敢于担当、攻坚克难的用人导向，营造临难不避、实干为要、共克时艰的良好氛围。（责任单位：自治区党委组织部、党委督查室、政府督查室，各市、县〔区〕）

中共宁夏回族自治区委员会关于深入学习贯彻习近平总书记视察宁夏重要讲话精神　继续建设经济繁荣民族团结环境优美人民富裕的美丽新宁夏的决定

（2020 年 7 月 21 日中国共产党宁夏回族自治区第十二届委员会第十一次全体会议通过）

宁党发〔2020〕16 号

2020 年 6 月 8 日至 10 日，习近平总书记亲临宁夏视察指导工作，作出重要指示，发表重要讲话，为新时代宁夏各项工作指明了前进方向、提供了根本遵循、注入了强大动力。为深入学习贯彻习近平总书记视察宁夏重要讲话精神，动员全区上下统一思想行动，牢记习近平总书记嘱托，担当历史新使命、奋力展现新作为，努力建设黄河流域生态保护和高质量发展先行区，继续建设经济繁荣、民族团结、环境优美、人民富裕的美丽新宁夏，现作出如下决定。

一、坚决做到“两个维护”，坚定不移用习近平总书记视察宁夏重要讲话精神统一思想统揽全局统领发展

1. *充分认识习近平总书记视察宁夏重要讲话的重大意义。*习近平总书记视察宁夏重要讲话高屋建瓴、统揽全局，内涵丰富、思想深邃，语重心长、情真意切，闪耀着马克思主义的真理光芒，饱含着共产党人的深情大爱，充分展示了习近平总书记的领袖风范、思想伟力和人格魅力。习近平总书记的重要讲话，饱含了对宁夏各族人民的亲切关怀，体现了真挚深厚感人心肺的赤子情怀，体现了初心不改人民至上的执政理念，体现了我将无我不负人民的使命担当，体现了对中华民族亲如一家的无疆大爱，为全区广大干部群众带来了无比温暖和巨大鼓舞。习近平总书记的重要讲话，满怀了对宁夏各项事业的殷切期望，切中了宁夏现实问题，指明了宁夏前进方向，赋予了宁夏时代重任，明确了宁夏工作重点，科学阐明了“新时代建设什么样的新宁夏，怎样建设新宁夏”的重大问题，为新时代宁夏发展提供了行动指南和根本遵循。习近平总书记的重要讲话，寄予了对宁夏党员干部的深情嘱托，嘱托党员干部要坚定理想信念、保持清醒头脑，激发奋斗精神、勇于担当作为，全面从严治党、持续正风肃纪，坚持真抓实干、不断造福人民，为全区干部群众增添了必胜信心和强大动力。各级党组织和广大党员干部要进一步增强“四个意识”、坚定“四个自信”、做到“两个维护”，把深入学习贯彻习近平总书记视察宁夏重要讲话精神作为首要政治责任、长期政治任务，与学习贯彻习近平新时代中国特色社会主义思想融会起来，与学习贯彻习近平总书记 2016 年 7 月视察宁夏重要讲话精神结合起来，与贯彻落实习近平总书记对宁夏工作的重要指示批示贯通起来，带着信仰学、带着使命学、带着感情学，切实增强政治认同、思想认同、理论认同、情感认同。

2. *深刻领会习近平总书记对宁夏发展的总体要求。*习近平总书记指出，要全面落实党中央决策部署，坚持稳中求进工作总基调，坚持新发展理念，坚决打好三大攻坚战，扎实做好“六稳”工作，全面落实“六保”任务，努力克服新冠肺炎疫情带来的不利影响，优先稳就业保民生，确保完成决战决胜脱贫攻坚目标任务，确保全面建成小康社会，继续建设经济繁荣、民族团结、环境优美、人民富裕的美丽新宁夏。这是习近平总书记着眼于新的时代背景和全国战略布局，为宁夏确定的新坐标、明确的新定位、赋予的新使命，与习近平总书记 2016 年 7 月视察宁夏提出的目标要求既一脉相承又深化拓展，是当前和今后一个时期宁夏发展的总方针、总纲领、总遵循。各级党组织和广大党员干部要深入领会、准确把握、坚决贯彻，以习近平总书记指出的方向为方向、确定的目标为目标、提出的要求为要求，坚决守好三条生命线，走出一条高质量发展的新路子，确保习近平总书记提出的总体要求成为全区上下的共同意志、共同行动。

3. *切实担负起习近平总书记赋予宁夏的时代重任。*习近平总书记明确指示，宁夏要“努力建设黄河流域生态保护和高质量发展先行区”。各级党组织和广大党员干部要切实增强政治责任感和历史使命感，着眼全国大局、站位黄河流域，坚持负重前行、担当宁夏责任，举全区之力、汇万众之智，抓住战略机遇，服务国家战略，体现使命担当，大力推进先行区建设。要认识建设先行区的重大意义。这是习近平总书记从全国生态建设大局、黄河流域生态保护和高质量发展全局出发，赋予宁夏新的时代重任，是切实保障国家生态安全的历史责任，是促进黄河流域协同治理的客观要求，是提升宁夏发展质量效益的必然选择。要把握建设先行区的基本原则。坚持生态优先、绿色发展，坚持量水而行、高效利用，坚持尊重科学、因地制宜，坚持系统谋划、整体推进。要聚焦建设先行区的战略定位。坚持共同抓好大保护、协同推进大治理，把宁夏打造成黄河流域河段堤防安全标准区、生态保护修复示范区、环境污染防治率先区、经济转型发展创新区、黄河文化传承彰显区。要明确建设先行区的总体布局。统筹上下游、干支流、左右岸，构建黄河生态经济带和北部绿色发展区、中部防沙治沙区、南部水源涵养区“一带三区”生态生产生活总体布局。要抓好建设先行区的重点任务。以重在保护、要在治理为主线，以“一河三山”保护和治理为重点，抓好保障黄河安澜、保护修复生态、治理环境污染、优化资源利用、转变发展方式、完善基础设施、优化城镇布局、保障改善民生、加快生态建设、发展黄河文化重点任务，坚决扛起习近平总书记赋予的时代重任。

4. *全面落实习近平总书记对宁夏提出的重点任务。*习近平总书记提出，要坚持不懈推动高质量发展，推动改革开放取得新突破，坚决打赢脱贫攻坚战，抓好生态环境保护，加强民生保障和社会治理，激发广大党员干部奋斗精神。这是习近平总书记从统筹推进“五位一体”总体布局和协调推进“四个全面”战略布局的高度出发，对宁夏发展的战略思考和前瞻谋划，蕴含着丰富的马克思主义认识论和方法论，是当前和今后一个时期宁夏必须抓好的重点任务。各级党组织和广大党员干部要牢牢把握这 6 项重点任务，紧密结合宁夏实际，抓住主要矛盾和矛盾的主要方面，以重点领域和关键环节的突破带动整体工作开展，确保各项任务落地生根、开花结果。

二、坚持不懈推动高质量发展，实现经济发展量的合理增长和质的稳步提升

5. *扎实做好“六稳”、“六保”工作。*坚持稳中求进工作总基调，以保促稳、以稳求进，推动经济持续健康发展，稳住经济发展基本盘。落实减税降费政策措施，抓好产业链协同复工达产，及时解决企业恢复生产面临的要素保障、市场销售等问题，把减轻企业税费负担政策落实兑现到位，大力支持民营经济发展，稳定企业生产经营。发挥有效投资带动作用，围绕建设黄河流域生态保护和高质量发展先行区，谋划和实施一批生态、水利、交通、能源、产业和新基建、新型城镇化等领域重大项目。加强政府投资绩效管理，规范有序推进 PPP 模式，加大产业链招商力度，激发民间投资活力。大力实施扩大内需战略，坚持把扩大内需作为战略基点，落实好中央扩大内需的各项政策举措，加强物流、冷链、仓储、网络等消费链配套基础设施建设，培育发展消费新业态新模式，加快构建“智能 +”消费生态体系，着力打通生产、分配、流通、消费各个环节，推动形成融入国内市场大循环、参与国内国际双循环的新发展格局。

6. *加快转变经济发展方式。*坚定不移贯彻新发展理念，以供给侧结构性改革为主线，在落实巩固、增强、提升、畅通上下更大功夫，向结构要质量、向转型要效益、向创新要动力，加快推动绿色、循环、低碳发展，着力解决经济结构矛盾突出、资源环境约束趋紧、增长动力后劲不足、质量效益仍然偏低等深层次问题。持续优化经济结构，落实“三去一降一补”任务，实施结构改造、绿色改造、技术改造、智能改造“四大改造”，坚决淘汰落后过剩产能，完善“僵尸企业”处置政策措施，实施技术改造攻坚行动，开展品牌培育工程，支持企业设备换芯、生产换线、机器换人，加强节能环保技术、工艺、装备推广应用，大力发展循环经济，推动经济发展质量变革、效率变革、动力变革。加快产业转型升级，集中力量、集中资源，推动风能、光能、水能等清洁能源产业一体化配套发展，推动煤制油、煤制烯烃、电石化工等现代煤化工产业高端化精细化发展，推动金属材料、电池材料、碳基材料等新材料产业向下游延伸，推动功能食品、营养食品、保健食品等绿色食品产业发展壮大，推动云计算、大数据、物联网、5G 应用等电子信息产业加快发展，打造 3—5 个在全国有一定影响力的工业支柱产业。加快新旧动能转换，发挥创新驱动作用，抓住数字产业化、产业数字化赋予的机遇，推进新型工业化产业示范基地建设，更高层次推动东西部科技合作，推进科技创新、模式创新、业态创新，推动产业向高端化、绿色化、智能化、融合化方向发展，形成新的增长点、新的动力源。

7. 深入推进现代农业发展。坚持以龙头企业为依托、以产业园区为支撑、以特色发展为目标，发挥优势，健全体系，提高品质，打造品牌，建设黄河流域现代农业高质量发展示范区，让宁夏更多的特色农产品走向市场。加快建设现代农业产业体系，大力调整种养结构，重点推进葡萄酒、枸杞、冷凉蔬菜和优质牛羊肉、优质奶等布局区域化、经营规模化、生产标准化、发展产业化，发展林果经济、庭院经济、乡村旅游，打造集研发、种植、加工、营销、文化、生态于一体的现代农业全产业链，让优质粮食、瓜果蔬菜等产业更“绿色”，葡萄酒、枸杞产业更“红火”，肉牛、奶牛产业更“牛劲”，滩羊产业更“洋气”。加快建设现代农业生产体系，加大农业科技成果转化推广应用，加快建设现代化生态灌区、高标准农田和现代农业设施建设，加快农业高新区建设，不断提升农业科技化、机械化、信息化水平，提高耕地产出率、劳动生产率、资源利用率。加快建设现代农业经营体系，有序适度推进农业土地流转和多种形式规模经营，扶持新型农业经营主体和龙头企业发展，健全社会化服务体系，构建多载体、多层次、多渠道营销网络体系，打造“宁字号”农产品品牌，推动一二三产业深度融合，促进特色农产品从田间到餐桌、从产品到名品、从种养到养生链式发展。

三、推动改革开放取得新突破，增强发展动力激发发展活力

8. 促进各项改革往深里走、往实里落。围绕推进国家治理体系和治理能力现代化，坚持问题导向，把落实党中央要求、满足实践需要、符合群众期盼统一起来，有的放矢推进改革。把握改革的着力点，统筹制度改革和制度运行，处理好落实中央改革政策和基层改革探索的关系，搞好上下左右、方方面面的配套，推进各项改革系统集成、协同高效，使各项改革相得益彰，发生“化学反应”，把制度优势转化为治理效能。抓住改革的关键点，注重改革任务落实，加强对改革举措的评估问效，健全改革督察机制，对重大改革开展“回头看”，对已出台的改革方案跟踪落实，推进改革落地见效。突破改革的攻坚点，认真落实中央关于新时代加快完善社会主义市场经济体制的意见，加快培育充分竞争的市场，持续深化“放管服”改革，进一步优化营商环境，不断激发各类市场主体活力。防范改革的风险点，加强政府债务风险防控，规范地方金融机构经营行为，建立债务风险预警监测、联动处置工作机制，严厉打击非法金融活动，防范化解市场主体债务风险，注意防范改革风险，坚决守住不发生系统性风险的底线。

9. 坚持对内开放和对外开放相结合。抓住共建“一带一路”重大机遇，积极融入全国全球产业链、供应链、价值链、创新链，有效运用两个市场、两种资源、两类规则，以更高水平开放促进更高质量发展。增强开放意识，充分认识习近平总书记两次视察宁夏时提出的“宁夏地处西部内陆，虽然不沿边、不靠海，但照样具备开放的条件”的重要论断，破除开放发展“不是时机、没有优势、难成气候”的错误认识，不封闭、不僵化、不守旧，树立开放思维、敞开开放胸怀、弘扬开放精神。扩大对外开放，培育开放型经济主体，营造开放型经济环境，完善开放型经济载体，从经济角度出发办好中阿博览会，加快推进银川跨境电子商务综合试验区建设，推动银川综合保税区与河东国际机场融合发展，争取国家支持设立中国（宁夏）自由贸易试验区。畅通开放通道，主动融入西部陆海新通道和国家黄河流域现代化交通网络建设，加密完善高速公路省际出口通道，提升银川河东国际机场综合功能，加快银川国际公铁物流港建设，推进公铁联运、铁海联运模式，稳定运行国际货运班列，打造面向“丝绸之路经济带”沿线国家和地区区域枢纽。加强区域合作，认真贯彻落实中央关于建立更加有效的区域协调发展新机制的意见、关于新时代推进西部大开发形成新格局的指导意见，健全区域合作机制，创新区域合作模式，拓展与陕甘蒙等毗邻省区的合作，加强与黄河“几”字弯城市的互动发展，加强黄河流域省区协作，加强与京津冀、长三角、粤港澳大湾区的交流合作，主动承接东部地区产业转移，增强区域发展的开放性、协同性、联动性、整体性。

四、坚决打赢脱贫攻坚战，确保如期实现脱贫目标

10. 一鼓作气夺取脱贫攻坚战全面胜利。把脱贫攻坚作为全面建成小康社会的底线任务和标志性指标，对标“两不愁三保障”，瞄准突出问题和薄弱环节，坚决克服疫情影响，扎实开展“四查四补”，持续发力防松劲、严把标准防闯关、巩固成果防返贫，精准攻克堡垒县、督战薄弱村、帮扶重点户，大力推进产业扶贫、就业扶贫、消费扶贫、金融扶贫、生态扶贫，集中解决水电路讯房和教育、医疗、文化、社保等短板弱项问题，落实好社保兜底、应保尽保政策，严格执行贫困退出标准和程序，确保县清零、村出列、户达标、人脱贫，实现贫困地区基本公共服务领域指标接近全国平均水平，确保与全国同步建成全面小康社会。

11. 完善移民搬迁扶持政策。加大易地扶贫搬迁后续帮扶力度，重点解决好产业、就业、社会融入3件事情，确保移民群众搬得出、稳得住、能致富。解决产业发展问题，因地制宜发展特色种养、乡村旅游、农产品加工、电子商务、绿色生态等产业，完善产业减贫带贫益贫机制，培育发展移民安置区龙头企业、合作社、家庭农场、种养大户，把贫困群众嵌入产业链、利益链，努力实现村村有主导产业、户户有增收项目、人人有致富门路。解决就业保障问题，实施职业技能提升行动，精准开展就业服务指导，用好扶贫车间就近就业，开发公益岗位托底就业，组织劳务输出转移就业，鼓励移民创业带动就业，实现零就业移民家庭动态清零。解决社会融入问题，健全移民迁出区与安置区协调联动机制，解决好移民群众户籍、社保、教育、医疗等转接问题，完善移民安置区基础设施配套和公共服务，发挥基层党组织、村民自治组织作用，组织党员干部与移民家庭结对，推动移民群众融入新环境、过上新生活。

12. 巩固提升脱贫成果。把脱贫摘帽作为新生活、新奋斗的起点，把巩固提升脱贫成果抓得紧而又紧，保持现有政策总体稳定，加快建立防止返贫监测和帮扶机制，防止因疫返贫、因病返贫、因灾返贫，确保脱贫不稳定户不返贫、边缘易致贫户不致贫。落实“四个不摘”要求，对退出的贫困县、贫困村、贫困户设置政策过渡期，完善第一书记常态化派驻机制。扎实开展社会扶贫，进一步提升闽宁对口扶贫协作质量和水平，完善中央单位定点扶贫长效机制，深入开展“百企帮百村”行动，实现产业互补、人员互动、技术互学、观念互通、作风互鉴。增强群众内生动力，坚持扶贫与扶智扶志相结合，引导群众树立脱贫主体意识，激发贫困群众的积极性、主动性、创造性，依靠自己的双手创造更加美好的新生活。

13. 推进全面脱贫与乡村振兴有效衔接。把解决相对贫困问题作为长期任务，统筹纳入乡村振兴战略任务之中，推动减贫战略和工作体系平稳转型，健全低保制度与精准脱贫政策有效衔接制度，建立长短结合、标本兼治的体制机制，加强美丽乡村建设，建设一批美丽城镇、美丽村庄，促进农业强、农村美、农民富，逐步实现共同富裕。

五、抓好生态环境保护，建设天蓝地绿水美的美丽宁夏

14. 牢固树立绿水青山就是金山银山的理念。深入贯彻落实习近平生态文明思想，自觉把绿水青山就是金山银山作为推进发展的重要理念、现代化建设的重大原则。树立正确的生态观，牢固树立人与自然和谐共生、山水林田湖草沙是生命共同体的观念，深刻把握人与自然相互依存、共生共赢的本质特征，像保护眼睛一样保护生态环境、像对待生命一样对待生态环境。树立正确的发展观，充分认识到保护生态环境就是保护生产力、改善生态环境就是发展生产力，绿水青山既是自然财富、生态财富，也是社会财富、经济财富，没有环境空间就没有发展空间、没有生态改善就没有生活改善，正确把握和处理经济发展与生态环保的关系。树立正确的政绩观，充分认识到老百姓过去“盼温饱”、现在“盼环保”，过去“求生存”、现在“求生态”，环境就是民生、青山就是美丽、蓝天也是幸福，把良好生态环境作为最普惠的民生福祉、作为最大的政绩来抓。

15. 把保障黄河长治久安作为重中之重来抓。强化忧患意识、做到未雨绸缪，实施河道和滩区综合提升工程，统筹推进两岸堤防、河道控导、滩区治理、城市防洪工程，打造百年防堤，有效防洪防凌，努力建设黄河流域生态保护和高质量发展先行区。实施两岸堤防工程，加快推动两岸堤防工程达标提质，把堤防建设与道路交通、生态景观、文化旅游等结合起来，尽快补上空白段，形成堤防闭环。实施河道控导工程，治理险工险段，有效控导主流、稳定河势、护滩保提。实施滩区治理工程，开展黄河滩区生态修复和岸线利用专项整治，恢复河岸湿地，连通内外水系，打造生态景观带。实施城市防洪工程，把城市建设与沿岸的湿地、河湖建设结合起来，加快完善城市防洪工程体系，确保沿黄城市安全。

16. 推进水资源节约集约利用。把水资源作为最大的刚性约束，坚持以水定城、以水定地、以水定人、以水定产，合理规划人口、城市和产业发展，建立水资源承载力分类分区管控体系，实行水资源消耗总量和强度“双控”。实施深度节水控水行动，持续优化用水结构，大力发展节水型生态农业、涵水型生态林业、保水型生态牧业，深挖工业节水潜力，严格管控高耗水产业发展，加快建设节水型社会、节水型园区，推进海绵城市建设，提高中水、雨水、洪水利用率，建立整治“挖湖引水造景”长效机制，推动水资源向利用强度低、效率高、效益好的项目、产业、区域倾斜配置。

17. 继续打好蓝天、碧水、净土保卫战。坚决打好污染防治攻坚战，坚决抓好中央环境保护督察及“回头看”反馈意见整改落实，加大节能减排力度，坚决治理“散乱污”企业，确保完成国家下达的生态环境各项约束性指标。打好蓝天保卫战，推进重点区域大气环境综合治理，完善联防联治联控机制，实施煤炭消费总量控制，有效控制能源消费总量和强度，深化治理工业挥发性有机物，建立机动车全防全控监管制度，有效管控城市扬尘，促进秸秆资源化利用，确保空气质量稳定达到国家二级标准，大幅减少重污染天数。打好碧水保卫战，实施水污染综合治理工程，统筹推进饮用水源、黑臭水体、工业废水、农业退水、城乡污水综合治理，全面取缔工业直排口、非法入黄排污口，建立地下水污染防治管理体系，开展水源地保护专项行动，推进农村人居环境整治和农业面源污染治理，持续改善水体环境质量，确保黄河干流宁夏段断面水质Ⅱ类进Ⅱ类出。打好净土保卫战，加强固体废弃物综合治理和利用，以危险废物为重点开展固体废物排查和综合整治，推进城市生活垃圾分类处置，建立健全农村垃圾收运处置体系，有效管控土壤污染风险。

18. 加强贺兰山、六盘山、罗山等自然保护区建设。统筹山水林田湖草沙系统治理，优化国土空间开发格局，建立完善区市县国土空间规划，统筹推进生态保护修复和环境综合治理。实施贺兰山矿山地质环境恢复治理工程，推进保护区及外围区域生态环境综合整治，推进贺兰山东麓葡萄长廊防护林建设，巩固提升贺兰山防风防沙和水源涵养生态功能。开展六盘山人工促进生态修复行动，继续实施封山育林和400毫米降水线以上区域造林绿化工程，推进废弃露天矿山综合整治，开展移民迁出区国土综合整治，持续提升六盘山水源涵养和水土保持功能。加大罗山主要沟道及周边区域退化土地生态修复力度，强化水土流失治理，整治砂石采挖区，保护提升罗山防风和水源涵养功能。

19. 既防沙之害、又用沙之利。顺应自然、尊重规律，开展沙漠生态研究，创新沙漠治理机制，推广治沙成功经验，实施锁边防风固沙工程，强化主要沙地边缘地区生态屏障建设，大力治理流动沙丘，织起绿网、建设绿带、形成绿洲，巩固扩大治沙成果，利用沙区独特资源，发展沙漠种植、推动沙漠旅游、开发沙漠文化，在防沙治沙的同时发挥沙漠的生态功能和经济功能。

六、加强民生保障和社会治理，增强人民群众的获得感幸福感安全感

20. 加快补齐民生短板。坚持以人民为中心的发展思想，履行好保基本、保底线、保民生的兜底责任，切实解决好群众的操心事、烦心事、揪心事。优先稳就业保民生，落实中央支持就业各项政策，多渠道促进就业创业，优化就业培训和服务指导，注重解决结构性就业矛盾，引导农村劳动力转移就业和在外的宁夏人返乡兴办实业，扎实做好下岗失业人员、高校毕业生、农民工、退役军人等重点群体就业工作，确保在经济增长的同时实现居民收入同步增长。落实立德树人根本任务，把教育摆在优先位置，全面贯彻党的教育方针，构建大中小幼一体化德育体系，推进城乡义务教育均衡发展，抓好“互联网＋教育”示范区建设，加快教育现代化进程，加快体教融合，着力培养德智体美劳全面发展的社会主义建设者和接班人。健全公共卫生体系，坚持预防为主、防治结合，推进健康宁夏建设，加快完善突发公共卫生应急响应、传染病防控救治、疾病预防控制等体制机制，实施乡镇中心卫生院传染病防控提升项目，加强农村、社区等基层防控能力建设，广泛开展爱国卫生运动，进一步完善常态化疫情防控机制，提升疫情监测预警和应急响应能力。深化医药卫生体制改革，推进中医药传承创新发展，加快“互联网＋医疗健康”示范区建设，推进区域医疗中心建设。

21. 发扬民族团结优良传统。坚持民族区域自治制度，促进各民族共同团结进步、共同繁荣发展，守好维护民族团结生命线，建设全国民族团结进步示范区。深化民族团结进步教育，创新党的民族政策宣传教育载体、方式和机制，打造具有宁夏特色的人文化、大众化、实体化宣传教育活动品牌，铸牢中华民族共同体意识，增进各族群众对伟大祖国、中华民族、中华文化、中国共产党、中国特色社会主义的认同。营造守望相助社会氛围，深入开展“民族团结月”、“社区邻里节”等活动，建立健全各民族交往交流交融的社会机制，着力构建相互嵌入式的社会结构，积极创造各族群众共居共学共事共乐的社会条件，尊重差异、包容多样。坚持依法保障民族团结，增强各族群众法律意识，妥善处理涉及民族因素的矛盾和问题，坚决依法打击蓄意挑拨民族关系、破坏民族团结的行为，引导各族干部群众自觉维护国家统一、民族团结。

22. 坚持党的宗教工作基本方针。加强宗教治理体系和治理能力建设，牢牢掌握宗教工作主动权，守好维护政治安全生命线。坚持我国宗教中国化方向，纵深推进“四进”宗教场所活动，完善宗教界讲经说法引导机制，完善宗教界代表人士培养体系，用社会主义核心价值观引领和教育宗教界人士和信教群众，积极引导宗教与社会主义社会相适应。提高宗教工作法治化水平，严格落实《宗教事务条例》，健全三级宗教工作网络两级责任制，依法管理宗教事务，管好宗教场所、宗教人员、宗教活动，依法处理涉及宗教因素的矛盾问题，积极促进宗教和顺、社会和谐。坚决遏制宗教极端化倾向，持续整治“三化”问题，全面摸清底数、全面列出清单、全面落实责任、全面对账销号，建立“三化”治理动态筛查机制，落实属地责任，确保彻底整改到位。防范和抵御宗教极端思想渗透，建立宗教领域涉及国家政治安全风险隐患防控机制，依法打击非法宗教和邪教组织，深化反暴恐斗争，切实维护国家安全。

23. 加强和创新社会治理。坚持和完善共建共治共享的社会治理制度，创新社会治理机制，完善基层治理体系，提高基层治理能力，不断激发社会活力，确保人民安居乐业、社会安定有序。推进全面依法治区，扎实推动民法典实施，加强配套法规制度建设，广泛开展普法教育，坚持法治宁夏、法治政府、法治社会一体化建设，深化司法体制综合配套改革，更好保障人民权益。加强基层社会治理，坚持和完善新时代“枫桥经验”，完善社会矛盾纠纷多元预防调处化解机制，抓好乡村、社区、宗教、校园、企业、社团治理，加快推进全国市域社会治理现代化试点城市建设。推进平安宁夏建设，完善立体化、法治化、专业化、智能化社会治安防控体系，推进扫黑除恶专项斗争，打好决胜战收官战，进一步深化重点行业领域突出问题专项整治，严厉打击各类违法犯罪活动，不断提高人民群众安全感。加强安全生产工作，建立健全安全生产风险分级管控与隐患排查治理双重预防体系，积极创建全域食品药品安全区，开展安全生产专项整治三年行动，实施提升自然灾害防治能力重点工程，提高应急救援和防灾减灾能力，坚决防范遏制重特大安全事故发生。

七、加强党的建设，激发广大党员干部奋斗精神

24. 落实主体责任。全面贯彻落实新时代党的建设总要求，以党的政治建设统领党的各项建设，坚持和加强党的全面领导，强化管党治党主体责任，推动全面从严治党向纵深发展。加强干部队伍建设，突出抓好领导班子和领导干部队伍建设，实施干部政治能力、专业能力提升“两大工程”，健全完善干部选拔使用、教育培训、评价考核、管理监督等机制办法，大力选拔敢于负责、勇于担当、善于作为、实绩突出的优秀干部，大力发现培养选拔优秀年轻干部，合理使用女干部、少数民族干部和党外干部，选树干事创业好班子、担当作为好干部。加强基层组织建设，以提升组织力为重点，突出政治功能，加强农村、社区、机关、国企、学校、非公企业、社会组织等基层党组织建设，选优配强党组织书记，持续整顿软弱涣散基层党组织，深入整治党员信教和参与宗教活动问题，推动基层党组织全面进步、全面过硬。加强纪律作风建设，持之以恒正风肃纪，深入贯彻落实中央八项规定及其实施细则精神，保持反腐败斗争高压态势，坚决查处政治问题和经济问题交织的腐败案件，坚决整治群众身边的腐败和作风问题，完善警示教育常态化长效化机制，坚持开展领导干部廉洁从政警示教育活动，一体推进不敢腐、不能腐、不想腐，营造风清气正的干事创业环境。

25. 坚定理想信念。坚持革命理想高于天，建立不忘初心、牢记使命长效机制，教育引导广大党员干部始终保持清醒头脑和政治定力，坚持和加强党的领导不动摇，坚持和发展中国特色社会主义不动摇，坚持实现中华民族伟大复兴的宏伟目标不动摇，锲而不舍把革命先辈为之奋斗的伟大事业推向前进。铸牢政治灵魂，持之以恒推动习近平新时代中国特色社会主义思想学习教育和贯彻落实，严格落实党内政治生活制度，持续不断加强政治训练，坚定对习近平新时代中国特色社会主义思想的信仰，坚定维护习近平总书记党中央的核心、全党的核心地位，坚定落实维护党中央权威和集中统一领导的各项制度，引导党员干部永葆政治本色，自觉做共产主义远大理想和中国特色社会主义共同理想的坚定信仰者和忠实实践者。传承红色基因，深入挖掘运用红色资源，拓展红色教育基地功能，坚持不懈开展理想信念教育、爱国主义教育、革命传统教育，推动机关、学校、企业、社区等与爱国主义教育基地共建共学共享，教育党员干部铭记革命历史、走好新时代长征路。

26. 激发奋斗之志。积极践行习近平总书记“社会主义是干出来的”伟大号召，大力弘扬“不到长城非好汉”的革命精神，实事求是、真抓实干，奋勇向前、克难制胜，做好改革发展稳定各项工作。发扬斗争精神，注重培养党员干部的斗争精神，在重大斗争中锻炼干部、在重大任务中磨炼干部、在重大风险中淬炼干部，磨砺干部的风骨、气节、操守、胆魄，不断强化斗争意识、激励斗争精神、增强斗争魄力、提高斗争本领，勇于担当、主动作为，勇于斗争、善于斗争，使思想、能力、行动跟上党中央要求、跟上时代前进步伐、跟上事业发展需要。不断解放思想，把新发展理念贯穿到经济活动全过程、落实到发展实践各领域，正确处理保护与发展的关系、市场与政府的关系、进取与稳健的关系，更新观念、创新思维，使各项工作更好体现时代性、把握规律性、富于创造性。激励担当作为，建立健全干部担当作为的激励机制，落实公务员职务和职级并行制度，完善关心关爱干部各项政策，落细“三个区分开来”要求和容错纠错政策措施，积极稳妥地使用受到党纪政务轻处分、影响期满且表现突出的干部，完善查处诬告陷害行为机制，健全正名澄清制度，旗帜鲜明为干事担当者撑腰鼓劲，把广大干部的积极性、主动性、创造性充分调动起来，以行之有效的举措落实好党中央决策部署，创造性开展工作。大兴实干之风，把造福人民作为最重要的政绩，践行党的群众路线，脚踏实地、埋头苦干，察实情、出实招、办实事、求实效，坚决反对形式主义、官僚主义，切实减轻基层负担。

全区各级党组织和广大党员干部要高举习近平新时代中国特色社会主义思想伟大旗帜，更加紧密地团结在以习近平同志为核心的党中央周围，深入学习贯彻习近平总书记视察宁夏重要讲话精神，坚决贯彻落实党中央重大决策部署，不忘初心、牢记使命，团结一心、真抓实干，努力建设黄河流域生态保护和高质量发展先行区，继续建设经济繁荣、民族团结、环境优美、人民富裕的美丽新宁夏，为实现“两个一百年”奋斗目标、实现中华民族伟大复兴的中国梦作出新的更大的贡献。

（此件公开发布）

自治区党委办公厅　人民政府办公厅印发《关于全面加强危险化学品安全生产工作的实施意见》的通知

宁党办〔2020〕50号

各市、县（区）党委和人民政府，区直各部委办厅局，各人民团体、直属事业单位，中央驻宁各单位，各大型企业：

《关于全面加强危险化学品安全生产工作的实施意见》已经自治区党委和人民政府同意，现印发给你们，请结合实际认真贯彻落实。

中共宁夏回族自治区委员会办公厅
宁夏回族自治区人民政府办公厅
2020年7月25日

（此件公开发布）

关于全面加强危险化学品安全生产工作的实施意见

为深入贯彻落实中共中央办公厅、国务院办公厅《关于全面加强危险化学品安全生产工作的意见》（厅字〔2020〕3号，以下简称《意见》），全面加强我区危险化学品（以下简称危化品）安全生产工作，提出如下实施意见。

一、总体要求

以习近平新时代中国特色社会主义思想为指导，全面贯彻党的十九大和十九届二中、三中、四中全会精神，落实自治区党委十二届十次、十一次全会部署要求，紧紧围绕统筹推进“五位一体”总体布局和协调推进“四个全面”战略布局，坚持总体国家安全观，牢固树立安全发展理念，以防控系统性安全风险为重点，完善和落实安全生产责任和管理制度，加强源头治理、综合治理、精准治理，加快实现危化品安全生产治理能力和治理水平现代化，为努力建设黄河流域生态保护和高质量发展先行区，继续建设经济繁荣、民族团结、环境优美、人民富裕的美丽新宁夏营造良好安全环境。

二、强化安全风险管控

（一）实施危化品安全专项整治三年行动。通过专项整治三年行动，巩固、完善和落实安全生产责任体系、制度成果、管理办法、重点工程、工作机制和预防控制体系，进一步堵漏洞、补短板、强监管、严执法，推动危险化学品本质安全水平明显提升，危化品事故总量持续下降，有效遏制较大以上事故发生。

（二）精准排查安全风险。按照《危险化学品企业安全风险隐患排查治理导则》和《化工园区安全风险排查治理导则（试行）》等相关制度规范，组织危化品企业和化工集中区（园区）深入开展安全风险排查和风险等级评估，区分企业“红、橙、黄、蓝”和园区“高、较高、一般、较低”四级安全风险，分类建立风险数据库和动态信息管理系统，健全完善危化品安全“一张图、一张表”。

（三）系统治理重大隐患。落实重大安全隐患挂牌督办制度，突出一、二级重大危险源和有毒有害、易燃易爆危化企业，按照“一企一策”、“一园一策”原则，实施最严格的治理整顿。对安全风险评估等级为“红、橙”的危化品企业开展安全许可条件、生产条件“回头看”。对重大隐患整治不到位的化工集中区（园区），依法提高安全风险评估等级并实施整顿。

（四）推进产业结构调整。落实化工产业转型升级政策措施，建立多部门沟通机制并编制全区化工产业发展规划。支持化工企业开展技术改造，促进清洁生产和资源循环利用，升级改造老旧应急设施。各地制定并严格落实危化品“禁限控”目录，严格控制涉及光气、氯气、氨气等有毒气体和硝酸铵、硝酸胍、氯酸铵等爆炸性化学品建设项目，依法淘汰不符合安全生产国家标准、行业标准的产能。严禁国内已淘汰落后产能到我区落户、办厂、进园，对违规批建、接收者依法依规追究责任。

（五）规范化工园区发展。制定自治区化工园区建设标准、认定条件和管理办法，公告确定化工园区名单。新建化工园区由自治区人民政府组织认定，组织开展安全风险评估论证并完善落实管控措施。新建危化品建设项目必须进入化工园区，未确定为化工园区的各类开发区（产业园区）不得引进危化品领域项目；化工园区外从事危化品生产、贮存的企业，按照国家产业布局政策逐步迁入化工园区。

三、强化全链条安全管理

（六）严把安全准入关口。涉及“两重点一重大”危化品建设项目由地级市以上政府（含宁东管委会）相关部门建立联合审查等安全风险防控机制，城乡规划布局、设计、建设、管理等各项工作必须以安全为前提，实行重大安全风险“一票否决”；精细化工项目必须依法开展反应安全风险评估。危化品企业不得擅自改变布局、工艺、装置设计。鼓励先进化工企业制定严于国家或行业标准的企业标准。严格落实化学品鉴定评估与登记制度，严禁危险特性不明、未落实风险防控措施的化学品投入生产。

（七）加强危化品生产贮存安全管控。组织开展重点监管危险化工工艺安全诊断，排查整治危化品生产贮存企业外部安全防护距离，进一步完善风险管控和应急处置措施。精细化工企业应当明确标识各种物料名称及危险特性，不得违法违规超许可范围生产。强化新开发化工工艺安全性审查，属国内首次使用的化工工艺，由自治区科技厅会同有关部门进行安全可靠性论证。提升危化品生产贮存企业自动化控制水平，推动涉及“两重点一重大”危化品生产装置实现全流程自动化控制，最大限度地减少作业场所人数。

（八）加强危化品运输使用监管。依法做好全国油气管道发展规划与自治区发展规划、国土空间规划、交通运输专项规划等其他专项规划衔接。督促企业大力推进油气输送管道完整性管理，强化油气输送管道高后果区管控，加快完善油气输送管道地理信息系统。落实油气管道法定检验制度，提升油气管道检验检测覆盖率。开展危险货物运输专项整治，依法强化危险货物运输全链条安全监管，严格危险货物运输车辆通行管控。根据《道路运输液体危险货物罐式车辆》等标准规范，落实液体危险货物常压罐式车辆罐体检验制度。探索建立常压危险货物储罐强制监测制度。鼓励在易燃、剧毒和强腐蚀液体危险货物道路运输中使用罐式集装箱。将涉及危险货物的停车场纳入自治区交通信息化监管平台，化工集中区（园区）配套建设危货车辆专用停车场，高速公路服务区合理划分危货停车区域。加强机场、铁路站场等危险货物配套存储场所安全管理。加强相关企业及医院、学校、科研机构等单位危化品使用安全管理。

（九）强化废弃危化品等危险废物监管。组织开展废弃危化品等危险废物（以下简称危险废物）专项治理，全面排查、鉴定属性不明的固体废物，整治化工集中区（园区）、化工企业、危化品单位等可能存在的违规堆存、随意倾倒、私自填埋危险废物等问题。建立危险废物处置项目联审联批机制，合理规划布点危废处置企业，提高综合处置能力，强化监管。督促企业开展重点环保设施和项目安全风险评估论证，排查治理隐患。落实危险废物由产生到处置各环节联单制度，建立完善部门联动、区域协作、重大案件会商督办制度。加强对危险废物产生、收集、贮存、转移、运输、利用、处置等全过程的安全监管，严厉打击故意隐瞒、偷放偷排或违法违规处置危险废物违法犯罪行为。严格执行《危险废物贮存污染控制标准》等，推广应用危险废物综合处置先进技术及设备。整体评估自治区和各化工集中区（园区）因安全事故引发的环境风险，采取有效防范措施，防止发生区域性或流域性环境事件。

四、强化企业主体责任落实

（十）强化法治措施。结合相关法律法规制修订工作，适时修订完善地方相关配套法规。严格执行执法公示、执法全过程记录和重大执法决定法制审核制度以及《自治区安全生产行政处罚裁量权基准》，严厉打击非法建设生产经营行为。制定危化品企业法定代表人安全管理积分制度，实行动态考核管理。落实安全生产违法行为及隐患举报奖励制度，依法严格查处举报案件。

（十一）加大失信约束力度。落实企业安全生产主体责任若干规定，强化企业主要负责人（法定代表人）、实际控制人安全生产第一责任人法定职责。危化品生产贮存企业主要负责人（法定代表人）必须认真履职并作出安全承诺，因未履行安全生产职责受到刑事处罚或撤职处分的依法实施职业禁入。企业管理和技术团队必须具备履职能力、落实岗位职责。对存在以隐蔽、欺骗或阻碍等方式逃避、对抗安全生产监管和环境保护监管，违章指挥、违章作业产生重大安全隐患，违规更改工艺流程，破坏监测监控设施，夹带、谎报、瞒报、匿报危险物品等严重危害人民群众生命财产安全的主观故意行为的单位及主要责任人，依法依规追究相应责任，并结合诚信体系建设实施联合惩戒。依法监督危化品企业认真落实劳动保障法律法规，加强和规范劳动用工管理，防止疲劳作业引发事故。

（十二）落实激励优惠措施。全面推进危化品企业安全生产标准化建设，落实税收和保险费率优惠、金融支持、评先选优等优惠政策。对国家鼓励发展的危化品项目，在投资总额内进口的自用先进危险品检测检验设备，按照现行政策规定免征进口关税。落实安全生产专用设备投资抵免企业所得税优惠政策和安全生产费用提取规定。推动危化品企业建立安全生产内审机制和承诺制度，完善风险隐患双重预防机制，并纳入标准化等级评审条件。

五、强化基础支撑保障

（十三）提高科技与监管信息化水平。在宁东能源化工基地建立自治区级危化品安全科技创新平台，开展关键领域创新研究。建立全区危化品全生命周期信息监管系统，实现对危化品全链条信息化监管。加快全区应急管理综合信息平台建设，将安全生产行政处罚信息统一纳入监管执法信息化系统，实现信息共享，取代层层备案。完善全区危化品安全风险监控预警系统，2020 年底前全区危化品重大危险源关键监测参数和视频监控信号全部接入系统；推动化工集中区（园区）建设安全生产信息化智能化平台，实现对园区内企业、关键部位和直接作业场所实时监控预警。

（十四）加强化工行业人才培养。大力实施高危行业领域安全技能提升行动。危化品生产企业“三项岗位人员”及新招一线岗位从业人员必须具备法律法规和《意见》规定的资格条件方能上岗；特种作业、特种设备操作及消防控制室等有执业资质规定的岗位操作人员必须持证上岗。建立落实危化品企业“三项岗位人员”及班组长轮训制度、“师带徒”制度、从业人员能力考核制度，强化抽查考核；发生人员死亡的生产安全事故企业主要负责人及相关安全管理人员必须重新参加安全培训并考验合格。实施特种作业实操考点创优提升工程，推行集理论教育、实体化生产装置操作技能培训于一体的新型培训模式。不具备实操培训条件的机构不得承担危化品特种作业人员培训，杜绝过度虚拟培训。国家危化品重点县所在市，至少扶持建设一所化工相关职业院校（含技工院校），化工重点地区依托重点化工企业、化工集中区（园区）或第三方专业机构建立安全技能实训基地。

（十五）规范技术服务协作机制。培育引导能力强、信誉好的行业协会、技术机构、科研院所、保险机构等社会力量参与安全生产治理。建立危化品企业专家指导服务常态化机制，分级分类开展精准化指导帮扶。安全生产责任保险覆盖所有危化品企业。开展第三方技术服务机构专项治理，严厉打击恶意低价竞争、不到现场开展评价活动等违规和失信行为；对出具虚假报告证明等严重违法行为的，依法依规吊销其相关资质或资格，并实施市场禁入；构成犯罪的，依法追究刑事责任。

（十六）加强危化品应急救援队伍建设。高标准建设宁东危化品应急救援基地，提高应急救援和周边辐射能力。各化工集中区（园区）建立与入园化工企业数量、规模、风险等相匹配的应急救援队伍，加强应急救援装备配备；危化品企业依法设立工艺处置队、专职消防队，及时向园区应急救援队伍报告危化品贮存品种及库存变化情况。定期开展联合实战演练，提高区域协同救援能力。推进实施危化品事故应急指南，指导企业提高应急处置能力。

六、强化安全监管能力

（十七）完善监管体制机制。将涉恐涉暴涉毒危化品重大风险纳入国家和自治区安全管控范围，健全监管制度，加强重点监督。按照“管行业必须管安全、管业务必须管安全、管生产经营必须管安全”和“谁主管谁负责”的原则，严格落实相关部门危化品安全监管责任。各负有危化品安全监管职责的部门按照《危险化学品安全管理条例》和《意见》规定承担危化品各环节安全监管责任，实现监管职责无空隙。应急管理部门和生态环境部门以及其他有关部门建立监管协作、信息共享和联合执法工作机制。完善自治区安全生产委员会工作机制和危化品安全生产联席会议制度，及时研究解决危化品安全突出问题，加强对相关单位履职情况的监督检查和考核通报。

（十八）健全安全执法体系。健全完善自治区、市、县三级安全生产执法体系，强化执法队伍建设。自治区应急管理部门由内设处室承担安全生产监管执法责任，市、县（区）应急管理部门一般实行“局队合一”体制。化工集中区（园区）领导班子配备具有化工专业或有相关工作经历的成员，园区安全监管机构按照批准权限履行安全监督管理职责，配备与入园化工企业数量、规模、风险等级相匹配的安全监管执法人员，具体由属地党委和政府研究确定，按程序审批。

（十九）提升安全监管效能。严把危化品监管执法人员进人关，可通过公务员聘任制方式选聘专业人才充实执法队伍；2022年底前具有安全生产相关专业学历和实践经验的执法人员数量不低于在职人员的75%。完善监管执法人员培训制度，按规定实施入职培训、集中复训和岗位实训。深化“放管服”改革，运用“双随机一公开”强化事中事后监管。区、市、县级应急管理部门对同一企业确定一个执法主体，避免多头多层重复执法。落实危化品重点县聘任化工专家工作制度，推行“互联网＋监管”、“执法＋专家”模式，强化精准执法。制定安全生产执法辅助人员招聘及管理制度，各地根据工作需要面向社会招聘执法辅助人员。

七、强化组织领导

（二十）统筹推进工作落实。各地各有关部门（单位）要加强组织领导，认真落实党政同责、一岗双责、齐抓共管、失职追责安全生产责任制，细化任务、明确分工，完善各项政策措施和规章制度，加快推进危化品安全生产各项工作措施落地见效，重要情况及时向自治区党委和政府报告。

附件：重点任务分工表

附件

重点任务分工表

序号	主要任务	责任部门	完成时限
1	落实《全国安全生产专项整治三年行动计划》，组织实施危化品安全专项整治三年行动，全力提升我区危化品单位本质安全程度，降低事故总量、遏制较大以上事故。	各市县（区）、宁东管委会，自治区应急管理厅及各有关部门。	2022年底
2	开展化工集中区（园区）安全风险排查评估，实施严格治理整顿。	各市县（区）、宁东管委会，自治区应急管理厅、工业和信息化厅、发展改革委、自然资源厅、生态环境厅等。	2020年底
3	对标组织开展危化品企业安全风险隐患排查和评估，对排查发现的问题隐患清单化管理，限期整改销号。	各市县（区）、宁东管委会，自治区应急管理厅等负有安全监管职责的部门。	2020年10月
4	分类建立完善安全风险数据库和信息管理系统，区分企业“红、橙、黄、蓝”和化工集中区（园区）“高、较高、一般、较低”四级风险，完善本地区、本行业危化品安全风险“一张图、一张表”。	各市县（区）、宁东管委会，自治区应急管理厅等负有危化品安全监管职责的部门。	2022年底
5	组织对安全风险评估等级为“红、橙”的危化品企业开展安全许可条件、生产条件“回头看”。	各市县（区）、宁东管委会，自治区应急管理厅。	2020年底
6	落实化工产业转型升级政策措施，建立发展改革、工业和信息化、自然资源、生态环境、住房城乡建设和应急管理等多部门参与的化工产业发展规划编制协调沟通机制，编制自治区化工产业发展规划。	自治区工业和信息化厅、发展改革委、自然资源厅、生态环境厅、住房城乡建设厅、应急管理厅。	2020年底
7	支持化工企业开展技术改造，促进清洁生产和资源循环利用，升级改造老旧应急设施。	各市县（区）、宁东管委会，自治区工业和信息化厅、发展改革委、生态环境厅、宁夏消防救援总队。	长期
8	五市人民政府及宁东管委会制定危化品“禁限控”目录，进一步明确辖区化工园区产业定位及新建化工项目准入条件。	五市人民政府、宁东管委会。	2021年底

续表

序号	主要任务	责任部门	完成时限
9	严格落实国家产业结构调整指导目录和淘汰落后产能政策，严禁国内已淘汰落后产能异地落户入区。	各市县（区）、宁东管委会，自治区发展改革委、工业和信息化厅等。	长期
10	依法淘汰不符合安全生产国家标准、行业标准条件的安全技术工艺和设备。	各市县（区）、宁东管委会，自治区应急管理厅。	长期
11	制定自治区化工园区建设标准、认定条件和管理办法，公告确定化工园区名单。	自治区工业和信息化厅。	2020 年 10 月
12	落实“新建危化品项目必须进入化工园区；未确定为化工园区的各类开发区（产业园区）不得引进危化品建设项目；化工园区外从事危化品生产、贮存企业应当按照国家产业布局政策逐步迁入化工园区”政策。	各市县（区）、宁东管委会，自治区工业和信息化厅，发展改革委、自然资源厅、应急管理厅、生态环境厅等。	长期
13	五市人民政府及宁东管委会相关部门建立“两重点一重大”危化品建设项目联合审查等安全风险防控机制。	五市人民政府、宁东管委会。	2020 年底
14	精细化工建设项目依法开展反应安全风险评估。	各市县（区）、宁东管委会，自治区应急管理厅。	长期
15	依法对危化品企业内部技术改造、建设项目设计变更进行审查。	各市县（区）、宁东管委会，自治区应急管理厅。	长期
16	严格执行化工和涉及危化品的工程设计、施工和竣工验收标准。	各市县（区）、宁东管委会，自治区市场监管厅、应急管理厅、住房城乡建设厅、工业和信息化厅等。	长期
17	鼓励化工企业制定严于国家标准或行业标准的企业标准。	各市县（区）、宁东管委会，自治区应急管理厅等。	长期
18	严格落实化学品鉴定评估与登记有关规定，严禁未落实风险防控措施的化学品投入生产。	各市县（区）、宁东管委会，自治区应急管理厅。	长期
19	督促企业开展重点监管危险化工工艺安全诊断，完善风险安全管控措施和应急处置措施。	各市县（区）、宁东管委会，自治区应急管理厅。	2020 年底
20	强化对新开发化工工艺安全性审查，属国内首次使用的化工工艺，由自治区科技厅会同有关部门进行安全可靠性论证。	各市县（区）、宁东管委会，自治区科技厅、应急管理厅、工业和信息化厅。	长期

续表

序号	主要任务	责任部门	完成时限
21	实现涉及“两重点一重大”危化品生产装置、贮存设施可燃气体和有毒气体泄漏检测报警装置、紧急切断装置、自动化控制系统装备率达到100%目标。	各市县（区）、宁东管委会，自治区应急管理厅。	2020年底
22	实现涉及硝化、氯化、氟化、重氮化、过氧化工艺装置上下游配套装置全部自动化控制，最大限度地减少作业现场人数。	各市县（区）、宁东管委会，自治区应急管理厅。	2022年底
23	对照《危险化学品生产装置和储存设施风险基准》（GB 36894）和《危险化学品生产装置和储存设施外部安全防护距离确定方法》（GB/T 37243）全面排查整治危化品生产贮存企业外部安全防护距离，对不符合外部安全防护距离要求的实施改造、搬迁、拆除等措施。	各市县（区）、宁东管委会，自治区工业和信息化厅、应急管理厅等。	2022年底
24	对医院、学校、科研机构等使用危化品的企业、单位进行安全管理常态化监督检查。	各市县（区）、宁东管委会，自治区各负有危化品监管职责的部门。	2022年底
25	依法做好全国油气管道发展规划与自治区发展规划、国土空间、交通运输等其他专项规划衔接。	自治区发展改革委、自然资源厅、交通运输厅。	长期
26	督促企业大力推进油气输送管道完整性管理，强化油气输送管道高后果区管控。	各市县（区）、宁东管委会，自治区发展改革委、应急管理厅、公安厅等。	长期
27	加快完善油气输送管道地理信息系统。	各市县（区）、宁东管委会，自治区应急管理厅、发展改革委。	2022年底
28	落实油气管道法定检验制度，提升油气管道检验检测覆盖率。	各市县（区）、宁东管委会，自治区市场监管厅。	长期
29	严格油气输送管道周边规划用地控制，严禁规划建设居民小区、学校、医院等人员密集场所。	各市县（区）、宁东管委会，自治区自然资源厅。	长期
30	开展危险货物运输专项整治，依法强化危险货物托运、承运、装卸、车辆运行等运输环节全链条安全监管，未经许可严禁从事危险货物运输。	各市县（区）、宁东管委会，自治区交通运输厅、公安厅、工业和信息化厅、生态环境厅、应急管理厅、市场监管厅等。	2022年底

续表

序号	主要任务	责任部门	完成时限
31	落实液体危险货物常压罐式车辆罐体检验制度。鼓励在易燃、剧毒和强腐蚀液体危险货物道路运输中使用罐式集装箱。	各市县（区）、宁东管委会，自治区交通运输厅。	长期
32	将涉及危险货物的停车场纳入自治区交通信息化监管平台。	自治区交通运输厅。	2022 年底
33	加强涉及危化品的停车场安全管理，高速公路服务区合理划分危险货物停车区域，化工集中区（园区）设立危险货物运输车辆专用停车场。	各市县（区）、宁东管委会，自治区交通运输厅、公安厅。	2022 年底
34	加强机场、铁路站场等危险货物配套存储场所安全管理，对不符合安全生产条件的一律依法予以整顿、清理、关闭。	各市县（区）、宁东管委会，自治区交通运输厅，协调兰州铁路监管局、民航宁夏监管局配合。	长期
35	组织开展危险废物专项治理，全面排查、鉴定属性不明的固体废物，整治化工集中区（园区）、化工企业、危化品单位等可能存在的违规堆存、随意倾倒、私自填埋危险废物等问题。	各市县（区）、宁东管委会，自治区生态环境厅、应急管理厅。	2021 年底
36	建立完善危险废物由产生到处置各环节联单制度、部门联动、区域协作、重大案件会商督办制度，打击故意隐瞒、偷放排放或违法违规处理危险废物违法犯罪行为。	各市县（区）、宁东管委会，自治区生态环境厅、应急管理厅、工业和信息化厅、公安厅、住房城乡建设厅、交通运输厅。	长期
37	合理规划布局危险废物处置企业，建立危险废物处置项目联审联批制度，对重点环保设施和项目组织安全风险评估论证和隐患排查治理，依法加强对危险废物处置企业安全生产监督管理。	各市县（区）、宁东管委会，自治区生态环境厅、应急管理厅等。	长期
38	严格执行《危险废物贮存污染控制标准》，推广应用危险废物综合处置先进技术设备。	各市县（区）、宁东管委会，自治区生态环境厅。	长期
39	整体评估自治区和各化工集中区（园区）因安全事故引发的环境保护风险，采取有效防范措施，防止发生区域性或流域性环保事件。	各市县（区）、宁东管委会，自治区生态环境厅。	2022 年底
40	结合相关法律法规制修订工作，适时修订完善相关地方配套法规。	自治区人大法工委、司法厅、应急管理厅、公安厅、交通运输厅等。	长期

续表

序号	主要任务	责任部门	完成时限
41	严格执行执法公示、执法全过程记录和重大执法决定法制审核制度和《自治区安全生产行政处罚裁量权基准》，严厉打击非法建设生产经营行为。	各市县（区）、宁东管委会，自治区各负有危化品安全监管职责的部门。	长期
42	制定危化品企业法定代表人安全管理积分制度，实行动态考核管理。	各市县（区）、宁东管委会，自治区应急管理厅。	2021年底
43	落实安全生产违法行为及安全生产隐患举报奖励制度，依法严格查处举报案件。	各市县（区）、宁东管委会，自治区各负有危化品安全监管职责的部门。	2021年底
44	强化企业主要负责人（法定代表人）、实际控制人安全生产第一责任人法定职责，落实企业安全承诺公告制度。	各市县（区）、宁东管委会，自治区应急管理厅。	长期
45	督促危化品企业建立管理团队和技术团队，强化履职。	各市县（区）、宁东管委会，自治区应急管理厅。	长期
46	落实自治区安全生产领域失信联合惩戒有关规定，加强失信惩戒，从严监管。	各市县（区）、宁东管委会，自治区应急管理厅及负有危化品安全监管职责的部门。	长期
47	依法监督危化品企业落实劳动保障法律法规，加强和规范劳动用工管理，避免疲劳作业引发事故。	各市县（区）、宁东管委会，自治区人力资源社会保障厅。	长期
48	全面落实自治区关于对安全生产标准化企业十项支持政策措施，加快推进危化品企业安全生产标准化建设。	各市县（区）、宁东管委会，自治区应急管理厅、财政厅、人力资源社会保障厅、地方金融监管局等，协调人行银川中心支行、宁夏银保监局、宁夏税务局配合。	长期
49	落实安全生产专业设备投资抵免企业所得税优惠政策。对国家鼓励发展的危化品项目，在投资总额内进口的自用先进危险品检测检验设备按照现行政策规定免征进口关税。落实危险化学品生产贮存企业安全生产费用提取标准。	各市县（区）、宁东管委会，自治区财政厅、发展改革委、商务厅、应急管理厅，协调宁夏税务局、银川海关配合。	长期
50	推动危化品企业建立完善风险管控隐患排查治理双重预防机制、安全生产内审机制和承诺制度，并纳入安全生产标准化等级评审条件。	各市县（区）、宁东管委会，自治区应急管理厅及负有危化品安全监管职责的部门。	长期

续表

序号	主要任务	责任部门	完成时限
51	在宁东能源化工基地建立自治区级危化品安全科技创新平台。	宁东管委会，自治区应急管理厅、科技厅、工业和信息化厅、发展改革委、生态环境厅等。	长期
52	建立自治区危化品全生命周期信息监管系统。	自治区工业和信息化厅及各负有危化品安全监管职责的部门。	2022 年底
53	加快自治区应急管理综合信息平台建设。	自治区应急管理厅。	2022 年底
54	完成危化品安全生产风险监测预警系统建设以及重大危险源监测参数采集和视频监控接入工作。	各市县（区）、宁东管委会，自治区应急管理厅。	2020 年底
55	在推动中卫园区高质量建设国家风险智能监测系统试点园区的基础上，全面完成各化工集中区（园区）安全生产信息化智能化平台建设。	各市县（区）、宁东管委会，自治区应急管理厅、工业和信息化厅、发展改革委等。	2022 年底
56	落实国务院办公厅《职业技能提升行动方案（2019—2021 年）》，从业人员中取得职业资格证书或职业技能等级证书的比例达到 30% 以上。	各市县（区）、宁东管委会，自治区应急管理厅、人力资源社会保障厅、教育厅等。	2022 年底
57	提高从业人员准入门槛，涉及危化品“两重点一重大”生产装置和贮存设施的企业，管理人员和操作人员达到相应的专业水平要求。	各市县（区）、宁东管委会，自治区应急管理厅、教育厅等。	2022 年底
58	实施特种作业实操考点创优提升工程，推行集理论教育、实体化生产装置操作技能培训于一体的新型培训模式。不具备实操培训条件的机构不得承担危化品特种作业人员培训。	各市县（区）、宁东管委会，自治区应急管理厅。	长期
59	建立落实危化品企业“三项岗位人员”及班组长轮训制度、“师带徒”制度、从业人员考核培训制度。	各市县（区）、宁东管委会，自治区应急管理厅。	2021 年底
60	国家危化品重点县所在市扶持建设至少一所化工相关职业院校（含技工院校），化工重点地区建立安全技能实训基地。	各市县（区）、宁东管委会，自治区教育厅、发展改革委、人力资源社会保障厅、应急管理厅。	2022 年底
61	把化工过程安全管理知识纳入相关高校化工与制药类专业核心课程体系。	自治区教育厅。	2022 年底

续表

序号	主要任务	责任部门	完成时限
62	培育引导能力强、信誉好的第三方机构参与安全生产治理。	各市县（区）、宁东管委会，自治区应急管理厅。	长期
63	建立危化品企业专家指导服务规范和常态化机制，分级分类开展精准化指导帮扶。	各市县（区）、宁东管委会，自治区应急管理厅。	2020 年底
64	落实《安全生产责任保险实施办法》规定，安全生产责任保险覆盖所有危化品企业。	各市县（区）、宁东管委会，自治区应急管理厅、宁夏银保监局。	2022 年底
65	开展技术服务机构专项治理，严厉打击技术服务机构违法违规和失信行为。	各市县（区）、宁东管委会，自治区应急管理厅、住房城乡建设厅、市场监管厅、生态环境厅等。	2021 年底
66	高标准建设宁东危化品应急救援基地。	宁东管委会，自治区应急管理厅、宁夏消防救援总队。	2022 年底
67	化工集中区（园区）建立与入园化工企业数量、规模、风险等相匹配的应急救援队伍。督促危化品企业设立工艺处置队、专职消防队，及时向园区应急救援队伍报告危化品贮存品种及库存变化情况。	各市县（区）、宁东管委会，自治区应急管理厅、宁夏消防救援总队。	2022 年底
68	推进实施《危化品企业生产安全事故应急准备指南》，开展联合实战演练，提高区域协同救援能力。	各市县（区）、宁东管委会，自治区应急管理厅、宁夏消防救援总队。	长期
69	将涉恐涉暴涉毒危化品重大风险纳入国家和自治区安全管控范围，健全监管制度，加强重点监督。	各市县（区）、宁东管委会，自治区公安厅、生态环境厅、交通运输厅、应急管理厅。	长期
70	强化危化品重点县（市、区）以及化工集中区（园区）危化品安全生产监管职责，配齐配强专业执法力量。	各市县（区）、宁东管委会。	长期
71	进一步调整完善危化品安全生产监督管理体制，严格落实危化品各环节安全监管责任。	各市县（区）、宁东管委会，自治区党委编办，自治区司法厅、应急管理厅及负有危化品安全监管职责的部门。	2020 年底
72	建立健全自治区、市、县三级安全生产执法体系，强化执法队伍建设。	各市县（区）、宁东管委会，自治区党委编办，应急管理厅等。	长期

续表

序号	主要任务	责任部门	完成时限
73	严把危化品监管执法人员进人关，通过公务员聘任制等方式选聘专业人才，2022 年底前具有安全生产相关专业学历和实践经验的执法人员数量不低于在职人员 75% 的比例要求。	各市县（区）、宁东管委会，自治区党委组织部、编办，自治区应急管理厅等负有危化品安全监管职责的部门。	2022 年底
74	完善监管制执法人员入职培训、集中复训和岗位实训制度。	各市县（区）、宁东管委会，自治区应急管理厅。	2022 年底
75	建立专家指导服务工作机制，推行“互联网 + 监管”“执法 + 专家”模式，强化精准严格执法。	各市县（区）、宁东管委会，自治区应急管理厅等负有危化品安全监管职责的部门。	长期
76	制定安全生产执法辅助人员招聘及管理制度，各地根据工作需要面向社会招聘执法辅助人员。	各市县（区）、宁东管委会，自治区应急管理厅、人力资源社会保障厅、财政厅等。	长期
77	落实危化品重点县聘任化工专家工作制度。	各市县（区）、宁东管委会，自治区应急管理厅。	2021 年底
78	加强统筹推动，强化组织领导，健全推进机制，严格问责问效。	各市县（区）、宁东管委会，自治区应急管理厅。	2020 年底

自治区党委办公厅　人民政府办公厅印发《关于加强企业职工文化建设工作的意见》的通知

宁党办〔2020〕60号

各市、县（区）党委和人民政府，区直各部委办厅局，各人民团体、直属事业单位，各大型企业：

《关于加强企业职工文化建设工作的意见》已经自治区党委和人民政府同意，现印发给你们，请结合实际认真贯彻落实。

中共宁夏回族自治区委员会办公厅
宁夏回族自治区人民政府办公厅
2020年8月29日

关于加强企业职工文化建设工作的意见

为全面贯彻党的十九大和十九届二中、三中、四中全会精神，深入学习贯彻习近平总书记视察宁夏重要讲话精神，进一步丰富企业职工精神文化生活，提高职工队伍整体素质，提升企业核心竞争力，推动经济社会持续健康发展，现就加强企业职工文化建设工作提出如下意见。

一、总体要求

（一）指导思想。坚持以习近平新时代中国特色社会主义思想为指导，全面贯彻党的十九大精神，深入学习贯彻习近平总书记视察宁夏重要讲话精神及关于工人阶级和工会工作的重要论述，着力推进产业工人队伍建设改革和工会改革创新，着力打造昂扬向上、健康文明以及全员参与的企业职工文化，积极引导广大职工增强“四个意识”，坚定“四个自信”，做到“两个维护”，始终在思想上政治上行动上同以习近平同志为核心的党中央保持高度一致。

（二）基本原则。坚持把握正确方向，用社会主义核心价值观引领广大职工，引领企业职工文化建设，唱响“劳动光荣，工人伟大”的时代主旋律；坚持着眼提高思想品质，切实提升广大职工的科学文化素质和劳动技能水平；坚持突出服务职工，以职工为本，不断丰富职工文化生活，满足广大职工的精神文化需求，让企业职工文化建设真正惠及广大职工。

（三）目标任务。2020年开始，每年组织理论宣讲、演讲比赛、事迹报告、技能竞赛、文艺演出、培训讲座等各级各类活动不少于5000场次，职工参与面达到100%，职工参与数累计达到200万人次以上；2024年以前，建立各级各类劳模（技能人才）创新工作室达到800个，每年不少于100个，投入资助金不少于500万元；推动规模企业全部建立“职工书屋”，80%以上的规模企业建立职工文化活动中心，90%以上的规模企业职工文化建设实现“八个有”（有工作机构、有活动阵地、有发展规划、有年度计划、有管理制度、有经费保障、有文体团队、有宣传窗口）目标。

二、主要措施

（一）筑牢理想信念之基，培育和践行社会主义核心价值观

1. 加强思想政治引领。用习近平新时代中国特色社会主义思想武装企业职工，引导企业职工把握丰富内涵、精神实质、实践要求，打牢坚定思想信念理论根基。持续深化社会主义核心价值观宣传教育，增进认知认同、树立鲜明导向、强化示范带动，引导

企业职工把社会主义核心价值观作为明德修身、立德树人的根本遵循。坚持把社会主义核心价值观要求融入日常生活，使之成为企业职工日用而不觉的行为准则。大力倡导解放思想、实事求是、与时俱进、求真务实的理念、倡导“幸福源自奋斗”、“成功在于奉献”、“平凡孕育伟大”理念，弘扬改革开放精神、劳动精神、劳模精神、工匠精神、优秀企业家精神、科学家精神，使企业职工保持昂扬向上、奋发有为的精神状态。

2. 深化主题教育宣传。深化“中国梦·劳动美”主题宣传教育活动，通过理论宣讲、知识竞赛、选树典型等持续推动习近平新时代中国特色社会主义思想进企业、进车间、进班组；深化“建设美丽新宁夏，争当最美劳动者”主题道德实践活动，坚持以职业道德建设为重点，弘扬时代新风，深入实施道德建设工程，鼓励行业制定体现自身特点的职业道德规范，带动职工社会公德、家庭美德、个人品德等方面建设；深化“阅读经典好书，争当时代工匠”主题读书交流活动，引导职工形成爱读书、善读书的良好习惯。深化“网聚职工正能量，争做中国好网民”主题活动，营造风清气正的网络空间。

3. 强化先进示范引导。大力宣传为中华民族和中国人民作出贡献的英雄，宣传革命、建设、改革时期涌现出的英雄烈士和模范人物，宣传时代楷模、道德模范、最美人物和身边好人，宣传具有爱国主义情怀的地方先贤、知名人物，以榜样的力量激励人、鼓舞人。为劳动模范、大国工匠发挥示范引领作用搭建平台、提供舞台，培养造就更多劳动模范、大国工匠。通过行之有效的活动载体，树立更多职工身边的榜样，让广大企业职工从身边的先进典型中受教育、得启发，激励企业职工干一行、爱一行，形成创先争优、比学赶超的生动局面。

（二）加强文化阵地建设，拓展活动载体

4. 加强企业职工文化活动场所建设。推动职工文化活动中心、“职工书屋”向规模以上非公企业和社区延伸。企业职工文化活动中心配有一定数量的图书、期刊和电脑，拥有室外文化休闲广场，设有球类等基础体育设施及简易演出舞台、露天舞池等文化娱乐设施，有专门管理人员和经费保障。重点扶持一批“职工文化家园”，推进区域性、行业性职工文化服务设施建设和改善，引导中小微企业集聚的地区结合各自特点和优势，培育发展区域性、行业性特色职工文化，切实发挥文化引导集聚效应。

5. 推动企业职工文化网络平台建设。积极探索建立“互联网+”企业职工文化建设，将传统职工文化活动载体与新技术、新业态、新模式、新媒体有机融合，不断丰富职工文化产品内涵、表现形式和展示平台，创作出更多反映企业职工生产生活题材的网络剧、网络演出、微电影、微宣讲和微视频等。运用宁夏工会工作服务平台、职工服务网、门户网络、微信、移动客户端等载体，促进职工文化产品多渠道传输、多平台展示、多终端推送，为企业职工提供全方位零距离的精神文化服务。

6. 强化企业职工文化宣传阵地建设。用好报刊广播影视等大众传媒，发挥好微博、微信、社交媒体、视频网站、手机客户端等新媒体传播平台，聚焦企业职工文化题材，创新方法手段，适应分众化、差异化的传播趋势，使企业职工文化宣传报道接地气、有生气、聚人气，有情感、有深度、有温度。把企业职工文化融入贯穿媒体融合发展之中，打通网上网下以及版面页面，推出系列专题专栏、新闻报道以及融媒体产品。充分发挥“学习强国”宁夏学习平台在企业职工文化建设中的作用。

（三）丰富活动内容，扩大文化建设内涵

7. 广泛开展职工文化体育活动。大力开展丰富多彩、形式多样的职工文体活动，努力营造人人参与文化活动、人人共享文化成果的良好氛围，打造一批贴近实际、贴近生活和贴近职工的文体活动品牌，让他们走上舞台、走进球场、走进教室，充实活跃企业职工的业余文化生活。创建“职工学习园地”、“职工图书角”及信息网络“员工天地”等，为职工提供高品位的精神食粮和高质量的交流平台。进一步推进职工文化活动的基层化、常态化，更好地满足职工的精神文化需求，激发广大职工的劳动热情和创造活力，形成团结奋斗、共创未来的正能量。

8. 深化企业职工职业道德建设。把职业道德教育纳入企业职工岗前培训和日常培训，逐步渗透到职工日常工作、学习和生活各方面，不断提升企业职工思想道德素质，唱响主旋律，壮大正能量。指导企业广泛开展“工人先锋号”、“十佳员工”、“优秀团队”等评选活动，以创一流工作、一流服务、一流业绩和一流团队为内容，引导职工争当先进、不断进取、成长成才，激励职工恪尽职守、甘于奉献、勤奋敬业。牢固树立以企业为家和厂兴我荣的理念，增强对企业的责任感、认同感和归属感，发扬主人翁精神，为企业健康发展建言献策、支持企业依法经营管理。

9. 实施关心关爱企业职工行动。推动企业加大资金投入，切实改善职工生活条件，重视职工心理健康，加强对职工特别是新生代职工的心理疏导，指导企业设立职工服务中心，有条件的逐步开设“心灵驿站”或“心理咨询室”，邀请有关专家或心理医生，采取职工喜闻乐见的方式开展心理知识宣传、心理咨询、心理疏导、心理援助、心理危机干预等活动支持有条件的企业建立多种形式的帮困资金，帮扶困难职工，切实解决职工生活实际困难。

（四）加大培训力度，提高业务技能水平

10. 深入开展职工技能竞赛活动。把握行业发展方向和岗位需求，在具有前瞻性、导向性的关键岗位（工种）和技术含量高、企业急需的特有工种开展全区和各个层级技能竞赛活动，形成制度，持续开展。把技能竞赛活动与职工技能鉴定、薪酬激励、人才培养相结合，对职业技能竞赛中涌现出来的特别优秀人才，要大力宣传，给予较高的物质奖励和待遇，并按有关规定直接晋升职业资格或优先参加技师、高级技师考评。要积极参加重点行业（工种）国家级一类职工技能竞赛，选派优秀技能人才参加区内外技能比赛和技能交流。自上而下组织开展有针对性的岗位练兵和技术比武活动，形成全方位、系统化、专业化的学技术、练本领、赛能力、比贡献的浓厚氛围，全面提高广大职工的业务技能水平。

11. 广泛开展经济技术创新活动。把自主创新能力建设与培育战略性新兴产业结合起来，激发职工的创造活力。尊重职工首创精神，制订相关的创新规则，建立持续改进的目标体系，鼓励企业职工积极创新勇于探索，使工作团队成为一个企业自主创新的基地。支持企业围绕企业生产、科研、经营、服务的重点任务关键环节，通过建立创新小组、攻关团队、技术协会等形式，广泛开展创先争优、技术革新、专利发明、节能减排等不同主题的创新活动，组织开展先进操作（工作）法、创意设计、改进建议等群众性创新创效活动成果展示交流，积极利用各种平台，展示和奖励职工的创新成果，增强企业职工创新意识和创新能力，促进企业创新发展。

12. 拓宽技能人才培养使用渠道。根据企业特点，在企业部分特有工种、关键岗位中设立首席技师、工种带头人和专家型技能人才等高级技能人才职位，给予较高的待遇；创造良好的工作条件，发挥他们在关键时候的关键性作用。充分发挥拔尖技能人才传帮带作用，通过名师带徒、设立技能大师工作室等方式培养高技能人才，加强高技能人才梯队建设。拓宽技能人才开发、培养、使用渠道，推广应用各工种高技能人才的高招、绝技和工作经验。选拔拔尖技能人才参与企业科研攻关和重大技术改造工程，在实践中提高科研成果转化能力。制订高技能人才与工程技术人才职业发展贯通办法，吸引和稳定一批核心高技能人才。

（五）树创企业职工文化建设典型，强化企业职工文化活动品牌建设

13. 树创企业职工文化建设典型。实施企业职工文化“八个有”建设，大力推进企业职工文化基础性建设，以较大型企业为重点，通过典型示范，以评促创，推动全区实行现代企业制度的股份有限公司和有限责任公司全面实现“八个有”，鼓励和引导企业创办企业报刊、网站，积极开展职工书屋、“电子书屋”建设，建设一批全国示范“职工书屋”和自治区级示范职工书屋，评选一批企业职工文化建设示范单位。

14. 强化职工文化活动品牌建设。通过举办“劳动者之歌”合唱大赛，营造积极向上的企业职工文化活动氛围；通过歌颂党歌颂祖国等一系列精品力作，激发广大职工爱国主义情感，弘扬时代主旋律；通过举办“声音里的经典”故事演说大赛，选树一批优秀职工，用他们的真情实感讲述祖国的发展变迁、身边的感人故事，奋斗开拓故事、励志创业故事等，启迪心灵、涤荡精神。开展劳模“三进”（进企业、进校园、进机关）活动，充分展示新时代劳动者立足本职、爱岗敬业、锐意进取、无私奉献的优秀品质，大力弘扬爱岗敬业、争创一流，艰苦奋斗和勇于创新的劳模精神。

15. 加强专业人才教育培训工作。逐步提高职工文化活动场所专业人才比例，为职工文化活动场所发挥应有作用提供人才支持和智力保障。大力发展各类兴趣小组、文艺团队或文体协会，充实职工文体人才队伍，丰富节目储备库。开展经常性的培训和交流，培育一批基层企业职工文化的“种子”。组织专业文艺工作者深入基层采风，开展基层职工文艺爱好者讲座和培训活动。鼓励各类企业自办职工业余文体团队，自编自演，自娱自乐。企业比较集中、农民工相对集聚的地方，具备条件的成立各级区域性的职工业余文工团和体育健身组织。

三、组织实施

（一）加强组织领导。坚持党委统一领导，党政齐抓共管，工会组织统筹协调，有关部门各司其职。行业协会和企业组织充分发挥作用，构建合理推进企业职工文化建设的工作格局。强化量化考评，对企业职工文化建设不定期进行指导检查。扩大企业职工文化的有效覆盖面，大力培育不同类型不同规模企业职工文化建设的典型，营造推进企业职工文化建设的良好氛围。

（二）落实企业主体责任。企业党组织要把做好职工文化建设工作作为重大政治任务，把企业职工文化建设作为一项重要战略任务和基础性工程，摆上全局工作的重要位置，深入研究企业文化建设工作的新情况新特点，切实增强紧迫感和责任感。要加强统筹谋划和组织协调，明确目标任务和工作措施。把做好职工文化建设工作融入业务工作，整体谋划、有机融合和互相促进。职工

文化建设工作经费由按规提取的企业职工教育经费予以保障。

（三）做好宣传工作。坚持正确舆论导向，大力宣传企业职工文化建设的重大意义、目标任务、主要举措，宣传企业职工文化建设中的先进典型、经验成效、特色载体，营造关心、支持企业职工文化建设的良好社会环境，扩大企业职工文化建设活动的社会影响力。积极开展企业职工文化网上正面宣传和舆论引导，提高网络内容创作生产传播能力，努力培育积极健康、向上向善的网络企业职工文化，构建网上网下同心圆。

自治区党委办公厅印发《关于加强新时代党建带工建工作的意见》的通知

宁党办〔2020〕71号

各市、县（区）党委，区党委各部委，区直各厅局委办党组（党委），各人民团体、直属事业单位党委（党组），中央驻宁各单位党组（党委），各大型企业党委：

《关于加强新时代党建带工建工作的意见》已经自治区党委同意，现印发给你们，请结合实际认真抓好贯彻落实。

中共宁夏回族自治区委员会办公厅

2020年11月3日

关于加强新时代党建带工建工作的意见

为全面贯彻落实习近平新时代中国特色社会主义思想和党的十九大精神，深入学习贯彻习近平总书记视察宁夏重要讲话精神，进一步加强党对工会工作的领导，充分调动广大党员和职工群众推动我区经济社会高质量发展的积极性，现就加强新时代党建带工建工作提出如下意见。

一、总体要求

以习近平新时代中国特色社会主义思想为指导，全面加强党对工会工作的领导，以增强工会组织政治性、先进性、群众性，去除“机关化、行政化、贵族化、娱乐化”为根本指向，以突出政治属性、强化政治功能为基本要求，坚持问题导向、目标导向、效果导向，大力推动党建带工建的思路、方法和机制创新，充分发挥党统揽全局、协调各方的领导核心作用，在政治建设、思想建设、组织建设、队伍建设、作风建设、制度建设等方面，既注重发挥党组织对工会、党员对职工的引领带动作用，又注重发挥工会密切联系群众的组织体系优势，教育引导职工群众听党话、跟党走，团结带领广大职工围绕中心、服务大局，以主人翁姿态建功新时代，为努力建设黄河流域生态保护和高质量发展先行区，继续建设经济繁荣、民族团结、环境优美、人民富裕的美丽新宁夏作出更大贡献。

二、强化在思想政治上带动，担负好引导职工听党话、跟党走的政治责任

1. 增强工会组织的政治担当。坚持以党的政治建设为统领，把政治建设作为党的根本性建设，贯穿体现到领导工会的各项工作中。深入学习贯彻习近平总书记视察宁夏重要讲话精神，持续推进“两学一做”学习教育常态化制度化，把不忘初心、牢记使命作为加强党的建设的永恒课题和全体党员、干部的终身课题，巩固拓展主题教育成果，真正做到学懂弄通做实。坚持把讲政治作为第一位的要求，引导各级工会组织严守政治纪律和政治规矩，在大是大非面前立场

坚定、旗帜鲜明，在关键时刻敢于冲锋陷阵、发声亮剑。充分发挥工会组织中党组的领导作用，善于把党的主张和任务转化为工会组织的决议和职工的自觉行动。

2. 强化工会组织思想政治工作。把坚定理想信念作为党的思想建设的首要任务，充分发挥工会组织紧密联系职工的优势，深化理想信念、爱国主义教育，大力培育和践行社会主义核心价值观，引导广大职工增强“四个意识”、坚定“四个自信”、做到“两个维护”，坚定不移听党话、跟党走。注重加强政治引领和政治吸纳，推荐优秀工会干部和职工入党，更好地把各类优秀人才凝聚在党的周围。深化“中国梦·劳动美”主题宣传教育、“建设美丽新宁夏，争当最美劳动者”主题道德实践活动，开展以“当好主人翁、建功新时代”为主题的劳动和技能竞赛活动，大力弘扬劳模精神和工匠精神，引导全区广大职工在推动高质量发展中发挥主力军作用。

3. 推进工会改革向基层延伸。深入推进工会改革任务落实，保持和增强工会工作和工会组织的政治性、先进性、群众性，坚决防止和克服“机关化、行政化、贵族化、娱乐化”。深化产业工会、乡镇（街道）工会、企业工会等基层工会改革，把力量和资源向基层倾斜，树立大抓基层的鲜明导向。注重统筹指导，加强经验总结，对已推出的改革举措进行跟踪问效，研究解决改革中遇到的新情况新问题，不断增强工会改革的针对性实效性。

三、强化在组织建设上带动，提升党工组织覆盖面和组织力

4. 巩固提升党工组织有效覆盖。把工会建设纳入党建工作同步考虑、统筹安排，做到党组织充分依托工会组织网络开展工作，工会工作充分依靠党建工作网络扩大影响，在加强基层党建工作中带动工会组织建设，在推进基层工会组织建设中促进党建工作。重点加强产业工会、乡镇（街道）工会和企业工会建设，理顺产业工会与地方总工会和对口产业系统之间的关系，积极探索产业工会党的建设方式，着力提升中小微企业工会建设水平。对具备条件的新入园、新设立企业，同步建立党组织和工会组织；对已建立党组织尚未建立工会组织的，党组织要加强领导和协调，帮助依法组建工会组织；对暂不具备建立党组织条件的企业，可先建立工会组织，为党组织的建立创造条件，逐步实现应建尽建。在快递员、自由职业者、外来务工人员等新群体比较集中的区域，依托商务楼宇、专业市场、街道（社区）等大力推行区域化联合党组织和联合工会组织建设。在量大面广的小微企业等单位中，通过行业统建、产业联建、园区共建等形式，最大限度地把职工吸收到工会组织中来。

5. 推动工会组织规范化建设。按照“六有”标准（有依法选举的工会主席、有独立健全的组织机构、有服务职工的活动载体、有健全完善的制度机制、有自主管理的工会经费、有会员满意的工作绩效），加强基层工会组织标准化规范化建设。推进乡镇（街道）、村社区、企业“小三级”工会规范化建设，完善基层工会组织需求清单、项目清单，全面推行基层工会组织亮牌子、工会主席亮身份，增强基层工会工作的规范化和标准化。

6. 推进工会组织信息化建设。全力推进“智慧工会”建设，优化完善“一网一卡一平台”服务体系，拓展线上线下服务深度融合，实现工会服务全方位、多渠道、全时段一键通达。探索打造“卡·惠生活、网·联工会、情·暖职工”服务品牌，创建以工会会员卡为载体的多平台、大联动、

扩渠道、强商家的普惠化服务工作新模式。建好用好新媒体平台，加强网宣队伍和网络文明志愿者队伍建设，开展网络主题活动，提供优质网络文化产品，积极参与网上舆论斗争，讲好中国故事、宁夏故事，弘扬主旋律、传播正能量。

四、强化在干事创业上带动，团结动员广大职工建功新时代、建设美丽新宁夏

7. 在服务经济社会发展中建功立业。推动引领工会组织围绕中心、服务大局，找准工作结合点和着力点，充分发挥工人阶级主力军作用，在建设黄河流域生态保护和高质量发展先行区具体实践中彰显作为。深入实施重点工程、重点项目劳动竞赛活动，动员职工立足本职岗位建功立业。聚焦稳企业大局、助推高质量发展，大力弘扬劳模精神、劳动精神、工匠精神，广泛开展“工人先锋号”、“塞上工匠”等选树活动，更好地服务企业、服务基层、服务职工，为推动经济社会高质量发展贡献力量。

8. 围绕基层社会治理积极作为。支持工会组织积极参与基层社会治理，建立健全工会组织有效参与社会事务、维护公共利益、帮助困难职工、预防违法犯罪的制度机制，引导职工树立新风正气，坚决抵制非法宗教势力侵蚀渗透，促进社会和谐稳定。建立健全职工维权机制，进一步畅通诉求表达渠道，注重通过工资集体协商、法律援助、参与调解仲裁等方式依法维护职工合法权益，营造企业健康发展环境。强化服务意识、改进工作方式方法、整合服务资源、提升服务质量，主动回应职工的揪心事、烦心事、操心事，把工作做到职工心坎上，让职工真正感受到工会是“职工之家”。

五、强化在队伍和作风建设上带动，把工会组织建设得更加坚强有力

9. 大力加强工会干部队伍建设。坚持新时期好干部标准，突出政治首位要求，坚持德才兼备、以德为先，加强工会领导班子建设。注重优化工会领导班子结构，改进和完善专兼挂相结合的选拔配备方式，积极探索发挥兼挂职干部作用的有效机制，不断增强领导班子整体功能。加强工会干部教育培训，注重在重大任务、艰苦环境和基层一线锻炼培养工会干部。加大优秀年轻工会干部选拔力度，有序推进工会干部跨系统、多岗位交流。市、县（区）总工会主席人选应当从同级副职中提名，按照法定程序兼任；产业工会主席由行业主管部门领导班子同级干部担任或兼任；乡（镇、街道）工会主席由同级党委委员担任或兼任；女职工委员会主任由工会的女主席或女副主席兼任，在任期内享受同级工会副主席待遇。县以上党委、人大、政协在提名同级党委委员、人大常委会委员或政协常务委员候选人时应考虑同级工会负责人。加大工会领导班子成员交流和转岗力度，工会领导班子成员在同一职位任职原则上不超过两届。国有企业、国有控股企业和科教文卫等事业单位的基层工会主席，由同级党政副职级干部担任，是党员的应为同级党委成员。非公有制企业和民办非企业单位的工会主席，应按本单位中高级管理人员对待；成立党组织的，一般由党组织负责人担任；公司制企业工会主席、副主席一般应作为职工董事、职工监事候选人人选。

10. 大力推动工作力量下沉。坚持重心下移、权力下放、力量下沉，不断壮大基层一线工作队伍。企业有会员 25 人以上的应建立基层工会委员会，职工人数在 200 人以上的，要配备专职工会主席。企业工会专职工作人员一般按不低于企业职工人数的千分之三配备，具体人数由上级工会、企业工会与企业行政协商确定。选优配强乡镇（街道）工会负责人，拓宽选人视野和渠道，注重面向企业、农村、城乡社区，吸纳优秀社会人才充实到工会队伍，更多采用兼职、聘用等方式，推动基层工会从劳动模范中选择专兼职干部。严格控制抽调基层工会工作人员，切实将工作力量下沉到一线。加强工会组织志愿者队伍建设，调动职工群众参与志愿服务的积极性。

11. 切实加强干部作风建设。积极教育引导工会干部继承、发扬党的优良传统和作风，坚持密切联系群众，大力改进工作作风，创新工作机制。大兴调查研究之风，健全完善基层联系点、与群众同吃同住同劳动、职工群众参与谋划评价评议工会工作等制度。大兴求真务实之风，持续解决形式主义、官僚主义突出问题，切实减轻基层负担。大兴清廉奉献之风，推动全面从严治党要求在工会组织有力落实，扎实推进清廉工会建设，树立工会干部务实清廉的良好形象。

六、建立健全党建带动工建工作的长效机制

12. 完善组织领导制度。各级党委（党组）要把党建带工建工作摆在突出位置，把工会工作纳入党建工作的总体布局，统筹规划、统一部署。党委（党组）会议要定期听取工作汇报，每年至少进行1次专题研究。完善工会组织分级管理、以同级党委领导为主的体制，工会受同级党委和上级组织双重领导。建立健全考核制度，把做好工会工作的成效作为考核党委领导班子和分管负责人的重要参考。

13. 完善工作制度机制。建立健全党委工会工作联席会议、工会组织主要负责人列席同级党委有关会议、党建带工建专项调研制度，全面推行乡镇（街道）分管负责人定期召集工会负责人研究工作制度。进一步畅通工会组织与党政职能部门沟通协商渠道，建立工作联动机制。建立健全工会组织主要负责人列席同级党委有关会议制度。鼓励基层党组织与工会组织结对共建，广泛开展传帮带活动。研究制定充分发挥工会组织全委会及其常委会领导作用的具体办法，让更多一线职工参与决策。

14. 加强工作支持保障。各级党组织要为工会组织开展工作创造有利条件，提供必要的财力物力保障，把工会组织开展工作所必需的经费纳入同级财政预算。支持工会依法足额收缴工会经费，完善税务代收工作机制，切实保障基层工会经费，进一步加大资金和资源向基层的倾斜力度。大力推进党组织和工会组织人员共用，积极推行交叉任职，促进工作力量整合。大力推进基层党工阵地共享，以区域性党群服务中心为依托，推动党组织、工会组织基层阵地整合使用。大力推行基层党工活动共办，提高党组织和工会组织凝聚力和影响力。

2008年12月17日，自治区党委办公厅、人民政府办公厅印发的《关于加强党建带工建工作的意见》（宁党办〔2008〕71号）同时废止。

全国总工会文件

中华全国总工会办公厅关于印发《职工互助保障组织监督管理办法》的通知

总工办发〔2020〕6号

各省、自治区、直辖市总工会，各全国产业工会，中央和国家机关工会联合会，全总各部门、各直属单位：

《职工互助保障组织监督管理办法》已经第十七届中华全国总工会党组第42次会议审议通过，现印发给你们，请遵照执行。

中华全国总工会办公厅

2020年2月26日

职工互助保障组织监督管理办法

为加强职工互助保障组织的监督管理，规范职工互助保障组织的运营行为，根据国家法律法规和《中国工会章程》《中华全国总工会关于加强职工互助保障活动规范和管理的意见》，制定本办法。

第一章 总 则

第一条 职工互助保障组织是指依托各级工会组织，以互助互济方式为职工提供保障服务的非营利性法人组织。职工互助保障活动是指各级工会职工互助保障组织为维护职工医疗、健康等保障权益而开展的职工互助互济活动。

第二条 职工互助保障组织应当坚持服务职工的公益属性，坚持互助的组织特色，坚持发挥对社会保障的补充作用。遵循依法独立承担责任，成本、风险可控的原则，切实维护职工和会员权益。

第三条 职工互助保障组织开展职工互助保障活动，必须遵守法律、法规及本办法规定，接受本级和上级监管部门（机构）监督。职工互助保障组织不得以职工互助保障活动为由从事营利性活动。

第二章 监督管理体制

第四条 全国总工会制定全国职工互助保障组织管理制度，负责中国职工保险互助会有关审批事宜；全总资产监督管理部和全总组织部、财务部、机关党委、经费审查委员会办公室等部门按照职责分工，共同做好中国职工保险互助会管理工作。

第五条 全总资产监督管理部对全国职工互助保障组织进行资产监督管理和业务指导，行使以下职责：

（一）监督全国职工互助保障组织管理制度实施，沟通协调相关政策。

（二）对中国职工保险互助会开展的互助保障活动项目实施备案管理。

（三）指导各级工会资产监督管理部门做好互助保障组织资产的日常监督管理工作。

（四）指导全国职工互助保障组织自律工作。

第六条 省级、市级工会负责对本区域内职工互助保障组织的管理，研究拟定本级职工互助保障组织管理制度，对本级或下级职工互助保障组织的成立、变更、撤销进行审批或报备，对本级职工互助保障活动正常开展所需的工作人员、工作经费等予以适当保障；指导和支持中国职工保险互助会所在地办事处工作。

第七条 省级、市级工会资产监督管理机构和职工互助保障组织业务指导部门，负责对本区域内职工互助保障组织资产监督管理和业务管理，监督本级职工互助保障组织管理制度实施，沟通协调相关政策。

第八条 建立健全全国职工互助保障行业自律组织，由中国职工保险互助会承担其职能，行使以下职责：

（一）促进职工互助保障组织间的沟通交流，积极开展教育培训，提升职工互助保障活动从业人员队伍专业能力。

（二）统筹推进职工互助保障活动宣传和品牌建设。

（三）为地方职工互助保障组织提供咨询、服务。地方职工互助保障组织应作为团体会员，加入中国职工保险互助会。

第三章 设立及撤销

第九条 省级、市级工会可以根据本地区经济发展水平和职工保障实际设立职工互助保障组织、开展职工互助保障活动。

第十条 设立职工互助保障组织应当经本级工会批准，在相关部门登记注册并依法取得法人资格。

第十一条 设立职工互助保障组织应当具备以下条件：

（一）合法财产和经费来源。

（二）符合法律法规及本办法规定的活动章程或规则。

（三）健全的组织机构和管理制度。

（四）固定工作场所和必要的业务设施。

（五）具备任职所需专业知识和业务工作经验的管理人员。

第十二条 职工互助保障组织设立时，主办工会应当明确本级职工互助保障组织的业务管理部门（机构），指导职工互助保障组织依法依规开展工作。

第十三条 职工互助保障组织的停办、撤销需经主办工会同意并依据相关法律法规及规定办理，确保资金、资产安全完整，切实维护入会职工权益。

第四章 运营规则

第十四条 职工互助保障活动内容是指具有共同保障需求的职工，依据章程及有关规定自愿成为职工互助保障组织会员，并缴纳会费形成互助基金，由该基金对会员发生约定的事故给付互助金，并开展普惠性会员服务。职工互助保障活动主要面向在职职工。

第十五条 职工互助保障活动项目保障期限一般控制在三年（含）以内，保障项目设计必须进行科学测算，并经本级和上级工会职工互助保障活动监管部门（机构）备案。

第十六条 职工互助保障组织应当在活动章程或规则中明确会员的权利和义务，维护会员权益、加强对会员的管理和服务。

第十七条 职工互助保障组织应当根据组织性质和业务特点，依照国家相关制度进行会计核算，建立符合职工互助保障活动特色的财务制度，不同保障活动项目单独核算。

第十八条 职工互助保障组织应当运用信息化手段建立符合职工互助保障活动的业

务运营流程，建立完整的统计分析制度。

第十九条 职工互助保障组织应当建立健全偿付能力管理、稽核审计、合规管理等内部控制制度。

第二十条 职工互助保障组织应当建立适合职工互助保障组织运营特点的信息披露制度，并定期在适当范围内向全体会员进行信息披露。

第二十一条 职工互助保障组织应当自觉接受工会经审、财务和相关行政部门审计监督和检查，被审计和检查的单位要主动配合，据实提供各种凭单、账册、报表和资料。

第五章 财务管理

第二十二条 职工互助保障组织资金属于全体会员所有，任何组织、个人不得侵占和挪用。

第二十三条 职工互助保障资金应当由具有法人资格的职工互助保障组织集中统一管理。资金管理应遵循合法合规性、安全性、流动性原则，根据资金性质实行资产负债管理和全面风险管理，做好资产保值增值。

第二十四条 职工互助保障组织资金来源：

（一）会员自愿缴纳的职工互助保障活动会费。

（二）社会各界的捐赠。

（三）政府、行政和工会的资助或补助。

（四）在核准业务范围内开展活动和服务的收入。

（五）利息及其他合法收入。

第二十五条 职工互助保障组织的资金主要用于服务会员。支出范围包括：

（一）给付会员的互助金。

（二）开展与会员保障服务和促进事业发展的相关支出，包括救助慰问、健康管理、文体活动、宣传培训、法律服务等。

（三）日常管理、工作人员工资福利和行政办公支出。

第二十六条 职工互助保障组织应当对资金实行全面预算管理，严格控制和规范管理费用支出；职工互助保障组织负责预算编制和执行；主管工会对职工互助保障组织编制的预算进行审核、备案。

第二十七条 职工互助保障组织应当建立健全资金管理制度，完善资金收付转流程管理，规范资金审批权限。

第二十八条 职工互助保障组织资金只能用于银行存款、购买国债等低风险固定收益类产品，不得用于兴建、改建办公场所，不得购买股票、基金、债券、期货、理财等金融产品，不得违规投资运营。

第二十九条 职工互助保障组织应当依法规范资金账户管理，建立健全资金账户管理制度，资金账户的开设、变更、撤销必须依法依规履行相关程序，严格执行收支两条线管理，确保资金安全。

第三十条 职工互助保障组织应当明确资金运用职责，规范资金运用决策程序，大额资金使用必须集体决策并保留记录。

第三十一条 加强财务管理基础，健全岗位责任制，分离不相容岗位，明确各业务环节、岗位的衔接方式及操作标准，定期检查和评估制度执行情况，做到权责分明、相对独立和相互制衡。

第三十二条 职工互助保障组织应当建立健全内部稽核和外部审计制度。每年至少一次对职工互助保障活动资金管理情况进行内部稽核。职工互助保障组织应当聘请专业外部审计机构对职工互助保障资金管理情况进行年度审计。内部稽核和外部审计结果应当向相关机构和本级监管部门报告。

第六章　监督管理

第三十三条　工会资产监督管理机构和职工互助保障组织业务管理部门（机构）对职工互助保障组织的监督管理主要采取现场监督管理与非现场监督管理相结合的方式。应根据检查情况，定期对职工互助保障组织运营状况进行评估。

第三十四条　建立健全监督审计制度，将职工互助保障活动资金管理情况、偿付能力状况等列入重点监督检查范围。

第三十五条　职工互助保障组织应按规定及时报送偿付能力报告、业务统计报告、年度审计报告及其他有关报告、报表文件和资料。各级工会资产监督管理机构和职工互助保障组织业务管理部门（机构）应向上一级工会汇总上报本地区互助保障组织上述报告。

第三十六条　职工互助保障组织违反本办法，造成不良影响的，工会资产监督管理机构和职工互助保障组织业务管理部门（机构）可以采取以下措施：

（一）责令改正。

（二）监管谈话。

（三）将其违规行为记入履职记录。

职工互助保障组织违反国家法律、法规的，依据国家相关法律、法规进行处罚。

第七章　附　则

第三十七条　本办法适用于省级、市级工会主办的职工互助保障组织。中华全国铁路总工会、中国民航工会全国委员会、中国金融工会全国委员会、新疆生产建设兵团总工会、中央和国家机关工会联合会开展的职工互助保障活动参照本办法执行。

第三十八条　本办法由全总资产监督管理部负责解释。

第三十九条　本办法自印发之日起执行。

中华全国总工会办公厅关于印发《全国工会职工书屋管理办法（试行）》的通知

总工办发〔2020〕12号

各省、自治区、直辖市总工会，各全国产业工会，中央和国家机关工会联合会，全总各部门、各直属单位：

现将《全国工会职工书屋管理办法（试行）》印发给你们，请结合实际，认真贯彻落实。

中华全国总工会办公厅

2020年5月18日

全国工会职工书屋管理办法（试行）

第一章　总　则

第一条　为进一步推动全国工会职工书屋建设工作，做大做强职工书屋品牌，特制订本办法。

第二条　本办法所指职工书屋，包括全国总工会命名的职工书屋、全国工会电子职工书屋、各级工会自建的实体职工书屋、电子职工书屋网上阅读平台等。

第三条　职工书屋是全国总工会创建的专属文化工程和公益性文化项目，是国家公共文化设施的重要组成部分。“职工书屋”“电子职工书屋”是全总注册商标，具有专用统一图文标识，受到法律保护，并适用于全国各级工会职工书屋建设。

第二章 实施部门及职责

第四条 在全国总工会党组、书记处领导下，全国工会职工书屋建设领导小组负责指导推进全国工会职工书屋建设工作，监督专项资金的使用与管理。全国工会职工书屋建设领导小组成员单位包括：全总办公厅、全总宣传教育部、全总财务部、全总经费审查委员会办公室、全总资产监督管理部、全总机关服务中心、工人日报社、中国工人出版社。领导小组办公室设在全国总工会宣传教育部，负责全国工会职工书屋建设工作的统筹规划、协调指导、督促检查和经验推广。职工书屋图书配送中心设在中国工人出版社，负责图书推荐配送、阅读活动组织、电子职工书屋平台建设等具体工作。

第五条 全国工会职工书屋图书配送中心根据全国工会职工书屋建设工程规划部署，提出年度职工书屋建设资金预算安排建议，经全国工会职工书屋建设领导小组办公室审核后，纳入全总本级年度收支预算。

第六条 全国工会职工书屋图书配送中心根据总的目标任务，提出年度配送图书书目，经领导小组审议通过后，协调相关出版社、图书供应商，集中征集采购图书，为职工书屋建设提供图书征集采购、配送及售后服务。其物流与办公经费按不超过15%的比例，从职工书屋建设专项资金中支付。

第七条 全国工会职工书屋图书配送中心应根据年度收支预算批复，按照工会资金采购管理的有关规定，加强预算执行管理，规范图书采购程序，确保专项资金安全、有效使用。

第八条 各级工会应成立相应的职工书屋建设领导机构，领导和指导本地区、本行业职工书屋建设及阅读活动开展，制定年度工作计划，并管理好本地区、本行业、本单位职工书屋的资产，接受上级工会和职工群众的监督。

第三章 经费保障及使用

第九条 全总及各级工会设立专项资金用于职工书屋建设。全国总工会投入的资金用于：为每年全国总工会命名职工书屋配送图书并制作配送牌匾；为历年来建成的全国总工会命名职工书屋补充更新图书；为便利型阅读站点、劳模书架、女职工休息哺乳室等项目配送图书；为具有一定规模的职工书屋配送智能化数字图书借阅管理系统；开展全国职工主题阅读活动；建设电子职工书屋平台；职工书屋建设过程中产生的人工费、物流费、办公费等。

第十条 各级工会应相应设立专项资金用于实体职工书屋建设和网络阅读平台建设。

1. 开展实体职工书屋建设的资金主要用于图书采购。按照《关于进一步加强和规范全国工会职工书屋图书配送工作的通知》要求，要确保图书质量，应优先选配职工思想政治教育、素质技能提升、劳动关系及法律维权、职工文化建设、社科文化等方面的优质图书，坚决避免从非正规渠道采购图书，防止内容低俗、伪劣盗版等问题图书流入职工书屋。落实关于工会新建职工书屋及已建职工书屋补充更新图书选用全总审定的重点备选图书数量应不低于购置图书总量的30%的要求，保证职工书屋图书的针对性和适用性。使用工会经费采购配送图书可采取定向采购的方式，由全国工会职工书屋图书配送中心提供相关服务。

2. 开展网络阅读平台建设的资金，按照《关于做好全国工会电子职工书屋推广使用工作的通知》要求，主要用于：购买并向本区域职工发放全国工会电子职工书屋阅读卡；通过网站、APP、微信等方式付费接入全国工会电子职工书屋并供本区域职工阅读；购买全国工会电子职工书屋阅读触屏等终端设备并供本区域职工下载图书；购买全国工会电子职工书屋建设管理使用过程提供的相应服务等。通过付费共建共享的形式，与全总共同投入建设好电子职工书屋平台，实现职工免费阅读，体现职工书屋的公益性。

第十一条 职工书屋建设专项资金要严格遵守工会财务制度的有关规定，按照专款专用、公开透明、公平竞争、公正信用的原则，严格审批、严格管理。任何单位或个人不得截留、挪用、冒领或随意扩大专项资金的使用范围。要自觉接受工会财务监督和工会经费审计监督，着力规范采购、配送操作程序，通过多种方式提高专项资金使用效益，为广大职工多购书、购好书。

第十二条 各级工会要积极争取各级党委、政府的重视和支持，把职工书屋建设纳入地方公共文化服务体系建设范围，在建设资金、场地、经营许可、税费减免等方面给予优惠扶持。积极争取全社会的支持，促进各基层单位使用职工教育培训经费等资金加强职工书屋建设，鼓励企业加大职工书屋建设投入，积极推动现有职工图书馆（室）的产权主体单位增加投入，改善设施装备，更新图书。

第四章 全国总工会命名职工书屋的建设标准

第十三条 全国总工会命名职工书屋的基本建设标准：悬挂全总统一制式的标牌、使用统一标识，有专用场地、配套书架、桌椅、可上网电脑；藏书（含报刊）量不低于3000册；具有向职工提供数字阅读服务功能，接入有正式版权的数字阅读平台（如电子职工书屋）不少于1种；由同级工会调配工作人员从事职工书屋的日常管理；有规范的图书借阅及图书室管理制度；有相应的经费保障和运行机制。

第十四条 全国总工会命名职工书屋的评价指标：资金投入情况、藏书量及图书更新情况、图书结构、图书质量、数字阅读服务功能、职工阅读活动开展情况、各项管理制度的执行情况等。

第十五条 省级及以下工会参照全国总工会命名职工书屋的标准和要求，结合实际对本级工会命名职工书屋的标准和要求进行规范，职工书屋建设标准及制订的相应管理办法需向全国工会职工书屋建设领导小组办公室报备。

第五章 职工书屋的使用和管理

第十六条 职工书屋的使用和管理要作为各级工会党组（党委）贯彻落实意识形态工作责任制的重要内容，切实加强领导，严把图书质量关，不断加强职工思想政治引领，坚决杜绝“三俗”内容，做到守土有责、守土负责、守土尽责。

第十七条 实体书屋要按照“十有”的建设目标进行规范化管理，逐渐实现建设有场地、管理有制度、使用有计划、阅读有组织、学习有成果、藏书有更新、日常有人管、定期有活动、活动有特色、长期有作用。要制定并公开管理制度和借阅制度，建立管理账簿，认真做好流通登记、动态管理、折旧更新等工作。鼓励有条件的单位借助智能化自助借阅管理系统，实行开放式管理。

第十八条 加强对职工书屋建设的资产管理，依法依规建设、管理和使用职工书屋，确保职工书屋有形资产、品牌等不受损失。

第十九条 职工书屋使用要把图书利用情况、活动开展情况、职工群众参与情况等作为重要标准。提倡制定年度阅读活动计划，倡导实施鼓励职工阅读及奖励读书成才职工的措施办法，积极组建阅读社团或兴趣小组等读书组织，组建、培训阅读推广志愿者队伍。通过开展职工诵读、演讲比赛、读书征文、知识讲座、技能培训、文艺创作、分享交流等形式多样的阅读活动，不断增强职工书屋的吸引力，引导广大职工阅读成才。

第二十条 全国工会电子职工书屋是由全总统筹建设的专有职工数字阅读系统，供各地工会和基层单位使用。电子职工书屋包含网站、APP、微信、数字阅读触屏、PC客户端等产品终端。职工用户可通过阅读账号的方式登录使用电子职工书屋。地方工会也可在自有网站、APP和微信上接入全国工会电子职工书屋。

第二十一条 全总和各级工会共同投资建设全国工会电子职工书屋平台后，各地工会原则上不再另行投资开发独立的网上阅读系统。确有特殊原因需要开发建设的，应及时向全国工会职工书屋建设领导小组办公室报备。各级工会应设置管理人员，落实本机构职工阅读账号的分发、开通，及时通过电子职工书屋后台掌握与分析阅读数据，并通过组织线上阅读活动等方式推动职工阅读。

第二十二条 全国总工会每年推出一批职工书屋品牌建设成果：优秀职工书屋典型、阅读学习优秀原创作品、阅读学习成才职工、突出贡献工作者、优秀职工读书组织等，并根据每年主题阅读活动开展情况，推出阅读活动相关成果。各级工会应结合实际情况，推出本级的职工书屋建设成果，并按要求向全国工会职工书屋建设领导小组办公室推荐，促进职工书屋建设创新发展。

第六章 地方工会自建数字阅读平台接入管理

第二十三条 地方工会自建数字阅读平台，指地方工会在开展网络平台建设过程中，接入全国总工会投入开发的电子职工书屋之外的数字阅读系统或功能模块，以及自行购买网络数字阅读资源所建立的数字阅读平台（下同）。地方工会自建数字阅读平台，须对提供技术或服务的单位进行资质审查。

1. 资质审查的基本标准如下：

（1）应符合《中华人民共和国政府采购法》，并适用于政府机构单位。

（2）营业执照上所记载的经营范围应与项目的内容相符合。

（3）具有通过资质等级认定的计算机信息系统集成等技术服务，可提供综合解决方案（平台建设、数字资源加工、网络硬件建设）并有开展实施经验。

（4）具有一种以上由本企业开发或由本企业拥有知识产权的软件产品。

（5）具有软件产品质量和技术服务质量保证的手段与能力。

2. 资质审查的优选标准如下：

（1）具有软件行业能力资质认证中的一种或几种。

（2）具有重点软件企业认定或高新技术企业认定。

（3）承担过出版行业数字阅读平台项目建设或数字出版资源平台建设。

（4）承接过工会系统、职工普惠服务等项目开发运营工作。

第二十四条 各级工会自建数字阅读平台须对阅读资源进行内容把关、版权审查和质量审核。

1. 在内容的选择上应突出其对职工思想政治引领的作用，除提供职工喜闻乐见的阅读资源外，应保证工会特色、职工技能、素质提升等资源类型在总资源数的10%以上。

2. 须确保提供的阅读资源具有信息网络传播权且在版权有限期内，须确保内容提供商拥有数字版权的转授权，并具备有效的版权保护机制。

3. 须确保提供的数字阅读资源格式正确，适用于多种应用终端。

第二十五条 地方工会自建数字阅读平台须确保数字阅读平台的安全。

1. 须具有完善的网络安全保护措施（如有条件的，可以按照《信息安全等级保护管理办法》进行等保建设），须配备网站防篡改软件、防火墙等，须实施监控，及时报备，并按照相关的网络安全管理规定执行。

2. 系统内的数据及用户信息、数字资源等的备份须严格遵守关于数据安全管理制度的相关规定，做到定期备份。

3. 如有条件的单位，系统数据、用户信息及数字资源应放在本地自建服务器上或私有云端，以保证安全性。

第七章 附 则

第二十六条 本办法由全国工会职工书屋建设领导小组办公室负责解释。

第二十七条 本办法自印发之日起执行。

中华全国总工会办公厅关于印发《中央财政专项帮扶资金使用管理办法》的通知

总工办发〔2020〕13 号

各省、自治区、直辖市总工会，各全国产业工会，中央和国家机关工会联合会，全总各部门、各直属单位：

《中央财政专项帮扶资金使用管理办法》已经全总第十七届书记处第 27 次会议审议通过，现印发给你们，请遵照执行。

中华全国总工会办公厅
2020 年 6 月 28 日

中央财政专项帮扶资金使用管理办法

第一章 总 则

第一条 为加强中央财政专项帮扶资金使用管理，依据《财政部关于印发〈困难职工帮扶中心专项资金管理办法〉的通知》（财建〔2006〕468 号）的规定，结合工会常态化帮扶工作实际，制定本办法。

第二条 本办法所称中央财政专项帮扶资金（以下简称专项帮扶资金），是指中央财政预算安排，专项用于工会开展困难职工帮扶的项目资金。

第三条 专项帮扶资金的使用，坚持依档帮扶、精准施策、实名制发放的原则。

第二章 资金的使用对象、方向及方式

第四条 专项帮扶资金的补助对象为困难职工群体，主要包括：家庭人均收入低于当地居民最低生活保障线，经政府救济后生活仍十分困难的职工；家庭人均收入虽略高于当地居民最低生活保障线，但由于疾病、子女教育或意外灾害等原因，不能维持基本生活的困难职工；因各类灾害或重大意外事故造成生活特别困难的职工。

第五条 各省（区、市）工会依据困难职工家庭认定标准，结合当地经济社会发展水平和物价指数，根据困难职工家庭收入和刚性支出因素综合评估困难程度，按照深度困难职工、相对困难职工、意外致困职工等困难类别，建立梯度困难职工档案，根据其困难类别实施分层分类帮扶。

第六条 专项帮扶资金使用范围包括：

（一）生活救助项目。主要用于困难职工家庭基本生活支出、住房、取暖降温等方面生活保障。

（二）医疗救助项目。主要用于困难职工本人或家庭成员因患重特大疾病、罕见病、重病残疾护理、患慢性病长期服药、感染重特大传染病等，经基本医疗保险、大病保险、商业保险、互助保障等报销和其他部门救助后，仍然难以承担的医疗医药费用补助，补助不超过个人承担部分。

（三）助学救助项目。主要用于困难职工家庭子女上学期间所需生活费、路费和其他必要支出，及工会勤工俭学项目岗位补贴。

（四）职业培训和职业介绍项目。主要用于帮助有劳动能力的困难职工家庭成员提升就业和职业发展能力，及鼓励困难职工家庭成员充分就业的补贴。

（五）法律援助项目。主要是对劳动经济权益受到侵害的困难职工开展法律援助服务。

第七条 各省（区、市）工会在精准识别困难职工数量和困难程度基础上，参照当地最低生活保障标准和政府同类项目标准，结合当地经济社会发展水平，科学合理制定具体项目标准。

各省（区、市）工会建立与物价指数和社会救助水平挂钩的帮扶标准年度调整机制，每年年底将调整的帮扶标准报全国总工会。

第八条 专项帮扶资金不得用于下列支出：支付帮扶中心工作人员工资或办公经费；发放各种奖金、津贴和福利补助；购买车辆、手机等交通工具及通讯设备；帮扶中心基本建设投资；其他与困难职工群体帮扶无关的支出。

不得购买明令禁止的物品。

属于政府采购、购买社会服务、招投标管理范围的，严格执行有关法律、法规及制度规定。

第九条 除特殊情况外，专项帮扶资金的使用采取银行转账方式。

全年每户单个帮扶项目补助额度超过2万元应经过省级总工会审批，超过5万元须报全国总工会同意。

专项帮扶资金使用情况应当在支出后30个工作日内录入全国工会帮扶工作管理系统。

第三章 资金的预决算和管理

第十条 专项帮扶资金的预算、决算按照全国总工会预算管理要求执行，纳入工会预算、决算统一管理。专项帮扶资金专款专用，建立明细台账。

各级工会应科学制定资金使用流程，加快预算执行进度。因特殊原因预计将造成结转结余的，应于11月30日前由省级总工会报告全国总工会，全国总工会按照财政有关规定办理。

第十一条 全国总工会每年年初根据各省级总工会上报到全国工会帮扶工作管理系统的困难职工户数、帮扶项目及标准等因素，参照物价指数和全国社会救助水平，根据年度资金总预算制定专项帮扶资金分配方案，下达资金安排额度。资金重点支持深度困难职工家庭常态化帮扶项目，向困难程度深的职工家庭、困难职工多的地区倾斜。对相对困难职工和意外致困职工的帮扶，由中央财政专项帮扶资金和其他来源帮扶资金按一定比例共同承担，每年度根据资金总量和困难职工户数确定资金承担比例。

第十二条 省级总工会收到专项帮扶资金分配额度后，应尽快制定本地区专项帮扶资金分配方案，20个工作日内将专项帮扶资金安排额度下达到县级以上帮扶中心，资金到达后及时发放给相关困难职工。

省级总工会专项帮扶资金分配方案报全国总工会备案。年度终了1个月内，省级总工会应将专项帮扶资金使用情况汇总报全国总工会。

第十三条 专项帮扶资金按财政部和全国总工会有关绩效管理的规定，实施预算绩效管理。各省（区、市）工会定期对预算和绩效目标执行情况跟踪监控，全国总工会进行绩效评价并强化绩效评价结果应用。

第四章 资金监督

第十四条 各级工会应当建立健全专项帮扶资金监管机制，相关部门根据职责分工履行专项帮扶资金使用管理职责。探索建立协同监管机制，逐步实现监管口径和政策尺度一致，建立信息共享和成果互认机制，提高监管效率。

（一）权益保障部门（负责工会帮扶工作职责部门）负责制定困难职工认定和帮扶标准，制定帮扶工作实施方案，对专项帮扶资金使用管理进行指导，会同财务部门编制专项帮扶资金分配方案，编制项目绩效目标。工会帮扶中心负责建立和管理困难职工档案，开展具体帮扶活动。

（二）财务部门负责专项帮扶资金的接收、拨付、核算等财务管理，加强财务指导和绩效管理。

（三）经审部门负责对专项帮扶资金进行审计监督。

第十五条 专项帮扶资金使用管理必须严格遵守本办法，任何单位或个人不得截留、挪用、冒领或随意扩大帮扶资金的使用范围。

专项帮扶资金的管理和使用要遵守国家财政制度和工会财务制度的有关规定，依法接受审计、财政、纪检监察部门的审计和监督，接受社会监督，及时发现和纠正存在的问题。对工作中敷衍塞责、弄虚作假、推诿刁难、优亲厚友、虚报冒领等不作为、乱作为的情形严肃问责。对存在滥用职权、玩忽职守、徇私舞弊等违法违纪行为的，按照有关规定追究相应责任；涉嫌犯罪的，移送司法机关处理。

第十六条 各省（区、市）工会要激励担当作为，鼓励改革创新，建立容错纠错机制，对秉持公心、程序完整，但因人力不可为等客观原因出现偏差失误的，督促有关人员纠错纠偏，挽回损失，消除影响，可免除其责任。

第五章 附 则

第十七条 各省级工会根据本办法的规定，结合工作实际，制定专项帮扶资金使用管理实施细则，报全国总工会备案。省以下各级工会制定的实施细则须报上一级工会备案。

第十八条 各级工会应积极争取地方财政支持、同级行政拨付、工会经费投入和社会捐助等多渠道筹集帮扶资金，其他来源帮扶资金除中央财政专项帮扶资金使用对象和范围外，可按照地方财政、同级行政、工会经费有关规定和要求及捐款单位（人）的意愿，科学合理确定资金使用对象和范围。

第十九条 本办法由全国总工会负责解释。

第二十条 本办法自下发之日起执行，《中华全国总工会关于印发〈中央财政专项帮扶资金使用管理办法〉的通知》（总工发〔2015〕20号）《中华全国总工会关于印发〈困难职工档案管理办法〉的通知》（总工办发〔2016〕36号）《中华全国总工会办公厅关于印发〈困难职工帮扶工作有关问题的说明〉的通知》（厅字〔2017〕18号）同时废止。

附件：困难职工家庭认定和档案管理有关问题指引

附件

困难职工家庭认定和档案管理有关问题指引

一、困难职工家庭困难类别

1. 深度困难职工，具体是指家庭收入扣减刚性支出必要费用后，家庭人均纯收入低于当地最低生活保障标准的职工家庭。包括：（1）已纳入最低生活保障，但还存在患病、子女上学、伤残等其他刚性支出的困难职工家庭。（2）企业关停并转过程中下岗失业、停发或减发工资，造成家庭收入扣减因病、因残、因子女上学等家庭刚性支出和必要就业成本后，低于当地最低生活保障标准的职工家庭。（3）本人或家庭成员因患重特大疾病、伤残等因素，导致家庭收入扣减重特大疾病支出和长期照料费用后，低于当地最低生活保障标准的职工家庭。

2. 相对困难职工，具体是指家庭收入扣减因病、因残、因子女上学等家庭刚性支出和必要就业成本后，家庭人均纯收入低于当地低收入标准（可参照当地人民政府规定的低收入标准，或最低生活保障标准2倍以内）的职工家庭。

3. 意外致困职工，具体是指职工本人或家庭成员因突发事件、意外伤害、患重大疾病（重大疾病病种参照中国保险行业协会制定的《重大疾病保险的疾病定义使用规范》和地方政府公布的重大疾病、地方罕见病病种目录），在获得各类赔偿补偿、保险支付、社会救助和社会帮扶后，生活仍暂时有困难的意外致困职工。包括：（1）自然灾害、重大安全事故、重大疫情、社会安全等重大事件中负伤致残、染病或牺牲的职工家庭；（2）家庭成员突发重大疾病等原因产生数额过大的救治费用，导致基本生活暂时出现严重困难的职工家庭；（3）因发生自然灾害或重大安全事故、交通事故造成重大人身伤害或住宅、家庭生活必需用品损毁严重，导致基本生活暂无着落或暂时出现严重困难的职工家庭。

4. 对长期居住在城市、生活遇到特殊困难的农民工帮扶应符合1至3规定条件且有一年以上事实劳动关系。

5. 居住在独立工矿区、企业集中生活区的离退休人员、病退和领取定期生活费的人员，若本人或家庭成员患重大疾病，可纳入帮扶范围。

6. 因公牺牲干部职工遗属和工亡家属家庭符合1至3规定条件的，可纳入帮扶范围。

二、困难职工解困脱困和梯度帮扶

1. 困难职工解困脱困标准。家庭人均纯收入低于最低生活保障标准的深度困难职工为解困脱困对象。其中脱困是指深度困难职工经精准帮扶后，致困因素消除，家庭人均收入连续6个月超过当地最低生活保障标准，家庭生活状况脱离困境；脱困后，给予一定时间渐退期，符合相对困难职工或意外致困职工建档标准的纳入相应困难类型档案继续帮扶，防止返困。解困是指深度困难职工致困因素难以消除，通过政府救助和工会常态化帮扶，家庭生活水平达到当地最低生活保障标准；对其应继续保留在深度困难职工档案中实施常态化帮扶。

2. 困难职工梯度帮扶。（1）加大城市困难职工解困脱困帮扶和保障力度，职工发生困难时，逐人逐户分析致困原因，全面掌握帮扶需求，持续采取“四个一批”措施开展分类帮扶，户策对接，精准施策，帮助困难职工走出困境；（2）加强困难职工帮扶与政府救助制度衔接，推动符合条件的困难职工纳入政府救助覆盖范围，应纳尽纳。（3）政府救助制度未覆盖或覆盖后仍有困难的职工，应建立困难职工档案及时帮扶，其中，对暂时无法脱困的深度困难职工实施常态化帮扶，帮助缓解困难；对相对困难职工和意外致困职工，为其建立档案帮扶解决暂时困难，防止陷入深度困难。

三、职工家庭收入和刚性支出核算指标

1. 职工家庭收入核算指标。

职工家庭收入是指家庭在规定期限内获得的全部现金及实物收入，包括工资性收入、经营净收入、财产净收入、转移净收入以及其他应当计入家庭收入的项目。国家规定的优待抚恤金、计划生育奖励与扶助金、奖学金、见义勇为等奖励性补助，各类社会救助款物以及县级以上政府规定的不计入家庭收入项目等不计入家庭收入。中央确定的城乡居民基本养老保险基础养老金，暂不计入家庭收入。

（1）工资性收入。工资性收入指就业人员通过各种途径得到的全部劳动报酬和各种福利，包括因任职或者受雇而取得的工资、薪金、奖金、劳动分红、津贴、补贴以及与任职或者受雇有关的其他所得等。工资性收入参照劳动合同认定；没有劳动合同的，通过调查就业和劳动报酬、各种福利收入认定，或根据社会保险、个人所得税、住房公积金的缴纳情况推算；对于无法推算实际工资收入的灵活就业人员，原则上按务工地最低工资标准计算其工资收入，申请人申报收入高于务工地最低工资标准的，以申报收入为准。

（2）经营净收入。经营净收入指从事生产经营及有偿服务活动所获得全部经营收入扣除经营费用、生产性固定资产折旧和生产税之后得到的收入。包括从事种植、养殖、采集及加工等农林牧渔业的生产收入，从事工业、建筑业、手工业、交通运输业、批发和零售贸易业、餐饮业、文教卫生业和社会服务业等经营及有偿服务活动的收入等。经营企业的，按照企业实际纯收入或实际缴纳税收基数综合认定；无法认定实际收入的，参考当地同行业、同规模企业平均收入和企业实际缴纳税收情况综合认定。其他情形按当地评估标准和方法推算。

（3）财产净收入。财产净收入指出让动产和不动产，或将动产和不动产交由其他机构、单位或个人使用并扣除相关费用之后得到的收入，包括储蓄存款利息、有价证券红利、储蓄性保险投资以及其他股息和红利等收入，集体财产收入分红和其他动产收入，以及转租承包土地经营权、出租或者出让房产以及其他不动产收入等。出让、租赁等收入，参照双方签订的相关合法有效合同计算；个人不能提供相关合同或合同确定的收益明显低于市场平均收益的，参照当地同类资产出让、租赁的平均价格推算。储蓄存款利息、有价证券红利、储蓄性保险投资以及其他股息和红利等按照金融机构提供的信息计算，集体财产收入分红按集体出具的分配记录计算。

（4）转移净收入。转移净收入指转移性收入扣减转移性支出之后的收入。其中，转移性收入指国家、机关企事业单位、社会组织对居民的各种经常性转移支付和居民之间的经常性收入转移，包括赡养（抚养、扶养）费、离退休金、失业保险金、遗属补助金、赔偿收入、接受捐赠（赠送）收入等；转移性支出指居民对国家、企事业单位、社会组织、居民的经常性转移支出，包括缴纳的税款、各项社会保障支出、赡养支出以及其他经常转移支出等。转移性收入和转移性支出有实际发生数额凭证的，以凭证数额计算；有协议、裁判文书的，按照法律文书所规定的数额计算。赡养（抚养、扶养）费收入原则上按赡养（抚养、扶养）法律文书所规定的数额计算；无法律文书规定的，按赡养（抚养、扶养）义务人收入扣除户籍地最低生活保障标准之后的一定比例推算；赡养（抚养、扶养）义务人属于特困人员、最低生活保障对象、未脱贫建档立卡贫困人口、低收入家庭成员的，在计算转移净收入时不计入该赡养（抚养、扶养）义务人的赡养（抚养、扶养）费。

（5）其他应当计入家庭收入的项目。

2. 职工家庭刚性支出核算指标。

（1）因病费用。指家庭成员因病住院含门诊慢性病）产生的医疗费用，按照基本医疗保险、大病保险、商业保险报销、互助保障和其他部门救助后的个人承担部分计算。

（2）因残费用。指因残、因病用于康复治疗以及长期照料的费用。

（3）因学费用，指子女上学产生的费用。按照个人承担的学费、住宿费、必要长途路费扣除政府或社会资助后的实际支出。

（4）住房费用，指困难职工租住当地人均住房面积以内房屋的费用。

（5）多重支出费用，存在多重刚性支出的家庭，符合上述情况，可以累积计算。

（6）县级以上人民政府规定的可以纳入家庭刚性支出的其他情形。

3. 家庭总人口原则上以户籍为单位且常年共同生活的人口计算，或以虽不在同一户籍但具有赡养、扶养、抚养或收养关系且共同生活的人口计算。不计入家庭人口情形以县级以上人民政府规定为准。

四、困难职工档案动态管理

1. 各级工会要完善困难职工档案建立、管理工作，全面、真实、及时地掌握困难职工家庭的生活状况。

（1）基层工会或帮扶中心应按照工会帮扶工作管理系统中的困难职工档案内容，真实详细地建立困难职工档案。充分利用工会与民政等政府部门数据比对、信息共享机制，实行困难职工档案信息化管理，简化建档流程，逐步实现困难职工无纸化建档，一网通办帮扶。

（2）坚持属地动态管理档案。困难职工档案由所在基层工会或县级（含）工会以上帮扶中心按照有关规定和标准负责建立，录入工会帮扶工作管理系统，并按工会隶属关系逐级上报。与用人单位建立劳动关系的困难职工，由用人单位工会负责建立档案。符合建档条件的灵活就业人员和下岗失业人员，由所在街道（社区）工会负责建立档案；如街道（社区）尚未成立工会，由上一级工会或县级（含）以上工会帮扶中心负责建立档案。重新就业后仍符合建档条件的，由新用人单位工会更新档案。

（3）档案以家庭为单位，坚持一户一档案。原则上以困难职工为主建立档案，夫妻双方都是困难职工且不在同一单位的，原则上以户主为主建立档案。对死亡或无法联系的困难职工应及时调整档案。原用人单位被合并、撤销或改变隶属关系，应根据实际情况及时将档案转移到职工所在的新用人单位工会，或所属街道（社区）工会和县级（含）以上工会帮扶中心。

（4）按照建档工会入户调查摸底、上级工会复核、县级（含）以上工会帮扶中心备案的程序建立困难职工档案，并按工会隶属关系在工会帮扶工作管理系统中逐级上报备案。县级（含）以上工会帮扶中心对基层工会建立的原始档案进行严格复核，对不符合要求的档案应及时退回原建档单位。

（5）档案按保管期限和要求分类管理。按财务制度管理的有关档案，应根据会计档案归档要求进行归档整理。其他档案均按文书档案归档要求，独立设置类别归档整理。困难职工原始档案自撤档之日起保管10年。具有永久保存价值的电子文本、图形、数据表格归档时，应同时生成纸质文件材料一并归档保存。

（6）加强分类动态管理。对深度困难职工，原则上每年核查一次；对相对困难职工和意外致困职工，原则上每半年核查一次。根据核查结果及时调整档案。复核期内帮扶对象家庭经济状况没有明显变化的，不得随意降低帮扶水平。

2. 困难职工家庭状况核查。

各地工会应建立与民政部门信息共享、数据比对机制，通过信息化系统核查困难职工家庭经济状况。暂不具备数据比对条件的应通过职工所在工会评议和公示制度确定。对于拒绝调查核实家庭财产和收入状况的，暂不予建档。对于隐瞒财产、收入或提供虚假证明骗取建档的，应及时注销档案，追回违规所得，建议有关部门纳入征信体系。

3. 困难职工家庭建档排除性条件。

（1）子女在高收费私立学校就读或自费留学的。

（2）本人或家庭成员为公司控股股东和实际控制人。

（3）存在县级以上人民政府规定的高消费行为。

（4）拒绝配合调查、核查，致使无法核实收入的家庭。故意隐瞒家庭真实收入及家庭人口变动情况，提供虚假申请材料及证明的家庭。在就业年龄段内有劳动能力但尚未就业的人员，无正当理由拒绝就业的。故意采取其他规避法律、法规的行为造成无经济来源、生活困难的人员。

（5）在大中城市具有两套住房且超过当地人均住房面积的；拥有、经常使用各种机动车辆的（残疾、患病职工用于功能性补偿代步除外）不纳入深度困难职工档案。

（6）各省级总工会结合当地实际认定的其他情形。

五、各省级工会根据本指引，结合本地实际，制定具体困难职工认定标准和档案管理办法。

全国厂务公开协调小组办公室关于印发《全国厂务公开民主管理工作先进单位评选表彰管理办法》的通知

国厂开组办发〔2020〕4号

各省、自治区、直辖市厂务公开协调（领导）小组：

《全国厂务公开民主管理工作先进单位评选表彰管理办法》已经2020年7月23日全国厂务公开协调小组第二十四次会议审议通过。现予印发，请结合本地实际，认真贯彻落实。

全国厂务公开协调小组办公室
2020年7月31日

全国厂务公开民主管理工作先进单位评选表彰管理办法

第一章 总 则

第一条 为规范全国厂务公开民主管理工作先进单位评选表彰工作（简称“评选表彰工作”），根据《中共中央办公厅国务院办公厅关于印发〈评比达标表彰活动管理办法（试行）〉的通知》、全国评比达标表彰工作协调小组《评比达标表彰活动管理办法（试行）实施细则》（国评组发〔2011〕5号）有关规定，结合全国企业民主管理工作实际，制定本办法。

第二条 评选表彰工作应贯彻落实习近平新时代中国特色社会主义思想和党的十九大、十九届二中、三中、四中全会精神。深入宣传各地开展企业民主管理工作的好经验好做法，充分发挥典型的引领示范作用，不断推进企业民主管理制度化、规范化建设，为加强基层民主政治建设、构建和谐劳动关系、维护职工队伍和社会稳定、促进经济平稳健康发展、夺取新时代中国特色社会主义新胜利作出新贡献。

第三条 评选表彰工作应遵循公开、公平、公正的原则，坚持总量控制、合理设置、严格审批、注重实效总要求，严格按照规定的条件、权限和程序，充分体现先进性、代表性和时代性。

第二章 评选表彰的周期、项目和数量

第四条 评选表彰工作一般每三年开展一次。遇有特殊情况，经全国厂务公开协调小组决定，可提前或推迟，提前或推迟时间不超过一年。

第五条 评选表彰的项目及对象：

（一）在已建工会并实行民主管理的企事业单位中，评选表彰全国厂务公开民主管理先进单位；

（二）在历次表彰的全国厂务公开民主管理先进单位中，评选命名全国厂务公开民主管理示范单位；

（三）在省级以下各级厂务公开协调领导机构及其成员单位中，评选表彰全国推动厂务公开民主管理工作先进单位。省级厂务公开协调领导机构一般申报1个成员单位。

第六条 每次共评选表彰全国厂务公开民主管理先进单位不超过800个，全国厂务公开民主管理示范单位不超过100个，全国推动厂务公开民主管理工作先进单位不超过100个。

评选表彰的具体名额分配主要依据各省（自治区、直辖市）企事业单位数量、职工

人数和厂务公开、职代会建制数及开展创建厂务公开民主管理示范单位活动等情况，由全国厂务公开协调小组办公室确定。

第三章　评选表彰的基本条件

第七条　申报全国厂务公开民主管理先进单位的条件：

（一）企事业单位领导重视党建、工建工作。党组织、工会组织健全，人员配备到位，日常运作规范，作用发挥良好；

（二）企事业单位领导重视民主管理工作。把民主管理摆到重要位置，明确目标、落实责任，形成健全有效的企事业单位民主管理领导体制和工作机制；

（三）民主管理工作制度化、规范化、程序化建设不断推进，融入企事业单位各项管理制度中。落实职代会制度，确保制度健全、程序规范、作用突出。完善厂务公开制度，做到依法、及时、真实、科学公开。公司制企业依法设立职工董事、职工监事，职工董事、职工监事能够依法履行职责、发挥作用；

（四）民主管理各项工作落实到位、成效明显。在深化供给侧结构性改革、服务改革发展稳定大局、推动党风建设、监督廉洁从业等方面发挥重要作用。

第八条　申报全国厂务公开民主管理示范单位的条件：

（一）有健全的民主管理领导体制和运行良好的工作机制。党组织充分发挥作用，领导开展本单位民主管理工作；行政积极履行第一责任人职责，将民主管理与本单位经营管理相结合，有部署、有要求、有监督；工会主动承担职代会工作机构责任，做好本单位民主管理的具体组织工作；

（二）有完善的职代会、厂务公开、职工董事职工监事等制度。每项制度都有明确具体的工作规范、操作流程和考评办法等标准，形成目标明确、制度健全、责任落实、措施有力、监督到位的长效工作机制，并将其有效融入到企事业单位经营管理制度之中；

（三）职代会、厂务公开、职工董事职工监事等制度运行良好。职代会代表的选举、撤换符合程序，涉及职工切身利益的重大问题经过职代会审议，集体合同草案和职工安置方案提交职代会审议通过。厂务公开在组织实施、监督检查、反馈结果等主要环节严格执行相关规定，做到公正透明、阳光操作，涉及职工切身利益的重大决策问题、生产经营管理方面的重要事项及时向全体职工公开，并听取职工意见和建议。公司制企业职工董事、职工监事经职代会选举产生并接受其监督，履行职责情况向职代会报告；

（四）坚持把职代会作为企事业单位民主管理制度的基本形式。职代会依法行使职权，形成的决议得到有效落实。职代会闭会期间各专门委员会和职工代表履行职责、发挥作用。同时创新民主管理形式，既发挥好民主议事会、劳资恳谈会、厂务公开栏等传统补充形式，又借用网络等新媒体优势，推进民主管理创新发展。职工劳动经济权益和民主权利得到有效落实，企事业单位在改革发展特别是在供给侧结构性改革过程中的矛盾和问题得到妥善处理，劳动关系和谐稳定。

第九条　申报全国推动厂务公开民主管理工作先进单位的条件：

（一）党政重视，领导有力。党政领导主持厂务公开协调领导机构的工作。各有关方面把民主管理工作列入职责范围，建立责任清晰、分工明确的专项工作机制，组织协调有力，密切配合、相互支持、形成合力；

（二）制度健全，责任落实。对民主管理工作的内容、程序、责任等有明确规范和要求。对本地区或本部门推行民主管理工作有目标、有计划、有布置、有检查。坚持落实民主管理的岗位责任制、工作检查制和责任追究制；

（三）建制扩面，措施得力。厂务公开协调领导机构及其成员单位推动本地区、本部门所属单位民主管理工作措施得力，所属区域（系统）内国有、集体及其控股企业厂务公开和职代会制度基本实现全覆盖，已建工会的非公有制企业厂务公开和职代会建制率达到90%以上；

（四）推动有力，成效显著。把民主管理工作向纵深推进，内容不断丰富，机制不断完善，方式不断创新，活力不断激发。在推动企事业单位提高管理水平和经济效益、建立和完善现代企业制度、健全监督机制、加强党风建设、密切干群关系、促进基层民主政治建设等方面作用明显。

第十条 申报前三年内具有下列情形之一的，不得申报全国厂务公开民主管理先进单位或全国厂务公开民主管理示范单位：

（一）因民主管理制度不落实，导致出现重大群体性事件或产生重大劳动纠纷案件的；

（二）最近一年内发生过一般安全生产责任事故、三年内发生过重大安全生产责任事故，职业病危害严重，能源消耗超标、环境污染严重，存在重大安全隐患不整改的；

（三）存在未全员签订劳动合同、拖欠职工工资、不依法办理职工社会保险等违反劳动法律法规问题的；

（四）其他不宜申报的情况。

第十一条 已获得全国厂务公开民主管理先进单位和全国厂务公开民主管理示范单位称号的企事业单位，出现本办法第十条规定的情形，应撤销其所获称号。

撤销全国厂务公开民主管理先进单位和全国厂务公开民主管理示范单位称号，依照申报审批程序，由其原推荐单位逐级上报，所在省（自治区、直辖市）厂务公开协调领导机构办公室向全国厂务公开协调小组办公室提出书面报告。省级厂务公开协调领导机构办公室发现有关单位应撤销所获称号的，也可以直接向全国厂务公开协调小组办公室提出书面报告。经全国厂务公开协调小组办公室审核，同意撤销的，作出书面批复，并予以公告。

全国厂务公开协调小组办公室发现有关单位应撤销所获称号的，可以直接撤销该单位所获称号，予以公告，并把撤销结果书面通报其所在省级厂务公开协调领导机构办公室。

第四章　评选表彰工作的程序

第十二条 全国厂务公开协调小组办公室制定《评选表彰方案》，经全国厂务公开协调小组会议审议通过后，下发《关于评选表彰全国厂务公开民主管理工作先进单位的通知》，启动评选表彰工作。

第十三条 各省（自治区、直辖市）厂务公开协调领导机构办公室根据本办法第三章的规定，推荐本地区符合条件的全国厂务公开民主管理先进单位、全国厂务公开民主管理示范单位、全国推动厂务公开民主管理工作先进单位。

第十四条 全国厂务公开协调小组办公室对上报的推荐单位材料进行审核，确定拟表彰单位初步名单。

第十五条 对拟表彰单位初步名单在全国性媒体上进行不少于5个工作日的公示。

第十六条 公示结束后，全国厂务公开协调小组办公室提出建议表彰名单，并将建议名单书面报告全国厂务公开协调小组各成员单位，审定表彰名单。

第十七条 表彰单位名单确定后，由全国厂务公开协调小组进行表彰。

第五章 推荐申报要求

第十八条 全国厂务公开协调小组办公室负责组织实施评选表彰工作，指导各省（自治区、直辖市）厂务公开协调领导机构办公室开展先进单位的推荐和申报工作。

第十九条 各省（自治区、直辖市）厂务公开协调领导机构办公室负责组织本地区全国厂务公开民主管理先进单位、全国厂务公开民主管理示范单位、全国推动厂务公开民主管理工作先进单位的推荐工作。

第二十条 中央企业全国厂务公开民主管理先进单位和示范单位的推荐工作，由国务院国资委党建工作局负责。

铁路、民航、金融系统全国厂务公开民主管理先进单位的推荐工作，由中华全国铁路总工会、中国民航工会、中国金融工会负责。

第二十一条 各省（自治区、直辖市）推荐全国厂务公开民主管理先进单位，其中非公有制经济组织的数量不得少于拟推荐名额的三分之一。

各省（自治区、直辖市）推荐的全国厂务公开民主管理示范单位中应有非公有制经济组织或民办非企业单位。

第二十二条 各省（自治区、直辖市）要对申报的企事业单位认真检查、严格把关，将拟推荐表彰的企事业单位名单公示后上报。

第二十三条 申报全国厂务公开民主管理先进单位和全国厂务公开民主管理示范的企事业单位，应通过职代会等形式，对企业民主管理工作开展情况及实际效果进行民主测评并征求单位纪检组织意见。过半数职工代表同意，且经所在单位纪检组织同意的方可申报。

第六章 附 则

第二十四条 本办法由全国厂务公开协调小组办公室负责解释。

第二十五条 本办法自公布之日起施行。

中华全国总工会办公厅关于印发《全国模范职工之家、全国模范职工小家、全国优秀工会工作者评选表彰管理办法》的通知

总工办发〔2020〕15 号

各省、自治区、直辖市总工会，各全国产业工会，中央和国家机关工会联合会，全总各部门、各直属单位：

《全国模范职工之家、全国模范职工小家、全国优秀工会工作者评选表彰管理办法》已经全总第十七届书记处第 29 次会议审议通过，现印发给你们，请遵照执行。

中华全国总工会办公厅

2020 年 8 月 10 日

全国模范职工之家、全国模范职工小家、全国优秀工会工作者评选表彰管理办法

第一章 总 则

第一条 为规范全国模范职工之家、全国模范职工小家、全国优秀工会工作者评选表彰工作，发挥先进典型的示范引领作用，根据《中华人民共和国工会法》《中国工会章程》及中华全国总工会关于加强职工之家建设的有关规定，结合工会工作实际，制定本办法。

第二条 全国模范职工之家、全国模范职工小家、全国优秀工会工作者，是中华全国总工会设立的分别授予先进基层工会，基层工会下属先进工会或工会小组，基层工会优秀专兼职干部、专职社会化工会工作者和各级工会领导机关处级以下优秀工会干部的荣誉称号。

对积极参加基层工会活动的会员，可命名为全国优秀工会积极分子；对关心支持工会工作的厅局级以下党政领导干部、基层工会所在单位党政负责人，可命名为全国优秀工会之友。

第三条 评选表彰工作的指导思想是：深入贯彻落实习近平新时代中国特色社会主义思想，贯彻落实习近平总书记关于工人阶级和工会工作的重要论述特别是加强基层工会建设“三个着力”重要指示精神，增强基层工会政治性、先进性、群众性，激发基层工会活力，发挥基层工会作用，切实把工会建设成为职工群众信赖的“职工之家”，把工会干部培养成为职工群众信赖的“娘家人”。

第四条 评选表彰工作的原则是：

（一）坚持面向基层一线。评选对象突出工会基层组织、基层干部和一线职工，畅通基层工会和广大会员的参与渠道，着力夯实工会基层基础；

（二）坚持公开公平公正。保障评选表彰工作规范有序，保护调动会员积极性，确保表彰对象得到广大会员普遍认可，突出评选表彰的权威性；

（三）坚持会员主体地位。实行上级工会考察和职工群众评议相结合，充分尊重广大会员的知情权、参与权、表达权、监督权，真正让会员当主角；

（四）坚持高标准严要求。严格评选条件，做到优中选优，确保表彰对象的先进性，充分体现和发挥先进典型的引领性示范性；

（五）坚持动态监督管理。实行动态评估、跟踪监管，形成完备的闭环管理机制，做到能进能出，破除“一评终身制”，确保评选表彰的质量。

第二章 评选表彰范围和基本条件

第五条 全国模范职工之家从我国境内企业、事业单位、机关、社会团体和其他社会组织单独或联合建立的基层工会，乡镇（街道）、开发区（工业园区）、村（社区）工会，县级以下区域（行业）工会联合会中评选。

全国模范职工小家从基层工会下属的子公司（分公司）、分厂、车间（科室）、班组工会或工会小组中评选。

全国优秀工会工作者从基层工会专兼职干部、专职社会化工会工作者、各级工会领导机关处级以下干部中评选。

全国优秀工会积极分子从不脱离生产、工作岗位，热心从事工会工作的基层工会骨干会员和兼职工会干部中命名，一线职工数量不低于百分之六十，女性占适当比例。

全国优秀工会之友从给予工会工作关心支持的厅局级以下党政领导干部及企业、事业单位、社会团体（除工会外）和其他社会组织党政负责人中命名。

先进集体和个人，一般不重复评选表彰或命名。

第六条 全国模范职工之家一般从省级模范职工之家中产生，其基本条件是：

（一）认真贯彻习近平新时代中国特色社会主义思想，执行党的路线方针政策，遵守国家法律法规，践行社会主义核心价值观，加强职工思想政治引领，团结带领职工建功新时代；

（二）工会组织机构单独设立，工会委员会、经费审查委员会及女职工委员会等领导机构健全，工会劳动保护委员会、劳动法律监督委员会等工作机构完善，具备条件的工会依法取得社会团体法人资格，近三年职工（含农民工、劳务派遣工）入会率均在百分之九十以上；

（三）依法独立设立工会经费账户，及时足额拨缴工会经费，自主管理，规范使用；

（四）工会会员代表大会、民主选举、会务公开、会员评议职工之家等制度落实到位；

（五）有效落实以职工代表大会为基本形式的民主管理制度，依法实行厂务公开，开展集体协商签订集体合同，健全劳动争议调解组织，有效化解劳动纠纷，劳动关系和谐稳定；

（六）热忱服务职工群众，工会工作获得职工高度认可，近三年工会会员代表大会评议职工之家满意率均在百分之九十以上。

第七条 全国模范职工小家一般从省级模范职工小家中产生，其基本条件是：

（一）认真贯彻习近平新时代中国特色社会主义思想，执行党的路线方针政策，遵守国家法律法规，践行社会主义核心价值观，工会工作充满活力；

（二）子公司（分公司）、分厂、车间（科室）、班组工会或工会小组建设好，依法选举工会主席或小组长，具备条件的工会依法取得社会团体法人资格，近三年职工（含农民工、劳务派遣工）入会率均在百分之九十以上；

（三）子公司（分公司）、分厂、车间（科室）、班组民主管理好，依法实行厂务公开、会务公开，开展集体协商；

（四）子公司（分公司）、分厂、车间（科室）、班组完成生产、工作任务好，组织职工开展技术创新、劳动技能竞赛，团结带领职工建功立业；

（五）职工小家阵地建设好，活动场所和服务设施齐全，服务活动丰富，近三年工会会员代表大会评议职工之家满意率均在百分之九十以上。

第八条 全国优秀工会工作者一般从省级优秀工会工作者中产生，其基本条件是：

（一）认真学习贯彻习近平新时代中国特色社会主义思想，坚定走中国特色社会主义工会发展道路，以实际行动践行社会主义核心价值观；

（二）坚持原则，模范执行工会会员代表大会、民主选举、会务公开、会员评议职工之家等制度，积极推动落实以职工代表大会为基本形式的民主管理制度，推进厂务公开和集体协商，所在单位劳动关系和谐稳定；

（三）尽职尽责，热忱服务职工群众，切实维护职工合法权益，团结带领职工创新创效、建功立业，推动培育高素质职工队伍，受到职工广泛信赖；

（四）遵纪守法，廉洁自律，作风民主，密切联系职工群众，自觉接受批评监督，基层工会主席、副主席近三年的工会会员代表大会测评等次均为满意。

第九条 在优中选优的基础上，对工作成绩优异、贡献突出的全国模范职工之家、全国优秀工会工作者，分别授予全国模范职工之家红旗单位、全国优秀工会工作者标兵荣誉称号。

第十条 全国优秀工会积极分子的基本条件是：

（一）认真学习贯彻习近平新时代中国特色社会主义思想，坚定走中国特色社会主义工会发展道路，积极为党的工运事业作贡献；

（二）热爱集体，团结协作，爱岗敬业，甘于奉献，圆满完成生产、工作任务，发挥模范带头作用；

（三）积极参加工会活动，热忱服务职工群众，积极参与落实工会会员代表大会、民主选举、会务公开、会员评议职工之家等制度，推动落实以职工代表大会为基本形式的民主管理制度；

（四）遵纪守法，廉洁自律，密切联系职工群众，自觉接受批评监督。

第十一条 全国优秀工会之友的基本条件是：

（一）认真学习贯彻习近平新时代中国特色社会主义思想，拥护中国特色社会主义工会发展道路，尊重劳动，尊重职工主体地位，模范贯彻落实党的全心全意依靠工人阶级的根本方针；

（二）坚持以人民为中心的发展思想，重视提高职工队伍素质，积极解决职工群众困难，受到职工群众信赖；

（三）遵守《工会法》和劳动法律法规，重视支持所辖区域（行业）或本单位工会工作，把更多的资源手段赋予工会组织，积极落实协调劳动关系制度机制，支持工会依法自主管理、规范使用工会经费，为工会工作创造良好条件；

（四）廉洁自律，作风民主，密切联系职工群众，自觉接受批评监督。

第十二条 单位有下列情形之一的，该单位工会不得申报推荐为全国模范职工之家、全国模范职工小家：

（一）存在未全员签订劳动合同、拖欠职工工资、不按规定缴纳职工社会保险费等违反劳动法律法规行为的；

（二）近一年内发生过一般安全生产责任事故、三年内发生过重大安全生产责任事故，职业病危害严重，能源消耗超标、环境污染严重，存在重大安全隐患拒不整改的；

（三）劳动争议案件多发，近三年内因违反法律法规引发职工群体性事件的；

（四）近三年内未依法及时足额拨缴工会经费的；

（五）民主管理、集体协商、劳动争议调解等制度机制不落实的；

（六）有违法违纪行为受到处罚并在影响期之内，或正在被执法执纪部门调查处理的。

第十三条 基层工会有下列情形之一的，工会干部不得申报推荐为全国优秀工会工作者：

（一）工会组织和工作机构被随意撤销、合并或归属到党政部门的；

（二）工会不依法按期换届选举，具备条件而不依法进行工会法人资格登记的；

（三）不依法独立设立工会经费账户，或工会经费使用管理出现严重问题的；

（四）不推动落实职工代表大会、厂务公开制度，不进行集体协商签订集体合同的。

第三章 评选表彰周期和基本程序

第十四条 全国模范职工之家、全国模范职工小家、全国优秀工会工作者评选表彰每五年开展两次。一般在工会全国代表大会届中开展一次，在工会全国代表大会换届之年开展一次。在换届之年评选表彰中，可同时命名全国优秀工会积极分子、全国优秀工会之友。

评选表彰工作在中华全国总工会书记处领导下进行，中华全国总工会基层工作部负责具体实施。各省（区、市）总工会、各全国产业工会、中央和国家机关工会联合会负责推荐。新疆生产建设兵团总工会通过新疆维吾尔自治区总工会推荐。

第十五条 在评选表彰年度，中华全国总工会发布评选表彰通知，就评选表彰的项目、对象、条件、程序、名额分配、组织实施等作出具体要求，部署评选表彰工作。

第十六条 基层工会按推荐评选条件申报全国模范职工之家、全国模范职工小家、全国优秀工会工作者，推荐全国优秀工会积极分子、全国优秀工会之友。申报推荐集体和个人的，应通过基层工会会员大会或会员代表大会征求会员群众意见。本单位有党组织和纪检组织的，应征求党组织和纪检组织意见。推荐名单和事迹应在本单位进行不少于五个工作日的公示。

被推荐人选是党员领导干部或公职人员的，基层工会应按照干部管理权限，征求纪检监察机关和组织人事部门意见。

地市级以下地方工会、各产业工会在充分听取各方面意见的基础上，对申报推荐集体和个人进行审查通过后，逐级上报。

第十七条 各省（区、市）总工会、各全国产业工会、中央和国家机关工会联合会按照推荐评选条件进行审核把关。推荐集体和个人名单应经领导班子集体研究确定，并在省（区、市）工会报刊或网络媒体上进行不少于五个工作日的公示。公示后符合条件的，向中华全国总工会推荐。

第十八条 各省（区、市）总工会推荐的集体和个人中，来自非公有制单位的一般不少于推荐总数的二分之一。

第十九条 中华全国总工会基层工作部对各省（区、市）总工会、各全国产业工会、中央和国家机关工会联合会推荐材料进行审核。

对伪造材料或未按照推荐评选条件和规定程序推荐的集体和个人，经查实后撤销其评选资格，取消相应名额，不得递补或重报。

对符合条件的集体和个人，作为向中华全国总工会书记处提出拟表彰和命名的建议名单。

第二十条 拟表彰和命名的建议名单，经中华全国总工会书记处审议通过后，在《工人日报》或中工网上进行不少于五个工作日的公示，接受公众监督。

根据公示结果，最终确定表彰和命名名单。

第二十一条 对受表彰和命名的先进集体、先进个人，由中华全国总工会印发表彰决定，颁发证书、奖牌。

第四章 监督管理服务

第二十二条 各级工会对受表彰和命名的先进集体、先进个人实行动态监督管理服务。做好以下日常工作：

（一）完善评选管理机制，建立监督管理制度，制定和协调落实有关激励政策，指导督促提高工会工作水平；

（二）加强基础工作，建立健全管理档案，跟踪先进集体和个人所在单位的工会建设、劳动关系等情况，重大情况及时报告；

（三）宣传先进集体和个人的先进事迹，总结推广他们的典型经验，充分发挥其示范导向作用；

（四）根据推荐评选条件和实际工作要求，上级工会应加强对获得荣誉的集体和个人的复查，复查不合格的，按程序撤销荣誉称号、取消命名；

（五）关心全国优秀工会工作者、全国模范职工之家和职工小家工会主席、全国优秀工会积极分子、全国优秀工会之友的思想、工作和生活，帮助他们解决生产生活等困难，依法维护他们的合法权益；

（六）接受群众举报，调查核实有关情况，提出处理意见。

第二十三条 有下列情形之一的，可撤销全国模范职工之家、全国模范职工小家荣誉称号，收回证书和奖牌：

（一）弄虚作假，骗取荣誉的；

（二）工会组织和工作机构被随意撤销、合并或归属到党政部门的；

（三）工会不依法按期换届选举，不依法进行工会法人资格变更登记的；

（四）工会经费不依法足额拨缴或使用管理出现严重问题的；

（五）不推动落实职工代表大会、厂务公开制度，不进行集体协商签订集体合同的；

（六）所在单位发生重大安全生产责任事故或严重职业危害，工会未依法履行职责的；

（七）所在单位发生群体性事件，造成恶劣影响的；

（八）所在单位拖欠职工工资，不按规定缴纳职工养老、医疗、工伤、失业、生育等社会保险费，工会未依法履行职责的；

（九）工会会员代表大会评议职工之家不满意率连续两年超过百分之五十的；

（十）其他需要撤销的情形。

第二十四条 有下列情形之一的，可撤销全国优秀工会工作者荣誉称号，取消全国优秀工会积极分子、全国优秀工会之友命名，收回证书和奖牌：

（一）弄虚作假，骗取荣誉的；

（二）工作严重过失，经批评教育仍不改正的；

（三）存在道德败坏、腐化堕落等不良行为，造成恶劣社会影响的；

（四）受到党内严重警告以上处分，或受到记大过以上政务处分的；

（五）被依法追究刑事责任的；

（六）其他需要撤销、取消的情形。

第二十五条 基层工会主席、副主席除适用第二十四条规定情形外，另有下列情形之一的，可撤销全国优秀工会工作者荣誉称号，收回证书和奖牌：

（一）不履行职责或履行职责不到位，工会会员代表大会测评等次连续两年为不满意，或被依法罢免的；

（二）工会不依法按期换届选举，不依法进行工会法人资格变更登记的；

（三）工会经费不依法足额拨缴或使用管理出现严重问题的；

（四）不推动落实职工代表大会、厂务公开制度，不进行集体协商签订集体合同的；

（五）工会会员代表大会评议职工之家不满意率连续两年超过百分之五十的。

第二十六条 撤销全国模范职工之家、全国模范职工小家、全国优秀工会工作者荣誉称号，取消全国优秀工会积极分子、全国优秀工会之友命名，一般由原推荐单位逐级申请，经所在省（区、市）总工会、全国产业工会、中央和国家机关工会联合会同意后，向中华全国总工会基层工作部提出书面报告。

对核查属实的，向中华全国总工会书记处提出书面请示，经审核批准后，撤销荣誉称号、取消命名，收回证书和奖牌。

对查实具有本办法第二十三条、第二十四条、第二十五条规定情形的集体和个人，中华全国总工会书记处也可直接决定撤销荣誉称号、取消命名，收回证书和奖牌，并书面通报推荐单位。

第二十七条 受表彰的基层工会所在单位破产、终止或撤销的，上一级工会应及时收回证书和奖牌，并逐级上报。

第二十八条 县级以上地方工会、各产业工会可对受表彰的先进集体进行工作经费补助，不对受表彰和命名的先进个人进行物质奖励或设置待遇。

基层工会可对其下属工会中受表彰的先进集体进行一定的工作经费补助。经会员代表大会审议通过后，基层工会也可对受表彰和命名的先进个人进行一定的物质奖励。

工作经费补助、物质奖励应符合工会经费支出有关规定。

第五章　附　则

第二十九条　各省（区、市）总工会、各全国产业工会可参照本办法制定本地区、本产业评选表彰实施办法，但不得与本办法相抵触。

第三十条　本办法由中华全国总工会负责解释。

第三十一条　本办法自发布之日起施行。

中华全国总工会办公厅关于印发《全国劳模专项补助资金发放管理办法》的通知

总工办发〔2020〕16号

各省、自治区、直辖市总工会，中央和国家机关工会联合会：

《全国劳模专项补助资金发放管理办法》已经中华全国总工会第十七届书记处第29次会议审议通过，现印发给你们，请遵照执行。

中华全国总工会办公厅

2020年8月19日

全国劳模专项补助资金发放管理办法

第一章　总　则

第一条　为贯彻落实《中共中央办公厅　国务院办公厅关于印发〈功勋荣誉表彰奖励获得者待遇规定（试行）〉、〈生活困难表彰奖励获得者帮扶办法（试行）〉的通知》（中办发〔2018〕31号）要求，认真做好关心关爱劳模工作，进一步规范全国劳模专项补助资金（以下简称补助资金）的发放管理，提高资金使用效益，根据财政部有关规定，结合实际，制定本办法。

第二条　本办法所称补助资金是指中央财政安排在全国总工会部门预算内，用于解决全国劳模生活困难和落实全国劳模待遇规定的专项资金。全国总工会负责补助资金的使用管理。

第三条　补助资金使用范围包括：劳模生活困难补助、特殊困难帮扶、春节慰问、重要节日和纪念日走访慰问、疗休养和健康体检补助、荣誉津贴，以及经财政部批准的其他支出。

第四条　补助资金按照专项管理、专款专用的原则，实行逐级申报、分级负责、“一卡化”发放。

第二章　发放对象及资金用途

第五条　生活困难补助金的发放对象是符合下列情形之一的全国劳动模范和先进工作者（以下简称全国劳模）：

（一）月平均收入低于各省（区、市）总工会核定的在职劳模月补助标准线的；

（二）月养老金低于各省（区、市）总工会核定的退休劳模月补助标准线的；

（三）农民劳模男年满60周岁、女年满55周岁且无固定收入或者丧失劳动能力的；

（四）有下列情形之一者不列为发放对象：在就业年龄内，有劳动能力但不主动就业或者经就业服务机构介绍无正当理由拒绝就业的；安排子女自费出国（境）留学的；子女进入高收费私立学校的；劳模及其配偶名下自有住房超过2套的；其他不能列为发放对象的情形。

第六条　特殊困难帮扶金的发放对象是符合下列情形之一的全国劳模：

（一）因本人患重大疾病，经基本医疗

保险、大病保险等报销和城乡医疗救助后个人医疗费用负担仍然较重，或因劳动功能障碍、生活自理障碍等造成家庭生活困难的；

（二）因配偶、父母、未成年子女患重病、失业，成年子女无民事行为能力或限制民事行为能力须由劳模监护抚养等原因造成家庭生活困难的；

（三）因遭受意外灾害造成家庭生活困难的。

已故全国劳模配偶无固定收入、生活特别困难的可以酌情列为发放对象，全国劳模去世当年或次年可根据困难情况发放一次性特殊困难帮扶金。

第七条 春节慰问金的发放对象是所有健在并保持荣誉称号的全国劳模。在党中央、国务院要求隆重庆祝或纪念的“五一”国际劳动节、建党节、国庆节等重要节日和纪念日应当开展全国劳模走访慰问，走访慰问经费标准由全国总工会届时根据中央有关部署要求研究确定，从补助资金中列支，但走访慰问的交通费等工作经费不得从补助资金中列支。

第八条 疗休养补助金用于全国总工会组织的劳模疗休养活动中全国劳模的疗休养活动经费补贴。

第九条 健康体检补助金用于各级工会组织全国劳模就地进行的身体健康检查费用（劳模所在单位组织年度健康体检的除外）。

第十条 荣誉津贴。对于按国家规定办理退休手续或者不属于职工养老保险覆盖范围、达到城乡居民养老金领取年龄的全国劳模，可以发放荣誉津贴。发放办法及荣誉津贴标准由各地区根据经济社会发展水平确定。所需经费向全国总工会申报，经核定后全部或部分从补助资金中列支，不足部分由本地区补足。

经中共中央、国务院批准享受全国劳模待遇的人员纳入上述补助资金使用范围。

撤销荣誉称号的、移居国（境）外的、去向不明且失去联系的劳模不纳入补助资金使用范围。

第三章 补助标准

第十一条 生活困难补助金的补助标准每年核定一次。

全国劳模生活困难月补助标准线，由各地区参考所在地社会平均工资水平、所在地退休金或者基本养老金平均水平制定。月补助额为劳模月平均收入低于月补助标准线的差额部分。

在职全国劳模生活困难补助原则上不超过2年（24个月），超过2年仍然存在生活困难的，经所在地市级总工会核实并集体研究后可继续为其申报生活困难补助金。

农民劳模男年满60周岁、女年满55周岁且无固定收入或者丧失劳动能力的，补助标准一般为每月不低于1000元。

第十二条 月平均收入是指在一定时期内（一般以上一年度为计算单位）全国劳模的全部收入总和除以月数。

全部收入包括：

（一）工资（指应发工资）、奖金、津贴、补贴及其他劳动收入；

（二）离退休费或者养老金及领取的其他社会保险金；

（三）从政府或者企事业单位获得的基本生活费或者一次性收入；

（四）出租或者出售家庭资产获得的收入；

（五）法定赡养人或者扶养人应当给付的赡养费或者扶养费；

（六）接受的馈赠或者继承收入；

（七）其他应当计入的收入。

劳模补助、荣誉津贴、劳保津贴、慰问

金等不计入收入。

第十三条 特殊困难帮扶金的补助标准由各省（区、市）总工会综合考虑需要帮扶的全国劳模人数，并根据致困原因、困难程度、家庭人口等因素制定分档救助标准。

特殊困难帮扶的全国劳模人数原则上不得超过本省（区、市）全国劳模总数的40%。特殊困难帮扶金的年度最高补助额原则上不超过50000元，特殊情况的，经全国总工会审核同意后可酌情增加。

第十四条 春节慰问、重要节日和纪念日走访慰问、疗休养费用、荣誉津贴标准每年由全国总工会统一核定。荣誉津贴由补助资金列支的部分每人每年一般不超过上年度全国居民人均可支配收入的月平均水平。

第十五条 健康体检费用补助标准为每人不超过1500元，具体数额由各省（区、市）总工会根据当地医疗价格和体检项目的实际情况确定。

第四章 申报与发放

第十六条 发放补助资金应当履行申报审核程序。具体程序为：

（一）全国劳模向基层工会或者乡镇、街道工会提出书面申请，实事求是地反映本人和家庭经济状况、家庭困难状况及原因，并提供相关证明材料。

（二）基层工会或者乡镇、街道工会进行入户调查或者向相关机构核实情况，对符合申报条件、拟进行补助的人员在一定范围内公示。

（三）基层工会或者乡镇、街道工会出具意见并附相关证明材料向上一级工会申报。经逐级审核后，省（区、市）总工会及有关单位于每年10月31日前将各类资金拟补助情况汇总后报全国总工会劳动和经济工作部。

第十七条 申请生活困难补助金和特殊困难帮扶金的全国劳模，应当提供以下证明材料：本人和家庭的经济状况证明、医保票据、病情诊断证明、子女就学证明、突发事件（如事故或者灾情）报告等。证明材料逐级审核上报，由省（区、市）总工会长期留存。

第十八条 全国总工会劳动和经济工作部审核各有关单位上报的各类资金拟补助情况后，制定补助资金具体分配方案，报全国总工会书记处审定。

第十九条 全国总工会财务部按分配方案和用款进度办理资金拨付事宜。

第二十条 各省（区、市）总工会根据全国总工会下达的资金额度，明确补助因素，制定具体的资金发放方案，建立绩效评价办法，经主席办公会研究审定，并严格按财务管理制度履行审批程序，采取银行卡（存折）结算方式，将补助资金直接汇入全国劳模个人银行账户，并通过电话、信函、网络等方式及时告知劳模本人，同时应当告知有关管理单位。

第二十一条 各省（区、市）总工会应当将补助资金使用情况于当年12月底前上报全国总工会劳动和经济工作部。

第五章 监督管理

第二十二条 各级工会的劳模管理、财务、经费审查等部门应当密切配合，各负其责。劳模管理部门负责补助资金的核定、分配、发放等日常管理工作；财务部门负责补助资金的财务管理、财务监督和会计核算；经费审查部门负责补助资金管理使用情况的审查审计监督。

第二十三条 各级工会要建立健全补助资金发放和管理的监督机制。定期对补助资金的发放管理进行监督检查，采取实地走访、电话询访等形式，每年抽取一定比例进行核查，对发现的问题应当及时上报并立即纠正。对检查或巡视巡察发现的未按要求发放管理补助资金的有关单位要予以通报批评，按照有关规定严肃处理。

第二十四条 各级工会及其工作人员必须严格执行有关规定，严禁截留、挪用、冒领补助资金，杜绝随意扩大发放范围、擅自提高补助标准。对在补助资金发放管理工作中存在严重失职、渎职、弄虚作假、以权谋私等违法违规行为的，按照有关规定严肃处理。

第六章 附 则

第二十五条 本地区本部门已出台功勋荣誉表彰奖励获得者待遇规定和帮扶办法的，按照就高原则落实全国劳模待遇和帮扶，本办法规定的待遇及帮扶经费由全国劳模专项补助资金承担，差额部分由本地区本部门承担。

第二十六条 本办法由中华全国总工会负责解释。

第二十七条 本办法自发布之日起施行。2014 年 6 月印发的《全国劳模专项补助资金发放管理办法（试行）》（总工办发〔2014〕19 号）同时废止。

中华全国总工会办公厅关于印发《基层工会法人登记管理办法》的通知

总工办发〔2020〕20 号

各省、自治区、直辖市总工会，各全国产业工会，中央和国家机关工会联合会，全总各部门、各直属单位：

《基层工会法人登记管理办法》已经中华全国总工会第十七届书记处第 34 次会议审议通过，现印发给你们，请遵照执行。

中华全国总工会办公厅
2020 年 12 月 8 日

基层工会法人登记管理办法

第一章 总 则

第一条 为规范基层工会法人登记管理工作，依法确立基层工会民事主体地位，根据《中华人民共和国民法典》《中华人民共和国工会法》及《中国工会章程》等有关规定，制定本办法。

第二条 我国境内的企业、事业单位、机关和其他社会组织等基层单位单独或联合建立的工会组织，区域性、行业性工会联合会，开发区（工业园区）工会，乡镇（街道）工会，村（社区）工会等工会组织（以下简称基层工会）申请取得、变更、注销法人资格，适用本办法。

第三条 基层工会按照本办法规定经审查登记，领取赋有统一社会信用代码的《工会法人资格证书》，取得法人资格，依法独立享有民事权利，承担民事义务。

第四条 各级工会应当依照规定的权限、范围、条件和程序，遵循依法依规、公开公正、便捷高效、科学管理的原则，做好基层工会法人登记管理工作。

第五条 省、自治区、直辖市总工会，设区的市和自治州总工会，县（旗）、自治县、不设区的市总工会（以下简称县以上各级地方总工会）应当为工会法人登记管理工作提供必要保障，所需费用从本级工会经费列支。具备条件的，可以专人负责工会法人登记管理工作。

开展工会法人登记管理工作，不得向基层工会收取费用。

第二章 登记管理机关

第六条 中华全国总工会和县以上各级地方总工会为基层工会法人登记管理机关。

登记管理机关相关部门之间应加强沟通，信息共享，协调配合做好工会法人登记管理工作。

第七条 基层工会法人登记按照属地原则，根据工会组织关系、经费收缴关系，实行分级管理：

（一）基层工会组织关系隶属于地方工会的，或与地方工会建立经费收缴关系的，由基层工会组织关系隶属地或经费关系隶属地相应的省级、市级或县级地方总工会负责登记管理；

（二）基层工会组织关系隶属于铁路、金融、民航等产业工会的，由其所在地省级总工会登记管理或授权市级总工会登记管理；

（三）中央和国家机关工会联合会所属各基层工会、在京的中央企业（集团）工会由中华全国总工会授权北京市总工会登记管理；京外中央企业（集团）工会由其所在地省级总工会登记管理或授权市级总工会登记管理。

登记管理机关之间因登记管理权限划分发生争议，由争议双方协商解决；协商解决不了的，由双方共同的上级工会研究确定。

第八条 登记管理机关应当制备工会法人登记专用章，专门用于基层工会法人登记工作，其规格和式样由中华全国总工会制定。

第九条 登记管理机关应当建立法人登记档案管理制度。

中华全国总工会建立统一的全国工会法人登记管理系统，登记管理机关实行网络化登记管理。

第三章 申请登记

第十条 基层工会申请法人资格登记，应当具备以下条件：

（一）依照《中华人民共和国工会法》和《中国工会章程》的规定成立；

（二）有自己的名称、组织机构和住所；

（三）工会经费来源有保障。

基层工会取得法人资格，不以所在单位是否具备法人资格为前提条件。

第十一条 凡具备本办法规定条件的基层工会，应当于成立之日起六十日内，向登记管理机关申请工会法人资格登记。

第十二条 基层工会申请工会法人资格登记，应当向登记管理机关提交下列材料：

（一）工会法人资格登记申请表；

（二）上级工会的正式批复文件；

（三）其他需要提交的证明、文件。

第十三条 登记管理机关自受理登记申请之日起十五日内完成对有关申请文件的审查。审查合格的，颁发《工会法人资格证书》，赋予统一社会信用代码；申请文件不齐备的，应及时通知基层工会补充相关文件，申请时间从文件齐备时起算；审查不合格，决定不予登记的，应当书面说明不予登记的理由。

第十四条 《工会法人资格证书》应标注工会法人统一社会信用代码和证书编码。

工会法人统一社会信用代码按照统一社会信用代码编码规则编定。其中第一位为登记管理部门代码，以数字“8”标识；第二位为组织机构类别代码，以数字“1”或“9”标识，为基层工会赋码时选用“1”，为其他类别工会赋码时选用“9”。

第十五条 基层工会登记工会法人名称，应当为上一级工会批准的工会组织的全称。一般由所在单位成立时登记的名称（区域性、行业性工会联合会应冠以区域、行业名称），缀以“工会委员会”、“联合工会委员会”、“工会联合会”等组成。

基层工会的名称具有唯一性，其他基层工会申请取得法人资格时不得重复使用。

第十六条 基层工会具备法人条件的，依法取得法人资格，工会主席为法定代表人。

第十七条 因合并、分立而新设立的基层工会，应当重新申请工会法人资格登记。

第四章 变更登记

第十八条 取得工会法人资格的基层工会变更名称、住所、法定代表人等事项的，应当自变更之日起三十日内，向登记管理机关申请变更登记，并提交工会法人变更登记申请表和相关文件。

登记管理机关自受理变更登记申请之日起十五日内，换发《工会法人资格证书》，收回原证书。

第十九条 基层工会法人跨原登记管理机关辖区变更组织关系、经费收缴关系或住所的，由原登记管理机关办理登记管理权限变更手续，并按本办法确立的原则，将该基层工会法人登记管理关系转移到变更后的登记管理机关。

第二十条 取得工会法人资格的基层工会，合并、分立后存续，但原登记事项发生变化的，应当申请变更登记。

第二十一条 未经变更登记，任何组织和个人不得擅自改变工会法人资格登记事项。

第五章 注销登记

第二十二条 取得工会法人资格的基层工会经会员大会或会员代表大会通过并报上一级工会批准撤销的，或因所在单位终止、撤销等原因相应撤销的，应当自撤销之日起三十日内，向登记管理机关申请注销登记，并提交工会法人注销登记申请表、上级工会同意撤销的文件或向上级工会备案撤销的文件，以及该基层工会经费、资产清理及债权债务完结的证明等材料。

登记管理机关自受理注销登记申请之日起十五日内完成审查登记，收回《工会法人资格证书》。

第二十三条 取得工会法人资格的基层工会，因合并、分立而解散的，应当申请注销登记。

第六章 信息公告和证书管理

第二十四条 基层工会取得、变更、注销工会法人资格的，登记管理机关应当依法及时在报刊或网络上发布有关信息。

第二十五条 《工会法人资格证书》是基层工会法人资格的唯一合法凭证。未取得《工会法人资格证书》的基层工会，不得以工会法人名义开展活动。

《工会法人资格证书》及相关登记申请表样式由中华全国总工会统一制发。

第二十六条 《工会法人资格证书》的有效期为三年至五年，具体时间与工会的届期相同。

第二十七条 基层工会依法取得《工会法人资格证书》的，应当在证书有效期满前三十日内，向登记管理机关提交《工会法人资格证书》换领申请表和工会法人存续证明材料，经登记管理机关审查合格后换发新证，有效期重新计算。

第二十八条 《工会法人资格证书》不得涂改、抵押、转让和出借。《工会法人资格证书》遗失的，基层工会应当于一个月内在报刊或网络上发布公告，并向登记管理机关提交《工会法人资格证书》补领申请表、遗失公告和说明，申请补发新证。

第七章 监督管理

第二十九条 登记管理机关应当加强对基层工会法人资格登记工作的监督管理，基层工会应当接受并配合登记管理机关的监督管理。

上级工会应当加强对下级工会开展基层工会法人登记管理工作的指导和监督检查。

第三十条 不具备条件的基层工会组织或机构在申请登记时弄虚作假、骗取登记的，由登记管理机关予以撤销登记，收回《工会法人资格证书》和统一社会信用代码。

第三十一条 登记管理机关审查不严，或者滥用职权，造成严重后果的，依法依纪追究有关责任。

第八章 附 则

第三十二条 地方总工会等机构编制由机构编制部门负责管理的工会组织，由机构编制部门制发统一社会信用代码证书。

第三十三条 各级产业工会委员会申领《工会法人资格证书》，参照本办法执行。

第三十四条 县以上各级地方总工会派出的工会工作委员会、工会办事处等工会派出代表机关，工会会员不足二十五人仅选举组织员或者工会主席一人主持工作的基层工会，可以参照本办法规定申请取得统一社会信用代码证书。

第三十五条 各省、自治区、直辖市总工会可以根据本办法的规定，制定基层工会法人登记管理的具体实施细则，并报中华全国总工会备案。

第三十六条 本办法由中华全国总工会负责解释。

第三十七条 本办法自 2021 年 1 月 1 日起施行。2008 年 6 月 13 日中华全国总工会印发的《基层工会法人资格登记办法》同时废止。

附件：1. 工会法人资格登记申请表（略）
2. 工会法人变更登记申请表（略）
3. 工会法人注销登记申请表（略）
4.《工会法人资格证书》补（换）领申请表（略）
5. 工会统一社会信用代码申请表（略）
6. 工会法人资格证书样式（略）
7. 工会统一社会信用代码证书样式（略）

宁夏回族自治区
2020 年国民经济和社会发展统计公报[1]

宁夏回族自治区统计局　国家统计局宁夏调查总队

2021 年 5 月 23 日

2020 年，面对复杂严峻的国内外环境特别是新冠肺炎疫情的严重冲击，在自治区党委和政府的坚强领导下，全区上下坚持以习近平新时代中国特色社会主义思想为指导，深入学习贯彻习近平总书记视察宁夏重要讲话精神，坚决落实党中央、国务院各项决策部署，扎实做好“六稳”工作，全面落实“六保”任务，统筹疫情防控和经济社会发展取得重大成果，经济运行稳步回升、持续向好，主要指标增长好于预期，发展动能不断增强，转型升级加快推进，质量效益明显改善，民生保障更加有力，高质量发展迈出新的步伐。

一、综合

初步核算，全年全区实现生产总值[2] 3920.55 亿元，按不变价格计算，比上年增长 3.9%。其中，第一产业增加值 338.01 亿元，增长 3.3%；第二产业增加值 1608.96 亿元，增长 4.0%；第三产业增加值 1973.58 亿元，增长 3.9%。第一产业增加值占地区生产总值的比重为 8.6%，第二产业增加值比重为 41.0%，第三产业增加值比重为 50.4%，比上年提高 0.2 个百分点。

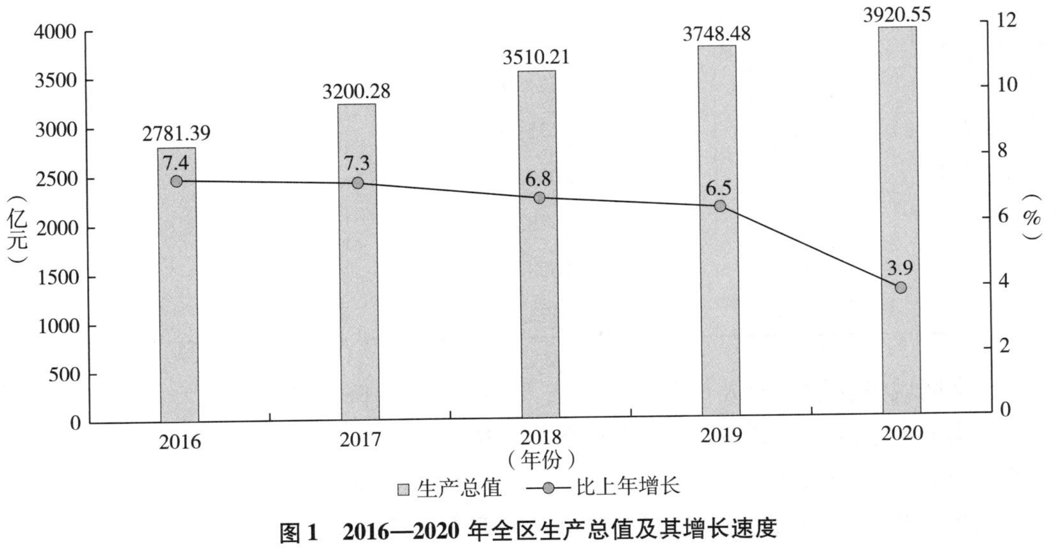

图 1　2016—2020 年全区生产总值及其增长速度

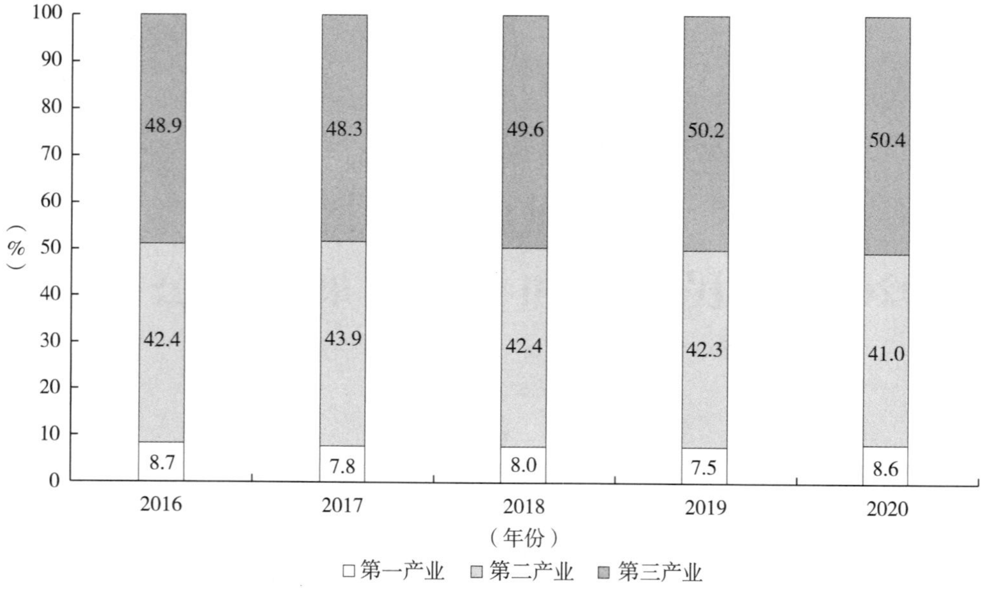

图 2 2016—2020 年全区三次产生增加值占地区生产总值比重

表 1 2020 年全区生产总值及其增长速度

指 标	绝对值（亿元）	比上年增长（%）
全区生产总值	3920.55	3.9
农林牧渔业	356.18	3.2
工业	1283.69	4.2
建筑业	326.78	3.5
批发和零售业	194.34	-3.3
交通运输、仓储和邮政	181.88	4.4
住宿和餐饮业	50.13	-9.7
金融业	321.07	3.4
房地产业	175.86	4.2
其他服务业	1030.63	6.4
第一产业	338.01	3.3
第二产业	1608.96	4.0
第三产业	1973.58	3.9

全年全区城镇新增就业人员 7.3 万人，农村劳动力转移就业 80.27 万人，年末全区城镇登记失业率为 3.92%。全年全区农民工[3]总量为 98.1 万人，比上年减少 8.0 万人，下降 7.5%。其中，外出农民工 76.9 万人，比上年减少 5.8 万人，下降 7.0%；本地农民工 21.2 万人，减少 2.2 万人，下降 9.4%。

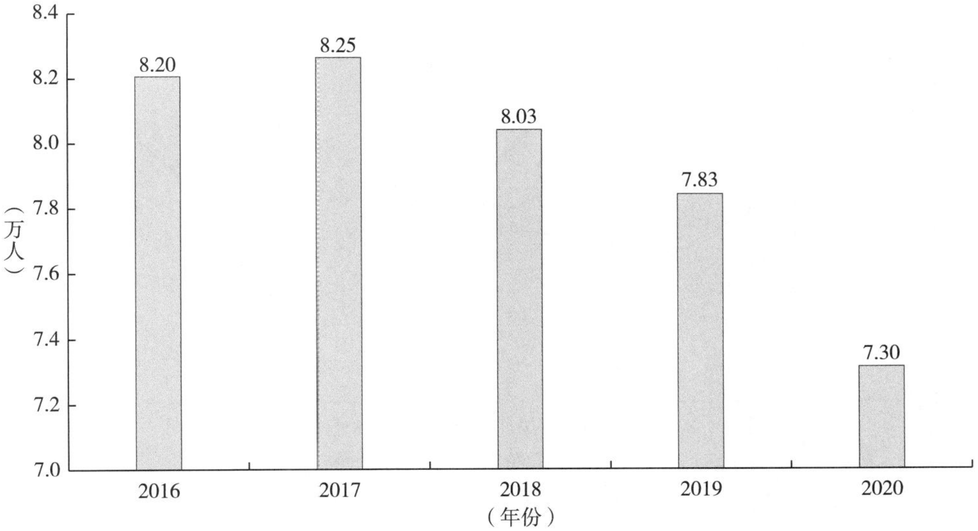

图 3 2016—2020 年全区城镇新增就业人数

全年全区居民消费价格比上年上涨 1.5%，工业生产者出厂价格下降 3.1%，工业生产者购进价格下降 5.3%，农产品生产者价格[4]上涨 13.1%。

三大攻坚战夺取重大胜利。“十三五”末，全区 9 个贫困县全部摘帽，1100 个贫困村全部出列，现行标准下 62.4 万农村贫困人口全部脱贫。生态环境 9 项约束性指标超额完成，蓝天碧水净土保卫战成效显著，全区空气优良天数比 2015 年增加 15 天，森林覆盖率由 11.9% 提高到 15.8%。处置化解一批风险隐患，守住了不发生系统性风险的底线。

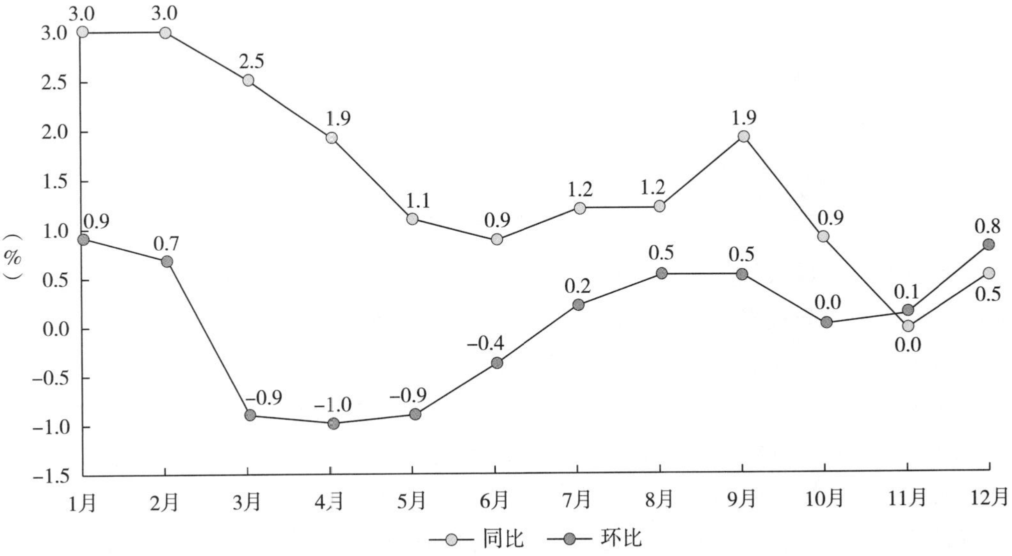

图 4 2020 年全区居民消费价格月度涨跌幅度

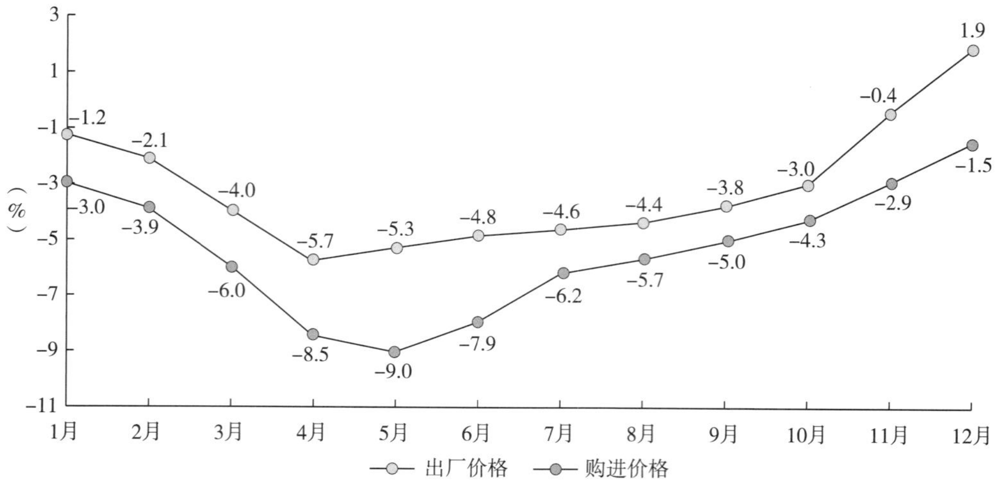

图5 2020年全区工业生产者出厂价格和购进价格月度同比涨跌幅度

表2 2020年12月份全区居民消费价格指数

指　标	环比	同比	1－12月累计
居民消费价格总指数	100.8	100.5	101.5
其中：食品烟酒	102.5	102.9	105.4
衣着	100.1	96.8	98.9
居住	100.0	99.7	100.3
生活用品及服务	100.2	99.4	99.6
交通和通信	99.9	97.4	96.9
教育文化和娱乐	99.9	100.4	101.0
医疗保健	100.0	100.5	100.6
其他用品和服务	98.6	102.9	103.2

新产业新业态新模式加快成长。全年全区规模以上工业中，高技术制造业增加值比上年增长9.9%。全年水电、风电、太阳能等可再生能源发电量352.4亿千瓦时，增长9.4%。全年变压器产量增长8.2%，数控金属切割机床产量增长36.7%，工业机器人产量增长26.5%。全年全区工业技术改造投资[5]增长18.0%。全年全区网上零售额[6]按卖家所在地分，实现零售额209.4亿元，增长10.3%，其中实物商品零售额63.2亿元，增长39.5%。

二、农业

全年全区粮食种植面积1018.75万亩，比上年增加2.70万亩。其中，小麦种植面积139.39万亩，减少22.27万亩；水稻种植面积91.22万亩，减少10.86万亩；玉米种植面积484.09万亩，增加34.42万亩；薯类种植面积142.66万亩，增加3.59万亩。油料种植面积49.92万亩，减少8.55万亩。蔬菜种植面积202.51万亩，增加5.72万亩。瓜果种植面积95.13万亩，减少3.47万亩。园林水果种植面积157.04万亩，增加2.58万亩。

全年全区粮食总产量380.49万吨，比上年增产7.34万吨，增长2.0%，连续十七年实现丰收。其中，夏粮产量29.05万吨，下降19.7%；秋粮产量351.45万吨，增长4.3%。全年全区小麦产量27.79万吨，下降19.7%；水稻产量49.39万吨，下降10.3%；玉米产量249.07万吨，增长8.1%；马铃薯产量（折粮）41.54万吨，增长5.3%。

全年全区蔬菜产量568.61万吨，比上年增长0.5%；红枣产量8.20万吨，增长15.5%；枸杞产量9.80万吨，下降4.0%；油料产量6.73万吨，下降12.2%。

全年全区肉类总产量33.77万吨，比上年增长0.7%。其中，猪肉产量8.01万吨，增长2.5%；牛肉产量11.44万吨，下降0.2%；羊肉产量11.09万吨，增长6.6%；禽肉产量2.89万吨，下降19.0%。禽蛋产量13.86万吨，与上年持平。牛奶产量215.34万吨，增长17.4%。水产品产量16.16万吨，增长2.5%。年末全区生猪存栏90.02万头，增长22.7%；肉牛存栏120.65万头，增长24.2%；奶牛存栏57.38万头，增长31.2%；羊存栏596.11万只，增长4.9%；活家禽存栏1181.82万只，下降8.0%。全年生猪出栏98.60万头，增长2.1%；肉牛出栏71.99万头，增长0.1%；羊出栏625.13万只，增长7.8%；活家禽出栏1386.70万只，下降19.6%。

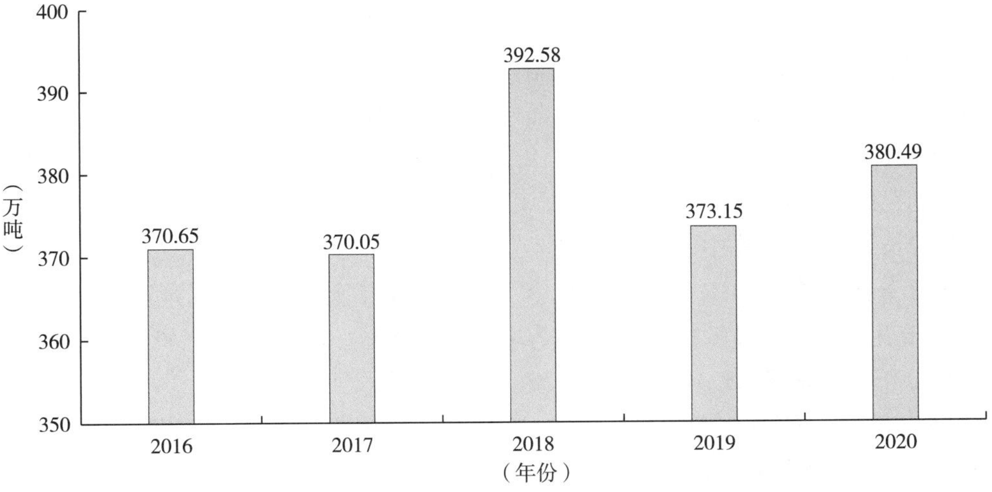

图6 2016—2020年全区粮食产量

三、工业和建筑业

全年全区全部工业增加值1283.69亿元，比上年增长4.2%。规模以上工业增加值增长4.3%。在规模以上工业中，分轻重工业看，轻工业增加值下降0.7%，重工业增长5.0%。分经济类型看，国有控股企业增加值下降1.0%；股份制企业增长3.7%，外商及港澳台商投资企业增长9.0%；非公有工业增长10.1%，其中私营企业增长10.5%。分门类看，采矿业增加值下降1.9%，制造业增长5.4%，电力、热力、燃气及水生产和供应业增长6.0%。

表3　2020年全区主要农林牧渔业产品产量及其增长速度

指　标	产量（万吨）	比上年增长（%）
粮食	380.49	2.0
小麦	27.79	-19.7
水稻	49.39	-10.3
玉米	249.07	8.1
油料	6.73	-12.2
蔬菜	568.61	0.5
瓜果	157.18	-4.7
枸杞	9.80	-4.0
肉类总产量	33.77	0.7
其中：猪、牛、羊肉产量	30.54	2.9
禽蛋	13.86	0.0
牛奶	215.34	17.4
水产品	16.16	2.5

全年全区规模以上工业中，电力行业增加值增长4.6%、化工行业增长1.5%、冶金行业增长1.7%、有色行业增长2.9%、轻纺行业下降2.8%、机械行业增长29.4%、建材行业下降0.9%、医药行业增长5.1%、其他行业增长23.7%。工业产品销售率为97.4%。

年末全区发电装机容量5942.7万千瓦，比上年末增长12.2%。其中，火电装机容量3326.4万千瓦，增长3.3%；水电装机容量42.6万千瓦，增长0.1%；风电装机容量1376.6万千瓦，增长23.3%；太阳能发电装机容量1197.1万千瓦，增长30.4%。

全年全区规模以上工业企业利润203.9亿元，比上年下降9.0%。分经济类型看，国有控股企业利润37.6亿元，下降50.3%；股份制企业145.0亿元，下降19.1%；外商及港澳台商投资企业57.3亿元，增长35.4%。分门类看，采矿业亏损5.7亿元，同比盈转亏39.0亿元；制造业利润152.2亿元，增长16.9%；电力、热力、燃气及水生产和供应业57.4亿元，下降5.3%。

全区具有资质的总承包和专业承包建筑业企业748家，全年完成建筑业总产值641.81亿元，比上年增长6.7%。建筑业企业房屋建筑施工面积2107.74万平方米，下降6.4%；房屋竣工面积756.98万平方米，增长11.5%；竣工产值320.07亿元，增长6.7%。按建筑业总产值计算的劳动生产率30.26万元/人，比上年增长3.0%。

四、固定资产投资

全年全区全社会固定资产投资比上年增长4.8%。其中，固定资产投资（不含农户）增长4.0%。

在固定资产投资（不含农户）中，第一产业投资比上年增长15.6%，第二产业投资增长15.6%，第三产业投资下降5.3%。工业投资增长15.7%，占固定资产投资（不含农户）的比重为45.5%。基础设施投资[7]下降15.3%，占固定资产投资（不含农户）的比重为17.4%。民间固定资产投资[8]增长7.8%，占固定资产投资（不含农户）的比重为56.9%。

全年全区房地产开发投资433.27亿元，

比上年增长7.5%。其中，住宅投资308.59亿元，增长9.5%；办公楼投资4.08亿元，下降40.8%；商业营业用房投资61.87亿元，下降0.1%。

表4 2020年全区主要工业产品产量及其增长速度

指 标	单位	产量	比上年增长（%）
原煤	万吨	8151.6	9.1
发电量	亿千瓦时	1882.4	6.6
焦炭	万吨	920.8	11.3
原铝（电解铝）	万吨	119.2	-4.9
农用化肥（折纯）	万吨	67.9	49.6
精甲醇	万吨	788.8	18.8
电石（碳化钙）	万吨	405.1	-0.9
水泥	万吨	1977.5	4.8
铁合金	万吨	322.6	-16.4
乳制品	万吨	147.0	12.9
金属切削机床	台	1932.0	31.5

表5 2020年全区房地产开发和销售主要指标及其增长速度

指 标	单位	绝对数	比上年增长（%）
房地产开发投资	亿元	433.27	7.5
房屋施工面积	万平方米	5562.65	-6.3
其中：住宅	万平方米	3633.11	-4.1
其中：本年新开工面积	万平方米	1039.16	-12.4
房屋竣工面积	万平方米	772.25	-23.6
其中：住宅	万平方米	513.53	-28.5
商品房销售面积	万平方米	1095.49	8.5
其中：住宅	万平方米	971.87	9.5
商品房待售面积	万平方米	993.05	3.7
其中：住宅	万平方米	330.83	-4.0
商品房销售额	亿元	698.39	21.7
其中：住宅	亿元	626.26	25.6
本年实际到位资金	亿元	708.28	21.7
其中：国内贷款	亿元	52.01	-19.4
自筹资金	亿元	114.99	-8.7
其他资金来源	亿元	541.28	38.3

五、国内贸易

全年全区实现社会消费品零售总额1301.39亿元，比上年下降7.0%。按经营地统计，城镇消费品零售额1123.81亿元，下降7.1%；乡村消费品零售额177.58亿元，下降6.7%。按消费类型统计，商品零售额1137.04亿元，下降7.0%；餐饮收入额164.35亿元，下降7.2%。

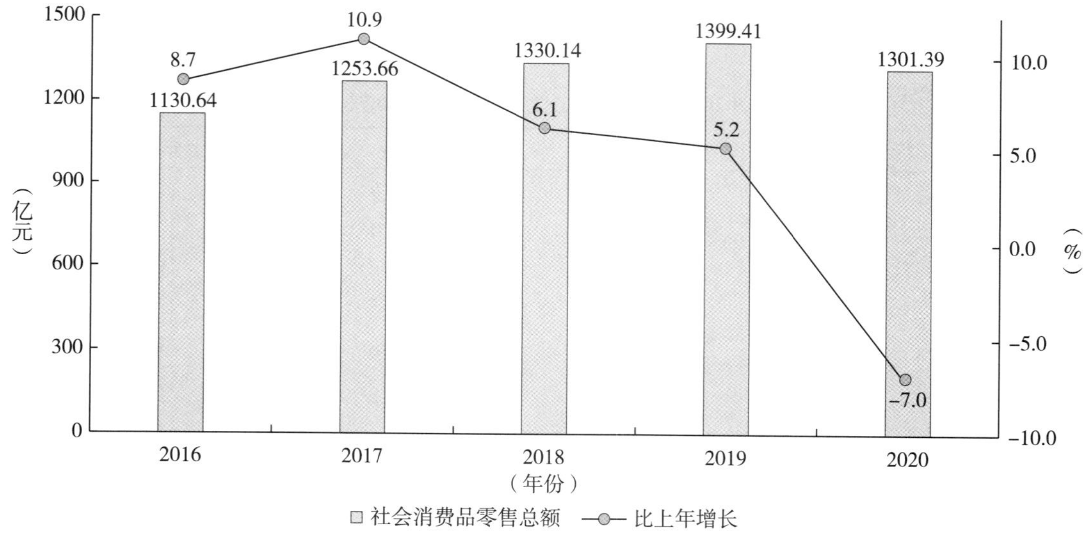

图 7 2016—2020 年全区社会消费品零售总额及其增长速度

在限额以上单位商品零售额中，粮油、食品类零售额比上年增长 14.1%，饮料类增长 2.7%，烟酒类下降 2.7%，服装、鞋帽、针纺织品类下降 16.7%，化妆品类下降 10.8%，金银珠宝类下降 18.5%，日用品类下降 10.6%，家用电器和音像器材类下降 15.8%，中西药品类增长 10.8%，文化办公用品类下降 16.0%，通讯器材类下降 24.5%，石油及制品类下降 13.3%，汽车类下降 1.3%。

六、对外经济[9]

全年全区货物贸易进出口总额 123.17 亿元，比上年下降 48.8%。其中，出口 86.68 亿元，下降 41.8%；进口 36.49 亿元，下降 60.3%。货物贸易进出口差额（出口减进口）50.19 亿元。对“一带一路”沿线国家和地区进出口总额 39.06 亿元，下降 43.2%。其中，出口 35.02 亿元，下降 31.4%；进口 4.04 亿元，下降 77.3%。

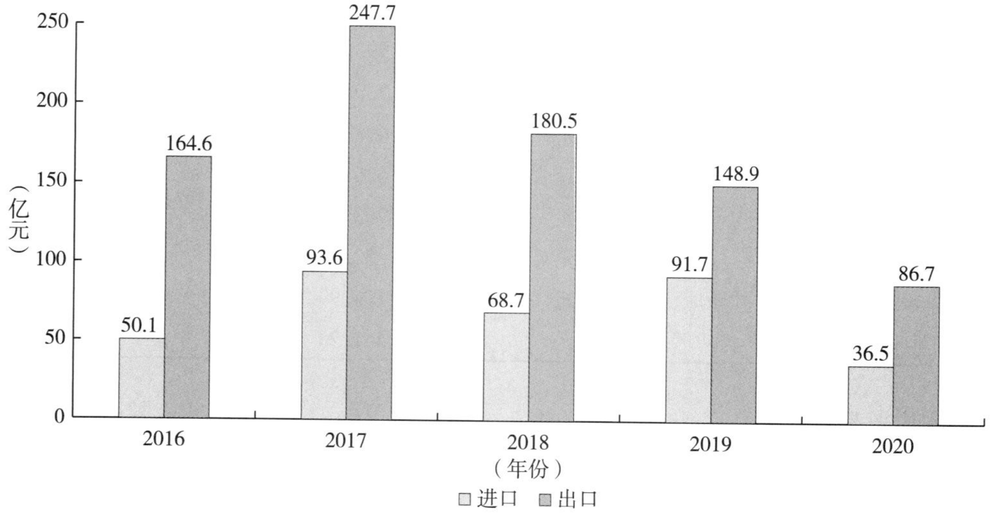

图 8 2016—2020 年全区货物进出口总额

表6　2020 年全区主要商品出口金额及其增长速度

商品名称	出口值（亿元）	比上年增长（%）
枸杞	2.7	21.0
泰乐菌素	6.4	41.4
维生素 C	2.0	16.0
双氰胺	7.0	10.3
金属锰	4.0	-22.4
钽铌铍制品	3.3	-9.7
机床及铸件	3.7	-21.1

全年全区实际使用外商直接投资 2.72 亿美元，比上年增长 8.4%。全区新设外商投资企业 22 家，合同外资金额 6.15 亿美元，下降 88.2%。其中，信息传输、软件和信息技术服务业签订利用外商直接投资合同额 1.90 亿美元，增长 137.7%。

七、交通和邮电

全年全区货物运输总量 4.40 亿吨，比上年增长0.8%；货物运输周转量764.75 亿吨公里，增长 7.7%。全年全区旅客运输总量0.38 亿人次，下降 37.5%；旅客运输周转量99.76 亿人公里，下降37.1%。

表7　2020 年全区各种运输方式完成运输量及其增长速度

运输方式	货物				旅客			
	运输总量		运输周转量		运输总量		运输周转量	
	绝对值（万吨）	比上年增长（%）	绝对值（亿吨公里）	比上年增长（%）	绝对值（万人）	比上年增长（%）	绝对值（亿人公里）	比上年增长（%）
总计	44024.91	0.83	764.75	7.66	3807.64	-37.50	99.76	-37.09
铁路	8633.61	5.93	214.62	0.48	557.58	-16.33	24.23	-40.81
公路	34216.62	-0.42	483.67	10.58	2902.38	-40.83	28.22	-38.66
航空	2.97	-10.80	0.37	-8.49	347.68	-33.26	47.31	-33.95
管道	1171.71	2.08	66.09	12.18	—	—	—	—

年末全区民用汽车保有量 171.50 万辆，比上年末增长 8.1%。其中，私人汽车保有量155.60 万辆，增长8.2%。民用轿车保有量81.07 万辆，增长 6.4%。其中，私人轿车77.52 万辆，增长6.9%。

全年全区完成邮政业务总量[10]24.98 亿元，比上年增长 25.0%。邮政业完成邮政函件业务 240.06 万件；包裹业务 8.82 万件；快递业务量7317.77 万件，快递业务收入11.83 亿元。全年全区完成电信业务总量[11]924.4 亿元，增长 24.2%。年末全区电话用户总数 890.6 万户，其中移动电话用户 839.2 万户。（固定）互联网宽带接入用户 283.6 万户，比上年增加 24.5 万户。移动互联网用户 712.7 万户，比上年增加 26.8 万户；移动互联网接入流量 115767.2 万 GB，增长 32.3%。

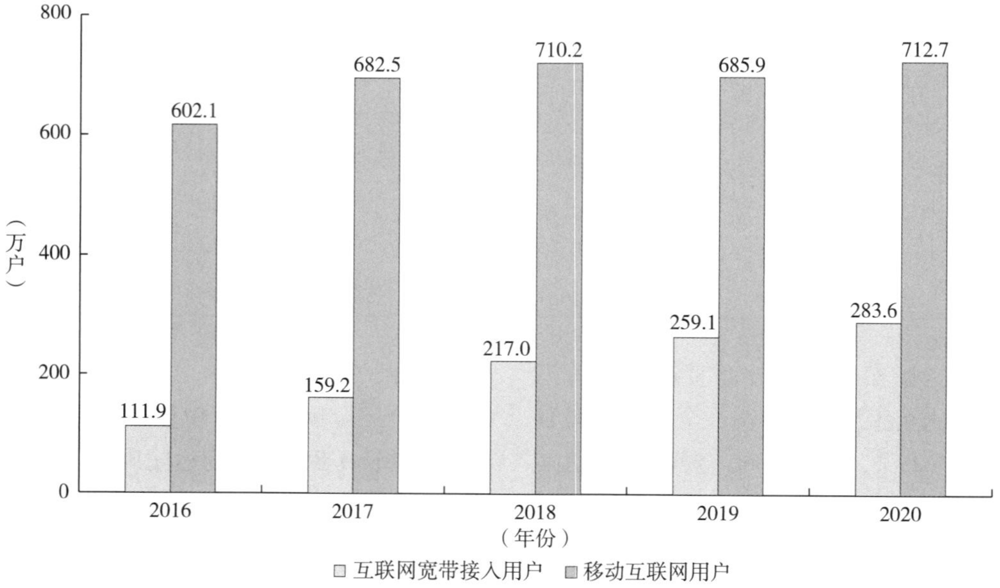

图 9　2016—2020 年末全区互联网宽带接入用户数和移动互联网用户数

八、财政金融

全年全区一般公共预算总收入 704.1 亿元，比上年下降 5.8%。其中，地方一般公共预算收入 419.4 亿元，下降 1.0%。在地方一般公共预算收入中，税收收入 263.8 亿元，下降 1.4%，占地方一般公共预算收入的 62.9%。

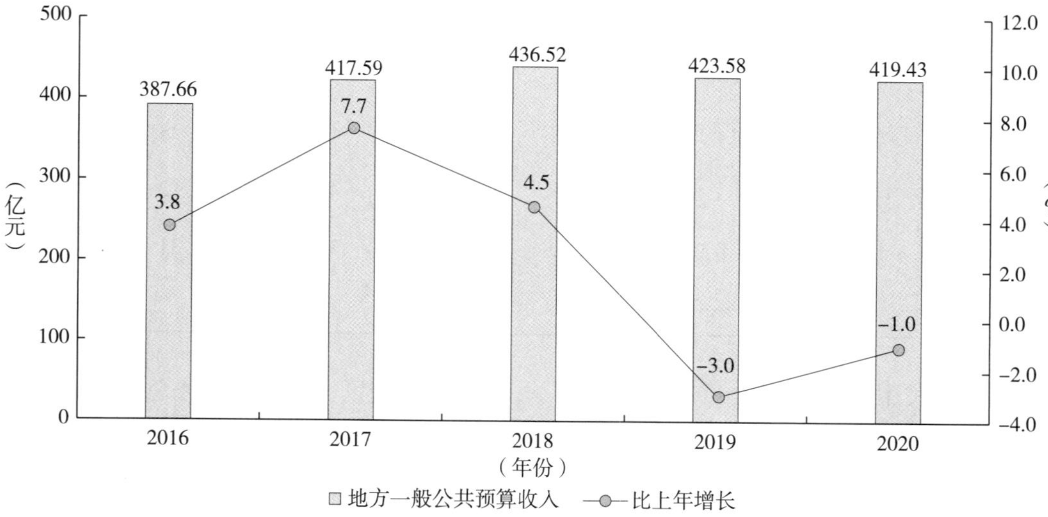

图 10　2016—2020 年全区地方一般公共预算收入及其增长速度[12]

年末全区金融机构本外币各项存款余额7136.24亿元，比年初增加675.82亿元。其中，人民币各项存款余额7121.31亿元，比年初增加677.89亿元。金融机构本外币各项贷款余额7981.87亿元，比年初增加656.00亿元。其中，人民币各项贷款余额7782.59亿元，比年初增加615.31亿元。

表8　2020年末全区金融机构存贷款余额及其增长速度

指　标	年末数（亿元）	当年新增（亿元）	比上年末增长（%）
本外币各项存款余额	7136.24	675.82	10.5
人民币存款余额	7121.31	677.89	10.5
其中：住户存款	3943.84	497.70	14.4
非金融企业存款	1498.88	121.28	8.8
机关团体及财政性存款	1511.17	3.9	0.3
本外币各项贷款余额	7981.87	656.00	7.5
人民币贷款余额	7782.59	615.31	7.8
其中：短期贷款	2107.74	154.67	6.7
中长期贷款	4928.56	342.19	8.0
票据融资	731.69	69.40	10.5

年末全区上市公司14家，总股本206.15亿股，总市值1357.41亿元，比上年末增长6.7%。其中，流通市值723.20亿元，增长26.0%。全年证券交易额12737.98亿元，增长46.0%。年末全区在全国中小企业股份转让系统[13]挂牌公司48家，比上年末下降11.1%。

年末全区省级营业性保险分公司23家，全年实现保费收入210.71亿元，比上年增长6.6%。其中，财产险收入67.85亿元，下降0.5%；寿险收入96.66亿元，增长10.2%；健康险收入39.93亿元，增长10.2%；意外伤害险收入6.27亿元，增长12.6%。支付各类赔款和给付66.12亿元，增长4.0%。其中，财产险赔款38.37亿元，增长3.4%；寿险业务给付17.42亿元，增长6.3%；健康险给付8.66亿元，增长3.5%；意外伤害险赔款1.66亿元，降低1.8%。

九、居民收入消费和社会保障

全年全区全体居民人均可支配收入25735元，比上年增长5.4%。按常住地分，城镇居民人均可支配收入35720元，增长4.1%；农村居民人均可支配收入13889元，增长8.0%。

全年全区居民人均消费支出17506元，比上年下降4.3%。按常住地分，城镇居民人均消费支出22379元，下降7.4%；农村居民人均消费支出11724元，增长2.3%。

年末全区参加城镇职工基本养老保险人数240.11万人，比上年末增加13.51万人。参加城乡居民基本养老保险人数238.65万人，增加43.99万人。参加基本医疗保险人数658.76万人，增加25.02万人。其中，参加城镇职工基本医疗保险152.95万人，增加11.84万人；参加城乡居民基本医疗保险505.81万人，增加13.18万人。参加失业保险人数102.73万人，增加5.37万人。参加工伤保险人数132.56万人，增加12.98万人。参加生育保险人数105.37万人，增加10.68万人。

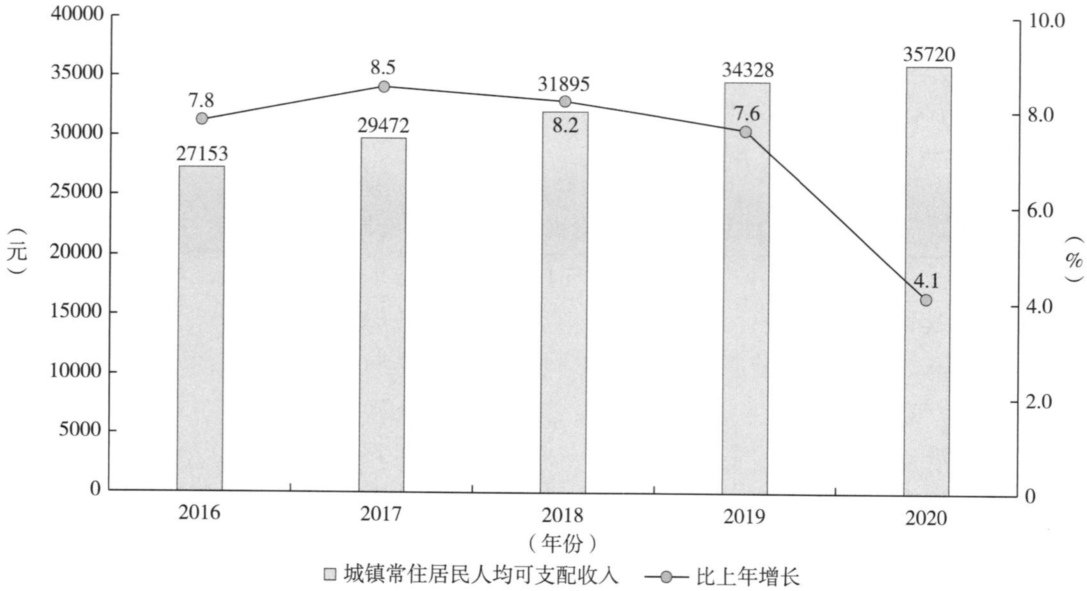

图 11 2016—2020 年全区城镇居民人均可支配收入及其增长速度

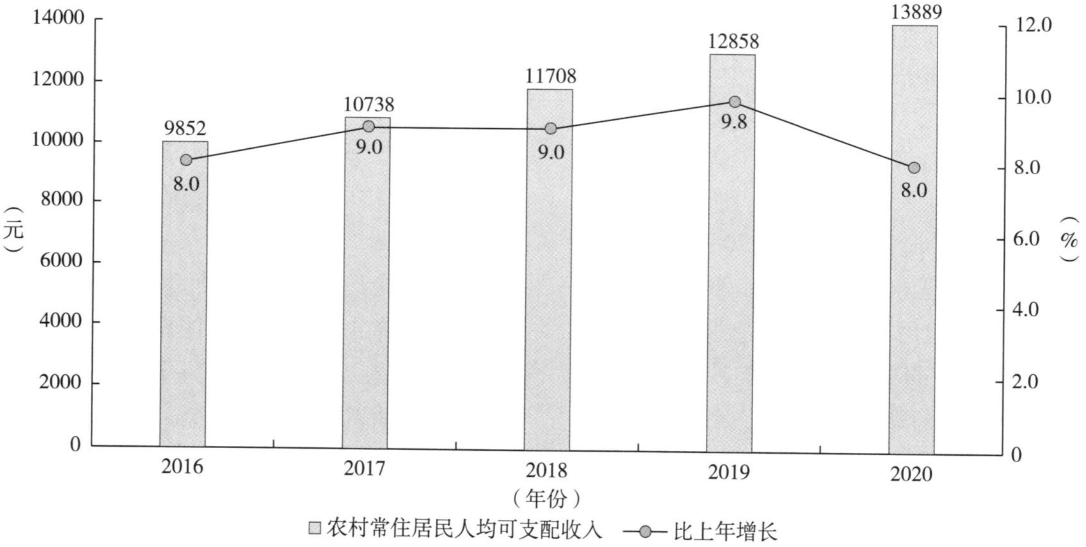

图 12 2016—2020 年全区农村居民人均可支配收入及其增长速度

十、教育、科学技术和文化体育

年末全区各级各类学校 3476 所（含小学教学点 484 所），教职工 111351 人。全年全区学前教育毛入园率为 88.51%，小学学龄人口入学率为 100%，初中阶段毛入学率为 112.9%，高中阶段毛入学率为 93.0%，高等教育毛入学率为 54.7%，小学六年巩固率为 100.3%，初中三年巩固率为 99.6%。

全年全区登记自治区级科技成果 399 项，比上年增长 71.0%。其中，基础理论成果 54 项，应用技术成果 324 项，软科学成果 21 项。全年申请专利量 12924 件，增长 39.4%。其中，发明专利 3049 件，增长 20.8%。专利授权量 7709 件，增长 38.9%。其中，发明专利授权量 703 件，增长 17.6%。全年共签订技术合同 1874 项，技术合同成交金额 22.52 亿元。

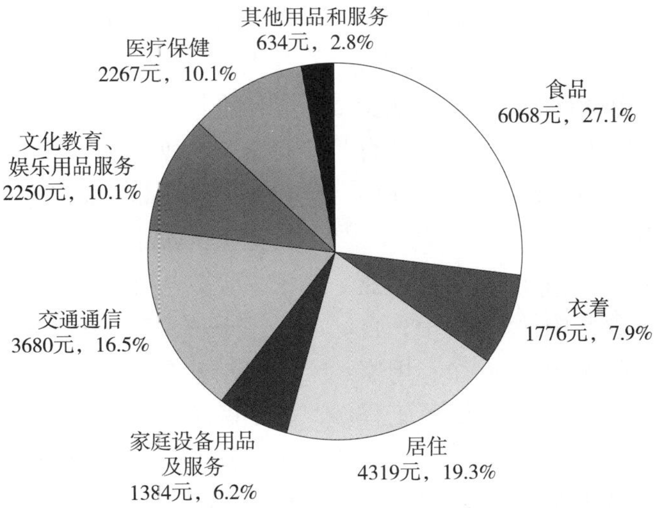

图 13 2020 年全区城镇居民人均消费支出及其构成

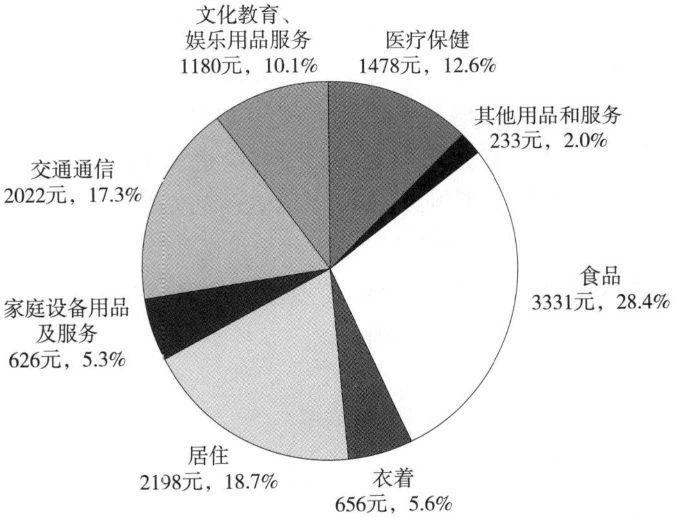

图 14 2020 年全区农村居民人均消费支出及其构成

表 9 2020 年全区各级教育招生、在校、毕业生人数

类 别	校数（所）	招生数（人）	在校学生（人）	毕业学生数（人）
普通高等学校	20	51782	156142	36352
#研究生	4	4228	9463	2218
成人高等学校	1	10991	30811	12418
中等职业教育学校	29	26444	75524	22446
普通中学	314	149185	453421	146780
#高中	67	56778	160796	49120
初中	247	92407	292625	97660
普通小学（含教学点）	1633	100918	592434	93604
幼儿园	1464	130730	256213	115587
特殊教育学校	15	1319	7473	1125

年末全区拥有国家级工程技术研究中心3个，自治区级工程技术研究中心72个；国家级重点实验室3个，自治区级重点实验室38个（含省部共建国家重点实验室培育基地2个）；自治区级产业技术协同创新中心5个，自治区临床医学研究中心25个，自治区技术创新中心304个；国家级企业（集团）技术中心（含分中心）12个，自治区级企业（集团）技术中心86个；国家地方联合工程研究中心26个，自治区工程研究中心19个。

年末全区文化系统共有艺术表演团体11个，博物馆75个。全区共有公共图书馆27个，文化馆27个。预计[14]有线电视在册用户数128.04万户，其中，有线数字电视在册用户110.8万户。年末全区广播节目综合人口覆盖率为99.82%；电视节目综合人口覆盖率为99.94%。全区出版各类报纸13种，出版期刊35种，出版图书2855种。2019年，全区文化及相关产业增加值101.65亿元，比上年增长12.4%（未扣除价格因素）；占全区地区生产总值的比重为2.71%，比上年提高0.13个百分点。

全年我区运动员参加国际国内比赛共取得金牌5枚、银牌8枚、铜牌7枚。全年有139人达国家一级运动员等级标准，603人达国家二级运动员等级标准，84人获得国家一级裁判员等级称号。

十一、卫生和社会服务

年末全区共有医疗卫生机构4574个，其中医院218个；基层医疗卫生机构4247个，其中卫生院205个，城市社区卫生服务机构231个，村卫生室2172个；专业公共卫生机构94个，其中疾病预防控制中心25个，卫生监督机构24个。年末全区卫生技术人员58627人，其中执业医师和执业助理医师22240人，注册护士25972人。全区医疗卫生机构实有床位41261张，其中医院35565张，基层医疗卫生机构4094张。全年全区总诊疗人次[15]3969.83万人次，入院人数[16]106.89万人次。

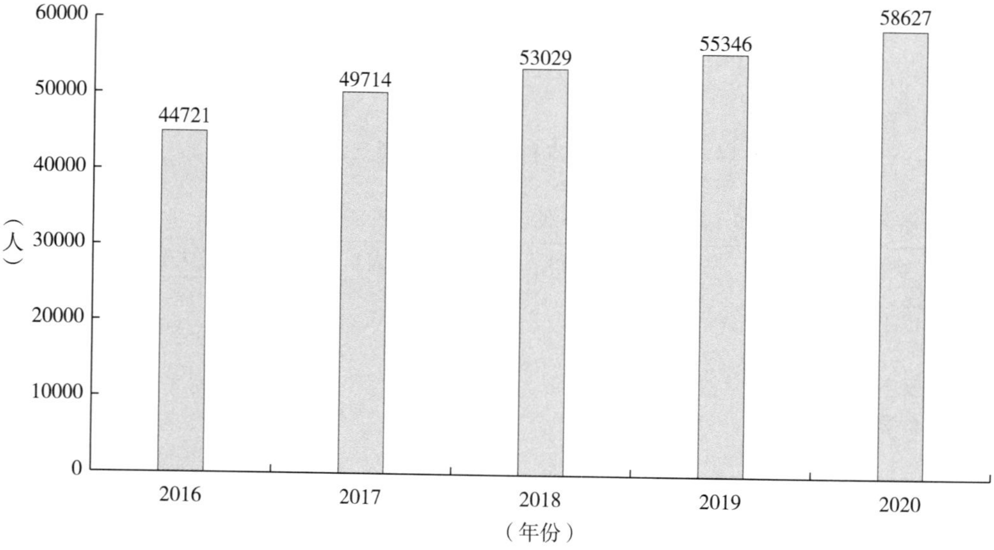

图15 2016—2020年年末全区卫生技术人员人数

年末[17]全区共有各类提供住宿的社会服务机构132个，其中养老服务机构108

个，儿童收养救助服务机构9个。社会服务床位[18]21429张（不包括社区床位数），其中养老机构床位18900张（不包括社区日间照料床位4765张、社区全托服务床位2197张），儿童福利和救助机构床位996张。年末全区共有社区服务机构和设施2787个，其中社区服务中心62个，社区服务站2047个。

十二、资源、环境和应急管理

全年全区水资源总量11.04亿立方米。平均降水量310毫米，比上年下降10.4%。总用水量70.20亿立方米，增长0.43%。其中，生活用水3.71亿立方米，增长8.6%；工业用水4.19亿立方米，下降5.3%；农业用水58.64亿立方米，下降1.7%。万元地区生产总值用水量[19]199.7立方米，下降3.33%；万元工业增加值用水量34.3立方米，下降9.12%。

全年全区完成营造林面积122.62万亩，其中人工营造林面积49.17万亩。森林抚育面积40.9万亩。年末全区自然保护区14个，其中国家级自然保护区9个，自治区级自然保护区5个。

预计[20]全年全区供水普及率为98.90%，比上年提高0.57个百分点；燃气普及率为91.54%，比上年提高0.64个百分点；建成区绿地率为38.69%，比上年提高0.65个百分点；生活垃圾处理率为99.86%，比上年提高0.26个百分点。

全年[21]黄河干流宁夏段入境至出境断面水质均为Ⅱ类优，地表水国控考核断面达到或好于Ⅲ类水质比例为93.3%。5个地级城市环境空气质量平均优良天数为311天，比例为85.1%，细微颗粒（PM2.5）平均浓度为33微克/立方米，比上年上升13.8%；可吸入颗粒物（PM10）平均浓度为65微克/立方米，下降1.5%。全区5地市城市区域昼间噪声等效声级为53.5分贝，与上年持平，昼间区域声环境质量等级为二级，总体水平评价为较好。

全年全区累计发生各类生产经营性事故196起，比上年下降11.3%，死亡168人，下降1.8%。亿元GDP生产安全事故死亡人数为0.043人，下降6.5%。道路交通万车死亡率为2.275，上升11.96%。煤矿百万吨死亡人数为0.111人，上升65.7%。

注释：

［1］本公报中数据均为初步统计数，正式数据以《宁夏统计年鉴－2021》为准。部分数据因四舍五入的原因，存在总计与分项合计不等的情况。

［2］地区生产总值、各产业增加值绝对数按现价计算，增长速度按不变价格计算。

［3］年度农民工数量包括年内在本乡镇以外从业6个月及以上的外出农民工和在本乡镇内从事非农产业6个月及以上的本地农民工两部分。

［4］农产品生产者价格是指农产品生产者直接出售其产品时的价格。

［5］工业技术改造投资是指工业企业利用新技术、新工艺、新设备、新材料对现有设施、工艺条件及生产服务等进行改造提升，实现内涵式发展的投资活动。

［6］网上零售额是指通过公共网络交易平台（主要从事实物商品交易的网上平台，包括自建网站和第三方平台）实现的商品和服务零售额。

［7］基础设施投资包括交通运输、邮政业，电信、广播电视和卫星传输服务业，互联网和相关服务业，水利、环境和公共设施管理业投资。

［8］民间固定资产投资是指具有集体、私营、个人性质的内资调查单位以及由其控股（包括绝对控股和相对控股）的调查单

位在中华人民共和国境内建造或购置固定资产的投资。

［9］货物进出口采用人民币计价。由于技术原因实际使用外商直接投资仍主要沿用美元计价。

［10］邮政行业业务总量按2010年价格计算。

［11］电信业务总量按2015年价格计算。

［12］2020年数据为初步数，正式数据以自治区财政厅决算数据为准。

［13］全国中小企业股份转让系统又称“新三板”，是2012年经国务院批准设立的全国性证券交易场所。

［14］此数据为自治区广播电视局预计数，正式数据以自治区广播电视局正式公布数据为准。

［15］总诊疗人次指所有诊疗工作的总人次数，包括门诊、急诊、出诊、预约诊疗、单项健康检查、健康咨询指导（不含健康讲座）人次。

［16］入院人数指报告期内经门诊或急诊医生签发住院证并办理入院手续的住院病人。

［17］此部分数据为民政厅预计数，正式数据以民政厅公布数据为准。

［18］社会服务床位数除收养性机构外，还包括救助类机构、社区类机构以及军休所、军供站等机构的床位。

［19］万元地区生产总值用水量、万元工业增加值用水量按2015年价格计算。

［20］此数据为住房和城乡建设厅预计数，正式数据以2020年城乡建设统计年报数据为准。

［21］数据来源于《2020年宁夏环境质量状况》。地表水达到或好于Ⅲ类水体比例为15个国控断面监测统计结果；环境空气质量优良天数及比例为未剔除沙尘天气数据，PM10、PM2.5平均浓度均为剔除沙尘天气后数据。

资料来源：

本公报中城镇新增就业、登记失业率、社会保障数据来自自治区人力资源和社会保障厅；财政数据来自自治区财政厅；水资源数据来自自治区水利厅；林业数据来自自治区林业和草原局；发电装机容量数据来自国网宁夏电力公司；铁路运输数据来自中国铁路兰州局集团有限公司；公路运输数据来自自治区交通运输厅；民航数据来自西部机场集团宁夏机场有限公司；电信业务总量、电话用户、宽带用户、移动互联网接入流量、互联网普及率等数据来自宁夏通信管理局；供水普及率、燃气普及率、建成区绿地率、生活垃圾处理率等数据来自自治区住房和城乡建设厅；货物进出口数据来自银川海关；外商直接投资等数据来自自治区商务厅；民用汽车数据来自自治区公安厅；管道数据来自中石油管道长庆输油气分公司和中石油东部管道有限公司银川管理处；邮政业务数据来自宁夏邮政管理局；货币金融数据来自人民银行银川中心支行；上市公司数据来自宁夏证监局；保险业数据来自宁夏银保监局；社会服务数据来自自治区民政厅；教育数据来自自治区教育厅；国家工程研究中心、国家工程实验室、企业技术中心等数据来自自治区科技厅；专利数据来自自治区市场监管厅（自治区知识产权局）；艺术表演团体、博物馆、公共图书馆、文化馆数据来自自治区文化和旅游厅；报纸、期刊、图书数据来自自治区党委宣传部；广播电视数据来自自治区广播电视局；体育数据来自自治区体育局；卫生数据来自自治区卫生健康委员会；环境监测数据来自自治区生态环境厅；安全生产数据来自自治区应急管理厅；其他数据均来自自治区统计局和国家统计局宁夏调查总队。

2020 年全区基层工会统计报表

（按单位类别分类）

表 1－1　工会基层组织建设状况

	基层工会	单独基层工会	联合基层工会	基层工会涵盖单位	职工	女性	农民工	女性农民工	工会会员	女性	农民工	女性农民工
	个	个	个	个	人	人	人	人	人	人	人	人
指标序号		c904＝1	c904＝2	z001	z002	z003	z004	z005	z006	z007	z008	z009
总计	11324	10713	611	24813	1192381	496297	276948	103975	1168380	486618	269668	101937
110－国有企业（仅指非公司制企业，不包括国有独资公司、国有控股公司）	321	319	2	340	146295	40199	3362	1027	143609	39434	2297	946
120－集体企业	32	31	1	33	1956	847	246	124	1938	841	239	122
130－股份合作企业	37	36	1	38	12729	4616	6840	2372	12248	4534	6561	2308
140－联营企业	3	3	0	3	713	331	62	11	694	329	59	9
151－国有独资公司	191	188	3	196	30689	11771	458	212	30326	11701	451	210
159－其他有限责任公司	1257	1198	59	2403	97498	39484	29331	11354	95267	38582	28279	11118
161－股份有限公司中的国有控股公司	60	60	0	60	20829	6939	1218	361	20205	6632	1218	361
169－其他股份有限公司	284	275	9	352	38156	16990	5815	2442	37613	16701	5625	2403
170－私营企业	3755	3674	81	6010	246438	88543	71889	25607	235088	84526	68891	24698

续表

	基层工会	单独基层工会	联合基层工会	基层工会涵盖单位	职工	女性	农民工	女性农民工	工会会员	女性	农民工	女性农民工
	个	个	个	个	人	人	人	人	人	人	人	人
190－其他内资企业	1	1	0	1	48	34	0	0	48	34	0	0
200－港澳台商投资企业	17	17	0	17	1332	589	130	51	1330	589	130	51
300－外商投资企业	23	23	0	23	5708	1786	936	542	5655	1774	934	539
401－财政拨款的事业单位	1684	1659	25	1839	156347	90603	12541	6482	154361	89293	12076	6153
402－其他事业单位	180	179	1	181	33464	20522	1268	637	33065	20316	1225	635
500－机关	1376	1355	21	1478	117940	46197	16550	6650	116845	45604	16481	6623
600－个体经济组织	150	141	9	522	4001	2152	1651	910	3991	2147	1651	910
701－社会团体	149	81	68	1690	21200	9627	5804	2178	21086	9531	5792	2173
702－民办非企业单位	222	218	4	246	10937	8146	1643	1132	10526	7902	1534	1064
703－基金会	0	0	0	0	0	0	0	0	0	0	0	0
704－其他组织	1582	1255	327	9381	246101	106921	117204	41883	244485	106148	116225	41614

表 1－2　工会基层组织建设状况

	专职工会工作人员	女性	兼职工会工作人员	女性	有女职工的工会数	女职工组织的覆盖率	本级工会建立女职工组织			本级工会女职工工作人员	
							建立女职工委员会	仅设立女职工委员	未建立	专职	兼职
	人	人	人	人						人	人
指标序号	z010	z011	z012	z013			z014	z014	z014	z015	z016
总计	1289	668	41277	20424	11189	96.3%	6284	4493	547	318	18154
110－国有企业（仅指非公司制企业，不包括国有独资公司、国有控股公司）	431	211	3527	1486	320	93.1%	227	71	23	83	936
120－集体企业	6	5	89	46	32	87.5%	13	15	4	1	43
130－股份合作企业	5	2	115	46	37	94.6%	17	18	2	2	51
140－联营企业	0	0	13	7	3	100.0%	2	1	0	0	8
151－国有独资公司	96	53	1157	582	191	95.3%	96	86	9	11	369
159－其他有限责任公司	68	32	4231	2019	1243	99.0%	553	677	27	25	1916
161－股份有限公司中的国有控股公司	35	16	546	262	60	88.3%	41	12	7	7	169
169－其他股份有限公司	49	18	1131	537	282	97.2%	148	126	10	13	465
170－私营企业	134	65	11674	5917	3711	96.8%	2080	1511	164	45	5569
190－其他内资企业	0	0	5	3	1	100.0%	1	0	0	0	3
200－港澳台商投资企业	0	0	55	31	17	100.0%	13	4	0	0	37
300－外商投资企业	0	0	108	56	23	100.0%	20	3	0	0	53
401－财政拨款的事业单位	125	63	6908	3567	1670	96.9%	1074	544	66	28	3018

续表

	专职工会工作人员	女性	兼职工会工作人员	女性	有女职工的工会数	女职工组织的覆盖率	本级工会建立女职工组织			本级工会女职工工作人员	
							建立女职工委员会	仅设立女职工委员	未建立	专职	兼职
	人	人	人	人						人	人
402－其他事业单位	67	38	925	460	180	92.8%	117	50	13	23	412
500－机关	197	116	5091	2479	1370	97.9%	788	553	35	63	2233
600－个体经济组织	0	0	358	190	148	99.3%	79	68	3	0	182
701－社会团体	27	16	466	284	145	95.2%	95	43	11	8	237
702－民办非企业单位	7	3	661	423	221	98.6%	146	72	4	2	348
703－基金会	0	0	0	0	0	0.0%	0	0	0	0	0
704－其他组织	42	30	4217	2029	1535	92.1%	774	639	169	7	2105

表2－1　工会权益保障工作（第b001项仅限企业工会填报；第b002、b003项限企事业单位填报；第b004－b009项限单独基层企业工会填报）

	是否开展创建劳动关系和谐企业活动		工会所在单位签订劳动合同			
	是	否	基层工会	涵盖单位	签订劳动合同的职工人数	签订劳动合同的农民工
	个	个	个	个	人	人
指标序号	b001	b001			b002	b003
总计	5005	6319	5503	7513	513104	81198
110－国有企业（仅指非公司制企业，不包括国有独资公司、国有控股公司）	271	50	235	254	105382	2675
120－集体企业	19	13	23	24	862	153
130－股份合作企业	22	15	26	27	11352	6712
140－联营企业	3	0	1	1	36	23
151－国有独资公司	129	62	159	160	27824	386
159－其他有限责任公司	910	347	988	1819	63899	18192
161－股份有限公司中的国有控股公司	42	18	51	51	17082	1211
169－其他股份有限公司	227	57	228	274	29155	4039
170－私营企业	3262	493	2977	3986	186147	43332
190－其他内资企业	1	0	1	1	30	0
200－港澳台商投资企业	16	1	14	14	1104	90
300－外商投资企业	21	2	21	21	5567	553
401－财政拨款的事业单位	0	1684	632	677	41034	1875
402－其他事业单位	0	180	91	92	22019	939
500－机关	0	1376	1	1	10	0
600－个体经济组织	82	68	54	110	1596	1018
701－社会团体	0	149	1	1	5	0
702－民办非企业单位	0	222	0	0	0	0
703－基金会	0	0	0	0	0	0
704－其他组织	0	1582	0	0	0	0

表2－2 工会权益保障工作（第b001项仅限企业工会填报；第b002、b003项限企事业单位填报；第b004－b009项限单独基层企业工会填报）

	单独签订了综合集体合同		其中是否有劳动安全卫生专章或附件		其中有女职工权益保护专章或附件		单独签订了工资专项集体合同	
	合同数（覆盖企业数）	覆盖职工数	合同数（覆盖企业数）	覆盖职工数	合同数（覆盖企业数）	覆盖女职工数	合同数（覆盖企业数）	覆盖职工数
	个	人	个	人	个	人	个	人
指标序号	b004		b005		b006		b007	
总计	4929	468139	437	115122	290	18228	4959	429501
110－国有企业（仅指非公司制企业，不包括国有独资公司、国有控股公司）	232	104660	85	64089	73	9470	180	54629
120－集体企业	15	694	1	8	1	2	18	825
130－股份合作企业	25	11246	3	6619	2	57	23	11059
140－联营企业	3	713	0	0	0	0	3	713
151－国有独资公司	120	22233	27	5560	10	573	117	25362
159－其他有限责任公司	918	68851	86	14795	39	2935	958	69704
161－股份有限公司中的国有控股公司	40	15999	11	8422	10	1320	34	15016
169－其他股份有限公司	193	23193	12	1013	7	484	181	27977
170－私营企业	3257	211570	205	14419	143	3296	3320	215246
190－其他内资企业	1	48	0	0	0	0	1	48
200－港澳台商投资企业	14	1312	0	0	0	0	15	1314
300－外商投资企业	21	5665	0	0	0	0	21	5665
401－财政拨款的事业单位	0	0	0	0	0	0	0	0
402－其他事业单位	0	0	0	0	0	0	0	0
500－机关	0	0	0	0	0	0	0	0
600－个体经济组织	89	1950	7	197	5	91	87	1938
701－社会团体	1	5	0	0	0	0	1	5
702－民办非企业单位	0	0	0	0	0	0	0	0
703－基金会	0	0	0	0	0	0	0	0
704－其他组织	0	0	0	0	0	0	0	0

表 2－3 工会权益保障工作（第 b001 项仅限企业工会填报；第 b002、b003 项限企事业单位填报；第 b004－b009 项限单独基层企业工会填报）

	单独签订了劳动安全卫生专项集体合同		单独签订了女职工权益保护专项集体合同		是否建立职工子女托管班		本年度托管子女人数
	合同数（覆盖企业数）	覆盖职工数	合同数（覆盖企业数）	覆盖女职工数	是	否	
	个	人	个	人	个	个	人
指标序号	b008		b009		b010	b010	b011
总计	3519	255243	4509	150483	72	11252	1973
110－国有企业（仅指非公司制企业，不包括国有独资公司、国有控股公司）	64	16798	155	21487	0	321	0
120－集体企业	5	278	11	303	0	32	0
130－股份合作企业	14	4079	23	3898	0	37	0
140－联营企业	3	713	3	331	0	3	0
151－国有独资公司	54	15288	111	9472	1	190	32
159－其他有限责任公司	578	34897	821	23847	1	1256	15
161－股份有限公司中的国有控股公司	20	5342	27	3314	0	60	0
169－其他股份有限公司	144	23729	166	12844	0	284	0
170－私营企业	2538	147405	3077	71659	4	3751	32
190－其他内资企业	1	48	1	34	0	1	0
200－港澳台商投资企业	13	1270	14	576	0	17	0
300－外商投资企业	19	3979	21	1763	0	23	0
401－财政拨款的事业单位	0	0	0	0	3	1681	86
402－其他事业单位	0	0	0	0	1	179	20
500－机关	0	0	0	0	7	1369	101
600－个体经济组织	66	1417	78	952	0	150	0
701－社会团体	0	0	1	3	5	144	219
702－民办非企业单位	0	0	0	0	0	222	0
703－基金会	0	0	0	0	0	0	0
704－其他组织	0	0	0	0	50	1532	1468

表3－1　工会民主管理工作（限企事业单位填报）

	建立职代会制度情况								
	建立了职代会制度			建立了职工大会制度			总计		
	基层工会	涵盖单位	涵盖职工	基层工会	涵盖单位	涵盖职工	基层工会	涵盖单位	涵盖职工
	个	个	人	个	个	人	个	个	人
指标序号							h001		
总计	1304	2703	521297	6096	7023	246967	7400	9726	768264
110－国有企业（仅指非公司制企业，不包括国有独资公司、国有控股公司）	181	181	130279	124	143	13246	305	324	143525
120－集体企业	8	8	1156	21	22	762	29	30	1918
130－股份合作企业	8	9	11353	21	21	735	29	30	12088
140－联营企业	1	1	639	2	2	74	3	3	713
151－国有独资公司	50	50	24839	128	133	5418	178	183	30257
159－其他有限责任公司	192	710	59166	978	1319	36065	1170	2029	95231
161－股份有限公司中的国有控股公司	29	29	18823	23	23	1110	52	52	19933
169－其他股份有限公司	73	77	30033	173	236	6120	246	313	36153
170－私营企业	355	860	122263	3210	3631	116199	3565	4491	238462
190－其他内资企业	0	0	0	1	1	48	1	1	48
200－港澳台商投资企业	4	4	663	12	12	664	16	16	1327
300－外商投资企业	8	8	4917	14	14	783	22	22	5700
401－财政拨款的事业单位	339	421	90103	1198	1244	58000	1537	1665	148103
402－其他事业单位	50	50	26067	106	107	5634	156	157	31701
500－机关	0	0	0	0	0	0	0	0	0
600－个体经济组织	6	295	996	84	114	2104	90	409	3100
701－社会团体	0	0	0	1	1	5	1	1	5
702－民办非企业单位	0	0	0	0	0	0	0	0	0
703－基金会	0	0	0	0	0	0	0	0	0
704－其他组织	0	0	0	0	0	0	0	0	0

表3－2　工会民主管理工作（限企事业单位填报）

	本年度召开过职代会（包括职工大会）		职代会职工代表（建立职工大会制单位不填）		工会所在单位实行厂务公开情况				工会所在单位建立了董事会					
	基层工会	涵盖单位		女性	实行厂务公开	没有实行厂务公开	涵盖单位	涵盖职工	涵盖单位	董事	女性	建立职工董事制度的工会所在企业数	职工董事	女性
	个	个	人	人	个	个	个	人	个	人	人	个	人	人
指标序号	h002		h003	h004	h005	h005			h006	h007	h008		h009	h010
总计	7023	9313	66710	23128	7226	4098	10430	748751	472	1805	313	199	266	66
110－国有企业（仅指非公司制企业，不包括国有独资公司、国有控股公司）	287	306	12211	2535	303	18	322	143142	1	9	0	1	1	0
120－集体企业	24	25	272	94	30	2	31	1911	5	37	5	5	14	2
130－股份合作企业	24	25	741	296	29	8	30	12133	12	48	9	8	15	3
140－联营企业	3	3	68	0	3	0	3	713	0	0	0	0	0	0
151－国有独资公司	173	178	2501	785	180	11	185	29992	56	227	29	33	39	7
159－其他有限责任公司	1117	1951	8268	2531	1150	107	2249	94944	140	450	79	65	62	13
161－股份有限公司中的国有控股公司	50	50	1801	454	56	4	56	20736	29	127	15	13	14	3
169－其他股份有限公司	241	308	3756	1198	269	15	332	37505	77	454	78	28	53	11
170－私营企业	3358	4282	14134	4767	3529	226	5082	235494	148	439	98	46	68	27
190－其他内资企业	1	1	0	0	1	0	1	48	0	0	0	0	0	0
200－港澳台商投资企业	15	15	123	40	15	2	15	1325	0	0	0	0	0	0
300－外商投资企业	20	20	410	109	20	3	20	4050	4	14	0	0	0	0
401－财政拨款的事业单位	1492	1612	18674	8684	1395	289	1497	133506	0	0	0	0	0	0
402－其他事业单位	136	136	3471	1553	137	43	137	29893	0	0	0	0	0	0
500－机关	0	0	0	0	0	1376	0	0	0	0	0	0	0	0
600－个体经济组织	81	400	280	82	108	42	469	3354	0	0	0	0	0	0
701－社会团体	1	1	0	0	1	148	1	5	0	0	0	0	0	0
702－民办非企业单位	0	0	0	0	0	222	0	0	0	0	0	0	0	0
703－基金会	0	0	0	0	0	0	0	0	0	0	0	0	0	0
704－其他组织	0	0	0	0	0	1582	0	0	0	0	0	0	0	0

表3－3 工会民主管理工作（限企事业单位填报）

	工会主席或副主席进入了董事会		工会所在单位建立了监事会	监事		建立职工监事制度的工会所在企业数	职工监事		工会主席或副主席进入了监事会	
	是	否	涵盖单位		女性			女性	是	否
	个	个	个	人	人	个	人	人	个	个
指标序号	h011	h011	h012	h013	h014		h015	h016	h017	h017
总计	113	11211	420	972	270	207	282	109	149	11175
110－国有企业（仅指非公司制企业，不包括国有独资公司、国有控股公司）	1	320	1	5	0	1	2	0	0	321
120－集体企业	2	30	6	23	12	5	13	9	4	28
130－股份合作企业	4	33	11	25	9	6	10	1	5	32
140－联营企业	0	3	0	0	0	0	0	0	0	3
151－国有独资公司	20	171	47	126	38	30	39	20	21	170
159－其他有限责任公司	27	1230	134	251	74	71	75	26	26	1231
161－股份有限公司中的国有控股公司	9	51	30	74	21	16	20	8	12	48
169－其他股份有限公司	16	268	72	239	58	45	75	25	36	248
170－私营企业	33	3722	118	228	58	33	48	20	45	3710
190－其他内资企业	0	1	0	0	0	0	0	0	0	1
200－港澳台商投资企业	0	17	0	0	0	0	0	0	0	17
300－外商投资企业	1	22	1	1	0	0	0	0	0	23
401－财政拨款的事业单位	0	1684	0	0	0	0	0	0	0	1684
402－其他事业单位	0	180	0	0	0	0	0	0	0	180
500－机关	0	1376	0	0	0	0	0	0	0	1376
600－个体经济组织	0	150	0	0	0	0	0	0	0	150
701－社会团体	0	149	0	0	0	0	0	0	0	149
702－民办非企业单位	0	222	0	0	0	0	0	0	0	222
703－基金会	0	0	0	0	0	0	0	0	0	0
704－其他组织	0	1582	0	0	0	0	0	0	0	1582

表4－1 工会劳动保护工作（限企事业单位填报）

	工会建立了劳动保护监督检查委员会		工会小组劳动保护检查员	本年度本级工会劳动保护监督组织受理举报案件	提请劳动安全卫生监督部门处理案件	本年度工会参加安全生产检查
	是	否				
	个	个	人	件	件	次
指标序号	1001	1001	1002	1003	1004	1005
总计	5472	5852	12440	123	20	36307
110－国有企业（仅指非公司制企业，不包括国有独资公司、国有控股公司）	226	95	4546	5	3	3188
120－集体企业	14	18	16	0	0	67
130－股份合作企业	23	14	40	0	0	160
140－联营企业	3	0	2	0	0	6
151－国有独资公司	76	115	204	0	0	547
159－其他有限责任公司	672	585	942	20	3	4912
161－股份有限公司中的国有控股公司	36	24	84	1	0	284
169－其他股份有限公司	210	74	453	15	0	1613
170－私营企业	3179	576	4619	59	10	18555
190－其他内资企业	1	0	0	0	0	0
200－港澳台商投资企业	15	2	30	0	0	137
300－外商投资企业	21	2	54	0	0	265
401－财政拨款的事业单位	861	823	1266	17	4	5393
402－其他事业单位	73	107	125	5	0	555
500－机关	0	1376	0	0	0	0
600－个体经济组织	62	88	59	1	0	625
701－社会团体	0	149	0	0	0	0
702－民办非企业单位	0	222	0	0	0	0
703－基金会	0	0	0	0	0	0
704－其他组织	0	1582	0	0	0	0

表4－2　工会劳动保护工作（限企事业单位填报）

	本年度工会组织职工查找事故隐患和职业危害数量	事故隐患和职业危害整改数	本年度工会参加处理工伤事故	女职工劳动保护								
				是否执行女职工禁忌从事劳动的有关规定			是否执行女职工在经期、孕期、产期、哺乳期享有特殊待遇的有关规定			是否建立女职工哺乳室		
				基层工会	涵盖单位	女职工数	基层工会	涵盖单位	女职工数	基层工会	涵盖单位	女职工数
	件	件	件	个	个	人	个	个	人	个	个	人
指标序号	I006	I007	I008	I009			I010			I011		
总计	61588	60982	495	7407	11318	311205	7434	11348	313095	359	406	57670
110－国有企业（仅指非公司制企业，不包括国有独资公司、国有控股公司）	34875	34707	136	298	317	39440	303	322	39716	46	46	11295
120－集体企业	16	16	3	26	27	667	25	26	663	1	1	67
130－股份合作企业	14	9	3	27	28	4327	27	28	4327	4	5	443
140－联营企业	0	0	0	3	3	331	3	3	331	0	0	0
151－国有独资公司	7281	7271	18	173	178	11429	182	187	11564	11	11	2973
159－其他有限责任公司	3439	3302	79	1203	2339	38348	1209	2345	38728	42	82	3762
161－股份有限公司中的国有控股公司	13155	13155	8	54	54	6812	59	59	6929	8	8	1318
169－其他股份有限公司	713	699	41	245	309	16397	245	310	16498	16	16	3539
170－私营企业	1591	1430	74	3504	5752	83940	3490	5738	83503	100	106	8744
190－其他内资企业	0	0	0	1	1	34	1	1	34	0	0	0
200－港澳台商投资企业	6	3	0	17	17	589	17	17	589	1	1	118
300－外商投资企业	51	50	3	23	23	1786	23	23	1786	2	2	435
401－财政拨款的事业单位	308	216	69	1564	1682	85895	1578	1698	87066	105	105	14242
402－其他事业单位	134	122	61	146	147	19365	149	150	19525	22	22	10716
500－机关	0	0	0	0	0	0	0	0	0	0	0	0
600－个体经济组织	5	2	0	122	440	1842	122	440	1833	1	1	18
701－社会团体	0	0	0	1	1	3	1	1	3	0	0	0
702－民办非企业单位	0	0	0	0	0	0	0	0	0	0	0	0
703－基金会	0	0	0	0	0	0	0	0	0	0	0	0
704－其他组织	0	0	0	0	0	0	0	0	0	0	0	0

表5 工会法律工作（限企事业单位填报）

	建立了工会劳动法律监督组织		工会劳动法律监督员	劳动保障法律监督员	本年度工会劳动法律监督组织受理违法、违规案件	工会所在单位建立了劳动争议调解委员会		劳动争议调解委员会中工会成员（职工代表）	本年度劳动争议调解委员会受理劳动争议	
	是	否				是	否			本年度劳动争议调解委员会调解成功劳动争议
	个	个	人	人	件	个	个	人	件	件
指标序号	f001	f001	f002	f003	f004	f005	f005	f006	f007	f008
总计	4626	6698	9143	7342	106	5086	6238	11151	351	314
110－国有企业（仅指非公司制企业，不包括国有独资公司、国有控股公司）	171	150	724	614	3	198	123	1023	9	8
120－集体企业	9	23	18	12	0	13	19	23	0	0
130－股份合作企业	21	16	34	22	0	23	14	33	0	0
140－联营企业	3	0	5	5	0	3	0	6	0	0
151－国有独资公司	47	144	136	88	0	75	116	227	6	4
159－其他有限责任公司	577	680	916	662	15	801	456	1553	34	28
161－股份有限公司中的国有控股公司	27	33	78	45	0	32	28	168	4	4
169－其他股份有限公司	190	94	338	319	6	203	81	377	15	11
170－私营企业	2822	933	5464	4200	58	2908	847	5685	252	234
190－其他内资企业	1	0	3	3	0	1	0	3	0	0
200－港澳台商投资企业	14	3	36	25	0	14	3	32	0	0
300－外商投资企业	21	2	49	41	0	21	2	50	2	1
401－财政拨款的事业单位	612	1072	1172	1129	18	668	1016	1710	23	19
402－其他事业单位	58	122	95	86	1	65	115	158	2	1
500－机关	0	1376	0	0	0	0	1376	0	0	0
600－个体经济组织	53	97	75	91	5	61	89	103	4	4
701－社会团体	0	149	0	0	0	0	149	0	0	0
702－民办非企业单位	0	222	0	0	0	0	222	0	0	0
703－基金会	0	0	0	0	0	0	0	0	0	0
704－其他组织	0	1582	0	0	0	0	1582	0	0	0

表6－1　工会经济技术工作（限企事业单位填报）

	技术工人			本年度工会是否开展了劳动和技能竞赛		本年度参加劳动和技能竞赛职工		本年度职工提出合理化建议		本年度技术革新项目	本年度职工发明创造项目
		女性	农民工	是	否		农民工		本年度已实施合理化建议		
	人	人	人	个	个	人次	人次	件	件	项	项
指标序号	j001	j002	j003	j004	j004	j005	j006	j007	j008	j009	j010
总计	112393	22825	7339	3760	7564	319279	33061	41937	21507	3579	1308
110－国有企业（仅指非公司制企业，不包括国有独资公司、国有控股公司）	58946	10352	526	232	89	95345	2215	10273	5156	1895	506
120－集体企业	154	57	88	9	23	560	260	2	2	0	0
130－股份合作企业	1034	146	468	19	18	2737	753	69	47	46	6
140－联营企业	0	0	0	2	1	634	367	10	5	0	0
151－国有独资公司	5546	1281	76	78	113	7910	354	2656	2482	128	33
159－其他有限责任公司	7893	1374	2033	446	811	28927	6089	15037	1743	263	152
161－股份有限公司中的国有控股公司	4155	894	147	36	24	16234	210	423	305	124	27
169－其他股份有限公司	3912	703	547	191	93	20423	2082	206	148	72	38
170－私营企业	22499	4686	3320	1913	1842	89336	17693	10429	9677	588	437
190－其他内资企业	0	0	0	1	0	45	0	3	2	0	0
200－港澳台商投资企业	63	7	0	10	7	1026	55	14	9	0	0
300－外商投资企业	518	101	26	18	5	4804	892	591	516	15	6
401－财政拨款的事业单位	6047	2598	95	709	975	45302	1537	1841	1203	376	55
402－其他事业单位	1589	612	4	64	116	5286	204	347	194	72	48
500－机关	4	1	0	0	1376	0	0	0	0	0	0
600－个体经济组织	33	13	9	32	118	710	350	36	18	0	0
701－社会团体	0	0	0	0	149	0	0	0	0	0	0
702－民办非企业单位	0	0	0	0	222	0	0	0	0	0	0
703－基金会	0	0	0	0	0	0	0	0	0	0	0
704－其他组织	0	0	0	0	1582	0	0	0	0	0	0

表6－2 工会经济技术工作（限企事业单位填报）

	本年度取得国家专利项目	本年度推广先进操作法项目	本年度是否开展岗位练兵活动		本年度开展选树技能带头人活动		选树技能带头人（“金牌工人”“首席技师”“首席员工”）	技能人才（劳模）师徒结对
			是	否	是	否		
	项	项	个	个	个	个	人	对
指标序号	j011	j012	j013	j013	j014	j014	j015	j016
总计	885	705	2963	8361	429	10895	2221	4426
110－国有企业（仅指非公司制企业，不包括国有独资公司、国有控股公司）	254	276	196	125	73	248	549	1829
120－集体企业	0	0	8	24	0	32	0	0
130－股份合作企业	23	4	16	21	5	32	10	14
140－联营企业	0	0	1	2	0	3	0	0
151－国有独资公司	50	37	54	137	12	179	81	316
159－其他有限责任公司	77	98	339	918	75	1182	344	622
161－股份有限公司中的国有控股公司	18	21	24	36	14	46	39	154
169－其他股份有限公司	40	48	105	179	13	271	59	37
170－私营企业	350	79	1547	2208	101	3654	309	303
190－其他内资企业	0	0	1	0	0	1	0	0
200－港澳台商投资企业	0	0	7	10	0	17	0	0
300－外商投资企业	1	2	12	11	2	21	7	5
401－财政拨款的事业单位	36	70	582	1102	115	1569	787	1046
402－其他事业单位	36	70	48	132	17	163	32	94
500－机关	0	0	0	1376	0	1376	0	0
600－个体经济组织	0	0	23	127	2	148	4	6
701－社会团体	0	0	0	149	0	149	0	0
702－民办非企业单位	0	0	0	222	0	222	0	0
703－基金会	0	0	0	0	0	0	0	0
704－其他组织	0	0	0	1582	0	1582	0	0

表 7 职工文化体育工作

	是否建立了职工书屋	
	是	否
	个	个
指标序号	w001	w001
总计	394	10930
110 – 国有企业（仅指非公司制企业，不包括国有独资公司、国有控股公司）	117	204
120 – 集体企业	1	31
130 – 股份合作企业	2	35
140 – 联营企业	0	3
151 – 国有独资公司	18	173
159 – 其他有限责任公司	19	1238
161 – 股份有限公司中的国有控股公司	13	47
169 – 其他股份有限公司	23	261
170 – 私营企业	32	3723
190 – 其他内资企业	0	1
200 – 港澳台商投资企业	0	17
300 – 外商投资企业	2	21
401 – 财政拨款的事业单位	66	1618
402 – 其他事业单位	33	147
500 – 机关	59	1317
600 – 个体经济组织	0	150
701 – 社会团体	6	143
702 – 民办非企业单位	1	221
703 – 基金会	0	0
704 – 其他组织	2	1580

表 8 工会财务和经费审查工作

	工会经费情况			工会经费的预算编制情况			是否建立了工会经费审查组织			
							建立了经费审查委员会		建立了经费审查委员会办公室	
							是	否	是	否
	按工资总额2%拨缴工会经费	有拨缴，但不足额	没有拨缴工会经费	有规范预算，手续齐全	有预算但手续不齐	无预算	个	个	个	个
指标序号	s001	s001	s001	s002	s002	s002	s003	s003	s004	s004
总计	7401	1077	2846	5138	1063	5123	8163	3161	795	10529
110－国有企业（仅指非公司制企业，不包括国有独资公司、国有控股公司）	277	21	23	238	15	68	280	41	98	223
120－集体企业	25	2	5	10	2	20	17	15	3	29
130－股份合作企业	24	1	12	13	5	19	27	10	6	31
140－联营企业	3	0	0	2	1	0	3	0	0	3
151－国有独资公司	171	10	10	123	7	61	119	72	20	171
159－其他有限责任公司	828	120	309	517	99	641	819	438	44	1213
161－股份有限公司中的国有控股公司	57	0	3	47	1	12	42	18	12	48
169－其他股份有限公司	240	26	18	146	62	76	230	54	60	224
170－私营企业	2972	150	633	1974	487	1294	3111	644	161	3594
190－其他内资企业	1	0	0	1	0	0	1	0	0	1
200－港澳台商投资企业	15	1	1	8	5	4	14	3	2	15
300－外商投资企业	23	0	0	15	2	6	21	2	2	21
401－财政拨款的事业单位	1182	375	127	870	171	643	1213	471	156	1528
402－其他事业单位	151	10	19	108	15	57	131	49	22	158
500－机关	1067	211	98	875	92	409	998	378	134	1242
600－个体经济组织	43	14	93	25	15	110	109	41	2	148
701－社会团体	95	7	47	45	12	92	96	53	23	126
702－民办非企业单位	74	33	115	46	38	138	164	58	6	216
703－基金会	0	0	0	0	0	0	0	0	0	0
704－其他组织	153	96	1333	75	34	1473	768	814	44	1538

2020年全区基层工会统计报表

（按行业分类）

表1－1　工会基层组织建设状况

	基层工会	单独基层工会	联合基层工会	基层工会涵盖单位	职工	女性	农民工	女性农民工	工会会员	女性	农民工	女性农民工
	个	个	个	个	人	人	人	人	人	人	人	人
指标序号		c904 =1	c904 =2	z001	z002	z003	z004	z005	z006	z007	z008	z009
总计	11324	10713	611	24813	1192381	496297	276948	103975	1168380	486618	269668	101937
1－农、林、牧、渔业	980	948	32	1215	56222	19937	22934	8623	55501	19816	22834	8584
2－采矿业	86	86	0	86	67873	11758	1395	123	66122	11368	809	94
3－制造业	1409	1394	15	1658	190182	57936	67890	22493	187259	57089	66014	22030
4－电力、热气、燃气及水生产和供应业	262	258	4	286	37811	10572	1163	344	37397	10476	1054	275
5－建筑业	590	578	12	663	29894	8844	4193	948	28795	8653	3896	901
6－批发和零售业	828	781	47	3244	49910	29351	8745	4924	49070	28763	8455	4743
7－交通运输、仓储及邮政业	392	371	21	500	66541	18707	6989	1907	61016	17871	5038	1579
8－住宿和餐饮业	282	271	11	571	15343	9200	4982	3177	15037	8982	4889	3134
9－信息传输、软件和信息技术服务业	259	256	3	324	13484	5992	583	206	12931	5657	583	206
10－金融业	182	181	1	189	23760	11951	169	85	23628	11857	169	85
11－房地产业	391	383	8	482	17791	8257	3421	1406	17371	8029	3347	1387
12－租赁和商务服务业	348	323	25	836	26898	12139	7652	2886	23535	10148	7564	2868
13－科学研究和技术服务业	144	143	1	146	6133	2253	333	199	6087	2247	330	194
14－水利、环境和公共设施管理业	165	164	1	197	20316	9292	3774	2043	20022	9131	3579	1922
15－居民服务、修理和其他服务业	646	506	140	3677	90420	42899	31869	13351	89756	42353	31763	13258
16－教育	1085	1065	20	1178	100101	63906	5230	3849	98645	62864	4970	3650
17－卫生和社会工作	479	472	7	618	56505	38436	1266	815	55813	37963	1224	796
18－文化、体育和娱乐业	241	237	4	268	15721	7740	691	379	15356	7594	596	324
19－公共管理、社会保障和社会组织	2555	2296	259	8675	307476	127127	103669	36217	305039	125757	102554	35907
20－国际组织	0	0	0	0	0	0	0	0	0	0	0	0

表1－2 工会基层组织建设状况

	专职工会工作人员	女性	兼职工会工作人员	女性	有女职工的工会数	女职工组织的覆盖率	本级工会建立女职工组织			本级工会女职工工作人员	
							建立女职工委员会	仅设立女职工委员	未建立	专职	兼职
	人	人	人	人						人	人
指标序号	z010	z011	z012	z013			z014	z014	z014	z015	z016
总计	1289	668	41277	20424	11189	96.3%	6284	4493	547	318	18154
1－农、林、牧、渔业	57	28	2847	1184	947	95.2%	419	483	78	15	1254
2－采矿业	201	92	1132	450	84	94.0%	50	29	7	33	218
3－制造业	156	62	5516	2303	1391	98.1%	732	633	44	45	2236
4－电力、热气、燃气及水生产和供应业	99	56	1817	747	261	95.4%	139	110	13	30	571
5－建筑业	85	49	1927	1010	584	96.2%	285	277	28	12	884
6－批发和零售业	39	18	2476	1349	818	98.0%	443	359	26	10	1273
7－交通运输、仓储及邮政业	112	50	1796	786	388	93.6%	196	167	29	24	644
8－住宿和餐饮业	12	7	725	410	280	95.7%	166	102	14	1	409
9－信息传输、软件和信息技术服务业	34	19	980	539	256	97.3%	123	126	10	4	424
10－金融业	47	24	849	504	181	94.5%	83	88	11	9	328
11－房地产业	14	8	1238	694	388	97.7%	225	154	12	8	642
12－租赁和商务服务业	21	12	1054	564	343	96.2%	168	162	18	3	535
13－科学研究和技术服务业	5	1	597	301	143	96.5%	70	68	6	1	267
14－水利、环境和公共设施管理业	32	17	816	383	165	97.6%	109	52	4	9	300
15－居民服务、修理和其他服务业	34	24	1959	1173	636	97.5%	426	194	26	12	989
16－教育	68	37	4654	2490	1084	98.8%	848	223	14	20	2163
17－卫生和社会工作	29	13	1789	1059	478	98.1%	331	138	10	8	866
18－文化、体育和娱乐业	26	11	823	471	240	94.6%	121	106	14	4	385
19－公共管理、社会保障和社会组织	218	140	8282	4007	2522	94.1%	1350	1022	183	70	3766
20－国际组织	0	0	0	0	0	0.0%	0	0	0	0	0

2020 年全区基层工会统计报表

（按产业分类）

表 1－1　工会基层组织建设状况

	基层工会	单独基层工会	联合基层工会	基层工会涵盖单位	职工	女性	农民工	女性农民工	工会会员	女性	农民工	女性农民工
	个	个	个	个	人	人	人	人	人	人	人	人
指标序号		c904＝1	c904＝2	z001	z002	z003	z004	z005	z006	z007	z008	z009
总计	11324	10713	611	24813	1192381	496297	276948	103975	1168380	486618	269668	101937
A01. 国家铁路运输企业	14	14	0	14	16556	3218	0	0	16556	3218	0	0
A02. 铁路设备企业	1	1	0	1	2	1	0	0	2	1	0	0
A03. 铁路建筑企业	4	4	0	4	556	96	220	33	418	96	94	14
A04. 铁路物资企业	0	0	0	0	0	0	0	0	0	0	0	0
A05. 铁路通讯企业	0	0	0	0	0	0	0	0	0	0	0	0
A06. 地方铁路企业	3	3	0	3	1191	215	0	0	1191	215	0	0
B01. 民航产业	3	3	0	3	2537	796	457	182	2537	796	457	182
C01. 中央银行	4	4	0	4	851	397	0	0	851	397	0	0
C02. 银行业	79	79	0	79	17532	8852	14	9	17515	8810	14	9
C03. 证券业	4	4	0	4	283	150	3	2	268	144	3	2
C04. 保险业	11	11	0	11	2706	1418	0	0	2620	1377	0	0
C05. 其他金融活动	102	101	1	109	3017	1496	208	111	3002	1490	203	110
D01. 教育产业	1060	1039	21	1164	99007	63443	4904	3805	97554	62402	4644	3606
D02. 文化产业	212	209	3	236	12686	6171	394	206	12450	6085	299	151
D03. 体育产业	23	23	0	23	1191	494	52	31	1049	436	52	31
D04. 卫生产业	457	451	6	588	56570	38677	1269	848	55882	38201	1214	816
D05. 科研产业	55	55	0	55	1917	866	162	52	1886	863	152	51
E01. 交通运输、仓储业	299	281	18	391	38285	11597	5303	1296	34972	10990	3520	992
E02. 建筑业	508	495	13	560	24034	7258	3618	797	23173	7096	3477	778
E03. 房地产业	385	378	7	480	17854	8498	3321	1257	17117	8038	3255	1241
E04. 燃气、热力及水的生产和供应业	110	109	1	113	8056	3158	835	297	7946	3089	726	228

续表

	基层工会	单独基层工会	联合基层工会	基层工会涵盖单位	职工	女性	农民工	女性农民工	工会会员	女性	农民工	女性农民工
	个	个	个	个	人	人	人	人	人	人	人	人
指标序号		c904 =1	c904 =2	z001	z002	z003	z004	z005	z006	z007	z008	z009
E05. 城市和公共设施管理业	158	156	2	167	18279	9314	3890	2070	17811	8913	3655	1916
F01. 煤炭	148	145	3	203	70182	12237	4849	996	68410	11828	4234	949
F02. 电力	128	127	1	131	26183	6514	663	158	25887	6490	663	158
F03. 石油石化	83	82	1	86	26364	8243	2245	557	26201	8208	2245	556
F04. 化工医药行业	169	165	4	202	29039	9621	8111	2717	28251	9208	7842	2595
F05. 国土资源系统	32	31	1	41	4356	1275	61	9	4270	1202	58	9
G01. 机械装备制造产业	203	201	2	249	28412	6139	2798	869	28211	6096	2544	814
G02. 冶金产业	118	117	1	150	51492	10930	22591	4552	50525	10861	21729	4491
G03. 建筑材料产业	280	276	4	388	16618	4369	5498	1481	16297	4291	5388	1465
H01. 邮政	40	40	0	40	6674	2338	689	245	4461	2099	521	221
H02. 电信	37	37	0	37	6887	3415	49	25	6359	3083	49	25
H03. 电子信息	156	153	3	189	5287	1899	410	94	5284	1897	410	94
J01. 财贸产业	833	786	47	3311	55375	29228	14702	7181	54792	28892	14546	7153
J02. 轻工业	260	258	2	279	21858	9755	9103	4105	21697	9666	9042	4054
J03. 纺织产业	93	91	2	103	16098	11044	8702	6067	15863	10851	8562	6037
J04. 烟草行业	9	9	0	9	1688	567	0	0	1688	567	0	0
K01. 农牧渔产业	820	803	17	955	39982	14832	18016	7123	39281	14715	17923	7085
K02. 气象系统	20	19	1	22	633	282	0	0	633	282	0	0
K03. 监狱系统	7	7	0	7	2235	477	6	2	2235	477	6	2
K04. 林业系统	109	108	1	110	6999	2403	1360	339	6980	2400	1360	339
K05. 水利产业	56	55	1	72	8541	2623	170	49	8511	2619	161	47
Z00. 无明确产业类别	4231	3783	448	14220	444368	191991	152275	56410	437744	188229	150620	55716

表1－2 工会基层组织建设状况

	专职工会工作人员	女性	兼职工会工作人员	女性	有女职工的工会数	女职工组织的覆盖率	本级工会建立女职工组织			本级工会女职工工作人员	
							建立女职工委员会	仅设立女职工委员	未建立	专职	兼职
	人	人	人	人	个					人	人
指标序号	z010	z011	z012	z013			z014	z014	z014	z015	z016
总计	1289	668	41277	20424	11189	96.3%	6284	4493	547	318	18154
A01. 国家铁路运输企业	30	8	176	40	14	100.0%	13	1	0	0	66
A02. 铁路设备企业	0	0	1	0	1	100.0%	0	1	0	0	1
A03. 铁路建筑企业	0	0	18	8	4	100.0%	2	2	0	0	8
A04. 铁路物资企业	0	0	0	0	0	0.0%	0	0	0	0	0
A05. 铁路通讯企业	0	0	0	0	0	0.0%	0	0	0	0	0
A06. 地方铁路企业	3	1	20	3	3	66.7%	1	1	1	0	4
B01. 民航产业	2	2	48	15	3	100.0%	3	0	0	0	9
C01. 中央银行	16	7	40	23	4	100.0%	4	0	0	2	16
C02. 银行业	25	13	371	224	79	93.7%	28	46	5	3	130
C03. 证券业	0	0	16	12	4	100.0%	3	1	0	0	13
C04. 保险业	3	2	151	81	11	90.9%	7	3	1	3	33
C05. 其他金融活动	4	3	342	207	101	97.0%	56	42	4	1	173
D01. 教育产业	69	37	4592	2447	1059	98.8%	830	216	14	20	2115
D02. 文化产业	17	8	704	402	211	94.8%	102	98	12	4	334
D03. 体育产业	5	1	88	53	23	95.7%	10	12	1	0	46
D04. 卫生产业	31	14	1712	1025	456	98.0%	316	131	10	8	828
D05. 科研产业	1	0	189	115	54	98.1%	30	23	2	0	112
E01. 交通运输、仓储业	51	25	1136	555	295	96.3%	144	140	15	11	435
E02. 建筑业	76	48	1661	897	506	96.0%	227	259	22	14	755
E03. 房地产业	10	6	1264	704	382	98.4%	223	153	9	4	644
E04. 燃气、热力及水的生产和供应业	13	8	406	205	109	94.5%	52	51	7	5	190
E05. 城市和公共设施管理业	23	13	628	315	158	96.8%	97	56	5	6	282
F01. 煤炭	208	97	1261	417	146	97.9%	86	57	5	39	293
F02. 电力	83	45	1327	523	128	95.3%	75	47	6	23	346

续表

	专职工会工作人员	女性	兼职工会工作人员	女性	有女职工的工会数	女职工组织的覆盖率	本级工会建立女职工组织			本级工会女职工工作人员	
							建立女职工委员会	仅设立女职工委员	未建立	专职	兼职
	人	人	人	人	个					人	人
指标序号	z010	z011	z012	z013			z014	z014	z014	z015	z016
F03. 石油石化	40	12	715	330	83	100.0%	50	33	0	6	214
F04. 化工医药行业	32	13	734	319	168	98.8%	115	51	3	11	307
F05. 国土资源系统	4	1	284	132	32	100.0%	20	12	0	1	106
G01. 机械装备制造产业	22	15	855	341	199	98.5%	90	106	7	6	358
G02. 冶金产业	32	9	612	233	118	95.8%	76	37	5	8	213
G03. 建筑材料产业	14	6	841	348	271	96.3%	114	147	19	2	349
H01. 邮政	26	15	292	112	40	75.0%	20	10	10	13	68
H02. 电信	29	18	382	217	36	97.2%	20	15	2	3	108
H03. 电子信息	2	0	473	246	153	98.0%	74	76	6	0	258
J01. 财贸产业	33	11	2632	1397	824	97.9%	416	391	26	7	1319
J02. 轻工业	8	3	1045	476	258	99.6%	122	135	3	2	426
J03. 纺织产业	5	2	372	193	93	100.0%	67	26	0	2	169
J04. 烟草行业	8	5	72	33	9	100.0%	8	1	0	2	31
K01. 农牧渔产业	30	17	2265	911	795	96.2%	326	439	55	7	1023
K02. 气象系统	1	0	86	39	20	95.0%	3	16	1	0	32
K03. 监狱系统	12	4	47	16	7	100.0%	5	2	0	3	18
K04. 林业系统	8	4	350	165	99	87.9%	49	38	22	5	160
K05. 水利产业	22	12	458	208	55	94.5%	38	14	4	5	88
Z00. 无明确产业类别	291	183	12611	6437	4178	94.9%	2362	1604	265	92	6074

2020年全区基层工会统计报表

（按组织类型分类）

表1－1　工会基层组织建设状况

	基层工会	单独基层工会	联合基层工会	基层工会涵盖单位	职工	女性	农民工	女性农民工	工会会员	女性	农民工	女性农民工
	个	个	个	个	人	人	人	人	人	人	人	人
指标序号		c904=1	c904=2	z001	z002	z003	z004	z005	z006	z007	z008	z009
总计	11324	10713	611	24813	1192381	496297	276948	103975	1168380	486618	269668	101937
1－单独基层工会	10713	10713	0	10713	1034546	421872	230378	84005	1011128	412725	223261	82061
2－联合基层工会	611	0	611	14100	157835	74425	46570	19970	157252	73893	46407	19876

表 1－2　工会基层组织建设状况

	专职工会工作人员	女性	兼职工会工作人员	女性	有女职工的工会数	女职工组织的覆盖率	本级工会建立女职工组织			本级工会女职工工作人员	
							建立女职工委员会	仅设立女职工委员	未建立	专职	兼职
	人	人	人	人						人	人
指标序号	z010	z011	z012	z013			z014	z014	z014	z015	z016
总计	1289	668	41277	20424	11189	96.3%	6284	4493	547	318	18154
1－单独基层工会	1226	623	39062	19107	10583	96.2%	5767	4410	536	309	17047
2－联合基层工会	63	45	2215	1317	606	99.0%	517	83	11	9	1107

2020年全区基层以上工会统计报表

（按工会层次分类）

表1－1 工会组织建设及民主参与状况

	基层以上工会	本级工会专职工会干部		本级工会兼职工会干部		本级工会是否建立了女职工委员会	
			女性		女性	是	否
	个	人	人		人	个	个
指标序号		z001	z002	z003	z004	z005	z005
总计	455	1088	624	2208	1046	412	43
1－省级地方工会	1	69	25	2	1	1	0
2－地市级地方工会	6	159	84	22	5	6	0
3－县级地方工会	22	414	254	26	6	22	0
4－省级产业工会或履行产业工会职能的厅、局、公司工会	9	35	17	12	5	6	3
5－地市级产业工会或履行产业工会职能的局、公司工会	78	116	57	738	356	77	1
6－县级产业工会或履行产业工会职能的局、公司工会	95	55	23	401	201	85	10
7.1－归属中央的企业集团工会	11	39	17	83	37	10	1
7.2－归属地方的企业集团工会	15	12	4	129	48	12	3
8.1－乡镇、街道总工会	50	54	43	108	69	46	4
8.2－其他乡镇、街道级工会	139	76	58	568	270	120	19
9－村工会联合会	0	0	0	0	0	0	0
10－社区工会联合会	10	3	3	20	14	10	0
11－工业园区工会	19	56	39	99	34	17	2

表 1－2　工会组织建设及民主参与状况

	本级工会女职工工作干部		本级工会本年度是否与同级政府开过联席会议		本级工会建立区域（行业）职代会		
	专职	兼职	是	否	职代会	覆盖企业	覆盖职工
	人	人	个	个	个	个	人
指标序号	z006	z007	z008	z008	z009	z010	z011
总计	120	804	38	417	315	10436	175416
1－省级地方工会	3	0	0	1	0	0	0
2－地市级地方工会	3	20	1	5	0	0	0
3－县级地方工会	19	30	21	1	54	798	14030
4－省级产业工会或履行产业工会职能的厅、局、公司工会	2	8	0	9	0	0	0
5－地市级产业工会或履行产业工会职能的局、公司工会	28	218	10	68	0	0	0
6－县级产业工会或履行产业工会职能的局、公司工会	6	188	5	90	30	238	18008
7.1－归属中央的企业集团工会	4	24	0	11	0	0	0
7.2－归属地方的企业集团工会	2	30	0	15	0	0	0
8.1－乡镇、街道总工会	16	55	0	50	106	3662	43522
8.2－其他乡镇、街道级工会	27	188	1	138	110	5066	74311
9－村工会联合会	0	0	0	0	0	0	0
10－社区工会联合会	3	10	0	10	2	12	156
11－工业园区工会	7	33	0	19	13	660	25389

表2-1 工会干部协管及教育培训工作

	本级工会领导班子成员			本级工会主席是否在同级党政机关、人大政协担任以下职务								本级工会正副主席在同级党委、人大、政协任职人数				
		女性	正副主席	党委常委		人大常委会副主任		政协副主席		其他党政副职级干部		党委委员	人大代表		政协委员	
				是	否	是	否	是	否	是	否			人大常委		政协常委
	人	人	人	个	个	个	个	个	个	个	个	人	人	人	人	人
指标序号	x001	x002	x003	x004	x004	x005	x005	x006	x006	x007	x007	x008	x009	x010	x011	x012
总计	1207	448	668	26	429	18	437	8	447	45	410	86	49	16	22	8
1-省级地方工会	9	3	7	0	1	1	0	0	1	0	1	1	2	1	1	1
2-地市级地方工会	38	14	29	0	6	2	4	2	4	1	5	1	3	2	3	1
3-县级地方工会	119	38	88	0	22	14	8	6	16	1	21	3	18	10	13	6
4-省级产业工会或履行产业工会职能的厅、局、公司工会	29	10	20	0	9	0	9	0	9	0	9	0	0	0	0	0
5-地市级产业工会或履行产业工会职能的局、公司工会	283	92	152	0	78	0	78	0	78	0	78	0	0	0	0	0
6-县级产业工会或履行产业工会职能的局、公司工会	217	79	94	0	95	0	95	0	95	0	95	0	0	0	0	0
7.1-归属中央的企业集团工会	30	4	12	0	11	0	11	0	11	0	11	0	0	0	0	0
7.2-归属地方的企业集团工会	47	11	20	0	15	0	15	0	15	0	15	0	0	0	0	0
8.1-乡镇、街道总工会	70	38	53	6	44	0	50	0	50	8	42	23	4	1	1	0
8.2-其他乡镇、街道级工会	296	135	153	20	119	1	138	0	139	35	104	58	22	2	4	0
9-村工会联合会	0	0	0	0	0	0	0	0	0	0	0	0	0	0	0	0
10-社区工会联合会	11	5	7	0	10	0	10	0	10	0	10	0	0	0	0	0
11-工业园区工会	58	19	33	0	19	0	19	0	19	0	19	0	0	0	0	0

表2－2　工会干部协管及教育培训工作

	本年度本级工会开展的各类培训					本年度本级工会在工会干部院校举办的培训
	企业工会干部培训	非公有制企业工会干部培训	机关、事业单位和其他社会组织工会干部培训	工会专业人才培训	工会师资培训	
	人次	人次	人次	人次	人次	人次
指标序号	x013	x014	x015	x016	x017	x018
总计	13012	8375	5209	2007	1	107
1－省级地方工会	0	0	200	150	0	0
2－地市级地方工会	197	99	723	521	0	0
3－县级地方工会	5572	3669	2606	1111	0	0
4－省级产业工会或履行产业工会职能的厅、局、公司工会	96	2	153	0	0	60
5－地市级产业工会或履行产业工会职能的局、公司工会	736	309	550	112	1	2
6－县级产业工会或履行产业工会职能的局、公司工会	564	129	395	3	0	0
7.1－归属中央的企业集团工会	326	0	2	0	0	0
7.2－归属地方的企业集团工会	191	0	2	0	0	1
8.1－乡镇、街道总工会	1685	1301	181	77	0	40
8.2－其他乡镇、街道级工会	1682	1271	396	32	0	4
9－村工会联合会	0	0	0	0	0	0
10－社区工会联合会	0	0	0	0	0	0
11－工业园区工会	1963	1595	1	1	0	0

表3－1 工会权益保障工作

	本级工会开办的职业介绍机构	本年度本级工会职业介绍机构成功介绍人次			本级工会开办的职业培训机构	本年度本级工会职业培训机构培训人次				本年度工会投入的再就业资金	本年度获得本级工会小额借（贷）款的下岗和失业人员		本年度获得本级工会小额借（贷）款的农民工	
			农民工	下岗和失业人员			农民工	下岗和失业人员	经培训实现再就业		获得人次	获得金额	获得人次	获得金额
	个	人次	人次	人次	个	人次	人次	人次	人次	元	人次	元	人次	元
指标序号	b001	b002	b003	b004	b005	b006	b007	b008	b009	b010	b011	b012	b013	b014
总计	5	330	229	90	3	17155	3735	1378	1352	334040	0	0	0	0
1－省级地方工会	0	0	0	0	0	0	0	0	0	0	0	0	0	0
2－地市级地方工会	0	0	0	0	1	17084	3700	1350	1330	100000	0	0	0	0
3－县级地方工会	5	330	229	90	2	71	35	28	22	234040	0	0	0	0
4－省级产业工会或履行产业工会职能的厅、局、公司工会	0	0	0	0	0	0	0	0	0	0	0	0	0	0
5－地市级产业工会或履行产业工会职能的局、公司工会	0	0	0	0	0	0	0	0	0	0	0	0	0	0
6－县级产业工会或履行产业工会职能的局、公司工会	0	0	0	0	0	0	0	0	0	0	0	0	0	0
7.1－归属中央的企业集团工会	0	0	0	0	0	0	0	0	0	0	0	0	0	0
7.2－归属地方的企业集团工会	0	0	0	0	0	0	0	0	0	0	0	0	0	0
8.1－乡镇、街道总工会	0	0	0	0	0	0	0	0	0	0	0	0	0	0
8.2－其他乡镇、街道级工会	0	0	0	0	0	0	0	0	0	0	0	0	0	0
9－村工会联合会	0	0	0	0	0	0	0	0	0	0	0	0	0	0
10－社区工会联合会	0	0	0	0	0	0	0	0	0	0	0	0	0	0
11－工业园区工会	0	0	0	0	0	0	0	0	0	0	0	0	0	0

表3－2 工会权益保障工作

	本年度本级工会举办创业培训班		获得本级工会小额借（贷）款或接受创业培训的自我创业成功人员		创业成功人员带动就业	本年度本级工会经多种形式、渠道帮助和扶持实现再就业人员	本级工会设立的户外劳动者服务站点		本年度本级工会实际支出的站点建设和管理费用	
	接受培训的下岗和失业人员	接受培训的农民工	下岗和失业人员	农民工				自建	建设费用	日常管理费用
	人次	人次	人次	人次	人	人	个	个	元	元
指标序号	b015	b016	b017	b018	b019	b020	b021	b022	b023	b024
总计	697	573	0	0	0	3720	266	82	1053725	313220
1－省级地方工会	0	0	0	0	0	0	1	1	0	0
2－地市级地方工会	0	0	0	0	0	2530	31	20	337980	40000
3－县级地方工会	697	573	0	0	0	1190	234	61	715745	273220
4－省级产业工会或履行产业工会职能的厅、局、公司工会	0	0	0	0	0	0	0	0	0	0
5－地市级产业工会或履行产业工会职能的局、公司工会	0	0	0	0	0	0	0	0	0	0
6－县级产业工会或履行产业工会职能的局、公司工会	0	0	0	0	0	0	0	0	0	0
7.1－归属中央的企业集团工会	0	0	0	0	0	0	0	0	0	0
7.2－归属地方的企业集团工会	0	0	0	0	0	0	0	0	0	0
8.1－乡镇、街道总工会	0	0	0	0	0	0	0	0	0	0
8.2－其他乡镇、街道级工会	0	0	0	0	0	0	0	0	0	0
9－村工会联合会	0	0	0	0	0	0	0	0	0	0
10－社区工会联合会	0	0	0	0	0	0	0	0	0	0
11－工业园区工会	0	0	0	0	0	0	0	0	0	0

表3－3 工会权益保障工作

	本级工会是否参与了劳动关系三方协商协调机制		本级工会聘用的集体协商指导员		本级工会签订区域性集体合同			本级工会签订行业性集体合同			本级工会开展创建劳动关系和谐企业与工业园区活动情况		
											是否开展了创建活动		本级工会表彰的企业、工业园区数
	是	否	专职	兼职	合同	覆盖企业	覆盖职工	合同	覆盖企业	覆盖职工	是	否	
	个	个	人	人	个	个	人	个	个	人	个	个	个
指标序号	b025	b025	b026	b027	b028	b029	b030	b031	b032	b033	b034	b034	b035
总计	143	312	249	338	111	2766	64041	138	4498	146140	90	365	42
1－省级地方工会	1	0	100	0	0	0	0	0	0	0	0	1	0
2－地市级地方工会	6	0	13	9	5	99	4070	6	2402	14730	2	4	1
3－县级地方工会	20	2	116	153	106	2667	59971	89	1720	33235	18	4	37
4－省级产业工会或履行产业工会职能的厅、局、公司工会	3	6	0	0	0	0	0	1	17	9187	0	9	0
5－地市级产业工会或履行产业工会职能的局、公司工会	11	67	0	0	0	0	0	14	137	7857	0	78	0
6－县级产业工会或履行产业工会职能的局、公司工会	19	76	0	0	0	0	0	10	74	3854	0	95	0
7.1－归属中央的企业集团工会	5	6	0	0	0	0	0	7	87	57177	0	11	0
7.2－归属地方的企业集团工会	5	10	0	0	0	0	0	11	61	20100	0	15	0
8.1－乡镇、街道总工会	32	18	0	21	0	0	0	0	0	0	29	21	0
8.2－其他乡镇、街道级工会	34	105	16	42	0	0	0	0	0	0	32	107	4
9－村工会联合会	0	0	0	0	0	0	0	0	0	0	0	0	0
10－社区工会联合会	4	6	0	3	0	0	0	0	0	0	0	10	0
11－工业园区工会	3	16	4	110	0	0	0	0	0	0	9	10	0

表4－1　工会法律工作

	本年度工会参与制定的地方性法规、地方政府规章	本年度工会参与制定的地方规范性文件（除法规、规章外）	本级工会所在区域或行业是否设立了区域性行业性劳动争议调解组织：是	本级工会所在区域或行业是否设立了区域性行业性劳动争议调解组织：否	本年度区域性行业性劳动争议调解组织受理争议	调解成功数	本级工会受聘担任劳动争议兼职仲裁员的工会干部	本级工会是否已建立劳动关系预警机制：是	本级工会是否已建立劳动关系预警机制：否	本级工会是否建立了工会劳动法律监督组织：是	本级工会是否建立了工会劳动法律监督组织：否	本级工会劳动法律监督员
	个	个	个	个	件	件	人	个	个	个	个	人
指标序号	f001	f002	f003	f003	f004	f005	f006	f007	f007	f008	f008	f009
总计	0	3	205	250	329	244	91	180	275	197	258	422
1－省级地方工会	0	3	1	0	38	38	3	0	1	0	1	0
2－地市级地方工会	0	0	5	1	83	72	8	5	1	4	2	13
3－县级地方工会	0	0	16	6	138	70	10	20	2	19	3	62
4－省级产业工会或履行产业工会职能的厅、局、公司工会	0	0	1	8	0	0	1	0	9	0	9	0
5－地市级产业工会或履行产业工会职能的局、公司工会	0	0	13	65	5	5	7	11	67	12	66	20
6－县级产业工会或履行产业工会职能的局、公司工会	0	0	35	60	10	7	14	34	61	47	48	91
7.1－归属中央的企业集团工会	0	0	7	4	0	0	2	2	9	3	8	7
7.2－归属地方的企业集团工会	0	0	6	9	0	0	1	4	11	1	14	2
8.1－乡镇、街道总工会	0	0	35	15	7	7	11	34	16	35	15	65
8.2－其他乡镇、街道级工会	0	0	71	68	17	17	22	56	83	61	78	127
9－村工会联合会	0	0	0	0	0	0	0	0	0	0	0	0
10－社区工会联合会	0	0	4	6	0	0	4	4	6	4	6	4
11－工业园区工会	0	0	11	8	31	28	8	10	9	11	8	31

表4－2 工会法律工作

	工会劳动法律监督组织本年度受理案件	本级工会劳动保障法律监督员	本级工会取得法学本科及以上学历或法学学士及以上学位的人数	本级工会具有律师或法律职业资格的人数	已取得公职律师证书的人数	本级工会是否建有工会法律援助服务机构 是	本级工会是否建有工会法律援助服务机构 否	工会法律援助志愿者	本年度工会法律援助服务机构办理劳动争议案件	本年度法律援助服务机构办理劳动争议案件受援职工人数
	件	人	人	人	人	个	个	人	件	人
指标序号	f010	f011	f012	f013	f014	f015	f015	f016	f017	f018
总计	107	266	69	24	2	124	331	475	222	318
1－省级地方工会	0	5	20	4	0	1	0	10	38	57
2－地市级地方工会	37	13	6	2	0	5	1	122	100	131
3－县级地方工会	31	39	16	1	0	17	5	207	73	107
4－省级产业工会或履行产业工会职能的厅、局、公司工会	0	2	1	0	0	0	9	0	0	0
5－地市级产业工会或履行产业工会职能的局、公司工会	0	10	6	4	2	4	74	1	0	0
6－县级产业工会或履行产业工会职能的局、公司工会	10	58	0	2	0	11	84	19	0	0
7.1－归属中央的企业集团工会	0	3	3	2	0	1	10	0	0	0
7.2－归属地方的企业集团工会	0	0	9	7	0	0	15	0	0	0
8.1－乡镇、街道总工会	0	57	1	0	0	33	17	24	2	3
8.2－其他乡镇、街道级工会	24	63	6	1	0	42	97	77	4	15
9－村工会联合会	0	0	0	0	0	0	0	0	0	0
10－社区工会联合会	0	4	0	1	0	4	6	0	0	0
11－工业园区工会	5	12	1	0	0	6	13	15	5	5

表5 工会劳动保护工作

	本级工会是否建立了劳动保护监督检查组织		工会劳动保护监督检查员	本年度工会劳动保护监督组织受理举报案件	本级工会本年度参加劳动安全卫生工作			
	是	否			安全生产检查	提出事故隐患和职业危害整改意见	事故隐患和职业危害整改数	处理工伤事故
	个	个	人	件	次	件	件	件
指标序号	l001	l001	l002	l003	l004	l005	l006	l007
总计	219	236	704	21	2057	444	406	60
1－省级地方工会	1	0	60	0	4	1	1	0
2－地市级地方工会	5	1	22	0	26	37	37	19
3－县级地方工会	20	2	182	2	342	74	68	26
4－省级产业工会或履行产业工会职能的厅、局、公司工会	3	6	14	0	19	3	3	3
5－地市级产业工会或履行产业工会职能的局、公司工会	15	63	29	1	168	138	128	6
6－县级产业工会或履行产业工会职能的局、公司工会	48	47	76	10	457	29	26	0
7.1－归属中央的企业集团工会	6	5	16	0	18	50	43	4
7.2－归属地方的企业集团工会	4	11	59	0	86	46	46	0
8.1－乡镇、街道总工会	35	15	70	4	289	13	13	0
8.2－其他乡镇、街道级工会	65	74	134	4	442	17	9	0
9－村工会联合会	0	0	0	0	0	0	0	0
10－社区工会联合会	6	4	6	0	40	0	0	0
11－工业园区工会	11	8	36	0	166	36	32	2

表6－1　工会经济技术工作

	现有省部级劳动模范		本年度本级工会授予		本年度职工技术创新所取得的奖项				本级工会已命名的劳模创新工作室	本年度本级工会组织省级及以上劳动模范和全国五一劳动奖章获得者休养
	省级	部级	五一奖状	五一奖章	工人先锋号	国家级	省级	部级		
	人	人	个	个	个	个	个	个	个	人次
指标序号	j001	j002	j003	j004	j005	j006	j007	j008	j009	j010
总计	1254	978	0	0	0	0	0	0	334	293
1－省级地方工会	1254	978	0	0	0	0	0	0	71	231
2－地市级地方工会	0	0	0	0	0	0	0	0	164	0
3－县级地方工会	0	0	0	0	0	0	0	0	99	24
4－省级产业工会或履行产业工会职能的厅、局、公司工会	0	0	0	0	0	0	0	0	0	8
5－地市级产业工会或履行产业工会职能的局、公司工会	0	0	0	0	0	0	0	0	0	21
6－县级产业工会或履行产业工会职能的局、公司工会	0	0	0	0	0	0	0	0	0	1
7.1－归属中央的企业集团工会	0	0	0	0	0	0	0	0	0	5
7.2－归属地方的企业集团工会	0	0	0	0	0	0	0	0	0	2
8.1－乡镇、街道总工会	0	0	0	0	0	0	0	0	0	0
8.2－其他乡镇、街道级工会	0	0	0	0	0	0	0	0	0	1
9－村工会联合会	0	0	0	0	0	0	0	0	0	0
10－社区工会联合会	0	0	0	0	0	0	0	0	0	0
11－工业园区工会	0	0	0	0	0	0	0	0	0	0

表6－2 工会经济技术工作

	本年度参加本级工会组织的技能比赛的职工	农民工	通过技能比赛晋升技术等级	农民工	本年度本级工会组织的技术培训				
					培训班	参加职工	农民工	通过培训提升技术等级	农民工
	人次	人次	人次	人次	班次	人次	人次	人次	人次
指标序号	j011	j012	j013	j014	j015	j016	j017	j018	j019
总计	208076	44564	2145	677	401	28258	7623	4686	1071
1－省级地方工会	1300	0	0	0	10	1300	198	1190	198
2－地市级地方工会	134478	31876	178	31	34	1062	322	432	140
3－县级地方工会	21918	4849	1332	521	127	8173	2280	2482	603
4－省级产业工会或履行产业工会职能的厅、局、公司工会	948	198	90	90	1	40	0	0	0
5－地市级产业工会或履行产业工会职能的局、公司工会	7960	803	127	6	35	1845	13	0	0
6－县级产业工会或履行产业工会职能的局、公司工会	7472	270	137	0	12	815	173	20	15
7.1－归属中央的企业集团工会	4690	0	65	0	55	4375	0	231	0
7.2－归属地方的企业集团工会	4736	3142	24	24	12	3319	2585	0	0
8.1－乡镇、街道总工会	632	160	0	0	50	1853	312	2	0
8.2－其他乡镇、街道级工会	4451	1067	0	0	33	1556	552	110	60
9－村工会联合会	0	0	0	0	0	0	0	0	0
10－社区工会联合会	62	12	0	0	0	0	0	0	0
11－工业园区工会	19429	2187	192	5	32	3920	1188	219	55

表7-1 工会财务和经费审查工作

	本级工会经费收缴是否委托税务代收		本级工会是否实行建会筹备金制度		本级行政事业单位工会经费是否由财政统一划拨		本级工会设有经费审查委员会		经审会委员人数达到同级工会委员会委员人数的20%		三分之二的经审会委员具有审计、财会从业资格		本级工会是否设有经审会办公室	
	是	否	是	否	是	否	是	否	是	否	是	否	是	否
	个	个	个	个	个	个	个	个	个	个	个	个	个	个
指标序号	s001	s001	s002	s002	s003	s003	s004	s004	s005	s005	s006	s006	s007	s007
总计	26	429	23	432	21	434	345	110	27	428	22	433	26	429
1-省级地方工会	1	0	1	0	1	0	1	0	1	0	1	0	1	0
2-地市级地方工会	6	0	6	0	4	2	6	0	6	0	4	2	5	1
3-县级地方工会	19	3	16	6	16	6	21	1	20	2	17	5	20	2
4-省级产业工会或履行产业工会职能的厅、局、公司工会	0	9	0	9	0	9	6	3	0	9	0	9	0	9
5-地市级产业工会或履行产业工会职能的局、公司工会	0	78	0	78	0	78	66	12	0	78	0	78	0	78
6-县级产业工会或履行产业工会职能的局、公司工会	0	95	0	95	0	95	71	24	0	95	0	95	0	95
7.1-归属中央的企业集团工会	0	11	0	11	0	11	10	1	0	11	0	11	0	11
7.2-归属地方的企业集团工会	0	15	0	15	0	15	11	4	0	15	0	15	0	15
8.1-乡镇、街道总工会	0	50	0	50	0	50	41	9	0	50	0	50	0	50
8.2-其他乡镇、街道级工会	0	139	0	139	0	139	93	46	0	139	0	139	0	139
9-村工会联合会	0	0	0	0	0	0	0	0	0	0	0	0	0	0
10-社区工会联合会	0	10	0	10	0	10	4	6	0	10	0	10	0	10
11-工业园区工会	0	19	0	19	0	19	15	4	0	19	0	19	0	19

表 7－2 工会财务和经费审查工作

	本级工会经审会办公室干部				本年度本级工会举办的经审干部培训班	
	专职	具有中级以上会计、审计专业技术资格	兼职	具有中级以上会计、审计专业技术资格	培训班	培训人次
	人	人	人	人	次	人次
指标序号	s008	s009	s010	s011	s012	s013
总计	39	9	20	3	76	4573
1－省级地方工会	5	5	0	0	0	0
2－地市级地方工会	10	2	2	1	8	742
3－县级地方工会	24	2	18	2	28	2487
4－省级产业工会或履行产业工会职能的厅、局、公司工会	0	0	0	0	2	87
5－地市级产业工会或履行产业工会职能的局、公司工会	0	0	0	0	7	167
6－县级产业工会或履行产业工会职能的局、公司工会	0	0	0	0	3	65
7.1－归属中央的企业集团工会	0	0	0	0	5	155
7.2－归属地方的企业集团工会	0	0	0	0	0	0
8.1－乡镇、街道总工会	0	0	0	0	12	371
8.2－其他乡镇、街道级工会	0	0	0	0	10	419
9－村工会联合会	0	0	0	0	0	0
10－社区工会联合会	0	0	0	0	0	0
11－工业园区工会	0	0	0	0	1	80

表7－3　工会财务和经费审查工作

	本级工会经审会对下列单位开展年度审计工作的项数（以下四类互斥）				本级工会经审会开展预、决算审查审计工作情况						本年度受工会组织部门委托进行的经济责任审计项目
	工会的企事业单位	下一级地方工会	独立管理经费的产业工会	直管基层工会	是否开展了预、决算审查		是否开展了预算执行情况审计		是否开展了上半年预算执行情况审查		
					是	否	是	否	是	否	
	项	项	项	项	个	个	个	个	个	个	项
指标序号	s014	s015	s016	s017	s018	s018	s019	s019	s020	s020	s021
总计	33	118	22	362	251	204	234	221	217	238	3
1－省级地方工会	3	5	1	42	1	0	1	0	1	0	0
2－地市级地方工会	8	26	6	87	5	1	5	1	4	2	1
3－县级地方工会	22	87	15	233	19	3	19	3	18	4	2
4－省级产业工会或履行产业工会职能的厅、局、公司工会	0	0	0	0	5	4	4	5	4	5	0
5－地市级产业工会或履行产业工会职能的局、公司工会	0	0	0	0	46	32	43	35	35	43	0
6－县级产业工会或履行产业工会职能的局、公司工会	0	0	0	0	45	50	37	58	35	60	0
7.1－归属中央的企业集团工会	0	0	0	0	9	2	9	2	9	2	0
7.2－归属地方的企业集团工会	0	0	0	0	6	9	6	9	5	10	0
8.1－乡镇、街道总工会	0	0	0	0	39	11	39	11	39	11	0
8.2－其他乡镇、街道级工会	0	0	0	0	65	74	60	79	57	82	0
9－村工会联合会	0	0	0	0	0	0	0	0	0	0	0
10－社区工会联合会	0	0	0	0	3	7	3	7	3	7	0
11－工业园区工会	0	0	0	0	8	11	8	11	7	12	0

表8－1 工会宣传教育和职工文化体育工作

	本级工会直属文体设施			本级工会兴办职工高等院校	本级工会兴办职工中等学校
	文化宫俱乐部	体育场（馆）	图书馆（藏书1万册以上）		
	个	个	个	所	所
指标序号	w001	w002	w003	w004	w005
总计	16	27	35	0	0
1－省级地方工会	1	0	0	0	0
2－地市级地方工会	4	6	3	0	0
3－县级地方工会	4	2	4	0	0
4－省级产业工会或履行产业工会职能的厅、局、公司工会	0	0	2	0	0
5－地市级产业工会或履行产业工会职能的局、公司工会	7	8	12	0	0
6－县级产业工会或履行产业工会职能的局、公司工会	0	4	5	0	0
7.1－归属中央的企业集团工会	0	3	1	0	0
7.2－归属地方的企业集团工会	0	3	2	0	0
8.1－乡镇、街道总工会	0	0	1	0	0
8.2－其他乡镇、街道级工会	0	0	3	0	0
9－村工会联合会	0	0	0	0	0
10－社区工会联合会	0	0	0	0	0
11－工业园区工会	0	1	2	0	0

表9 工会社会联络工作

	本级工会联系引导劳动领域社会组织	本年度本级工会购买社会组织服务		
		实施项目	实际支出资金	服务职工群众
	个	个	万元	人次
指标序号	e001	e002	e003	e004
总计	16	12	106	105117
1－省级地方工会	2	2	40	23800
2－地市级地方工会	6	6	40	81000
3－县级地方工会	8	4	26	317
4－省级产业工会或履行产业工会职能的厅、局、公司工会	0	0	0	0
5－地市级产业工会或履行产业工会职能的局、公司工会	0	0	0	0
6－县级产业工会或履行产业工会职能的局、公司工会	0	0	0	0
7.1－归属中央的企业集团工会	0	0	0	0
7.2－归属地方的企业集团工会	0	0	0	0
8.1－乡镇、街道总工会	0	0	0	0
8.2－其他乡镇、街道级工会	0	0	0	0
9－村工会联合会	0	0	0	0
10－社区工会联合会	0	0	0	0
11－工业园区工会	0	0	0	0

表10 工会网络工作

	本级工会从事网络工作的工会干部		本级工会开通官方微信公众号
	专职	兼职	
	人	人	个
指标序号	n001	n002	n003
总计	3	0	27
1 - 省级地方工会	3	0	1
2 - 地市级地方工会	0	0	5
3 - 县级地方工会	0	0	21
4 - 省级产业工会或履行产业工会职能的厅、局、公司工会	0	0	0
5 - 地市级产业工会或履行产业工会职能的局、公司工会	0	0	0
6 - 县级产业工会或履行产业工会职能的局、公司工会	0	0	0
7. 1 - 归属中央的企业集团工会	0	0	0
7. 2 - 归属地方的企业集团工会	0	0	0
8. 1 - 乡镇、街道总工会	0	0	0
8. 2 - 其他乡镇、街道级工会	0	0	0
9 - 村工会联合会	0	0	0
10 - 社区工会联合会	0	0	0
11 - 工业园区工会	0	0	0

表 11　工会国际交流工作

	本年度本级工会邀请来访代表团		本年度本级工会出访代表团	
	团数	人数	团数	人数
	个	人	个	人
指标序号	g001	g002	g003	g004
总计	0	0	0	0
1 – 省级地方工会	0	0	0	0
2 – 地市级地方工会	0	0	0	0
3 – 县级地方工会	0	0	0	0
4 – 省级产业工会或履行产业工会职能的厅、局、公司工会	0	0	0	0
5 – 地市级产业工会或履行产业工会职能的局、公司工会	0	0	0	0
6 – 县级产业工会或履行产业工会职能的局、公司工会	0	0	0	0
7. 1 – 归属中央的企业集团工会	0	0	0	0
7. 2 – 归属地方的企业集团工会	0	0	0	0
8. 1 – 乡镇、街道总工会	0	0	0	0
8. 2 – 其他乡镇、街道级工会	0	0	0	0
9 – 村工会联合会	0	0	0	0
10 – 社区工会联合会	0	0	0	0
11 – 工业园区工会	0	0	0	0

附表1－1 工会干部队伍情况

	内设机构数	直属单位数	产业工会数		本级机关人员编制		领导班子职数	中层正职		中层副职		现有机关干部人数	
			驻会	不驻会	行政编制	事业编制		职数	实际配备	职数	实际配备		女
	个	个	个	个	个	个	个	个	人	个	人	人	人
指标序号	d001	d002	d003	d004	d005	d006	d007	d008	d009	d010	d011	d012	d013
总计	95	17	10	18	198	131	149	52	42	31	28	310	115
1－省级地方工会	14	3	3	8	34	38	9	14	14	15	15	69	25
2－地市级地方工会	29	10	4	2	57	46	32	31	24	11	9	92	31
3－县级地方工会	52	4	3	8	107	47	108	7	4	5	4	149	59
4－省级产业工会或履行产业工会职能的厅、局、公司工会	0	0	0	0	0	0	0	0	0	0	0	0	0
5－地市级产业工会或履行产业工会职能的局、公司工会	0	0	0	0	0	0	0	0	0	0	0	0	0
6－县级产业工会或履行产业工会职能的局、公司工会	0	0	0	0	0	0	0	0	0	0	0	0	0
7.1－归属中央的企业集团工会	0	0	0	0	0	0	0	0	0	0	0	0	0
7.2－归属地方的企业集团工会	0	0	0	0	0	0	0	0	0	0	0	0	0
8.1－乡镇、街道总工会	0	0	0	0	0	0	0	0	0	0	0	0	0
8.2－其他乡镇、街道级工会	0	0	0	0	0	0	0	0	0	0	0	0	0
9－村工会联合会	0	0	0	0	0	0	0	0	0	0	0	0	0
10－社区工会联合会	0	0	0	0	0	0	0	0	0	0	0	0	0
11－工业园区工会	0	0	0	0	0	0	0	0	0	0	0	0	0

附表1－2 工会干部队伍情况

	本年度进入单位人数			平均年龄	从事工会工作年限			本年度离开单位人数		
	录用	军转	调入		4年及以下	5－14年	15以上年		平级交流	提拔交流
	人	人	人	岁	人	人	人	人	人	人
指标序号	d014	d015	d016	d017	d018	d019	d020	d021	d022	d023
总计	2	0	26	46	117	142	51	25	11	5
1－省级地方工会	0	0	3	48	14	42	13	1	0	1
2－地市级地方工会	0	0	8	44	37	45	10	11	6	1
3－县级地方工会	2	0	15	46	66	55	28	13	5	3
4－省级产业工会或履行产业工会职能的厅、局、公司工会	0	0	0	0	0	0	0	0	0	0
5－地市级产业工会或履行产业工会职能的局、公司工会	0	0	0	0	0	0	0	0	0	0
6－县级产业工会或履行产业工会职能的局、公司工会	0	0	0	0	0	0	0	0	0	0
7.1－归属中央的企业集团工会	0	0	0	0	0	0	0	0	0	0
7.2－归属地方的企业集团工会	0	0	0	0	0	0	0	0	0	0
8.1－乡镇、街道总工会	0	0	0	0	0	0	0	0	0	0
8.2－其他乡镇、街道级工会	0	0	0	0	0	0	0	0	0	0
9－村工会联合会	0	0	0	0	0	0	0	0	0	0
10－社区工会联合会	0	0	0	0	0	0	0	0	0	0
11－工业园区工会	0	0	0	0	0	0	0	0	0	0

附表1续－1 工会领导班子情况

	副主席（专职）		副主席（挂职）	副主席（兼职）	经审会主任是否专职		其他党组成员		平均年龄
	职数	实际配备	实际配备	实际配备	是	否	职数	实际配备	
	个	人	人	人	个	个	个	人	岁
指标序号	d024	d025	d026	d027	d028	d028	d029	d030	d031
总计	64	61	20	27	22	433	15	15	48
1－省级地方工会	4	4	1	2	1	0	2	2	57
2－地市级地方工会	13	12	4	9	5	1	2	2	49
3－县级地方工会	47	45	15	16	16	6	11	11	48
4－省级产业工会或履行产业工会职能的厅、局、公司工会	0	0	0	0	0	9	0	0	0
5－地市级产业工会或履行产业工会职能的局、公司工会	0	0	0	0	0	78	0	0	0
6－县级产业工会或履行产业工会职能的局、公司工会	0	0	0	0	0	95	0	0	0
7.1－归属中央的企业集团工会	0	0	0	0	0	11	0	0	0
7.2－归属地方的企业集团工会	0	0	0	0	0	15	0	0	0
8.1－乡镇、街道总工会	0	0	0	0	0	50	0	0	0
8.2－其他乡镇、街道级工会	0	0	0	0	0	139	0	0	0
9－村工会联合会	0	0	0	0	0	0	0	0	0
10－社区工会联合会	0	0	0	0	0	10	0	0	0
11－工业园区工会	0	0	0	0	0	19	0	0	0

附表1续－2　工会领导班子情况

	领导班子学历构成				担任工会领导班子成员的工作年限			本年度领导班子调整情况		
	研究生	大学	大专	中专以下	4年及以下	5－9年	10年及以上	调出	调入	内部提拔
	人	人	人	人	人	人	人	人	人	人
指标序号	d032	d033	d034	d035	d036	d037	d038	d039	d040	d041
总计	15	122	27	2	109	46	11	15	12	0
1－省级地方工会	5	4	0	0	2	5	2	0	0	0
2－地市级地方工会	6	29	2	1	30	8	0	3	1	0
3－县级地方工会	4	89	25	1	77	33	9	12	11	0
4－省级产业工会或履行产业工会职能的厅、局、公司工会	0	0	0	0	0	0	0	0	0	0
5－地市级产业工会或履行产业工会职能的局、公司工会	0	0	0	0	0	0	0	0	0	0
6－县级产业工会或履行产业工会职能的局、公司工会	0	0	0	0	0	0	0	0	0	0
7.1－归属中央的企业集团工会	0	0	0	0	0	0	0	0	0	0
7.2－归属地方的企业集团工会	0	0	0	0	0	0	0	0	0	0
8.1－乡镇、街道总工会	0	0	0	0	0	0	0	0	0	0
8.2－其他乡镇、街道级工会	0	0	0	0	0	0	0	0	0	0
9－村工会联合会	0	0	0	0	0	0	0	0	0	0
10－社区工会联合会	0	0	0	0	0	0	0	0	0	0
11－工业园区工会	0	0	0	0	0	0	0	0	0	0

附表2 工会经费审查工作情况

	本年度本级工会专项资金审计项目金额		本年度本级工会基本建设和维修改造工程审计			工会经费计拨审计查处少、漏、欠缴工会经费金额		本年度出具审计报告和审计调查报告	本年度本级工会审计发现主要问题和建议			整改落实的意见数
	困难职工帮扶资金、送温暖资金	其他	审计项目	送审金额	核减金额		补缴入库金额		问题数	涉及金额	提出审计建议数	
	万元	万元	项	万元	万元	万元	万元	篇	件	万元	件	件
指标序号	y001	y002	y003	y004	y005	y006	y007	y008	y009	y010	y011	y012
总计	5764	5322	3	195	14	129	59	890	1777	2442	1637	1546
1－省级地方工会	4202	4702	1	33	3	0	0	10	3	61	4	3
2－地市级地方工会	868	532	0	0	0	96	58	207	561	1028	497	458
3－县级地方工会	694	88	2	162	11	33	1	673	1213	1353	1136	1085
4－省级产业工会或履行产业工会职能的厅、局、公司工会	0	0	0	0	0	0	0	0	0	0	0	0
5－地市级产业工会或履行产业工会职能的局、公司工会	0	0	0	0	0	0	0	0	0	0	0	0
6－县级产业工会或履行产业工会职能的局、公司工会	0	0	0	0	0	0	0	0	0	0	0	0
7.1－归属中央的企业集团工会	0	0	0	0	0	0	0	0	0	0	0	0
7.2－归属地方的企业集团工会	0	0	0	0	0	0	0	0	0	0	0	0
8.1－乡镇、街道总工会	0	0	0	0	0	0	0	0	0	0	0	0
8.2－其他乡镇、街道级工会	0	0	0	0	0	0	0	0	0	0	0	0
9－村工会联合会	0	0	0	0	0	0	0	0	0	0	0	0
10－社区工会联合会	0	0	0	0	0	0	0	0	0	0	0	0
11－工业园区工会	0	0	0	0	0	0	0	0	0	0	0	0

附 录

宁夏回族自治区总工会文件目录

自治区总工会关于提请自治区党委常委会听取工会工作汇报的请示（宁工发〔2020〕1号）1.4

自治区总工会关于调整工会干部学校岗位设置的请示（宁工发〔2020〕2号）1.13

自治区总工会关于落实陈润儿书记关于集体协商工作批示精神情况的报告（宁工发〔2020〕3号）1.13

自治区总工会关于表彰机关2019年度考核优秀等次人员和先进工作者的决定（宁工发〔2020〕4号）1.19

自治区总工会关于推荐评选2020年全国劳动模范和先进工作者的请示（宁工发〔2020〕5号）1.21

自治区总工会关于授予2019年自治区重点工程示范性劳动竞赛和职工职业技能竞赛先进集体和先进个人自治区五一劳动奖的决定（宁工发〔2020〕6号）1.21

自治区总工会关于在疫情防控企业复工复产期间做好工会工作的通知（宁工发〔2020〕7号）2.20

自治区总工会关于呈报2019年主要工作情况和2020年工作思路的报告（宁工发〔2020〕8号）2.25

宁工发〔2020〕9号宁夏总工会关于报送本级2020年度经费收支预算的报告3.31

宁夏总工会关于报送本级2019年度工会经费收支决算的报告（宁工发〔2020〕10号）3.31

自治区总工会关于召开十二届三次全委（扩大）会议的请示（宁工发〔2020〕11号）4.3

自治区总工会关于开展“守护健康 情暖职工”助力复工复产活动的通知（宁工发〔2020〕12号）4.10

自治区总工会2020年工作要点（宁工发〔2020〕14号）4.16

自治区总工会关于调整银川市道路运输管理局等工会组织隶属关系的通知（宁工发〔2020〕16号）4.30

自治区总工会关于印发《宁夏产业工会改革实施方案》的通知（宁工发〔2020〕17号）4.30

自治区总工会自治区党委网信办关于开展2020年“网聚职工正能量　争做中国好网民”主题活动的通知（宁工发〔2020〕18号）4.30

关于举办第七届全区高校青年教师教学竞赛的通知（宁工发〔2020〕20号）5.19

自治区总工会关于面向社会化工会工作者定向招录工会在编干部的请示（宁工发〔2020〕21号）5.22

自治区总工会关于2020年全区新能源汽车技术技能竞赛结果的通报（宁工发

〔2020〕23 号）7. 28

宁夏总工会关于是否将工会行政运行经费全口径列入地方财政预算编制的请示（宁工发〔2020〕24 号）8. 5

关于第七届全区青年教师教学竞赛结果的通报（宁工发〔2020〕27 号）9. 11

宁夏总工会关于申请 2020 年项目补助的请示（宁工发〔2020〕28 号）9. 29

自治区总工会关于召开产业工人队伍建设改革工作推进会议的请示（宁工发〔2020〕29 号）10. 07

自治区总工会关于提请审定《宁夏组团进京参加 2020 年表彰全国劳动模范和先进工作者大会实施方案》的请示（宁工发〔2020〕32 号）11. 17

自治区总工会关于表彰自治区模范职工之家、模范职工小家和优秀工会工作者的决定（宁工发〔2020〕33 号）11. 19

自治区总工会关于呈报《全区工会工作调研专题报告》的报告（宁工发〔2020〕34 号）11. 27

自治区总工会关于学习宣传贯彻习近平总书记在全国劳动模范和先进工作者表彰大会上的重要讲话精神的通知（宁工发〔2020〕35 号）11. 30

自治区总工会关于命名自治区模范职工之家（小家）示范点、职工之家（小家）培育点和“会站家”一体化示范点的决定（宁工发〔2020〕36 号）12. 7

自治区总工会关于命名 2020 年自治区劳模和技能人才创新工作室的决定（宁工发〔2020〕37 号）12. 23

自治区总工会关于地市、产业工会 2020 年度工作考核等次的通报（宁工发〔2020〕38 号）12. 22

自治区总工会关于 2020 年全区新能源发电企业变电运行技能竞赛结果的通报（宁工发〔2020〕39 号）12. 22

宁夏回族自治区总工会办公室文件目录

关于印发《自治区总工会机关工作人员请休假管理办法（试行）》等2项制度的通知（宁工办发〔2020〕1号）6.11

关于印发《宁夏回族自治区工会预算绩效管理办法》《宁夏回族自治区工会财务监督暂行办法》的通知（宁工办发〔2020〕2号）9.11

关于印发《自治区总工会党组理论学习中心组学习实施办法》的通知（宁工办发〔2020〕3号）9.27

关于印发《自治区总工会开展无烟机关创建活动实施方案》的通知（宁工办发〔2020〕4号）9.29

关于印发《自治区（部）级劳动模范认定办法（试行）》的通知（不公开）（宁工办发〔2020〕5号）10.22

关于调整自治区总工会保密工作、国家安全工作领导小组成员和成立自治区总工会国家安全人民防线建设小组的通知（宁工办发〔2020〕6号）11.27

关于印发《宁夏回族自治区总工会落实小微企业工会经费支持政策实施细则》的通知（宁工办发〔2020〕7号）11.30

关于印发《自治区总工会财务核算管理办法》《宁夏回族自治区总工会对下项目补助实施办法》的通知（宁工办发〔2020〕8号）11.30

关于印发《宁夏回族自治区总工会困难职工帮扶管理实施细则》的通知（宁工办发〔2020〕9号）12.23

关于推荐评选全国“安康杯”竞赛先进集体和优秀个人的通知（宁工办通〔2020〕1号）1.3

关于命名2019年度自治区模范职工之家示范点和职工之家培育点的通知（宁工办通〔2020〕2号）1.3

关于2019年度全区社会化工会工作者考核结果的通报（宁工办通〔2020〕3号）1.20

关于做好2020年度经费收支预算编报工作的通知（宁工办通〔2020〕4号）1.21

关于开展第二轮“减上补下和减上补新”工作的通知（宁工办通〔2020〕5号）1.23

关于做好《宁夏工会年鉴》（2019卷）组稿工作的通知（宁工办通〔2020〕6号）2.27

关于做好2019年全区社会化工会工作者递补人员入职工作的通知（宁工办通〔2020〕7号）2.28

关于推进工会行政性资产产权登记工作的通知（宁工办通〔2020〕8号）3.17

关于做好2020年集体协商工作的通知（宁工办通〔2020〕9号）3.18

关于做好新冠肺炎疫情防控期间困难职工帮扶工作的通知（宁工办通〔2020〕10号）3.19

关于做好2020年度机关工作人员平时考核工作的通知（宁工办通〔2020〕11号）3.19

关于印发《自治区总工会开展“基层

组织建设年”活动实施方案》的通知（宁工办通〔2020〕12 号）3. 30

关于印发《自治区总工会 2020 年普法依法治理工作要点》的通知（宁工办通〔2020〕13 号）3. 31

自治区总工会关于召开十二届三次全委（扩大）会议的通知（宁工办通〔2020〕14 号）4. 3

关于做好 2020 年工会理论调查研究工作的通知（宁工办通〔2020〕15 号）4. 16

关于遴选社会化工会工作者到区总学习锻炼的通知（宁工办通〔2020〕16 号）4. 16

关于印发《自治区总工会领导干部个人有关事项报告制度》等 5 项制度的通知（宁工办通〔2020〕17 号）4. 21

关于印发自治区总工会十二届三次全委（扩大）会议有关材料的通知（宁工办通〔2020〕18 号）4. 29

关于在全区开展重点工程示范性劳动竞赛和职工职业技能竞赛活动的通知（宁工办通〔2020〕19 号）4. 29

关于印发《自治区总工会劳动模范临时性困难救助办法》的通知（宁工办通〔2020〕20 号）4. 29

关于印发《自治区总工会 2020 年“保密法治宣传月”活动方案》的通知（宁工办通〔2020〕21 号）5. 8

关于印发《全区产业工人队伍状况调查方案》的通知（宁工办通〔2020〕22 号）5. 9

关于印发《自治区总工会贯彻落实习近平总书记重要指示批示精神 2020 年重点工作任务分工》的通知（宁工办通〔2020〕23 号）5. 12

关于学习宣传贯彻习近平总书记给郑州圆方集团职工回信精神的通知（宁工办通〔2020〕24 号）5. 12

关于进一步推进落实“下基层”活动的通知（宁工办通〔2020〕25 号）5. 21

关于做好宁夏职工科技教育文化活动中心撤销后相关工作的通知（宁工办通〔2020〕26 号）5. 28

关于做好 2020 年度工会组建和发展会员工作的通知（宁工办通〔2020〕27 号）6. 4

关于开展“讲扶贫故事　展工会风采”全区工会扶贫短视频故事征集活动的通知（宁工办通〔2020〕28 号）6. 4

关于全面完成在档困难职工解困脱困工作的通知（宁工办通〔2020〕29 号）6. 8

关于开展 2020 年抗疫一线医护人员和自治区（省部级）劳模区内疗休养活动的通知（宁工办通〔2020〕30 号）6. 9

关于推荐申报 2020 年全国工会职工书屋的通知（宁工办通〔2020〕31 号）6. 9

关于开展“劳动筑梦”全区职工演讲大赛的通知（宁工办通〔2020〕32 号）6. 9

关于印发《宁夏第三届家政服务业职业技能竞赛暨“最美家政人”推树活动实施方案》的通知（宁工办通〔2020〕33 号）6. 11

关于“工会户外劳动者服务（法律援助）站”示范点建设的通知（宁工办通〔2020〕34 号）6. 15

关于认真学习宣传贯彻习近平总书记视察宁夏重要讲话精神的通知（宁工办通〔2020〕35 号）6. 17

关于编制自治区总工会 2021—2023 年中期财政规划暨 2021 年部门预算的通知（宁工办通〔2020〕36 号）6. 18

关于持续推进工会创新亮点工作的通知（宁工办通〔2020〕37 号）6. 19

关于进一步做好全区职工之家和“会站家”一体化建设工作的通知（宁工办通〔2020〕38 号）6. 19

关于进一步做好全区企业民主管理工作的通知（宁工办通〔2020〕39 号）6. 19

关于开展全区第五届社会主义核心价值观主题微电影（微视频）征集活动的通知（宁工办通〔2020〕40号）6.22

关于举办全区新能源汽车技术技能竞赛的通知（宁工办通〔2020〕41号）6.22

关于到基层联系点开展习近平总书记视察宁夏重要讲话精神宣讲活动的通知（宁工办通〔2020〕42号）6.30

关于印发《地市、产业工会2020年度工作考核实施方案》的通知（宁工办通〔2020〕43号）7.7

关于进一步加强社会化工会工作者队伍管理工作的通知（宁工办通〔2020〕44号）7.10

关于推荐表彰全国厂务公开民主管理工作先进单位等事宜的通知（宁工办通〔2020〕45号）8.7

关于开展“学习强国”宁夏学习平台“塞上江南　美丽宁夏”摄影作品征集活动的通知（宁工办通〔2020〕46号）8.27

关于在中国农民丰收节期间开展走访慰问农民工活动的通知（宁工办通〔2020〕47号）9.9

关于举办2020年全区工会统计与理论调研人员培训班的通知（宁工办通〔2020〕48号）9.9

关于做好2020年全国和省部级劳模生活困难补助金和特殊困难帮扶金申报发放工作的通知（宁工办通〔2020〕49号）9.11

关于推荐评选全国和自治区模范职工之家、模范职工小家、优秀工会工作者的通知（宁工办通〔2020〕50号）9.15

关于印发《2020年度全区工会统计年报调查方案》的通知（宁工办通〔2020〕51号）9.21

关于举办全区疫情防控健康管理综合技能竞赛的通知（宁工办通〔2020〕52号）9.23

关于做好2020年度乡镇（街道）工会、村（社区）工会考核工作的通知（宁工办通〔2020〕53号）9.23

关于推荐申报2020年自治区劳模（技能人才）创新工作室的通知（宁工办通〔2020〕54号）10.20

关于贯彻落实《关于加强企业职工文化建设工作的意见》的通知（宁工办通〔2020〕55号）10.20

关于印发《自治区总工会2020年机关工作人员年度考核实施方案》的通知（宁工办通〔2020〕56号）11.27

关于报送地市、产业工会2020年度考核工作相关资料的通知（宁工办通〔2020〕57号）11.27

关于做好今冬明春新冠肺炎疫情防控工作的紧急通知（宁工办通〔2020〕58号）12.2

关于开展全区工会干部网络舆情专题培训的通知（宁工办通〔2020〕59号）12.16

关于开展劳模精神“三进”活动的通知（宁工办通〔2020〕60号）12.16

关于替补自治区总工会第十二届委员会委员和经费审查委员会委员的通知（宁工办通〔2020〕61号）12.16

关于召开2020年度民主生活会的通知（宁工办通〔2020〕62号）12.18

关于推荐评选2021年全国先进女职工集体和个人的通知（宁工办通〔2020〕63号）12.22

关于印发《自治区总工会党组学习贯彻〈论党的宣传思想工作〉实施方案》的通知（宁工办通〔2020〕64号）12.22

关于2021年元旦春节期间组织开展送温暖活动的通知（宁工办通〔2020〕65号）12.23

关于做好2020年度经费收支决算编报工作的通知（宁工办通〔2020〕66号）12.25

关于做好2020年度全国学雷锋志愿服务“四个100”和自治区学雷锋志愿服务“四个十佳”先进典型推荐工作的通知（宁工办通〔2020〕67号）12.29

关于编报2020年度全区工会资产统计报告的通知（宁工办通〔2020〕68号）12.31

宁夏回族自治区工会系统名录

宁夏回族自治区总工会

主席：左军

地址：宁夏回族自治区银川市金凤区正源北街135号

邮编：750002

产业（厅局）工会

单位名称	地址	电话	邮编	主席
宁夏教科文卫体工会委员会	宁夏回族自治区银川市金凤区正源北街135号	（0951）2090100	750002	王克栋
宁夏农林水财轻工工会委员会	宁夏回族自治区银川市金凤区正源北街135号	（0951）2090103	750002	郝　雪
宁夏能源化工冶金通信工会委员会	宁夏回族自治区银川市金凤区正源北街135号	（0951）2090106	750002	朱　伟
宁夏电业工会	银川市兴庆区长城东路288号	（0951）4915777	750001	赵大光
宁夏邮政工会	银川市兴庆区解放西街9号	（0951）6920889	750001	李　俭
宁夏交通工会	银川市金凤区北京中路175号	（0951）6076667	750002	赵晓冬
宁夏建设建材工会	银川市兴庆区文化西街69号	（0951）5023102	750001	李　梅
宁夏地质工会	银川市北京西路199号地矿大厦1014室	（0951）2022704	750021	成蒙云
中国金融工会宁夏工作委员会	银川市兴庆区中心生巷32号	（0951）6098169	750001	白雪峰
自治区人民政府驻北京办事处工会	北京市东城区分司厅胡同13号宁夏大厦	（010）84040274	100009	冯海燕
区直机关工会	银川市金凤区康平路1号自治区党委4号院124室	（0951）6669650	750066	周大兴

银川市总工会

主席:张自华

地址:银川市兴庆区凤凰北街 172 号

邮编:750001

单位名称	地址	电话	邮编	主席
兴庆区总工会	银川市兴庆区北京东路 471 号	(0951)6719145	750001	丁万福
金凤区总工会	银川市金凤区黄河东路 721 号	(0951)8677033	750002	李文陈
西夏区总工会	银川市贺兰山西路与丽子园北街交叉口西夏区政府院内	(0951)2078780	750021	刘红伟
灵武市总工会	灵武市西二环龙凤家苑南侧	(0951) 4021651	750400	周玉斌
永宁县总工会	银川市永宁县杨和南街 208 号	(0951)8011372	750100	蒯金银
贺兰县总工会	银川市贺兰县文昌路 1 号	(0951)8061307	750200	盛国为
银川经济技术开发区工会	银川市黄河东路科技园 48 号	(0951)5676029	750011	高宁强

石嘴山市总工会

主席:强　伟

地址:石嘴山市长庆东街市职工文化活动中心

邮编:753000

单位名称	地址	电话	邮编	主席
大武口区总工会	石嘴山市大武口区朝阳西街 67 号	(0952)2013806	753000	周福祯
惠农区总工会	石嘴山市惠农区北大街 429 号	(0952) 3020113	753200	罗　彬
平罗县总工会	石嘴山市平罗县西区人大楼八层	(0952)6095054	753400	杨连银

吴忠市总工会

主席:陈克安

地址:吴忠市利通区文卫北街 189 号

邮编:751100

单位名称	地址	电话	邮编	主席
利通区总工会	吴忠市利通区吴灵东路和利华街交汇处利通区劳动保障局三楼	(0953)2666608	751100	李娟清
同心县总工会	同心县预海镇利民街 3 号	0953 - 8022843	751300	陈宁雅
盐池县总工会	吴忠市盐池县花马池镇鼓楼北路 29 号	0953 - 6018077	751500	官秀敏
青铜峡市总工会	青铜峡市嘉宝路与古峡东街交叉口人社局大院内	0953 - 3665179	751600	史　君
吴忠市红寺堡区总工会	吴忠市红寺堡区政府综合大楼一楼 008 号	(0953)5098558	751999	买廷东
吴忠市太阳山开发区总工会	吴忠市太阳山开发区中央大道 1 号	(0953)5097209	751801	杨根枝

固原市总工会

主席:呼廷俊杰

地址:固原市中山北街紫竹家园3号

邮编:756000

单位名称	地址	电话	邮编	主席
原州区总工会	固原市原州区清河北路7号	(0954)2060955	756000	张俊孝
西吉县总工会	西吉县玫府街工会大楼三楼	(0954)3012538	756299	吴建雄
隆德其总工会	隆德县龙泉苑广场内	(0954)6011727	756300	杨智军
泾源县总工会	泾源县龙潭街行政中心一楼	(0954)5670029	756400	郡生勇
彭阳县总工会	彭阳县彭安街职工文化活动中心	(0954)7013867	756599	晁建勇

中卫市总工会

主席:秦发成

地址:中卫市行政中心744室

邮编:755000

沙坡头区总工会	沙坡头区滨河镇政府办公楼	0955-8806100	755000	田仲锋
海原县总工会	海原县政府西街	0955-4011064	755299	杨常林
中宁县总工会	中宁县行政中心七楼	0955-5021343	755100	王月琴

宁东能源化工基地工会

主席:刘红宁

地址:灵武市宁东镇长城路企业总部十楼

邮编:751000